이 책은 '영성이란 무엇인가'라는 물음에 대해 현학적인 담론을 전개하지 않고, 생생한 삶의 언어로 답을 제시하고 있다. 저자는 성과 속을 구별하는 이분법적인 영성의 이해를 거부하며, 창조 세계에 펼쳐진 하나님의 영을 숨 쉬고 맛보고 살아내는 통합적인 영성의 이해를 일상적인 언어와 소재를 빌려 생생하게 펼쳐 보이고 있다. 이 책을 읽어 내려가는 동안 독자들은 머리로 정리하는 데 그치지 않고, 가슴으로 공감하고 생동감을 경험하게 될 것이며, 기독교 영성에 대해 참된 이해와 새로운 통찰력을 얻게 될 것이다.

― 유해룡, 장로회신학대학교 영성학 교수

우리 시대 사람들은 종교보다 영성에 더욱 많은 관심을 가지고 있다. 현실에서 삶의 의미를 발견하며 현실을 초월할 수 있는 어떤 궁극적인 존재에 대한 우리 자신의 목마름 때문이다. 그러한 맥락에서 요즈음 영성에 대한 책들이 많이 출판되고 있다. 유진 피터슨의 책은 영성에 대한 목마름이 있는 사람들에게 안심하고 권할 수 있는 책이다. 저자는 '기독교 영성이 무엇인가?'에 대해 답하려고 하는 한편 '이론 신학과 기독교 영성이 어떻게 조화를 이뤄야 하는가?'에 대해 답을 제시하려고 한다.

― 임영수, 모새골교회 담임목사

우리 시대 최고의 영성 신학자 유진 피터슨은 삼위일체 신학의 통전적 틀 안에서 영성 신학의 이론적 기초를 놓는다. 본서를 장식하는 다양한 신학적 창문들인 '창조 세계와 인간 역사와 신앙 공동체', '예수님의 탄생과 죽음과 부활', '창조와 구속과 회복', '성부와 성자와 성령의 사역', '안식과 경탄, 성찬과 환대, 세례와 사랑', '영지주의, 도덕주의, 분파주의' 등은 모두 삼위일체적이다. 끝으로 피터슨은 독자에게 하늘과 땅의 조우를 가리키며 함께 현실 속에서 춤출 것을 권면한다. 신학과 삶의 듀엣은 본서의 저변에 흐르는 주제음이다. 본서는 피터슨의 손에서 나온 가장 걸출한 작품이며 이 분야의 고전이 될 것이다. 신학과 영성의 탁월한 균형을 배우려면 피터슨의 무릎 밑에 앉으라.

― 류호준, 백석대학교 구약학 교수

유진 피터슨은 이 책을 통해 경건한 사람들이 미처 보지 못한 현실과 영성 사이를 잇는 끈을 보게 하며, 성경을 깊이 연구하는 사람들이 미처 보지 못하는 성경과 영성 사이를 잇는 끈을 보게 한다. 그래서 우리의 현실과 하나님의 말씀인 성경을 영성의 눈으로 보게 해준다. 물론 그것을 깨닫게 하는 것은 성령의 역사다. 다만 이 책은 그런 성령의 역사를 좀더 확대시켜서 잘 보게 해주는 확대경처럼 느껴진다.

- 방선기, 직장사역연합 대표

유진 피터슨보다 내가 더 신뢰하는 목사는 없다. 그리고 이 책은 그의—시인, 이야기꾼, 경탄하는 이, 성경학자, 지혜로운 이, 훈련된 제자, 하나님을 사랑하는 이로서의—최고 역작이다. 이 책에서 그는 우리에게 성경을 섬세하게 읽을 것을 권하며, 우리가 흔히 찾는 지름길의 위험성을 진단해 주며, 우리를 예수님의 방식으로 삼위일체의 진리를 살아내는 이들의 공동체 안에 녹아들게 한다. 이는 변화와 해방을 가져오는 책이다. 나는 많은 이들이 깊은 사고와 존경심, 주의 깊은 태도로 이 책을 읽게 되기를 기도한다.

- 마르바 던, 「안식」의 저자

이 책은 우리가 기다려 오던, 영성 신학의 중추적 책이다. 유진 피터슨은 고전 신학을 가지고 현대 영성의 문제를 다룬다. 그의 특별한 천재성은, 지성과 영혼을 위한 좀더 깊고 영원한 진리들을 드러내며, 표피 너머의 것을 응시하는 통찰력에서 드러난다.

- 크레이그 반즈, 프린스턴 신학교 총장

1987년, 유진 피터슨은 목사로서의 내 영혼을 구해 준 바 있다. 「균형있는 목회자」(Working the Angles, 좋은씨앗)에 담긴 옛 지혜를 가지고서 말이다. 그런데 이제 그는 「현실, 하나님의 세계」로 다시금 그 일을 해주고 있다. 내가 피터슨에 대해, 개인적으로 또 동료로서 알고 사랑하는 모든 것이 이 책 안에 우뚝우뚝 솟아 있다. 그의 삶과 그의 순종은 소화전의 커다란 너트처럼 단단하다. 여기, 포스트모던 시대의 도덕적 혼란 속에서 목양하고자 하는 목사를 위해 순전한 마음으로 쓰인 책이 있다. 여기, 분리된 신학과 실천을 통합시키는 건전한 길을 찾고자 하는 학자와 교사를 위한 책이 있다. 여기, 세상의 모든 종교적 자기 개발서들은 우리가 '수만(數萬) 곳에서'(in ten thousand places) '그리스도를 놀이'(play Christ)하는 데 도움이 되지 못한다는 것을 직관적으로 아는, 생각하는 모든 그리스도인을 위한 책이 있다.

- 티모시 브라운, 웨스턴 신학교

오랜 세월 신실하게 목회 사역을 감당하고, 그 후 교수직을 통해 놀랄 만한 열매를 맺었으며, 성경 전체를 번역하는 일에 헌신해 온 사람이 영성 신학 책을 쓴다면 그 책은 어떤 책이 될까? 바로, 유진 피터슨의 이 책과 같은 책일 것이다. 그 어떤 잔기술이나 잔재주도 찾아볼 수 없는 이 책은 중심이 어디인지를 설득력 있게 보여 주고 거기에 터를 잡고 있다. 그 중심은, 창조에서는 하나님을 공경하는 안식에, 구원에서는 그리스도 중심적인 식탁에 그리고 공동체 세우기와 복음 전도에서는 성령을 공경하는 식사에 있다. 나는 이 책이 영성 신학에 대한, 우리 시대의 가장 깊이 있는 묵상이라고 믿는다.

- 프레드릭 데일 브루너, 휘트워스 칼리지

현실, 하나님의 세계

IVP(InterVarsity Press)는
캠퍼스와 세상 속의 하나님 나라 운동을 지향하는
IVF(InterVarsity Christian Fellowship)의 출판부로
생각하는 그리스도인을 위한 문서 운동을 실천합니다.

Originally published by Wm. B. Eerdmans Publishing Co.
as *Christ Plays in Ten Thousand Places*
: *A Conversation In Spiritual Theology*
Copyright ⓒ 2005 by Eugene H. Peterson

Korean language edition published by permission of Eugene H. Peterson
c/o the literary agency of Alive Communication, Inc.,
7680 Goddard Street, Suite 200, Colorado Springs, CO 80920, U. S. A.
through the arrangement of rMaeng2, Seoul, Korea.

Korean Edition ⓒ 2018 by Korea InterVarsity Press
156-10 Donggyo-Ro, Mapo-Gu, Seoul 04031, Korea

본 저작물의 한국어판 저작권은 알맹2 에이전시를 통하여
Alive Communication, Inc.와 독점 계약한 IVP에 있습니다.
신 저작권법에 의하여 한국 내에서 보호받는 저작물이므로
무단전재와 무단복제를 금합니다.

현실, 하나님의 세계

유진 피터슨 | 이종태·양혜원 옮김

IVP

그리스도는 수많은 곳에서 아름다운 사지(四肢)로

그의 눈이 아닌 아름다운 눈으로 사람들의

얼굴 표정 통하여 아버지 뜻에 맞춰 놀이하기 때문에.

- 제러드 맨리 홉킨스

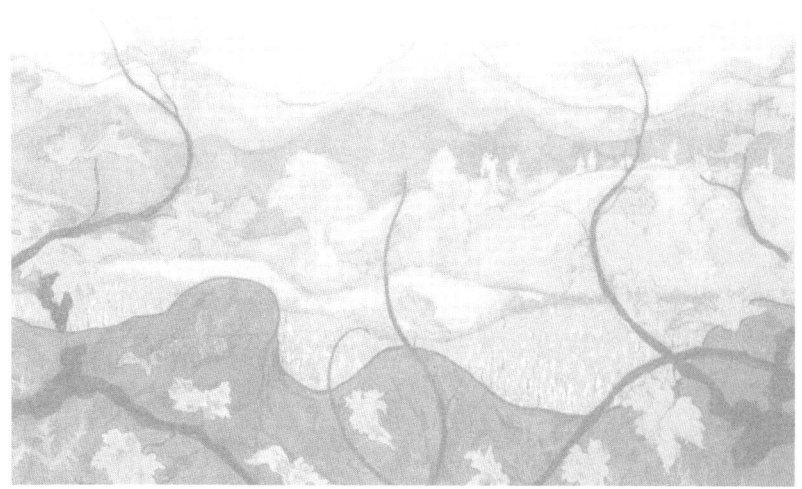

제임스와 리타 휴스턴 부부에게

차례

감사의 글 • 14
서문 • 16
들어가는 글 • 19

놀이터 치우기 • 33
두 이야기 • 36
세 본문 • 48
네 용어 • 58
그리고 춤 • 90

제1장 창조 안에서 놀이하시는 그리스도 • 97
창조의 동네 탐험하기 • 99
케리그마: 예수님의 탄생 • 102
위협: 영지주의 • 114
근거 본문 (1): 창세기 1-2장 • 120
근거 본문 (2): 요한복음 • 159
창조 안에서 주 경외함 기르기: 안식일과 경탄 • 200

제2장 역사 속에서 놀이하시는 그리스도 • 237

역사의 동네 탐험하기 • 239

케리그마: 예수님의 죽음 • 247

위협: 도덕주의 • 259

근거 본문 (1): 출애굽기 • 265

근거 본문 (2): 마가복음 • 321

역사 속에서 주 경외함 기르기: 성찬과 손대접 • 353

제3장 공동체 안에서 놀이하시는 그리스도 • 393

공동체의 동네 탐험하기 • 398

케리그마: 예수님의 부활 • 404

위협: 분파주의 • 420

근거 본문 (1): 신명기 • 430

근거 본문 (2): 누가복음/사도행전 • 466

공동체 안에서 주 경외함 기르기: 세례와 사랑 • 519

후기: 물총새들이 불타는 것처럼… • 571

부록: 영성 신학 작가들 • 585

주 • 591

색인 • 607

_ 감사의 글

오랜 기간에 걸쳐 나는 세 교회에서 영성 신학을 배웠다. 메릴랜드의 토슨(Towson) 장로교회, 뉴욕의 화이트플레인스(White Plains) 장로교회 그리고 메릴랜드의 그리스도우리왕(Christ Our King) 장로교회가 그 곳이다. 본서의 대화는 바로 이 장소들에서, 또 이 곳의 회중과 더불어 시작되었다.

나를 방문 교수나 조교수로 초대해 준 많은 학교들 또한, 영성 신학에 대한 관심과 이해가 내 지역적 상황 너머로 심화되고 넓어질 수 있는 기회를 제공해 주었다. 본서 내용 중 많은 부분은 내가 볼티모어의 세인트메리 신학교, 피츠버그 신학교, 캐나다 밴쿠버의 리젠트 칼리지 등지에서 영성 신학을 가르쳤던 시기에 시험적으로 발전시켰던 것들이다.

본서 여러 부분의 초안들은 그간 "크리스천 센츄리"(*The Christian Century*), "크리스챠니티 투데이"(*Christianity Today*), "크룩스"(*Crux*), "엑스 오디투"(*Ex Auditu*), "목회자 저널"(*Journal for Preachers*), "리폼드 리뷰"(*Reformed Review*), "루터포드 저널"(*The Rutherford Journal*, 스코틀랜드 소재) 등에 실렸다. 위니펙의 캐나

디안 메노나이트 칼리지에서 했던 타이슨 강연(Theissen Lectures)과 영국 리치필드 대성당에서 행한 셀윈 강연(Selwyn Lectures)이 본서의 최종 원고 작성에 중요한 역할을 했다.

특히 마이클 크로우(Michael Crowe) 목사님과 스티븐 트로터(Steven Trotter) 목사님이 본서 저술의 최종 단계에서 많은 도움을 주셨다.

이분들을 비롯하여, 여기 이름을 밝히지 않은 많은 친구들과 동료들에게 이루 말할 수 없는 감사를 느낀다. 오랜 세월에 걸친 그분들의 기도와 그분들과의 대화가 이 책을 낳았고, 이 책에 고스란히 녹아 있다. 이 모든 분께 감사드린다.

_ 서문

이 책에는 두 현장에서의 내 활동, 즉 목사로서의 활동과 교수로서의 활동이 한데 수렴되어 있다. 나는 내 소명의 삶 대부분을 한 회중의 목사로서 보냈다. 다시 말해 내 '현장 사역'(field work)의 대부분은 한 지역교회에서 이루어졌고, 이 책은 그 활동을 기초로 쓴, 영성 신학―우리 가운데, 또 우리 안에 나타나는 하나님의 계시를 살아내는 것―에 관한 긴 대화다. 기독교적 삶(이 책에서는 '영성 신학'을 나타내는 말)에 대해 글을 쓴다는 것은, 마치 날아가는 새의 모습을 포착해 그림을 그리려는 것과 같다. 날갯짓의 리듬, 태양에 그을린 깃, 떠다니는 구름과 같이 모든 것이 계속 움직이고, 맥락이 끊임없이 바뀌는 주제이기에, 여기서는 정확성이 원천적으로 불가능하다. 대개, 정의나 설명들로는 우리가 정말 관심을 가지는 바로 그것이 포착될 수 없는 이유가 바로 여기에 있다. 이런 주제, 반드시 타자(the Other)가 있어야 하는 이런 대화에는 이야기와 은유, 시와 기도, 느긋한 대화가 더 적합하다.

그러나 교수로서의 활동도 이 책에 큰 영향을 끼쳤다. 목사로서 일했던 기간 동안 나는 방문 교수나 조교수로도 가끔 일하면서 여러 학생과 목사들과 더불어, 이 북미 문화의 현실적 조건들 아래서 복음을 살아내는 일에서의 성경과 신학과 역사와 회중의 상호 관계에 대해 깊이 숙고하곤 했다. 그리고 33년 간 목사로서 일한 후, 나는 (캐나다의) 리젠트 칼리지의 제임스 휴스턴(James M. Houston) 석좌 교수로 영성 신학을 가르치게 되었는데, 목사와 교수로서의 이 중복되는 두 현장은 상호 촉진적으로 이 책을 쓸 기회와 에너지를 제공해 주었다. 참으로 다양한 사람들(농부와 목사, 주부와 엔지니어, 아이와 노인, 예배자와 학생, 부모와 학자 등)과 함께 예배하며 공부하며, 또 이런 문제들에 관해 이야기를 나눈 경험은 이 책에 개인적인 문제와 학문적인 문제가 섞여 있는 이유를 설명해 준다. 나는 이 영성 신학 책을 실제 삶의 언어로 쓰고자 했다. 그래서 이 책은, 도서관의 언어로도, 또 저녁 식사 후 커피를 마시며 나누는 대화의 언어로도 쓰였고, 강의 시간에 제기되는 질문들의 언어로도, 또 강에서 카누를 탈 때 얻는 통찰의 언어로도 쓰였다. 내 의도는, 우리 시대에 널리 확산되었으나 표류하고 있는 영성에, 성경적 기초와 삼위일체적 상상력을 통해 구조와 통일성을 제공하려는 것이다.

여러 교회와 학교에서 가졌던 이 모든 대화를 실제 삶에서 구현하며 살고 있는 분들을 만나게 된 것은 나로서는 참으로 큰 행운이었다. 리젠트 칼리지의 제임스 휴스턴 박사 부부가 바로 그분들인데 삶과 일을 통해(제임스는 가르치는 일과 멘토링을 통해, 리타는 손대접을 통해) 그분들은 영성 신학의 진정한 의미를 구체적으로 실현하여 보여 주셨다. 감사한 마음으로 이 책을 그분들께 헌정한다.

2003년 강림절에

_ 들어가는 글

우리는 끝(end)에서 출발한다. "내 끝에 내 시작이 있다"(T. S. Eliot).[1] 결말이 시작보다 앞선다. 우리는 먼저 종착지를 정한 다음 여정을 시작한다. 우리는 앞두고 있는 것에 대비하기 위해 정보를 모으고 상상력을 발휘한다. 삶은 삶이 목적(end)이다. 우리는 살기 위해, 더욱 풍성히 살기 위해 산다.

기독교의 모든 신조와 순종, 증거와 가르침, 결혼과 가정, 여가와 일, 설교와 목회의 목적은, 우리가 하나님에 대해 알고 있는 모든 것을 **살아내는** 데 있다. 즉, 더욱 풍성히 사는 데 있다. 만일 목적지가 없다면, 우리에게 모든 길은 매한가지일 것이다. 그러나 목적지가 존재한다면, 하나님의 영광을 향한 삶이 우리 삶의 목적이라면, 거기에는 뚜렷한 길이 하나 존재한다. 바로, 예수님이 계시하신 길이다. 영성 신학(spiritual theology)이란 바로 이 길 위에서 일어나는 모든 세세한 일에 유심히 주목하는 작업이다. 영성 신학은, 하나님에 대한 정보로 추락해 버린 비인격화된 신학에 대한 항의다. 영성 신학은, 하나님을 좌지우지하려는 전략적 계획 프로그램으로 추락해 버린 기능화된 신학에 대한 항의다.

시인이자 사제인 제러드 맨리 홉킨스(Gerard Manley Hopkins)는 한 소네트에서 참 삶의 목적을 다음과 같이 매혹적이고도 엄밀하게 묘사한다.

물총새들이 불타는 것처럼 잠자리들은 불붙고
   둥근 우물 가장자리 넘어 굴러 떨어진 돌들이
    소리 내는 것처럼. 퉁겨진 줄이 각자 말하듯이 매달린 종의
활대가 흔들리면 종은 각자 혀를 얻어 사방에 제 이름을 알린다.
사라지는 모든 것은 한 가지, 꼭 같은 일만 한다.
   각자 안에 살고 있는 제 존재를 나눠 주는.
   개체 완성—제 길 간다. "자신"을 말하고 또 쓴다.
"내 행위가 나이며 그 때문에 왔노라"고 외치면서.

덧붙여 말하자면, 의로운 사람은 의를 행하고
   은총을 지킨다. 그래서 그의 모든 행동은 은총을 지키며
신이 보는 그의 존재—그리스도—를 신이 보는 가운데
   행동한다. 그리스도는 수많은 곳에서 아름다운 사지(四肢)로
그의 눈이 아닌 아름다운 눈으로 사람들의
   얼굴 표정 통하여 아버지 뜻에 맞춰 놀이하기 때문에.[2]

우리는 감지한다. 삶은 이 순간 우리가 접하고 있는 이것보다 더 큰 무엇이라고. 이것과 별개의 것이거나 무관한 것은 아니지만, 이것보다 더 큰 무엇이라고 말이다. 삶에는 우리 역량을 훨씬 넘어서는 온전성과 생명력이 존재한다는 것을 우리는 어렴풋이 감지한다.

우리는 우리 정체와 본질 그리고 우리 주변 세계―바위와 나무, 초장과 산, 새와 물고기, 개와 고양이, 물총새와 잠자리 등―사이에 무언가 공명(共鳴)이 존재한다는 것을 짐작한다. 그 모두와 우리는 하나이며, 현재 있고 과거에 있었고 미래에 있게 될 모든 것과 우리는 한통속이라는, 어렴풋한 그러나 부인할 수 없는 느낌이 우리를 붙잡는다. 우리 삶은 우리 몸, 가족, 생각과 느낌, 날씨와 뉴스, 일과 여가 활동 등 우리가 스스로 늘어놓아 볼 수 있는 우리 삶의 모든 부분을 합한 총계 이상의 무엇이라는 느낌, 삶은 우리가 결코 다 이해하거나, 설명해 내거나, 분석해 낼 수 없는 무엇이며, 지금 우리는 어떤 신비 그러나 좋은 신비를 살아내고 있는 중이라는 느낌, 이런 느낌들이 늘 우리 깊은 곳에 자리하고 있다.

지금 이 책을 읽고 있는 당신 그리고 이 글을 쓰고 있는 나를 포함해, 이 순간 살아 있는 사람이면 누구나, 그저 눈 한번 크게 떠 보기만 해도, 숨 한번 크게 내쉬어 보기만 해도 이 '더 큰 무엇', 이 '공명', 이 '한통속', 이 '신비'를 경험해 볼 수 있으며, 그래서 그 증인들이 될 수 있다. 홉킨스는 증언한다.

사라지는 모든 것은 한 가지, 꼭 같은 일만 한다.
각자 안에 살고 있는 제 존재를 나눠 주는.

이런 것을 가장 단순하게 표현해 주는 말이 바로 '삶'이다. 위 시(詩)의 마지막 행은, 내가 이 책에서 기독교적 삶의 모든 세세한 면모를 들추어 내기 위한 은유적 마당으로 삼은 이미지를 보여 준다.

그리스도는 수많은 곳에서 아름다운 사지(四肢)로
그의 눈이 아닌 아름다운 눈으로 사람들의
얼굴 표정 통하여 아버지 뜻에 맞춰 놀이하기 때문에.

홉킨스의 시어는 삶이 가진 고유한 정열과 활기와 자연스러움을 잘 표현하고 있다. 이 시의 초점은, 이러한 참된 삶의 안과 밖에는, 다름 아니라 그리스도가, 하나님을 계시하는 그리스도가 계시다는 확신이다. 이러한 삶, 그러니까 물총새와 잠자리로 불붙어 있는 삶, 뒹구는 돌멩이 소리, 퉁겨진 현 소리, 울리는 종소리 등이 메아리치는 이 삶은 우리 안에서, 우리의 팔다리와 눈에서, 우리의 발과 말[言]에서, 우리가 매일 만나 하루 종일 함께 지내는 사람들의 얼굴에서, 거울 속과 길거리에서, 교실과 부엌에서, 일터와 놀이터에서, 성소와 위원회에서 놀이되고 있다는 것이 이 시의 메시지다. 중심 동사인 '놀이하다'(play)는 불가피한 생존의 수준을 뛰어넘는, 충만하고 자유스런 삶의 면모를 잘 포착해 준다. 또한 '놀이하다'는 언어와 소리와 행위의 '놀이'(play)를 통해 진·선·미가 거듭거듭 의도와 의미를 띤 구체적인 것으로 구현된다는 사실을 말해 준다. 홉킨스의 이 시에는, 삶은 궁극적 '타자'로서의 하나님("성부의 뜻에 따라")과 벌이는 놀이라는 것, 즉 모든 삶은 예배이며, 또 예배가 될 수 있다는 의미가 잘 녹아들어 있다.

홉킨스의 이 소네트는 삶을 이해하고자 하는, 삶의 '목적'을 알고자 하는 우리에게 더없이 좋은 안내문이다. 이 시는 우리에게 참 삶의 정열과 자연스러움에 대해, 그리고 그 안으로 우리와 우리를 둘러싼 모든 것을 들이시는, 하나님의 계시이신 그리스도에 대해, 자유롭고 충만하며 하나님을 향한 온전한 예배로서 놀이되는 삶에 대해 말해 준다. 오해받거나 축소되는 일을 막기 위해, 우리 중 어떤 이들은 이러한 삶을 **기독교적** 삶(Christian life)이라고 꼭 집어 명명하기도 한다. 참 삶을 축소시키고 제한하고 무력화하는 일에 혈안이 되어 있는 현 문화 속에서, 이러한 삶의 증언자와 안내자가 되는 것은 기독 공동체의 당연한 의무이기 때문이다.

내가 이 책의 논조를 정하고 본의를 밝혀 주는 것으로서 홉킨스의 이 소네트를 택한 것은 바로 이런 이유에서다. 나의 희망은 기독교회가 지난 이천 년 동안 이 세상 안에서 또 이 세상을 위해 삶으로 구현해 온 바를 공정하고 명확히 제시하는 것이다. 이 책을 쓰고 있는 나의 목표는 홉킨스가 자신의 시를 쓰면서 가졌던 목표와 다르지 않다. 시는 소리와 운율, 미묘한 의미와 명료한 의미, 일상적인 것과 뜻밖의 것이 한데 어우러져 이루어진 복합체로서, 우리를 삶 속으로, 더 큰 삶 속으로, 참 삶 속으로 들어가게 해준다. 이 책에서의 나의 의도 역시 그렇다. 나는 어떤 것을 설명하거나 정보를 주려는 것이 아니라, 여러분(내 친구들과 이웃들, 가족과 회중, 독자들과 학생들)의 놀이가 그리스도의 놀이 안으로 한데 모아지도록 하려는 것이다. 나는 뭔가 새로운 말을 하려는 것이 아니다. 살아 있고 세례 받은 그리스도인들은 이미 이 기본들을 모두 알고 있기 때문이다. 우리는 이미 안에 들어와 있다. 왜냐하면 그리스도께서는 "수많은 곳에서" 놀이하고 계시기 때문이다. 그러나 나는 여러분을 그 안쪽으로 좀더 깊이 안내하고 싶다. 그리스도께서 놀이하시는 그 사지(四肢), 그 눈, 그 얼굴들인 여러분을, 나를, 우리 모두를 말이다.

이 책은 영성 신학에 대한 하나의 대화다. '대화'라고 한 것은, 대화란 여러 목소리들이 이야기를 주고받으며 한 주제에 대해, 또 서로에 대해 숙고하며, 탐색하고, 토론하며, 즐긴다는 의미를 내포하기 때문이다. '영성 신학'은 따로따로 놀 때가 많은 두 단어가 하나로 묶인 것으로서, 하나님에 대한 사상(신학)과, 하나님과 함께 사는 삶(영성)이 서로 유기적으로 연관되도록 교회 공동체가 기울이는 주의를 가리킨다.

최근 몇십 년 간 영성에 대한 관심이 급작스럽게 치솟은 것은 주로, (심리학자, 목사, 신학자, 교회성장 전략가 등이 제시하는) 삶에 대한 정의, 설명, 도해, 명령 등으로 이루어진 건조하고 이성적인 접근 방식에 대해, 또 (광고업자, 코치, 동기부여 컨설턴트, 교회 리더, 복음전도자 등이 제시하는) 슬로건, 목표, 인센티브, 프로그램 등으로 이루어진 비인격적이고 기능적인 접근 방식에 대해 사람들이 커다란 불만을 품게 되었기 때문이다. 살다 보면 우리는, 머리로 이미 알고 있는 바를 진심으로 한번 삶 속에서 실천해 보고자 하는 갈망이 깊은 내면으로부터 생겨날 때가 있다. 그러나 이 때 "우리는 누구에게 가야 하는가?" 교육 기관들은 우리 내면의 갈망에 대해서는 그다지 큰 관심을 갖지 않는다. 그 기관들은 우리에게 읽어야 할 책과 통과해야 할 시험을 제시해 줄 뿐, 그 이상으로는 우리 한 사람 한 사람에게 별 관심을 보이지 않는다. 직장에서 우리의 가치는 주로 유용성과 수익성에 따라 결정된다는 사실을 우리는 재빠르게 알아차린다. 일을 잘 하면 보상을 받지만, 그렇지 못하면 해고당한다. 그렇다면, 과거―지금도 어떤 문화권에서는 그렇지만―사람들이 하나님과 영혼에 관한 문제가 생기면 당연히 찾아가던 곳인 종교 기관들은 어떠한가? 그 기관들 역시 점점 더 많은 사람들에게 실망만을 안겨 주고 있다. 사람들은 그 기관들이 자신을 하나님 판매 시장의 소비자 정도로 극진히 대우하거나, 아니면 "천국의 가구와 지옥의 온도"[3] 문제에 대한 논술 시험을 치러야 할 지독히 머리 나쁜 학생 정도로 취급한다는 점을 발견한다.

이처럼 도처에 깔린 영적 빈궁, 우리에게 너무나 중요한 문제에 대해, 학교, 직장, 종교 기관 등이 공히 보여 주는 이와 같은 무관심으로 인해, 현재 (포괄적인 용어로서) '영성'은 모든 제도적 기관을 빠져나와 그저 부유(浮游)하고 있는 상태다. 말하자면, 현재 영성은 '공중에 흩어져 있는'(in the air) 상태다. 이 상황의 긍정적인 측면은, 이제 삶의 가장 깊고 가장 본질적인 면이 사람들의 공통 관심사로 부각되고 있다는 점이다. 인간에겐 영속적이고 영원한 것에 대한 갈증과 갈망이 있다는 사실이 널리 인정받고 있고 공공연히 표현되고 있다. 자신의 삶이 직업 역할과 시험 등수로 축소되는 것을 완강히 거부하는 태도가 널리 퍼져 있다. 그러나 문제는, 모든 사람이 자신에게 맞는 영성을 스스로 만들어 낼 것을 권유받고 있다는 점이다. 너무나 많은 이들이 유명 인사의 일화, 대중적 구루(guru), 단편적 엑스타시 경험, 개인적 공상 등이 어지럽게 뒤섞인 잡동사니 창고에서 이것저것 꺼내어 자신의 영적 정체성과 삶의 양식을 조립해 내고 있다. '스스로 알아서' 할 수밖에 없는 처지이고, 또 더없이 좋은 의도를 가지고 하는 일이긴 하지만, 이렇게 만들어지는 영성은 중독, 관계 파괴, 소외, 폭력 등으로 이어지기가 너무 쉽다.

문화에 의해 규정된 역할이나 기능을 넘어서는 삶을 살려는 열의가 널리 퍼져 있는 것은 틀림없는 사실이다. 그러나 이런 열의는 결국, 문화가 정해 놓은 한계들에 갇힌 영성을 낳는 것으로 귀결되고 말 때가 많은 것 또한 사실이다. 이런 이유로, 나는 성경에 계시되어 있는 산 경험과, 우리 믿음의 조상들의 풍부한 이해와 실천을 다루려는 뚜렷한 기독교적 시도를 일컫는 말로서 '영성 신학'이라는 말을 선호한다. 현대 세계의 초점 없이 산만한 '의에 대한 주림과 목마름' 속에서 뚜렷한 기독교적 경험을 일컫는 말로서 말이다.

두 용어 '영성'(spiritual)과 '신학'(theology)은 서로 썩 잘 어울리는 한 쌍이다. '신학'은 우리가 하나님께 기울이는 주의, 성경과 예수 그리스도 안에서 계시된 하나님을 알고자 우리가 기울이는 노력을 가리킨다. '영성'은, 하나님이 자신과 자신의 일에 대해 계시하시는 모든 것은 평범한 사람들이 자신의 가정과 일터에서 살아낼 수 있는 것들이라는 주장을 담고 있다. '영성'은 '신학'이 하나님과 멀찍이 거리를 둔 채 하나님에 대해 생각하고 말하고 쓰는 것으로 타락하지 않게끔 해준다. '신학'은 '영성'이 그저 하나님에 대한 자신의 느낌과 생각을 생각하고 말하고 쓰는 것이 되지 않게끔 해준다. 이 두 단어는 서로를 필요로 한다. 우리는 우리의 하나님 연구(신학)가 우리가 실제 사는 방식과 동떨어진 것이 되기가 얼마나 쉬운지를 잘 알고 있기 때문이다. 또한 우리는, 온전하고 만족스런 삶(영적인 삶)을 살고자 하는 우리의 갈망이, 하나님이 실제 어떤 분이시며 우리 가운데서 어떤 일을 행하시는가와 동떨어진 것이 되기가 얼마나 쉬운지도 잘 알고 있기 때문이다.

영성 신학이란 신학을 삶으로 살아내기 위해 우리가 기울이는 주의를 가리킨다. 신학을 살아낸다는 것은 먼저 신학을 기도가 되게 한다는 말이다. 왜냐하면 기도가 되지 않는 신학은 우리 삶의 내면으로부터 살아내는 신학이 아닐 것이며, 이는 결국 생명의 주님과 맞닿아 있지 않은 신학이기 때문이다. 영성 신학은 우리가 하나님에 대해 알고 믿는 바를 삶으로 살아내고자 기울이는 주의다. 영성 신학이란 우리 삶을 사려 깊게 그리고 순종 가운데 일궈 가는 것이다. 우리 삶이, 성부 하나님께 엎드려 경배하는 예배로서의 삶, 성자 하나님을 따라 걷는 희생 제사로서의 삶, 성령 하나님의 공동체를 포옹하는, 또 그 공동체의 포옹을 받아들이는 사랑으로서의 삶이 되게 하는 것이다.

영성 신학은 조직 신학, 성서 신학, 실천 신학, 역사 신학 등과 나란히 책장 한 자리를 차지하는, 또 하나의 신학 영역이 아니다. 영성 신학이 표명하는 바는, 무릇 **모든** 신학은, 우리를 하나님의 영광을 향해 살아가는 살아 있는 창조물로 창조하신 살아 계신 하나님과 관계 맺는 일이어야 한다는 확신이다. 이는 일터에서도 성소에서처럼 깨어 있고 순종적일 수 있는, 육아실에서 기저귀를 갈 때도 미루나무 숲 속에서 묵상할 때처럼 능동적일 수 있는, 신문 사설을 읽을 때도 히브리어로 쓰인 문장을 주석할 때처럼 할 수 있는, 그런 인식 능력과 분별 능력을 계발하는 일이다.

어떤 이들은 영성에만 마음을 쓰고 신학은 내팽개침으로써 문제를 단순화시키고 싶어한다. 또 어떤 이들은 지금까지 그래 왔듯이 신학만 계속 붙들고 영성에 대해선 신경 쓰지 않으려 하기도 한다. 그러나 우리에게 삶이 있는 것은 오직 하나님이 살아 계신 분이기 때문이며, 우리가 잘 살 수 있는 길은 오직 우리가 하나님이 우리를 창조하시고, 구원하시고, 복 주시는 길을 알고 따를 때다. 영성은 신학(하나님에 대한 계시와 이해)에서 시작되며 신학의 인도를 받는다. 그리고 신학은, 하나님이 생명을 주신 사람들, 충만한 구원의 삶을 살도록 뜻하신 사람들의 몸을 통해 표현되는 바(영성)를 떠나서는 결코 참된 신학으로 존재할 수 없다.

❦

'삼위일체'는 기독교적 삶에 관한 대화가 일관성과 초점과 인격성을 지키도록 가장 적절한 구조를 제공하는 신학적 신조다. 초기부터 기독 공동체는 우리를 둘러싼 모든 일―예배하고 배우며, 대화하고 들으며, 가르치고 전하며, 순종하고 결정하며, 일하고 놀며, 먹고 자는―은 삼위일체의 '나라'에서 일어난다는 것, 즉 우리 가운데 임재하시고 일하시는 성부 하나님과 성자 하나님과 성령 하나님으로 인해 일어난다는 것을 깨달았다. 자신의 정체성과 자신이 하는 일은 하나님의 임재하심과 일하심에 의해 정의된다는 것을 이해하지 못한다면, 그 무엇도 제대로 이해할 수 없으며 살아낼 수 없다.

그간 '삼위일체'는 로버트 브라우닝(Robert Browning)이 말한 "하반신 마비자들"[4], 즉 생기 없는 학자 나부랭이들이나 죽치고 앉아서 연구하는 무미건조한 이론 정도로 취급받는 수모를 당해 왔다. 그러나 사실, 삼위일체는 하나님에 대한 사고에서 최고로 활력 넘치는 지적 모험이다.[5] 삼위일체는, 성경 속에서 성부로, 성자로, 또 성령으로 계시되고 있는 하나님을 일관성 있게 이해하고자 하는 우리의 개념적 시도다. 삼위일체가 말하는 바는 이것이다. 하나님은 단연 **인격적인** 존재이시다. 또한 하나님은 언제나 **관계** 속에 계시는 하나님이다. 삼위일체는 추상적 개념을 통해 하나님을 설명해 내거나 정의하려는 시도가 아니라(물론 그런 점도 없지 않지만), 하나님은 우리에게 자신을 인격적인 존재로, 인격적 관계를 맺는 분으로 계시하신다는 사실을 증언하는 것이다. 이는 지극히 실제적인 결과를 낳았다. 삼위일체는 사람들로 하여금 하나님을 형이상학자들의 사변들로부터 구출하여, 사랑 가득한 공동체적 삶, **인격적인** 삶으로 부름받은 남녀노소들의 공동체 속으로 그분을 대담하게 모셔들이도록 만들었다. 사람들이 자신을 사랑과 용서, 희망과 갈망 같은 인격적 용어들로 경험하는 곳인 그런 공동체 속으로 말이다. 삼위일체의 이미지는 우리로 하여금, 우리는 하나님을 정의함으로써가 아니라, 그분에게 사랑받고 또 그 사랑에 사랑으로 응함으로써 알게 된다는 사실을 깨닫게 해준다. 이는 인격적 관계의 본질에 대한 계시를 낳는다. 즉, 다른 사람이 나를 알게 되는 것, 또 내가 다른 사람을 알게 되는 것은, 정의나 설명, 개념적 분류나 심리학적 분석을 통해서 아니라, 오직 관계 맺음을 통해서, 받아들이고 사랑함을 통해서, 주고받음을 통해서라는 깨달음 말이다. 인격적이고 관계적인 이미지(성부, 성자, 성령)는, 우리가 하나님을 아는 일과, 또 하나님이 우리를 아시는 일 모두의 주된 이미지가 되고 있다. 이는 사는 일이지, 삶에 대해 사고하는 일이 아니기 때문이다. 삶은 관계 맺음이지, 역할 수행이 아니기 때문이다.

영성 신학에 대한 대화를 시도하는 본서도 그래서 이러한 삼위일체를 기본 구조로 하고 있다. 하나님을 알고 믿고 섬기는 삶이 일어나는 곳인 그 삼위일체 지형의 나라—성부와 창조, 성자와 역사, 성령과 공동체—를 말이다.

삼위일체는 신학적 정통 도그마 훨씬 이상의 것이다. 삼위일체의 나라에는 창조(우리가 살아가는 세계)와 역사(우리와 우리 주변에 일어나는 모든 일)와 공동체(일상 속에서 우리가 모든 타자와 인격적인 이웃 관계를 맺어 가는 방식)가 다 포함되어 있다. 삼위일체는 우리에게 강요되는 무엇이 아니다. 삼위일체는 하나님의 상호 내재성(co-inherence, 성부, 성자, 성령)에 대한 증언이며, 또한 하나님의 형상에 따른 우리 삶의 상호 내재성(우리가 사는 곳, 일어나는 일들, 서로의 인격적 관계 속에서 말하고 행동하고 관여하며 사는 우리 자신)에 대한 증언이다.

삼위일체는 우리에게 하나님을 알고 영접하고 순종하는 나라의 지도를 보여 준다. 삼위일체 자체가 그 나라인 것은 아니지만, 삼위일체는 그 나라의 지도다. 우리에겐 이 지도가 너무나 필요하다. 왜냐하면 하나님은 너무도 방대하며 다각적인 존재로서, 우리 눈에 보이게도 보이지 않게도 일하시는 분이기 때문이다. 이 지도가 없으면 우리는 막다른 골목을 만나고, 숲 속에서 길을 잃고, 지금 있는 곳에 대해 도무지 감을 잡지 못하기 십상이다. 이 지도는 우리의 위치를 잡아 준다. 즉 이 지도는 하나님을 탐험하기 위한 어휘를 제공하며 경험을 감정해 준다. 아무런 표지판도 없고, 낯선 광경이나 느낌에 맞닥뜨렸을 때 딱 부러지게 설명해 주는 명확한 안내문이 보이지 않을 때 말이다.

지도에 대해 한마디 더 덧붙이려 한다. 비록 지도는 하나의 인공물로서 인위적으로 만들어진 것이지만, 그 지역 자체와 전혀 무관한 것이 아니다. 지도는 그 지역의 실제 모습에 대한 신중한 관찰과 정확한 기록으로부터 나온 산물이다. 지도는 반드시 정직해야 한다. 또 있다. 지도는 또한 겸손하기도 하다. 지도는 자기가 그 나라 자체를 대신할 수 있는 체하지 않는다. 지도를 연구한다고 해서 그 나라를 실제로 경험하는 것은 아니다. 지도의 목적은 우리에게 그 나라에 들어갈 수 있는 길을 보여 주고, 우리가 여행중 길을 잃지 않게 해주는 데 있다.

성 삼위일체를 구조와 맥락으로 삼고, "수많은 곳에서 놀이하시는 그리스도"를 중심 은유로 삼고 있는 본서의 대화는, 먼저 그 놀이터를 말끔히 치운 뒤, 창조, 역사, 공동체라는 우리 삶의 세 차원들, 그 서로 교차되는 차원들을 탐험하는 순서로 진행될 것이다.

놀이터 치우기. 지금 우리는 '영성'에 대한 관심이 넘쳐나는 시대를 살고 있다. 삶을 어떻게 살 것인가 하는 문제에 대해 기독 교회는 안내의 독점권을 갖고 있지 못하다. 현재 영성의 놀이터는 온갖 즉흥적 시도와 미봉책들로 상당히 어지럽혀져 있다. 나는, 기독교적 삶을 성경적이고 인격적인 견지에서 이해하도록 돕는 몇몇 기본적 이야기와 은유와 용어들을 통해, 어지럽게 널브러져 있는 이 모든 것을 말끔히 치워내고, 대화를 위한 공동 지반을 다질 생각이다.

창조 안에서 놀이하시는 그리스도. 우리는 엄청나게 복잡한 우주 속에 살고 있다. 우리는 수백만의 다른 생명체들과 함께, 그것들과의 관계 속에서 우리 삶을 살아가고 있다. 너무나 많은 일들이 일어나고 있다. 우리는 그 어느 하나도 놓치기를 원하지 않는다. 모든 사물과 사람을 점점 더 기능화시켜 가는 이 시대에, 사물과 사람의 성스러움과 거룩함에 대한 감각이 점차 스러져 가는 이 시대에, 우리는 모든 창조를, 그리스도의 탄생에서 시작되며 충만하게 표현되는 거룩한 선물로서 그리스도인이 받아들이고 경축하고 높이는 방식에 대해 탐구할 것이다.

역사 속에서 놀이하시는 그리스도. 그러나 삶은 단순히 창조의 선물이기만 한 것은 아니다. 우리는 또한 죄와 죽음이 주름잡고 있는 역사 속에 던져져 있기도 하다. 그것은 고통과 아픔, 실망과 상실, 재난과 악의 역사다. 비약적인 지식의 발전과 눈부신 기술의 진보가 거듭되는 이 시대에 우리는 흔히, 조금만 더 지식이 쌓이고 조금만 더 기술이 발전하면 상황이 역전되고 우리 상태가 호전될 수 있다고 생각한다. 그러나 지금도 우리는 호전되지 않았다. 앞으로도 마찬가지일 것이다. 역사학자들은 지난 세기(20세기)야말로 역사상 가장 살인이 난무했던 시대였다는 요동치 않는 증거 자료들을 제시한다. 우리는 도움이 필요한 존재다.[6] 우리는 그리스도인들이 역사 속으로 들어가는 방식을 탐구할 것이다. 그 역사는 그리스도의 죽음에서 그리고 그 죽음으로부터 나오는 구원의 생명에서 결정적 의미를 얻는다.

공동체 안에서 놀이하시는 그리스도. 기독교적 삶은 타자들과 더불어, 타자들을 위해 사는 삶이다. 자기 혼자만의, 또 자기 자신만을 위한 삶은 있을 수 없다. 극단적 개인주의가 만연하는 이 시대에 우리는 흔히, 기독교적 삶을 주로 자신의 개인적인 책임 사항으로 생각하기 쉽다. 그러나 영성 신학에서는 자력(自力)도, 이기심도 발붙일 수 없다. 우리는 우리가 그리스도의 성령에 의해 형성되는 공동체 속으로 들어가는 방식, 부활 생명이신 그리스도의 전 존재, 전 행위에 충만히 참여하는 방식에 대해 탐구할 것이다.

놀이터 치우기

"나에게 오라. 내게 배우라. 내 멍에는 쉽고 내 짐은 가벼움이라."

마태복음 11:28-30[1]

복음서가 기록되자마자, 체험이 빠진 말들을 가지고, 교회의 존재가 말해 주는 그 새로운 생명에 관해 그저 장난질이나 치는 일들이 나타났다. 부르심, 들음, 열정, 마음의 변화 등의 형태로 먼저 그 새로운 생명과 접촉해 본 체험도 없이 사람들은 그저 그것에 관해 머리로만 이런저런 생각을 했다.

오이겐 로젠스톡 허시(Eugen Rosenstock-Hussey)[2]

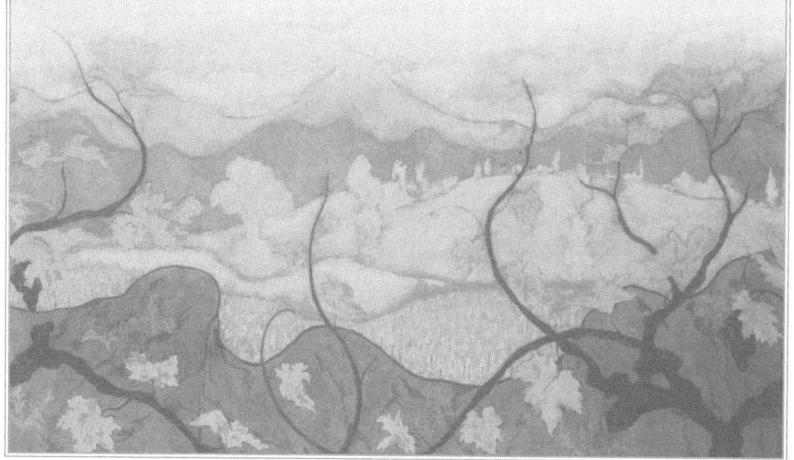

요즘은 어디서든 영성에 대한 끓어넘치는 에너지들을 만날 수 있다. 일단, 이것은 좋은 일이다. 그러나 영성은 판을 어지럽히고 대화를 어렵게 만드는 불명확성을 띠기 쉬운 것 역시 사실이다. 그래서 흔히 다음 네 가지 일들이 일어난다. 첫째, 영성은 쉽게, 아니 가히 필연적으로, 엘리트주의적 태도를 취한다. 일터와 예배당에서 어깨를 부딪치며 만나는 이들을 쉽게 '영적이지 못한' 사람들로 판단한다. 그리고 영성은, 직접 체험에 대한 열의로 인해 어느 순간 기본 텍스트인 성경으로부터 탈선해서는, 솔깃하게 들리는 온갖 자력의 세계로 빠져들 때가 많다. 그리고 영성은, 문화가 주도하는 의제 설정에 이리저리 끌려 다니다가 그 복음적 특성이 희석되거나 아예 상실되기도 한다. 마지막으로, 영성은 '메마른' 신학에 대한 반작용으로 그만 신학적 기억상실증에 걸려, 결국 장대하고 드넓은 하나님의 지평에 대한 인식을 완전히 상실해 버릴 때가 많다. 그리스도인들이 살아가도록 초대받은 그 방대한 장(場)에 대한 인식을 말이다.

나는 이러한 현대의 불명확한 영성 에너지들을 성경적으로 옷입혀 예수님을 따르는 것이 되도록 지도하고자 한다. 그래서 창조, 역사, 공동체 안에서 행하고 계시는 그리스도의 '놀이'에 그것들이 참여할 수 있게끔 준비시키고자 한다. 이를 위해 나는 두 가지 이야기, 세 가지 텍스트, 네 가지 용어 그리고 한 가지 춤을 사용해, 이들 네 가지 영역에 쌓여 있는 몰이해와 오해들을 쓸어내고, 앞으로 전개될 대화의 장을 말끔히 정리하고자 한다. 정지(整地) 역할을 하는 두 이야기는 우리로 하여금 (엘리트주의에 맞서) 겸손하고, 가식 없는 삶을 살도록 해주며, 성경적 기초를 정의해 주는 세 가지 텍스트는 우리로 하여금 (자력이 아닌) 순종의 삶을 살도록 해주며, 복음적 초점을 제공해 주는 네 용어는 우리로 하여금 (문화가 조장하는 불명확성을 넘어) 분명한 삶을 추구하도록 해준다. 마지막으로는, 신학을 행동의 장으로 뚜렷이 인도해 주는 춤은 우리로 하여금 삶 전체를 넉넉히 담아낼 수 있는 드넓은 상상력을 갖도록 (그래서 좁아터진 세속적 지평을 넘어설 수 있도록) 해줄 것이다.

두 이야기

이야기는 현실에 대한 감(感)을 넓히고 심화시켜 주는, 그래서 우리를 현실에 참여하게 해주는 가장 자연스런 방법이다. 이야기는 우리가 전에 몰랐거나, 너무 익숙해서 놓치고 있었거나, 혹은 그저 자신과 무관하게만 여겼던 삶의 영역과 측면들을 활짝 열어 보여 준다. 이야기는 우리를 안쪽으로 맞아들인다. 이야기는 말로 하는 환대의 행위다.

요한은 자신의 복음서 앞부분에서 우리에게 두 이야기를 들려주는데, 이는 모두를 기독교적 삶 속으로 맞아들인다.

첫 번째 이야기는 유대교 랍비인 니고데모에 대한 이야기다(요 3장). 세상의 이목이 두려웠던 그는 밤의 어둠을 틈타 예수님과 이야기하려고 왔다. 이 수상쩍은 순회 교사, 어느 날 갑자기 나타나 예언자 행세를 하고 돌아다니는, 갈릴리 나사렛 촌동네 출신의 이 미심쩍은 인물에게 그가 조언을 구하러 왔다는 사실이 알려지면 동료 랍비들에게 의심을 받을 위험이 있었기 때문이다. 그래서 그는 밤에 예수님을 찾아왔다. 아마 특별한 사안 없이, 그저 친분을 쌓기 위해 왔던 것으로 보인다. 그는 예수님을 칭송하며 대화를 시작한다. "랍비여, 우리가 당신은 하나님께로부터 오신 선생인 줄 아나이다. 하나님이 함께하시지 아니하시면 당신이 행하시는 이 표적을 아무도 할 수 없음이니이다"(요 3:2).

그러나 예수님은 니고데모에게 어떤 사안이 있다는 것을, 무언의 어떤 질문이 있다는 것을 아셨다. 그는 무언가를 찾고 있었던 것이다. 한가한 말머리는 제치고, 예수님은 곧장 본론으로 직행하셨다. 그분은 니고데모의 마음을 읽으셨고 그것을 건드리셨다. "진실로 진실로 네게 이르노니 사람이 거듭나지 아니하면 하나님의 나라를 볼 수 없느니라"(3:3). 바로 **이것이** 니고데모가 예수님을 찾아온 목적이었던 것이다. 그는 하나님 나라에 들어가는 길, 하나님의 다스림 아래 사는 길, 하나님의 실재에 참여하는 길에 대해 물으러 온 것이다. 그런데 이는 참 이상한 일이었다.

왜냐하면 이런 문제에는 마땅히 니고데모가 전문가여야 했기 때문이다. 그렇다면, 왜 그는 굳이 이렇게 은밀히 예수님을 찾아와 대화를 청했던 것일까? 겸손 때문일까? 그럴듯하다. 늘 사람들에게 우러름을 받고, 좋은 말을 들려주며, 말과 삶이 일치하리라 신뢰받는 지도자들은 내면 깊은 곳에서 자기 삶의 이중성에서 오는 예리한 고통을 느낄 때가 많다. '진짜 나와, 사람들이 생각하는 나는 결코 동일 인물이 아니다. 랍비로서 성공해 갈수록, 명성을 얻을수록, 점점 나 자신이 사기꾼처럼 느껴진다. 나는 알기는 많이 알되 실천은 너무 적다. 세월이 지날수록 지식은 더 많이 쌓여 가나, 아는 지식과 행하는 실천 사이의 틈은 더욱 넓어져만 간다. 난 날마다 악화 일로를 걷고 있다…'

이렇게 니고데모로 하여금 그 밤에 예수님을 찾아오게 만들었던 것은, 어쩌면 참된 겸손에 기초한 깊은 내면적 불안감이었을 수도 있다. 그는 신학적 정보를 찾고 있던 것이 아니라, **출입구**를 찾고 있었다. 그는 하나님 나라에 **대한** 더 많은 지식이 아니라, 그에게 문을 보여 주고 그 안으로 데리고 들어가 줄 개인적 안내자이자 친구를 찾고 있었다. '어떻게 하면 그리로 **들어갈** 수 있을까…?'

아니, 어쩌면 단순한 호기심 때문이었을 수도 있다. 지도자는, 영향력을 유지하자면 항상 경쟁에서 선수를 쳐야 하고, 현재의 동향을 파악하고 있어야 하며, 현재 시장에서 가장 잘 팔리는 것이 무엇인지 알고 있어야 한다. 예수님은 그즈음 세간의 엄청난 관심을 끌고 있었다. 그렇다면, 그는 지금 무슨 꿍꿍이를 품고 있는 것일까? 그의 비밀은 무엇일까? 그는 어떤 방책을 갖고 있을까? 니고데모는 자기 일에 유능했지만, 지금의 명예에 그대로 안주할 수 없음도 알고 있었다. 세상은 빨리 변하고 있었다. 이스라엘은 그야말로 여러 문화가 소용돌이치는 장소였다. 그리스의 학문과 로마의 통치와 유대교의 도덕 전통이 있는가 하면, 또 영지주의 분파, 밀의종교, 테러 집단들, 온갖 메시아 행세꾼과 광신도들이 서로 얽히고설키어 있었다. 이런 혼란상은 매주 모습이 바뀌었다. 이런 와중에서 지도자로서의 위치를 유지하자면 니고데모는 상황의 모든 세세한 추이에 늘 민감해야 했다. 예수님은 가장 최근에 등장한 스타였고, 따라서 니고데모는 무언가 유용한 전략이나 정보를 알아낼 요량으로 거기에 온 것이었다. 이런 가정 또한 얼마든지 가능하다.

그러나 이야기의 화자인 요한에게서는, 니고데모가 예수님을 찾아온 동기에 대한 호기심을 전혀 찾아볼 수 없다. 여기서 저자는 그의 동기에 전혀 관심을 두지 않는다. 이는 예수님에 대한 이야기이지, 니고데모에 대한 이야기가 아니기 때문이다. 예수님은 니고데모의 동기에 대해 질문하지 않으셨고, 요한 역시 그의 동기를 탐색하지 않는다. 대화가 시작되자, 예수님은 눈이 번쩍 뜨일 만한 놀라운 은유를 하나 도입하여 주도권을 장악해 버리신다. '다시 태어남', '위로부터 태어남'이라는 은유 말이다. "내게 이르노니 사람이 거듭나지 아니하면 하나님의 나라를 볼 수 없느니라"(3:3). 그리고 니고데모에게 숨 돌릴 틈도 주지 않은 채 다시 예수님은 또 다른 은유를 덧붙이시는데, 이번 것은 첫째 것보다 더 기묘하다. "진실로 진실로 네게 이르노니 사람이 물과 성령으로 나지 아니하면 하나님의 나라에 들어갈 수 없느니라"(3:5). 예수님이 사용하신 언어로 추정되는 아람어와, 요한이 저술시 사용했던 언어인 헬라어에서 바람, 숨, 성령은 모두 같은 단어다. 폐의 수축을 통해 생겨나는 공기의 움직임 기압의 변화에 의해 생겨나는 공기의 움직임 그리고 우리 안에서 사시며 우리를 살게 하시는 하나님의 움직임, 이 모두가 그 두 언어에서는 동일한 단어로 표현되었고, 이는 사람들로 하여금 그 단어가 사용될 때마다 상상력을 발휘하지 않을 수 없게 만들었다. 지금 이것은 대체 무엇에 대한 말인가? 숨쉬기에 대한 말인가? 아니면 날씨에 대한 말인가? 아니면 하나님에 대한 말인가?

우리가 이런 질문을 할 줄 알았던 요한은 곧이어 그 단어의 문자적인 쓰임과 은유적인 쓰임을 동시에 등장시켜 문제를 해결한다. "바람(*pneuma*)이 임의로 불매 네가 그 소리는 들어도 어디서 와서 어디로 가는지 알지 못하나니 성령(*pneuma*)으로 난 사람도 다 그러하니라"(3:8).

니고데모는 고개를 저었다. 도무지 이해할 수 없었던 것이다.

뒤이어 또 다른 이야기가 등장한다. 사마리아 여인 이야기다(요 4장). 밤에 일어난 일인 니고데모 이야기와는 달리, 이는 사마리아 지방 야곱의 우물가에서 환한 대낮에 일어난 이야기다. 예수님이 혼자 앉아 계시고 한 여인이 물을 길러 온다. 예수님은 여인에게 물을 좀 달라 하시며 대화의 문을 여신다. 여인은 남자가, 그것도 **유대** 남자가 자신에게 말을 걸어오자 깜짝 놀란다. 두 민족간에는 수세기에 걸쳐 종교적 반목이 있어 왔기 때문이다.

그녀는 놀랐다. 그런데 혹 이 순간, 그녀에게는 경계심도 있었던 건 아닐까? 그녀의 대답엔 날카로운 날이 서 있음이 느껴진다. "당신은 유대인으로서 어찌하여 사마리아 여자인 나에게 물을 달라 하나이까"(4:9). 그녀는 우물가에 앉아 있는 이 남자가 미심쩍었던 것일까? 아마 그녀에게는 그런 의심을 품을 만한 충분한 이유가 있었을 것이다. 그녀는 인생의 쓴맛을 아는 여인이었다. 이야기 후반에 이르면 우리는 그녀가 다섯 번이나 결혼했으며, 지금 같이 살고 있는 여섯 번째 남자와는 결혼도 하지 못한 상태라는 것을 알게 된다. 연이어 버림받고 숱하게 실패했던 경험들, 해마다 쌓여 가는 몸과 마음의 상처와 흉터들, 불운했을 그녀의 인생 시나리오를 상상해 보기란 그리 어렵지 않다. 그녀의 인생에서, 여성이라는 것은 곧 남자의 이용 대상이라는 의미였다. 남자 곁에 있는 것은 곧 위험물 곁에 있는 것이었다. 그런데, 이 낯선 남자가 내게 지금 뭘 하려는 것일까? 무슨 말을 하려는 것일까? 그녀는 자연히 경계 태세를 갖춘다.

아니, 어쩌면 그 반대였을 수도 있다. 어쩌면 그녀의 질문에 담긴 것은 불신하는 태도가 아니라, 시시덕거리는 태도였을 수도 있다. 어쩌면 지금 그녀는 남자 사냥에 착수한 것일 수도 있다. 다섯 남편들을 차례차례 이용한 경력이 있는 그녀는 이제 여섯 번째 대상을 구하는 작업에 들어간 것일 수도 있다. 어쩌면 그녀는 남자를 욕구 충족의 기회, 힘과 출세를 위한 수단으로 삼아 왔으며, 남자가 더 이상 자신의 자만이나 야망이나 욕망을 채워 주지 못하면 사정없이 내다 버리는 여인이었을 수도 있다. 예수님을 본 순간 그녀는 자신의 유혹 전략을 가늠하기 시작한 것이라는 시각도 전혀 불가능하진 않다. '아니, 놀라운걸! 이 남자에게서 뭐가 나올까 한번 알아나 보자.'

우리는 이런 시시한 게임을 좋아한다. 빈 칸 채우기, 이면의 진실 알아맞추기, 사람들의 비화 파헤치기 등. 그러나 니고데모 이야기에서처럼, 여기서도 예수님은 그런 게임에 전혀 관심을 보이지 않으시며, 요한도 동기를 탐색하는 일에 전혀 관심을 나타내지 않는다. 그분은 그녀를 그대로 받아들일 뿐, 의문을 던지지 않으신다. 앞서 니고데모 이야기처럼, 여기서도 우리는 이 이야기가 예수님에 대한 이야기이지, 여인에 대한 이야기가 아님을 깨닫는다.

대화를 트는 말들이 우물가에서 오고간 후, 이제 예수님은 수수께끼 같은 말씀을 하기 시작하신다. "네가 만일 하나님의 선물과 또 네게 물 좀 달라 하는 이가 누구인 줄 알았더라면 네가 그에게 구하였을 것이요 그가 생수를 네게 주었으리라"(4:10). 우리는 곧, 예수님은 앞서 니고데모와의 대화에서 '바람'을 은유로 사용하셨듯이, 지금 사마리아 여인에게는 '물'을 은유로 사용하고 계시다는 것을 깨닫는다. 방금 전에는 두레박으로 퍼올리는 우물물을 가리키는 말이었으나 이제 '물'은 전혀 다른 무엇, 내면적인 무엇 ― "그 속에서 영생하도록 솟아나는 샘물"(4:14) ― 을 가리키는 말로 사용되고 있다. 그러고는 앞서 니고데모 이야기에서 사용된 바 있는 그 은유가 덧붙여진다. "하나님은 영이시니 예배하는 자가 영과 진리로 예배할지니라"(4:24).

다시 '영'이 등장했다. 숨과 바람에 대한 우리의 감각적 경험과 하나님의 본질과 활동을 연결시켜 주는 그 단어 말이다. 예배는 어디서 드려야 하는가와 같은 사소한 말다툼으로 대화가 추락하려는 순간, 예수님의 말씀은 돌연히, 하나님이 중심을 차지하고 계신 새로운 실재를 창조해 낸다.

그 여인은 깨달았다. 그녀는 메시아에 대해 자신이 알고 있던 지식과, 예수님이 그녀에게 하시는 말씀 그리고 그녀에게 나타나신 예수님의 **존재**를 연결지었다. 그녀는 그 자리에서 회심했다.

요한이 나란히 제시하는 이 두 이야기에서 놀랄 만한 점은, 하나님의 영이 그 중심부에서 부각되고 있다는 사실이다. 하나님의 생동성, 하나님의 창조자로서의 현존, 아담 안으로 불어넣어졌던 것처럼 우리 삶 속으로 불어넣어지는 그 숨, 생물학이 지배할 수도 설명할 수도 없는 방식으로 우리를 생동하게 만드는 그 숨 말이다.

또 이에 상응하는 특징으로서, 그 둘은 모두 접근성(accessibility)을 강조하는 이야기들이다. '영적'이라는 단어의 현대적 쓰임은 흔히 부적절한 뉘앙스를 풍기는데, 바로 엘리트주의적 낌새다. 즉, 영성은 오직 선택된 소수, 특별한 사람들만 접근할 수 있는 영역이라는 뉘앙스다. 그러나 이 두 이야기에서 우리는 전혀 그런 암시를 찾아볼 수 없다. 하나님의 숨이 불어넣어진 삶은 누구에게나 열려 있다. 이는 어떤 조건에 처한 인간이라도 접근할 수 있는 삶이다. 인간은 누구나 삶 속으로 초대받았다. 여기에 전제 조건 따위는 없다.

이 초대의 보편적 성격은 먼저 어휘 선택에서 나타난다. 두 이야기에서 사용되는 기본 은유들은 모두 우리가 얼마든지 쉽게 접근할 수 있는 단어들이다. 사전을 찾아보지 않아도 누구나 알 수 있는 단어, 일상 생활에서 나온 단어들이다. 니고데모 이야기에서는 '태어남'이, 사마리아 여인 이야기에서는 '물'이 그런 단어였다. 우리는 누구나, 특별한 가르침이 없이도 그 의미를 이해할 만큼 그 단어들에 대해 충분한 경험을 갖고 있다. 우리는 누구나 태어난다는 것이 어떤 것인지 알고 있다. 우리가 지금 여기에 있는 것도 태어났기 때문이다. 또 우리는 누구나 물이 어떤 것인지 알고 있다. 우리는 하루에도 수차례 물을 마시며 물로 씻는다. 두 이야기 모두에 공통적으로 나오는 은유인 바람/숨 역시 쉬운 말이다. 누구나 바람/숨이 무엇인지 안다. 손에 입김을 불어 보기만 해도, 숨을 깊이 내쉬어 보기만 해도, 흔들리는 나뭇잎을 쳐다보기만 해도 말이다.

그리고 이 이야기들에는 다음과 같은 특징이 있다.

첫 번째 이야기는 한 남자 이야기이고, 두 번째 이야기는 한 여자 이야기다. 기독교적 삶은 특정한 성을 선호하지 않는다.

첫 번째 이야기는 도시, 즉 교양과 학문과 유행의 중심지에서 일어난 일이고, 두 번째 이야기는 지방의 한 작은 마을에서 일어난 일이다. 이렇게 우리의 지리적 주소는 우리의 인지 능력이나 성향과는 아무런 상관이 없다.

니고데모는 엄격한 정통주의 분파인 바리새인 그룹의 존경받는 일원이었고, 사마리아 여인은 멸시받는 이교 분파인 사마리아인들 중에서도 평판이 좋지 않은 일원이었다. 이렇게 영성은 인종적 배경, 종교적 정체성, 도덕적 행적 등과도 아무런 상관이 없다.

그 남자에게는 이름이 있었고, 그 여자는 무명이었다. 이렇게 공동체 내의 명성과 지위 역시 영성에서는 하등 중요하지 않다.

또 있다. 니고데모와의 대화에서는 니고데모가 종교적인 말로 대화를 시작했다. "랍비여 우리가 당신은 하나님께로부터 오신 선생인 줄 아나이다." 그런데 사마리아 여인과의 대화에서는 예수님이 물을 한 잔 달라는 말로 대화를 시작하셨다. 전혀 종교적으로 들리지 않는 말로써 말이다. 이렇게 기독교적 삶에서는 누가 먼저 시작했느냐, 예수님이냐 아니면 우리냐, 또 주제가 무엇이냐, 천상적인 것이냐 지상적인 것이냐 하는 것은 하등 중요하지 않다.

그리고 두 이야기 모두 명성에 누를 끼칠 것을 무릅쓰는 이들의 이야기들이다. 니고데모는 예수님과 함께 있는 것이 목격될 경우 명성에 누가 될 위험을 감수했다. 예수님은 사마리아 여인과 함께 있는 것이 목격될 경우 명성에 누가 될 위험을 감수하셨다. 두 경우 모두 당대의 인습을 거부하는 것이요, 위험한 선을 넘는 것이요, 오해받을 것을 기꺼이 무릅쓰는 행위였다. 본질에 가까이 다가서려 한다면 우리는 보장된 결과나 관습적 행동을 넘어설 수 있어야 한다. 그러므로 특징을 요약하면 이렇다.

남자와 여자.
도시와 시골.
내부인(insider)과 주변인(outsider).
전문가와 비전문가.
존경받는 한 남자와 멸시받는 한 여자.
정통교인과 이단자.
주도한 사람과 응한 사람.
유명인과 무명인.
인간적 명성이 위험에 처한 경우와 신적 명성이 위험에 처한 경우.

또 있다. 두 대화 모두 '영'(Spirit)을 중추적 단어로 삼고 있다. '영'은 그 두 이야기의 차이점과 대조점들을 서로 연결해서, 그것들을 한 이야기의 서로 다른 측면들로 만들고 있다. 두 이야기 모두에서 '영'은 우선적으로는 하나님께 속하며, 다만 파생적인 의미에서 사람들에게 속한다. 첫 번째 대화를 보면, 영(성령)은 낳는 존재다 ("성령으로 난 사람도 다 그러하니라"). 사람으로 하여금 '볼' 수 있게, '들어갈'(두 단어 모두 이 대화에서 사용된 동사다) 수 있게 만드는 그 탄생의 작인(作人), 원천, 원인은 다름 아닌 영(성령)이다.

두 번째 이야기는 하나님이 곧 영이시라고 말하고 있다. 우리가 하나님을 영과 진리 안에서 예배하는 것은 그분이 영이시기 때문이다. 이렇게 우리가 무언가를 하는, 혹은 하지 않는 데 이유가 있을 수 있는 것은 오직 하나님이 영이시라는 사실 때문이다.

마지막으로, 두 이야기 모두 중심 인물은 다름 아닌 예수님이다. 니고데모와 사마리아 여인이 이야기의 계기를 제공하기는 하지만, 내용을 제공하는 이는 예수님이다. 우리의 모든 말과 행동의 대(大)맥락인 삶에 있어서 그 만사의 중심부에는 언제나 예수님이 일하고 계신다. 예수님은 그 누구보다도 능동적으로 일하고 계신다. 에너지를 제공하는 분은 다름 아닌 예수님이다.

우리는 여기에 익숙하지 않다. 우리는 '영적'이라는 형용사를, 하나님의 성령의 활동과는 아무 상관이 없는 말로, 그저 우리의 기분이나 특질이나 갈망이나 업적 등을 묘사하는 말로 사용할 때가 많다. 그 결과, 이제 그 단어는 가히 절망적일 정도로 의미가 왜곡되어 있다. 이 두 이야기는 우리를 이러한 혼란에서 건져 준다. 우리는 예수 그리스도 안에서 우리 가운데 계신 하나님의 길에 대해, 그 길을 따르도록 우리가 초대받는 방법에 대해 연구할 때 이제 더 이상 우리 자신의 (혹은 우리 친구들의) 경험이나 느낌이나 행위에서 자문을 구하지 않을 것이다. 우리는 이 이야기들을 출발점으로 삼아 먼저 판을 깨끗이 정리함으로써 우리의 입지를 세울 것이다. 지금껏 우리는 다음과 같은 점에 주목함으로써, 판을 어지럽히는 몇 가지 것들을 이미 치워 냈다.

영성은 어떤 비밀스런 지식 체계도 아니며,
영성은 적성이나 기질과도 무관하며,
영성은 당신이나 나, 우리의 개인적 능력이나 고상한 체험이 아닌,
바로 하나님에 대한 것이다.

그러나 요즘 너무 많은 사람들이 '영적'이나 '영성'이란 용어를 성경적 계시와 동떨어진(때로는 그에 맞서는) 의미로 사용하고 있기에, 본서에서는 '영성' 대신 자주 '기독교적 삶'(Christian life)이란 말을 그 동의어로 사용할 생각이다.

기독 교회는, 성경의 가르침에 충실할 때는 늘 '잃어버린 자들'에 대해, 기성 종교의 노예가 된 이들에 대해, 교육 수준이나 경건 수준이나 사회적 지위가 낮은 이들에 대해 열린 문, 환영하는 자세를 견지해 왔다. 그러나 드물지 않게, 특히 교회가 문화의 채택을 받아 양적인 성공을 거두고 있을 때, 교회는 자주 이러한 책무로부터 탈선해 왔고, 그 결과 사회의 주변인들은 교회 밖에 방치되었다. 그러한 때, 교회는 소외된 이들을 포용하는 본래적 책무로 다시 돌아가야 한다는 목소리가 흔히 사회 주변부로부터 제기되곤 했다.

영성의 모든 문제에서 우리에게는 늘 깨어 있는 자세가 요구된다. 엘리트주의가 늘 "문에 엎드려"(창 4:7) 있기 때문이다. 엘리트주의는, 복음은 아마도 모든 이를 위한 것이겠지만, 하나님 나라의 좀더 '수준 높은' 일들에서는 어떤 이들이 다른 이들보다 더 적합하다고 생각하는 것이다. 그런데 가만 보면, 이들이 말하는 그 '어떤

이들'이란 늘 사회적 · 문화적으로 중상층에 있는 사람들이다. 가난하고 교육 수준이 낮은 이들은 늘 그런 '수준 높은' 일들에서는 별 관심을 받지 못한다. 그러나 '복음적인' 것은 내부인뿐 아니라 주변인에게도 동일한 에너지와 수용을 가져다준다. 노방 전도단들의 경우, 비록 산상 수련원이나 교외의 대형 교회들과는 상당히 다른 어휘들을 사용하지만, 깊이 있고 성숙한 기독교 영성을 보여 줄 때가 많다.

세 본문

앞서 살펴본 두 이야기는 '영'이라는 단어를 전면에 내세워 우리 모두를 주님과의 친밀한 삶 속으로 초대한다. 그 '영'은 하나님의 영, 즉 성령을 지칭하는 말로서, 성경과 기독교 전통 전체에서 중대한 위치를 차지하며, 우리 가운데 일하시는 하나님의 살아 계신 임재를 지칭한다. 이 세상 속에서 성령께서 하시는 형성 사역의 범위를 가리키는 대표적 본문 세 가지가 있다. 창세기 1:1-3, 마가복음 1:9-11 그리고 사도행전 2:1-4이다. 이 본문들은 모두 어떤 시작에 관해 말하고 있는데, 세 본문 모두에서 성령은 그 시작을 일으키는 분으로 나타나 있다.

체스터턴(G. K. Chesterton)은 세상에는 두 종류의 사람이 있다고 말한 바 있다. 나무들이 바람에 거세게 흔들리고 있을 때, 어떤 부류의 사람들은 바람이 나무를 움직이고 있다고 생각하는 반면, 어떤 부류의 사람들은 나무의 움직임이 바람을 만들어 내고 있다고 생각한다는 것이다.[3] 전자는 인류 역사 대부분 동안 대다수의 사람들이 가져 왔던 견해다. 체스터턴은, 나무의 움직임이 바람을 만들어 내는 것이라고 담담하게 주장하는 일단의 새로운 인간 종이 출현한 것은 겨우 최근의 일이라고 말한다. 인류의 합의된 여론은 언제나, 보이는 것 배후에는 보이지 않는 것이 있고 전자는 후자에게서 에너지를 얻는다는 것이었다. 그런데 사람과 사건들에 대해 주도면밀히 관찰하고 논평해 온 저널리스트로서 체스터턴은, 놀랍게도 이제는 그런 합의가 깨졌으며, 현대의 대중은 너무나 순진하게도, 그들이 보고 듣고 만지는 것이 기본적 실재이며, 그것이 감각으로 확증될 수 없는 기타 모든 것을 만들어 낸다는 가정을 갖고 있다고 말한다. 즉, 그들은 보이는 것이 보이지 않는 것을 설명해 준다고 생각한다는 것이다.

이처럼 '영'의 은유적 기원을 상실한 바람에, 지금 우리는 일상 대화에서 (최소한 영어의 경우) 심각한 어휘 손실을 겪고 있다. 만일 우리가 언어에서 '영'이라는 단어를 완전히 제거하고, 대신 '바람'이나 '숨'이란 단어들만을 사용한다면 우리의 지각이 어떻게 변할지 한번 상상해 보라. 우리 선조들에게 영은 소위 '영적인' 것이 아니었다. 그들에게 영은 감각적인 무엇이었다. 영은 보이는 효과를 가진 보이지 않는 무엇이었다. 영은 보이는 것은 아니지만, 그렇다고 비물질적인 것은 아니었다. 공기를 생각해 보라. 공기는 화강암 산 못지않은 물질성을 가졌다. 공기는 우리가 느끼고, 듣고, 측정할 수 있는 무엇이며, 깨어 있거나 자고 있는 모든 인간과 동물, 모든 생명체가 호흡하며 살게 해준다. 말을 하는 데 소용되는 공기 한 모금, 피부를 쓰다듬어 주는 잔잔한 산들바람, 배의 돛을 잔뜩 부풀어 오르게 만드는 세찬 바람, 헛간 지붕을 날려 보내고 나무를 뿌리째 뽑아 버리는 거친 허리케인 등, 이 모두가 공기로 인한 것들이다.

만일 우리가 잠시 우리의 언어 생활에서 '영'이나 '영적인'이라는 단어들을 전혀 사용하지 않아 본다면, 우리는 엄청나게 많은 말들의 의미가 더욱 명료화되는 것을 발견하게 될 것이다.

그러나 이제 우리가 다루려는 이 세 본문들은, 주의 깊게 경청하기만 한다면, 이와 같은 부정확성 속에 처해 있는 우리에게 이정표 역할을 해줄 수 있다. 이 세 본문들은 세 가지 시작을 의미한다. 그것은 창조의 시작, 구원의 시작, 교회의 시작이다. 거룩한 창조, 거룩한 구원, 거룩한 공동체다.

창세기 1:1-3

"태초에 하나님이 천지를 창조하시니라. 땅이 혼돈하고 공허하며 흑암이 깊음 위에 있고 하나님의 영은 수면 위에 운행하시니라. 하나님이 이르시되 빛이 있으라 하시니 빛이 있었고."

하나님이 시작하신다. 하나님은 창조하심으로써 시작하신다. 이 창조 행위가 존재하는 모든 것, 보이는 것들과 보이지 않는 것들, "하늘과 땅에 있는" 모든 것을 설명해 준다. 창조는 비(非)창조(noncreation), 혹은 반(反)창조(anti-creation)를, 즉 "혼돈하고 공허한" 것, 빛이 없는 것("깊음 위에 있는 흑암")을 취해, 그것을 가지고 무언가를 만들어 내며 그것에 형식과 내용을 주며 그것을 빛으로 충만하게 한다. 비(非)창조, 전(前)창조(pre-creation)는 이 본문에서 깊고 어두운 바닷물로 묘사되고 있다. 그것은 무형태의, 무질서한, 거친, 예측 불가한, 치명적인 것이다.

이러한 바닷물 위에 하나님이 숨을 내쉬신다, 혹은 불어내신다.

이 숨은 생명이며, 생명을 만들어 내는 숨이다. 우리는 이 무질서한 바닷물 위에, 이 어둡고 치명적인 바닷물 위에 바람이 불고 있는 것을 본다. 이 불(不)생명(unlife), 비(非)생명(nonlife) 속으로 하나님이 생명을 불어넣고 계신 것을 본다.

그리고 이제 이러한 하나님의 숨은, 모호한 바람에 머물지 않고 말을 하는 데 사용된다. 바람을 만들어 낸 숨/영이 이제 언어를 만들어 낸다. 우리는 먼저 하나님의 숨이 물에 끼친 영향을 **보았고**, 이제는 이 하나님의 숨이 명료한 말로 표현되는 것을 **듣는다**. "하나님이 이르시되…" 이 이야기에서 하나님은 여덟 번 말씀하신다. 그 여덟 문장이 이 세상에 존재하는 모든 것을 설명한다. 그 범위는 포괄적이다. '창조하다'는 하늘과 땅에 있는 모든 것을 설명해 준다.

그러나 이것이 전부가 아니다. '태초에' 수면 위에서 움직이셨던 하나님의 영은 지금도 계속 움직이시며, 계속 창조하고 계신다. 창세기 창조 본문의 역할은 단순히 우리에게 세상이 어떻게 존재하게 되었는지를 말해 주는 것에 국한되지 않는다. 이 본문은 또한 현재에도 일어나고 있는 하나님의 영의 창조 사역에 대한 증언이다. 성경에서 '창조하다'라는 동사는 오직 하나님을 주어로 해서 나타난다. 인간과 천사는 창조하지 않는다. 오직 하나님만이 창조하신다. 그런데 이 동사의 가장 빈번한 쓰임은 하늘과 땅의 시작 이야기에서가 아니라, 주전 6세기 바빌론으로 포로로 끌려간 하나님의 백성 중에 일어난 예언/목회 사역에서 발견된다. 그 때 히브리 백성들은 가히 전부를 잃은 상황이었다. 정치적 정체성, 예배 처소, 집과 농장 등 그들은 모든 것을 잃었다. 그들은 거의 1,000km나 되는 사막을 강제로 건너 낯선 땅으로 이주했고 거기서 하루하루 근근이 연명해

나갔다. 그들은 아무것도 가진 것이 없었다. 모든 소유를 빼앗겼을 뿐 아니라, 하나님의 백성으로서의 정체성마저 빼앗겼다. 그들은 낯설고 우상 숭배하는 사회 속에 내던져진 뿌리 뽑힌 인생들이었다. 그런데 바로 그들에게, 바로 그런 조건에 처해 있던 그들에게, 이 창세기 동사 '창조하다'가 전혀 새롭고 참신한 방식으로 들려오기 시작한 것이다. 성경에서 '창조하다'(그리고 '창조자')라는 동사가 가장 빈번히 등장하는 곳은 다름 아닌 이사야의 설교다. 창세기의 위대한 창조 이야기에는 그 동사가 여섯 번 나오는 반면, 이사야의 설교에는 무려 열일곱 번이나 등장한다. 주전 6세기 바빌론 땅에서 하나님의 영은 그야말로 무(無)로부터 생명을 창조해 내셨던 것이다. "흑암이 깊음 위에" 있었을 때, 그 공허한 공간 속에서 그렇게 하셨던 것처럼 말이다. 이사야서 전체에 걸쳐 창조자이신 성령은 인간이 살 수 있는 구조를 창조하시는 존재로, 또 그 구조 안에 살기에 적합한 인간 생명들을 창조하시는 존재로 나타나신다. '창조하다'는 단순히 성령께서 과거에 하신 일에만 국한되어 쓰이지 않는다. 창조는 성령께서 **지금도 하고 계시는** 일이다. 창조 세계는 비인격적 환경이 아니라, 우리의 집이다. 우리가 살아가는 터전이다. 포로기 이사야가 이룩한 놀라운 업적은 창세기 태초 이야기의 모든 세목(細目)들을 현재 속으로 들여왔다는 점이다. 이 세상 속에서 자신을 비존재(uncreated)로, 무가치하고 부적합한 존재로 느끼며 사는 우리의 이 현재 삶 속으로 말이다. 창조에서 성령이 하시는 일은 이제 더 이상 '언제 이런 일이 일어났는가? 어떻게 일어났는가?' 같은 질문들에 답을 주는 데 국한되지 않는다. 이제 우리는 이렇게 질문한다. '어떻게 나는 여기에 들어갈 수 있는가? 여기서 내 자리는 어디인가?' 그리고 우리는 이렇게 기도한다. "내 속에…창조"하여 주소서라고(시 51:10).

마가복음 1:9-11

"그 때에 그대로 갈릴리 나사렛으로부터 와서 요단 강에서 요한에게 세례를 받으시고 곧 물에서 올라오실새, 하늘이 갈라짐과 성령이 비둘기같이 자기에게 내려오심을 보시더니 하늘로부터 소리가 나기를 너는 내 사랑하는 아들이라 내가 너를 기뻐하노라 하시니라."

여기서도 하나님이 시작하신다. 두 번째 시작 이야기다. 예수님이 세례 받으시고 하나님의 "사랑하는 아들"로 불리는 이야기다.

창세기는 우주론적 이야기다. 하나님이 숨을 불어넣으시자 물 덮인 혼돈으로부터 형태와 충만과 빛이 생겨나는 모습, 비생명으로부터 생명, 즉 무기물과 유기체가 출현하는 모습을 제시한다. 마가복음은 어떤 강에서 예수님이 세례 받으시는 모습을 제시한다. 특정한 지역, 특정한 이름을 가진 강에서 말이다. 예수님은 그 강에 잠기셨다가 다시 그 강에서 올라오셨다. 세례는 창세기의 재현이다. 예수님이 물 위로 올라오시는 순간, 하나님은 그에게 생명을 불어넣으신다. 이 때 이 숨은 하늘에서 내려오는 비둘기 같은 모습으로 형상화되었다.

예수님 위에 비둘기가 내려오는 모습은 창세기 1장과의 선명한 연결점을 보여 준다. "하나님의 영은 수면 위에 운행하시니라(*mᵉracnepheth*)"에서 그 동사는 '맴돌다'(hover)로도 번역될 수 있다. 이 단어는 신명기(32:11)에서, 독수리가 어린 새끼들을 먹이느라, 혹은 보호하느라, 둥지 위에서 맴돌고 있는 모습을 묘사할 때 사용되었다.[4] 새들의 이런 모습, 창세기의 맴도는 독수리, 마가의 내려오는 비둘기는 우리 상상력에 하나님의 영의 이미지를 제공한다.

창세기에서, 하나님의 숨이 처음엔 눈에 보였고, 그 다음 즉시 말로 들렸던 것("…있을지어다")처럼, 여기 마가복음에서도 마찬가지다. "너는 내 사랑하는 아들이라. 내가 너를 기뻐하노라"(막 1:11).

창세기 사건들과 예수님의 오심 사이에는 많은 일들이 있었다. 하나님의 생명숨에 의해 존재하게 된 창조 세계는 심하게 망가져 버렸다. 죽음이 주요소가 되어 버렸다. 죽음, 반(反)창조가 말이다. 죽음은 생명의 부정이며, 생명의 제거이며, 생명의 원수다. 죽음에는 에너지가 없으며, 죽음에는 움직임이 없으며, 죽음으로부터는 아무 말도 나올 수 없다. 그러나 죽음은 결코 승자가 될 수 없다. 언제나 생명이—하나님이 내쉬시고, 하나님이 말씀하여 내신 생명이—살아남았고, 때로는 번성하기조차 했다. 죽음이 창조 세계로 들어오자, 그 다양한 형태들을 가리키기 위해 포괄적인 죽음 어휘들이 발전했다. '죄'니 '반역'이니 '허물'이니 '불법'이니 하는 말들이 그러한 것이다. 성경이 우리에게 들려주는 포괄적 이야기에서 생명은 죽음의 공격 속에서도 언제나 살아 남고, 하나님은 죽음이 창궐하는 이 창조 세계 속으로 새롭거나 한결같은 방식으로 끊임없이 생명을 불어넣고 계신다. 이 이야기를 읽다 보면 우리는 한 가지 복잡한 플롯을 발견하게 된다. 이 이야기에서 하나님은 언제나 혼돈과 불행으로부터 생명의 길을 창조해 내시고, 죽음과 맞서시고, 창조 세계와 창조물 속에 생명을 불어넣으시며, 그럴 때마다 생명숨이 우리 귀에 언어로 들려온다. 생명 어휘들이 죽음 어휘들과 맞서 그것들을 압도해 버리는 것이다. '사랑'과 '희망', '순종'과 '믿음'과

'구원', '은혜'와 '찬양' 같은 단어들, '할렐루야', '아멘' 같은 단어들이 말이다.

무형태, 공허, 어둠으로부터 '하늘과 땅에' 존재하는 모든 것, 물고기와 새, 별과 나무, 식물과 동물, 남자와 여자를 창조해 내는 왕성한 말씀으로 나타난 바 있는, 그 하나님의 영이 이제 예수님 위에 내려오신다. 그분은 죽음에 강탈당하고 죄에 살육당하고 있는 이 세상 속에서 이제 말씀으로 구원을 실재로 만들어 내실 것이다.

하나님이 숨 불어넣으신 예수님의 생명, 하나님이 복되게 하신 예수님의 인격이 이제 이 순간, 죽음을 이기는 구원 사역의 절정을 이루기 시작한다.

사도행전 2:1-4

"오순절 날이 이미 이르매 그들이 다같이 한 곳에 모였더니 홀연히 하늘로부터 급하고 강한 바람 같은 소리가 있어 그들이 앉은 온 집에 가득하며 마치 불의 혀처럼 갈라지는 것들이 그들에게 보여 각 사람 위에 하나씩 임하여 있더니 그들이 다 성령의 충만함을 받고 성령이 말하게 하심을 따라 다른 언어들로 말하기를 시작하니라."

여기서도 다시금, 하나님이 시작하신다. 세 번째 시작이다. 예수님을 따르는 120명의 사람들에게 하나님이 숨을 불어넣으셔서, 거룩한 공동체, 교회를 창조해 내시는 이야기다.

승천하시던 날, 예수님은 사도들에게 하나님이 곧 그들에게 생명을 불어넣어 주실 것이라고 말씀하셨다. 하나님이 숨 불어넣으시어 하늘과 땅을 창조하신 것처럼, 하나님이 세례 받으시는 예수님께 복을 불어넣으셔서 그분을 구원의 완성자로 확증해 주시고 임명

놀이터 치우기

하셨던 것처럼 말이다. 하나님의 숨이 불어넣어져 생명을 받게 되면—예수님의 표현대로 "성령으로 세례를" 받으면(행 1:5)—그들은 하나님이 숨 불어넣으신 천지 창조와 하나님이 숨 불어넣으신 예수 세례가 지금도 계속 이어지게 만들 수 있는 힘과 에너지를 받게 될 것이었다. 그분은 "내 증인"이라는 말로 그들이 갖게 될 이러한 새로운 정체성을 지칭하셨다.

그들은 그 약속을 믿었다. 그리고 예수님을 따르는 다른 이들에게도 그 약속에 대해 말해 주었다. 곧 120명으로 불어난 그들은 그 약속이 이루어지기를 함께 기다렸다. 그들은 하나님이 숨 불어넣으신 천지 창조와, 하나님이 숨 불어넣으신 예수 세례를 하나님이 그들 속으로 불어넣어 주시기를 기다렸던 것이다. 그들은 열흘을 기다렸다.

마침내 그 약속은 정말로 이루어졌고, 놀라운 일들이 일어났다. 이는 창세기의 창조 때와 예수 세례 때의 그 생명 주시는 하나님의 숨과 명백한 연속성을 가졌으면서도, 또 더 크게 확대된 일들이었다. 그 거룩한 숨은 여기서는 거룩한 바람, "급하고 강한 바람"(2:2)이 되었고, 그 방을 온통 가득 채웠다. 방을 가득 채운 그 바람은(2절) 곧 거기 모인 사람들 각자를 가득 채웠다(4절). 그리고 마치 이것으로 충분치 않다는 듯, 또 다른 표지가 하나 더 덧붙여졌다. 바로 불의 표지였다. 그 날 그 방에 모여 있던 이들은, 불—보통은 제단 불—과 하나님의 임재가 서로 밀접히 연관되어 있던 전통—가령, 모리아 산의 아브라함, 성막의 아론, 갈멜 산의 엘리야 등—에 참여한 것이다. 그러나 이는 그 이상의 의미가 있었다. 여기에서 그 불은 각 사람에게 **분배**되었던 것이다. 각 사람에게 개인적으로 불의 혀가 하나씩 표지로 주어졌다. 각 사람이, 하나님의 임재로 불붙은 제단을 하나씩 받은 것이다. 창세기 창조와 예수 세례 때의 그 숨이 바람으로 부풀고, 옛 제단 불들이 각 사람 위에서 불타는 개인적 불들로 증식한 것이다. 이제 그들은 각자가 살아 계신 하나님, 임재하시는 하나님의 표지가 된 것이다.

그리고, 창세기와 예수님에게서 보여진 양상처럼, 여기서도 그 숨/바람은, 즉 그들을 각각 충만케 한 하나님의 살아 계신 임재는 그들 각각의 말로 표출되었다. 불의 혀(tongues)가 말(tongues)이 되어 나타난 것이다. 말의 모양으로 나타난 하나님의 숨은 그 날 예루살렘에서 사용된 모든 언어로 (그 중 열여섯 개의 언어들은 구체적으로 언급되었다) 말을 하는 남녀들의 입으로부터 나왔다. 그 모든 언어를 가지고 그들은 모두 동일한 것, 즉 "하나님의 큰 일"(11절)을 표현했다.

물론 모든 이가 크게 놀랐다. 처음 그들의 관심을 끈 것은 언어의 기적이었다. 평범한 남녀들('갈릴리 사람들', 즉 보통 한두 언어만 아는 시골뜨기들)이 (최소) 열여섯 가지가 넘는 언어로, 하나님에게서 나오고 하나님을 증언하는 말들을 거침없이 해 냈던 것이다. 바벨에서 기원한 언어의 혼란(창세기 11장)이 여기서 뒤집어진 것이다. 사람들을 지금도 계속해서 놀라게 만들고 있는, 지금도 계속되고 있는 기적은, 하늘과 땅을 창조했고, 예수님을 세우고 복되게 하신 그 하나님의 숨(생명)이 이제 평범한 남녀들에게 불어넣어지고 있으며, 하나님의 창세기-창조와 예수-구원에 대한 증언을 이어가는 말들로 형성되어 나타나고 있다는 점이다.

이 세 본문은 삶의 모든 측면—창조, 구원, 공동체—을 살아 계신 (숨 내쉬시는) 하나님 안에 붙박아 주는 삼각대 역할을 한다. 살아 계신 하나님은 살게 해주시는 분이다. 영이신 하나님은 영을 나눠 주시는 분이다. 하나님의 영은 그분이 하시는 주된 행위에 따르는 어떤 부수적인 것이 아니라, **그 자체가** 그분의 주된 행위다. 성령은 전부를 포괄한다. 또한 세 본문은, 삶을 창조하고 구원하고 지속시 키는 일에는 언제나 언어가 한몫 한다는 점을 분명히 보여 준다.

기독교 전통에서 성령과 말씀은 서로 유기적으로 연결되어 있다. 성령과 말씀은 단순히 서로 유관하거나 상보적인 것이 아니다. 성 령과 말씀은 실은 동일한 것의 두 측면이다. 때때로, 침묵을 목적으 로 삼는 말씀 없는 영성을 발족시키려는 시도들이 있어 왔다. 물론 대부분의 종교와 영성에 너무 말이 많은 것은 사실이다. 그러나 이 세 본문은 여전히 우리에게 권위를 가진다. 조만간 무언가가 말해 지기 마련이다. 실재는 **말씀으로** 존재하게 되었기 때문이다.

네 용어

기독교적 삶, 즉 기독교 영성의 본질과 역학을 탐색하기 위한 공통 어휘가 되는 용어가 넷 있다. 그 네 용어는 함께 4중창을 부른 다. 여기에 독창은 없다. 이따금 하나가 잠시 주요 부분을 맡을 수는 있지만, 원칙적으로 네 목소리가 동시에 필요하다. 각 목소리의 중 요성은 그 자체의 본래 소리가 무엇이냐에 못지않게, 다른 목소리들과 어우러져 그것이 어떤 소리를 내느냐에 달려 있다. 이 사중주는 다음과 같이 구성된다. '영성', '예수', '영혼'(soul) 그리고 '주 경외함'. '영성'은 포괄적 음색을 가진 용어다. 이는 하나님, 개인적 의미, 세상사에 대한 관심 등 사람들이 자기 인생의 의미에 대해 말하거나 생각할 때 가리키는 모든 것을 포함한다. '예수'는 초점과 구체성을 일깨워 준다. '영혼'은 우리 각자의 고유한 인간적 정체성에 목소리를 준다. '주 경외함'은 이 네 용어가 함께 손잡고 같은 속도로 움직일 수 있게 해주는 분위기와 리듬을 정해 준다.

네 용어 모두 전혀 비교(秘敎)적이거나 모호하지 않다. 모두 우리 일상 언어의 일부이며, 동네 커피숍이나 미용실이나 가족 모임에서 언제라도 들을 수 있는 말이다. 그러나 이들은 또한 우리 문화에서, 자신이 자라난 언어 본고장과 멀리 떨어져 여러 다양하고도 정확치 못한 의미로 사용될 때가 많은 단어이기도 하다. 이들은 이후에 나올 모든 내용에서 기본 어휘가 되기에, 그것들이 어떤 소리를 내는지에 대해, 그것들이 자연적 본고장인 기독교적 삶에서 갖는 연상적 의미에 대해 숙고하고 지나가는 일이 필요하다.

영성

'영성'은 현대 문화의 바다에 던져지면, 요한이 보도하는 부활 어획고, 즉 "큰 물고기" 153마리(요 21:11)에 필적할 만한 엄청난 양의 영적 물고기를 건져올릴 수 있는 거대한 그물이다. 우리 시대에 '영성'은 기업가들에게는 중요한 비즈니스가, 삶의 권태를 느끼는 이들에게는 레크리에이션 활동이, 어떤 이들에게는(이들의 수가 많은지 적은지는 분별하기 어려우나) 하나님과 깊고 충만한 관계를 맺으며 살고자 하는 진지하고 훈련된 헌신이 되었다.

과거에는 전통적인 종교적 맥락에서만 사용되었지만, 이제 그 단어는 온갖 종류의 사람들에게 온갖 종류의 맥락에서 온갖 종류의 의미로써 가히 마구잡이로 사용되고 있다. 한때는 신선했던 이 단어는 이제 시장판과 놀이터에서 마구잡이로 굴러 먼지투성이가 되었다. 이 일을 두고 많은 이들이 탄식하나, 나는 탄식이 꼭 적절한 반응이라고는 생각하지 않는다. 우리에게는 이런 단어가 필요하다.

이 단어에 대한 기독교의, 혹은 기타 종교의 배타적 용법을 회복시키고자 하는 시도는 보통 어떤 정의를 내리는 것으로 시작한다. 그러나 '영성'을 정의하고자 하는 시도들은, 많지만 다 부질없다. 이 용어는 늘 사전적 정의를 벗어나 있었다. 이 용어의 현대적 유용성은 그 의미의 정확성에 있는 것이 아니라, 그것이 무언가 모호하면서도 분명한 어떤 것을 짚어 준다는 데 있다. 그 어떤 것이란, 서로 모호하게 뒤섞여 있는 초월성(transcendence)과 친밀성(intimacy)을 말한다. 초월성이란, 뭔가 더 있다는 느낌, 삶은 나 자신, 내 직업, 내 남편/아내나 아이들이 생각하는 나, 내 콜레스테롤 수치 훨씬 이상의 무엇이 있다는 느낌이다. 그리고 친밀성이란, 내 안 깊은 곳에는 심리학자들의 분석, 의사들의 진찰, 여론조사원들의 질문, 광고업자들의 전략 등이 결코 접근할 수 없는 어떤 내밀한 중심이 있다는 느낌이다. '영성'은, 비록 정확성은 결여되어 있지만 모든 이의 경험의 일부인, 이러한 초월성과 내재성의 유기적 연관성을 보여 주는 포괄적 용어다.

우리에게는 이렇게, 하나도 빠뜨리지 않고 다 담아 주는 용어, 초월성과 내재성을 암시하는 모든 것을 커다란 바구니 안에 담아 주는 용어, 무차별적으로 포괄적인 용어가 하나 필요하다. 영성이 바로 그런 용어다.

'영성'은 역사적으로 비교적 뒤늦게 어휘 사전에 등장한 말이며, 아주 최근 들어서야 일반인들의 일상적 대화에 들어왔다. 바울은 '영적'(*pneumatikos*)이라는 형용사를 모든 그리스도인 안에서 일하시는 성령으로부터 나온 행위와 태도를 가리키는 데 사용했다.[5] 이 단어가 그리스도인 중에서 엘리트 계층, 평범한 그리스도인들보다 한 단계 높은 이들에게 국한된 삶의 양식을 명명하는 데 사용되기 시작한 것은 다만 중세 교회 후기, 주로 수도원 운동의 맥락에서였다. 소위 '영적' 그리스도인, 대개 순결과 가난과 순종을 서약한 수도사들인 그들의 삶은 결혼하고 자녀를 둔, "모든 것이 생업으로 시들고, 노역으로 흐려지고 더럽혀져/인간의 때를 입고 인간의 냄새를 피우는…"[6] 이 세상 속에서 밭과 시장에서 손을 더럽히며 일하면서 사는 사람들의 지리멸렬한 삶과 대조되는 것으로 여겨졌다. '영성'은 이렇게, 하나님 앞에서의 완전한 삶, 비범하도록 거룩한 기독교적 삶을 연구하고 실천하는 것을 가리키는 말로 사용되었다. 이는 다만 소수의 사람들과만 관계 있는 전문 용어였고, 따라서 결코 일상적 대화의 일부가 될 수 없었다.

이 단어는 어찌 보면 뒷문을 통해 우리 일상 언어 속으로 들어왔다고 할 수 있다. 17세기 프랑스에서는 가톨릭 평신도들을 중심으로 한 운동이 일어났는데, 이들은 수도원에서만 깊은 기독교적 삶을 살 수 있는 것은 아니라는, 당시로서는 급진적인 사상을 주장했다.

그들은 평범한 그리스도인도 수도사 못지않게 기독교적 삶을—깊은 기독교적 삶을—살 수 있다고 주장했다. 그러나 이 운동의 주된 목소리들이었던 마담 귀용(Madam Guyon)과 미구엘 몰리노스(Miguel de Molinos)는 그들의 신념을 '정적주의'(quietism)라고 정죄한 교회 권력자들에 의해 침묵당하고 말았다. 오만하기 그지없던 당시 기성 종교는 영성(*la spiritualité*)이라는 말을, 신심이 지나치게 뜨거운 평신도들을 깎아내리는 말로, 자기가 지금 뭘 하고, 쓰고, 생각하고, 실행하는 것인지도 모르면서 나서는 시건방진 평신도들을 고상하게 무시하는 말로 사용했다. 그런 일들은 전문가들 손에 맡겨져야 한다는 것이었다. 그러나 그들을 침묵시키고자 했던 제도 교회의 시도는 이미 때늦은 것이었다. 물은 이미 엎질러졌기 때문이다.

영성이란 단어가 경멸적인 어조를 벗어나기까지는 그리 오래 걸리지 않았다. 개신교의 경우 평신도 중심의 영적 진지함은 청교도의 '경건', 감리교의 '완전', 루터교의 '경건주의' 등 여러 모양으로 표출되었다. 그리고 '영성'이라는 이 느슨하고, 모호하게 포괄적인 '그물' 용어는 지금은 일반적으로 받아들여져 길거리에서 자유롭게 사용되고 있다. 이제는 누구나 영적인 사람이 될 수 있다.

흥미로운 점은, 오늘날의 어떤 종교 '전문가들'이 다시금 이 용어를 경멸적인 어조로 사용하고 있다는 것이다. 자격을 갖춘 이들 내부인들은 오도되고, 무지하며, 미숙한 남녀들이 그 용어를 마음껏, 또 유행 따라 사용하는 것을 보고, 다시금 대중적 형태를 취한 영성에 대해 은근히 깔보는 태도를 가지는 것이다.

모든 진지한 영성의 핵심은 삶이다. 충만하게 잘 사는 삶이다. '영'은 우리의 세 조어(祖語)인 히브리어, 헬라어, 라틴어 모두에서 숨을 근본 의미로 가지며, 따라서 자연스럽게 삶(생명)에 대한 은유로 사용된다. 이 단어는 우리 대화의 기본 어조를 결정하는 두 이야기(니고데모 이야기와 사마리아 여인 이야기)와 세 본문(창세기, 마가복음, 사도행전)에서 두드러지게 등장한다. 그 모든 경우에서 영은 다름 아닌 하나님의 영이다. 살아 계신 하나님, 창조하시는 하나님, 구원하시는 하나님, 복 주시는 하나님의 영이다. 하나님은 살아 계시고 생명을 주신다. 하나님은 살아 계시고 생명으로 차고 넘치신다. 하나님은 살아 계시고 우리가 보고 듣고 맛보고 만지는 모든 것, 우리가 경험하는 모든 것 속에 스며 계신다.

'살아 있음'(livingness)이라는 이 방대하고 복잡한 망을 지칭하기 위해, 역사의 이 시점에서 사람들이 선택한 용어가 바로 '영성'이다. 가장 적절한 단어는 아닐지 모르나, 어쨌든 지금 그 단어를 쓴다. 이 단어의 가장 큰 약점은, 영어에서 '영성'(spirituality)이 어떤 추상적인 말로 쇠퇴했다는 데 있다. 한 꺼풀만 벗기면 '숨'이라는 은유가 바로 불거져 나오는 말임에도 불구하고 말이다. 추상적인 단어로서 '영성'은 그것이 본래 전달하기로 되어 있는 바—살아서 활동하시며 임재하시는 하나님의 실재—를 오히려 모호하게 만들 때가 많다.

문제는, '영성'이라는 용어는 우리의 현 문화에서 그간 광범위하게 세속화되어 왔고, 따라서 현재 그저 '활력'이니, '집중된 에너지'니, '풍부함의 숨은 원천'이니, '내면에서 오는 생기'니 하는 정도로 그 의미가 축소되어 버렸다는 데 있다. 대부분의 사람들에게 이 단어는 더 이상 하나님의 생명이라는 의미를 전혀 전달해 주지 못한다. 하나님의 **영**, 그리스도의 **영**, **성령**이라는 의미를 말이다. 이것은 세속화될수록 쓸모가 사라지는 단어다. 그럼에도 이는 우리가 사용하고 있는 단어이며, ('결혼'이니, '사랑'이니, '죄' 같은) 많은 쇠락한 단어들처럼 그 참 뜻을 회복하기 위한 지속적인 노력이 필요한 단어다. 나는, 우리는 가능한 한 적게 이 단어를 사용하는 것이—어떻게든 추상적인 말을 피하는 우리 성경의 선례도 그러하듯이—좋다는 입장이며, 그래서 이야기나 은유를 사용하는 편을 더 좋아한다. 그런 것들은 우리로 하여금 바로 우리 앞에 놓인 것에 뛰어들어 참여하게 해준다.

이 단어는 추상화된 모호성 때문에 쉽게 우상 숭배의 편리한 위장막으로 사용되곤 한다. 우상 숭배는 인간이 자기 이익을 위해 하나님을 어떤 개념이나 대상으로 축소해 이용하는 것으로서, 인간 조건에 늘 따라다니는 고질병이다. '영성'이라는 단어가 신실성, 모든 선(善)을 향한 열망 등으로 통하는 한, 우상 숭배적인 동기가 은밀히 이 단어 뒤에 몸을 숨기고 우리 삶과 생각을 불구로 만들어 버리기 쉽고, 또 실제로 그런 일이 흔히 일어난다.

피상적인 오해들은 쉽게 처리할 수 있다. 영성은 물질적인 것에 대립하는 비물질적인 것이 아니다. 외적인 것에 대립하는 내적인 것도 아니며, 가시적인 것에 대립하는 비가시적인 것도 아니다. 사실 그 반대다. 영성은 물질적인 것, 외적인 것, 가시적인 것들과 깊은 관계가 있다. 영성이 정말로 말하는 바는, 죽어 있음과 반대되는 살아 있음이다. 어떤 사물이나 사람, 어떤 기관이나 전통에서 생명이 빠져나갔음을 감지할 때, 결국(때로는 시간이 좀 걸리긴 하지만)

우리가 목도하는 것은 영성의 부재다. 우리에게는, 아직 정확히 이름 붙이지 못한 통찰, 이미지, 갈망들을 다 구겨넣을 수 있는, 정리함 같은 단어가 필요하다. 다른 목적도 있겠지만 '영성'은 무엇보다 이러한 정리에 소용되는 단어다.

이러한 포괄적인 용어가 빈번히 사용되고 있는 현상은, 지금 우리는 여러 방식으로 우리를 비인격화, 기능화, 심리화시키는 사회 속에 살고 있다는 점을 생각해 볼 때 이해할 수 있다. 축소화로 이어지는 추상화로 인해 개별 삶의 특수성은 점차 모호해지고 있다. 우리는 그저 대상, 역할, 이미지, 경제적 잠재성, 상품, 소비자 등으로 대우받고 있으며, 그럴수록 우리에게서는 생명이 새어나간다. 이러한 다양한 축소화로 인해 우리 일상이 많이 단순화되고 용이해지는 면도 있지만, 우리 내면에서는 무언가가 여기에 반항한다. 비록 어쩌다 한 번씩이지만 말이다. 우리는 대부분, 적어도 가끔씩은, 삶은 이런 것들 이상의, 훨씬 이상의 무엇이라는 느낌에 사로잡히곤 한다. 우리에게는, 우리가 지금 놓치고 있는 이런 무언가를 명명해 주는 단어가 필요하다.

그러나 이 용어를 사용할 참이라면, 또 사용하지 않는 것이 어려운 이상, 우리는 늘 깨어서, 주의 깊게 사용해야 한다. 늘 깨어 있기(vigilance), 즉 우리는 "하나님처럼 될 수 있다"는 마귀의 꼬임(창 3:5)에 넘어갈 수 있는 여러 길들을 조심하고 그것을 명명함으로써 영성의 비영성화를 분별할 수 있어야 한다. 이렇게 늘 깨어 있을 수 있는 주된 길은 지속적으로 또 신중히 성경을 읽는 것이다.

그리고 주의 깊음(attentiveness)이란 하나님이 생명을 주시고, 생명을 새롭게 하시며, 생명에 복 주시는 여러 넘치도록 다양한 길들에 주목한다는 것이다. 그렇게 주목하고 나서, 이 창조 세계의 모든 것은 삶을 위한 것이라고 힘주어 주장하는 것이다. 이러한 주의 깊음이 자랄 수 있는 주된 길은 공동 예배와 개인 기도다.

영성이라는 밭에서 일하는 일꾼으로서, 나는 아무리 막연하고 애매한 것이라도 지금 내게 주어진 연장을 가지고 일하는 것에 만족한다. 그러나 또한 나는 할 수 있는 한 분명한 초점을 제공하는 일에도 관심이 있는데, 이는 삶을, 삶의 모든 것을 하나님이 주시고, 하나님이 지탱하시고, 하나님이 복 주시는 것으로 알아볼 때 가능해진다. "내가 생명이 있는 땅에서 여호와 앞에 행하리로다"(시 116:9).

예수

'영성'이라는 용어의 유용성이 여기 너머의(Beyond), 이 이상의(More), 심오한(Deep) 모든 것을 지칭하는 모호하면서 포괄적인 용법에 있다면, '예수'라는 용어의 유용성은 이 모든 산만한 모호성을 하나의 빈틈 없고, 분명하며, 명명백백한 초점 속으로 거두어 모아 준다는 데 있다. 왜냐하면 삶에 관한 한 그리스도인의 길은 결코 모호한 것이 아니기 때문이다[물론 다의성(ambiguity)은 얼마든지 들어 있지만!]. 영성은 결코 그 자체로 우리가 주의를 기울여야 할 주제가 아니다. 영성은 언제나 하나님의 움직임으로서, 우리 인간의 삶을 하나님의 삶 속으로 끌어당기고, 우리를 거기에 참여하는 자들―사랑하는 자 혹은, 반항하는 자―로 만든다.

기독 공동체가 영성에 관심을 갖는 이유는 삶에 관심이 있기 때문이다. 우리가 영성에 주의를 기울이는 까닭은, 우리가 하나님에 대한 사상, 하나님을 위한 프로젝트에는 관심을 가지면서 정작 살아 계신 하나님 자신에 대해서는 점차 관심을 잃기가 얼마나 쉬운지, 그래서 우리 삶을 그런 온갖 사상, 프로젝트로 마비시키기가 얼마나 쉬운지를 오랜 경험을 통해 잘 알기 때문이다. 이는 흔히 일어나는 일이다. 그런 사상과 프로젝트에는 하나님의 이름이 붙어 있기에, 우리는 쉽게 지금 하나님과 관계하고 있다는 착각에 빠진다. 그러나 우리로 하여금 하나님을 위해 생각하고 행동하도록 부추긴 뒤, 그 다음은 교묘하게 우리를 하나님께 순종하고 찬미하는 관계로부터 이탈하게 만드는 것이 마귀의 일이다. 본래 하나님이 계셨던 자리를 우리의 자아가, 신 행세를 하는 우리의 에고가 대신 차지하는 것이다.

예수는 우리로 하여금 하나님이 규정하시고 하나님이 계시하시는 삶에 계속 주의를 기울이게끔 만드는 이름이다. '예수'라는 용어는, '영성'에 흔히 보이는 그 뼈대 없는 무정형에 골격과 힘줄과 정의와 형태와 에너지를 공급하는 것이다. 예수는 실제 땅에서 실제 특정한 시기를 사셨던 어떤 구체적인 인간의 개인적 이름이다. 지금도 우리가 그 산에 오를 수 있고, 그 들꽃들을 사진에 담을 수도 있고, 그 마을들에서 대추야자와 자몽 등을 살 수도 있고, 그 강물에서 식수도 얻고 세례도 받을 수 있는 그런 실제 땅에서 말이다. 그렇기에 그 이름에는 '영성'에 창궐하는 추상화를 거스를 수 있는 힘이 있다.

예수님은 영적 삶의 중심적이며 규정적인 인물이다. 그분의 삶은 바로 **계시** 자체다. 그분은 우리가 결코 스스로는 생각해 낼 수 없는 것, 백만 년이 지나도 결코 알아 낼 수 없는 것을 드러내 주신다. 그분은 우리 가운데 계신 하나님이다. 그분은 하나님으로서 말씀하시고, 행동하시고, 치유하시고, 도와주신다. 이 모든 일을 담아 내는 큰 말이 바로 '구원'이다. 예수라는 이름의 뜻은 '하나님이 구원하신다'이다. 하나님이 우리 언어와 우리 역사를 통해 임재하시며 구원의 일을 행하신다는 것이다.

사복음서 기자들은, 이스라엘의 선지자와 시인들에 의해 마련된 포괄적 맥락이 뒷받침해 주는 가운데, 우리가 예수님에 대해 알아야 할 모든 것을 말해 준다. 그리고 예수님은 우리에게 하나님에 대해 알아야 할 모든 것을 말씀해 주신다. 이 복음서들을 읽고, 숙고하고, 연구하고, 믿고, 기도할 때, 우리는 육신이 되신 말씀인 나사렛 예수의 그 초청하시는 임재 안에서, 성경 전체와 영적 삶 전체가 우리에게 쉽게 다가오며 분명한 초점을 갖추게 되는 것을 발견한다.

그러나 복음서 기자들은 예수님을 우리가 사는 도시나 시골과 크게 다르지 않은 배경에 두고, 또 우리가 집에서 저녁 식사할 때나 밖에서 쇼핑할 때 사용하는 언어와 유사한 어휘와 구문을 가지고 제시해 주고 있지만, 우리 호기심을 채워 주지는 않는다. 즉, 그들이 우리에게 말해 주지 **않는** 것들도 많이 있다. 우리는 알고 싶은 것들이 참 많다. 우리 상상력은 세부 사항들을 채워넣고 싶어 안달을 한다. 예수님의 생김새는 어떠했을까? 그분의 성장 과정은 어땠을까? 어린 시절 친구들은 그분을 어떻게 대했을까? 목공소에서 컸던 시절 그분은 무슨 일을 하셨을까?

실제로, 우리의 이런 호기심을 만족시켜 주고 싶어하는, 예수님이 **정말** 어떤 사람이었는지 말해 주고 싶어하는 작가들이 금세 우후죽순 나타났다. 그리고 그런 이들은 끊임없이 등장했다. 그러나 예수의 '전기'들—어린 시절에 받은 영향, 정서 상태, 이웃에 난 소문,

사회적·문화적·정치적 역학 등이 포함된, 예수님의 삶에 대한 가상의 구성물―은 이미 그 불충분함으로 널리 알려져 있다. 그런 책들에서 우리가 얻는 것은, 우리에게 하나님을 계시해 주는 예수님이 아니라, 저자의 어떤 이상을 발전시키거나 저자의 어떤 주장을 정당화해 주는 예수님일 뿐이다. 그런 책을 다 읽고 나면 우리는 더 커진 예수님이 아니라 더 작아진 예수님을 발견하게 된다.

정경 복음서의 기자들이 우리에게 전하기로 선택한 것 이상으로 예수님에 대해 더 많은 것을 알고 싶어하는 호기심은 이미 2세기 때부터 시작되었다. 예수 이야기의 공백을 채워 넣었던 그 최초의 사람들의 상상력은 놀라웠지만, 진실성은 다소 결여되어 있었다. 그들은 자신이 보충해 넣은 그 흥미로운 세부 사항들은 상상의 소산이라는 점을 생략했던 것이다. 어떤 이들은 자신의 창작물에 권위를 부여하기 위해 사도들의 이름을 도용하기도 했다. 어떤 이들은 자신의 픽션이 성령의 영감에 의한 것이라고 주장하기도 했다. 그러나 오래지 않아 교회는 예수님에 대한 이러한 서투른 땜질과 과장된 창작에 다소 염증을 느끼게 되었고, 이제 그런 것을 중지시켜야 한다고 생각하게 되었다. 마침내 교회 지도자들은 결정을 내렸다. 마태, 마가, 누가, 요한 복음서들이 예수님에 대한 이야기의 결정판이다. 이 주제에 대해 더 이상 말할 것은 없다.

새로운 예수 이야기와 말씀들을 창작하는 일에 대한 이러한 금지는 어떤 이들의 주장처럼 억압적인 것이 아니었다. 이러한 금지는 오히려 상상력이 해방되어 올바른 방향으로 향하는 효과를 가져왔다. 즉, 예수님의 어머니 마리아처럼(눅 2:19, 51) 우리는 예수님을 마음속으로 깊이 곰곰이 생각하게 된 것이다. 묵상을 통해 복음서 기자들이 제시해 주는 예수님의 현존 속으로 스스로 들어가 봄으로써, 혹은 우리가 예수님을 만나게 되는, 그분을 또다시 십자가에 못 박거나, 그분을 믿게 되는 여러 배경들을 묵상해 봄으로써 말이다. 또 우리는 설교나 성경 공부를 통해 실제로 지금까지 이렇게 해 오고 있다. 이야기와 시, 순례와 침묵, 찬송과 기도, 예수님의 이름으로 행하는 순종과 봉사 등을 통해서 말이다.

우리는 복음서 기자들이 보여 주는 이러한 과묵함에 반드시 유의해야 한다. 영성은 공상에 의해 자라는 것이 아니다. 기독교적 삶은 경건한 몽상에 탐닉하는 장이 아니다.

예수님을 하나님의 최종적이며 결정적인 계시로 받아들임으로써, 기독 교회는 우리가 제멋대로 나름의 영적 삶을 창안해 내고, 그 속으로 도망쳐 들어가는 것을 불가능하게 만든다. 물론 우리는 흔히 그런 시도를 한다. 그러나 우리는 예수님을 우회하거나, 예수님으로부터 도망칠 수 없다. 예수님은 하나님의 성육신이며, 우리 가운데, 우리와 함께 계신 하나님이다. 예수님은 하나님의 백성을 향해, 또 그들을 통해 발화된 하나님의 모든 말씀, 성경을 통해 우리에게 주어진 하나님의 모든 말씀을 하나로 모으셨다. 그분은 그 말씀들을 우리에게 인격적으로 말씀하셨다. 그분은 **우리** 가운데서 하나님의 일, 즉 치유와 자비, 용서와 구원, 사랑과 희생을 행하셨다. 예수님은 베들레헴에서 태어나셨고, 나사렛에서 자라셨으며, 갈릴리에서 제자들을 모으셨고, 회당에서 예배하셨으며, 베다니에서 음식을 드셨고, 가나에서 혼인 잔치에 참석하셨으며, 여리고에서 이야기를 들려주셨고, 겟세마네에서 기도하셨으며, 감람산에서 행렬을 이끌고 내려오셨고, 예루살렘 성전에서 가르치셨으며, 골고다 언덕에서 죽임을 당하셨고, 3일 후 엠마오에서 글로바와 그의 친구와 저녁을 드신 분이시기에, 우리에게는 나름의 사적인 영성을 만들어 낼 자유가 없다. 그렇게 하기에는, 우리는 **그분의** 삶, **그분의** 영성에 대해 너무 많은 것을 알고 있기 때문이다. 예수 이야기는 이렇게 우리를 특정한 장소와 시간과 이름을 가진 사건과 말씀들에 접근할 수 있게 한다. 이 사건과 말씀들은 모두 함께 어우러지고 또 서로를 관통함으로써, 하나님이 어떤 분이시고 어떤 일을 하시며 무슨 말씀을 하시는지에 대한 하나의 통일된 계시를 형성해 준다. 예수님은 우리로 하여금 삶을, 숙고해야 할 사상이나 토론해야 할 개념의 문제로 생각하지 못하게 하신다. 예수님은 값싼 흥분이나 시시한 위락(慰樂)을 추구하며 생을 허비하는 것으로부터 우리를 구원해 내신다. 예수님은 우리로 하여금 우리가 누구이며 또 어디에 있는지에 대해 진지해지도록 하시되, 세상의 온갖 협박조의 거짓말과 몽상에 속지 않게 하심으로써, 우리로 하여금 나 아닌 다른 사람이 될, 여기 아닌 다른 곳으로 갈 필요가 없게끔 해주신다. 예수님은 우리로 하여금 공중이 아니라 현실에 발 붙이게끔, 어린아이들에게 주의를 기울이게끔, 평범한 사람들과 대화하게끔, 친구와 낯선 이들과 식사를 나누게끔, 바람에 귀기울이게끔, 들꽃을 관찰하게끔, 아프고 상처 입은 이들을 만져주게끔, 단순하고 꾸밈 없는 기도를 드리게끔 만들어 주신다. 예수님은 우리가 하나님을 바로 지금 여기 이 곳에서, 지금 우리와 함께 있는 사람들과 더불어 만나야 한다고 주장하신다. 예수님은 바로 지금 여기에 계신 하나님이다.

예수님이 실제로 우리 가운데 계신 하나님이라는 것은 기독교 신앙의 근본이 되는 믿음이다. 믿기 어렵고 상상하기 불가능한 일이긴 하지만, 그리스도인들은 이를 믿고 있다. "창세 전"(엡 1:4)부터 행해져 온 구원의 그 정교한 일 전체가 예수님의 탄생과 삶과 죽음과 부활에서 하나로 모아졌고 온전해졌다는 것이다. 실로 유례없고 어마어마한 기적이 아닐 수 없다. 우리 그리스도인들은 베드로의 본을 좇아 예수의 이름에 '그리스도'라는 호칭을 붙임으로써 이를 인정한다. 예수 그리스도. 그리스도란 하나님이 기름 부으신 자, 우리 가운데 계셔서 우리를 우리 죄로부터 구원해 주시는 하나님, 우리가 어머니의 무릎에서 배운 그 언어로 말씀하시는 하나님, 우리를 죽은 자들로부터 일으키사 참되고 영원한 삶으로 인도해 주시는 하나님을 의미한다.

당신은 예수님을 우리 가운데 계신 하나님으로 믿는 것을 가장 힘든 일로 생각할지 모르겠다. 그러나 실은 그렇지 않다. 가장 믿기 힘든 일은 하나님의 일이, 이 눈부신 창조, 이 놀라운 구원, 이 폭포수 같은 축복이 모두 우리 인간성의 조건 안/아래에서 이루어지고 있다는 사실이다. 소풍과 저녁 식사 때, 대화할 때와 길을 걸을 때, 수수께끼 같은 질문들과 소박한 이야기들을 통해, 눈먼 거지들과 고름이 흐르는 문둥병자들과 더불어, 결혼식장과 장례식장에서 하나님의 일이 이루어진다는 것이다. 예수님이 행하고 말씀하시는 모든 것은 우리 인간성의 한계와 조건 내에서 일어난다. 짜릿한 사건은 없다. 특수 효과 같은 것도 없다. 그렇다. 기적이 있기는 하다. 그것도 수많은 기적이 있다. 그러나 그 기적들은 대개 일상 생활 속으로 깊숙이 짜여 들어가 있기에, 극소수의 사람들만이 이에 주목할 뿐이다. 기적의 기적성이 그 배경의 친숙함, 그 관계된 사람들의 평범함 때문에 흐릿해지는 것이다.

예수님은 지금도 이런 방식으로 우리 가운데 계신 하나님이 되신다. 그리고 이는 지금도 믿기 힘든 일이다. 이 놀라운 구원의 일이 바로 우리 이웃, 우리 가족, 우리 정부, 우리 학교와 사업체, 우리 병원, 우리가 운전하는 길과 우리가 걷는 골목길 그리고 우리가 이름을 아는 사람들 중에서 일어나고 있다는 것 말이다. 예수님의 평범함은 그분이 "육체에 계실 때"(히 5:7-역주) 사람들이 그분의 정체와 일을 믿기 어렵게 만드는 큰 장애물이었다. 이는 지금도 여전히 장애물이다.

요한이 보고해 주는 한 사건을 보면, 예수님이 가버나움 회당에서 참으로 인상적이고 놀라운 메시지—자신의 몸과 피를 영생을 위한 음식으로 주신다는!—를 전하셨을 때 사람들은 그분이 화려한 인물이 못 된다는 이유로 그분의 말씀을 불신했다. 그들은 그분을 "이 사람"(this man)이라는 말로 낮추어 불렀다(요 6:52, 표준새번역). 앞서 그들이 그분의 엄청난 주장["(나는) 하늘에서 내려온 떡"이다(6:41)]을, 그분의 명백한 인간성["이는 요셉의 아들 예수가 아니냐 그 부모를 우리가 아는데"(6:42)]을 들어 불신했던 것으로 보아, 여기서 "이 사람"은 분명 '이 특별할 것 없는 사람'이라는 뜻이 내포된 말이다. 예수님을 따르던 많은 이들이 이 순간부터 그분에게서 등을 돌렸다. 그들은 그 기적들과 메시지를, 그들 눈에 보이는 이 아무 특별할 것 없는 사람의 평범함과 조화시킬 수 없었던 것이

놀이터 치우기

다. "누가 들을(받아들일) 수 있느냐?"는 수사적 질문은 부정적 대답을 담은 질문이었다. "우리는 받아들일 수 없다."

예수님은 저변에 깔린 이의를 수면 위로 끄집어 올리신다. "이 말이 너희에게 걸림이 되느냐? 그러면 너희는 인자가 이전에 있던 곳으로 올라가는 것을 본다면 어떻게 하겠느냐? 살리는 것은 영이니 육은 무익하니라"(요 6:61-63). 다시 말하면, "무엇이 문제입니까? 만일 지금 내가 여러분이 보는 앞에서 곧장 하늘로 공중부양해 올라간다면, 그 때는 내 말을 믿겠습니까? 아마 그러리라고 생각합니다. 하지만, 생명을 가져오는 것은 영, 즉 바람같이 보이지 않는 영이지, 육, 즉 기상천외한 기적이 아닙니다." 여기서도 영이 등장한다. 앞서 니고데모와 사마리아 여인과의 대화에 등장했던 이 핵심 단어는 하나님이 우리 가운데서 자신의 구원을 행하시는 그 조용하고 종종 감추어진 방법들을 나타내 준다.

그러나 그들은 감명을 받지 않았다. 그들은 떠나갔고, 더 이상 예수님을 따르지 않았다. "그 때부터 그의 제자 중에서 많은 사람이 떠나가고 다시 그와 함께 다니지 아니하더라"(6:66). 무슨 이유 때문이었나? 예수님은 너무나 **인간적인** 분이었기 때문이었다. 너무나 평범하고, 너무나 비권위적이고, 너무나 예사롭고, 너무나 범상한 인간이었기 때문이다.

예수님은 열두 제자들에게 그들도 떠날 참이냐고 물으신다. 요한은 베드로가 이 때 대답한 핵심을 찌르는 말을 전해 준다. "주여 영생의 말씀이 주께 있사오니 우리가 누구에게로 가오리이까. 우리가 주는 하나님의 거룩하신 자이신 줄 믿고 알았사옵나이다"(6:68-69). 베드로는, 예수님을 계속 따르고자 하는 사람들이면 누구나 이르러야 할 지점에 이르렀던 것이다. 그는 예수님께 자신의 사상이나, 하나님은 이렇게 일하셔야 한다는 식의 자기 욕심을 강요하지 않는다. 그는 예수님이 그분의 방식대로, **한 인간으로서** 일해 가시도록 그저 순순히 따를 뿐이다.

진정한 삶, 참되고 정직한 삶을 사는 일에 끊임없이 제기되는 위협은 우리가 "이 사람"을, 이 예수님을, 그분이 우리에게 오시는 이 평범한 길을, 그분이 거느리시는 이 대수롭지 않은 사람들과의 친교를 피하거나 내버리고서, 스스로 우쭐대며 신이 되려 하거나, 자신의 허영을 채워 주는 그럴듯한 신 또는 신들을 만들어 내려는 것이다.[7] 하나님을 대하는 일에서, 우리는 대부분 스스로 신이 되려 하거나, 신을 만들어 내는 일에 하고많은 시간을 허비한다. 예수님은 그 길을 막아서신다. 예수님은 우리가 스스로 만들어 낸 신이 아니다. 분명 그분은 인기 경연 대회에서 상을 차지할 만한 신이 아니다.

영혼

우리가 우리 자신 그리고 우리와 함께 살아가는 사람들을 '성경적으로' 이해하게 되면, 인간의 핵심 정체성은 관계 맺는 존재(persons-in-relationship)라는 것을 알게 된다. 모든 인간은 하나같이 '하나님의 형상'대로 지음 받은 사람들이다. 이 표현이 의미하는 바가 무엇이든, 이는 엄청난 존엄성과 철저한 관계성의 느낌을 담고 있다.

'영혼'은 바로 이를 말해 주는 용어다.[8] '영혼'은 우리가 어떤 존재인지를 말할 때 사용하는 가장 인격적인 용어다. '영혼'은 인간으로서의 온전함, 즉 우리가 인간이라고 말할 때 그 의미하는 바 전체를 단언해 주는 용어다. '영혼'은 온갖 축소화, 즉 인간의 생명이 생물학과 생식기로, 문화와 유용성으로, 종족과 민족성 등으로 축소되는 것을 막아 주는 장벽이다. 이는 모든 외면성에는 내면성이 침투해 있음을, 모든 가시성에는 비가시성이 깃들어 있음을 말해 주는 용어다. '영혼'은 하나님이 창조하시고, 하나님이 지탱하시고, 하나님이 복을 주신다는 의미가 공명하는 말이다. 이는 사람의 핵심 존재를 지칭해 주는 가장 포괄적인 용어다.

히브리어에서 '영혼'은 은유로서, 목을 뜻하는 단어인 '네페쉬'(*nephesh*)다. 목은 인체에서 지성과 신경계의 부분인 머리와 다른 모든 곳을 연결시켜 주는 좁은 부분이다. 목은 그야말로 우리를 '함께하게' 해준다. 물리적으로 볼 때 머리는 몸보다 높다. 적어도 우리가 서 있는 동안은 말이다. 그래서 우리는 생각하고 보고 듣고 맛보는 기능 등을 상위 기능으로, 소화하고 배설하고 땀 흘리고 성교하는 기능 등을 하위 기능으로 볼 때가 많다. 그러나 인간의 생명 활동에 상위 측면과 하위 측면이 있다손 치더라도 (이 역시 대단히 의심스럽지만) 그 둘이 서로 독립적으로 존재할 수는 없을 것이다. 그 둘을 서로 연결시켜 주는 것이 바로 목이다. 목에는 공기가 입으로부터 허파로 들어가서, 다시 말-숨, 영, 하나님이 불어넣으신 생명-로서 밖으로 나올 때 지나는 좁은 통로가 들어 있다. 목은 뇌로부터 나와 뻗어가는 전체 신경계의 도관(導管)이다. 또 목은 인후대동맥, 즉 피를 공급해 주는 7-10cm 길이의 그 지극히 약한 부분이 표피 가까이 위험스레 노출되어 있는 부분이기도 하다. 영혼, '네페쉬'는 이 모두를 하나로 모아 준다. 영혼이 없다면, 우리는 그저 서로 분리된 기관들, 원형질 덩어리들이 뒤죽박죽된 것에 불과할 것이다. 우리를 움직이게 만드는 것이 무엇인지를 알아내고자 모든 것을 분석하고 해부해 보는 현대인의 열정은 성경적인 열정이 아니다. 우리가 가진 성경은 우리에게 이와 다른 방식으로 다가온다. 성경이 우리에게 전달하는 것은 온전성, **피조성**(created)이다. 히브리인들은 은유 사용에서 천재성이 있었고, '영혼'은 그 최고 좋은 은유들 중의 하나다. '영혼'을 뜻하는 많은 동의어들—마음, 신장(腎臟), 허리 등—이 있었고, 그렇게 축적된 은유들을 통해 내면성과 깊이감의 심화가 이루어졌다. 하지만 그 중심은 '영혼'이다.

'영혼'이라는 용어는 자석처럼 우리 삶의 모든 부분을 끌어 모아 하나의 통일체, 하나의 전체가 되게 해준다. 한 인간은 그 자체가 하나의 광대한 전체다. '영혼'은 바로 이를 말하는 이름이다.[9]

우리에게 이 은유를 주는 성경 이야기, 창세기 2장은 목/영혼을 통해 흐르는 숨은 다름 아닌 하나님의 숨이라는 점을 분명히해 준다. 하나님의 숨이 사라지면, 인간도 사라지는 것이다. 하나님을 떠나서는 우리에게 아무것도 남지 않는다.

사실상 모든 언어는 이와 유사한 단어(들), 인간 존재의 독특성과 포괄성을 말해 주는 단어들을 가지고 있다. 성경적으로 볼 때, '포괄성'(comprehensive)이란 하나님과, 하나님이 사람들에게 행하시는 모든 활동을 포함한다. 대개 우리를 인간이게 하는 것은 하나님이시기 때문이다. 따라서 '영혼'을 말한다는 것은 우리를 우리이게 해주는 하나님-기원, 하나님-의도, 하나님-활동에 주목한다는 것이다. '영혼'은 이렇게 우리가 누구인지를 말해 주는 가장 인격적이고 가장 포괄적인 용어다.

그러나 현대 문화에서 '영혼'은 우리의 정체와 본질을 지칭하는

놀이터 치우기

가장 중요한 용어의 자리를 '자아'(self)에게 내주고 말았다. 자아란 영혼에서 하나님을 뺀 것이다. 자아란 영혼에서 모든 초월성과 친밀성을 다 쥐어짜내고 남는 것이다. 자아에는 하나님(초월성)이나 타자들(친밀성)에 대한 언급이 거의, 혹은 전혀 남아 있지 않다.

'자아'는 빈약하기 그지없는, 초라하기 그지없는 말이다.

그러나 '영혼'은 관계가 메아리치고 있는 말이다. 하나님과의 관계, 인간과의 관계, 땅과의 관계들이.

'자아'는 일상 대화에서나 과학적 담론에서나 대개 소외를 가져오는 용어다. 즉, 자아란 개인이다.

그러나 '영혼'은 단편적인 외양과 경험 그 밑을 모색하며, 우리 바로 곁에 있는 사람/사물들과의 편안함, 동질성을 긍정하는 말이다.

'영혼'과 '자아'가 일상 대화에서 형용사로 바뀌어 쓰일 때를 보면, 그 둘 사이의 대조는 더욱 분명해진다. '혼적인'(soulish)은 무언가 본질적이고 관계적인, 깊은 곳으로 들어가, 저변의 동기와 의미의 원천을 헤아린다는 느낌을 담고 있다. 영혼의 음식, 영혼의 음악(soul music), 영혼이 담긴(soulful) 스패니얼(개의 일종-역주)의 두 눈 같은 표현들, 또 부정적인 예로서, '영혼을 잃은 저 가련한 이' 같은 표현 등에서 볼 수 있듯이 말이다. 반면 '이기적인'(selfish)은 자기 자신에만 열중하여, 남을 돌본다든지 관계를 맺는다든지 하는 것은 전혀 없는, 겉모습과 이미지가 전부인 삶을 가리킨다.

이 두 단어를 나란히 두고 보면, 우리는 지금 우리의 근본적 정체성이 매일같이 공격을 당하고 있는 중이라는 것을 깨닫게 된다. 지금 우리는 영혼을 자아로 대체시키는 문화에 살고 있는 것이다. 영혼을 자아로 대체시키는 이러한 축소화는 사람들을 그저 문젯거리로, 소비자로 치부한다. 이러한 축소화를 방치하는 한 우리 자신은 점차, 그러나 분명 정체성의 퇴보를 맞이할 수밖에 없는데, 이는 자신에 대한 생각도, 다른 사람과 관계 맺는 것도 결국 모두 상업적인 견지에서 하게 될 것이기 때문이다. 그렇게 되면 우리가 만나는 모든 이는 그저 사업을 위한 잠재적 회원이나 상품의 잠재적 소비자들일 뿐이다. 마찬가지로 우리 자신도 잠재적 회원이나 소비자로 대우받을 뿐이다. 우리도, 우리 친구들도 우리/그들 자신으로서는 전혀 존엄성을 갖지 못하고, 어떻게 이용될 수 있는지로만 대우받는다.

요즘 널리 사용되는 단어 중에 우리 사회에서 영혼이 자아로 축소되고 있음을 잘 보여 주는 두 단어가 있다. 첫째는 '자원'(resource)으로, 흔히 우리 일에 도움이 될 수 있는 사람들을 가리킬 때 사용되는 단어다. 40년 전, 나는 새로운 지역교회를 개척하는 중이었는데 어떤 사람의 조언에서 그 단어를 처음 들었을 때 얼마나 거슬렸는지 지금도 기억한다. 그는 내 일에 자원이 될 만한 사람들을 알아 보라고 계속 몰아붙였다. 또 나는 그가 그 단어를 동사로 사용하고 있다는 것도 발견했다. 그는 우리가 임원회, 재정 위원회, 기획 위원회에서 일할 만한 "자원들을 발굴해야"(resource) 한다고 거듭 말하곤 했다.

'자원'이란, 사람을 어떤 일에 사용되는 무엇으로 취급하는 것이다. 자원은 전혀 인격적인 것이 못 된다. 자원은 그저 하나의 사물, 재료, 기능일 뿐이다. 자원이란 말을 계속 사용해 보라. 그러면 이것은 우리가 사람을 보는 시각을 바꾸기 시작한다. 처음에 이 말은 그저 무해한 하나의 은유로 시작되었고, 그 때는 나름대로 유용했을 것이다. 그러나 이 말이 습관적으로 사용될 때는, 사람을 영혼―본질적으로 관계적이며 하나님의 차원을 가진 존재—로 보는 감각을 쇠퇴시킨다.

두 번째 단어는 '역기능적'(dysfunctional)이란 말이다. 이 말이 얼마나 자주 쓰이고 있는지, 놀라울 정도다. 역기능 가정, 역기능 위원회, 역기능 지역교회, 역기능 지도자, 역기능 관계, 역기능 정치인 등등. 그러나 역기능이란 말은 인격적인 단어가 못 된다. 이는 기계에 대해 쓰는 말이다. 기계는 역기능적일 수 있지만, 영혼은 그렇지 않다. 역기능적 자전거는 있을 수 있지만, 역기능적 자녀란 있을 수 없다. 물 펌프는 역기능적일 수 있지만, 배우자는 그럴 수 없다. 이 단어를 아무 생각 없이 계속 사용하다 보면, 우리는 우리가 만나 함께 일하는 모든 사람—아무리 골칫덩어리라 해도—안에 내재한 가치와 존엄성을 알아보는 감각을 점차 잃어버리게 된다.

우리가 사용하는 단어들에 대해서는 아무리 조심해도 지나치지 않다. 처음엔 우리가 그 단어들을 사용하지만 결국은 그 단어들이 우리를 사용한다. 상상력은 점차 무뎌진다. 결국 우리는 그저 표피, 기능, 역할만을 다루게 될 뿐이다.

현 문화에서 우리는 모두 그저 기능이나 사물로서 연구되고, 명명되고, 취급받고 있다. '소비자'는 우리가 이렇게 취급되는 방식을 한데 모아 주는 용어다. 아주 어릴 때부터 우리는 구매할 수 있고, 수행할 수 있고, 소비할 수 있는 개인들로 여겨진다. 아침에 어떤 시리얼을 먹을지 선택할 수 있는 나이가 되는 순간 우리는 광고업자들의 표적이 되기 시작한다.

북미 문화에서 성장하는 사람이라면, 만나는 모든 사람을 이런 식으로 보는 무의식적 습관을 불가피하게 습득하게 마련이다. 다른 사람들은 그저, 내가 파는 물건에 대한 잠재적 구매자거나, 내가 가르치는 것에 대한 학생이거나, 내가 벌이고 있는 일에 대한 보충 인력이거나, 내가 제안하는 것에 대한 투표권자거나, 내가 만들고 있는 것에 대한 자원이거나, 내가 제공하는 서비스에 대한 고객일 뿐이다. 또, 나 역시 자신의 정체성을 그저 잠재적 구매자, 학생, 보충 인력, 자원, 고객으로 생각한다. 두 경우 모두, 소비주의(consumerism)의 양상들이다.

나는 어떤 차원에서는 이에 전혀 불만이 없다. 나는 물건들이 필요하고, 내게 필요한 것들을 다른 이들이 제공한다. 나는 흔쾌히 값을 지불하고, 음식이든 옷이든 정보든 의료 서비스든 법률 서비스든 리더십이든, 내게 제공되는 것들을 구입해서 내가 소중히 여기는 일, 관심 있는 정의 문제나 피해자 권리 옹호 등의 일에 사용한다. 나는 소비할 것이 넘쳐나는 이 자본주의 경제 안에서 흔쾌히 소비자가 된다.

그러나 한 가지 분명 거부하는 것이 있다. 나는 소비자가 내 유일한 정체성이 되는 것은 원치 않는다. 나아가 그것이 나의 주된 정체성이 되는 것도 원치 않는다. 소비자로 축소되는 것은 나의 존재, 나의 **나됨**의 대부분을 빠뜨리는 것이다. 소비자로 대우받는다는 것은 다른 사람에게 이용되는 존재로 축소된다는 것, 다른 누군가가 이용하는 상품으로 축소된다는 것을 의미한다. 관대한 일을 위한 이용이든 이기적인 일을 위한 이용이든, 축소화라는 점에서 둘은 차이가 없다. 만연한 소비주의는 만연한 비인격화를 낳는다. 그리고 비인격화가 침투해 들어오면 생명은 반드시 밖으로 새어나간다.

그러나 영혼은 무엇이든 걸러내 버리는 체가 아니다. 영혼은 생명으로 넘쳐난다. "찬양하라, 내 **영혼**아!"

주 경외함

마지막으로, 우리에게는 우리가 어떤 식으로 영적 삶을 사는지를 가리키는 공통적이고 포괄적인 용어가 필요하다. 우리가 무슨 일을 하고 무슨 말을 하는지뿐 아니라, 우리가 어떤 방식으로 일을 하고 어떤 방식으로 말을 하는지에 대해서 말이다. 지금 우리는 예수 그리스도 안에서 우리에게 계시된 삶을 어떤 식으로 이 세상에서 합당하게 살고 있는가?

이는 가능한 한 오래 지연되어야 할 질문이다. 기독교적 삶의 대부분은 (영성 신학의 책임은 사람들이 이 점에 늘 깨어 있도록 해주는 것이다) 하나님이 누구시며 무슨 일을 하시는지에 주의를 기울이는 일이다. 또한 하나님의 **어떻게**(how), 즉 하나님이 자신의 목적을 이루시는 데 쓰시는 **방편**들에 주의를 기울이는 일이다. 너무 일찍 **우리가** 무슨 일을 하며 어떤 존재인지에 지나친 관심을 갖는다면, 우리는 크게 탈선하고 만다. 그럼에도 여전히 우리에게는 영성의 인간적 측면을 지칭해 주는 용어가 필요하다. 우리가 기독교적 삶을 살아내는 장소인, 이 복잡한 지뢰밭 같은 세상을 잘 헤쳐 가는 방식을 명명해 주는 용어가 필요한 것이다. 그러나 우리 자신을 중심으로 삼지 않는 용어일 필요가 있다(요즘 가장 많이 사용되는 말들은 우리가 무언가를 시작하고 수행하는 것을 강조하는 경향이 있다. 즉, 영성 훈련, 경건, 경건의 연습, 경건의 시간 등등). 또한 영성을 하나님의 측면과 인간의 측면으로 이분시키지 않는 용어일 필요가 있다.

이 질문—"이 일에서 우리가 맡는 역할은 무엇인가?"—은 상당히 신중한 대답이 요구된다. 하나님의 구별된 백성이 되기 위해 우리가 무엇을 하고 무엇을 말해야 하는지 가르쳐 준다는 많은 '지도자들'이 있고, 사람들로 하여금 하나님을 섬기도록 지도하고 동기부여해 준다는 많은 사업들이 있지만, 거기에 얼마나 많은 어리석음, 야비함, 비열함, 따분함이 산적해 있는지를 인식하게 되면, 우리는 이러한 바른 용어의 중요성을 절감하게 된다. 사람들이 하나님의 말씀과 일을 망쳐 놓을 때가 얼마나 많은지를 생각하면, 차라리 우리가 아무 일도 하지 않는 것이 최선으로 보이기도 한다. 그저 그 길에서 나오라. 그리고 하나님이 모든 일을 하시게 하라.

실제로 그런 대답을 공식화하고 진지하게 따랐던 신앙 교사들도 있었다. 하나님을 위해 덜 일할수록 좋고, 그럴 때 하나님이 우리를 위해 무언가를 하실 수 있는 여지가 더 많아진다는 것이 그 가르침의 요지였다.[10] 그러나 우리는 대부분 이를 적절한 조언으로 생각하지 않는다. 우리는 어떤 식으로든 하나님이 지금 하고 계신 일에 동참할 필요가 있다고 느낀다. 우리는 그 일에 참여하기를 **원하고**, 무언가를 **하기를** 원한다. 물론, 하나님의 길을 방해하거나 하나님의 일을 망치지는 않으면서 말이다.

우리에게 필요한 그 용어로서 가장 좋은 성경 어구는 "주 경외함"(fear-of-the-Lord)이다. 이는 하나님, 즉 성부, 성자, 성령으로서의 하나님 앞에서 응답하며 합당하게 살아가는 삶의 방식을 가리키는 성경의 기본 표현이다.

영어에 있는 동의어들―경의(awe), 공경(reverence), 숭앙(worshipful respect)―은 모두 적절해 보이지 않는다. 이들은 '주 경외함'에 들어 있는 강도를 제대로 전해 주지 못하기 때문이다. 이런 문제에 관한 최고 학자들 중 한 사람인 루돌프 오토(Rudolf Otto)도, 이 핵심적인 종교적/영적 태도와 응답을 분석할 때 자신의 독일어에는 적절한 말이 없다고 판단하고 라틴 어구(*numen*과 *mysterium tremendum*)를 빌려 사용했다.[11]

우리가 주 경외함을 기를 수 있는 주된 방법은 기도와 예배다. 개인 기도와 공동 예배다. 우리는 자신에 대한 몰두를 의도적으로 잠시 중단시키고 대신 하나님께 주목한다. 우리는 자신을 의도적으로 신성한 공간, 신성한 시간, 거룩한 임재 안에 두고 기다린다. 침묵하며 가만히 기다린다. 우리가 아닌 위대한 타자에게 귀기울이고 응답하기 위해서다. 일단 요령을 익히면, 우리는 이런 일은 어느 때 어느 곳에서든 일어날 수 있음을 알게 된다. 그러나 그 기초는 언제나 기도와 예배다.

우리가 그리스도인으로서 익히는 이런 삶의 방식을 가리키는 가장 좋은 용어가 바로 '주 경외함'이다. 기독교적 삶의 대부분은 하나님―성부, 성자, 성령―이 어떤 분이시고 어떤 일을 하시는가로 이루어진다. 그러나 우리 역시 그 일부를 이룬다. 주요 부분은 아니지만, 분명 일부를 차지한다. 계시는 우리에게 새로운 세상을 열어 주고, 우리는 우리가 거룩한 땅을 걷고 있으며 신성한 시간에 살고 있음을 발견하게 된다. 이를 깨닫는 순간, 우리는 수줍음과 조심성을 품게 된다. 우리는 속도를 늦추고, 눈과 귀를 활짝 열어 주위를 둘러보게 된다. 길 잃은 아이가 어느 숲 속 공터에서 60cm 키의 유니콘이 껑충껑충 뛰어다니고 그 주위를 요정들이 빙글빙글 돌며 노래하며 춤추고 있는 광경을 보게 되었을 때처럼, 우리는 도무지 상상할 수 없었던 이 놀라운 계시에 적응하기 위해 경외 어린 침묵 가운데 가만 멈추어 선다. 그러나 이 경우는 유니콘과 요정이 아니다. 우리가 보는 것은 시내 산, 다볼 산, 골고다다.

돌연 자신이 신성의 임재 안에 있음을 발견하게 되는 순간, 우리의 첫 번째 반응은 침묵하며 멈춰 서는 것이다. 우리는 아무 일도 하지 않는다. 우리는 아무 말도 하지 않는다. 우리는 자칫 무언가를 침범하게 될까 봐 두려워한다. 우리는 무언가 부적절한 말을 하게 될까 봐 염려한다. 신비와 맞닥뜨릴 때 우리는 행동을 그치고 말을 그치게 되며, 모든 감각이 깨어난다. 이것이 바로 주 경외함이다.

혹은 그렇지 않을 수도 있다. 미지의 것 앞에서 불안감을 느낀 나머지, 역시 어린아이처럼 미친 듯이 고함 치고 소리 지르면서 이리저리 뛰어다닐 수도 있다. 억지로라도 친숙한 곳으로 만들려는 것이다. 우리는 우리의 현존을 크고 소란스럽게 만들어서 그 신비를 지워 없애려고 한다. 아이들이 교회에서 이런 식으로 행동하면 우리는 행실이 바르지 못하다고 말한다. 그러나 이런 문제들에서 바르지 못한 행실이란 우리가 하는 말이나 행동 그 자체를 두고 말하는 것이 아니다. 우리가 하는 행동이나 말이 그 신성한 시간이나 공간과는 맞지 않음을 두고 하는 말이다. 지금이 무슨 시간이고 여기가 어떤 곳인지를 알기 전까지는, 우리가 하는 모든 말과 행동은 잘못된—적어도 부적절한—것일 수밖에 없다.

우리는 누구나, 비록 잠시라도, 신성한 장소나 거룩한 곳에 처한 경험이 있다. 그런 경험들 중 가장 흔한 것은 갓 태어난 아이를 보는 것이다. 우리는 대부분 그 순간 말을 잃고 멈칫하게 된다. 그저 뭘 말해야 할지, 뭘 해야 할지 모를 뿐이다. 우리는 하나님께로부터 온 생명의 신비에 압도당한다. 우리 내면 깊은 곳에서 생명의 신성함에 대해, 실존 자체의 신성함에 대해 무언가 반응이 일어난다. 이 반응은 예배, 찬미, 기도, 경의, 즉 주 경외함이 된다.

그러나 신성한 것에는 또한 무언가 우리를 불편하게 만드는 것이 있다. 우리는 어둠 속에 처해지는 것을, 뭘 하고 뭘 말해야 할지 모르는 상황을 좋아하지 않는다. 그래서 우리는 신비를 길들이고, 설명하고, 탐색하고, 명명하고, 이용하려고 한다. '신성 모독'이란 우리가 이렇게 신성한 것을 말로써 침범하는 것, 거룩한 것을 범하는 것을 지칭하는 용어다. 즉, 그것은 하나님의 이름을 망령되이 일컫는 것이며, 신성한 시간과 공간을 더럽히는 것이며, 하나님을 한담이나 잡담으로 축소시키는 것이다. 신비를 불편해하는 우리는 상투적인 말들로써 신비를 내쫓으려고 한다.

모든 문화에는 사람들이 신성한 신비를 보호하고 존중하도록 교육하고 훈련시키는 이야기들과 금기들이 있다. 인간은 신이 아니다. 이를 잊는 순간, 우리는 인간성의 경계를 범하게 되며, 실재 그 자체에서 무언가가 침해받는다. 그러면 결국 우주 전체가 해를 입게 된다.

따라서 우리는 주 경외함을 기르는 일에 착수한다. 주 경외함은, 브루스 월키(Bruce Waltke)가 말했듯이, "언약 공동체를 통합시키는 기본 문법을 가장 간략하게 표현한 핵심 규정"이다.[12] 성경에서는 두드러지게 등장하는 표현임에도, 이 용어는 북미 그리스도인들 가운데서는 그다지 널리 사용되지 않는다. '두려움'(fear)은 분명 우리를 잘못된 길로 인도할 수 있는 말이긴 하다. 그러나 문법학자들은, 히브리어에서 주 경외함(fear-of-the-Lord)이 '한데 묶인 어구'(syntagm)라는 점에 주목하게 함으로써 우리에게 성경적 궤도를 회복시켜 준다. 영어로 네 단어(히브리어에서는 두 단어)로 되어 있는 그 어구는 실은 한데 묶인 말로서 하나의 단일어를 이룬다. 단일어로서의 그 어구의 의미는, 단어들을 따로 분리시켜 각각의 의미를 합하는 방식으로는 이해할 수 없다. 즉, 주 경외함(fear-of-the-Lord)이라는 어구의 뜻은 fear+of+the+Lord가 아니다. 주 경외함은 그 전체가 하나의 뜻을 갖는다. 따라서 사전에서 '두려움'의 뜻을 찾아보고, 그 다음 '하나님'의 뜻을 찾아본 뒤, 그 두 뜻을 한데 모으는 방식은 여기서 적합하지 않다. '두려움', 즉 불안감이라는 뜻에 '하나님', 즉 경배받기에 합당한 신적 존재라는 뜻을 더한다고 해서 주 경외의 의미가 밝혀지는 것은 아니다. 이런 식의 분석적 방법은 우리를 빗나가게 만들 뿐이다.

그러나 성경의 맥락에서 이 어구를 이해하면, 이 어구는 인간의 감정과 행동이 하나님의 존재와 계시와 융합되는, 그런 삶의 방식을 의미함을 알게 된다. 이 어구는 구약 성경 전체에서 138회 이상 등장하며, 잠언, 시편, 이사야, 열왕기, 신명기에서 가장 많이 나온다.[13] 이 용어에서는 하나님의 주체성이 적극 강조되며, 또한 인간의 주체성도 적극 강조된다. '주 경외함'이 가리키는 삶의 방식은 두 부분으로 분해될 수 없다. 아기가 정자에서 온 부분과 난자에서 온 부분으로 분해될 수 없듯이 말이다. '주 경외함'은 하나의 새로운 어휘로서, 하나님에 의한 우리의 창조와 구원과 복에 어울리는 삶의 방식을 나타내 준다.

"그렇다면 우리는 무엇을 해야 하는가?"라는 질문에 대해 흔히—심각하리만치 너무 흔히—제시되는, 그러나 하나님의 임재 안에서 하나님과 기도로 맺는 관계와는 한참 거리가 먼 대답이 있다. 바로 어떤 행동 규칙을 들고 나오는 것이다. 이런 행동 규칙은 흔히 십계명에서 출발해서, 잠언에서 증강되고, 예수님의 요약(하나님을 사랑하고 네 이웃을 사랑하라는)에서 초점을 얻고, 황금률이라는 양념을 친 후, 산상수훈에서 완성에 이른다. 얼핏 이는 문제를 더없이 단순하게 만들어 주는 길로 보이나, 이런 행보를 취하는 종교 공동체들이 실제로 이 정도 선에서 그치는 경우는 극히 드물다. 흔히 그들은 그들 삶의 특정 상황을 특별하게 다룰 필요가 있다는 것을 발견하게 마련이다. 그래서 다른 규칙들이 더 첨가되고, 규율이 강화되며, 결국 머지않아 그 행동 규칙은 탈무드 같은, 온갖 규정들이 우거진 가공할 정글이 되고 만다.

행동 규칙을 정하는 일은 이와 정반대의 길을 취할 수도 있다. 바로 그 규칙을 최대한 단순화하는 것이다. 그러면 범퍼 스티커 영성의 앙상한 뼈대만 남는다. "당신을 매료시키는 것을 좇아가라.…길가의 장미향을 맡으라.…남에게 해 끼치지 말라.…" 내가 가장 좋아하는 것은, 오든(W. H. Auden)이 썼다고도 하는 다음 시구다.

나는 죄짓기를, 신은 용서하길 좋아하시니
놀라우리만치 잘 배열된 세상이 아닌가.

그러나 영적 삶을 지도하는 일에서 이런 행동 규칙들이 가진 근본적 약점은, 이런 것들은 우리로 하여금 (혹은, 역시 좋지 못한 경우로서, 우리 대신 다른 사람으로 하여금) 책임을 떠맡게 만든다는 데 있다. 하나님은 활동의 장에서 밀려나 그저 우리가 하는 일을 평가하는 심판의 자리로 가신다. 우리가 책임을 떠맡는 순간, 즉 '선악을 안다'고 자처하는 순간, 우리는 곤란에 처하게 되고, 또 거의 동시에 다른 사람들도 곤란에 빠뜨리기 시작한다.

일의 전체적 설계에서는 행동 규칙이 유용하게 쓰일 수 있다 할지라도, "그렇다면 우리는 무엇을 해야 하는가?"라는 질문에 답하는 일의 출발점은 되지 못한다.

'주 경외함'이 정확히 정의될 수 없다는 사실은 그 자랑거리 중 하나다. 지금 우리는 딱히 못 박아 말할 수 없는 무언가를 말하는 것이다. 우리는 신비 안에 산다. 우리는 그 무엇에 대해서도 독단을 내세우지 않는다. 우리는 모든 사람, 사건, 바위, 나무 앞에서 주의 깊은, 경외 어린 기대를 키운다. 억측은 사그러들고, 주의 깊음이 커지며, 기대감이 고양된다.

성경 기자들이 이 말을 사용하는 방식을 보면, '주 경외함'은 축소적이지 않으면서도 명확하며, 지나치게 단순하지 않으면서도 분명하며, 하나님과 그분의 세상과 관계된 모든 일에 내재하는 신비를 없애지 않으면서도 정확한 뜻을 가진 용어다. 이는 또한 딱 부러지는 정의를 내리지 않는다는 상당한 장점을 가지고 있는데, 왜냐하면 그런 정의는 우리로 하여금 '손쉽게' 자신을 경건한 사람이나 선한 사람으로 자리매김할 수 있게 해줌으로써, 하나님을 그저 편하게 상대하고 싶어하는 우리의 본능을 만족시켜 주기 때문이다.

예수님을 따르는 삶에 들어선 사람으로서 우리가 할 일은 무엇인가? 답은 이것이다. "너희 성도들아, 여호와를 경외하라"(시 34:9). 주 경외함이란 하나님에 대해 연구하는 것이 아니라, 하나님 앞에서 그분을 공경하며 사는 것이다. 우리에게 부족한 것은 지식이 아니라 공경심이기 때문이다. 주 경외함이란 영적인 노하우를 얻기 위한 기술이 아니라, 의도를 가진 무지(not-knowing)다. 우리에게 부족한 것은 노하우가 아니라, 그저 단순한 현존(being-there)이기 때문이다. 예배와 기도, 침묵과 고요, 사랑과 희생 등을 통해 길러진 주 경외함은 우리가 하는 모든 일을 '하나님을 호흡하는' 삶으로 변모시킨다.

그리고 춤

이 춤은 '페리코레시스'(*perichoresis*)다. '페리코레시스'는 춤을 뜻하는 헬라어로서, 옛날 그리스 신학자들은 이 용어를 삼위일체를 가리키는 은유로 사용한 바 있다. 칼 바르트(Karl Barth)는 말한다. "'페리코레시스'는, 하나님의 실존 양식은 너무나 완벽하게 서로가 서로를 조건짓고 침투하는 것이라서, 언제나 하나는 다른 둘 안에 있고, 또 그 다른 둘은 그 하나 안에 있다는 것이다."[14] 세 파트너가 한 팀이 되어 추는 포크 댄스나 원형 댄스를 한번 상상해 보라. 음악이 시작되면 파트너들은 서로 손을 잡고 원을 그리며 돌기 시작한다. 신호가 떨어지면 그들은 잡은 손을 놓고 파트너를 바꿔, 또 다른 원을 만들며 원 안팎을 누비면서 춤을 춘다. 템포가 빨라지고, 파트너들은 더 빨리 움직이며, 서로서로 원을 만들고 회전하며, 포옹했다가 풀고, 손을 잡았다가 놓으며 춤을 춘다. 엉킴 없이 이들(숙련되고 능숙한 댄서들!)은 자신의 존재를 유지하면서 매순간 정확한 리듬을 따라 모든 움직임이 말끔하게 조화를 이룬다. 구경하는 이들 편에서는, 춤의 움직임이 너무 빨라 춤 추는 사람들을 구별하기가 불가능할 때도 가끔 있다. 또 너무 정교한 스텝이라 다음 번 스텝을 미리 예상하기가 어려울 수도 있다. 이런 것이 바로 '페리코레시스'('*peri*' = '원을 도는', '*choresis*' = '춤')다.[15]

  기독교 신학의 중심이자, 흔히 가장 정교하고 난해한 교리로 불리는 삼위일체의 정수(精髓)가 이렇게 미국의 농장 댄스나 아일랜드의 케일리(ceilidh) 춤에서 누구나 쉽게 볼 수 있는 그림을 통해 포착되는 것이다.

  삼위일체는 기독교적 삶을 이해하고 거기에 참여하기 위한 가장 포괄적이고 통합적인 틀이다. 역사 초기의 목사와 교사들은 그리스도 안에 나타난 하나님 계시의 독특성을 표현하기 위해 이 삼위일체 교리를 형성했다. 이 신학은 우리로 하여금 기독교적 삶을 폭넓고 포괄적으로 이해하고 실천할 수 있게끔 해주는 광대한 지평을 제공한다. 적절하게 상상된 신학이 없이는, 영성은 저널리스트들이 보도하는 비좁은 세계, 과학자들이 연구하는 평면적인 세계로 축소되고 만다. 삼위일체는 성부와 성자와 성령의 이름으로 창조하시고 구원하시고 복 주시는 하나님의 방대한 세계를 계시해 주며, 우리가 살아가는 방식과 우리 영성에 직접적이고 생생한 함의를 갖는다. 삼위일체는 하나님의 자기 계시를, 그 모든 부분과 관계를 이해하고자 했던 교회의 시도다. 그리고 지금까지 이는 대단히 유익한 시도였다. 지극히 실천적인 차원에서, 이 교리는 우리가 아침에 일어나서 밤에 잠들 때까지 개인, 교회, 공동체로서 대하는 모든 일상적인 문제 속으로 들어오시는 하나님을 이해하고 그분께 응답할 수 있는 길을 제공해 주며, 나아가 우리로 하여금 하나님의 견지에서, 다시 말해 삼위일체적인 견지에서 그에 참여할 수 있도록 해준다. 삼위일체는 우리로 하여금 기독교적 삶을, 대단히 종교적이지만 실은 영혼을 파괴하는 방식으로 살지 않도록 해준다.

삼위일체는 하나님을 세 위격(person)으로 이해한다. 즉 하나님은 성부, 성자, 성령으로서 공동체를 이루시며, 각 '위격'은 다른 위격들과 적극적인 교통 가운데 있다.[16] 이는 하나님에 대한 지극히 인격적(personal)이고 관계적인(interpersonal) 이해다. 하나님은 무엇보다 인격적인 존재이시다. 이렇게 하나님이 인격적인 존재이시라면, 그렇게 계시되었다면, 우리가 하나님을 알 수 있는 유일한 길은 인격적 응답을 통해서다. 우리는 이를 알 필요가 있다. 세상에서 가장 쉬운 일은 말을 모종의 추상적 진리나 원리로 사용하고, 복음을 정보로 취급하는 일이다. 삼위일체는 바로 우리가 이런 일을 하지 못하게 막아 준다. 우리는 결코 복음이나 진리를, 더욱 쉽고 단순하고 편안한 것으로 만들 목적으로 비인격화하려 해서는 안 된다. 하나님을 비인격적인 추상적 개념들을 통해 알기란 원칙적으로 불가능한 일이다. 하나님을 실용적 프로젝트를 통해 알려고 하는 것은 소용없는 일이다. 하나님을 혼자만의 고독 속에서 알기란 금지된 일이다. 삼위일체는, 하나님은 어떤 사상이나 힘이나 사적 경험이 아니라 인격적인 존재이시며, 따라서 오직 인격적 응답과 참여를 통해서만 알 수 있다고 주장한다.

　삼위일체는 또한 하나님을 우리가 이해하거나 이용할 수 있는 존재로 축소시키는 것을 막아 준다. 우리 안에서는, 또 이 세상 안에서는, 우리가 받아들일 수 있는 정도보다 훨씬 이상의 많은 일들이 일어나고 있다. 하나님을 대한다는 것은 신비, 즉 알지 못하는 것, 우리 식으로 조종하거나 다룰 수 없는 무엇을 대하는 것이다. 우리는 이것을 알아야 한다. 지금 우리는 실용적인 것을 지나치게 중시하는 세상에 살고 있기 때문이다. 우리는 우리 생활 양식에 '적합한' 하나님을 원한다. 우리 맘대로 '주무를 수 있는' 하나님을 원한다. 하나님을 우리에게 있는 당장의 필요나 기대에 잘 맞는 존재로 축소시키라는 엄청난 압력이 사방에서 압박하고 있다. 그러나 하나님은 결코 우리의 일용품이 아니다. 이 기능화된 세상에서 우리는 자신을 내가 무엇을 할 수 있는가의 견지에서 보도록 훈련받았지만, 삼위일체는 하나님은 우리가 결코 조종할 수 없는 실재임을 말해 준다. 그래서 우리는 경외감을 기르게 된다. 우리는 하나님이 우리 앞서, 또 우리 너머에 계신 분임을 알게 된다. 우리는 귀를 기울이고 기다린다. 하나님을 제멋대로 자기 식대로 대하는 주제넘은 태도는 어리석을 뿐이라는 것이 드러난다. 하나님을 우리 감정, 우리 사고의 수준으로 낮추어 규정하여 하나님더러 우리가 제시하는 의제를 위해 일하시라고 요구하던 태도를 벗어나, 이제는 예배와 기도, 순종과 사랑의 삶을 택하게 된다. **우리가** 벌이고 있는 일에 하나님을 끌어들이려는 온갖 전략을 구사하던 방식 대신 이제는 **하나님이** 지금 하고 계신 일을 받아들이고 그에 응답하며 사는 방식을 택하게 된다. 삼위일체는 이렇게 늘 우리가 스스로 상상해 낼 수 있는 것보다 훨씬 더 큰 세상 속으로 우리를 끌어당긴다.

또한 삼위일체는 하나님의 활기 넘치는 활동적 삶—다시금, 춤의 이미지—에 참여하라는 꾸준한 부르심이며 초대다. 사물과 사람들을 개개의 특정한 존재로 만들어 주는 것은 다름 아닌 삼위일체(우리에게 자신을 계시하신 분으로서의 하나님) 안으로의 참여다. 하나님께는 우리가 단순한 구경꾼이 아니다. 언제나 어떤 손이 우리를 향해 뻗어나와 거룩한 창조, 거룩한 구원, 거룩한 공동체라는 삼위일체적 행동 속으로 끌어당기고 있다. 하나님은 결코 자신의 일에서 불참자가 아니시며, 그것은 우리 모두에게도 마찬가지다. 삼위일체를 통해 계시된 삶에는 불참자란 있을 수 없다. 우리는 이것을 알아야 한다. 집에서든 일터에서든, 그저 멀찍이서 안내하고, 동기부여하고, 계획하고 지도하는 것이 훨씬 쉬운 일이다. 그래서 우리는, 일에 너무 깊이 연루되지 않기 위해 늘 어느 정도 거리를 두려 하고, 일을 위임할 수 있는 방법을 찾으려 한다. 그러나 삼위일체의 실재는 이를 허용하지 않는다. 하나님을 알고자 한다면 우리는 반드시 하나님이신 그 관계에 참여해야 하며, 다른 길은 없다. 우리는 우리 한 사람 한 사람이 하나님의 삶 안에서 독특한 참여자라는 사실을 알게 된다. 기독교적 삶은 미리 프로그래밍된 것이 아니다. 기독교적 삶은 자유로의 해방이다. 삼위일체는 우리로 하여금 하나님의 삶에 참여할 때 나오는 그 자유에 늘 깨어 있게 하고 응답하게 해 준다. 그리고 그 모든 참여의 행위들은 하나하나 독특한 것이다.

영성의 모든 표현은, 가만 내버려두면 점점 나에 대한 것이 되고, 하나님에 대한 것이기를 그쳐 버리는 경향이 있다. 영성 신학은 현존하는 가장 크고 포괄적이며 광범위한 술어를 사용해 살아 계신 하나님을 증언함으로써 이런 경향을 거스른다. 삼위일체가 바로 이런 술어다. 삼위일체는 우리로 하여금 자신을 매일 아침 거울에서 보는 모습이 아니라, 하나님의 형상대로 지음 받은 존재로 보게 해주는, 그래서 그리스도인으로서의 정체성을 유지할 수 있게 해주는 신학적 언어다.

1
창조 안에서 놀이하시는 그리스도

그는…모든 피조물보다 먼저 나신 이시니 만물이 그에게서 창조되되 하늘과 땅에서 보이는 것들과 보이지 않는 것들과….

골로새서 1:15-16

자신이 가지고 있는 어떤 목적에 따라서 창조를 사랑하는 것은 용납되지 않는다. 이웃의 공구를 빌리기 위해서 이웃을 사랑하는 것이 용납되지 않는 것과 같은 이치다.

웬델 베리(Wendell Berry)[1]

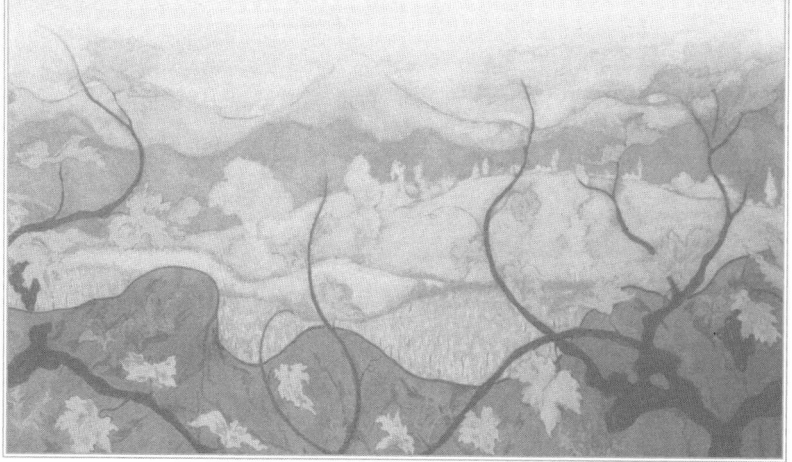

창조의 동네 탐험하기

우리는 아침마다 자신이 만들어 내지 않은 세상을 맞이하며 눈을 뜬다. 이 세상은 어떻게 생기게 된 것일까? **우리는** 어떻게 여기에 있게 된 것일까? 아침에 눈을 뜨면 '친숙한 볼링공처럼 생긴 태양'이 수평선 위로 훌쩍 뛰어오르는 것이 보인다. 이부자리 안에서 발가락을 꼼지락거려 본다. 울새와 때까치와 굴뚝새가 부르는 노래에 지빠귀가 즉흥곡을 덧붙여 연주하고 우리는 그 복합적이고 정교한 소리에 감탄한다. 베이컨 굽는 냄새가 코를 자극하면 이제는 버터를 바른 토스트와 스크램블 에그 그리고 우리가 제일 좋아하는 자바 산 원두로 새로 내린 커피를 기대하기 시작한다.

여기에 참으로 많은 것들이 있다. 우리 주변에, 위에, 밑에, 안에, 밖에, 사방으로. 시인과 과학자의 도움을 빌려도 그것을 다 이해하고 설명하기에는 턱없이 부족하다. 이런 것이 눈에 뜨이고, 저런 것이 눈에 들어온다. 우리는 그 동네를 탐험하기 시작한다. 이 길을 걸어 보고 다음에는 저 길을 걸어 본다. 길을 가로질러 과감하게 지나가 보기도 한다. 이내 우리는 끝도 없이 증식하는 이 존재(Is-ness)라는 것 자체에 감탄하며 호기심을 안고 망원경을 통해 보고 현미경 안을 들여다본다. 그 색채와 모양과 질감과 소리는 무궁무진하다.

그러나 얼마 후면 이 모든 것이 익숙해져서 더 이상 눈여겨보지 않게 된다. 우리는 작고 협소한 어떤 것으로 축소되어 버린다. 기하급수적으로 확장되던 자각, 눈을 휘둥그레 뜨고 둘러보던 행동, 존재하는 것에 대해 본능적으로 느끼는 순전한 기쁨 같은 것들이 언제부터인가 그 반대의 길을 가게 된다. 세상은 일그러지고 우리 삶은 일상적으로 반복되는 삶으로 축소되어 우리는 마치 몽유병자처럼 살아간다.

하지만 오래잖아, 우리를 흔들어 깨우는 무엇이 등장하기 마련이다. 어린아이의 질문, 여우의 미끈한 아름다움, 날카로운 통증, 목사님의 설교, 새로운 비유, 예술가의 비전, 찰싹하고 뺨을 맞는 것, 뭉개진 바이올렛에서 배어나는 향기 같은 것들. 그럴 때 우리는 다시 한 번 깨어난다. 정신이 바짝 든 우리는 다시 궁금해한다. 어떻게 이런 일이 생기게 되었을까? 그리고 왜 이런 일이 생긴 것일까? 굳이 무슨 일이 생겨야 하는 이유가 무엇일까? 아무 일도 생기지 않을 수 있는데, 왜 그렇지 않은 것일까?

이 모든 것, 즉 **삶**에 대한 우리의 자연스러운 반응은 감사다. 우리 속에 무언가 차 올라오는 것이 있다. 감사합니다! 이 감사는 종종 하나님을 향하는 경우가 많다. 하나님을 믿지 않는 사람도 마찬가지다. 조니 버그먼(Johnny Bergman)은 우리 교회에 나오는 젊은 청년이었다. 조니와 그의 아내는 열의가 있는 교인이었지만, 이 세상의 혼란스런 찌꺼기들이 그들의 어린 신앙을 잠식해 버렸다. 그들은 자녀들을 얻었다. 그리고 갑자기 부자가 되었고 배와 자동차, 새로 지은 집, 사교 모임들이 그들의 삶을 채워 버렸다. 교회에 나오는 횟수는 점점 더 줄어들었다. 교회에 출석을 하지 않은 지 2년이 지난 어느 화창한 주일, 조니가 다시 교회에 나왔다. 나는 놀라서 이렇게 말했다. "조니! 웬일로 교회에 나왔어요?" 그의 대답은 이러했다. "아침에 일어났는데 기분이 너무 좋았어요. 정말로 복 받은 기분, 새롭게 창조된 느낌으로 가득했어요. 누군가에게 꼭 감사를 해야겠는데, 감사를 알맞게, 제대로 할 수 있는 장소가 여기밖에 생각나지 않는 거예요. 예수님께 감사를 드리고 싶었어요." 그 다음 주일부터 그는 다시 교회에 나오지 않았지만, 그래도 그 순간 나는 어떤 진실을 불현듯 깨달았다. 그것은 또한 매우 명확한 것이었다.[2] 삶에 대해서, 창조에 대해서, 지금 우리가 살아가고 있는 이 공간에 대해서 우리가 가지는 순전한 경이는 그것에 대한 반응, 즉 감사를 요구한다. 우리가 살고 있는 이 세상과 우리가 누구인가 하는 그 존재의 본질은 서로 아주 깊은 연관성이 있기에 그것을 깨닫는 순간 우리는 그 기적과 그에 대한 경이로 탄성을 지르게 된다. 고대 사람 플라톤은 모든 철학이 경이에서부터 출발한다는 것을 알았다. 현대에 와서는 하이데거가 플라톤의 말을 강조하기 위해서 "근원적 놀람"(radical astonishment)이라는 표현을 썼다. 라이프니츠(Leibniz)는, 이 곳에 이 시간에 던져진 자신의 모습에 대해 끊임없이 반추하도록 계속해서 자극하는 질문을 던졌다. "왜 아무것도 없지 않고 무엇이 있는가?"[3]

경이. 놀람. 경배. 존재라는 그 순전한 사실 하나에 긴장하지 않는 사람은 거의 없을 것이다. 그래서 우리는 불타고 있는 덤불 앞에서 신을 벗게 된다. 그리고 수직강하하는 매를 보고 잠시 숨을 멈춘다. "하나님, 감사합니다." 우리는 존재감으로 충만해지고 그 안에서 아주 깊은 친근함을 느낀다. 우리는 이 곳에 **속한** 것이다. 그래서 생명을 다해 이 삶에 감사하게 된다. 그 감사는 막연한 감사("Thanks") 혹은 사물에 대한 감사("Thank it")가 아니라 구체적 **대상**에 대한 감사("Thank *you*")다. 이 지구라는 별에 살았던 대부분의 사람들은 그 감사의 **대상**을 하나님 혹은 각종 신들로 보았다. 이것은, 마치 어린아이들이 사회적 교양으로서 감사하다는 말을 배우는 것처럼, 단지 예의범절을 배우는 차원의 문제가 아니다. 그것은 실재의 본질에 부합하는 우리 안에 내재한 특성을 계발하는 것이며, 삶이 지닌 넘치는 가능성과 선함에 대해 지속적으로 부합하는 반응을 할 수 있는 능력을 키우는 것이다.

경이로움이야말로, 우리가 설명할 수 있는 것을 언제나 능가하는 삶, 우리의 계산을 언제나 초월하는 삶 그리고 우리가 만들어 낼 수 있는 것을 언제나 넘어서는 삶에 대해 기대감으로 눈을 크게 뜨고 창조의 영성을 탐험하러 들어가는 데 유일하게 적합한 발판이다.

케리그마: 예수님의 탄생

당연히 우리는 이 모든 것의 이면이 궁금하다. 그 의미, 목적, 함의 말이다. 우선 우리는 하나님을 믿는 것에서 시작한다. 창조는 우리가 헤아리거나, 추론하거나, 주장하거나 혹은 단순히 있는 그대로 받아들이는 것이 아니다. 그것은 우리가 믿는 것이다. 즉 **신조**

(credo)인 것이다. "믿음으로 모든 세계가 하나님의 말씀으로 지어진 줄을 우리가 아나니 보이는 것은 나타난 것으로 말미암아 된 것이 아니니라"(히 11:3).

그러나 창조 자체가 하나님을 믿는 믿음을 강제하는 것은 아니다. 창조를 곧이곧대로 받아들이며, 종종 그저 '자연'이라고만 이름 붙이고, 마치 그 의미가, 그 '영성'이 그 안에 내재해 있는 양 접근하는 사람은 수도 없이 많다. 이러한 태도는 아주 매력적으로 보인다. 아주 깔끔하고, 복잡하지 않고, 논쟁적이지도 않다. 그리고 명확하다. 복잡한 신학이니, 혼란스런 교회사니, 교회에서 한 자리 차지하겠다고 고집을 부리는 사람들의 위선이니, 목사들의 무능력이니, 돈 밝히는 것이니 하는 것이 전혀 없는 삶, 그 자체에 내재한 신성이란 만족스럽다. 창조 그 자체만으로도, 아름다운 해변과 멋진 저녁놀, 서핑과 스키 그리고 마사지, 감정 상태와 미학적 흥분을 만끽하는 영성을 우리에게 제공하는 데 부족함이 없어 보인다. 하지만 이 모든 것이 상당히 매력적임에도 불구하고, 이러한 창조는 인격이라는 측면에서 심각하게 결핍되어 있다.

우리 기독교의 성경은 그것과는 아주 다른 방법을 시도한다. 하나님은 이름을 가진 한 인격, 즉 예수님 안에서 자기 자신을 가장 완전하게 계시하셨다.

창세기에 나오는 창조 이야기는 "천지"(天地)로 시작하지만, 그것은 주요 행사를 위한 몸 풀기 정도에 지나지 않음을 곧 알 수 있다. 주요 행사는 바로 인간 생명의 창조, "하나님의 형상"이라고 불리는 남자와 여자의 창조다. 남자와 여자는 하나님의 숨('영') 그 자체를 가지고 살아 있다. 온전한 창조, 정점에 달한 창조를 보고 싶다면 인간을 보면 된다. 남자를, 여자를 그리고 어린아이를 보면 된다. 빽빽 소리를 질러대는 아기보다는 꽃 한 다발에서 창조를 더 깊이 감상하고, 냉랭한 교회에서 마음 안 맞는 이웃들과 부대끼기보다는 해변에서 보내는 하루를 선호하는, 그러니까 인간이라는 성가신 요소를 제거한 창조를 선호하는 얄팍한 취향도 이해할 만하지만, 그것은 우리에게 계시된 의미의 창조가 결코 아니다.

예수님의 탄생 안에서 이 모든 것은 우리에게 복된 소식이 되며, 창조는 삶을 주시는 하나님의 선물이자 삶에, **우리** 삶에 필요한 조건이 된다. 이것은 참으로 복된 소식이며, 그리스도인들은 그 복된 소식을 '케리그마'(kerygma)라고 불렀는데, 그 의미는 공적으로 선포되는 어떤 내용이 역사적 실재 안으로 선포된다는 뜻이다. 예수님의 탄생은 창조를 받아들이고, 창조 안으로 들어가고, 창조에 참여하는 데 그리고 단지 창조를 사용하기만 하거나 창조를 당연하게 받아들이는 것이 아니라 이러한 창조를 **살아내는** 데 케리그마의 초점을 맞추게 해준다. 이 탄생은 또한 복음서 저자인 마태와 누가가 우리에게 설명해 주듯이, '동정녀 탄생'이다.

창세기를 다시 풀어서 쓴 요한의 복음서에서 우리는 "말씀이 육신이 되어 우리 가운데 거하시매"(요 1:14)라는 구절을 읽게 된다. 마태와 누가는 예수님의 탄생을 자세하게 설명하는 것으로 복음서 기록을 시작했다. 바울이 처음으로 예수님의 탄생을 글로 언급한 부분에서 그는 예수님을 "모든 창조물보다 먼저 나신 자니"(골 1:15)라고 부르고 있다.[4]

창조를 믿는 행위는 하나님이 하시는 일, 즉 하나님이 만드신 것과 만드시는 것을 받아들이고 그 안으로 들어가 거기에 복종하는 것이다. 우리는 창조의 구경꾼이 아니라 창조의 참여자. 무엇보다 우리는 단지 태어나는 것만으로 참여자가 된다. 그러나 이내 우리의 모든 탄생이 예수님의 탄생이라는 규정적 맥락 속에 있다는 것을 깨닫게 된다. 기독교적 삶은 하나님이 하신 일과 하고 계신 일 속에서 사는 연습이다. 우리가 사물의 근원을 알고 싶어하는 이유는 화석이나 공룡이나 '빅뱅' 이론에 대한 호기심을 충족시키기 위해서가 아니라, 우리 근원에 부합하는 삶을 살고 싶은 것이다. 우리는 삶이 주변적인 것에 고착되는 것을 원치 않는다. 우리는 파생적인 삶이 아니라 **원래의** 모습에 맞는(origin-ally) 삶을 살고 싶어한다.

그러므로 우리는 예수님으로부터 출발해야 한다. 예수님은 하늘과 땅을 창조하신 하나님의 계시다. 또한 그분은 우리와 함께하시는 하나님의 계시다. 임마누엘이시다. 칼 바르트는 "우리는 모든 측면에서 예수 그리스도가 창조의 비밀을 여는 열쇠라는 것을 입증했다"[5]는 이 한 가지를 증명하기 위해서 아주 자세한 부분까지 파고 들었다(그는 이 주제에 대해서 네 권의 두툼한 책을 썼다).

누가가 들려주는 예수님의 탄생 이야기는 우리에게 주어진 것 중에서 가장 방대한 설명이다. 하나님의 전령인 가브리엘이 마리아에게 "은혜를 받은 자여 평안할지어다. 주께서 너와 함께하시도다"(눅 1:28)라는 수태고지의 케리그마로 말을 시작하자 마리아는 당연히 깜짝 놀란다(*diatarachthē*). 가브리엘은 무서워하지 말라고 마리아를 안심시킨 뒤 다음과 같은 복음의 말을 전한다. "네가 수태하여 아들을 낳으리니"(31절). 그제야 마리아는 아들을 임신하는 것이 하나님의 성령이 하시는 일이 되리라는 것을 알게 된다. "성령이 네게 임하시고 지극히 높으신 이의 능력이 너를 덮으시리니 이러므로 나실 바 거룩한 자는 하나님의 아들이라 일컬으리라"(35절). 마리아는 이처럼 생명을 수태하고 출산하게 하는 복음의 말씀을 기꺼이 받아들이고 예수님을 임신하게 된다. "주의 계집종이오니 말씀대로 내게 이루어지이다"(38절).

마리아의 임신 이야기는 또 다른 임신의 상황으로 이어진다. 바로 마리아의 나이 많은 사촌인 엘리사벳의 임신이다. 마리아는 '임신 진단'을 위해 엘리사벳을 찾아갔다. 이 두 가지 임신 사례는 서로 병렬적이면서도 대조적인 경이를 안고 있다. 아이를 못 낳는 나이 든 여자와 처녀인 젊은 여자, 두 사람 모두 임신의 가능성이 없는 여성이다. 이미 임신 6개월째인 엘리사벳은 마리아의 임신을 확인해 준다. "여자 중에 네가 복이 있으며 네 태중의 아이도 복이 있도다"(42절). 그리고 마리아는 장엄한 찬가로 그 말에 기쁘게 응답한다.

"내 영혼이 주를 찬양하며
내 마음이 하나님 내 구주를 기뻐하였음은…"(46-55절).

마리아가 성령으로 잉태한 아이를 낳자 누가는, 바울이 골로새의 그리스도인들에게 예수 그리스도를 설명하기 위해 사용한 "모든 창조물보다 먼저 나신 자(*prototokos*)"(골 1:15)라는 말과 같은 표현을 사용해서 마리아의 아기인 예수님을 "맏아들"(*prototokon*, 눅 2:7)이라고 부른다. 이 탄생은 창조에 속하는 모든 것, 하늘에서부터 땅까지, 천사의 노래에서부터 목동들의 환영까지, 모든 것의 문안을 받는다. 가장 높은 존재(천사들)와 가장 낮은 존재(목동들)가 함께 경이로움에 사로잡혀 "너희에게 나신"(born to you, 2:11) 혹은 "너희를 위해서 나신(for you)"(etechthē humin, 한글 개역은 "너희를 위하여 구주가 나셨으니"–역주) 예수님을 환영한다. 이 탄생은 무엇보다도 우리와 상관이 있는 사건인 것이다.

마리아에게 임하셔서 구세주를 잉태하게 하신 성령은, 창조 이야기에서 수면 위를 운행하시던 성령(창 1:2)이다. 레이몬드 브라운(Raymond Brown)이 말했듯이, "그 성령이 나타나셨을 때 땅은 공허하며 혼돈한 상태였다. 마찬가지로 성령 하나님이 자신의 아들인 아기로 채우시기 전까지 마리아의 자궁은 공허했다."⁶⁾

이 기본적이고 규정적인 창조 이야기는 (가브리엘 천령을 통해서) 전달되는 하나님의 말씀, 즉 (성령에 의해) 생명을 잉태하게 하고 경탄과 축복(엘리사벳의 환영 인사와 마리아의 찬가)을 이끌어 내는 임신으로 귀결되는 말씀, 그 말씀으로 시작되고 하늘의 천사와 땅의 목동들이 함께 그 사실을 즐겁게 증거하고 예배하는 탄생으로 마무리된다.

이 이야기보다 앞서 성경에 나오는 다섯 가지 임신과 출생 이야기도 마찬가지로 인간 생명의 창조에 결정적으로 그리고 친밀하게 간섭하시는 하나님을 보여 준다.

아브라함과 사라 그리고 이삭의 출생: "여호와께서 말씀하신 대로 사라에게 행하셨으므로 사라가 임신하고⋯노년의 아브라함에게 아들을 낳으니"(창 21:1-2).

마노아와 이름이 언급되지 않는 그의 아내 그리고 삼손의 출생: "여호와의 사자가 그 여인에게 나타나서 그에게 이르시되, 보라 네가 본래 임신하지 못하므로 출산하지 못하였으나 이제 임신하여 아들을 낳으리니"(삿 13:3).

보아스와 룻 그리고 오벳의 출생: "여호와께서 그에게 임신하게 하시므로 그가 아들을 낳은지라"(룻 4:13).

엘가나와 한나 그리고 사무엘의 출생: "엘가나가 그의 아내 한나와 동침하매 여호와께서 그를 생각하신지라. 한나가 임신하고 때가 이르매 아들을 낳아 사무엘이라 이름하였으니"(삼상 1:19-20).

스가랴와 엘리사벳 그리고 요한의 출생: "엘리사벳이 잉태를 못하므로 그들에게 자식이 없고…엘리사벳이 네게 아들을 낳아 주리니…엘리사벳이 잉태하고"(눅 1:7, 13, 24).

그리고 마침내, 하나님이 창조하셨음을 명백하게 계시하는 이 임신과 출생 이야기: 요셉과 마리아 그리고 예수님의 출생.

마리아를 통해 예수님이 잉태되고 태어나는 사건에서 하나님이 하신 일은, 이전의 다섯 가지 '불가능한' 출산과 연속선상에 있으면서 또한 그것들과 다르다. 사라에서부터 엘리사벳에 이르는 어머니들은 임신하지 못하는 자궁이라는 불가능한 조건을 극복해야 했다. 이 여성들은 모두 아이를 절실하게 원했다. 그러나 마리아의 경우 '불가능한' 조건은 그가 처녀라는 것이었다. 여기에는 아이를 바라거나 기대하는 마음이 전혀 없다. 마리아에게 임신과 출산은 창조의 경이다. "이것은 남자나 여자가 꿈꾸었던 그 어떤 것도 능가하는 하나님의 주도하심이다"라고 브라운은 말한다.[7] 이 출생은 앞으로 있을 모든 출생을 하나님이 창조적으로 주도하시는 상황하에 놓게 될 사건이다.

'밀착 취재'된 이 여섯 개의 출생 이야기는 소위 자연적 과정이라는 재생산, 수태, 임신 그리고 출산의 사건에서 불임과 처녀성이라는 불가능한 조건을 넘어서 생명을 탄생시키기 위해 일하시는 하나님을 드러낸다.

※

사도 바울의 표현을 빌리자면, 예수님이 "여자에게서 나신"(갈 4:4) 것은 그분이 그 무엇보다도 인간이라는 것, "모든 **창조물**보다 먼저 나신 자"(골 1:15)라는 것을 말없이 주장한다. 또한 동시에 마리아가 처녀라는 사실은 예수님의 탄생이, 우리가 경험을 통해서 아는 것 혹은 만들어 낼 수 있는 것으로 축소되거나 설명될 수 없음을 주장한다. **인간**의 생명임을 의심할 수 없는 생명이 여기 우리 앞에 있다. 실제 어머니의 자궁에서 나온 진짜 아기다. 그러나 여기에는 또한 우리 자신의 생명은 물론이고 하나님의 운행까지 통제하려는 시도로 무시해 버릴 수 없는 기적이 있고 신비가 있다. 교회사의 초창기부터 주장되었고 사도신경에서 고백되고 있는 동정녀 탄생이라는 기적, 칼 바르트의 솔직한 문구를 빌리자면, "**경의**와 **예배**로의 부름"이다. 바르트는 "동정녀 마리아에게서 나시고"라는 고백에 의문을 달거나 부인하는 사람들의 편향된 관점은 "결국은 경의를 두려워하는 데서 비롯되는 것일 뿐이라고, 그리고 너무나 가까이 계신 혹은 너무나 멀리 계신 하나님을 편안하게 만나려는 초대일 뿐이라고 이해해야 한다"고 주장한다.[8]

화가, 시인, 음악가 그리고 건축가들은 "경의와 예배로의 부름"

인 동정녀 탄생에서 '동정녀'가 가지는 의미의 중요성을 최우선적으로 증거해 주는 사람들이다. 그들은 경이가 새어나가 버린 삶에서 끊임없이 우리를 구해 준다. 신학자와 성경학자들이 성경 본문과, 성관계의 여부와, 신화적 유사성에 대해서 때로는 매우 치열할 정도로 논쟁하고 토론하는 동안, 화가들은 성모 마리아를 그렸고, 시인들은 리듬과 은유로 우리에게 상상력을 제공했으며, 음악가들은 우리로 무릎 꿇고 예배하게 만드는 축가와 성가를 공중에 울려 퍼지게 했고, 건축가들은 우리가 하나님을 예배할 수 있는 예배당과 성당을 설계하고 세웠다.

마들렌 렝글(Madeleine L'Engle)이 쓴 시 "성 수태고지 이후"(After Annunciation)는 그 이유를 우리에게 말해 준다.

> 사랑이 찬란하고 격렬하게 피어오르는
> 지금은 비이성적 계절이다.
> 마리아가 이성으로 꽉 차 있었더라면
> 아기 예수 위한 자리는 없었을 것이다.[9]

하나님을 창조자로 묘사하는 수태, 임신 그리고 출산에 관련된 언어는 성경이 기독교적 삶을 증언하는 맥락에서 두드러진 자리를 차지한다. 예수님이 니고데모에게 하신 "네가 거듭나야 하겠다"(요 3:7)는 말씀이 그 중에서도 가장 잘 알려진 말씀이다. 예수님과 니고데모는 대화 중에 '태어나다'(born)라는 단어를 일곱 번이나 쓴다. 바울이 사용한 표현도 의미심장하다. 로마의 기독 공동체에 쓴 편지에서 그는 창조 전체를 출산의 과정으로 설명한다. "피조물

(*pasa hē ktisis*)이 다 이제까지 함께 탄식하며 함께 고통을 겪고 있는 것을 우리가 아느니라"(롬 8:22). 곧이어 그는 이 과정을 우리 안에서 일어나는 일과 병렬시킨다. "또한 우리 곧 성령의 처음 익은 열매를 받은 우리까지도 속으로 탄식하여 양자 될 것 곧 우리 몸의 구속을 기다리느니라"(8:23). 그리고 갈라디아의 그리스도인들에게 쓴 편지에서는 심지어 출산의 고통을 겪는 어머니로 자신의 신분을 밝힌다. "다시 너희를 위하여 해산하는 수고를 하노니"(갈 4:19).

예수님의 탄생 이야기는 우리가 창조라는 유희를 이해하고 거기에 동참하는 입구다. 그러나 우리가 허용한다면, 모든 탄생은 선물로 주어지는 삶 그 자체의 계시이자, 우리와 함께하는 그리고 우리를 위해 존재하는 하나님의 생명인 예수님의 탄생이 가지는 경이를 다시 경험하게 해줄 수 있다.

하나님은 창조주이시고 하나님의 가장 포괄적인 창조물은 인간의 생명, 아기다. 우리도 창조의 참여자로서 아기를 창조해 낸다. 아기를 수태하여 낳고 그 아기를 양육할 때 우리는 창조의 핵심에 서 있게 된다. 모든 탄생은 케리그마적이다. 성경에 나오는 족보 목록에 있는 모든 "낳고"의 나열("히스기야는 므낫세를 낳고, 므낫세는 아몬을 낳고, 아몬은 요시야를 낳고…")에는 우리가 상상하는 그 어떤 것보다 더 많은 복음이 담겨 있다.

몇 년 전 나는 며느리로부터 셋째 아이를 낳을 때 함께해 달라는 초대를 받았다. 며느리는 내가 나의 세 자녀들이 태어날 때마다 그 자리에 있는 것을 금지당해 얼마나 실망했는지 잘 알고 있었다. 아내 잰과 내가 아이를 낳아 키우던 시절에는 아버지들이 출산의 시간과 공간에서 내쫓겨 바깥 어두운 곳에서 ("슬피 울고 이를 갈며") 유배된 채 있어야 했다. 그래서 나는 우리 아이들 때에는 놓쳤던 경험을 며느리의 배려로 손녀의 출생을 통해 경험할 수 있었다. 출산은 크리스마스가 지난 며칠 후에 있었기에, 새벽 2시에 아내와 함께 곧 경험하게 될 출산의 광경을 기대하며 타코마(Tacoma)에 있는 병원으로 차를 몰고 가는 내 마음과 생각은 온통 예수님의 탄생 이야기와 노래에 흠뻑 젖어 있었다.

분만실에서 내가 경험한 것은 지금까지 보았던 하나님의 창조물과도, 내가 그 창조 안에서 행한 그 어떤 일과도 비교할 수 없는 것이었다. 소독약 냄새와 효율적 일 처리로 심각한 분위기였지만, 그날 밤 자궁으로부터 폭발하듯이 뿜어져 나온 생명, 온전히 생명 그 자체인 생명은 그 곳을 계시의 장소로 바꾸어 놓았다. 내 아들은 딸이 세상으로 나오는 그 순간 아기를 손으로 받았다. "어서 오렴, 세이디 린!"

나는 얼음 덮인 산맥들이 파도처럼 연이어 있는 광경이 보이는 산봉우리에도 올라 봤지만, 그 어떤 숨막힐 듯 아름다운 경치도 이 아기가 세상으로 나아오는 광경과는 비교가 되지 않았다. 나는 고도로 섬세하고 절묘한 새 소리도 들어 보았고 세계 최고의 음악가들이 연주하는 것도 들어 보았지만, 그 어떤 소리도 이 아기의 울음소리에 비하면 상대도 되지 않았다.

오늘날 대부분의 아버지에게는 익숙한 그리고 전반적으로 인류 전체에 익숙한 이 직접 체험을 나는 이제야 경험한 늦깎이였다. 이 일에 익숙해지는 사람이 있을까? 나는 생명의 경이, 생명의 기적, 생명의 신비, 생명의 영광에 사로잡혔다.

손녀가 태어난 다음날 나는 야채와 곡물을 사러 식료품점에 갔었다. 진열대 통로로 어린아이들을 데리고 다니며 장을 보는 어머니들이 몇몇 있었다. 그 중 많은 어머니들은 지나칠 정도로 활발하고, 호기심에 가득 찬, 에너지 넘치는 아이들을 호통을 치며 닦아세우고 있었다. 나는 그 어머니들을 붙잡아 끌어안고 이렇게 말하고 싶었다. "당신이 무슨 일을 해내신 건지 아세요? 당신은 아기를, **아기**를 낳은 거예요. 이 기적, 이 경이, 이 영광을 낳은 거라고요. 당신은 진정한 마돈나(Madonna, 성모 마리아라는 뜻—역주)입니다! 동방박사와 목동들과 함께 경외감에 차서 무릎을 꿇어 보세요." 다행히도 나는 자제할 수 있었다. '마돈나'라는 이름이 아마 이들에게는 내가 아는 것과는 다른 의미로 들렸을 것이다.

탄생, 모든 탄생은 하나님의 창조 사역에 다가가는 우리의 최우선 통로다. 예수님의 동정녀 탄생은 하나님 자신이 창조의 현장에 몸소 계시고 완전히 동참하신다는 사실에 초점을 맞추고 그 초점을 유지시킨다. 이것은 참으로 복음이다. 창조 그 자체가 케리그마적이다. 노래와 이야기를 통해 우리의 상상과 기도 속에 늘 생생하게 살아 있는 예수님의 탄생은, 우리가 견고한 창조의 땅에 두 발을 딛고 서게 해주고, 주변의 모든 생명이 불러일으키는 모든 순종과 찬양의 어조에 응답하게 한다.

위협: 영지주의

그러나 사람들이 이 진실을 쉽게 받아들였던 적은 한 번도 없었다. 이러한 특성, 그러니까 인간의 평범함, 체액, 분노와 경멸의 거친 감정들, 피로와 외로움 등에는 전혀 신경 쓰고 싶지 않은 사람들이 언제나 많이 있다. 출산은 고통스럽다. 아기들은 불편하고 지저분하다. 아기를 가지는 일에는 엄청난 수고가 들어간다. 하나님이 아기를 가지셨다고? 그것보다는 장엄한 산, 파도가 일렁이는 바다, 정교한 야생화, 상상 속의 외뿔 동물 그리고 (시인 윌리엄 블레이크를 인용하자면) "타오르는 눈동자를 가진 호랑이"를 만드신 창조주 하나님을 받아들이는 것이 훨씬 더 쉽다.

인간이 된다는 것과 연관된 지저분하고 불결한 날것에 관해서라면 하나님은 분명 멀찌감치 거리를 두실 것이다. 우리 영혼은 태생적으로 기저귀와 은행빚과 세금과 하찮은 집안일을 경멸하고 다른 무언가를 깊이 동경하는 성향을 가지고 있다. 우리는 자신이 좀더 고상한 것을 위해 창조되었다고 생각하고, 우리가 계발해야 하는 난해한 사상과 섬세한 감정과 세련된 희열의 세계가 있다고 생각한다.

삶의 어느 지점에선가 어떤 사람들은 **자신의** 영혼은 **다르다**는 확신을 가지게 된다. 하나님의 궁정을 짓밟고 다니는 저 평범한 블레셋 무리, 저 대중보다는 한수 위라고 생각하는 것이다. 그렇게 우리는 숭고한 것에 대한 권위자가 되어 간다.

예수님의 탄생 이야기를 기록한 잉크가 채 마르기도 전에 복음서에 나오는 이야기보다 더 '영적인' 대안적 이야기를 찍어 내는 작은 산업이 이미 생겨나 가동되는 사태가 벌어졌다. 예수님이 매끄럽게 다듬어져 보편화된 묵시적인 이야기가 남발되어 초대교회를 휩쓸었다. 그 이야기들은 아주 인기가 좋았다. 지금도 마찬가지다. 그리고 아직도 사람들은 그런 이야기를 쓰고 있다. 많은 사람들에게 아주 매력적으로 다가오는 대안적 이야기다.

기독교적 삶의 이런 맥락에서는, 예수님 생애의 날카로운 현실적 세부 사항들은 모호하게 흐릿해지면서 숭고한 신성으로 녹아 들어가 버린다. 성육신이라는 견고한 역사적 사실, 하나님의 온전하고 완전한 자기 계시로서 말씀이 육신이 되신 그 사실은 천박한 것으로 치부되어 버려진다. 그 대신 좀더 세련된 것, 예민한 영혼의 구미를 좀더 당기는 것이 그 자리를 차지하게 된다. 그러니까 예수님의 몸은 진짜 살과 피로 이루어진 것이 아니라, 우리에게 하나님이 어떠한 분인지 그 진상을 보여 주기 위해서 그리고 영적 삶의 비밀을 우리에게 전수하기 위해서 예수님이 잠시 인간의 몸 안으로 들어오셨다는 것이다. 그리고 물론 그분은 십자가 위에서 돌아가신 것이 아니라 마지막 순간에 빠져나가셨다. 무덤에 묻으려고 십자가에서 내린 몸은 예수님의 것이 아니고 몇 년 간 그분이 사용하다가 버리신 일종의 무대 의상 같은 것이다.

이러한 여러 변종의 이야기를 보면 예수님은 잠시 동안만 역사적으로 살과 피를 가진 그리스도의 역할을 했을 뿐이고 그 후에는 순전히 영적인 영역으로 돌아가신 것으로 되어 있다. 예수님에 대한 이러한 해석을 받아들이는 사람은 누구나 자유롭게 그 해석대로 살 수 있다. 그러니까 필요한 기간만큼만 우리의 물질성과 지역성과 가족을 참아 내면 되는 것이다. 딱 필요한 만큼만. 물질, 육체, 몸—역사와 지리와 날씨—이런 것들은 한시적인 발판일 뿐이다. 이런 것들은 하나님 그리고 예수님과 아무 상관이 없다는 것을 빨리 깨달으면 깨달을수록 좋다.

이러한 종류의 이야기가 주는 매력은 상당하다. 특별히 매력적인 것은, 우리가 더 이상 사물이나 사람을 진지하게, 그러니까 영원성이나 **하나님**과 연관된 심각성으로 받아들일 필요가 없다는 것이다. 우리가 만지거나 냄새 맡거나 보는 것들은 그 어떤 직접적인 혹은 즉각적인 방식으로 하나님과 연관된 것이 아니다. 모든 종류의 물질성과 일상성을 우리 삶의 가장자리, 적어도 기독교적 삶의 가장자리에 놓음으로써 우리는 엄청난 불편과 짜증을 덜게 되는 것이다. 우리에게 고상한 영감을 주는 한, 산이 있는 건 좋다. 그러나 내 편의의 길을 가로막는 산이 있다면, 불도저를 불러와 없애 버릴 수 있다. (그리고 예수님도 그 비슷한 말씀을 어디에서 하시지 않았던가? 그러니까 산을 밀어 버리는 데는 신앙이 유용하다고. 만약에 불도저가 그와 같은 일을 해 낼 수 있다면 그건 예수님이 불도저 사용을 사전에 인가하셨다는 말이 되는 것 아닌가?) 잘생기고, 매너 좋고, 내 자존감을 세워 주고, 내 인간적 잠재력을 완성시키는 데 도움이 되는 한, 사람들은 정말로 훌륭한 존재다. 그러나 악취가 나거나 기능이 떨어진다면 내쫓아 버려도 된다. (예수님도 그렇게 하시지 않았던가? 베드로가 영적으로 무능함을 드러내자 예수님은 "사탄아, 내 뒤로 물러서거라!" 하고 꾸짖으시며 그를 단칼에 물리치시지 않았던가.) 진정 영적인 존재가 되고자 한다면 비(非)영적인 모든 것에서 자유로워져야 한다.

이처럼 정제된 삶에 따라오는 또 하나의 매력은, 그러한 삶에 참여하면 우리가 엘리트적인 영적 귀족의 일원이 된다는 것이다. 우리는 하나님에 관한 한 내부인(insider)이 되며, 궁극적으로 중요한 '클럽'의 특별 회원이 된다. 계몽된 영혼들이 모인 핵심 동맹에 들어가는 것이다.

　이 모든 것은 정말 듣기 좋은 소리이고 느낌도 아주 좋아서 기독교 신앙을 접해 본 사람들 중에서 이러한 삶을 시도해 보지 않은 사람은 극히 드물다. 이러한 영향력으로부터 안전한 교회는 하나도 없다. 거룩한 삶을 살기 원하는 사람이라면 누구나 이러한 매력에 혹하지 않을 수 없다.

　'영지'(gnostic)라는 단어는 이처럼 가장 매력적이지만 영혼을 파괴하는 영성을 지칭하는 데 종종 사용되는 단어다. 필립 리(Philip Lee)는 영지주의가, 복음주의든 자유주의든 할 것 없이 북미의 후기 개혁주의 교회를 감염시킨, 다양하면서도 미묘한 방법들에 대해서 치밀한 연구를 했다. 그의 분석에 의하면 로마 가톨릭과 정교회보다는 개신교 교회가 좀더 감염되기 쉽다고 했지만, 영향을 받지 않는 교파는 하나도 없다. 그는 영지주의의 바이러스를 지니고 기독교 복음의 건강을 위협하는 다섯 가지 요소들을 규명했다.

　첫째, 영지주의는 깊은 형이상학적 소외로부터 발생한다. 즉, 이 우주는 어마어마한 오류라는 것이다. 창조 세계는 우리의 가장 깊고도 진정한 영혼에는 낯선 것이다. 하나님, 참 하나님은 창조 세계와 아무런 상관이 없으셨고 현재도 없으시며, 따라서 우리도 창조 세계와 상관이 없을수록 좋다.

　둘째, 비밀스런 지식이 있는데, 이 지식(영적 지식)은 이러한 절망적인 상태로부터 우리를 구원해 줄 수 있다. 하지만 이 지식은 공개된 것이 아니며, 조직 내의 전수와 직관을 통해서 얻어야 하는 것이다. 특정한 영적 적성을 계발하고 키워야 한다.

셋째, 도피주의는 생존을 위한 전략인데, 창조의 하나님으로부터 도피하는 것이 그 시작이다. 도피주의는 거의 모든 분야에 걸쳐 일어난다. 우리는 우리 자신을 제외한 모든 것으로부터 도피한다. 세상에서 벗어나 자기 자신 안으로 도피하는 것이다.

넷째, 이 비밀스런 지식을 전수받아 이러한 도피주의의 삶에 들어선 소수의 영혼들은 엘리트 그룹을 구성하게 되며, 각자가 자기 안에 신성을 가지게 된다.

그리고 다섯째, 각 사람은 이러한 삶의 방식을 성취하기 위해서 자신의 손에 넣을 수 있는 그 어떤 사상이나 이야기나 기술도 짜맞출 자유가 있다. 그 어떤 기관이나 권위도 '영지자'('깨달음을 얻은' 자)에게 무엇을 믿으라고 혹은 무엇을 하라고 간섭하거나 지시할 수 없다.

기독교는 선한 창조를 말하지만 영지자는 나쁜 창조를 주장한다.

영지자는, 구원하시는 하나님을 아는 것에 대항해서 인간의 평범함과 추함으로부터 자아를 해방시키는 데 사용될 수 있는 비밀스런 지식, 신비로운 지식을 제시한다. 이것은 사실상 자기 구원을 위한 처방이다.

영지자는, 아브라함, 이삭, 야곱, 모세, 다윗 그리고 이사야와 함께 순례로서 이 삶을 살고 예수님을 따라가는 것에 대항해서 도피를 계획한다.

영지자는, 서로 사랑하라는 명령을 받은 하나님의 자녀들과 함께 공동체의 삶을 사는 것에 대항해서 자기 자신에게 매몰된다.

영지자는 평범한 삶, 그러니까 가족과 일, 요리와 바느질을 기꺼이 받아들이고, 가난한 자들을 돕고 병든 자를 고치는 일을 기꺼이 받아들이는 것—바울이 높여 말한 '세상의' 모든 미련한 것들, 약한 것들, 천한 것들, 멸시받는 것들(고전 1:27-28)—에 대항하여, 신성한 평범함에서 자신을 제외시키는 엘리트들 사이에서 특별한 지위를 주장한다.

영지자는, '육신이 되신 말씀'인 예수님 안에서 특정하게 계시된 하나님에 대항해서 그 어떤 특정한 것에도 매이기를 거부하며, 무엇보다도 예수님의 특수성—"유대인에게는 거리끼는 것이요 이방인에게는 미련한 것인 십자가에 못 박힌 그리스도"(고전 1:23)—을 거부한다.

영지주의는 종교의 혈관 안에 있는 바이러스이며 대략 매 세대 새 상표를 달고 아주 새로운 것인 양 광고를 하며 계속해서 재부상하고 있다. 하지만 잘 관찰해 보면 홍보사만 갈아치운 옛 것임이 판명된다. "영지주의는 오늘날 세계 곳곳에 퍼져 있다"고 오이겐 로젠스톡 허시는 말한다. "교회 안에도 가득하다."[11] 영지주의는 우리에게 창조의 불편함이 없는 영성을 제안한다. 영지주의는 죄나 도덕의 불편함이 없는 영성을 제안한다. 영지주의는 우리가 좋아하지 않거나 우리와는 다른 '부류'의 사람들이 주는 불편함이 없는 영성을 제안한다. 그리고 영지주의는 우리에게 하나님이 없는, 적어도 나 자신 안에서 내가 감지하는 신성의 불꽃을 제외하고는 그 어떤 신도 없는 영성을 제안한다. 어쩌면 이 마지막 것이 가장 매력적일 수도 있다.

근거 본문 (1) : 창세기 1-2장

우리가 가진 성경은 물질성을 벗어난 엘리트주의적인 자기 영성에 격렬하게 대항하는 내용으로 그 전체가 구성되어 있지만, 그 중에서도 기본이 되는 책은 구약의 창세기와 신약의 요한복음이다.

성경은 서로 나란히 배열된 두 개의 창조 이야기로 시작되고 있다. 바로 창세기 1장과 2장이다. 창세기 1장과 2장은 지난 2,000년 동안 유대인 혹은 그리스도인 최고의 학자들이 아주 치밀하게 연구해 온 본문이다. 그 동안 축적된 통찰력과 진실은 우리의 상상력마저 주춤하게 만든다. 이 본문에는 고려하고 숙고해야 할 것, 감상하고 반응해야 할 것이 너무도 많다. 이 학자들에게는, 그들이 지금 살아 있건 이미 고인이 되었건, 아무리 감사해도 부족하다.

그러나 이 폭포수처럼 넘치는 해석학적 탁월함도 때로 놓치는 것이 있는데, 그것은 바로 이 본문이 지금 "생존 세계"(시 116:9)에서 일하는 평범한 그리스도인들인 우리 각자를 얼마나 능숙하게 잘 준비시키고 인도하고 있는가 하는 점이다. 성경 초입에 배치된 이 두 개의 창조 이야기는 무엇보다도 우리가 매일 아침 눈 뜨는 그 시간과 공간에서 사는 데 필요한 본문이다.

현재의 창조

나는 오랫동안 창세기 1-2장이 나 자신과 직접 연관이 있다는 점을 놓치고 있었다. 어렸을 때는 어떻게 세상이 시작되었는가에 우선적인 관심을 가진 논쟁자와 논객들 때문에 관심이 분산되었다. 청년이 되자 나는 진화론자들과 무신론자들에게 싸움을 걸기 위해

이 본문을 즐겨 사용하던 친구들과 어울리게 되었다. 그 후에는 성경적 세계관과는 대조되지만 그래도 여전히 매혹적인 고대 수메르와 아시리아, 바빌론과 이집트 문명이 대변하는 세계를 연구하면서 단어와 이미지와 통사론에 도취되어 그것들을 비교하고 평가하는 데 푹 빠져 있었다.

그 후 나는 목사가 되었고, 창세기 1장과 2장이 우리가 날마다 접하는 삶의 모습 그대로를 다루는 데 얼마나 강력한 본문인가를 서서히 깨닫게 되었다. 목사로서 나의 일은, 기도하는 것과, 자녀를 키우는 어머니와 아버지들, 밀밭에서 일하는 농부들, 교실에서 가르치는 교사들, 다리를 세우는 엔지니어들, 국가 안보를 지키는 병장과 대위와 대령들 그리고 요양소에 있는 적지 않은 80대 관절염 환자들의 삶에 이 성경 본문이 적용되도록 가르치고 설교하는 것이었다.

이 일을 하면서 나는, 창세기 1장과 2장이 성경의 거대 서사로 인도하는 출발점이라는 점에서 두드러지기는 하지만, 우리의 일상적이고 평범한, 일하며 예배하는 삶 속에서 예수님을 따르는 순종적이고 경건한 삶을 만들어 가는 지침으로서는 가장 해석이 덜 되어 있고, 가장 적게 사용되는 본문 중 하나라는 생각을 하게 되었다.

창세기 1-2장을 세상의 시작을 이야기하는 본문이라는 점에 주목하여 읽는 것에서 벗어나, 바로 지금 삶을 사는 시작을 위한 본문으로 읽게 된 전환은 나의 목회 사역 초기에 일어났다. 예수님을 경배하고 따르는 순종의 삶을 살도록 회중을 이끌어가는 법을 배우면서 나는 내가 일하고 있는 문화적·영적 조건이 주전 6세기에 히브리인들이 살았던 유배 조건과 얼마나 많이 비슷한가에 놀랐다. 뿌리뽑히고 살 곳을 잃은 모습, 예배의 전통과 단절된 모습, 이방 그리고 이교 사회에 파묻힌 느낌. 나는 나와 내 회중이 매주 처음부터 다시 시작한다는 느낌이 들었다. 도덕적 합의도 없고, 공통된 기억도 없으며, 우리 모두가 자신이 성장한 곳을 두고 멀리 떠나왔다. 내 교구민들의 삶은 공간이나 기반에 대한 감각도 별로 없이 변덕스럽고 발작적이며, 불안하고 허둥대는 것 같아 보였다. 이러한 상태가 주전 6세기에 하나님의 백성이 살았던 유배의 조건과 같다는 것을 깨달았을 때 나는 유배의 본문인 이사야서를 설교하고 가르치기 시작했다. 이 세상에서 자신의 시간 그리고 공간과의 접촉이 끊긴 사람들에게 주는 그 위대한 목회의 메시지를 말이다. 그렇게 하면서 나는 이사야가 이 유배당한 백성에게 사용한 가장 중요한 단어 하나는 '창조하다'라는 것을 발견했다. '창조하다'는 성경에서 오직 하나님만을 주어로 해서 사용되는 단어다. 사람은 창조를 하지 않으며, **할 수도 없다**. 하지만 하나님은 하신다. 우리가 할 수 있는 일들이 죄다 아무런 변화를 가져오지 않고 빈손으로 그저 멍하니 서 있을 때, 우리는 하나님이 창조하시는 것을 기대할 준비가 된 것이다. 우리가 살고 있는 조건이 생명과 구원에 전적으로 낯선 것처럼 보일 때, 우리는 오직 하나님만이 하실 수 있는 일을 하나님이 하시도록 기다리는 위치로 축소된다. 그 일이 바로 창조다. '창조하다'와 '창조자'라는 단어는 성경의 그 어느 곳보다 이사야서의 유배 설교에 자주 등장한다. 창세기 1-2장의 위대한 창조 서사에서 이 단어가 여섯 번 나오는 것에 반해 이사야서에서는 열여섯 번 나온다.[12] 나는 이 목회적 임무를 감당하면서, 자신이 속한 세상에서 자신은 창조되지 않은(uncreated) 존재, 너무나 미숙하고 부적당한 존재라고 느끼는 사람들 사이에서 하나님의 창조 사역은 얼마나 즉각적이고 강력하며, 얼마나 설득력 있고 삶을 변화시키는 것인지를 깨닫게 되었다. 이사야의 영향을 받아 나는 강단에서 내려와 병실과 거실로, 커피숍과 지역사회 모임을 다니면서 무료해하거나 망연자실해하는 사람들과 함께 기도하고 그들의 말을 들었다. 그러는 동안, '창조하다'라는 단어가 오래 전 가나안과 이집트와 바빌론에서 일어났던 일들의 배경으로부터 튀어나와 하나님이 오늘날 내가 함께 살고 있는 이 유배당한 백성들 사이에서 하시는 일을 지칭하는 적극인 복음의 단어로 나의 공동체 안에서 부각되었다.

몇 년 간 이러한 세월을 보낸 뒤 나는 아주 새롭게 창세기 1-2장으로 돌아와 이 본문에서 절박함과 신선함과 즉각성을 발견하고는 깜짝 놀랐다. 나는 창세기를 읽으며 더 이상 '이 말의 의미가 뭘까? 이것을 어떻게 사용하지?' 하고 묻지 않고, '어떻게 여기에 순종하지? 어떻게 내가 이 일에 동참할 수 있을까?' 하고 물었다.

이 본문들이 바로 창조라는 위대한 선물 안에서, 하나님의 영광을 위해 잘 사는 삶, 잘 놀이하는 삶으로 우리를 형성하고 인도하는 데 근거가 되는 본문들이다. 창세기 1장은 시간이라는 창조의 선물을 받고 그 안에서 살아가는 모습의 첫 형태를 빚어 주고, 창세기 2장은 공간이라는 창조의 선물에 대해서 그렇게 한다.

시간이라는 창조의 선물

시간을 이해하고 높이는 것은, 우리가 누구이며 어떻게 살아야 하는가를 깨닫는 데 가장 기본이 된다. 신성한 시간을 침해하면 우리가 하나님과 그리고 사람들과 가지는 가장 친밀한 관계를 모독하는 것이다. 시, 일, 주, 월, 년, 이 모두는 거룩함 그 자체의 것들이다.

창조에 대한 여러 가지 모독 중에서도 시간에 대한 모독은, 적어도 북미인들의 경우, 거의 으뜸 순위를 차지한다. 시간은 우리가 그 안에서 모든 삶의 행위를 해 내는 매개다. 시간이 모독을 당하면 삶이 모독을 당한다. 이러한 모독을 가장 두드러지게 보여 주는 증거는 서두름과 꾸물거림이다. 서두름은 그것이 소유하고 통제할 수 있는 추상적인 것들을 강박적으로 붙잡느라 시간의 선물에 등을 돌리게 한다. 꾸물거림은 우리가 '시간의 충만함'으로 들어가는 통로인 순종과 경배의 삶에 대해 게으르고 부주의하여 시간의 선물로부터 마음이 흐트러지게 한다. 서두르며 붙잡든 꾸물거리며 부주의하든 시간은 침해당한다.

창세기 1장은 서두르지 않는다. 그리고 창세기 1장은 꾸물거리지도 않는다.

리첸 자매님은 창세기 1장을 실제로 살아냈을 때의 모습이 어떤 것인지를 알 수 있도록 나를 준비시켜 주었다. 나는 시간을 완전한 경멸까지는 아니어도 그것을 거부하는 영적인 문화 속에서 자랐다. 시간, 평범한 시간은 하나님이 최종적으로 개입하셔서 시간을 끝내시고 영원의 도래를 알리실 때까지 그저 '시간을 채우는' 것에 불과했다. 그 때까지 할 일은 많았다. 친구들에게 복음을 증거하고, 선교사를 파송하고, 거리 집회를 열고, 주일 오후마다 교도소를 방문해서 수감자들에게 찬양을 불러 주고 설교를 해야 했다. 우리 자신이 준비가 되었는지 확인해야 했고 그 다음에는 서둘러서 우리가 아는 모든 사람들이 마지막 때, 그 들림을, 예수의 재림을 맞이할 준비가 되어 있도록 해야 했다. 아주 짧은 휴가 외에 다른 것을 할 시간은 없었다. 대학에 갈 시간도, 게임을 할 시간도 없었다. 시간이 거의 다 되어 가고 있다고 우리는 생각했다. 시간은 그것 자체로 경의의 대상이 되지 못했고 시간의 유일한 가치는 오직 마지막 때를 위해 준비하는 데만 있었다. 마지막 때만이 유일하게 신성한 시간이었다. 다른 모든 것, 일(日)과 주, 분과 시는 그 마지막 때를 위해 봉사하는 데만 사용되어야 했다. 신성화된 어떤 프로젝트나 성령의 기름부음을 받은 어떤 목표를 위해 그 시간들을 사용하고 있지 않다면 우리는 시간을 낭비하는 것이라고 여겼다.

리첸 자매님은(내가 속한 작은 회중에서는 모든 어른이 '자매' 아니면 '형제'였다) 이 세상에서 특별한 의미를 지닌 인물이었다. 그분은 나이가 많고 가냘픈 여인이었는데, 키는 약 1m 50cm였고 그나마도 줄어들고 있었다. 그분은 우리 동네에 있는 작은 집에 사셨는데, 창가에는 늘 블라인드가 내려져 있었다. 나는 걸어서 혹은 자전거를 타고 종종 그 집 앞을 지나다녔다. 그분이 늘 어두컴컴하게 해 놓은 그 집을 나서는 것은 주일에 우리 가족이 차로 교회까지 모시고 갈 때뿐이었다. 그분은 간증과 기도의 시간이 되면, 반항하듯 반(反)예전적인(anti-liturgical) 오순절식 예배 가운데 마치 전례처럼 정기적으로 일어나서, 주께서 영광 가운데 재림하시기 전까지 자신은 죽지 않을 것이라고 주님이 계시하셨다는 말씀을 하셨다. 구름 속으로 모든 성도들과 함께 올려져 공중에서 주님을 영접하게 하실 것이라고(살전 4:17) 말씀하셨다는 것이다. 매주일 그렇게 하셨다. 말도 늘 같았다. 나는 정말로 감동을 받았다. 나 또한 '끌어올려질' 것이라고 당연히 생각했기 때문에 여덟 살쯤 되었을 때 나는 이 땅에서 내가 살 날이 얼마나 남았는지 계산을 하기 시작했다. 리첸 자매님은 적어도 아흔 살은 되었다. 갈수록 몸이 많이 쇠약해지고 키가 줄어드는 것으로 보아(그분은 해마다 약 1인치 정도의 속도로 키가 줄고 있었다) 앞으로 5, 6년 정도 더 사실 수 있을 것이고 따라서 공중에 들려지는 날도 그 때까지 유보될 것이라고 나는 계산했다. 공중에 들리는 사건이 일어날 때면 나는 열네 살이 되어 있을 것이다. 그렇다면 나는 차를 운전해 볼 기회를 완전히 놓치게 된다. 그건 정말로 큰 실망이었다.

내가 열 살이 되던 해 리첸 자매님은 돌아가셨다.

장례 예배를 드리는 동안 내가 얼마나 혼란스러웠는지 지금도 기억이 난다. 나는 존스 목사님이 재림에 대해서 무슨 말인가를 하시기를 계속 기다렸지만 그분은 아무 말도 없었다. 한마디도. 다음 주일이 되었을 때, 내 유년기의 예배 경험을 지탱해 주던 기둥 하나가 사라지고 없었다. 건물은 건재했고 익숙한 회중도 여전히 거기에 있었다. 달라진 것은 아무것도 없었다. 공중 들림도 없었다. 그런데 아무도 그것을 눈치조차 채지 못하는 것 같았다. 열 살이라는 나이는 종말론의 문제를 판단하기에 썩 좋은 나이가 아니었기에 결국 나는 그 고민을 그만두었다. 2, 3년 후 나는 생물학이 사실상 종말론을 덮어 버리는, 과거와 미래의 연관성은 모두 끊긴 채 모든 것이 현재이고 지금이며 즉각적이고 직접적인 청소년기로 들어섰다. 과거와 미래는 모두 희미한 존재일 뿐이었다.

그러나 결국 나는 다시 한 번 그 문제와 씨름을 하게 되었다. 성년기로 접어들면서 나는 예수님의 복음에 대해, 그냥 그것에 대한 이야기만 하는 것이 아니라, 그냥 그것을 증거만 하는 것이 아니라,

그냥 그것을 연구하고 암송만 하는 것이 아니라, 어떻게 실제 삶으로 그것이 나타나는지에 주의를 기울이며 좀더 부지런히 성경을 읽었다. 그러면서 나는 평범한 시간이란 성경을 믿는 사람들이 마지막 때, 영원으로 진입하는 로켓 발사와 같은 그 때가 오기를 기다리는 동안 그저 견뎌 내거나 참거나 혹은 서둘러 지나가는 것이 아님을 서서히 깨닫게 되었다. 그것은 우리가 현재 그리고 하나님이 하시는 나날의 일에 참여하는 통로가 되는 선물이다. 나는 드디어 이해하게 되었다. 마지막 때는 현재, 평범한 시간에 영향을 미친다. 그 평범한 시간을 축소시키거나 모독함으로써가 아니라 그 시간을 충전시키고 채움으로써 영향을 미친다. 마지막 때는 우리가 기다리는 미래가 아니라, 그것이 현재로 흘러들어올 때 우리가 경배와 순종으로 받아들이는 시간의 충만이라는 선물이다.

리듬

이제 창세기 1장의 이야기로 돌아가자. 창세기 1장에서 가장 두드러지는 특징은 리듬의 구조다. 창조 이야기는 연속되는 7일의 시간으로 배열되어 있다. 여섯 번에 걸쳐서 창조의 한 단계가 "하나님이 이르시되…"라는 문구로 시작되며, 여섯 번에 걸쳐서 창조의 한 단계가 "저녁이 되고 아침이 되니…"라는 문구로 끝을 맺고, 그 뒤에는 그 날의 수를 밝힌다. 첫째 날부터 여섯째 날까지 그렇게 나열되어 있다.

그러나 일곱째 날은 아주 다르게 다루어지는데, 그 다름 때문에 특별히 강조하고 주의를 기울이게 된다. 일곱째 날에는 몇 번째 날인지를 결론부에 밝히는 대신에 도입부에서 밝히고 있다. "일곱째 날이 이를 때에…." 그리고 이 일곱이라는 숫자가 그 뒤에 이어 나오는 문장에서 두 번 더 반복된다. 이렇게 "일곱째"라는 단어는 세 번 반복이 되면서 이 날을 앞의 여섯 날보다 훨씬 더 크게 강조하는 것이다.

이 구절에서 우리가 알아챌 수 있는 사실은, 하나님의 창조 사역이 우리에게 리듬감 있게 1 2 3 4 5 6 7 7 7로 전달되고 있다는 것이다. 창조의 활동에는 한 세트에 3일씩, 두 세트가 있다. 첫째 세트의 3일은 2절에서 말하는 창조 이전의 혼돈(*tohu*)에 형태를 부여해 준다. 두 번째 세트의 3일은 창조 이전의 공허(*bohu*)를 채워 준다. 첫째 날부터 셋째 날까지는 '혼돈한' 곳에 형태를 주고 넷째 날부터 여섯째 날까지는 '공허'를 채워 주는 이 두 세트의 창조의 날들을 이어서, 창조로부터 쉬는 일곱째 날이 삼중의 강조와 함께 따라온다.

흥미로운 리듬의 변이가 또 하나 있다. 3일이 한 세트를 이루는 각 세트의 셋째 날은 이중의 창조를 포함하고 있다. 따라서 운율은 이렇게 표현될 수도 있다. 1 2 3/3, 4 5 6/6 그리고 이어서 삼중의 7 7 7.

이 본문을 소리 내어 읽어 보거나 소리 내어 읽는 것을 들어 보면(성경이 기록되던 시기에는 대부분의 사람들이 이렇게 했을 것이다), 그 본문은 우리 내면으로 들어오게 된다. 우리는 창조 시기의 리듬 안으로 들어가, 우리가 음악에서 얻는 것과 매우 흡사한 질서와 연결성과 울림의 창조 감각을 내면화하는 것을 발견하게 된다. 창세기 1장에 동화되면서 스스로 '박자를 세는' 모습을 보게 된다. 하나 둘 셋-셋, 넷 다섯 여섯-여섯, 일곱 일곱 일곱.

브루스 월키는 창세기 1장을 "모든 이스라엘 백성의 삶을 위한 오페라 가사"[13]라고 이름 붙임으로써, 그 본문이 가지고 있는 음악과 리듬의 특성을 전달하고 있다. 창세기 1장이 창조의 삶을 이야기하는 오페라나 오라토리오라고 생각해 보라. 이 본문을, 이 가사를 우리 삶의 방식으로 끌어올 때 이 리듬은 우리 내면으로 들어오고 우리 언어와 일을 통해서 표현된다.

시간의 본성은 바로 리듬을 가지는 것이다. 방관자처럼 그저 시간을 구경하며 시계로 그것을 재는 대신, 시간 안에 머물면서 발로 박자를 맞추며 계속해서 참여하고 현존하게 만드는 것은 바로 리듬이다. 창세기 1장에서는 반복되는 여러 문구가 이러한 핵심적 리듬을 강화하고 있다. 창조 사역의 6일을 시작하고("하나님이 가라사대…하라 하시매") 마치는("저녁이 되며 아침이 되니") 반복적 틀은 이미 주목해 보았다. 그런데 이 구절에는 여덟 개의 주요 창조 행위 외에도 "…하라 하시매"를 네 번 더 번역하도록 동사가 특정한 문법적 형태를 띠고 있다. 그래서 무엇인가를 존재하게 하는 행위를 열두 개 지칭할 수 있다. 그 외에도 많은 반복구들이 있어서 창조의 시간 안에 있는 박자의 규칙성과 리듬의 변주를 더 깊어지게 한다. 그래서 우리가 거기에 참여할 수 있도록 해주고(박자) 동시에 우리가 깨어 있을 수 있도록 해준다(변주).[14]

우리는 창조의 리듬 안에서 리듬감 있게 살도록 창조된 존재들이다. 연속되는 4주 속에서 네 번 반복되는 일곱 날은 달이 지구를 도는 28일 간의 리듬 안에 우리를 둔다. 이러한 달의 리듬은 지구와 달이 함께 태양을 한 바퀴 도는 일 년 동안 열두 번 반복된다. 이처럼 큰 폭을 둘러싸는 리듬은 봄의 탄생과 여름의 성장과 가을의 추수와 겨울의 동면이 규칙적으로 반복되게 한다. 창조의 시간에는 리듬이 있다. 우리는 리듬에 푹 젖어 있다.

한편 우리 자신도 리듬으로 구성되어 있다. 생리학적으로 우리는 맥박과 숨쉬기의 리듬을 탄다. 우리 심장은 1분에 60회 혹은 80회 혹은 100회의 추진력으로 규칙적으로 박동을 하면서 피를 우리 몸으로 보내어 순환하게 한다. 우리 폐는 1분에 15회 혹은 20회 혹은 30회 팽창되었다가 수축되면서 산소를 우리 몸 안으로 보낸다.

리듬이 흥미로운 것은 우리가 그 속도를 늦추거나 빠르게 할 수는 있지만 박자를, 운율을 아예 없앨 수는 없다는 것이다. 음악과 춤을 보면 그것을 가장 잘 알 수 있지만, 창조 자체도 마찬가지다. 이것이 바로 창조의 본성이고 우리는 그 창조의 일부다. 우리는 시간 안에 새겨져 있지만 시간 또한 우리 안에 새겨져 있다. 창조는 아무렇게나, 불협화음의 소음 속에서 생겨나는 것이 아니라, 리듬 있게 생겨난다. 듣고 관찰하면서 우리는 자신이 리듬 안에 통합되는 것을 보게 된다. 위대한 창조의 운율이 우리 주위에서 그리고 우리 안에서 소리를 내고 울려 퍼진다. 하나님이 가라사대…하나님이 창조하시되…하나님이 복을 주시고…하나님이 만드시고…하나님이 주시고…하나님이 부르시고….

창세기에는 "특정한 전례의 멋이 있다.…창조의 **과정**이 한 단계씩 하루하루 매우 규칙적이고 반복적으로 묘사되어 있다"고 존 레벤슨(Jon Levenson)은 말한다.[15] 창세기 본문이 우리로 하여금 창조의 시간과 가락을 맞추게 하고, 보조를 같이하게 하고, 그 시간 안에 현존하게 할 때 우리는 계속해서 그 과정의 일부가 된다. 낮과 밤…하늘과 바다…땅과 채소…해, 달 그리고 별들…물고기와 새…짐승과 인간. 밤마다 쉼에 들어가고 날마다 일을 할 때 이와 같은 위대한 창조의 리듬은 우리로 하여금 하나님의 창조의 말씀을 의식하게 하고 거기에 참여자가 되게 한다. "하나님이 가라사대…생육하고 번성하여 충만하라.…그 종류대로…좋았더라.…그대로 되어…저녁이 되고 아침이 되니…."

물론 창세기 1장에는 더 많은 것들이 들어 있다. 여섯 날 중 각각의 날에 일어나는 일들은 그것을 통해 우리가 우리 주변에 일어나는 모든 일에 주의하도록 인도해 준다. 그러나 시간의 선물은 우선 우리가 창조의 일 안에 현존하게 해주고 참여하게 해주는 바로 그것이다. 창조의 그 어떤 것도 단지 연구되고 분석되고 해결되기 위해서 여기에 있는 것이 아니다. 각 요소, 각 날의 '일'은, 무엇보다도 창조의 오라토리오가 지닌 모든 것을 끌어안는 리듬 속의 통합적이고 일관성 있는 '음'으로 받아들여지기 위해서 여기에 있는 것이다. 그 창조의 오라토리오 안에서 우리는 하나님이 깊음 위에서 호흡하신 공기와 같은 공기를 마시고, 우리 폐—우리 삶!—깊숙한 곳으로부터, 하나님의 영광을 위해 노래하고 연주한다.

리듬의 회복

하지만 리첸 자매님의 이야기가 아직 끝난 것은 아니다. 내가 다시 한 번 열 살이 되는 시나리오를 상상해 보려고 한다. 그러니까 리첸 자매님이 돌아가시기 한 달 전쯤의 시간으로 돌아가 보자. 그분의 집에 가서 문을 두드린다. 그분이 문을 열고 나를 안으로 초대한다. 어머니가 쿠키를 한 접시 들려서 나를 종종 그 집으로 심부름을 보내셨기 때문에 나는 그 집이 낯설지 않다. 보통은 그분이 나를 안으로 들이고 나면, 부엌으로 가서 우유 한 잔을 가져다주시는 것이 순서다. 우리는 블라인드가 쳐져 있고 자질구레한 물건들로 가득한 거실에 함께 앉는다. 나는 햇빛이 들어오지 않는 어두운 거실에서 내 몫의 쿠키를 먹고 우유를 마신다. 하지만 그 날만큼은, 내 공상의 시나리오에서는, 그분이 부엌에 우유를 가지러 간 사이에 나는 모든 창문의 블라인드를 걷는다. 그분이 우유를 가지고 돌아오시자 나는 외친다. "리첸 자매님, 보세요! 저기가 세상이에요!" 리첸 자매님은 깜짝 놀라며 우유를 바닥에 떨어뜨리고 컵은 깨진다. 혼란스러워하는 그분의 손을 잡고 나는 길을 건너 오솔길을 따라 로렌스 늪지대라고 불리는 습지로 모시고 간다. 그 곳은 나와 내 친구들이 즐겨 찾는 곳이다. 나는 그분에게 거북이와 개구리를 보여 드린다. 그분은 한 번도 그것들을 본 적이 없다. 그리고 다음 번 물고기가 지나가기를 기다리며 둥지를 틀고 있는 물수리를 보여 드린다. 새끼들의 솜털 달린 머리가 둥지에서 겨우 보일락 말락 한다. 리첸 자매님은 무척 놀란다. 바로 그 때 엉켜 있는 부들(부들과의 여러해살이 풀—역주)에서 흰 꼬리의 사슴이 뛰어 오른다. 리첸 자매님은 그것이 무엇인지 묻고 나는 솔로몬의 가젤(아 7:3의 비유에 등장하는 노루 모양의 동물—역주) 중 하나라고 말씀해 드린다. 리첸 자매님은 깜짝 놀란다. 나는 그분이 너무 흥분하는 것은 아닌가 걱정이 되어 다시 집으로 모시고 와서 쏟아진 우유와 깨진 유리컵을 치우는 것을 돕는다.

다음 주일 예배 시간, 리첸 자매님은 평소와 같은 시간에 일어서지만 평소와 같은 말을 하지는 않는다. 이번에는 이렇게 말한다. "지난 주에 천사가 나를 방문해서 내가 한 번도 보지 못한 경이로운 것들을 보여 주었습니다. 그는 목요일에 다시 와서 더 많은 것을 보여 주겠다고 했습니다. 아직은 내가 떠나서 '주님과 함께 있고' 싶은 건지 잘 모르겠습니다."

 이어지는 목요일마다 나는 그 집으로 가서 그분의 손을 잡고 로렌스 늪지대로 들어가는 길을 따라 그분을 모시고 가서 더 많은 경이로운 것들을 보여 드린다. 하루는 저녁 늦게까지 그 곳에 머물면서 떨어지는 해가 수면 위로 색채의 만화경을 펼치는 것을 바라본다. 리첸 자매님은 경외감에 차 있다. 어느 날 오후는 물총새가 피라미를 낚아채고는 녹슨 쇠문이 끽끽거리는 것 같은 소리로 승리의 노래를 부르며 날아가는 모습을 바라본다. 리첸 자매님은 완전히 매료되었다. 또 어떤 날은 내가 샌드위치와 곰팡내 나는 빵 한 덩이를 가지고 온다. 우리는 물가에 있는 통나무 위에 앉아서 점심을 먹고 두 마리의 백조와 완전히 벗어넘긴 헤어스타일을 자랑하는 일고여덟 마리의 비오리에게 먹이를 준다. 리첸 자매님은 너무나 즐거워한다. 손을 잡고 집으로 걸어가면서 리첸 자매님은 이렇게 말한다. "이 모든 일이 바로 내 뒷마당처럼 가까운 곳에서 일어나고 있었다니!" 목요일마다 우리가 함께 로렌스 늪지대를 돌아다니는 동안 리첸 자매님은 주일의 찬양과 시편과 성경 그리고 자신이 느끼고 보는 것과 어린 시절의 일들 사이의 연관성 혹은 그 닮은꼴을 깨닫고 그것에 대해 이야기한다. 주일은 더 이상 도피의 리허설을 하는 날, 최종적 도피를 기대하는 날이 아니라 한 주간의 해설, 적어도 목요일 부분에 대한 해설이 된다. 리첸 자매님은 한 번도 내가 바로 그 천사라고 칭찬하지는 않지만 주일마다 그 주간의 목요일에 천사가 계시한 것을 이야기한다. 그리고 매주 교인들은 리첸 자매님이 블라인드 쳐진 거실로부터 공중으로 들림 받는 데 대한 열의가 점점 줄어든다며 한마디씩 한다. 매주 간증 시간에 하는 보고에서, 그분의 마지막 문장은 창세기의 리듬을 따르고 있다. "아직은 내가 떠나고 싶은 건지 잘 모르겠습니다."

그리고 4주 정도 이러한 일들이 있은 후, 리첸 자매님은 돌아가신다.

물론 열 살이 된 나 자신에게 섬기는 천사의 역할을 부여한 것은 다 공상이다. 하지만 내 공상은, 어린 시절 리첸 자매님이 주일마다 리듬을 제거해 버리는 마지막 때의 이야기를 전례처럼 반복하는 것을 들었던 사실에 기초하고 있다. 그리고 지금의 나에게는 그 공상이 삶의 방식으로 바뀌어 버렸다. 창세기 1장을 실제 삶으로 살아내는 경험은 내 노력에 불을 지펴, 내가 아는 그리고 내가 알았던 너무나 많은 사람들의 삶의 현장에 쳐져 있는 블라인드를 걷어내려 하게 한다. 블라인드를 걷어내고 주일과 주일 사이에 그들을 집 밖으로 끌어내어 이 광대한 리듬의 광시곡으로 이끌어 하나님이 말씀으로 창조하셨고 창조하고 계시는 것들을 보고, 듣고, 맛보고, 만지고, 냄새 맡게 하고 싶다. 하늘과 땅, 풀과 나무, 별과 행성, 물고기와 새, 저지 종의 소와 다리 짧은 사냥개 바셋 하운드 그리고 최상의 솜씨인 남자와 여자―경이 중의 경이인 남성과 여성!―를 말이다.

그래서 내가 하고 싶은 말은 바로 이것이다. 시간이라는 창조의 선물을 설명하는 창세기 1장 본문이 우리 안으로 들어오는 **방법**은 예배를 드리는 행위, 믿음으로 듣는 행위, 하나님의 말씀을 순종적으로 받아들이는 행위를 통해서이지만, 일주일 내내 블라인드가 쳐져 있다면 우리는 그 예배의 맥락이 되는 평범한 시간의 질감과 리듬으로부터 단절되고 만다. 예배는 우리를 하나님의 일에 동참하는 사람들로 만들어 주는 최우선 수단이지만, 만약 우리가 주일을 기다리는 동안 블라인드가 계속 쳐져 있다면 우리는 하나님이 실제로 하시는 그 일과 아무런 접촉이 없는 셈이다. 창세기의 이러한 일의 리듬은 우리의 참여를 가능케 하는 안식일 휴식의 명령 속에서 우리 삶에 재생산되며 부각된다. 예배의 장소를 떠나 밖으로 걸어나올 때 우리는 새롭게 인식하는 눈과 재창조된 순종의 마음을 가지고 세상 속으로 걸어 가는 것이다. 그 세상에서 우리는 하나님의 창조에 참여하는 하나님의 형상이다. 우리가 보고, 만지고, 느끼고, 맛보는 모든 것은 그 안에 "하나님이 가라사대…그대로 되어…좋았더라"의 리듬을 가지고 있다. 그래서 우리는 그 어느 때보다도 더 깊이 창조 안으로 들어가게 되고 창조를 더 편안하게 여기게 된다.

공간이라는 창조의 선물

창세기 1장은 하나님이 말씀으로 창조를 존재하게 하는 7일 연속의 시간으로 그 구조가 이루어져 있다. 그 형식적인 효과는 리듬이다. 이 리듬은, 운율이 있고 반복되는 가락의 문구를 사용하여 우리의 산만하고, 불안하고, 때로는 늘어지는 삶을 일으켜서, 연속되는 6일에 걸쳐 신뢰할 수 있고 능력 있는 말씀을 하시는 하나님의 안정적이고, 확고하고, 서두르지 않는 속도에 맞추도록 해준다. 그러고 나서 이 리듬은 모든 것을 끌어안는 일곱째 날의 안식일로 귀착되는데, 안식일에 우리는 모든 창조의 시간에 현존하게 된다. 그 속에 융합되고 현실화된다. 바로 이 묵상하는 일곱째 날이라는 수단을 통해서 우리는 창조의 참여자가 되는 것이다.

창세기 2장은 공간으로 그 구조가 이루어져 있다. 시간은 우리가 그 순간에 현존할 수 있는 매개를 마련해 주고, 이 순간이 다른 모든 순간, 즉 과거와 미래의 순간들과의 리듬 있는 관계를 마련해 준다. 그리고 삶의 방식의 측면에서 우리를 과거에 안전하게 묶어 주어 우리에게 역사를 제공한다. 또한 동시에 시간은 기대와 목적과 성취로 자라나는 소망의 씨앗을 줌으로써 우리를 미래와 이어 준다. 공간은 시간과 함께 한 벌로 가는 선물이다. 공간은 우리가 방향지어지고, 할 일을 찾고, 순종 안에서 자유를 경험하고, 타자들의 공동체 안에서 교제하는 이 땅 위로 우리를 데려다 놓는다.

　첫 번째 창조 기사가 리듬의 연쇄와 반복되는 가락 같은 주제를 가지고 있어서 음악에서 가장 가까운 유비를 발견할 수 있다면, 두 번째 창조 기사는 플롯이 형성되기 시작하고 인물들이 소개되는 공간을 배경으로 하는 이야기에 더 가깝다. 국가와 일과 공동체라는 맥락 속에서 자신의 위치를 찾아가는 인간들이 등장한다.

공간

　창조의 두 번째 기사는 지리적 위치를 배경으로 하고 있다. 첫 번째 창조 기사는 "태초에 하나님이 천지를 창조하시니라"로 시작하고, 연속되는 7일에 걸쳐서 구조가 짜여 있다. 이 두 번째 기사는 두 명사의 순서를 바꾸어서 짝을 지어, 땅을 먼저 말하고 그 뒤에 하늘을 말한다. 모든 사건은 지구상의 한 공간, 동산이라고 하는 곳에서 일어난다. 첫 번째 기사는 포괄적이다. 우주 전체와 그 안에 있는 모든 것을 이야기한다. 두 번째 기사는 지구로 시야를 좁히고 그 중에서도 한 공간에 초점을 맞춘다.

이 공간은 황야와 대립하는 것으로, 동산으로 정의된다. 동산은 경계와 의도가 있음을 암시한다. 그 곳은 경계가 없는 '모든 곳' 혹은 '아무 곳'이 아니라 정해진 구역이다. "여호와 하나님이 동방의 에덴에 동산을 창설하시고"(창 2:8).

창조주 하나님이 우리를 인간으로 만들면서 하시는 모든 일이 이 곳에서 벌어진다. 여기에서 나오는 결론은, 우리는 그분의 피조물이며 따라서 우리가 지음 받은 그 조건에서 도망치는 것은 사실상 불가능하기 때문에, 우리로서는 하나님과 관련된 모든 것 역시 공간 안에 있을 수밖에 없다는 것이다. 모든 삶은 지역적이다. 이 땅, 이 동네, 이 나무와 길과 집들, 이 일, 이 사람들.

이것은 너무도 자명해서 말이 필요 없는 것처럼 보일지도 모른다. 하지만 나는 남자와 여자가 자녀를 양육하고, 생계를 위해 일하고, 낚시하고 골프 치고, 잠자리에 들고 한 끼 식사를 하는 바로 그 장소에서 기독교 신앙을 실제로 살아내도록 인도하는 임무를 안고 내 성인기를 다 보냈기에, 나는 예수님을 따르는 유일하고도 대체할 수 없는 배경으로서의 공간 감각을 계발하는 것이 얼마나 어려운 일인지를 안다.

25년 간 주일마다 한 핵 과학자가 회중 가운데 앉아서 30분짜리 내 설교를 들었다. 나는 용서와 구원, 긍휼과 사랑, 은혜와 공의에 대한 예수님의 메시지가 나오는 본문을 설교했다. 축도 후에 예배당을 떠날 때면 그는 늘 따뜻한 감사의 말을 했다. "감사합니다, 목사님. 아주 힘 있는 말씀이었어요. 위대한 메시지입니다." 내가 설교한 본문과 그 해설에 대해서 그가 긍정적으로 반응하지 않은 주일은 거의 없었다. 그가 신실한 사람이라고 생각하지 않을 이유가 없었다. 하지만 그가 용서와 사랑과 공의를 실행할 수 있는 최선의 장소인 집으로 돌아갔을 때, 그는 함께 사는 장모를 조소하고 경멸했으며 수년 동안 쌓아 온 마음의 원한을 행동으로 옮겼다. 하나님의 말씀은 결코 그의 동산에 자리잡지 못했다. 그 말씀이 **장소** 안에 놓이지 못한 것이다.

이런 식의 이야기는 수도 없이 많다.

나는 늘 성경 공부를 인도하는 것을 좋아했고, 특히 가정집이나 수양회 같은 데서 십여 명의 사람들과 함께 공부하기를 좋아했다. 다양한 성격과 기질들이 모여서 하나님의 말씀이 계시된 본문에 대해서 토론하고 논평하고 감탄하는 것을 볼 때 짜릿한 흥분을 느끼게 되며, 성령은 그들의 말을 엮어서 통일성 있고 아름다운 무엇을 만들어 내신다. 즉석에서 건진 주제들이 가히 음악적이라 할 만한 무엇으로 즉흥 연주되고 정교하게 다듬어지는 것이다. 그런데 나중에 내가 똑같은 사람들을 그들의 직장이나 가정에서 만나게 되면 성경 공부에서 받았던 전기 충격과도 같은 통찰력이 직장 혹은 가정의 상황에서는 거의, 때로는 전혀 연속성이 없음을 보게 된다. 동산 밖에서 복음에 대해 흥분하고 열광하기는 너무나 쉽다. 그러나 우리가 놓인 자리는 동산 안이다.

그리스도인을 미혹하는 것 중 하나는 우리가 아무런 방해나 간섭 없이 전적으로 선하고 복되고 의로운 삶을 살 수 있는 유토피아, 즉 이상적인 공간을 건설하는 것이다. 이러한 유토피아를 상상하고 건설하고자 하는 것은 인류의 오랜 습관이다. 때로는 지역 사회 안에서 정치적으로 시도하고, 때로는 생활 공동체 안에서 사회적으로 시도하고, 때로는 교회 안에서 종교적으로 시도한다. 하지만 그 결과는 오직 슬픔뿐이다. 유토피아란, 말 그대로 '없는 곳'(no-place)이다. 그러나 우리는 상상된 혹은 공상된 혹은 인위적으로 고안된 공간이 아니라 실제의 공간에서만 우리 삶을 살 수 있다.

내 공간이 내 비전, 내가 하나님을 위해서 하고 싶은 일에는 부적합하다고 느꼈던 몇 번의 시기에, 나를 내 공간에 붙들어매어 준 이야기가 하나 있다. 4세기에 카파도키아에서 살았던 닛사의 그레고리우스(Gregorius of Nyssa)에 대한 이야기다. 그의 형인 바실(Basil) 주교는 자기 동생을, 작고 별로 눈에 띄지도 않는, 분명 중요하다고는 할 수 없는 닛사라는 소도시의 주교로 임명했다. 그레고리우스는 거절했다. 그는 그처럼 외진 곳에 처박혀 있기가 싫었다. 그의 형은 그레고리우스가 교회의 명성을 덧입어 유명해지기를 원하는 것이 아니라 오히려 그레고리우스가 교회에 명성을 주기를 원한다고 말했다.[16] 그레고리우스는 자신이 보내진 그 자리로 갔다. 그리고 거기에 머물렀다. 그 벽지의 마을에서 그가 설교하고 글로 쓴 것들은 오늘날까지도 그 상쾌한 영향력을 계속 미치고 있다. 그의 성경 강해의 특징 중 하나는, 그가 성경을 삶을 위한 책으로 읽어 낸 철저함과 집중력이다. 그는 성경을 단지 진리나 사상을 위해 읽은 것이 아니라 그리스도인의 신실함과 순종을 형성해 가는 텍스트로 읽었던 것이다. 아드레날린을 마구 분비시키는 자극이 가득 찬 도시에서 떨어진 외딴 닛사에서, 그레고리우스는 주변을 둘러보며 창조 속에서 자신의 **공간**을 알아보았고, 자기 주변의 창조 세계에서 하나님의 계시가 적힌 각본을 알아보았으며, 자신의 공간과 창조의 그리스도 사이에 복잡하면서도 정교하게 얽힌 관계와 그 상관성을 알아보았다.

인간이 놓인 이 동산, 이 공간에는 이름이 있다. 에덴이다. 이 단어에는 좋은 어감이 있는데, 바로 '더없는 행복'(bliss)이다. 살기 좋은 곳이라는 뜻이다. 그러나 우리가 아는 이야기에서처럼, 이 에덴은 이상적인 공간도 완벽한 공간도 아니다. 그 곳에서도 나쁜 일이 일어날 수 있다. 사실, 실제로 나쁜 일이 일어난다. 대재난 그 이하로는 말할 수 없는 그런 일이다. 별로 특별하지도 않고 딱히 두드러지지도 않고 순진해 보이는 죄가 눈덩이처럼 불어나, 우리가 살고 있는 바로 지금까지 계속 여세를 몰아 이 지구라는 행성의 모든 지역 사회에 엄청난 파편 덩어리와 혼란을 던지고 있다.

이 공간, 이 동산은 유토피아가 아니다. 이상향의 '없는 곳'이 아니다. 이 곳은 그저 공간, 지역, 지리, 지질일 뿐이다. 그러나 에덴은 또한 좋은 공간이기도 하다. 우리가 하나님의 영광을 위해서 살 수 있는 형식을 제공해 주기 때문이다.

우리에게 구원의 이야기를 가져다주는 성경은 한 치의 물러섬도 없이 우리가 공간을 토대 삼아 살게 만든다. 언제든 어디서든 성경은 이 땅이라는 토대를 주장한다. 우리에게 결정적으로 중요한 모든 것은 바로 땅 위에서 일어난다. 하란, 우르, 가나안, 헤브론, 소돔, 막벨라, 벧엘, 베들레헴, 예루살렘, 사마리아, 드고아, 나사렛, 가버나움, 시내 산, 감람산, 길보아 산, 헤르몬 산, 가이사랴, 갓, 아스글론, 믹마스, 기브온, 아세가, 여리고, 고라신, 벳세다, 엠마오, 이스르엘 골짜기, 기드론 골짜기, 브솔 시내, 아나돗 등 산과 계곡, 마을과 도시, 지역과 나라에서 일어난다. 그리고 그 중에서도 제일 먼저 나오는 지역이 에덴이다.

기독교의 복음은 우리가 흔히 영적인 삶과 관계 있다고 생각하는 것들, 즉 사상, 진리, 기도, 약속, 믿음 등이 특정한 사람과 실제 공간을 벗어나서 그것 자체로 생명력을 가지는 것을 결코 허락하지 않는다. 성경적 영성/종교는 사람과 공간에서 동떨어진 '위대한 사상'이니 '숭고한 진리'니 '영감 있는 생각들'이니 하는 것들에 대해서 그다지 관대하지 않다. 우리를 향한 하나님의 위대한 사랑과 목적은 우리 부엌과 뒤뜰의 너저분함 속에서, 폭풍과 죄, 푸른 하늘, 평범한 삶의 일상적인 일과 꿈들 속에서 이루어져 간다. 하나님은 지금 있는 모습 그대로의 우리와 함께 일하시지, 우리가 되어야 할 모습 혹은 우리가 되어야 한다고 생각하는 모습의 우리와 일하시는 것이 아니다. 하나님은 또한 우리가 있는 그 곳에서 우리를 다루시지, 우리가 있고 싶은 곳에서 우리를 다루시지 않는다.

현실에서 그리고 종종 힘겨운 삶의 조건에서 도피하기 위해 하나님을 원하는 사람들은, 우리 삶의 교본인 성경에서는 그러한 측면에서 마음에 드는 이야기를 별로 찾을 수 없을 것이다. 하지만 할 수 없다. 피할 길이 없다.

그러나 축소된 현실이 아니라 **충만한** 현실을 원하는 사람에게는 모든 온전한 삶, 즉 하나님의 구원 사역이 끌어안는 삶이 **이 땅에 기초한다**는 이러한 주장은 진정 복음이다.

"동방의 에덴"은 성경에 처음으로 나오는 지명이다. 이 말은, 공간이란 선하고 본질적이며 기초적인 것으로서, 우리의 인간 존재를 진정으로 살아내게 하는 유일한 창조의 조건임을 절대적으로 확언하는 것이다.

인간

이 본문에서 우리는 동산에 인간이 있었다는 말을 두 번 접하게 된다. "그 지으신 사람을 거기 두시고"(8절) 그리고 "여호와 하나님이 그 사람을 이끌어 에덴 동산에 두사"(15절). 인간 삶의 배경이 되는 곳은 하나님이 그를 두신 자리, 그를 **놓으신** 자리다.

이 공간, 하나님이 창설하셨고, 지구를 사등분해서 나누고 그 주변을 흐르는 거대한 강물이 물을 대고 있는 이 공간에서 가장 눈에 띄는 존재는 바로 인간이다.

여기에서 사용되는 용어가 매우 중요하다. 인간을 가리키는 단어는 '아담'(adam)인데, 창조 기사에서 나중에 이 단어는 사람의 이름 아담(Adam)이 되는 존엄한 자리를 차지하게 된다. 땅을 가리키는 단어는 '아다마'(adamah)다. 인간이라는 뜻의 단어 '아담'은 땅을 뜻하는 단어 '아다마'의 파생어다. 영어로는 이러한 관계를 표현할 만한 만족스러운 방법이 없어서 유감이다. '지구'(earth)와 '지구인'(earthling)으로 표현해 볼 수도 있지만, 어딘지 공상과학 이야기처럼 들린다. 아니면 '먼지(dust)'와 '먼지투성이'(dusty)로 표현해 볼 수도 있지만, 그건 또 서부영화에 나오는 속어처럼 들린다.

어쨌거나 우리는 이 창조 기사에서, 인간 그리고 인간을 만든 원료인 땅 사이의 반향을 계속 축적해 주는 이 언어적 반복에 주목해야 한다. '아담', 즉 인간이라는 단어가 18회 나오고, '아마다', 즉 땅이라는 단어가 5회 나오고, 그 외에 지면(earth, 3회), 밭(field, 3회), 들(land, 2회), 동산(garden, 5회) 그리고 흙(1회)이 추가로 덧붙여진다. 땅과 관련된 모든 단어, 인간이 무엇으로부터 지어졌는지를 지칭하는 단어들과 인간이 어디에서 살도록 놓였는지를 지칭하는 단어들을 다 합하면 총 19개인데, 이는 '아담'이 18회 사용된 것과 거의 비슷하다. 이 단어는, 인간을 그를 형성한 재료와 그가 놓인 장소와 연결시켜 주는 단어다.

다음 장에서는 '아담'이 사람의 이름이 되겠지만, 일단 여기에서는 '아담'이 속명(屬名)이라는 것이 분명해 보인다. 창세기 1:27에서 '아담'이 남성과 여성 모두를 포함하는 것을 보면 말이다. 따라서 흔히 '사람'(the man)으로 번역되는 '아담'은 그냥 인간을 일컫는 말이다. 그러니까 당신, 나, 그 여자, 그 남자 등 우리 모두를 일컫는 말이다.

이 창세기의 본문은 단지 세상이 어떻게 시작된 것인지, 그것만을 보여 주는 것이 아니라 지금 세상이 어떻게 돌아가고 있는지도 보여 주는 것이기 때문에 '아담'을 '인간' 혹은 '인간 존재'로 번역하는 '일반적인' 관행 대신에 인칭 대명사인 우리, 너 등을 사용하는 것이 더 정확할 것이다.

우리는 우리가 놓인 공간을 구성하는 물질과 같은 원료로 만들어진 존재다. 하나님은 우리를 흙으로, 먼지로 만드셨는데, 그 흙 위를 우리는 날마다 걸어다니고, 그 흙 위에 집을 짓고, 그 흙에 정원을 만들고, 그 흙 위에 길을 깔아서 그 위로 차를 몰고 다닌다.

웬델 베리는 창조 세계의 동의어로 '환경'(environment)이라는 말을 쓰기를 싫어하는데, 왜냐하면 그 말이 우리 자신과 우리가 살고 있는 공간 사이에 거리감을 너무 많이 주기 때문이다. 그는 그 단어가 마치 우리가 지구를 어쩌다가 캠핑을 하게 된 곳으로 생각하는 것처럼 들린다고 본다. 창조 세계는 우리와 분리된 것이 아니라고 그는 주장한다. 그것은 우리의 일부이고 우리는 그것의 일부다.

이 땅이 더럽혀지면, 동물이 착취당하고 학대당하면, 강이 오염되면, 사실상 모독당하는 것은 우리를 형성하는 재료인 것이다.[17]

우리는 이 공간을 소유하는 것이 아니며, 따라서 그것을 가지고 우리 마음대로 할 수가 없다. 우리가 바로 이 공간**이다**. 그것은 우리가 지구의 다른 모든 이웃과 공유하고 있는 정체성이다.

라틴어로 흙/땅을 의미하는 '후무스'(*humus*)와 인간을 의미하는 '호모'(*homo*)는 어원이 같은데 그 같은 어원에서 '겸손한' (humble)이라는 단어도 파생되었다. 이것이 바로 창세기에서 말해주는 우리의 기원인데, 즉 그것은 흙이다. 주 하나님이 우리를 인간으로 만들기 위해서 사용하신 흙인 것이다. 우리의 기원에 대해서 살아 있는 감각을 계발하고 그것과의 연속성에 대한 감각을 키운다면, 혹시 우리가 겸손 또한 얻을 수 있을지 누가 알겠는가.

예수 그리스도의 복음은 일반론적이거나 추상적인 영성, 생각과 감정만 있는 영성 그리고 "이 세상은 내 집이 아니네, 나는 그냥 나그네일 뿐이네"를 주제가로 택하는 영성을 전혀 용납하지 않는다. 지리학과 결별한 신학은 결국 말썽만 일으킬 뿐이다.

그 자리에 있는 것, 우리가 놓인 그 동산을 일구는 것이 왜 그토록 어렵단 말인가? 사상과 대의와 프로젝트들이 다 중요하기는 하지만, 우리가 놓인 동산 안에서 그 일들이 이루어지지 않는다면, 그것들은 현재의 일과 이웃들로부터 우리의 주의를 흐트러뜨리고, 자유로운 순종의 삶의 핵심에 있는 자유(freedom)와 필수(necessity) 사이의 섬세하고 예민한 조화는 어긋나 버린다.

애니 딜라드(Annie Dillard)는 자신의 역작 「극지방 탐험」(*Expedition to the Pole*)에서, 하나님을 예배하기 위해 예배당으로 들어가는 여러분과 나 같은 사람들에 대한 이야기를 극지방 탐험기와 나란히 배치시키고 있다. 그녀는 극지방 탐험에 나선 사람들이건 예배당 의자에 앉아 있는 사람들이건 그들을 덮치는 큰 불행을 보여 주는데, 이들은 절대 혹은 극치를 찾아 나섰기에, 작가의 표현대로 하면 '조건'(conditions) 그리고 내가 표현하고 싶은 말로 하면 '필수'(necessity)를 무시하거나 아니면 그것에 무관심하다. 그는 이렇게 적고 있다. "카타콤(catacomb: 초기 기독교 시대의 비밀 지하 묘지-역주) 밖에서는 주위의 조건들에 충분히 예민한 그리스도인을 나는 보지 못했다."[18]

우리는 오직 하나님의 공간에서만 하나님의 일을 할 수 있다. "여호와 하나님이 동방의 에덴에 동산을 창설하시고 그 지으신 사람을 거기 두시고"(창 2:8).

자유와 필수

물론 우리는 흙이기만 한 것은 아니다. 주 하나님이 이 흙으로 된 사람의 코에 숨을 불어넣으셨고, 그러자 그것은 '살아 있는 존재'가 되었다. 하나님의 숨이 우리 인간의 외형 안으로 주입되자 위대한 존엄성이 우리 주위에 그리고 우리 안에 쌓이게 되었다.

창조 기사의 플롯에 변화가 일어나면서 이 존엄성은 특정한 형태를 취하게 된다. 창세기 2장 전반부(4-14절)에서 주 하나님은 우리의 형태를 지으시고 우리의 자리를 잡아 주신다. 그리고 후반부(15-25절)에서는 우리를 좀더 인격적으로 다루시고 우리와 관계를 맺어 가신다.

첫째, 하나님은 그분의 창조 사역을 지속해 가는 데 우리를 끌어들이신다. "여호와 하나님이 그 사람을 이끌어 에덴 동산에 두어 그것을 경작하며 지키게 하시고"(15절). 우리에게는 일이 주어진다. 이는 하나님의 지도에 따라 하나님의 창조에 참여함으로써 어떤 쓸모 있는 일을 하게 되었다는 말이다. 우리는 이 공간, 이 땅, 우리를 구성하는 이 물질에 대해 외부인이 아니다. 우리에게 주어진 일, 즉 땅을 일구고 돌보는 것은 우리가 만들어진 재료 그리고 우리가 놓인 공간과 조화를 이루는 것이다. 동사 '지키다'(keep, *shamar*)는 '잘 돌보다'라는 의미를 가지고 있다. 이 맥락에서는 '보존하다'(conserve)가 적절한 번역일 것이다. 우리는 유지하고 보존하기 위해서 지키는 것이다. 우리가 살고 있는 이 공간을 보존하는 것은 성경에 나타나는 첫 번째 작업 임무다.

우리는 "보기에 아름답고 먹기에 좋은"(9절) 나무가 심겨진 좋은 공간에 살고 있다. 그것은 눈에도 좋고 위장에도 좋은 나무다. 루이스 멈포드(Lewis Mumford)는 창세기 2장의 관심에 대한 그의 연구에서 다음과 같이 빈틈없는 평을 했다. "자연 환경과 인간 역사의 작업은 가장 척박한 공동체에도 풍요로운 배양토를 제공해 준다. 이는 가장 합리적이고 이상적인 기획이라 하더라도 그것이 자랄 수 있는 토양이 없는 것보다 훨씬 더 좋은 것이다."[19]

우리가 창조된 그 땅에서 일을 하라는 임무에 이어, 하나님은 명령을 주신다. "동산 각종 나무의 열매는 네가 임의로 먹되 선악을 알게 하는 나무의 열매는 먹지 말라 네가 먹는 날에는 반드시 죽으리라 하시니라"(16-17절). 이 명령은 우리가 자유를 누릴 능력이 있음을 선언한다. 공간이 우리가 살고 있는 필수적인 조건들을 표시한다면, 명령은 우리가 예, 혹은 아니오,라고 말할 자유, 이것을 선택하거나 저것을 선택할 자유, 이 곳으로 가거나 저 곳으로 갈 자유, 자신의 생각을 가지고 자신이 만든 노래를 부를 자유를 표시한다. 이 자유는 창조의 전체 기획 안에서 절대적으로 독특한 것이다.

지금 내가 관심을 가지고 말하고자 하는 것은 호기심을 유발하는 "선악을 알게 하는 나무"의 의미라기보다는, 명령이 그저 명령으로서 가지는 의미다. 명령은 자유를 누릴 능력이 있음을 가정한다. 우리는 필수의 노예가 아니다. 우리는 근본적인 의미에서 자유롭다. 우리의 공간, 이 창조 세계는 있는 그대로 우리에게 주어졌다. 그것은 우리가 그 안에서 살아가야 하는 필수적인 조건들로 구성되어 있다. 중력과 열역학 제2법칙, 출산과 우리 유전자, 날씨와 계절 등이 그 몇 가지 예다. 하지만 이러한 필수의 세계 안에서 우리는 자유롭게 살 수 있다. 필수, 즉 우리가 그 안에서 살도록 주어진 이 공간은 제한이 아니라 우리가 자유를 연습하고 실행할 수 있는 장이다. "동산 각종 나무의 실과는 네가 임의로 먹되"(16절)라는 허가의 말과 "선악을 알게 하는 나무의 실과는 먹지 말라"(17절)는 금지의 말은 서로 조합하여 우리를 자유와 필수의 세계로 던져 넣는다. 우리가 놓인 이 동산은 (여기 말고 다른 곳은 없다!) 우리가 자유의 땅에서 사는 법을 배우는 곳이다.

자신의 동네를 알아가는 것, 그 동네의 본질과 조건들을 알아가는 것은 하나님의 영광을 위해 사는 데 기본이 되는 일이다. 그것은 느리고 복잡한 작업이다. 한쪽으로만 치우쳐서 살 수 없는 필수와 자유라는 양극 사이에 펼쳐진 이 나라, 이 나라 안에서 서로 맞물려 있으면서 바뀌는 조합 속에서 끝도 없이 다양한 변주들 속에서 사는 법을 배워야 한다.

순종하거나 불순종할 자유를 상정하는 이 명령은 성경에서 주어진 첫 번째 명령이다. 그 명령은 우리를 자유의 피조물로 규정한다. 우리는 어떤 길로 갈지 결정할 수 있다. 우리는 미리 결정된 존재가 아닌 것이다. 우리에게는 "그래요, 내가 그 일을 하지요" 혹은 "아니오, 그 일은 안 하겠어요"라고 말할 수 있는 여지가 있다. 어떤 사람들이 말하는 것처럼 우리는 자신의 업보를 살아내야 하는 운명이 아닌 것이다. 우리는 이러한 능력을 가진 유일한 피조물이다. 아니오, 혹은 예, 라고 말할 수 있는 유일한 존재다. 너무나 쉽게 하늘을 획획 날아다니는 제비, 매혹적일 정도로 자유로워 보이는 그 제비들을 우리는 그토록 부러워하지만 사실 그들은 전혀 자유롭지가 않다. 그들이 하는 모든 것은 사실상 본능적인 것이다. 벌레를 잡고 둥지를 만들고, 가을이 되면 딱 알맞은 시기에 지도도 없이 니카라과로 이주하는 경탄할 만한 휘파람새도, 그 모든 것이 매우 복잡한 과정인데도 어느 것 하나 스스로 결정하지 않은 채 그 놀랍도록 숙련되고 때에 맞춰 완수되는 임무들을 빈틈없이 해 낸다. 그들은 동의도 항의도 할 수 없는 존재들이다. '새처럼 자유로운' 이들은 자유롭지 못한 것이다. 만약에 우리가 미네소타에 살고 있다면 우리는 10월에 따뜻한 태양 아래서 겨울을 나기 위해 하와이로 갈 수도 있고, 집에 남아서 눈을 치울 수도 있다. 그것은 우리에게 달린 일이다. 우리는 자유롭다. 하지만 새는 그렇지 않다.

자유는 머릿속에 떠오르는 일은 무엇이든 하는 것을 의미하지 않는다. 예를 들어, 강 위로 여유롭게 날아오를 것을 기대하면서 팔을 퍼덕거리며 다리에서 뛰어내리는 것은 자유가 아니다. 자유는 사실상, 필수 없이는 이해할 수 없는 것이다. 자유와 필수는 쌍둥이처럼 맺어진 실재다. 삶의 기술은 많은 부분 그 두 가지와 협상하는 기능을 습득하는 것이다. 하지만 한 가지 유의할 것은, 자유와 필수가 우리를 끊임없는 변증법적 관계에 있게 하는 것은 바로 공간의 영역, 공간이라는 선물 안에서라는 것이다. 이러한 변증법을 살아내는 것이 인간 조건의 핵심이며, 우리가 창조 안에서 놀이하시는 그리스도와 동참해서 하는 일의 핵심이다.

필수를 무시한다면 우리가 소위 자유라고 부르는 것은, 그저 서툴게 아무 데나 치고 다니면서 도덕적으로든 신체적으로든 (보통은 둘 다이지만) 우리 자신과 남을 다치게 하는 일밖에 되지 않는다. 반면 우리가 자유를 무시하고 수동적으로 필수에 굴복한다면, 우리는 나태해지고 인간됨의 독특한 특성을 몰수당한 채 기생하는 소비자와 관객의 처지로 전락하게 된다.

우리의 **공간**을 진지하게 받아들여야만, 그 본질을 연구하고 그 주위 조건에 익숙해질 수 있다. 우리가 일하고 놀고 먹고 자는 그 공간의 질감과 느낌을 배워야만 우리는 자유와 필수의 실재를 직접적으로 경험하기 시작하게 되고, 그 둘 모두가 하나님의 선물이라는 것을 알게 되며, 둘 모두가 동일하게 선하며, 그 둘 중 어떤 것도 회피할 수 없다는 것을 알게 된다.

친밀감

우리를 만드시고 우리를 공간에 데려다 놓으신 후에(우리가 사는 데 필수적인 조건들) 그리고 우리에게 일을 주시고 명령을 주신 후에(우리를 자유의 삶으로 던져 넣으신 것) 하나님은 우리에게 인간 관계를 소개하시는데, 우리가 다른 사람과 친밀해지게 하시는 것이다. 하나님은 "사람이 혼자 사는 것이 좋지 아니하니 내가 그를 위하여 돕는 배필을 지으리라 하시니라"(창 2:18)고 선언하신다.

우리가 자유의 삶으로 들어가기 전에 먼저 동산에서 일하고 그것을 돌보는 책임이 부과된 것처럼, 친밀감의 삶으로 들어가기 전에도 임무가 부과되는데 이번에는 언어를 사용하는 임무다. 하나님은 동물과 새를 만드시고 "아담이 무엇이라고 부르나 보시려고 그것들을 그에게로 이끌어 가셨다"(19절). 에덴 동산에서 처음으로 언어가 사용된 것은 동물과 새의 이름을 짓는 일에서였다. 아담이 동물에게 이름을 지어 줌으로써 첫 시인이 되었다는 주장들이 있었는데, 나는 그것은 좀더 나중의 일이라고 생각한다. 현재의 맥락 속에서 볼 때 그는 오히려 첫 박물학자일 가능성이 더 크다. 이름을 짓는 것은 규정하는 것이다. 잘 지어진 이름은 그 이름이 지어진 생명의 핵심을 어느 정도 포착한다.

이름은 특수한 것이며 따라서 특수성, '대상의 본질', 구체적인 것에 주목하게 한다. 두 친구가 숲으로 들어간다. 한 사람은 나무가 집단을 이루어 서 있는 것을 보고 다른 한 사람은 전나무, 떡갈나무, 소나무, 느릅나무를 본다. 한 사람은 땅을 내려다볼 때 솔방울과 뾰족한 솔잎들이 서로 얽혀 있는 것을 보고, 다른 한 사람은 땅을 내려다볼 때 혈근초와 노루귀와 아르니카를 본다. 한 사람은 위를 올려다볼 때 나뭇잎들 사이로 흐릿한 움직임을 보지만, 다른 한 사람은 위를 올려다볼 때 빨간 눈의 북아메리카 솔새와 휘파람새 그리고 작은 딱새를 본다. 두 사람 중에서 누가 더 동산에 대해 살아 있는 반응을 보이며, 온갖 색채와 노래와 형태와 움직임으로 곳곳에 울려퍼지며 쏟아져 나오는 생명과 누가 더 많은 관계를 맺고 있으며,

그 동산을 지으시고 우리를 그 안에 두신 하나님과 누가 더 관계를 잘 맺고 있는가? 그리고 그 두 사람 중에서, 그 공간의 복잡한 필수라는 맥락 속에서 영광스런 순종의 자유를 실행하도록 더 잘 훈련되어 있는 사람은 누구겠는가?[20]

동산에 있는 것들에 이름을 짓도록 훈련시켜 주는 사람들, 내 주변에서 넘쳐나는 생명을 보고 듣도록 훈련시켜 주는 사람들은 내가 성부, 성자 그리고 성령을 알고 이해하도록 가르쳐 주는 사람들만큼이나 중요하다. 일기를 쓴 존 뮤어(John Muir), 팅커 크리크(Tinker Creek)를 탐험한 애니 딜라드 그리고 켄터키에 있는 자신의 농장을 일구던 웬델 베리는 창세기를 기록한 모세와 나란히 창조의 동산에서 사는 법을 능숙하게 터득한 사람들이다. 로렌 윌킨슨(Loren Wilkinson)과 루시 쇼(Luci Shaw)는, 주 하나님이 말씀으로 지으셨고 구원의 목적을 따라 구성하신 이 세상이 나에게 낯설지 않도록 도와준 사람들로서, 칼 바르트, P. T. 포사이스 그리고 장 칼뱅만큼이나 중요한 사람들이다.

하지만 살아 있는 생물에 이름을 지어 주는 것은 관계적 친밀감으로 나아가는 첫걸음에 불과하다. 이름 짓기는 놀랍고 유용하며 중요한 일이기는 하지만, 그것만으로는 충분하지 않다. 하나님이 부과하신 언어의 임무는 미완성의 모습 또한 드러낸다. 이름 짓기는 친밀감의 전제 조건이지만, 그것 자체가 친밀감을 만들어 내지는 않는다. 이름을 부여받은 동물들은 자신의 이름을 모른다. 그들은 말을 하지 못한다. 그들은 대답을 하지 않으며 그러한 대답 없음은 단순히 이름 짓기만으로는 충족시킬 수 없는 어떤 필요를 드러내는데, 그것은 관계를 맺는 대답, 즉 친밀감의 필요다. 충족되지 못한 이러한 필요는 창세기의 다음 구절에서 간결하게 표현되어 있다. "그러나 사람은 그에게 알맞은 조력자를 찾을 수가 없었다"(20절, 영어 성경 RSV의 사역. 한글 개역은 "아담이 돕는 배필이 없으므로"—역주). 이 맥락에서 "그에게 알맞은 조력자"는 언어를 사용할 수 있는 사람을 암시하는데, 대답을 할 수 있는 존재, 대화를 할 수 있는 존재를 암시한다. 간단히 말해서 그와 대등한 존재가 필요한 것이다. 동물과 새가 아무리 멋지다 하더라도 그들은 우리와 대화를 할 수가 없다. 우리는 서로 마주볼 수 있는 사람, 서로 관계를 맺을 수 있는 사람을 필요로 한다. "그에게 알맞은 조력자"는 '꼭 맞는 것'(fit), '크네그도'(k^{e}negdo), 즉 나와는 다르지만 친밀한 관계를 가질 수 있는 나와 같은 피조물, 처음부터 동물이나 새들과는 달리 언어를 사용하는 특징으로 구분되는 피조물을 의미한다.

그래서 하나님은, 우리의 집인 필수와 자유의 동산 안에 또 하나의 인간, 친밀감의 필요를 채울 동료, "알맞은 조력자"를 만드셨다. 이 존재는 단지 이름을 지어 주고 규정하고 돌보아야 할 또 하나의 피조물이 아니라, 우리가 친밀감을 가질 수 있는 사람이다. 처음에 사람을 만들기 위해 사용된 흙과 달리, 갈빗대, 몸의 중심부에서 취한 뼈가 또 다른 사람, '꼭 맞는 것', 즉 여자를 만드는 데 사용된다. 이 타자에 대한 남자의 즉각적 반응은 언어를 수단으로 표현된다.

"이는 내 뼈 중의 뼈요
살 중의 살이라
이것을 남자에게서 취하였은즉
여자라 부르리라"(23절).

처음에 남자가 동물과 새에게 이름을 지어 주는 데 언어를 사용했지만 어떤 말을 사용했는지는 우리에게 전해지지 않고 있다. 위의 구절은 인간의 발화로서 우리에게 처음으로 보고된 말들이다. 우리는 창세기의 서두에서 하나님의 말씀은 풍성하게 들었다. 하나님이 창조하시고, 만드시고, 쉬시고, 복을 주시고, 명령하시는 말씀들을 들었다. 이제 우리는 처음으로 보고된 인간의 말을 듣고 있다. 이 말은 친밀감을 인지하는 말이며("내 뼈 중의 뼈요 살 중의 살이라"), 친밀한 관계의 말이다("남자에게서 취하였은즉 여자라 칭하리라").

의미심장하게도 이와 같이 친밀감을 표현하는 문구들은, 기본적으로 친밀감의 언어인 시의 형태로 주어져 있다. 시는 까르륵 웃는 아기들이 사용하는 언어, 연인들이 사용하는 언어, 기도하는 이들이 사용하는 언어다. 그것은 거리감 있는 객관적인 산문의 언어가 아니라, 끼어들고 참여하는 표현법인 시의 언어다. 내가 누구인지를 드러내고 상대방도 자신을 드러내도록 이끄는 언어다.

남자와 여자가 등장하면 다른 데로 눈을 돌려 버리는 소위 창조의 감상이라고 하는 것, 혹은 '자연에 대한 사랑'이라고 하는 것이 많이 있다. 창세기 2장은 그러한 태도를 허용하지 않는다. 남자와 여자들은 나무와 강, 동물과 새가 있는 동산만큼이나 창조에서 빠뜨릴 수 없는 존재다.

몇 년 전 집이 멀어서 날마다 혼잡한 버스를 타고 학교에 다니던 내 학생 한 명이 아침에 집을 나서면서 자기 아내에게 이렇게 말했다. "오늘은 나가서 하나님의 창조에 푹 잠겨 봐야지." 그 다음날도 그는 집을 나서면서 그렇게 말했다. 셋째 날이 되자 그의 아내는 이렇게 대꾸했다. "오늘은 수업에 가야 하지 않겠어요? 이틀 정도야 숲이든 해변이든 좀 걷는 것도 괜찮지만, 그 정도면 충분한 것 아니에요?"

남편은 이렇게 대답했다. "아니, 수업에 매일 갔어요."

"그러면 창조 속에 잠긴다느니 하는 건 다 뭐죠?" 하고 아내가 물었다.

"아침하고 오후마다 버스에서 40분을 보내잖아요. 그보다 더 창조로 가득한 상황이 어디 있겠어요? 그 모든 **창조된** 사람들 말이에요, 하나님의 형상으로 창조된, 남자와 여자로 창조된 사람들 말이에요."

"그렇게는 생각 못해 봤는데요." 아내가 대답했다.

"아니, 창세기를 한 번도 안 읽어 봤단 말이에요?"

이렇게 하는 것이 쉽다고 주장하는 것은 아니다. 동산에 있는 동물과 나무들 그리고 동산에 있는 사람들 사이에서 창세기의 연관성을 통찰력 있게 발견하고 그것을 유지하는 것 그리고 우리 눈앞에 있는 하나님이 만드신 남자 혹은 여자와 우리 주변에 있는 하나님이 만드신 나무와 새들 사이의 연속성에 경의를 표하기란 쉬운 일이 아니다.

오래 전 자녀들이 어렸을 때 우리 가족은 휴가를 내서 옐로우스톤 국립 공원(Yellowstone National Park)에 간 적이 있다. 언제나 일을 잘 하기만 하는 것은 아닌 우리 정부가 국민에게 제공한 위대한 업적 중 하나가 바로 이러한 국립 공원들이다. 교회와 예배의 공간들이 시간을 성화하는 데 도움을 주는 것처럼[21], 이 공원들은 나에게 늘 성스러운 공간처럼 보였다. 아내와 나를 따라, 공원 안에 간직된 아름다운 자연이 화려하고 멋지게 쭉 뻗어 있는 길을 가는 동안 우리 아이들은 교회에 있을 때만큼이나 성경적인 이야기를 많이 했다. 아이들이 수도 없이 들은 말 중의 하나는 "발자국 외에는 아무것도 남기지 말고, 사진으로만 담고 아무것도 가져가지 말라"였다. 이것은 시에라 클럽(Sierra Club, 미국에서 생겨난 세계적 민간 환경 운동 단체－역주)에서 사용하는 모토인데, 아이들이 그 사실을 안 것은 한참 후의 일이고, 처음에는 그냥 성경 구절인 줄로만 알았다.

옐로스톤 공원에서 이 거룩한 장소의 축복을 마음껏 맛보며 휴가를 보내던 그 날 우리는 야생화가 핀 풀밭을 구경하기 위해서 길가에 차를 댔다. 그런데 우리가 내린 곳에서 20m 정도 떨어진 곳에 대여섯 살 정도 된 여자아이가 용담 한 다발을 꺾고 있었다. 용담은 고산지대에서 나는 정말로 멋진 푸른 빛의 꽃으로, 내가 아주 좋아하는 꽃이다. 아이는 아무것도 모르고 그 아름다운 것을 한 움큼 쥐고 있었는데, 아마도 엄마에게 갖다 드리려고 꺾은 듯했다. 그 아이를 보고 나는 이 거룩한 땅이 침해당한 것에 갑자가 화가 나서 소리쳤다. "꽃을 꺾으면 안 돼!" 불쌍한 그 여자아이는 내 고함에 놀라 꽃을 떨어뜨리고는 완전히 겁에 질려서 나를 쳐다보았고, 얼굴빛이 어두워지더니 눈물이 쏟아져 내렸다.

그러자 우리 아이들이 즉시 나를 몰아붙였다. "아빠, 아빠의 행동이 저 아이의 행동보다 더 나쁜 거예요. 어떻게 그러실 수가 있어요? 꽃을 만드신 하나님은 저 아이도 만드셨어요! 아빠가 저 아이의 하루를 망쳐 버리셨어요! 어쩌면 평생의 상처를 남겼을지도 몰라요!" 그렇게 하루 종일 아이들은 질책을 했고, 그래서 결국 **내** 하루도 망쳐 버렸다.

물론 아이들이 옳았다. 창조 세계에 대한 동질감을 어떻게 그렇게 선택적으로 가질 수 있단 말인가? 내가 지어진 것과 같은 흙으로 지어진 용담에 대해서는 그토록 민감하게 반응하면서, 마찬가지로 내가 지어진 것과 같은 흙, 아니 어쩌면 내 갈빗대에 더 가까운 것으로 지어졌을 수도 있는 그 여자아이에 대해서는 어쩌면 그토록 무감각할 수 있단 말인가?

같은 흙. 용담, 그 여자아이 그리고 나는 모두 같은 흙이다. 그 중에서 하나를 모독하는 것은 다른 나머지 것들을 모독하는 것과 같다. 하나님이 우리를 놓아 두신 이 공간이라는 선물을 즐기고, 축하하고, 살아낼 것이라면, 우리 머리 위를 높이 나는 매, 우리 발치에서 꽃을 피우는 바이올렛을 보고 즐거워하는 것처럼 우리 주변에 있는 사람들도 끌어안아야 할 것이다. 남자와 여자, 아이와 노인, 아름다운 자와 평범한 자, 눈먼 자와 귀먹은 자, 사지가 절단된 자와 사지가 마비된 자, 정신적인 장애를 가진 자와 정서적으로 고통받는 자, 이 모든 사람이 각각 자연을 구성하는 중요하고도 신성한 부분들이며 하나님의 창조물이다.

두 개의 창조 이야기는 각 주제가 창조의 일을 하시는 하나님이라는 점에서 똑같다. 창세기 1장에서는 하나님('엘로힘', *elohim*, 모든 창조 능력의 총합)이, 창조의 7일 동안 사용된 모든 동사(총 35개)의 유일한 주어다. 이것은 시간 속에서 이루어지는 창조. 창세기 2장에서는 주 하나님(이번에는 '엘로힘'이 '야웨'와 합성이 되었는데, 이것은 모세에게 계시된 유일무이하고 인격적인 이름이다)이 인간을 만들고, 동산을 창설하고, 일을 부과하고, 명령하고, 동물과 새를 만들고, 언어의 선물을 주고, 친교와 친밀감의 관계를 실현하는 동사들의 유일한 주어다. 이것은 공간에서 이루어지는 창조다.

창세기 1장과 2장은 같은 기초 위에서 작동하고 있다. 우리가 아침에 일어나 주위를 둘러보면서, 우리는 누구인지, 어디에 있는지, 어떻게 이 곳에 오게 되었는지, 어디에서 온 것인지, 주변에서 일어나는 일들에서 어떤 자리를 차지하는 것인지 궁금해할 때 그 대답은 똑같다. "태초에 하나님이 천지를 창조하시느니라"(1:1) 그리고 "여호와 하나님이 땅과 하늘을 만드시던 날에"(2:4).

우리가 하나님의 의도대로 살 것이라면, 즉 하나님의 영광을 위하여 살 것이라면, 추상적으로 혹은 일반적으로는 그렇게 할 수가 없다. 우리는 하나님이 일하시는 구체적인 상황들 속에서, 즉 시간과 공간, 지금 그리고 여기에서 하나님의 영광을 위해 살아야 한다. 창세기 1장과 2장은 우리 삶을 형성하는 데 중요한 형식들을 보여준다. 창세기 1장은 형식을 만들어 우리를 시간 안에 두고, 창세기 2장은 형식을 만들어 우리를 공간 안에 둔다.

한스 우르스 발타자르(Hans Urs von Balthasar)는 기독교적 삶에 초점을 맞추며 살아가는 삶에 기본적인 것으로서, 형식을 이해하고 그것을 감사하게 받아들일 필요성에 대해서 열정적이고도 길게 글을 썼다. "삶의 형식이 없이는, 즉 자기 인생을 살아가기 위해 자신이 선택한 형식이 없이는 사람은 아무것도 아니다. 그래야 사람의 인생은 그 형식의 영혼이 되며 그 형식은 그의 영혼의 표현이 되는 것이다."[22]

우리는 육체 없는 천사가 아니다. 우리는 하나님이 우리를 찾으실 수 있는 주소지를 가진 존재들이다. 우리에게는 열 손가락과 열 발가락, 두 눈과 두 귀 그리고 하나의 코가 있으며, 그 외에도 확고하게 **우리 자신**이라고 할 수 있는 몸을 구성하는 각종 부위들이 있다. 일단 그 정도만으로도 출발점으로서 충분하다.

우리 사회와 문화 속에서 그리스도인의 최우선적인, 그러나 종종 회피되는 임무는 창조의 신성함을 알아보는 것, 그 세부 내용을 보는 것이다. 하나님의 창조 사역의 표시들은 우리 주변에 그리고 우리 안에 널려 있다. 우리는 거룩, 거룩, 거룩, 하고 노래를 부르는 그룹(cherubim)에 둘러싸여 산다.

하지만 그것은 놓치기가 쉽다. 죄가 새겨진 땅과 사람은 모두 손상되어 있다. 죽음은 너무 자주 방문하는 손님이다. 불경한 말들이 우리 귀를 때린다. 그리고 죄로 흐릿해진 우리 눈과 죄로 어두워진 우리 귀는 바로 코앞에 있는 영광도 놓친다. 그러나 변명의 여지는 없다. 우리는 시간과 공간이라는 거대하고 신성한 선물을 증거하는 삶을 날마다 살아야 하는 막중한 책임과 엄청난 특권을 가지고 있다. 예수 그리스도, "모든 **창조물**보다 먼저 나신 자"의 복음은 이처럼 창세기에서 계시된 시간과 공간이라는 선물을 그 맥락으로 하고 있다. 오늘날처럼 삶의 속도가 빠르고 기술적으로 비인격화된 사회 속에서는, 복음의 메시지를 전하려는 성급함과 열망에 사로잡혀, 창세기의 맥락은 건너뛰고, 급박한 임무를 빨리 진행하기 위해 즉흥적인 것을 아무렇게나 만들어 내는 일이 너무 흔하다. 이처럼 즉흥적으로 만들어진 것들은 시간과 공간이라는 하나님의 선물에 있는 복잡함과 아름다움을 거부하기 십상이다. 하지만 하나님의 백성에게 위탁된 복음은 예수 그리스도―바로 **창조물** 가운데서 가장 먼저 나신 자의 복음이다. 예수님의 삶과 일, 십자가의 죽음과 부활은 철저하게 시간과 공간이라는 창조의 선물 안에 확립되어 있고 그 안에서 이루어지고 있다. 그가 합해 놓으신 것을 우리는 감히 흩어놓지 못할 것이다.

근거 본문 (2) : 요한복음

요한의 복음서는 창세기 1-2장을 다시 쓴 것이다. 요한의 복음서는 예수 그리스도가 창조주이자 창조의 계시로서 동시에 제시된 창조 이야기다. 창조가 있게 한 하나님의 말씀(창 1장)이신 창조주는 요한복음에서 예수님으로 나타나는데, 그 말씀은 창조가 있게 이미 말씀하셨으며 지금도 계속해서 말씀하고 있다. 이제 요한은 남자와 여자로 요약되고 완성되는 창조(창 2장)를 앞에 나온 같은 예수님으로서 우리가 이해하도록 제시하고 있는데, 이 예수님은 "육신이 되신 말씀"이며, 우리 역사 속으로 들어오셔서 "우리 가운데 거하신"(요 1:14) 분이시다.

우리 선조들은 예수님이 가지고 있는 '둘 다'의 정체성을 '참 하나님이자 참 인간'이라는 문구에 주의 깊게 초점을 맞추어 보았다. 그들이 '참'이라고 했을 때 그것은 완전히 그리고 전적으로라는 의미다. 즉, 희석되지 않은 신성 그리고 이물질이 섞이지 않은 인간성을 말한다. 예수 그리스도 안에서 우리는 우리 가운데 일하시는 창조주(참 하나님)를 보며, 또한 예수 그리스도 안에서 우리도 그 일부인 창조(참 인간)를 보는 것이다.[23]

요한의 복음서는, 창세기의 창조 속에서 '놀이하시는', 창조주이자 창조물이신 예수 그리스도를 길게 소개하고 있다. 요한복음은 다듬어지고, 인격화되고, 사람들이 알아볼 수 있는 지리와 역사에 근거하고 있는 창세기다. 기독교적 삶은 놀라운 사상이나 고양된 감정 혹은 야심 있는 프로젝트로 분해될 위험에 끊임없이 처해 있다. 창세기 1-2장이 든든하게 뒷받침하고 있는 요한의 복음서는 하나님의 영광을 위하여 강건하게 사는 데 너무나 치명적인 희석과 용해를 방지해 준다. 이 복음은 여러 세기가 지나고 여러 세대가 지난 후에도, 한 번에 한 걸음씩, 부엌에서 침실로, 주차장에서 직장으로, 교회에서 공동 묘지로, 교실에서 놀이터로 다니면서 "이 세상이나 세상에 있는 것들…육신의 정욕과 안목의 정욕과 이생의 자랑…"(요일 2:15-16)과 끝까지 맹렬히 싸우는, 예수님을 따르는 실제의 삶에서 벗어난 영성에 대항하는 우리의 최고 방어막으로서 그 자리를 지키고 있다.

예수님은 창세기 1-2장에 나오는 모든 것을 우리 같은 사람들 사이에서 그리고 (햇빛과 비, 사고파는 일, 탄생과 죽음, 질병과 억압,

성과 종교 등 그 무엇이든) 우리가 살고 있는 조건 아래, 삶으로 실천하신다. 이처럼 인간의 형태로 주어진 하나님의 포괄적 계시, (창조에 대해 그저 감탄하거나 토론만 하는 것이 아니라) 창조를 살아내는 사람의 형태로 주어진 하나님의 계시를 정확하게 표현해 주는 말은 **성육신**(incarnation)이다. "말씀이 육신이 되어 우리 가운데 거하시매"(요 1:14). 성육신, **육신을 입음**(in-flesh-ment), 육화.

우리 같은 사람들이, 만약에 다른 곳 혹은 좀더 쾌적한 생활 조건을 가진 더 나은 동네에서 살았다면, 좀더 나은 정권 아래서 정치적 의사 결정을 했다면, 좀더 나은 학교를 지었다면, 그렇다면 확실히 더 영적인 삶을 살았을 것이라고 생각하는 것은 드문 일이 아니다. 하지만 요한의 복음서는 그런 생각에 대해서, 그만두라고 말한다.

그리고 또 우리 같은 사람들이, 단조로운 생활로부터 자유로워질 수 있는 길, 황홀경에 가능한 한 자주 빠질 수 있는 길을 찾고, 요란한 교통 혼잡과 가족 생활에서 벗어날 수 있는 길을 궁리하고, 가능한 한 같은 생각을 가진 사람들하고만 관계를 맺고, 우리 자신을 '다른 사람들'과 구분해 주는 규율과 옷 입는 법 그리고 말하는 법을 터득하려는 것도 흔한 일이다. 하지만 요한복음은, 그것도 그만두라고 말한다.

요한이 사용하는 방법은 이렇다. 그는 창세기 1-2장의 창조 이야기의 특징들을 뽑아서, 창세 이후로 계속해서 말씀으로 창조 세계를 존재케 하시는 하나님의 창세기 말씀(Genesis Word)으로서 예수님을 제시하는 이야기를 쓴다. 그 어디쯤에서 일이 잘못되었고

(창세기는 그 이야기도 하고 있다), 그것을 고칠 필요가 절실하다. 고치는 일은 (처음에 만들 때와 마찬가지로) 말씀으로 모두 성취된다. 하나님이 예수님 위격 안에 말씀으로 새로운 창조 세계를 존재케 하신다. 그러나 이 이야기에서 예수님은 하나님의 말씀을 하실 뿐 아니라, 예수님 **자체**가 하나님의 말씀이다.

이 말씀들과 교제하면서 우리는 우리의 말이, 상상했던 것보다 훨씬 중요하다는 것을 깨닫기 시작한다. 예를 들어, "내가 믿는다"라고 말하는 것에는 삶과 죽음의 차이가 있다. 우리의 말은 예수님과 대화를 나누면서 위엄과 무게를 얻는다. 예수님은 이 새 창조를 강제적인 해결책으로 부과하시지 않는다. 예수님은 여유로운 대화, 친밀한 개인적 관계, 연민이 가득한 응답, 열정적인 기도 그리고 이 모든 것을 다 합한 것인 희생적인 죽음을 통해서 우리를 이야기로 이끌어 새 창조에 들어가게 하신다. 예수님과 교제함으로써 우리는 창조의 내막을 아는 사람들이 된다. 창조는 우리 뜻대로 채택하거나 무시할 수 있는 '저 밖에 있는' 무엇이 아니다. 우리는 영적인 생활을 돌보겠다고 창조로부터 걸어나올 수가 없다. 우리는 창조 안에 새겨져 있으며, 창조에서 빠질 수 없는 존재다.

요한은 그의 복음을 "태초에…"(헬라어로는 *en arche*)라는 창세기의 말로 시작함으로써 자신의 글과 창세기의 연관성을 알린다. 신학적인 시라고 할 만한 매우 인상적인 본문에서 요한은 이제 예수님을 그 창세기 말씀과 동일시한다. 모든 창조를 있게 한 그 말씀은 바로 예수님이며, 그 예수님이 이제 새 창조가 있게 하시는 것이다. 요한은 이 두 가지를 아주 탁월한 문장으로 간결하면서도 포괄적으로 표현하고 있다. "말씀이 육신이 되어 우리 가운데 거하시매 우리가 그 영광을 보니 아버지의 독생자의 영광이요 은혜와 진리가 충만하더라"(1:14).

요한의 임무는 창세기의 창조 안에 예수님이 완전히 그리고 전적으로 편안하게 자리잡고 계심을 보여 주는 것인데, 그렇게 하는 의도는 우리도 같은 거룩한 창조 안에서 완전히 그리고 전적으로 편안하게 자리잡게 하기 위해서다. 물론 인생에는 창조보다 훨씬 더 많은 것들이 있다. 인생에는 (이 책의 2부와 3부에서 다루는) 거룩한 역사가 있고 거룩한 공동체가 있다. 그리고 그 두 가지 모두의 삶에도 역시 결정적인 것은 예수님이다. 그러나 창조는 우리가 시작하는 지점이다. 시작을 건너뛰고 더 높은 단계로 올라갈 수는 없다. 우리는 하루하루를 사는 것이지, 시작도 끝도 없는 공상 속에서 사는 것이 아니다. 우리는 흙 위에서 동물과 새들과 함께 살지, 구름 궁전에서 살지 않는다. 우리는 여자와 남자로 살지, 방해받지 않는 고독 속에서 살지 않는다. 우리는 먹이고 씻기고 입혀야 하는 육신이다. 우리는 하나님의 선물인 구원의 역사와 거룩한 공동체를 하나님이 주신 창조의 조건을 벗어나서는 살아낼 수가 없다. 예수님이 그렇게 하지 않으셨고, 우리도 그렇게 할 수가 없다.

요한은 '사물의 핵심'으로 가기 위해서 창조를 건너뛰고 지름길로 가려는 사람들, '더 깊은 삶'으로 뛰어들려는 사람들, 주변의 다른 사람들보다 '더 높은 영적 지평'에서 살려고 하는 사람들, 우리가 앞에서 '영지주의' 바이러스라고 규정한 삶을 추구하는 사람들을 염두에 두었던 것일까? 만약에 그렇지 않다면 오히려 놀라운 일일 것이다. 하나님과 신령한 삶에 대한 관심이 부상하는 곳이라면 어디서나 그처럼 창조를 우회해 가려는 일들 또한 나타나기 때문이다.

요한은 뉘앙스와 암시를 능숙하게 사용하는 유능한 저자다. 요한의 글에는 사람을 끌어들이는 단순함이 있지만 그 단순함은 통찰의 깊이를 감추고 있는 단순함이다. 그가 쓴 복음서를 (영지주의자들이 하는 것처럼) 몇 개의 '진리' 혹은 '원칙'으로 축소하거나 요약하는 것은 불경스러운 일이며 동시에 모독이 될 것이다. 우리의 임무는 우리 자신을 요한의 서사 기술에 굴복시키고 요한으로 하여금 우리를 예수님과 함께 창조에 굳건하게 발을 디디게 하도록 내버려 두는 것이다. 예수님이 하나님의 충만함을 우리에게 계시해 주시는 창조에 발을 딛고 서도록 말이다. 그러고 나서 요한을 따라서 예수님을 믿는 삶을 받아들이는 것이다. 예수님을 믿는 삶 안에서 창조에 발을 디딘 삶의 충만함이 우리 안에서 자리를 잡아가게 된다.

요한은 예수님의 이야기를 그의 동료들인 마태, 마가 그리고 누가와는 퍽 다르게 쓰고 있는데, 이들 세 사람은 모두 요한과는 다른 개요를 따르고 있다. 요한의 접근 방식은 우리에게 같은 이야기를 들려주면서도 그 관점과 어조의 변화가 다른 방식으로 주의를 끈다. 소설가 존 업다이크(John Updike)는, 마태, 마가, 누가를 점진적으로 형성된 퇴적암으로 본다면 요한은 변성암이라고 했다. 모든 지층이 한바탕 달구어졌다 식으면서 퍽 다른 모양이 되어 버리는 것과 같다는 것이다.[24]

요한의 이야기에는 주로 예수님의 대화가 많이 들어 있다. 요한이 창세기의 창조를 다시 쓴 부분에서 가장 두드러지는 특징은 예수님이 **말씀하신다**는 것이다. 예수님은 결국 말씀이 아니셨던가. 그러나 창세기에서 사용된 간결한 문장과는 달리 예수님의 말씀은 대화와 강화(discourse)로 화려하게 펼쳐진다. 요한의 첫 문장인 "태초에 말씀이 계시니라…"는, 예수님이 온갖 부류의 사람들 그리고 온갖 상황에 처한 사람들과 나누신 대화, 길든 짧든, 함축적이든 정교하든, 어쨌든 그 **대화** 속에서 다듬어진다. 이 대화들은 발전하고 축적된다. 예수님과 그 어머니의 대화, 예수님과 제자들의 대화, 예수님과 니고데모의 대화, 예수님과 사마리아 여인의 대화, 예수님과 중풍 병자의 대화, 예수님과 소경의 대화, 예수님과 유대인들의 대화, 예수님과 마르다의 대화, 예수님과 마리아의 대화, 예수님과 가야바의 대화, 예수님과 빌라도의 대화 그리고 그들과 이야기할 때와 똑같은 어조와 어법으로 예수님이 하나님과 나누신 대화인 아들과 아버지의 대화가 있다. 대화가 강화로 발전하는 경우가 몇 번 있기는 하지만 여전히 대화의 어조는 유지되고 있다. 이러한 대화들은 일반화된 '세상'을 향한 연설이 아니라 개인 대 개인의 대화다. 언어의 주인이신 주님이 누군가를 '주인처럼 지배하기' 위해서 언어를 사용하신 것이 아니라, 은혜와 사랑의 관계가 생기게 해서 공동체를 만들고 그 공동체가 기도 안에서 성숙해지게 하기 위해서 언어를 사용하신다.

이처럼 대화가 풍성한 복음서의 세계에는, 그 이야기에 독특하게 '창조'의 성격을 부여해 주는 세 가지 요소가 있다. '에고 에이미'(*egō eimi*)라는 관용적 문구, '표적'(sign)이라는 용어의 사용 그리고 영광이라는 말의 빈번한 언급, 이 세 가지다.

에고 에이미

하나님이 불타는 떨기나무에서 모세에게 나타나셔서 그가 자기 백성을 이끌어 이집트의 노예살이에서 벗어나게 할 것이라고 말씀하셨을 때, 모세는 매우 신중했고 그의 그러한 반응은 이해할 만한 것이었다. 그는 하나님께 이름을 밝혀 달라고 요청했다. 그리고 그 대답은 이랬다. "나는 스스로 있는 자니라.…너는 이스라엘 자손에게 이같이 이르기를 스스로 있는 자가 나를 너희에게 보내셨다 하라"(출 3:14). 이 문구는 이스라엘에서 하나님을 지칭하는 유일무이한 이름이 되었는데, 원래 히브리어로는 '야웨'(Yahweh)지만 헬라어로 번역하면 에고 에이미다. 에고 에이미, 즉 "나는…이다"(I am)는 성경에서 하나님을 가리키는 가장 개인적인 이름이다.

그런데 예수님이 이 문구를 자주 사용하셨다. 예수님이 '에고' 혹은 '에고 에이미'라고 말씀하실 때마다 우리는 거룩한 이름 '야웨'를 연상하게 되는데, 예수님이 그 이름을 자기 자신의 이름으로 취하신 것이다. 모든 복음서 저자들이 이처럼 예수님이 하나님과 자신을 동일시하는 문구를 사용하신 것을 기록하는데, 요한은 다른 세 사람을 합친 것보다 훨씬 더 많이 그렇게 하고 있다. 이와 같은 특징을 곰곰이 생각해 본 사람이라면 사실상 누구나, G. M. 버지(Burge)의 표현대로, "예수님이, 하나님이라고 하는 거룩한 이름, 하나님의 권위적 현존을 자기 자신에게 공공연히 적용시키고 있다는 것"을 깨닫게 된다.[25]

예수님의 "나는…이다"라는 유명한 주장이 이 모든 대화에 자주 사용됨으로써 그 이야기는 두 단계에서 (혹은 두 영역에서) 동시에 작동하게 된다. 우리는 예수님이 하나님의 새 이름인 "나는…이다"를 자기 자신의 이름으로 사용하시는 것을 듣게 되고, 또한 가장 간단하고 가장 이해하기 쉬운 어법과 문법으로 동사 '이다'(to be)가

개인적으로 사용되는 것을 듣게 된다. 이렇게 축적되는 대화들을 통해서 우리는 하나님이 예수님의 목소리로 말씀하신다는 것을 알게 된다. 모든 창조 세계를 불러내어 존재케 하신 하나님, 모세에게 자신을 이스라엘의 구원자로 밝히신 하나님, 이 하나님이 예수님의 그 대화와 강화 속에서 말씀하시는 것이다. 하나님의 말씀이신 예수님이 하나님의 말씀을 하신다.

예수님이 이 이름을 가장 담대하게 사용하신 예는 초막절 때 예루살렘 성전에서다. 이 절기는 메시아를 기다리는 것과 연관된 것이며, 그 성전은 하나님이 명예롭게 하신 곳이다. 바로 그러한 시간에 그러한 공간에서 예수님은 "진실로 진실로 너희에게 이르노니 아브라함이 나기 전부터 내가 있느니라"(요 8:58)고 말씀하셨다. 미국의 뛰어난 소설가 중 한 사람인 레이놀즈 프라이스(Reynolds Price)는, 예수님이 "나는…이다"를 사용하시는 다양한 방식과 상황에 대해서 날카로운 관찰을 많이 했는데, 그는 그 사건을 "예수님이 자기 자신을 주장하신 사건들 가운데 극치 중 극치"[26]라고 평했다. 그 때 예수님의 말씀을 들은 사람들의 즉각적인 반응을 보면, 예수님이 하신 말씀의 의미가 "나는 지금 이 곳에 있는 하나님 자신이다. 나는 언제나 있었고, 앞으로도 영원히 있을 것이다"라는 것을 그들이 즉시 이해했다는 것을 알 수 있다.

그런데 예수님의 말씀을 들은 사람들은 성경을 잘 아는 사람들이었다. "여호와의 이름을 훼방하면 그를 반드시 죽일지니 온 회중이 돌로 그를 칠 것이라"(레 24:16). 예수님의 말씀을 들은 그 자리에 모인 사람들은 순식간에 린치를 가하려는 폭도로 돌변했다. 성전을 짓고 남은 돌멩이가 사방에 많이 널려 있는 터였기에 "저희가 돌을 들어 치려 하거늘"(요 8:59), 예수님은 그 자리를 피해 빠져나가셨다.

일곱 번이나 예수님은 "나는…이다/에고 에이미"의 문구를 숨어와 함께 사용하셨는데, 이것은 예수님이 누구이시며 무슨 의도를 가지고 계신 것인지 그 상세한 내용을 풀어 주는 비유의 역할을 하는 은유다. 그 일곱 가지는 다음과 같다. 생명의 떡(요 6:35), 세상의 빛(8:12), 양의 문(10:7), 선한 목자(10:14), 부활과 생명(11:25), 길이요 진리요 생명(14:6), 참 포도나무(15:1) 등이다.

이 모든 은유에는 단순하고 평범한 단어들이 사용되고 있는데, 우리가 길거리에서나 부엌에서, 일을 하면서, 걸어 다니고 보고 믿고 사랑하면서 흔히 사용하는 단어들이다. 사실, 요한의 이야기에는 우리가 다섯 살 때부터 사용하지 않았던 단어는 거의 없다. 친밀감과 여유가 두드러지는 그 대화에는 우리도 포함되어 있다. 우리는 그 대화의 참여자로 환영받고 있는 것이다.

친밀감. 예수님은 요한의 이야기를 매개로, 우리 피부에 와 닿는 용어와 상황들 속에서 우리를 그분의 삶으로, 하나님의 삶으로 초대하고 계신다. 우리를 그 이야기의 참여자로 초대하는 데는 가장 간단한 문법이 사용되고 있다. 예수님은 거창한 말이나 과장된 생각들로 우리를 감명시키려 하지 않으신다. 예수님은 자신의 신뢰성을 과시하지도 않으시고, 권위를 내세우며 협박하거나 위협하지도 않으신다. 예수님은 우리가 거의 날마다 이야기를 나누는 그런 사람들 그리고 우리 자신의 모습과도 매우 흡사한 그런 많은 사람들과 대화를 나누신다.

그리고 여유(leisure). 요한은 가장 여유로운 이야기꾼이다. 그는 시간을 들이고, 반복하고, 빙 둘러 말하기도 한다. 그는 애정을 가지고 음미하며 단어들을 사용한다. 혹은 한 문장을 부각시킨 후에 단어를 재배열해서 그 각도를 (때로는 살짝만) 바꿔서 또 다른 의미가 부각되게 하기도 한다. 오스틴 파러(Austin Farrer)는 요한의 이와 같은 문체를 "골똘히 생각하는 예언자의 몸짓"이라고 표현하기도 했다.[27] 앞에 나오는 세 명의 복음서 저자들에게서 현저하게 나타나는 활기찬 서사의 속도가 요한에 와서는 주일에 묵상을 하며 산책을 하는 속도로 늦춰진다.

에드워드 달버그(Edward Dahlberg)는 우리에게 소로우(Thoreau)의 예언자적 감각을 회복시키려는 노력의 일환으로 이렇게 주장했다. "『월든』(*Walden*, 이레 역간)은 급하게 읽을 수 있는 책이 아닙니다.…우리 마음을 가만히 설득하고 넌지시 알려 주어야 한다."[28] 만약 소로우의 『월든』을 급하게 읽을 수 없다면, 요한복음은 더욱 그럴 수 없을 것이다. 이 이야기를 읽기 위해서, 이 이야기를 **마음으로 듣기 위해서** 요한복음을 좋아하는 수백만의 독자들은 요한의 보폭에 맞추어 속도를 늦추었고, 주기적인 대화의 리듬에 자신들을 맡겼으며, 시간을 절약해 주는 교리 요약은 거절했다. 요한이 말하는 것을 다 듣는 수고를 생략하고 신학적으로 요한이 **의미하는 것이** 무엇인지를 말해 주는 그런 요약은 거절한 것이다. 요한이 예수님에 **대해서** 무슨 새로운 이야기를 들려주려는 데 관심을 가졌다기보다는(물론 그의 이야기 중에는 그런 요소도 상당히 많이 있지만), **예수님과** 갈수록 친밀해지는 관계 속으로 우리를 끌어들이는 데 훨씬 더 많은 관심을 가지고 있다는 것을 깨닫지 못한다면, 요한의 이야기를 듣는 동반자가 되기에는 아직 한참 멀었다. '믿다'와 '사랑하다'는 그 이야기의 특징을 이루는 동사들인데, 이 두 가지 모두 서둘러서는 성취할 수 없는 것들이다.

그리하여 복음서 저자들의 4중주 가운데서 요한은 마지막으로 이야기를 들려주는 사람이 되었다. 세대에 세대를 거듭할수록 창조는 한편으로는 그저 자연 과학 연구로 그리고 다른 한편으로는 교리로 축소될 위험이 있다. 요한은 하나님의 창조가 가지고 있는, 믿음과 사랑을 위해서 섬세하게 계획된 원래의 인격적 특성을 회복시킨다. 로버트 브라우닝(Robert Browning)의 시 "사막에서의 죽음"(A Death in the Desert)을 윌리엄 템플(William Temple)은 "성 요한을 영어로 가장 통찰력 있게 해석한 글"[29]이라고 했는데, 그 시에서 요한은 왜 자신이 예수님의 이야기를 그러한 방식으로 썼는지를 설명하면서 이렇게 말한다.

…절대적인 광휘가 죽어 버린 진리는
겹겹의 의심을 꿰뚫을 사랑의 눈이 필요할지 모른다.[30]

요한은 그 "사랑의 눈"을 제공한다. 오늘날에 이르기까지 창조 이야기의 광채가 비인격적인 연구나 상투적인 문구로 흐릿해질 때면, 원래 창조의 광휘로 관통해 들어가기 위해 선택되는 복음이 바로 요한의 이야기다.

표적

대부분의 사람들이 초자연적인 현상과 각종 신기한 일들, 즉 '표적'에 대한 동경을 가지고 있다. 종교라고 하는 광범위한 분야는 대체로 기적적인 일들이 일어날 수 있는 기반을 마련해 주는 것으로 인식되고 있으며, 그 토양이 더 비옥할수록 거기서 수확되는 기적도 더 많은 것으로 인식되고 있다. 따라서 예수님이 표적이라고 하는 주제 전반에 대해서 확고하게 냉정한 자세를 가지고 계셨다는 사실을 알게 되면 많은 사람들이 놀란다. 기적을 부인하시지는 않으면서도 예수님은 그것이 진정성의 증거가 아니라고 딱 잘라 말씀하셨고 그런 것들에 속지 말라고 엄하게 경고하셨다. "거짓 그리스도들과 거짓 선지자들이 일어나 큰 표적과 기사를 보여 할 수만 있으면 택하신 자들도 미혹하리라"(마 24:24; 살후 2:9 그리고 계 19:20도 보라). 예수님은 또한 자신의 생애에서 여러 차례 기적을 행하셨음에도 불구하고 자신의 신적 권위의 정당성이나 증거를 보여 주기 위해서 표적을 사용하지는 않겠다고 퉁명스럽게 거절하셨다. "악하고 음란한 세대가 표적을 구하나"(마 12:39; 눅 23:8 그리고 고전 1:22도 보라).

이 정도면 이 문제는 분명하게 정리가 되는 것 같다. 그리고 예수님이 말씀하신 것이니 충분히 권위 있는 말씀이다. 표적 같은 것에 감동받지 말고, 표적을 찾아다니지도 말라. 기적은 진리나 실재의 증거가 되지 못한다. 초자연적인 신기한 일들은 오락으로서는 뛰어난 가치가 있지만, 그것 외에는 별다른 쓸모가 없다. 하지만 우리가 기적적인 일들을 피할 수는 없다는 기본적인 직감을 우리는 가지고 있다. 어쨌거나 우리가 살고 있는 이 세상은 하나님이, 보이건 보이지 않건, 우리 주변에서 그리고 우리 안에서, 우리가 알아채거나 설명하거나, 혹은 통제하거나 감당할 수 있는 능력을 훨씬 초월하여, 초자연적으로 놀이하고 계시는 곳이다. 우리가 적어도 가끔씩은 이

'초자연'을 뒷마당 같은 데서, 그러니까 우리가 하나님의 임재나 활동의 표적을 보거나 들으리라고는 기대하지 못했던 곳에서 그리고 우리가 설명할 수 없는 상황 속에서 그러한 표적을 눈치채지 못한다면 오히려 이상할 것이다. 하지만 그러한 표적들은 광고나 오락을 위한 것이 아니다.

요한은 이처럼 '표적'이라는 용어의 의미를 바로잡아서 사용한다.[31] 그것은 요한의 고유한 용어 중 하나다. 그는 예수님을 우월한 자로 증명하거나 과시하기 위해서 혹은 창조 세계로부터 예수님을 제외시키기 위해서 그분의 표적을 제시하지 않는다. 그는 우리가 창조를 그냥 **바라보기만**(look at) 하는 대신에 그 속을 **들여다볼**(look into) 수 있게 하기 위해서, 이 모든 것을 창조하시고 그 모든 것을 지금도 붙들고 계시는 예수님이(골 1:15-20) 지금도 계속해서 같은 창조 세계 안에서 일하신다는 것을 우리에게 보여 주기 위해서 예수님의 표적을 제시한다. 예수님은 창조의 흙과 살에 두 손을 깊이 넣으신 채 모든 일을 하신다.

예수님은 그분의 권위의 정당성을 입증할 기적을 요구하는 사람들을, 겉으로 표가 날 정도로 못 견디어하시고 심지어 경멸하기까지 하신다. 요한의 복음서에서는 "첫 번째 표적", 즉 가나의 혼인 잔치에서 물을 포도주로 바꾸신 일(요 2:11) 바로 다음에 이어지는 사건에서, 유월절 기간 동안에 희생 제물로 쓸 짐승들을 팔고 예배자들에게 환전을 해주기 위해(두 가지 모두 이문이 크게 남는 사업이었다) 성전 마당에 가게를 세운 사람들을 예수님이 쫓아내신 이야기를 들려준다. 예수님은 부당 이득을 취하는 그들을 향해 "내 아버지의 집으로 장사하는 집을 만들지 말라"(2:16)고 신랄하게 비난하신다. 종교 전문가들(이 경우에는 '유대인들')은 예수님이 무슨 권한으로 당시 수용되고 있던 관행에 간섭하고 그들 성전의 생활 양식을 분열시키면서 모든 것을 혼란스럽게 만드는 것이냐고 도전했다. "네가 이런 일을 행하니 무슨 표적을 우리에게 보이겠느뇨"(2:18). 즉 이런 말이다. "우리에게 공증 문서를 보여 달라. 누가 당신에게 여기에 이렇게 난입해서 주인 행세를 하도록 허가를 해주었느냐? 그리고 '아버지' 운운하는 그 얘기는 뭐냐? 이 곳은 신성한 관할구이고 지금은 한 해 중 가장 거룩한 축제 기간이다. **우리가** 이 곳의 담당자들이다. 당신의 이러한 폭행을 정당화해 줄 수 있는 표적을 제시하라."[32] 예수님은 그 요구를 거절하신다. 예수님의 대답("이 성전을 헐라…")은 그들이 도저히 이해할 수 없는, 질문에 대한 답변이라고 할 수 없는 수수께끼 같은 말이었고 화만 더욱 돋울 뿐이었다. 예수님은, 진리를 정당화하거나 하나님의 임재를 확증하는 특종거리가 될 만한 일을 요구하는 사람들을 상대할 시간은 없으셨던 것 같다.

표적과 신비, 기적과 위대한 일들이 성경 이야기의 한 부분을 차지하는 것은 분명하다. 그렇다. 사실 그것은 성경 이야기의 핵심 부분이며 그것이 기독교적 삶에서 지속되고 성취되는 것도 분명하다. 그러나 그것이 맥락을 떠나서는, 그러니까 예수님 안에서 계시된 하나님의 자기 계시를 떠나 단절되고, 그리하여 복잡하고 세밀하게 구성된 하나님의 백성 안에 유기적으로 배치된 자리를 이탈하게 되면 그것은 그저 사건에 불과하다. 종교의 주식 시장에서 사고파는 기적 상품에 불과한 것이다.

요한의 복음서를 읽는 사람들이 일곱 가지 기적, 즉 예수님 안에서 하나님이 계시되었음을 발견하고 믿을 수 있도록 자세하게 설명된 예수님의 행적을 세어 보는 것은 오랜 관습이었다. '믿다'라는 단어가 여기에서는 핵심적인 동사다. 요한이 복음서를 쓴 것은 이 믿음을 불러일으키기 위해서, 즉 신뢰와 순종적인 동참을 유발하기 위해서다.

일곱 개의 표적은 창세기에 펼쳐진 창조가 이루어진 7일 동안의 일을 예수님이 지속하고 계시다는 것을 보여 준다. 이러한 예수님의 이야기를, 우리가 무언가 엄청난 비밀에 동참하고 있다는 깨달음에서 오는 어떤 놀라움과 경외감 없이, 이러한 표적들이 하나님이 단지 이 창조 세계의 보존 기술자가 아니라 지금도 그 안에서 일을 하고 계신 증거라는 깨달음도 없이 전달하기란 어려울 것이다. 그렇지만 요한은 경탄의 요소에는 덤덤할 뿐, 그러한 표적들 가운데 모든 배심원으로부터 "하나님이 그 일을 하셨다!"고 만장일치의 판결을 이끌어내지 않을 수 없게 만드는 그런 것은 하나도 없었다는 것을 분명하게 이해시킨다.

자주 경시되는 성경의 법칙 하나는, 누구도 우리를 강제로 믿게 **만들 수는** 없다는 것이다. 믿음은 그 성질상 동의와 참여, 신뢰와 헌신을 요구한다. 믿을 때 우리는 다른 상대, 그 위대한 타자와 가장 개인적이고 친밀한 상태에 있는 것이다. 믿음은 강요할 수 없다. 믿도록 위협을 받거나 부추겨지거나 조종당한다면 우리는 믿게 되는 것이 아니라, 위협감, 강탈당한 느낌 혹은 이용당했다는 느낌만 갖게 된다. 그 결과 오히려 믿음에서 더 멀어지게 된다.

요한은 각각의 표적을 이야기 안에 끼워 넣음으로써 이와 같은 참여와 자유의 감각을 유지하고 있다. 표적은 그 자체로서 연구되어야 하는 분리된 개체가 아니라, 깨달음의 순간 혹은 사건인 것이다. 즉 예수님은 지금, 바로 이 곳에서 일하시는 하나님이심을 깨닫게 되는 사건이 바로 표적인 것이다. 요한은 그러한 표적이 강압적이지 않았다는 것을 분명히함으로써 비강제적인 참여의 감각 또한 유지하고 있다. 표적은 푯말이며 자기 자신 너머의 것을 가리킬 뿐이다. 그것을 따를 수도 있고 따르지 않을 수도 있다.

가나의 혼인 잔치에서 물을 포도주로 바꾼 첫 번째 표적에서는 (요 2:1-11), 대부분의 하객들이 기적이 일어났다는 사실조차도 몰랐던 것으로 보인다. 하인들, 예수님의 어머니 그리고 예수님의 제자들은 알았지만, 본문에서는 오직 제자들 안에서만 그 표적의 목적이 성취되었다고 말한다. "제자들이 그를 믿으니라." 이 모든 일을 책임지고 있었던 '연회장'은 내가 보기에 거만한 사람이었던 것 같다. 자기 역할에 거드름을 피우며 하인들과는 거리를 두는 사람이었던 것으로 보인다. 그는 기적에 대해서는 전혀 알지 못한 채 신랑을 불러서, 와인의 세련된 에티켓에 관한 전문가답게 다소 불만에 찬 어투로, 손님들 대부분이 술맛을 제대로 판단도 못 할 잔치 막바지에 이런 좋은 술을 내놓는 것이 참 특이하다고 평을 한다.

두 번째 표적은 첫 번째 표적과 같은 마을인 가나에서 시작되지만 그 완결은 가버나움에서 이루어진다(4:46-54). 그 안에는 표적에 대한 비판과 긍정이 모두 들어 있다. 이 표적은, 아마도 헤롯 안디바가 임명했을 한 관리가 가버나움에서부터 예수님을 찾아와 가버나움까지 같이 가서 자기 아들을 고쳐 달라고 부탁하는 데서 시작된다. 예수님은 부정적인 대답을 하신다. "너희는 표적과 기사를 보지 못하면 도무지 믿지 아니하리라"(48절). 이것은 마태가 보고하는,

표적에 대한 비호의적인 평가와 다르지 않다(마 12:39).[33)] 하지만 그 아버지는 단념하지 않고 계속 고집한다. 마치 "나는 표적 같은 것은 상관없습니다. 당신이 제 아들만 고쳐 주시면 됩니다!"라고 말을 하는 것 같다. 그 다음에 재미있는 부분이 나온다. 예수님이 그에게 "가라, 네 아들이 살았다"고 말씀하시자 그 남자는 **아무런 치유의 증거가 없는데도**, 즉 표적과 기사와는 아무런 상관이 없이 "예수의 하신 말씀을 믿고" 떠났다. 그 아버지는 표적이 주는 유익이 없이도 예수님의 말씀에 믿음으로 반응을 했는데, 어떻게 말하면 표적의 방해가 없이 믿었다고 할 수도 있을 것이다. 표적이 아니라 예수님의 말씀이 이 남자에게 믿음이 생기게 한 것이다. 그가 다음날 집에 거의 다 도착했을 무렵에야(가버나움에서 가나는 30km를 걸어가야 하는 길이었다) 그는 바로 전날 가나에서 예수님이 자기 아들이 나을 것이라고 말씀하신 바로 그 시간에 아들의 병이 나았다는 것을 알았다.

하반신이 마비된 사람을 치유하신 세 번째 표적은 예루살렘에 있는 베데스다 연못을 배경으로 하고 있다(요 5:1-18). 이 표적은 정말로 대단한 것이었는데, 그 병자는 38년 간 몸을 움직이지 못한 사람이었다. 그리고 그 배경도 극적이다. 거룩한 안식일, 분주한 성전 마당에서 멀지 않은 곳에 있는 연못 그리고 치유의 능력이 있다고 알려진 그 연못에 들어가 병이 낫기를 희망하는 병자들로 가득한, 연못에 접해 있는 다섯 개의 행각이 그 배경이다. 예수님은 질문("네가 낫고자 하느냐?")과 명령("네 자리를 들고 걸어가라")으로 그 남자를 치유하셨다. 예수님이 하신 일, 소중하지만 손상된 이 '하나님의 형상'을 회복시키신 그 일을 사람들이 알게 되면 감사와 경외로 예수님을 믿을 것이라고 우리는 생각할 것이다. 어쨌거나 그 가여운 사람은 자기 선조들이 광야를 헤맨 시간만큼이나 그 연못 주변을 배회하지 않았던가! 그러나 자칭 종교 경찰들은 안식일을 어겼다는 이유로 예수님을 공격했고, 이 공격은 예수님이 하나님을 아버지라고 부르시자(그래서 "자기를 하나님과 동등으로" 삼으시자) 암살 모의로 확대되었다. 예수님 안에서 일하시는 하나님을 보여 주는 창이었던 표적이, 이 경우에는 살기 어린 적대감을 부추겼는데, 이것은 믿음과는 반대 극단의 반응이다.

5,000명을 먹이신 네 번째 표적은 다시 갈릴리로 돌아와 디베랴 바다 북쪽 해변에 있는 언덕에서 유월절 무렵에 일어난다(요 6:1-15). 그 곳에서 그 음식을 먹은 사람들은 출애굽 사건, 구원의 유월절 식사 그리고 광야에서 여러 해 동안 공급된 기적의 만나 등이 얼른 머릿속에 떠올랐을 것이다. 신명기 18:15을 떠올리며 이들은 새로운 모세가 그 곳에 그들과 함께 있는 것이라고 열광하며 결론을 내렸다. "그 사람들이 예수의 행하신 이 표적을 보고 말하되 이는 참으로 세상에 오실 그 선지자라 하더라"(14절). 하지만 이들은 표적의 절반만을 제대로 이해했을 뿐이다. 그 표적에서 그들이 예수님이 하나님으로부터 오셨다는 것과, 예수님이 그들을 구원으로 이끄시고 기적의 식사를 마련하신다고 본 것은 옳았다. 그러나 그들이, 예수님을 로마의 통치로부터 자신들을 해방시켜 줄 왕으로 강제 추대하라는 명령으로서 그 표적을 '받아들인' 것은 오해다. 그래서 예수님은 언덕으로 도망가셨다. 예수님이 마땅히 해야 한다고 우리가 생각하는 일을 그분께 강제할 수는 없다. 표적은 우리가 예수님이 해야 할 일이라고 생각하는 것을 적는 데 쓰는 백지 청구서가 아니

다. 그 다음날 다시 가버나움에서(6:25-30) 예수님은 표적을 예수님 안에서 일하시는 하나님의 계시, 하나님이 자기 자신을 그들에게 내어 주신다는 표지("영생하도록 있는 양식…이 양식은 인자가 너희에게 주리니")로 보지 않고, 그저 원하는 것을 가지라는("떡을 먹고 배부른") 의미로 이해하는 잘못된 해석을 정정해 주려고 애쓰셨다. 그러나 그들은 여전히 이해하지 못했고, "우리로 보고 당신을 믿게 행하시는 표적이 무엇이니이까" 하며 또 다른 표적을 구했다.

이러한 오해로 인해 그 위대한 "나는 생명의 떡" 강화(6:35-59)가 나왔지만, 많은 불평과 논쟁 또한 일어났다. 그리고 결국 그 사건은 예수님의 추종자들 가운데 상당수가 이탈하게 되는 결과를 낳았다(6:66). 표적은 예수님을 우리 가운데서 일하시는 하나님으로 계시해 주기도 하지만, 또한 계시되는 그것을 받아들이고 끌어안을 준비가 안 된 사람이 얼마나 많은지 그리고 우리가 예배하는 하늘의 하나님이 우리 선입관과는 달리, 이 땅에서 우리가 사는 일상 생활의 세세한 부분에까지 간섭하시는 분으로 드러날 때 우리가 얼마나 따지고 드는지도 잘 보여 준다.

다섯 번째 기적은 네 번째 표적의 맥락 속에 숨겨져 있는데, 5,000명을 먹이신 사건이 있던 그 날 밤 제자들이 배를 타고 다시 가버나움으로 돌아갈 때 일어난, 바다의 폭풍을 잠잠케 하신 사건이다(6:16-21). 이 표적은 일곱 가지 표적 가운데서 독특한 위치를 차지하는데, 유일하게 모호한 구석이 전혀 없는 표적이다. 이 표적은 예수님을 창조 세계의 주권자로 계시하며, 제자들도 그러한 예수님을 기쁘게 영접하고 환영하는 모습을 보여 준다. 그리고 가장 중요한 것은, 이 표적의 이야기가 20절에 나오는 '에고 에이미'의 표현, 즉 "내니 두려워 말라"는 말씀에 중심을 두고 있다는 것이다. 앞에서 우리가 살펴본 것처럼 이것은 예수님이 자신을 밝히시는 거룩한 이름의 표현이며 또한 요한이 능숙하게 그리고 지속적으로 이 복음의 이야기 안에 짜 넣고 있는 표현이기도 하다. 그토록 부적절한 반응들로 에워싸인 표적의 맥락 속에 배치된 이 표적은, "그를 (갈릴리의) 왕으로 삼자!"라고 하는 잘못된 생각을, 모든 창조 세계를 다스리는 확실한 주권의 주장으로 되받아친다. 제자들이 아무리 애를 써서 노를 저어도 할 수 없었던 일을 해주었고, 자신들의 힘으로는 갈 수 없었던 곳으로 그들을 데려다 준 주권이었다.

날 때부터 장님이었던 사람을 고치신 여섯 번째 표적은 다시 예루살렘에서 일어난다(요 9:1-41). 이 표적은 예수님을, 창세기의 말씀인 "빛이 있으라"가 육화된 존재로 계시한다. 그 날은, 날 때부터 장님이었던 사람에게는 처음으로 빛이 생긴 날이었지만, 예루살렘의 그 공동체에서는 그것이 보기에 "좋았더라"고 하는 창세기의 합의가 없었다. 베데스다 연못에서 일어난 세 번째 표적처럼 이 표적도 안식일에 일어났다. 그 도시의 종교 전문가들에게는 이 치유의 사건이 안식일을 어긴 또 하나의 사례로서 자신들이 해결해야 하는 일로밖에는 보이지 않았다. 이들은 최근까지 장님이었던 그 남자를 회당에서 쫓아내는 것으로 이 일을 처리했다. 이 표적은 그 남자의 부모에게도 표적으로서의 의미를 상실했다. 그 부모들은 제도권 종교 안에서의 자신들의 입지에만 신경 쓴 나머지 눈앞에서 펼쳐지는 하나님의 일을 보지 못했다. 그 날 예루살렘은 "빛보다 어두움을 더 사랑한"(3:19) 수많은 장님들로 가득했던 것이다. 그러나 날 때부터 장님이었던 그 남자는 보았다. 그는 자기 주변의 도시를 처음으로 보았을 뿐만 아니라 다른 모든 사람은 보지 못한 표적을 보았다. 그는 자기 삶에 임재하시고 일하시는 하나님을 보았고, 그래서 그는 믿었다. 세 개의 문장에서 "믿다"라는 동사가 세 번이나 나오고 있으며 그 종착지는 예배다. "내가 믿나이다 하고 절하는지라"(9:35-38).

일곱 번째 표적은 베다니라는 작은 도시에서 나사로를 무덤에서 일으키신 표적이다(요 11:1-54). 이 표적은 가장 공들여서 기록한 이야기인데, 가족들, 가까운 예루살렘에서 온 문상객 친구들, 예수님의 제자들 그리고 공의회에서 모인 적대적인 대제사장과 바리새인들과 같이 많은 인물들을 등장시키고 있다. 그 중에서 다섯 명의 등장 인물의 이름이 밝혀져 있는데, 나사로와 그의 누이 마리아와 마르다, 제자 도마 그리고 대제사장 가야바다. 이것은 좀 특이하다. 다른 표적 이야기에서는 예수님의 이름을 제외하고는 이름이 잘 밝혀지지 않는다. 첫 번째 표적(물이 포도주로 변한 일)에서는 마리아의 이름이 언급되고, 네 번째 표적(5,000명을 먹이신 일)에서는 빌립과 안드레가 언급되어 있지만, 그게 전부다. 그 표적들은 인간에게 관심을 가지는 이야기가 아니라 하나님을 계시하는 이야기다. 그러나 결국에는 그 표적들이 모든 인간의 이해 관계에 영향을 미치는 것이 당연하다. 그래서 이 마지막 표적에서는 그 동안 우리 관심을 예수님 안에서 계시되는 것에 집중시키면서 충분히 오랫동안 우리의 인간적 호기심을 억제했던 요한이 한걸음 물러서서, 나사로를 일으킨 표적, '부활과 생명'의 표적에 대한 인간의 감정과 반응의 스펙트럼을 보여 주는 것이다.

도마는, 예수님이 체포되어 돌에 맞아 죽을 뻔했다가 이제 막 탈출한 그 동네로(10:31-39; 11:7-8) 다시 돌아가시려는 것을 알고서, 자기들 모두가 죽게 될 것이라고 생각하고는 동료 제자들을 불러모아 끝까지 예수님 편에 서서 그분과 함께 죽자고 한다. 예수님 자신은 애도하는 사람들을 동정하시며 또한 죽은 친구에 대한 사랑 때문에 눈물을 흘리신다. 예수님은 눈에 띄게 깊은 감정의 동요를 겪으신다. 나사로의 누이 마리아와 마르다는 오빠가 아프다는 소식을 전했을 때 예수님이 즉시 오시지 않은 것에 대한 실망을 차례로 표현한다. 그들의 말에서 비난의 어조가 감지되는가? 그리고 가야바는 어떤가? 그에게는 이 사건이 마지막 한계였다. 그는 예수님을 죽이기 위해 즉시 자신의 조직을 가동시켰다.

요한의 복음서는 우리에게 "예수님이 하나님의 아들 그리스도"이시라는 것을 믿을 만한 포괄적 근거를 제공하고 "또 너희로 믿고 그 이름을 힘입어 생명을 얻게"(요 20:31) 하기 위한 표적과 말들을 여기저기 짜 넣고 있다. 그렇다고 해서 표적이 쉽게 읽히는 것은 아니며 또한 설득력이 그렇게 강한 것도 아니다. 믿음보다는 반대가 더 자주 일어났다. 하나님은 예수님 안에서 자신을 계시하시지만, 그 계시가 우리 기대에 부합하는 경우는 드물다. 우리는 하나님이 어떤 일을 하시는지 그리고 그것을 어떻게 하시는지에 대한 판에 박힌 생각이 너무 강해서 종종 푯말을 오독한다. 요한이 이 일곱 개의 표적을 우리에게 상세하게 일러 주었기에 우리는 우리가 얼마나 자주 자만에 빠져 바로 코앞에서 일어나는 것을 놓치게 되는지 깨닫게 되며(결혼식의 연회장), 하나님이 일하시는 방식에 대한 고정

관념 때문에 우리가 어떻게 너무나 명백한 사건을 기각해 버리는지를 깨닫게 되고(안식일의 치유), 우리가 어떻게 축복에 흥분한 나머지 예수님을 우리의 개인적인 안건에 붙잡아 두려고 애쓰는지를 깨닫게 되며(5,000명을 먹이신 일), 참화나 죽음 혹은 감정적으로나 상황적으로 그에 상당하는 사건들(나사로의 죽음과 부활을 둘러싼 상황들)이 얼마나 쉽게 그리고 얼마나 빠르게 예수님을 중심에서 주변으로 몰아내고 우리는 용기와 체념(도마), 비난과 울음(마리아), 혹은 살인에까지 이르는 복수(가야바) 등 자신의 자원 안에서 최선을 다해 그 상황을 헤쳐 나가려 하는지를 깨닫게 된다. 마르다는, 가버나움의 그 관리처럼, 나사로 사건의 등장인물 중에서 유일하게 그 표적이 완성되기 전에 예수님을 믿은 사람이다(11:27).

하지만 표적이 늘 그런 반응만을 불러일으킨 것은 아니다. 한 가지 표적, 폭풍을 잠잠케 하신 그 표적은 제자들이 아무런 혼란이나 모호함 없이 읽어 냈다. 그들은 모두 예수님을 위엄 있는 주권자로 보았고, 예수님이 자신을 하나님과 동일시하는 칭호를 말씀하시는 것을 들었고, 기쁘게 그분을 영접했다.

"이렇게 많은 표적을 그들 앞에서 행하셨으나 그를 믿지 아니하니"(요 12:37). 요한은 이것이 전혀 새로운 사실이 아니라는 것을 확언하기 위해서 이사야를 인용한다. 우리는 그런 사람들이다. 우리는 하나님의 영광의 표적을 쉽게 알아보지도 못하고 하나님이 우리에게 오시는 그 조건대로 그분을 쉽게 영접하지도 못한다. 하지만 기쁜 소식은, 표적은 곳곳에 있다는 것이다. 하나님은 계시에 인색

하지 않으시다. 그러나 또한 하나님은 우리 참여를 얻기 위한 지름길을 택하지도 않으신다. 하나님은 힘으로 제압하는 혹은 위협하는 표적을 사용하셔서 우리의 자유나 존엄을 해치지 않으신다. 그런데 우리는 그러한 방식에 익숙하지가 않다. 누군가 우리가 어떤 행동을 하거나 어떤 물건을 사기를 바란다면, 그들이 우리를 설득하려 하거나, 반박할 수 없는 증거를 제시하거나, 부가 이익을 약속하거나, 아첨하거나, 심지어 협박까지 하는 데 우리는 익숙하다. 그러한 천박한 수단이나 참견하는 방법을 쓰지 않고 어떤 선물이나 축복이 우리에게 주어졌을 때 우리는 어떻게 해야 할지를 모른다. 요한 그리고 성경 속 그의 형제자매들과 사귐으로써 우리는 하나님의 생명이 하나님의 방식으로 예수님 안에서 주어지는, 또한 오직 믿음과 사랑이라는 방법으로만 얻을 수 있는 삶의 방식 안으로 들어가게 된다. 그렇게 되려면 시간이 좀 걸리겠지만, 우리에게 주어진 불가피한 창조의 조건들로 볼 때 표적의 푯말이 지시하는 방향은 충분히 명확하다. 언제 어디서든 계시되는 대로 예수님께 복종하며 그분을 영접하고, 그분을 따르며 예배하라. 그리고 영광을 찾아보라.

영광

'영광'(glory)은 우리 가운데 임재하시는 하나님의 존재를 표해 주는 엄청난 빛으로 가득 찬 단어다. 그 단어는 또한 산과 날씨와 남자와 여자에게 명예와 존엄과 '무게감'을 부여할 때 사용되지만, 성경에서 가장 두드러지게 그 단어가 사용된 것은 하나님과 관련해서다. "본래 하나님을 본 사람이 없으되"(요 1:18), 그러나 우리는 지금 이 곳에 우리 가운데 임한 하나님의 임재를 나타내는 밝은 광채인 그분의 영광을 본다. 시내 산에서, 장막에서, 성전에서 그리고 그 무엇보다도 그리고 가장 개인적으로는 예수님 안에서 그 영광을 본다. "우리가 그 영광을 보니 아버지의 독생자의 영광이요"(1:14).

우리가 창조에 참여하는 것의 의미를 다시 말할 때 요한이 '영광'이라는 단어를 즐겨 사용한다는 것은 주목할 만하다. 성경을 통틀어 두드러지게 나타나는 단어인 '영광'은 요한의 복음서에서 가장 두드러지게 나타나고 있다.

요한복음의 첫 장에 나오는 "우리 가운데 거하시매"라는 말은 인상적인 이미지인데, 복음서 전체를 그 틀 안에 집어넣는 그림을 그려 준다. 육신이 되신 말씀인 예수님이 "우리 가운데 거하시매"라고 말한 것은 히브리어 성경의 출애굽기까지 거슬러 올라가며 연결의 촉수를 뻗는다. 이제 막 구원받은 하나님의 백성이, 정교한 천막, 즉 이 땅에서 하나님이 자신을 계시하시고 예배받으시는 장소가 되었던 그 장막을 지으라는 지시를 받았을 때로 말이다(출 25:8-9).

수백 년 후 요엘은 "너희가 나는 내 성산 시온에 **거하는** 너희 하나님 여호와인 줄 알 것이라"(욜 3:17)고 앞으로 일어날 일을 예언했다.

바빌론의 유배 생활을 마치고 돌아왔을 때 이스라엘은 스가랴가 "시온의 딸아 노래하고 기뻐하라 이는 내가 와서 네 가운데에 머물 것임이라"(슥 2:10)고 말한 설교를 들었다.

하나님은 에스겔에게 완성된 성전의 비전을 보여 주시면서 이렇게 말씀하셨다. "이는 내 보좌의 처소…**내가** 이스라엘 족속 가운데 영원히 **거할** 곳이라"(겔 43:7).

따라서 요한이, 모든 사람이 눈으로 볼 수 있는 살과 피로 된 예수님이 **"우리 가운데 거하시매"** 라고 말했을 때, 그가 의도한 것은 예수님이 히브리 사람들의 새로운 장막이시며 새 성전이시라는 것을 우리가 이해해야 한다는 것임이 분명하다. 당신 가운데 임재하신 하나님을 보고 싶은가? 하나님의 임재 가운데로 들어가 그분을 예배하고 싶은가? 당신 가운데 편안하게 거하시는 그분이 바로 여기 계시다. 바로 예수님이다. 자신의 장막을 세우시고, 집을 지으시며, 가게를 차리시는 분이다.

여기에는 또 한 가지 가능한, 단어로 촉발되는 연결이 있다. 히브리어 성경이 완성되고 한참 후인 랍비 시대에 히브리어 동사 '거하다'는 '셰키나'(*shekinah*)라는 명사 형태를 가지게 되었는데, 이 단어는 하나님의 임재를 표시하기 위해, 하나님이 육안으로 볼 수 있는 빛나는 영광을 동반하시고 자기 백성 가운데 거하시는 것을 표시하기 위해 히브리인들의 종교 공동체 안에서 널리 사용되었다. 성경에서는 하나님의 임재와 하나님의 영광을 자주 연결시킨다(출 24:15-16, 시내 산에서; 출 40:34, 장막과 함께; 왕상 8:10-11, 솔로몬의 성전에서; 겔 44:4, 회복된 성전의 비전에서). '셰키나'는 이처럼 가시적이고 빛이 넘쳐나는, 우리 가운데 거하시는 하나님의 임재를 표시하는 단어가 되었다. '셰키나'는 사실상 하나님의 동의어가 되어 버렸다. 요한이 "말씀이 육신이 되어 우리 가운데 거하시매"에 바로 이어서 "우리가 그 영광을 보니…"라고 했을 때, 많은 독자들은 영광이라는 단어가 예수님과 관련해서 자주 언급되는 것을 보면서(34회) 예수님 안에 명백하게 나타난, 하나님을 계시하는 영광인 '셰키나'의 반향을 들었을 가능성이 크다(특히 예수님의 기도에서 가장 분명하게 나타난다, 12:27-28; 17:1, 4, 5, 10, 22, 24).

순전히 우연이지만 재미있게도 헬라어로 '거하다'에 나오는 자음—S, K, N(skēnei)—은 히브리어의 '거하다'에 나오는 자음—SH, K, N(shakan과 shekinah)—과 비슷하다. 헬라어와 히브리어의 이 단어들은 의미가 같을 뿐만 아니라 그 **소리**도 같아서, 사람들이 서로 만나고 하나님을 예배하던 장소 그리고 사람들이 그 안에서 서로 만나고 하나님을 예배하게 되는 예수님의 위격 사이의 연관성을 강화시켜 준다.

예수님 안에서 우리는 우리 가운데 임재하시는 하나님, 우리 가운데 거하시는 하나님, 지금 이 곳에 계신 하나님을 보게 된다. 예수님은, 풍성한 과거의 이야기로 전해지는 하나님의 계시를 도서관과 교실과 강의실에서 연구하고 있는 우리를 불러내신다. 예수님은, 하나님이 언제 그리고 어떻게 우리와 모든 인류를 향한 그분의 목적을 궁극적으로 성취하실 것인지에 대한 시나리오에 몰두하고 집착하는 우리를 도전하신다. "너희 바로 앞에 있는 것을 보라. **내가 있다**(I am)." 표적은 곳곳에 있으며, 말씀은 우리 생각과 마음속에 울려 퍼지고 있다. 영광이다.

하지만 우리가 일단 요한의 인도를 따라서 예수님을 자세하게 들여다보고 나면 우리는 영광에 대해서 우리가 이해하고 있는 바를 상당 부분 수정할 수밖에 없다. 시내 산의 천둥과 번개, 광야의 장막에서 드리는 예배를 위한 정교한 의식과 의복과 디자인, 솔로몬의 성전에서 나타나는 건축의 화려함, 에스겔의 왕좌의 급회전하는 그룹의 눈부심, 창조 세계 전체를 교향악의 화음으로 지휘하는 천둥소리와도 같은 시편 29편의 시/기도, 이 모든 것이 이제는 우리가 예수님 안에서 보는 영광의 배경이 된다. 이전에 영광을 표현했던 이러한 모든 것이 전달해 준 광채의 그 어떤 것도 어떤 식으로든 저 버리거나 경시해서는 안 된다. 그러나 이제는 이 영광을 예수님이 계시하시는 바에 따라서 다시 상상해야 하고 그 계시대로 받아들여야 하며 그 속으로 들어가야 한다. 무시당하신 예수님, 강한 인상을 주지 못했던 예수님, 사람들이 저버린 예수님, 주변인이었던 예수님, 고난 받으시는 예수님, 거절당하신 예수님, 조롱당하신 예수님, 십자가에 달리신 예수님 그리고 최종적이며 누구도 반박할 수 없는 모욕을 당해 죽으시고 묻히신 예수님. 이 모든 것이 "우리가 그 영광을 보니"라고 하는 내용에 포함되는 것이다.

요한은 자신이 쓴 복음서의 중추적 위치에 가장 중요하고 핵심적인, 그러나 또한 가장 당혹스러운, 영광에 대한 예수님의 진술을 제시한다. 예수님은 자신의 임박한 죽음을 기다리고 계셨다. 그리고 이렇게 말씀하셨다. "인자가 영광을 얻을 때가 왔도다. 내가 진실로 진실로 너희에게 이르노니 한 알의 밀이 땅에 떨어져 죽지 아니하면 한 알 그대로 있고 죽으면 많은 열매를 맺느니라.…지금 내 마음이 괴로우니 무슨 말을 하리요. 아버지여 나를 구원하여 이 때를 면하게 하여 주옵소서. 그러나 내가 이를 위하여 이 때에 왔나이다. 아버지여, 아버지의 이름을 영광스럽게 하옵소서"(12:23-28).

여기에서 보면 예수님께 선택의 여지가 있었던 것 같다. 예수님은 죽음의 때를 면하게 해 달라고 아버지께 구할 수도 있었던 것이다. 불의 용광로와 사자의 굴에서 자신을 구해 달라고 아버지께 요청할 수도 있었다. 승리 가운데서, 홍해를 건넌 모세처럼, 여리고를 행진한 여호수아처럼, 불의 전차를 탄 엘리야처럼 아들을 영광스럽게 해 달라고 아버지께 부탁할 수도 있었다. 희생적 죽음 대신에 다른 길을 요청할 수도 있었다. 예수님은 그러한 선택들을 고려해 보신다. 적어도 그것이 가능하다는 것을 아신다. 그러나 그것을 택하시지는 않는다.

몇몇 헬라인들이 예수님을 만나고 싶어한다고 예수님께 와서 말을 한 빌립과 안드레 때문에 예수님의 이 말씀들은 더 빨리 쏟아져 나온다. 예수님께는 이들의 '구도자적' 호기심을 바탕으로 헬라인들을 추종자로 모집할 수 있는 전도의 큰 기회가 있었다. 그러나 예수님은 우리라면 '기회'라고 부를 것만 같은 이 요청을 무시하신다. 어쩌면 예수님은 이 헬라인들이 관광객들로서 그 유월절 주간에 관광을 하러 예루살렘에 왔을 뿐이고, 자신이 그 관광 대상 중 하나라는 것을 감지하셨는지도 모른다.

예수님은 이 부분을 '영광'이라는 단어로 시작해서 '영광'이라는 단어로 마치신다. 영광, 우리가 살고 있는 바로 이 곳에서 하나님의 임재가 빛나는 그 영광은, 예수님의 임박한 죽음 그리고 묻힘과 어느 정도, 아니 어쩌면 모든 연관성이 있는 것이 분명하다. 이것을 받아들이려면 우리로서는 처음부터 다시 배울 수밖에 없다. 히브리어와 헬라어 사전과 어휘 연구서, 우리가 그토록 좋아하는 어원론과 단어 정의들이 지금 이 순간 근본적으로 상대화된다. 예수님은 우리 단어장에 기록된 단어들 중에서 가장 밝은 단어를 가져다가 인간 경험의 가장 어두운 구덩이, 즉 폭력적이고 고통스러운 죽음 안으로 던져 넣으신다. 우리가 지금까지 영광과 연관시켰던 모든 것이 수정되어야 한다. 우리는 신비 안으로 들어선 것이다.

하지만 이것이 전적으로 신비인 것만은 아니다. 정원사라면 누구나 어느 정도 알고 있는 것인데, 봄마다 우리는 정원에 씨앗을 심어서 몇 주 후면 활짝 핀 꽃과 영양 풍부한 야채를 즐기게 된다. 이 은유는 우리의 참여를 가능하게 해준다. 예수님은, 자주 그러셨던 것처럼 우리 모두가 가지고 있는 익숙한 경험을 이용하시는데, 이 경우에는 땅에 씨를 심는 비유를 사용하셔서 우리에게 친숙하지는 않으나 우리가 그 안으로 들어가기를 원하시는 신비인 영광 속으로 우리를 이끄신다.

영광은 우리가 추구하는 것이다. 영광을 무엇이라고 정의하건 그것은 단지 우리가 이미 가지고 있는 것을 더 많이 가지는 것, 혹은 우리가 이미 가지고 있는 것의 완성은 결코 아니다. 기독교적 삶은 단순히 우리의 인간적, 생물학적, 지적, 도덕적 삶이 평범한 무리들보다 몇 단계 위로 발전되고 올라간 것이라고 생각하는가? 예수님에 대한 신앙은, 마치 자동차를 들어올리는 기계처럼 우리가 하나님께 다가가도록 좀더 높은 지대로 자신을 올려놓을 수 있는, 일종의 장치라고 생각하는가?

곧 자신의 희생으로 이어질 예수님의 비유는 더 많이, 더 많이 하고 외치는 우리 문화와는 정면으로 대치되는 것이다. 예수님이 이보다 더 분명하게 말씀하셨을 수 있을까? 우리는 더 많이 얻는 것이 아니라 더 많이 잃게 된다. 우리가 소중하게 여기는 것을 더 단단히 붙잡는 대신에 다 놓아 주어야 한다. "자기 목숨을 잃는 자는 그것을 얻을 것이다." 예수님은 그것을 다른 말로 "마음이 가난한 자는 복이 있나니"라고 하셨다.

요점은 이렇다. 우리는 예수님이 우리에게 영광의 정의를 내려주시도록 해야 한다. 그렇지 않으면 완전히 그 의미를 놓치게 된다. 우리 입장에서 볼 때 놀라운 것은 예수님 주변에 있던 사람들 중에서 너무나 적은 사람들만이 "그의 영광을 보았다"는 것이다. 그들은 영광이 바로 앞에 보이는데도 그것을 보지 못한 것이다. 그들은 예수님에게서 무지, 세련미의 부족, 신성 모독, 불법, 그를 이용할 만한 절대로 놓칠 수 없는 절호의 기회, 특권적 삶의 방식이 무너질 위협 그리고 마지막으로 십자가에서는 비참한 실패를 보았을 뿐이다.

요한의 복음서가 가지는 특이한 점 중 하나는, 예수님이 하나님의 아들이심을 우리가 믿게 하기 위해서 그 글을 썼다고 요한이 명백하게 주장함에도 불구하고 실제로 예수님을 믿은 사람은 거의 없었다는 것이다. 그 모든 표적에도 불구하고, 예수님이 계속 반복해서 자신을 창조와 구원과 생명의 총체를 존재하게 하는 하나님의 말씀, '에고 에이미'라고 밝히신 그 모든 대화와 기도와 강화에도 불구하고, 그 영광을 본 자는 많지 않다.

교회가 안고 있는 심각한 장애 중 하나는 용납과 명예, 성공이나 '적절성'(relevance)과 같은 모양새 좋은 대체물들로 영광을 은폐한다는 것이다. 거듭 반복해서 우리는 그것을 놓친다. 헬라인들도 놓쳤다. 성지를 방문한 관광객들은 카메라를 준비하고 손에는 안내책자를 들고 빌립을 가이드로 고용해서 예수님을 만나 보고자 했다. 하지만 예수님은 그들을 위해 포즈를 취해 주시지 않았다. 예수님은 이미 기도하며 십자가로 가는 길로 들어서고 계셨다. 예수님은 이제 곧 완전히 드러나게 될 영광에 대한 단서들을 주셨다("인자가 영광을 받을 때가 왔다"). 그러나 그것이 드러나게 될 방식은 아무도 예상하지 못했던 것으로, 가장 끔찍한 그러나 예수님이 자유롭게 선택하신, 죽음이라는 방식이었다.

그러니 이제 헬라인들더러 집으로 돌아가서 파르테논 신전의 모습이나 찍으라고 할 일이다.

영광과 죽음을 병치시킨 이 충격적이고도 혼란스러운 발언이 있은 지 몇 시간 지나지 않아서, 예수님은 제자들이(여기에는 우리도 포함되어 있다) 같은 영광으로 영화롭게 되게 해 달라고 기도하신다. "내게 주신 영광을 내가 저희에게 주었사오니 이는 우리가 하나가 된 것같이 저희도 하나가 되게 하려 함이니이다"(요 17:22).

예수님이 영화롭게 되신 그 영광과 예수님이 우리를 위해서 기도하신 영광은 우리가 습관적으로 원하고 동경하는 그런 영광과는 퍽 다른 종류의 것이다. 그 영광은 눈에 띄지 않는다. 그 영광은 매력적이지도 않다. 광택지를 사용한 번들거리는 잡지에서 특집으로 다루거나 여행 포스터에 등장하는 영광이 아니다. 패션 에디터들이 주목하는 영광이 아니다. 우리 욕망과 자아를 치켜세워 주는 그런 영광이 아니다.

그럼에도 불구하고 그것은 분명 영광이다. 이 영광은, 일단 우리가 감지하면, 우리가 사는 동네로 들어오시는 하나님으로부터 뿜어져 나오는 빛이다. 예수님의 추종자들은 우리 문화로 인해 오염되고 우리 죄로 인해 타락한 단어들의 의미를 다시 배워야 하는 경우가 많았다. 예수님은 우리가 단어의 뜻을 찾아보는 사전이시다. 예수님에게서 영광이라는 단어를 찾아보면 우리는—생각지도 못한—어두움, 거절과 굴욕, 몰이해와 오판, 희생적 삶과 순종적 죽음을 보게 된다. 이것은 세상이 경멸하거나 무시하는 것을 역광으로 비춰 주는 하나님의 밝은 임재다.

예수님의 말씀에서 징후나 분별의 단서를 보았던 이들에게는 예수님의 생애 전체를 통해 영광이 명백하게 드러났던 것처럼, 오늘날 예수님을 따르는 자들의 경우도 마찬가지다. 그리스도인들은 자신이 죽을 날을 죽을 때까지 기다릴 필요가 없다. 우리는 영광에 참여하기 위해서 장례식이 끝날 때까지 기다릴 필요가 없다. 이 시대의 가장 불손하고 대담한 성자 중 한 사람인 성 테레사(St. Teresa)가 늘 말하던 대로, "지불은 이생에서부터 시작된다."[34]

요한복음 첫 장의 14절을 나는 이렇게 번역했다.

> 말씀이 살과 피가 되어
> 우리 동네로 이사 오셨다.
> 우리는 우리 눈으로 직접 그 영광을 보았는데,
> 그 영광은 서로 같은 종류의 영광,
> 아버지가 그렇듯 아들 또한 그러하며,
> 속부터 겉까지 자비로우며
> 처음부터 끝까지 진실하다.

"우리 동네로 이사 오셨다"는 표현은, 내가 열 살이었던 그 해에 일어난 또 하나의 어린 시절 추억을 떠오르게 해준다. 때는 8월 말, 내가 자란 몬태나(Montana)라는 자그마한 도시에서였다. 이삿짐 트럭이 우리집이 있는 길목으로 들어서더니 바로 옆집 앞에 멈추어 섰다. 몇 달 동안 비어 있던 집이었다. 친구들과 나는 방학을 보내는 몇 달 동안 놀거리가 다 떨어져서 매우 지루해하고 있던 터였다. 우리는 여름 내내 그 집에 누군가가 이사 오기를 기다리며 과연 어떤 사람이 우리의 새 이웃이 될지 궁금해했다. 아무도 살지 않는 옆집에 이삿짐 트럭이 도착하자 모든 것이 달라졌다. 그것은 노스 아메리칸 밴 라인(North American Van Line)의 차였는데, 빨간색과 흰색 그리고 파란색의 로고가 매우 위엄 있어 보였고, 반 블록 정도의 길이를 차지하는 커다란 트럭이었다. 내가 이삿짐 트럭을 본 것은 그 때가 처음이었다. 그 트럭은 길을 장악하고 있었는데, 기대감에 찬 기운을 발산하며 이 동네에 새로운 삶을 약속해 주는 것 같았다.

우리가 살던 소도시에서는 한 집에서 다른 집으로 이사를 하게 되면 자기가 아는 사람 중에서 픽업트럭을 가진 사람은 다 불러 도움을 청했다. 이사하는 날이 되면 대여섯 대의 픽업트럭이 와서 짐을 옮겨 주었다. 나는 동네에 이사가 있으면 대부분 참여를 했는데 아버지가 가지고 있던 빨간색의 반 톤짜리 트럭이 자주 불려 다녔기 때문이다. 겉에서만 보던 집 안으로 들어가 물건을 가져 나오고, 그 집 다락방과 지하실의 비밀을 발견하고, 사람들이 사는 내부의 모습을 들여다보는 것 등, 이 모든 일이 나에게는 커다란 모험이었고, 그 모든 순간을 즐겼다. 나는 집의 가구와 그림을 보고서 그 집의 생활을 평가했고, 벽장이 깨끗한 정도를 보고 그 집에 대해 판단했으며, 그들의 생활 방식을 보여 줄 만한 단서를 찾아서 버려진 쓰레기 더미를 훑고 다녔다. 픽업트럭에는 언제나 이삿짐이 산더미같이 높이 쌓였다. 지금 생각해 보면 그 때 짐 위에는 언제나 매트리스를 얹고 그 위로 끈을 둘러서 옆에다 부엌 의자를 매달아 묶었던 것 같다. 이삿짐 더미는 트럭들이 행렬을 이루어 도시를 가로질러 새 집으로 가는 동안 불안하게 얹혀 있었다.

그러나 이 이삿짐 트럭은 새로운 경험이었다. 픽업트럭 여덟 대

혹은 열 대가 나를 수 있는 짐보다 더 많이 실은 제대로 된 이삿짐 트럭이라니. 우리 도시에서 이사란 대체로 우리가 이미 알고 있는 사람들이 사는 곳을 재배열하는 정도의 일이거나 친척들이 와서 같은 그림에 약간의 변형만 가하는 정도였다. 그러나 이번 이사는 새로운 가망성을 보여 주었다. 나 그리고 프레디와 밥이라고 하는 두 친구는 우리 삶이 이제 어떻게 변하게 될까 하는 기대감에 차서 그 차를 바라보았다. 우리는 변화를 맞이할 준비가 되어 있었다. 학생들이 빠져들기 쉬운 늦여름의 지루함에 반비례해서 우리 마음은 흥분으로 한창 무르익어 있었다.

이 집의 새 주인들은 이삿짐 트럭이 오고 나서도 이틀이 더 지나 나타났기 때문에 우리가 그들을 평가할 수 있는 유일한 단서란 그 트럭이 짐을 부릴 때 본 물건들이었다. 도대체 누가 이사를 오는 것일까? 그들은 어떤 사람들일까? 우리는 이삿짐을 나르는 사람들이 트럭에서 짐을 꺼내는 것을 지켜보면서, 우리 삶이 어떻게 변하게 될지를 보여 주는 증거물을 찾기 위해 정신을 바짝 차리고 있었다. 우리는 하루 종일 그 곳에 있으면서 그 트럭에서 나오는 물건 하나 하나를 다 지켜보며 이사 오는 사람들에 대해서 추론하고 추측했다.

일찌감치 짐에서 나온 것은 두 대의 자전거였는데, 그렇다면 그 가족에게는 자녀들이 있다는 말이 되고 우리에게는 놀이 친구가 생긴다는 의미가 된다. 그 다음에는 스키가 나왔다. 우리는 스키를 타는 지방에 살기는 했지만 아무도 스키를 타 본 사람은 없었다. 그것은 부잣집 아이들이나 할 수 있는 것이었다. 그렇다면 이제 이 동네의 수준이 올라가게 된다는 것은 자명한 사실처럼 보였다. 그 다음에는 오토바이가 나왔다. 나는 한 번도 오토바이를 가까이에서 본적이 없었다. 잘하면 그 오토바이를 한 번 얻어 탈 수 있을지도 모른다는 기대감이 생겼다. 그 트럭에서 나오는 짐 하나하나가 우리가 새 이웃에게서 무엇을 기대할 수 있는지를 말해 주는 단서였다. 커다랗고 두꺼운 판유리로 된 거울이 등장하자 우리는 이 이웃이 부자라는 것을 확실히 알았다. 모든 가구가 비싸 보였다. 우리는 정말 한몫 잡은 것이었다. 아직 알지도 못하는 이 사람들이 단순히 우리 동네로 이사를 오는 것만으로도 이미 우리 삶은 변화되고 있었다. 이제 다시는 지루해할 일이 없을 것이다. 이제 다시는 평범하게 지낼 일은 없을 것이다.

이틀 후, 우리의 새 이웃이 도착했다. 팁튼 부부와 그들의 십대 자녀들인 빌리와 신시아였다. 그들이 몰고 온 비싼 크라이슬러 자동차에는 뉴욕 시의 번호판이 보란 듯이 붙어 있었다. 그것은 사람의 눈길을 끄는 장식이었다. 우리는 벌써부터 그 전설적인 동부 지역의 문화와 명성에 감염되는 기분이었다. 갑자기 우리 동네가 더 나아지고 더 재미있어지고 중요해진 것 같았다. 우리는 앞으로 벌어질 일이 궁금해 미칠 지경이었다.

예수님이 "우리 가운데 거하시매", 즉 예수님이 우리 동네로 이사 오셨다고 요한이 말할 때 그는 우리가 이와 비슷한 관찰 과정에 참여하도록 해주는 것이다. 표지(signs)를 찾고, 그 사람이 하는 말을 듣고, 표지와 말을 해석하는 등의 일 말이다. 요한은 우리에게서 호기심과 기대를 이끌어낸다. 우리는 하나님이 그분의 창조 안에서 무슨 일을 하시려는 것인지 알고 싶어진다. 그래서 눈을 부릅뜨고 귀를 쫑긋 세운다.

하지만 그 해 여름 몬태나에서는, 팁튼 가족이 일단 등장하고 나

자 꿈은 산산조각이 났다. 빌리와 신시아는 우리가 사는 그 작은 도시를 싫어했다. 그들은 우리 동네를 시골이라고 부르고 우리를 시골뜨기 혹은 몬태나 촌놈들이라고 불렀다. 우리는 크롬으로 도금된 할리 데이비슨 오토바이 근처에 가 보지도 못했고, 새로 이사 온 그 애들의 비웃음만 당했다. 그들의 말을 들어 보면 이 곳에 이사 오기 전에 그들이 한 일이라고는 존스 해변에 누워 일광욕을 하거나, 양키스의 야구 경기를 관람하거나, 센트럴 파크에서 마차를 타거나, 브로드웨이를 거닐며 유명 인사를 보거나 하는 일들뿐이었다. 팁튼 씨는 우리에게 한 번도 말을 걸지 않았다. 거만한 그는 큰 검정색 시가를 입에 물고 다녔는데, 길 건너편에서도 그 냄새를 맡을 수 있었다. 그들이 이사 오고 며칠 후에 우리 어머니들이 쿠키를 만들어 주셨고 나와 두 친구들은 그 집에 쿠키를 들고 가서 문을 두드렸다. 팁튼 부인은 문을 열더니 쿠키를 받아들고는 웃지도 않는 얼굴로 고맙다고 하더니 문을 닫아 버렸다. 우리는 어쩌면 집 안을 들여다볼 수 있을지도 모른다는 기대를 했었다. 동부 사람들이 얼마나 부자이고 얼마나 멋지게 사는지 엿볼 수 있을지도 모른다고 생각했었다. 그런데 기대가 여지없이 무너진 것이다. 그래서 우리끼리 생각해 낸 복수는 팁튼 씨가 동네 개들 중에서 어떤 놈을 쫓아가 그가 그렇게 즐겨 씹던 시가를 뺏어 올지를 추측해 보는 것이었다. 그토록 많은 것을 약속하는 것처럼 보였던 그 이사는 아무것도 가져다주지 못했다. 오직 실망만 있을 뿐이었다. 우리는 그들의 삶에서 내어쫓긴 꼴이었다. 결국 우리는 모든 표지를 잘못 해석했던 것이다.

그러나 요한의 복음서에서는, 예수님이 '우리 동네로 이사를 오시면서' 요한이 우리로 하여금 주목하게 하는 단서, 표지 그리고 말씀을 찾는 사람들은 새로운 창조 안에 놓인 자신을 발견했다. 결국 보고 들었던 사람들 중 적어도 일부는, 그 동네뿐만이 아니라 자기 자신도 영원히 변했다는 것을 알았다. 그들은 영광을 본 ('목격한') 것이다.

우리는 요한이 창조의 이야기를 자신의 복음서로 다시 쓰면서 시작 문구로 삼았던 "태초에"라고 하는 창세기의 단어를 살펴보았다. 이 복음서의 마지막 부분에 나오는 또 하나의 단어가 창세기와 요한복음의 비슷한 상응 관계를 깨닫게 해주는데, 이는 우리가 예수님을 따르면 창조가 우리에게 얼마나 개인적이고 현재적인 일이 되는지를 계속해서 숙고하게 해준다. 부활하신 그 날 저녁에 예수님은 제자들에게 나타나셨다. 생명의 기운이 다 빠져나간 채 위축되어 모여 있는, 그 두려움에 떠는 제자들에게 나타나셔서 예수님은 숨을 내쉬며 이렇게 말씀하셨다. "성령을 받으라"(요 20:22). "숨을 내쉬며"라는 문구는 (헬라어로는 *enephusēsen*) 창세기 2장에서 하나님이 아담에게 숨을 불어넣으시자 그가 즉시 '생령'이 되었던 그 때 사용된 문구와 같은 것이다. 요한복음의 서두를 여는 창세기의 "태초에"가, 이제는 예수님이 자기 제자들에게 생명을 창조하는 영을 불어넣으시자, 창세기의 "생기를 그 코에 불어넣으시니"(창 2:7)로 보충되는 것이다. 혼돈 위를 운행하시다가, 하늘과 땅을 창조한 "하나님이 가라사대"라는 여덟 번의 명령 속에서 분명하게 표현된 그 영이 이제 제자들 안에서 운행하시면서 그들이 "모든 창조물보다 먼저 나신 자"의 창조 사역을 계속할 수 있게 해주시는 것이다.

이쯤 되면 요한이 들려준 예수님의 이야기는 창세기의 창조 이야기를 다시 쓴 것이라는 점이 분명하지 않은가? 지금 우리가 살고 있는 것과 똑같은 창조의 조건들 속에 개인적으로 친숙하게 자리 잡으신 그분의 이야기가 말이다. 예수님은 제 시간에 집으로 오셨다. 창세기의 그 한 주 안에서 서두르지 않으면서 여유롭게, 그 "계절과 날과 해"(창 1:14)가 "그 날"(요 14:20; 16:23), "내 때"(my time, 요 7:6), "내 때"(my hour, 요 2:4), "때"(요 4:21; 5:25, 28; 16:2; 16:25, 32; 17:1), "이 때"(요 12:27)로 초점이 맞춰지는 때에 오셨다. 그리고 또한 알맞은 장소에 자리를 잡으셨다. 숲이 우거지고 네 개의 강이 흐르던 창세기의 에덴 동산은 이제 가나와 베다니, 갈릴리와 예루살렘, 사마리아와 베데스다, 실로암과 골고다, 가버나움과 기드론 등 예수님이 땅에 발을 딛고 걸으셨던 곳, 이름을 부르셨던 곳, 사람들을 만지셨던 곳, 먹고 마셨던 곳, 재판을 받으셨던 곳, 죽으시고 묻히셨던 곳으로 뻗어 나간다. 예수님은 시간의 제약을 참지 못하고 어떤 시간의 변칙을 통해 빠져나가시거나 기다림을 회피하신 적이 한 번도 없다. 예수님은 공간적인 제약에 안달이 나서 구체적인 지역을 어떤 보편화된 무형의 영적 '임재'로 대체하신 적이 한 번도 없다. 창조의 그 어떤 것이든, 모든 것이 영광을 위한 기회였고, 모든 창조가 하나님의 빛나는 임재를 명백히 드러냈으며, 심지어, 아니 **특히** 가장 그럴듯하지 않은 시간과 공간에서 그 임재가 나타났다. 그러면서 초자연과 자연의 경계는 끊임없이 모호해졌다. 우리가 어디에 살든 언제나 처리해야 하고 다루어야 하는 가장 평범한 것들—물동이, 진흙, 빵 조각, 세숫대야와 수건 그리고 153마리의 물고기, 그런 것들 안에 계신 하나님 그 자신. 그리고 우리가 일상적인 일을 하면서 늘 사용하는 단어들—포도주, 문, 목자, 물, 빛, 그런 간단한 단어들을 사용해서 구원에 내용을 부여하신 인간 그 자체.

우리가 자발적으로 그리고 순종적으로 창조에 참여하도록, 그래서 우리가 단순히 창조의 관람객이 되지 않도록 하기 위해서 요한이 사용하는 두 개의 주요 동사들은 '믿다'와 '사랑하다'이다. 두 가지 동사 모두 우리 자신보다 더 큰 실재 그리고 우리 자신 이외의 실재에 우리가 관여하게 만든다. 그 어떤 복음서 저자도 우리를 창조주의 사역과 창조에 참여시키는 데 이 두 개의 동사를 사용해서 더 큰 효과를 얻은 사람은 없다.[35]

믿을 때 우리는 우리가 보지 못하는 것, 즉 하늘의 것을 기꺼이 받아들인다. 믿음은 성부, 성자, 성령 하나님을 향한 예배와 기도의 삶 속에서 실행된다.

사랑할 때 우리는 우리가 보고 만지고 들을 수 있는 것, 즉 땅의 것에 대해 환영하며 반응한다. 사랑은 우리 가족과 이웃과 직장에 있는 사람들과 함께하는 친밀감과 돌봄의 삶 속에서 실행된다.

요한은 두 동사 모두를 능숙하게 사용해서 우리가 예수님을 통해서 창조의 모든 범주, 우리가 단순히 태어나는 것만으로도 그 안에 잠기게 되지만 다시 태어남으로 인해서 더 강렬하게 잠기게 되는, 창조에 반응하는 능력을 계발시켜 준다.

예수님은 우리가 믿음의 시간과 공간으로서의 창조에 다가가기 위한 진입로이시다. 예수님은 가나 혼인 잔치의 물동이에서부터 베다니의 악취 나는 나사로의 시신에 이르기까지 모든 물질적인 것에 우리를 담그신다. 사물, 물건, 몸은 거룩하다. 성례전적으로 생각하고 행동하면서 우리는 믿음을 배운다. 예수님은 우리가 스며들듯 성령을 인식하도록 이끄신다. 보이지는 않지만 하나님의 임재임을 의심할 수 없는 것의 증거로서 우리가 표적을 해석하고 말씀을 이해하도록 예수님은 우리를 '신성을 추적하는 탐정'[36]으로 훈련시키신다. 우리는 영광을 알아보는 법을 배우게 된다.

예수님은 우리가 사랑의 시간과 공간으로서의 창조에 다가가기 위한 진입로이시다. "하나님이 세상을 이처럼 사랑하사 독생자를 주셨으니 이는 저를 믿는 자마다 멸망치 않고 영생을 얻게 하려 하심이니라"(요 3:16). 예수님은 우리가 믿음의 시간과 공간으로서의 창조에 다가가기 위한 진입로이시다. 즉 "이것을 기록함은 너희로 예수님이 하나님의 아들 그리스도이심을 믿게 하려 함이요 또 너희로 믿고 그 이름을 힘입어 생명을 얻게 하려 함이니라"(요 20:31). 믿음과 사랑, 이것은 창조의 참여자로서 우리가 창조에 들어가는 길이다.

창조 안에서 주 경외함 기르기: 안식일과 경탄

기독 공동체는 단순히 창세기와 요한복음의 이야기를 경청하고 그 본문에 계시된 대로 창조를 확언하는 것만으로 자신의 일을 다 했다고 생각한 적이 한 번도 없다. 기독 공동체는 이미 창조를 받아들였다. 우리는 우리가 놓인 공간인 창조의 실재를 알아야 한다. 그러나 또한 우리는 그 실재에 적합하고 적절하게 주 경외함을 계발해야 한다. 우리는 우리가 처한 공간과 일치하는 방식으로 살아야 한다.

키에르케고르를 인용하면서 칼 바르트는, 소위 의로운 삶, 우리의 개인적 취향에 알맞게 재단된 경건의 삶을 뒷받침하기 위해 "예배에서 가장 먼저 요구되는 두려운 떨림이 없이"[37] 하나님에 대해서 아는 것들을 그럴듯하게 이용하는 불경에 대해 경고했다.

그렇다면, 이와 같은 '두려운 떨림', 주 경외함을 계발하기 위해서, 거룩하신 하나님 앞에서 경건하게 반응하는 삶을 살기 위해서 우리는 무엇을 해야 하는가? 그토록 자주, 요구하지 않았는데도 자발적으로 우리에게 다가오는 경탄과 놀람이, 사소한 것들을 추구하다가 흩어져 버리지 않게 하려면 어떻게 살아야 하는가?

알버트 보그만(Albert Borgmann)은 우리가, 복잡함을 무미건조한 것으로 축소시키지 않고, 생기 없는 것으로 추상화하지 않고, 자기 잇속만 챙기는 것으로 조작하지 않는 그러한 방식으로 삶에 참여하도록(그의 표현대로 하면 그러한 방식으로 우리가 "세상과 친밀해지도록") 안내하기 위해서 "초점 연습"(focal practice)[38]이라는 문구를 제시했다. 초점 연습은 갈수록 비인격화되고 심각하게 파편화된 문화 속에서 우리가 인격적으로 참여하고 사회적으로 책임 있는 태도를 갖게 해준다. 우리가 창조와 친밀해질 수 있게 해주는 초점 연습은 바로 안식일을 지키는 것이다. 초대교회는 "주의 날을 지키라"는 말로 모세의 계명에 인증 도장을 찍었다. 그 연습은, 초점 연습이 그러해야 하듯이, 분명하고, 간결하며, 모호하지 않다.

안식일

안식에 도달하는 마음은
의향을 벗어난 방향으로 이끌리고

이해하지 못하는 것에 의해
지탱되고, 유지되고, 이해받는다.

주여, 당신의 안식일은 이렇게 우리를
우리 뜻이 아닌 당신의 뜻으로 지킵니다.
그러니 우리의 선택은 그 안식 안으로
죽어 들어가든지 나오는 것뿐인 게 맞습니다.

웬델 베리[39)]

 안식일을 지키는 것에서 가장 인상적인 점은 그 일이 아무것도 하지 않는 데서 출발한다는 것이다. 우리가 영어로 번역하지 않고 그대로 받아서 쓰는 히브리어 '샤바트'(shabbat)는 단순히 "포기하고⋯멈추어⋯휴식을 취하다"라는 뜻이다.

 그렇기에 거기에는 아무런 종교적 혹은 영적인 내용이 없다. 무슨 일을 하는 중이건 그것을 멈추라.⋯무슨 말을 하는 중이건 입을 다물라.⋯앉아서 주변을 둘러보라.⋯아무 일도 하지 말라.⋯아무 말도 하지 말라.⋯손을 모으라.⋯숨을 깊이 들이마시라. 창조 세계는 끝없이 복잡하고 너무나 뒤얽힌 채 서로 연결되어 있다. 그렇게 우리를 훨씬 넘어서는 것이 분명한 그 창조 세계 앞에서 매우 주의 깊고 공경하는 태도를 갖지 않는다면, 우리 의도가 아무리 좋아도 그에 상관없이, 아마도 우리는 하나님이 하신 일과 하고 계시는 일을, 대개는 파괴적인 방식으로 방해하게 될 것이다. 따라서 아무것도 하지 않는 것에서 출발하라. 그냥 그 곳에 있고, 흠모하라.

 그러나 안식일을 지키는 데는 단순히 아무것도 하지 않는 것, 아무 말도 하지 않는 것 이상의 것이 있음이 곧 드러나게 된다. 창세기에서는 하나님이 하늘과 땅을 만드시는 창조의 맥락에서 그 단어가 등장한다. 일을 마치시고 하나님은 쉬셨다. 말씀을 멈추시고, 만드는 일을 멈추셨다(창 2:1-4). 다시 말해서 일곱째 날[40] 아무것도 하지 않음은 많은 일을 함이라는 맥락 속에서 일어난 것이다.

이스라엘의 관습에서도 드러나듯이, 안식일은 결코 그저 아무것도 하지 않는 날이 아니었다. 그 맥락이 그것을 허락하지 않았다. 인간이 아무것도 하지 않음은 하나님께 경의를 표하는 날이 되었다. 하나님은 창조 속에서 일하셨는데, 그것은 우리의 모든 일이 하나님의 일하심이라는 맥락 속에서 이루어진다는 의미가 된다. 안식은 의도적으로 간섭하는 행위다. 매주 우리 일을 방해하는 것이며, 일을 하지 말라는 명령이다. 그럼으로써 우리는 하나님의 이 포괄적이고 위엄 있는 사역을 알아보고, 그것을 수행하고, 그것을 듣고, 그것에 동화할 수 있게 되며, 우리 일이 하나님의 일 안에서 방향을 제대로 잡을 수 있게 된다.

많은 사람들은 창세기를 읽으면서 일곱째 날이 앞의 여섯 날과 얼마나 다르게 묘사되어 있는가에 주목했다. 앞의 여섯 날의 각 날에 대한 설명에서는, 첫 행과 마지막 행에서 동일하고 친숙한 단어와 구문들이 자주 반복된다. 하지만 일곱째 날의 설명에 오면 이러한 특징들이 다 사라진다. 일곱째 날에서는 그 날을 표시하는 숫자가 세 번 반복된다. 일곱째…일곱째…일곱째. 앞에서는 이런 경우가 없었다.

그것은 마치 창세기가 "창조의 의미에 대한 단서로서 일곱째 날을 지적하고 있는 것"처럼 보이게 한다.[41] 우리가 창조의 실재와 의미를 살아내려면 안식일을 지키는 일에서 벗어날 수가 없다는 증거가 계속 나오고 있다.

피터 포사이스는 "시간은 영원의 성례전"이라고 주장했다.[42] 안식일은 영원을 연습하는 연수회다. 포사이스의 표현을 빌리면, "그때에 살게 될 저세상은 지금 살고 있는 저세상이다."

명령

우리가 창조에 관여하고 있다는 사실은 안식일을 거룩하게 지키라고 하는 시내 산의 명령에서 명백하게 제시되고 있다. 일곱째 날은 모세에게 주어진 시내 산의 계시 중에서 명령의 소재로 뽑혀서 사용된 유일한 창세기의 날, 즉 유일한 창조의 요소다(출 20:8). 이것이 가지는 직접적이고 자명한 의미는, 하나님의 안식일 휴식은 인간이 참여할 수 있는 성질의 것이라는 것이다. 창세기가 우리로 하여금 하나님의 창조 사역에 끼어 동참하게 하는 텍스트라면 안식일은 그것을 시작하는 우리의 출발점이다. 유대인 학자 존 레벤슨은 이 점을 강조한다. "창세기는 [안식일 지키기를 통해서] 인간이 창조 그 자체의 내적 리듬에 접근할 수 있는 가능성을 강조한다."[43]

안식일을 거룩하게 지키라고 하는 시내 산의 명령은 모세에게 계시된 열 개의 명령 중에서 네 번째로 주어진 것이다. 그것은 두 가지 형태로 주어졌는데, 하나는 출애굽기에서 그리고 또 하나는 신명기에서다. 두 개의 목록에서 이 명령의 내용은 거의 같은데 그 명령을 뒷받침하는 이유가 다르다. 출애굽기에서 제시하는 이유는 하나님이 그렇게 하셨기 때문이라는 것이다. 하나님은 6일 간 일하시고 일곱째 날에는 일을 그만두셨다(출 20:8-11). 신명기에서 제시하는 이유는 하나님의 백성이 이집트에서 노예로 있을 때는, 언제든지 일, 일, 또 일이었다는 것이다. 끊이지도 않고 줄어들지도 않았다. 그렇기 때문에 그들은 스스로 그러한 억압을 영속시켜서는 안 되었다. 그들의 노예와 가축과 자녀들이 하루를 쉴 수 있도록 그들은 반드시 일곱째 날마다 일을 그만두어야 했다(신 5:12-15). 출애굽기의 이유는 하나님을 믿는 삶을 뒷받침해 준다. 안식일을 지키는 것은 하나님이 하시는 일에 참여하는 길인 것이다. 신명기의 이유는 사랑의 삶을 뒷받침해 준다. 안식일을 지키는 것은 이웃을 사랑하는 길이며, 정의를 실천하는 행위인 것이다.

안식일을 기억하라는 출애굽기의 명령은 일곱째 날 쉬신 하나님의 선례가 뒷받침하고 있다. 우리가 안식일을 기억하고 그 날 쉴 때 우리는 창조의 리듬으로 들어가는 것이고 그 리듬을 유지하는 것이다. 우리는 하나님과 보조를 맞추는 것이다. 안식일 지키기는 시간을 하나님이 주신 거룩한 쉼의 선물로서 보전하고 그것에 경의를 표하는 것이다. 안식일 지키기는 시간을 상품화하는 것을 막고, 시간을 돈으로 축소하는 것, 즉 우리가 그것으로부터 얻어낼 수 있는 무엇으로 시간을 축소하는 것에 대항하고, 하나님 혹은 아름다움 혹은 이용 가치가 없거나 구입할 수 없는 것에는 전혀 시간을 내지 않는 것에 대항하는 요새를 매주 세우는 것이다. 그것은 시간을 모독하는 서두름에 대한 방어다.

안식일을 지키라는 신명기의 명령은, 이웃간에 실천되어야 하는 사회적 정의에 대한 인식이 뒷받침하고 있다. 우리는 창조의 자유 안으로 들어가고 그것을 유지하기 위해서 그리고 하나님의 구원과 타인에 대한 사랑을 경험하고 나누기 위해서 안식일을 기억하고 그

날 쉰다. 안식일 지키기는 시간을 하나님이 주신 거룩한 자유의 선물로서 보전하고 그것에 경의를 표하는 것이다. 안식일 지키기는 억압을 양성하는 무기력한 꾸물거림─하나님이 우리 주변에 두신 사람들과 동물들과 사물들을 우리가 거룩한 순종과 흠모의 사랑으로 돌보지 않기 때문에 불의가 번성하게 하는 것─에 대항하는 요새를 매주 세우는 것이다.

안식일 명령의 탁월성은 예수님에 의해서 두드러지게 재확인된다. 당대의 유대교에서는 안식일을 엄밀하게 지켰지만, 안식일이 가지는 창조/구원의 맥락은 완전히 제거되고 억압의 잔인한 도구로 변해 있었다. 예수님이 안식일의 왜곡을 폭로하시고, 안식일을 하나님 앞에서 그리고 하나님과 함께 자유로운 순종의 삶을 살기 위한 선물로 회복시키신 경우가 다섯 차례(그 중 네 번은 기적의 치유 사건이다) 기록되어 있다(막 2:23-28; 3:1-6; 눅 14:1-6; 요 5:1-18; 9:1-41).

예배

그렇다면 어떻게 해야 이 창조와 안식일 지키기의 리듬을 우리 삶으로 가져와서, 일하시는 하나님과 조화를 이루며 일하고, 하나님과 그분의 창조에 보조를 맞추는 삶을 살 수 있는 것일까? (적어도 그 인기도로 판단해 볼 때) 자명한 대답은 쌍안경을 하나 구해 새로운 관찰을 시작하여 매와 명금의 굉장하고 화려한 색채를 익히는 것이라고 사람들은 말할 것이다. 아니면 제물 낚싯대를 구해서 강을 읽는 법을 배우고, 물고기가 어떤 곤충들을 좋아하는지를 연구하고, 무지개 송어가 살고 있는 물에 낚싯줄을 조심스럽고 가볍게 던지는 법을 연구하는 것이라고 말할 수도 있을 것이다. 아니면 이런저런 렌즈가 잔뜩 장착된 카메라를 구해서 야생화와 벌새의 사진을 찍는 것이라고 말할 수도 있을 것이다.

하지만 이번 경우에는 자명한 대답이 옳은 대답은 아니다. 물론 우리가 마도요를 관찰하거나 연어를 낚거나 야생 난초의 사진을 찍거나 하는 것보다 더 못한 일을 할 수도 있다. 하지만 이스라엘과 교회가 가야 할 길은 하나님의 백성들과 함께 매주 드리는 예배 행위 속에 안식일 지키기를 끼워 넣는 것이다. 우리가 예배의 장소로 들어갈 때, 회중과 함께 모일 때 그리고 하나님께 노래하고 기도하고 하나님의 말씀을 들을 때 우리는 안식일을 가장 잘 지키는 것이다.

이것은 고대로부터의 지혜이며, 그것을 무시하는 것은 스스로 위험을 무릅쓰는 것이다. 세상 만들기, 즉 창조를 예배를 드리는 성전 건축과 연결시키는 증거가 광범위하게 여러 문명에서 축적되고, 수천 년을 통해 누적되어 왔다. 창조와 세상의 질서를 잡는 일은 예배 공간을 짓는 일 그리고 그 안에서 이루어지는 예배 질서를 잡는 일과 여러 번 반복해서 연결되고 있다. 예배 공간을 짓는 목적은 "인간의 재규정을 통해서 창조를 실현하고 확장하기" 위해서다.[44] 이것은 단지 기도와 찬양으로만 이루어지는 것이 아니라, 명령과 약속과 축복을 우리가 살고 있는 창조 세계 안에서 행동으로 옮기기 위해서 그것들을 연습하고 끌어안음으로써 이루어진다. 나는 개리슨 케일러(Garrison Keillor)의 다음과 같은 논평을 좋아한다. "아침에 교회에 가지 않는 일요일은 이상하게 느껴진다. 일주일 중에 그 시간은 우리가 자신의 위치를 확인하는 시간인데, 그것을 놓치게 되면 우리는 그냥 내키는 대로 사는 셈이다."[45]

창조의 리듬은 시간과 공간 안에서 이루어지는 예배의 행위를 통해서 우리 안으로 들어온다. 예배는 우리가 하나님의 일이 가지고 있는 리듬과 그 이야기 안에 푹 잠기는 최우선 수단이며, 제대로 된 일, 창조의 일을 익히는 최우선 수단이다. 우리가 일을 하러 갈 때 그것은 아무렇게나 하는 즉흥적인 일이 되어서는 안 된다. 그것은 반드시 하나님이 일하시는 **방식**과 일치해야 한다. 그리고 그것은 안식일을 지키는 일, 쉬고, 축복하고, 신성하게 하는 일에서부터 시작된다. 그것이 없이는 창조의 주간이 완성되지 못한다. 안식일의 휴식 명령에서 완성되는 하나님의 창조 리듬은, 우리의 참여를 가능하게 하는 구조와 공간과 시간에서 이루어지는 예배의 행위를 통해서 우리 삶에 재생산된다. 우리가 예배의 공간에서부터 걸어나갈 때 우리는 새로운 인식의 눈과 재창조된 순종의 마음을 가지고 세상으로 걸어 들어간다. 그 세상에서 우리는 하나님의 창조 사역에 동참하는 하나님의 형상이다. 우리가 보고, 만지고, 느끼고, 맛보는 모든 것은 그 안에 "하나님이 가라사대…그대로 되니라…보시기에 좋았더라"의 리듬을 가지고 있다. 우리는 하나님의 임재와 영광을 드러내는 예수님의 표적을 분별하고 예수님의 말씀을 익히는 데 정통하게 된다. 우리는 그 어느 때보다도 창조 안에 가장 편안하게 자리잡게 된다.

우리에게 이것을 펼쳐 보이면서 창조와 예배를 연결시켜 주는 이야기는 출애굽기에 나와 있다. 그 이야기는 다음과 같다.

대략 3,000년 전, 모세가 시내 산에서 양 팔에는 하나님의 명령이 적힌 돌판을 들고 입술에는 하나님의 말씀을 가지고 내려왔다. 그는 이제 막 하나님으로부터 이 히브리인들이 성숙과 순종과 거룩한 자유의 삶을 살게 하기 위해서 어떻게 그들을 훈련하고 이끌어야 하는지에 대해 지시를 받은 터였다. 그러나 억압적인 노예의 세계로부터 불과 얼마 전에 해방되어 이제 자유의 몸이 된 사람들, 구원받았고 또한 자유를 얻은 이 사람들은 여러 세대 동안 그 내면에 자라난 노예의 정체성을 지니고 있었다. 그러니 그 일은 결코 쉽지도 않을 것이고 당연히 신속하게 이루어지지도 않을 것이었다. 그 일이 쉽지도 않고 빨리 되지도 않을 것은 그들이나 우리나 피차일반이다.

모세는 시내 산에서 하나님이 계시하신 명령과 지시를 백성들에게 개괄적으로 전달하고 난 후에(출 20:1-24:11), 더 자세한 지시를 받기 위해서 다시 산으로 들어갔는데, 알고 보니 그 내용에는 예배를 위한 지침이 자세하게 들어 있었다(출 24:12-31:18). 모든 것이 상세하게 마련되어 있었다. 예배를 위한 구조, 예배를 위한 재료, 예배를 위한 희생, 예배를 위한 리더십 등 모든 것이. 이 지침은 창세기의 구조처럼 일곱 개로 제시되었다. 하나님은 모세에게 일곱 번의 연설을 하셨다(25:1; 30:11; 30:17; 30:22; 30:34; 31:1; 31:12). 일곱째이자 마지막 연설은 안식일 문제를 다루고 있다.

하지만 모세는 오랫동안 돌아오지 않았는데, 40일 낮과 밤을 그렇게 산에 들어가 있었다. 한편 백성들은 새로 얻은 자유의 삶을 빨리 시작하고 싶은 조바심에, 자기들 나름의 예배를 개발해야겠다고 생각했다. "무엇인가를 얻어 낼 수 있는" 그런 예배 말이다. 그래서 그들은 부목사 아론을 설득해서 색다르고 자극적인 것에 대한 욕망을 충족시켜 주는 예배를 마련하도록 했다. 그런데 그 예배는 그들이 최근까지 억압을 받았던 번지르르한 이집트의 세계, 하지만 그들이 욕망하고 시기하던—배제된 주변인들로서 억압받는 사람들이 종종 그러듯—그런 이집트의 모습을 상당 부분 반영하는 것이 되고 말았다.

그 다음은 우리도 잘 아는 바다(출 32-33장). 황금 송아지 숭배, 기다리기를 거부하고, 쉬는 것을 경멸하고, 묵상을 무시하는, 스스로 정의내리고 자기 잇속만 차리는 그 예배는 그들을 거의 파멸시켰다. 그러나 자애로운 모세는 그들을 중보했고 다시 시작했다. 그는 다시 산으로 올라갔다가 내려왔다(출 34장). 이번에 그는, 돌아오자 사람들에게 일을 시켰다. 그러면서 그들의 삶에 핵심적 행위가 될 일, 즉 예배를 위해 그들을 준비시켰다(출 35-40장).

모세는 이 건축이 처음부터 끝까지 예배를 위한 것이라는 점을 분명히 한다. 시내 산에서 주어진 명령의 첫 번째 묶음은 안식일 준수에 대한 지시로 끝이 난다. 두 번째 묶음은 안식일에 대한 설명으로 시작된다. 예배는 하나님의 백성이 자신이 속한 창조 세계와 리듬을 같이하고, 자신들이 누구이며 어디에서부터 왔는지를 깨달아 창조 세계에서 자신의 자리를 찾는 수단이다. 또한 예배는 하늘과 땅을 창조하시고 "빛이 있으라"고 말씀하신 하나님, 남자와 여자를 창조하시고 "생육하고 번성하여 땅에 충만하라, 땅을 정복하라"고 말씀하신 하나님, "지으신 모든 것을 보시니 보시기에 심히 좋았던" 하나님, 일곱째 날에 쉬시고 그 날을 거룩하게 하신 하나님의 창조 운율을 내면화하는 최우선적 수단이다. 우리에게 주어진 이 본문은 명료하다. 이 안식일을 기억하고 지키라. 이 숭고한 묵상의 연습을 하면서 창조의 그 한 주간을 너희 삶으로 가져가라. 창조를 너희 신경계 안에 주입하라. 위대한 창조의 동사들을 너희 영혼에 받아들이라. 하늘과 바다, 물고기와 새, 송아지와 식물, 남자와 여자가 있는 이 세상과 친구가 되어라.

출애굽기의 예배에 대한 지침에는 창세기의 동사 두 개가 되풀이되는데 그 동사들은 창조와 예배를 서로 더 견고하게 묶어 준다. 첫 번째 동사는 브살렐과 관련된 것인데, 그는 예배를 위한 장소와 자재를 준비하는 책임을 맡은 장인(匠人)이다. 이 브살렐이 "하나님의 신"으로 충만하다는 말을 우리는 두 번 듣게 되는데, 첫 번째는 예배를 위한 계획이 제안될 때고(출 31:3), 또 한 번은 금송아지 재난이 있고 난 후에 그 계획을 실행할 때다(출 35:31). 여기에서 사용된 문구는 하늘과 땅의 창조가 시작되었을 때 사용된 것과 동일한 것이다(*ruach elohim*). "하나님의 영은 수면 위에 운행하시니라"(창 1:2). 예배의 공간을 짓는 브살렐은 하늘과 땅을 창조하시는 하나님과 연속선상에 있는 것이다.[46]

예배에 관한 작업이 나오는 출애굽기 본문에서 되풀이되는, 창세기의 창조 이야기에 나오는 또 하나의 문구는 "일을 마치니"다. 창세기의 "하나님이 그가 하시던 일을…마치시니"(창 2:2)는 출애굽기 마지막에 가서 "모세가 이같이 역사를 마치니"(출 40:33)로 반복되고 있다. 다시 한 번 창조와 예배가 서로 병치된 것이다.

창세기의 창조와 일상적인 예배의 행위를 연결시키면서 창조/예배의 연속성을 재확인하고 더 깊어지게 한 상상력 있는 학자들의 제안은 끝도 없이 많았다. 그 중에서 많은 것들이 해석학적이기보다는 공상에 더 가깝지만, 적어도 (창조의 세계인) 땅에도 속하고 (예배의 세계인) 하늘에도 속하는 우리의 공통된 시민권에 사려 깊

은 주의를 기울여야 한다는 건강한 직관을 전해 주니 다행이다.[47]

일

일과 일터를 빼놓고는 안식일의 특징도 이해할 수 없고 그 중요성도 이해할 수 없다. 일은 우리를 하나님으로부터 멀어지게 하는 것이 아니다. 일은 하나님의 일이 우리를 통해 지속되게 한다. 안식과 일은 서로 대립되는 것이 아니다. 안식과 일은 유기적인 전체의 부분들이 통합된 것이다. 그것이 서로 분리되면 절름발이가 된다.

이것을 이해하는 자명한 방법은 성경의 첫 페이지에서 하나님이 일하시는 분으로 등장하신다는 사실에 주목하는 것이다. 우리는 하나님이 자신의 일터에서 (그리고 우리의 일터에서) 일하시는 것을 보게 된다. 그리고 요한은 그토록 여유만만한 그의 복음서에서, 우리에게 반복하며 그리고 끈질기게(27회나!) 예수님이 일하고 계신다고 말해 준다. "내 아버지께서 이제까지 일하시니 나도 일한다"(요 5:17). 이것은 매우 중요하다. 예수님은 창조 세계를 자신의 일터로 기꺼이 받아들이신다. 예수님은 자신이 십자가에 달리게 될 일을 노동 주간의 마무리로 생각하시며 기다리신다. "아버지께서 내게 하라고 주신 일을 내가 이루어…아버지여…아버지와 함께 나를 영화롭게 하옵소서"(요 17:4-5). 이 말씀은 창세기에 나오는 일곱째 날의 "하나님이 그가 하시던 일을…마치시니"(창 2:2)와 병치되는 것이다. 창세기에 나오는 하나님과 요한복음에 나오는 예수님은 '높은 권세' 혹은 '영원한 사랑' 혹은 '순전한 존재' 같은 추상물이 아니라 일터에서 일하는 구체적인 이름을 가진 노동자들이고, 그 일터는 우리 모두가 계속해서 일하고 있는 곳이다. 창조 세계는 우리의 일터이고, 우리가 일을 하도록 빛을 비추어 주며, 우리가 발 디딜 땅을 주고, 우리 머리 위에 하늘을 펼쳐 주며, 우리가 키우는 식물과 나무들을 제공해 주고, 한 해의 리듬과, 먹이 사슬에 있는 물고기와 새와 동물들을 제공해 준다. 하나님이 한 주간의 날들을 통해서 일하시고 날마다 하나씩 구체적인 사물들이 생겨날 때마다 후렴구가 덧붙여진다. "하나님이 보시기에 좋았더라." 좋았더라…좋았더라…좋았더라. 엿새에 걸쳐서 우리는 그 소리를 일곱 번 듣게 된다. "하나님이 보시기에 좋았더라." 그리고 마지막으로 그 말이 나오는 일곱 번째에는 최상급의 표현이 사용되었다. "보시기에 심히 좋았더라"(창 1:31). 일은 잘 되었고, 일터도 좋았다.

그리고 나서 안식일이 온다. 하지만 반드시 '그리고 나서'다. 우리는 일이 없이는 안식을 제대로 이해할 수 없고 안식이 없이는 일도 제대로 이해할 수 없다. 웬델 베리는 안식일에 관한 또 다른 시에서 일하는 날과 안식일이 서로 리듬을 이루게 하고 있다.

   …평일과
안식일은 한 곳에서 같이 산다.
비록 그 화목이 덧없고 완전하지 못해도
우리에겐 유일한 평화의 가능성이다.[48]

안식일은 각 날마다 하나님이 좋았다고 선언하신 일하는 날들 시리즈의 마지막 날이다. 안식일이 일의 맥락 속에 위치하고 있다는 사실은 다음의 문구가 세 번 반복됨으로써 강조되고 있다. "하나님의 지으시던 일이…그 지으시던 일이…하나님이 그 창조하시며 만드시던 모든 일을…." 그러나 안식일의 독특한 특징은 네 개의 동사로 전달되고 있다. "하나님이 그가 하시던 일을 **마치시니…안식하시니라.** …하나님이 그 일곱째 날을 **복되게 하사 거룩하게 하셨으니**"(창 2:2-3).

이 네 개의 동사는 우리가 일터 그 자체를 넘어서게 만든다. 일에는 일 이상의 것이 있다는 것인데 바로 하나님이다. 완성하신 하나님, 쉬시는 하나님, 복 주시는 하나님, 거룩하게 하시는 하나님이 계신 것이다. 대부분의 사람들이 대부분의 시간을 일터에서 보낸다. 그러나 하나님이 일터를 넘어서시는 (그러나 일터를 떠나지는 않으시는) 안식일이 없다면 일터에는 곧 하나님의 임재가 다 사라지고 일은 그것 자체로 목적이 되어 버린다. 이처럼 '그것 자체로 목적이 되는 것'이 바로 안식일 없는 일터를 우상의 번식지로 만든다. 모든 관계를 우리가 관리할 수 있는 기능으로 축소시킬 때 우리는 일터에서 우상을 만들게 된다. 우리가 일을 우리 자아와 통제의 영역으로 축소시킬 때 우리는 일터에서 우상을 만들게 된다.

오늘날 기업계는 안식일 지키기에 상당한 관심을 기울이고 있다. 안식일이 건강과 인간 관계와 생산성의 차원에서 일터에 이익을 준다는 것이 알려졌기 때문이다. 그 모든 것이 사실일지 모르나 우리가 안식일을 지키는 이유는 그것 때문이 아니다. 우리는 더 장수하는 삶, 혹은 정서적인 성숙, 혹은 더 나은 골프 게임, 혹은 더 많은 생산성에 가장 큰 관심을 가지고 있는 것이 아니다. 우리는 하나님과 그리스도가 우리 안에 형성되는 데 관심을 가지고 있다. 우리는 부활에서 완성되는 창조에 관심을 가지고 있다.

안식일은 최우선적으로 우리에 대한 것이 아니며 그것이 우리에게 어떤 유익을 끼치느냐에 대한 것도 아니다. 그것은 하나님에 대한 것이며 하나님이 우리를 어떻게 형성하시느냐에 대한 것이다. 그것은 무엇보다도 우리가 무엇을 하거나 혹은 하지 않거나에 대한 것이 아니라, 하나님이 완성하시고, 쉬시고, 복 주시고, 거룩하게 하신 것에 대한 것이다. 이것은 모두 우리가 잘 모르는 것들이다. 그것은 우리를 초월하는 일들이지만 그렇다고 우리의 인식과 참여까지 초월하는 것은 아니다. 하지만 그것은 분명 하던 일을 멈추고, 경탄, 부활의 경탄으로 눈을 크게 뜨고 볼 수 있을 정도로 충분히 오랫동안 잠잠히 있어야 한다는 것을 의미한다. 우리가 우리를 능가하는 것, 우리가 통제할 수 없는 것에 대한 놀라움에 차서 열린 자세로 서 있거나 앉아 있을 때, 우리는 주 경외함을 계발하게 된다. 우리 영혼은 우리가 일으킬 수 없는 일 혹은 우리가 떠맡을 수 없는 일에 의해 형성된다. 우리는 예수님의 부활이, 우리 일이자 일터인 창조의 기초 위에서 하고 있는 일에 계속해서 반응하고 그 안에 들어가는 것이다.

안식이 없다면, 규칙적이며 명령받은 일하지 않음과 말하지 않음이 없다면, 우리는 곧 자신이 하는 일과 말에 완전히 빨려들어가고, 하나님의 일을 잊거나 주변화시킨다. 우리가 일할 때 우리는 가장 하나님 같다. 이 말은 우리가 하나님인 양 하는 자세가 가장 쉽게 발달되는 곳이 우리 일이라는 뜻이다. 안식이 없으면 일은 우리가 자신의 삶을 규정하는 모든 맥락이 되어 버린다. 우리는 하나님에 대한 의식, 하나님에 대한 자각 그리고 부활을 목격하는 일을 놓치게 된다. 우리는 "이 곳은 내 아버지의 세상이다"라고 노래할 능력을 상실한 채 **우리가** 행하고 느끼는 것에 대해서 자기 중심적인 노래를 흥얼거리게 된다.

이것은 가장 지키기 어려운 명령이며, 가장 계발하기 어려운 습관이다. 그것은 기독교적 삶에서 가장 오용되고 왜곡된 관습 중 하나다. 여러 세기에 걸쳐 많은 사람들이 억압적인 안식일의 지배로 인해 고통받았다. 그리고 우리 가운데서도 많은 사람들이 억압자 노릇을 했다. 오늘날 억압받은 자와 억압하는 자가 모두 들어 있지 않은 회중을 모으기란 쉽지 않다. 요한은 예수님의 안식일 치유 사건 두 가지를 이야기해 주는데(5장과 9장), 이 이야기들은 그럴듯한 혹은 율법적인 혹은 억압적인 안식일 관습에 대해 엄하게 경고하는 역할을 하고 있다. 예수님은 안식일 준수에 대해서 잘못된 생각을 가진 사람들과 싸우는 데 많은 시간을 보내셨다(막 3:1-6; 3:23-30; 눅 14:1-6도 보라). 이들이 잘못된 생각을 가지게 된 원인 중 하나는 그들이 안식과 일 사이의 연관성을 끊었기 때문이다.

하지만 안식과 일의 연관성에서 벗어날 길은 없다. 우리가 창조 안에서 적합하게 살고자 한다면 우리는 안식일을 지켜야만 한다. 우리는 하나님이 하신 일과 하고 계신 일을 볼 수 있을 정도로 충분히 오랫동안, 분주하게 돌아다니기를 멈추어야 한다. 우리는 하나님이 하신 말씀과 하고 계신 말씀을 들을 수 있을 정도로 충분히 오랫동안 입을 다물고 있어야 한다. 우리 모든 선조들은, 침묵과 잠잠함이 없이는 영성도 없고, 하나님께 주의를 기울이고 하나님께 반응하는 삶도 없다는 데 동의하고 있다.

안식일을 지시받은 그리스도인들은 우선 주일(主日)을, 아무것도 하지 않기(not-doing)와 말하지 않기(not-saying)를 행하는 날로 생각을 바꾸고, 구조 조정을 하고, 회복하는 데서 시작할 수 있다. 나아가 주의 날에는 아무것도 하지 않도록 우리 주변 사람들을 해방시켜 주는 것이다. 주일 예배를 위해 모이는 일은 우리에게는 명예롭고 오래된 전통이며, 대부분의 사람들이 부활의 예수님이 하시는 말씀을 듣고 그분을 흠모할 수 있는 가장 좋은 길이다. 하지만 그것을 지킬 때 단순해질 필요가 있다.

목사들과 회중의 지도자들은 보통 주일을, 위원회, 회의, 프로젝트, 선교 그리고 사회 활동 등, 온갖 일로 가득 채운다. 안식일의 고요함과 잠잠함을, 많이 일하기(much-doing)와 많이 말하기(much-talking)로 대체시켜 버린다. 전형적으로 회중의 지도자들은, 자신이 이 사람들을 온전히 장악하는 때가 일주일에 단 하루, 그 중에서도 몇 시간뿐이라는 것을 알기에, 그들의 영혼에도 좋고 교회에도 좋을 것이라고 생각하는 모든 일에 그들을 동원하고자 모의한다. 의도는 좋으나 완전히 잘못되었다. 이러한 지도자들이 하는 일이라고는 회중이 주님을 위해서 너무 바쁜 나머지 주님을 위한 시간은 하나도 가지지 못하게 할 뿐이고, 회중에게 하나님에 대한 정보를 너무 많이 준 나머지 하나님의 말씀을 직접 들을 기회를 뺏을 뿐이다.

우리가 하나님의 창조 안에서 잘 사는 것에 대해서 정말로 진지하게 생각한다면, 우선 주일의 소란을 해치우고, 아무것도 하지 않고 아무 말도 하지 않기 위한 공동의 방법을 취하는 것에서 시작할 수 있다. "너희가 돌이켜 안연히 처하여야 구원을 얻을 것이요 잠잠하고 신뢰하여야 힘을 얻을 것이어늘"(사 30:15). 고독을 일구어라.

침묵을 일구어라. 이것은 전혀 새로운 것이 아니다. 이 조언은 지난 20세기 동안 순종적이고 신실한 사명의 삶을 살도록 우리를 이끈 사람들이 말하는 조언의 핵심이다. 이 주제에 대해서 내가 새롭게 할 말은 하나도 없다. 하지만 그것을 반복해서 말하고, 긴급하게 말하고, 모세의 권위가 뒷받침된 예수님의 이름으로 말하는 것이 매우 중요하다는 것은 확신한다. 안식일을 지키라. 창조에 주의를 기울이라.…창조주를 흠모하라.

우리가 이 세상의 분열 앞에서 그저 종교적인 영역 하나를 기여할 것이 아니라면, 광포와 소란 속에서 서두르고 자극하며 창조를 모독하는 무리에 가담할 것이 아니라면, 우리는 우리에게 주어진 것과 그것을 우리에게 주시는 분께 주의를 기울여야 한다. 오늘날, 부활의 그리스도가 그토록 풍성하게 놀이하시는 장인 창조를 회복하는 길로 한걸음 크게 나아가는 길은, 그 다음 걸음을 떼지 않는 것이다. 우리가 있는 그 곳에 그냥 서서, 우리 주님의 말씀을 듣는 것이다. 주의를 기울이고…흠모하라.

경탄

지난 7일 간의 낮과 밤에 정말로 무슨 일이 일어난 걸까? 일곱 번, 앞으로 우리가 흙으로 분해될 것처럼 우리는 어둠 속으로 분해되었다. 우리가 아는 한, 우리 자체가 살아 있는 것들의 세상에서 완전히 제거되었다. 그리고 일곱 번, 우리는 날이 밝으면서 나사로처럼 부활했고, 우리 사지와 감각이 여전하다는 것을 발견했다.

G. K. 체스터턴[49]

안식일을 지킴으로써 계발되는 주의력과 흠모는, 한 주간의 날들 속에 퍼져 있는 창조의 조건들 하에서 경탄하는 능력으로 발전된다. 예수님의 부활은 그러한 과정이 이루어지는 것을 보고 실천하도록 해주는 가장 모범적인 이야기다.

창세기를 다시 쓴 요한의 글에서, 예수님의 부활은 창조의 이야기를 완성시킨다. 창세기에 나오는 창조의 한 주간은 예수님이 일곱째 날인 안식일에 쉬심으로써('묻히심으로써') 완성되었다. 그리고 예수님은 안식일 다음날 이른 아침 친구들과 제자들에게 자신의 산 모습을 보이셨다. 시간이 지나면서 그들은 이제 자신들이, 이 '여덟째 날'의 부활로 표시되는 새로운 창조의 주간에 참여하고 있음을 깨달았다. 안식일과 관련된 전통과 명령들은, "첫째 날"(막 16:2과 요 20:19) 그리고 "주의 날"(계 1:10)로 언급되고 있는 일요일로 점차 옮겨 갔다.

부활에 대한 경탄

사복음서의 저자들은 모두 예수님의 복음에 대한 서사를 예수님의 부활 이야기 혹은 이야기들로 마무리한다. 그들은 서로 다른 방향에서 접근하고 서로 다른 내용들을 제공하지만, 한 가지 요소는 그들 모두에게 공통적이다. 모두가 경탄, 충격, 놀람의 느낌을 전달하고 있는 것이다. 히브리어 성경 여기저기에 흩어져 있는 몇몇 단서에도 불구하고, 그리고 자신의 부활을 예고하는 세 번에 걸친 예수님의 명백한 진술에도 불구하고, 실제로 그 일이 일어나자 아무도 부활을 기대하지 않았었다는 사실이 드러났다. **새** 창조가 있으리라고는 아무도 생각하지 못했던 것이다. 예수님의 부활에 가장 먼저 관여하게 된 사람들은 죽음을 다루는 일에 전적으로 관여하고 있었다. 이제 그들은 완전히 방향 전환을 해서 생명을 다루어야 했다. 그리고 그렇게 하면서 그들은 경탄에 가득 찼다.

❦

네 가지 부활 기사를 묵상하면서, 이제는 부활에 대한 경탄으로 모습이 바뀐 창조에 대한 경탄이 쌓여 간다. 이 네 개의 이야기는 그 서술 방식에서 절제적이고, 간결하며, 경제적이다. 이처럼 원칙적 이야기만 들려주는 간소함에서 몇 가지 사항이 명백하게 드러난다. 이것은 창조 안에서 잘 사는 삶에 내재된 경탄을 계발하는 것에 대해 숙고할 때 중요하게 작용하는 점이다.

첫째, 부활이 일어나기 전의 수세기 동안 부활에 대한 "힌트와 그에 따른 추측"[50]이 얼마나 많이 있었건 간에, 일단 그 일이 일어났을 때는 그 사건에 가장 근접해 있었고 가장 잘 준비되었던 사람들이 완전히 뜻밖의 일이라는 반응을 보였다. 우리는, 창조 안에서 주어진 조건들 하에서 하나님의 영이 우리 삶을 형성하시는 그 방법에 대해서 잘 알지 못한다. 우리가 자신을 이해하는 일반적인 범주와 제법 유사한 어떤 것이 거기에는 하나도 없다. 예를 들어, 심리 발달 혹은 순수 도덕 철학 같은 것 말이다. 우리는 신비 속에 살고 있다. 그러니 다 아는 것처럼 행동해서는 안 될 것이다.

둘째, 부활의 출현에 관여된 사람들 그 누구도 실제로 일어난 그 일을 준비하기 위한 작업은 하나도 하지 않은 것이 분명하다. 경탄을 '준비하는 일'은 하나도 없었던 것이다. 예수님이 막을 여신 "새 하늘과 새 땅" 같은 무언가를 위해 메시아적 기반을 마련하려고 가장 부지런히 일했던 두 개의 유대 종교 단체들, 즉 바리새파와 에세네파는 다른 방향을 보고 있다가 그것을 놓쳤다. 이 사업에서는 누구나 다 초보다. 이런 일에는 전문가가 하나도 없다. 우리가 일을 처리하는 방식에서 크고 중요한 일을 위해 얼마나 정성스럽게 준비하고 계획하고 훈련하는가를 생각해 볼 때 이건 보통 당황스러운 것이 아니다. 안식일에 대한 경탄, 창조에 대한 경탄, 부활에 대한 경탄은 우리가 완전히 터득할 수 있는 일이 아니다. 그것은 우리가 제대로 통제할 수 없는 일이다. 불교도들은 '초심'을 기르는 것에 대해서 말들을 한다. 예수님은 우리가 "어린아이와 같아야만"(막 10:15) 하나님 나라에 들어갈 수 있다고 말씀하셨다.

셋째, 부활 이야기에서는 주변부에 있는 사람들(이 경우, 여성들)이 부활에 대한 인식과 반응에서 두드러지는 역할을 한다. 인정받는 지도자들(베드로와 요한)은 배제되었다. 초기에 예수님을 따랐던 사람들 중에서 아마도 가장 주변적이었을 막달라 마리아가 제일 먼저 부활을 목격한 증인이 되었고, 그녀는 네 기사 모두에 등장하는 유일한 사람이다. 예수님을 따르기 전의 막달라 마리아에 대해서 우리가 아는 사실이라고는 그녀가 "일곱 귀신"이 들렸다가 구원을 받았다는 것뿐이다. 이 "일곱 귀신"은 도덕적으로 철저하게 방탕한 생활 혹은 극단적 형태의 정신 질환으로 볼 수 있을 것이다. 막달라 마리아가 예수님을 만나기 전에는 이 둘 중 하나, 혹은 둘 모두의 상황 속에 있었다는 것 그리고 가부장제 사회에서 여자였다는 것까지 고려하면 그녀는 주변 중에서도 가장 주변부로 밀려난다.

우리 사회에서 우리가 유명 인사의 보증을 얼마나 중요하게 여기는지를 생각해 볼 때 이와 같은 점은, 우리가 그 외의 목소리에도 진지하게 주의를 기울여야 한다는 것을 의미한다. 하나님을 두려워하는 경탄을 계발하는 일에서 우리에게 가장 소중한 사람들은 사회에서 가장 존경받지 못하는 사람들, 가난한 자, 소수자, 고통받고 버림받은 자, 시인 그리고 아이들일 가능성이 크다.

넷째, 부활은 홍보도 없고 관객도 없이 조용한 장소에서 일어난 조용한 일이었다. 물론 에너지와 감정적 분출은 많았지만(울고, 뛰고, 놀라고, 충격 받고, 기뻐하는 등), 외부인들의 주의를 끌 만한 일은 없었다. (마태가 말한 지진은 한 가지 예외인데, 지진의 영향을 받은 것으로 알려진 사람은 지진 때문에 의식을 잃은 로마 병정들밖에 없다.)

중요한 사건이 생기면 그것을 사람의 이목을 끄는 홍보로 에워싸는 우리 관습을 생각해 볼 때, 그리고 이 사건이 복음과 복음에 관한 모든 일에서 차지하는 중요성을 생각해 볼 때, 이는 참으로 놀라운 일이다. 그러고 보면 밝은 조명과 확성기가 경탄을 계발하는 데 쓰이는 부속품은 아닌가 보다.

그리고 다섯째이자 가장 중요한 점은, 예수님의 부활에 대한 반응으로 가장 자주 언급되는 것이 **두려움**이라는 것이다. 우리는 방심하다가 어떤 일을 당했을 때, 그래서 어떻게 해야 할지를 모를 때 두려워한다. 우리 전제와 가정으로는 우리가 직면한 일을 더 이상 설명할 수 없고, 앞으로 어떤 일이 생길지 모를 때 우리는 두려워한다. 아무런 경고도 없이, 실재가 우리가 생각했던 것보다 더 큰 어떤 것이거나 그것과는 다른 어떤 것으로 드러날 때 우리는 두려워한다. 주 경외함은 무서움의 요소가 제거된 두려움이다. 그래서 여기에는 "두려워 말라"라고 안심시키는 말이 자주 동반되는 것이다. "두려워 말라"는 두려움을 없애 주는 것이 아니라, 오히려 '주 경외함'으로 변형된다. 하지만 일이 어떻게 돌아가는 것인지 우리가 알지 못하기는 마찬가지다. 여전히 우리는 상황을 통제하지 못한다. 여전히 우리는 깊은 신비에 빠져 있다.

네 개의 부활 이야기에는 이 근본 단어 '두려움'(*phobos*)이 다양한 형태로 6회 등장한다. 빈 무덤에 있던 눈부신 천사 앞에 선 로마 병정들(마 28:4)이 있고, 그 무덤에서 도망치는 혼란에 빠진 제자들(막 16:8)이 있다. 그리고 누가는, 무덤에서 두려움에 빠졌지만 천사를 보자 즉시 안심하게 된 여자들에 대해서 이야기하고 있고(눅 24:5), 마태복음에서는 처음에는 천사가 그리고 그 다음에는 예수님이 "두려워 말라" 하고 안심시키는 말을 하고 계시며(마 28:5, 10), 이 두 번의 안심시키는 말 사이에 나오는 그 단어(개역개정에는 "무서움"—역주)는 일종의 경건한 기쁨을 전달하고 있다(마 28:8). 이 사건들에는 경탄을 불러일으키는 다른 단어들이 동반되고 있다. "놀란"(*exethambēthēsan, ekthambeisthe*; 막 16:5, 6), "심히 놀라 떨며"(*tromos*와 *ekstasis*; 막 16:8), "근심하는"(*aporeisthai*; 눅 24:4), "두려워"(*emphobōn*; 눅 24:5), "기이히 여기며"(*thaumazōn*; 눅 24:12) 등이다.

같은 어원을 가진 단어가 같은 문맥에서 (처음에는 명사로 그리고 나중에는 동사로) 그처럼 다르게 그러나 혼란 없이 쉽게 쓰인 예가 마태복음의 인용에서 분명하게 나타나고 있다. "지키던 자들이 **그를 무서워하여**(for fear of him) 떨며 죽은 사람과 같이 되었더라. 천사가 여자들에게 말하여 이르되 너희는 **무서워하지 말라**(do not be afraid)…"(마 28:4-5).

두려움을 언급하는 말이 여섯 번 나오는 이 이야기는 (히브리 문화와 성경의) 특별한 이야기 기법의 전통을 따르고 있는데, 여기에서 '두려움'이라는 단어가 자주 사용된 것은 그것이 단순히 무서운 것 이상의 의미와 무서운 것 이외의 의미를 가진다는 뜻이다. 하지만 중요한 것은, 거기에는 무서워하는 것에 수반되는 모든 감정이 포함되어 있다는 것이다. 방향 감각의 상실, 내게 무슨 일이 일어날지 모른다는 느낌, 여기에는 내가 생각했던 것보다 더 많은 것이 있다는 자각 등이 다 들어 있다. 그리고 '그 이상과 그 외의' 것은 바로 하나님이다. 그런 일이 일어날 때 우리는 주 경외함을 가지게 된다.

주 경외함은, 하나님의 임재와 계시가 우리 삶에 가져오는 '그 이상과 그 외의' 것에 대한 인식이 길러진 상태다. 나는 내 존재의 중심이 아니라는, 내가 중요한 것이 아니라는, 이 다음에 무슨 일이 일어날지 나는 모른다는 그러한 인식이다.

주 경외함은 창조의 활동을 할 때 우리가 조심하고 경계하게 해 준다. 그것은 지금 무슨 일이 일어나고 있는데 나는 그것을 놓치고 싶지 않다는 자세다. 주 경외함은, 자신이 다 알고 있다고 생각한 나머지 새로운 것으로부터 자신의 생각과 인식을 닫아 버리는 것을 방지해 준다. 주 경외함은, 우리가 주제넘게 행동하고 그럼으로써 깨닫지 못했거나 이해하지 못했던 아름다움, 혹은 진리, 혹은 선함의 어떤 측면들을 파괴하거나 침해하는 것을 방지해 준다.

우리가 이 창조 세계를 얼마나 많이 돌아다니건, 거기에 있는 꽃과 산을 얼마나 많이 사진으로 찍어 두건, 얼마나 많은 지식을 습득하건, 우리가 경탄을 계발하지 못한다면 우리는 지금 벌어지고 있는 일의 핵심을 놓칠 위험이 있다.

안식일을 지킴으로써 계발되는 경탄이 이러한 부활 이야기에 배어 있다. 여기에 나오는 놀람의 다섯 가지 요소, 즉 준비되어 있지 않음, 전문가들도 소용없음, 주변부 인물들의 두드러짐, 벽촌에서 조용하게 일어남 그리고 두려움은, 경탄의 질감을 아주 풍부하게 해준다. 경탄은 우리 기대에 맞게 일어나지 않는다. 특히 우리가 중요하다고 생각하는 것들, 또 삶을 변화시켜 줄 것이라고 생각하는 것들에 대한 기대에 맞게 일어나지 않는다. 그리고 만약에 예수님의 부활이 (내가 확신하는 것처럼) 우리 삶을 형성시키는 성령의 사역의 중심에 온다면, 경탄의 감각은 우리 생활에서 커다란 부분을 차지하게 된다. 즉 **하나님**이 일하신다는 것에 대한 놀라움, 당황, 충격. 그것도 지금 여기에서, 예수님 안에서, 당신 안에서, 내 안에서 일어나고 있다니!

경탄이 없다면 우리는 인생을 자력의 프로젝트로서 접근하는 것이다. 우리는 기술을 동원하고, 재능과 잠재력을 분석하고, 목표를 설정하고, 과정을 평가하게 된다. 영성 형성(spiritual formation)은 한낱 장식으로 축소되어 버린다.

경탄이 없다면 삶을 잘 살고자 하는 동기부여의 에너지는 불안과 죄책의 지배를 받게 된다. 불안과 죄책은 제한한다. 우리를 자기 자신 안에 가두는 것이다. 그리고 우리를 부적절함이나 무가치함이라는 기분 속에 격리시킨다. 그리고 자신의 최악의 모습으로 축소시킨다. 우리는 수면 위를 운행하시고 예수님을 죽음에서 일으키신 성령의 손으로 형성되는 대신에, 도덕적 일중독주의나 철저한 스포츠 정신의 삶으로 기형적으로 형성된다.

경탄의 해체

불행히도 우리는 경탄을 촉진하거나 격려하지 않는 세상에서 살고 있다.

경탄은 우리 모두에게 자연스럽고도 자발적으로 일어나는 것이다. 어렸을 때 우리는 늘 경탄하며 살았다. 세상은 새로웠고 우리에게 마구 굴러 들어왔다. 우리는 손으로 만져 보고, 바라보고, 맛을 보며, 비틀거리는 걸음으로 하루 종일 지냈다. 말(words)도 참으로 경이로운 것이었다. 뛰는 것도 경이로웠다. 만져 보고, 맛을 보고, 소리를 들어 보았다. 우리는 경탄과 경이로 가득한 세상에서 살았다. 우리는 그리스도인이 된 후에 이 모든 것이 창세기와 요한복음(그리고 그 밖의 많은 곳)에서 확언되고 있음을 보고 기뻐했고, 경탄은 깊고 영원한 것이며, 우리가 "심히 좋은" 창조의 일부라는 것을 깨달았다.

그런데 서서히 경탄의 감각이 우리에게서 빠져나가 버린다. 그렇게 되는 데에는 여러 가지 이유가 있지만, 무엇보다도 우리 능력이 커지고 우리가 자기 자신과 주변 환경을 더 잘 통제하게 되면서 경탄은 줄어든다.

일터는 이러한 경탄이 가장 지속적이고 철저하게 감소되는 곳이다. 일터에서 경탄의 감각을 계발하기란 어렵다. 일터에서는 정보와 능력이 핵심적 가치다. 일터에서는 깜짝 놀랄 일이 생기지 않기를 바란다. 일터에서는 그저 무언가를 바라보며 그것을 어떻게 이해해야 할지 의아해하는 상태로 시간을 낭비하고 싶어하지 않는다. 우리는 우리가 무슨 일을 하고 있는 것인지를 알도록 훈련받고 그에 대한 보수를 받는다.

어떤 사람들은 자신을 흥분시키는 일을 하러 간다. 그 일은 우리에게 최선을 요구하고 인정과 만족으로 보상을 해준다. 우리는 변화를 가져오는 일, 세상을 더 나아지게 만드는 일, 사람들의 인생을 더 나아지게 만드는 일, 우리를 유용한 사람으로 만들어 주는 일, 자기 자신과 식솔을 부양할 돈을 벌어 주는 일과 같은 중요한 일들을 한다. 일은 놀라운 것이다. 처음에 일을 할 때 우리는 하나님의 창조와 그분의 창조물 가운데 관여하게 된다. 하지만 몇 주, 몇 달, 때로는 몇 년 동안 그 일을 하고 나면, 그리스도인이라는 우리 정체성을 감싸고 있는 감정과 확신과 생각들은, 이처럼 노력을 요구하고, 활기를 돋우는 자극을 주고, 풍부한 만족을 주는 일이라는 중심 무대의 뒷전으로 물러나게 된다.

그러면서 아주 교묘하게도 하나님과 그분의 일이 우리 삶에서 우선순위를 차지하느냐보다 **우리** 일이 하나님 나라에서 우선순위를 차지하느냐 하는 것이 더 앞서게 되고, 그러면서 우리는 우리가 하는 일에 하나님을 이용할 수 있는 방법들을 생각하기 시작한다. 이것은 눈치 채기 힘든 변화다. 왜냐하면 우리는 여전히 우리의 새로운 정체성의 용어들을 사용하기 때문이다. 여전히 같은 진리를 믿고 있고, 여전히 좋은 목표들을 추구하고 있기 때문이다. 이 변화가 중요하게 드러나기까지는 보통 오랜 시간이 걸린다. 하지만 때가 되면, 우리가 그 동안 하나님을 예배했다기보다는, 하나님을 우리가 믿을 만하고 쓸 만한 조력자로 끌어들였다는 것이 드러나게 된다.

일터에서 우리는 **우리가** 아는 것 그리고 우리가 잘하는 것을 하게 된다. 그리고 우리가 아는 것은 우리 일이다. 하나님께 우리 일을 도와 달라고 요청하지 않을 이유가 무엇이란 말인가? 하나님이 "구하라. 그리하면 얻을 것이요…"라고 말씀하신 것은 그렇게 하라고 하신 의미가 아닌가? 물론, 하나님은 그렇게 말씀하셨다. 그러나 문제는 창조/부활의 경탄이라는 맥락을 떠나서는 그 어떤 기도도 이내 우상숭배가 되어 버린다는 것이다. 즉 하나님을, (아무리 고상하고 유용한 목적이라 하더라도) 내 목적을 위해서 사용할 수 있는 어떤 것으로 축소시켜 버리는 행위가 되는 것이다.

그렇게 결백하고 자연스러워 보이는 태도를 우상숭배라고 불러야 한다는 생각을 우리는 거의 하지 못한다. 교통 사고를 피해 보겠다고 플라스틱으로 된 성 크리스토퍼 상을 자동차 계기판 앞에 두겠다는 것도 아니고, 환상을 쫓아 정신없이 돌아다는 것을 그만두기 위해서 거실에 사당을 만들어 배가 불룩한 불상을 세우겠다는 것도 아니고, 텃밭에서 더 큰 토마토를 수확하고 집에는 더 많은 아기들이 돌아다니도록 뒷마당에 가나안의 풍요를 상징하는 아세라 숲을 만들겠다는 것도 아니지 않은가. 하지만 그것은 여전히 우상숭배다. 하나님을 예배하는 대신에 하나님을 이용하는 것 말이다. 물론 처음에는 완성된 우상숭배의 모습이 아니다. 하지만 우상숭배의 세균이 일터에 왕성하게 퍼지고 있다.

어떤 사람들에게는 자신이 날마다 하러 가는 일이 그저 단조롭고 고된 일에 불과하다. 하루 지나 하루, 한 주 지나 한 주 질질 끌며 지나가는 지루하고 활기 없는 일일 뿐이다. 우리가 그리스도인의 정체성을 획득하게 된다면, 혹은 그렇게 될 때, 이제 우리가 얻은 새 창조가 일터의 지루함을 대체하게 된다. 우리가 말을 할 때면 그 이면으로 마치 산에서 흐르는 개울처럼 기도가 흘러나오고, 찬양의 노래가 우리 상상 속에 울려 퍼지면서 우리는 모든 것과 모든 사람을 새로운 눈으로 보게 된다. 우리는 경탄의 세계에 자리잡은 새로운 창조물이 된 것이다.

그러다가 어느 날 우리는, 우리가 그리스도로 인해 새롭게 들어가게 된 "모든 새로운 것"에 우리 일터는 포함되지 않았다는 것을 깨닫게 된다. 우리는 여전히 지난 10년, 20년, 혹은 30년을 지지부진하게, 더 이상 출세할 것도 없는 똑같은 직업을 가지고 있는 것이다. 회심으로 우리가 새로 얻은 에너지와 그것으로 촉발된 유일무이한 정체성과 목적을 가지고 우리는 출구를 찾아본다. 우리가 마음을 다해 일할 수 있는 직업, 고상한 표현으로 하면 '하나님의 영광을 위해서' 일할 수 있는 직업에 대한 환상을 가져 본다. 어떤 사람들은 모든 것을 걸고 탈출을 시도한다. 그러나 대부분의 사람들은 그렇게 하지 않는다. 주택 융자금도 갚아야 하고, 아이들도 대학에 보내야 한다. 아니면 필요한 직업 훈련을 받지 못했거나 학력이 부족하다. 아니면 배우자가 지금의 생활에 만족하고 있고 친숙함이 주는 안정감을 위태롭게 하기 싫어한다. 그래서 우리는 꼼짝달싹할 수 없는 현실을 받아들인 채 그저그런 일상과 판에 박힌 일과의 지루함을 터벅터벅 걸어가는 삶으로 돌아온다.

그런데 우리가 취하는 또 다른 태도는, 그리스도 안에서 얻은 새로운 삶을 확인하고 가꾸어 갈 방법을 일터 밖에서 찾아보는 것이다. 그리고 곧 선택의 여지가 많다는 것을 발견하고 기뻐하게 된다. 북미에서는 우리의 그런 필요와 환상을 충족시켜 주기 위해서 거대한 종교 시장이 세워졌다. 우리에게 필요한 감정적 흥분을 주기 위해 맞춤 재단된 수양회와 집회들이 있다. 책과 비디오와 세미나들이 우리가 삶에서 부족하다고 느끼는 것이 무엇이든―재정적 안정,

말 잘 듣는 아이들, 체중 조절, 황홀한 섹스, 성지 순례, 신나는 예배, 유명한 선생들 등—그것을 해결해 주는 기독교의 '비밀'로 안내해 주겠다고 약속한다. 이러한 상품과 서비스를 판촉하는 사람들은 모두 웃는 얼굴에 잘 생기기까지 하다. **그들**만큼은 지루해하지 않는다는 것이 분명하다.

머지않아 우리는 그런 상품 중 하나를 사려고 줄을 서게 된다. 그리고 그 어떤 상품을 사더라도 우리가 바라던 것을 얻지 못하기 때문에, 혹은 적어도 그 만족이 그렇게 오래가지는 않기 때문에, 우리는 곧 다른 것을 사러 돌아가게 되고, 또 다른 것을 사러 다시 돌아가게 된다. 이러한 과정에는 중독성이 있다. 우리는 상품으로 포장된 영성의 소비자들이 되어 버린다.

이것 또한 우상숭배다. 우리가 구매하거나 대가를 지불하는 모든 것이 '기독교적'이라는 형용사로 정의되어 있기 때문에 우리는 여기에 우상숭배라는 용어를 사용할 생각을 하지 못한다. 그러나 그것 역시 우상숭배다. 하나님이 상품으로 포장된 것, 하나님이 비인격화되고 기교나 프로그램으로 이용 가능한 존재가 되어 버린 것은 우상숭배다. 우상을 파는 기독교 시장이 지금처럼 활발하고 돈이 되는 때가 없었다.

아침에 일어나 일을 하러 가는 모든 그리스도인은, 부활에 의해 그리스도를 닮은 모습으로 형성되는 새로운 삶으로부터 꾀어내는 우상숭배의 유혹의 세계로 들어가는 것이다.

내가 묘사한 '좋은' 그리고 '나쁜' 일터의 모습에는 무한한 변주와 조합이 있지만 언제나 변함없는 것은 우상숭배의 가능성이다. (아동, 노인, 장애인 그리고 실업자들을 제외하고는 거의 모든 사람이 일을 하지만) 우리가 만약에 일을 한다면 우리는 거의 모든 날과 하루의 거의 모든 시간을, 우상을 만들고 구입하는 것으로 온통 물들어 있는 세계에서 보내는 것이다.

대부분의 사람들이 직장에서 많은 시간을 보낸다. 이것은 우리의 그리스도인으로서의 정체성이, 노골적으로 적대적인 조건이 아니라면 적어도 호의적이지는 않은 조건 하에서 형성되는 경우가 많다는 것을 의미한다. 그것은, 신비를 견지하지 못하는 것이 특징인 조건(일터에서는 정보와 노하우가 요구된다), 우리 능력과 통제력에 프리미엄이 붙는 조건(무능력과 통제 불능으로는 즉시 해고당하게 될 것이다) 그리고 인격적 관계는 부수적인 문제일 뿐, 처리해야 하는 일에 맞게 인격적 관계를 순응시키는 조건을 말한다.

오늘날에는 기술이 그 무엇보다도 우상숭배를 부추긴다. 아이러니가 아닌가? 우상숭배는, 적어도 대중의 상상 속에서는 미신과 연관되어 있기 때문이다. 미신, 즉 신화와 주술로 가득한, 계몽되지 않고 교육받지 못하고 원시적인 유치한 사고는, 일터를 지배하는 컴퓨터의 세계를 만들기 위해 순수한 수학의 언어를 사용하는 근엄한 과학 기술의 도움으로 이제 활기를 되찾게 된다. 기술 앞에서, 컴퓨터 앞에서, 사실상 모든 사람이 정중하게 경의를 표하며 머리를 숙인다. 우리의 시간과 상상력을 지배하고, 통제력과 지식을 주겠다고 터무니없는 약속을 하고, 우리 삶에서 신비와 경탄과 경의의 감각을 모두 짜내 버리는 비인격적인 **사물에** 머리를 숙인다.

일터는 늘 안식일적 사고에 위협이 되었는데, 그 곳은 별로 경탄할 것이 없는 장소이기 때문에 그렇다. 원칙적으로 일터에서는 경탄이 상당 부분 추방되어 버린다. 아는 일을 하는 일터에서 우리는 자신만만하다. 아니면 지루해하거나 부주의하다. 그러나 오늘날의 문화에서 경탄이 줄어든 인생이 가하는 위협은 몇 배나 더 가속화되었다.

그렇기 때문에 영성 훈련을 위해서는 끊임없이 경계해야 한다. 일터는, 우리를 통제의 주체의 자리에 놓고, 세상에서 기술을 발휘하고 전략을 이행할 수 있는 사물과 시스템을 우리에게 줌으로써, 우상숭배가 끊임없이 형태를 바꾸어 가며 나타나도록 하는 장이다.

경탄, 우리가 하는 일을 기꺼이 멈추고, 가만히 서서, 눈을 크게 뜨고 손을 벌린 채 '그것을 넘어서고 그것과는 다른' 어떤 것을 받아들이려고 하는 그 놀라운 의지는, 일터에서 격려되는 것이 아니다.

일터에서의 경탄

그렇다면 일을 하는 시간 동안에는 영성 형성을 '일시적으로 중단하고' 퇴근 후나 주말에 다시 시작해야 한다는 말인가?

그렇지 않다.

여기 인상적인 사실이 있다. 예수님이 부활하시는 첫 장면은 일터를 배경으로 한다는 것이다. 막달라 마리아와 다른 여자들은 일을 하러 가는 길에 예수님의 부활을 목격하고 그것을 받아들였다. 영성 형성의 최우선 장소는 일터라고 나는 주장하고자 한다.

그렇다면 생계를 위해 일하고, 따라서 매주 상당한 시간을 경탄에 비우호적인 일터에서 보내는 우리는 어떻게 영성 형성이 활발하게 일어나는 장인 경탄, 부활의 경탄을 계발할 수 있는가?

부활의 날, 처음 거기에 참여한 사람들, 즉 막달라 마리아와 또 다른 마리아, 요안나, 베드로, 요한, 글로바, 그 외에 이름이 언급되지 않은 예수님의 추종자들(눅 24:10, 18; 요 20:1-10)은 아마도 그 전날 안식일을 지키며 보냈을 것이다. 어쨌거나 이들은 경건한 유대인들이었고, 평생의 습관을 버렸을 리가 없기 때문이다. 그 전날인 금요일 저녁, 예수님이 십자가에서 내려지시고 요셉의 무덤에 안치되시고 나서 얼마 되지 않아 예루살렘과 나사렛, 베들레헴과 가버나움, 알렉산드리아와 바빌론, 아테네와 로마에 사는 경건한 유대인들은 두 개의 촛불을 켜고 안식일을 기쁘게 맞이했을 것이다. "이 세상의 왕이신 하나님 당신께 복이 있나이다. 당신의 계명으로 우리를 거룩하게 하시고 안식일의 불을 밝히라고 우리에게 명하셨나이다."

촛불 하나는 출애굽기의 명령 때문에 켜졌다. "안식일을 기억하여 거룩히 지키라.…아무 일도 하지 말라. 이는 엿새 동안에 나 여호와가 하늘과 땅과 바다와 그 가운데 모든 것을 만들고 제 칠 일에 쉬었음이라…"(출 20:8-11).

두 번째 초는 신명기의 명령 때문에 켜졌다. "…안식일을 지켜 거룩하게 하라.…아무 일도 하지 말고…너는 기억하라. 네가 애굽 땅에서 종이 되었더니…"(신 5:12, 14-15).

토요일에 해가 질 때 그 기도는 다시 반복되었고, 다시 초가 켜졌다. 그리고 마지막 기도인 '하브딜라'(*Havdilah*)가 드려지면서 안식의 거룩한 날이 마무리되었다.

예수님의 친구들과 추종자들 역시, 무덤에서 쉬신 예수님의 안식일 24시간을, 쉬면서—기억하고 지켜보면서—보냈다고 상상하는 것은 무리가 아니다. 그 도시 전체가 안식일을 지키고 있었으니 그들도 역시 안식일을 지켰을 것이다. 그들이 회당이나 성전으로 갔을 가능성은 거의 없다고 나는 생각한다. 예수님의 십자가형을 공모한 지도자들과 함께 예배를 드린다는 것은 생명이 위태로운 일이었을 것이다. 그들이 그 안식일에 하지 않았다고 알려져 있는 한 가지 일은 예수님의 몸에 향유를 바르는 것이었다. 이 일은 그들이, 적어도 여자들이 가장 하고 싶어했던 일이고 가장 하고자 했던 일이다. 그러나 그렇게 하지 않은 것은 그들이 안식일을 지키며, 하나님의 창조 사역과 그들이 노예 생활로부터 해방된 것을 기억하고 지켰기 때문이다. 나는 그들이 성경공부 같은 것을 하면서 이러한 일들에 대해서 공식적으로 이야기하고 기도했다고 말하고자 하는 것이 아니라, 안식일을 지키는 평생의 습관이 그들 내면에서 무의식적으로 작용하고 있었을 것이라고 생각한다. 그럼으로써 이 세상에서 일하시는 하나님의 무한하심에 대한 자각과, 그들을 위해서 그리고 그들 안에서 일하시는 하나님의 인격적인 긴밀성에 대한 자각이 기저에 깔려 있었을 것이라고 나는 생각한다. 나는 이들이 지킨 안식일이 금요일의 십자가 사건에서 이들이 보았거나 들은 것 혹은 이들이 처한 참담한 기분보다 훨씬 더 큰 맥락 속에 그들을 놓았을 것이라고 생각한다. 십자가형이라는 거대한 실패와 공포와 실망이, 세상을 만드시는 하나님의 사역과, 영혼을 만드시는 하나님의 구원이라는 더 큰 맥락 속에 자리잡아 가고 있었던 것이다. 그들이 할 수 있었던 혹은 하고 싶었던 그 어떤 일도, 창조에서 하나님이 하신 일과 하고 계신 일을 앞설 만큼 중요하지는 않았다. 그 하나님의 일은 출애굽기와 신명기의 명령의 초점이 되고 평생 안식일 지키기를 통해 그들에게 내면화되었다.

나는 이 여성들이 안식일을 마치면서 자기 집으로 돌아가고, 그 다음날 아침, 한 주가 시작되는 첫째 날에 일어나서 예수님의 몸에 향유를 바르는 일을 하러 집을 나섰을 때, 평생 동안 형성된 안식일 지키기의 습관이 이들에게 어떠한 효력이 있었을지를 상상해 본다. 극도로 고통스러운 황폐함 속에서도, 그들 안에서 깊이 있게 자라난 하나님을 인식하는 본능, 그들을 능가하는 경이로운 일과 신비에 반응할 능력, 그들이 이해하지도 예상하지도 못했던 일에 놀랄 준비 등이 갖추어져 있었을 것이라는 상상은 터무니없는 것일까? 이들의 안식일 지키기는 매주 하는 집 청소와 같은 것이었다. 안식일을 지키고 난 다음날 그들은 우상을 깔끔하게 정리해 치운 상태로 노동의 주간에 들어갔다. 날마다 길거리에서부터 부엌 안까지 따라 들어오는, 조작 및 이용 가능한 신(神)/일과/프로그램으로 써먹으려는 미묘하지만 강박적인 시도들이 모두 정리되었다. 안식일 지키기는 일을 처리하는 세상의 방식과 자기 손으로 직접 일을 해결하려는 강박적 충동에서 벗어날 수 있게 해주었다. 안식일, 하나님이 누구이시며 그분이 무슨 일을 하시는지를 자유롭게 보고 거기에 반응하기 위해서 아무 일도 하지 않겠다고 의도적으로 서약하며 저항하는 그 날을 지키는 것은, 새 창조의 주간이 시작되는 그 첫날에 예수님이 살아 계신 것을 발견한 사람들의 삶에서는 기본적인 것이었다.

창조 안에 있는 우리 자리(우리 일터)에서 하나님이 일하시는 것을 보고 그것에 대해 부활의 경탄으로 반응하는 능력을 가지려면 일터로부터 분리되어야 한다. 어떻게 그러한 분리를 계발할 것인가? 답은 마찬가지다. 안식일을 지키라.

윌리엄 윌리몬(William Willimon)은 이렇게 잘 표현했다. "안식일을 지키는 것은, 하나님이 이 세상을 지키시고, 그러므로 우리가 세상을 지킬 필요가 없다는 신뢰가 공개적으로 거행되는 표지다. 하나님은 우리의 노동을 환영하시지만, 우리가 이 세상에 기여하는 것에는 한계가 있다. 만약에 하나님이 자신이 쉬는 동안에도 세상은 계속될 것이라고 확신하실 만큼 창조를 믿으셨다면, 우리도 그렇게 해야 할 것이다."[51]

2
역사 속에서 놀이하시는 그리스도

"이는 이스라엘 중 많은 사람을 패하거나 흥하게 하며 비방을 받는 표적이 되기 위하여 세움을 받았고, 또 칼이 네 마음을 찌르듯 하리니…"

누가복음 2:34-35

우리를 둘러싸고 있는 이 세상은 한시적이고, 이 세상의 법칙은 하나님의 아들이 그 법칙에 복종함으로써 부정되었다. 이 세상의 왕자가 승리했고 그 결과 그는 패배하게 되었다.

체슬라브 밀로즈(Czeslaw Milosz)[1]

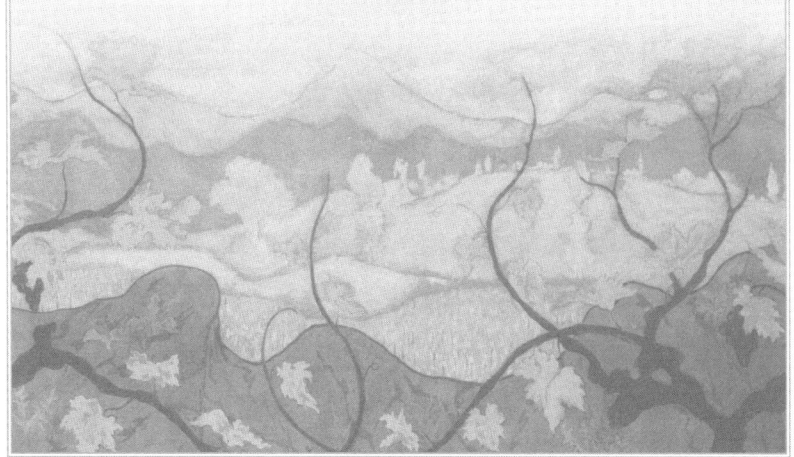

역사의 동네 탐험하기

처음으로 창조의 동네를 둘러볼 때 우리는 생명의 순수한 넘침 그 자체에 놀라게 된다. 장미가 활짝 피어나고, 빨간 꼬리의 매가 날아다니고, 고양이는 먹이를 노리며 배회하고 있다. 하얀 떡갈나무와 푸른 고래, 아메바와 기린은 이 세상의 신비에 대해 신선하고 풍부한 증거가 되어 주지만 그 신비는 우리를 교묘하게 피해 다닌다. 하지만 우리가 충분히 시간을 들인다면 언제든 경배하며 무릎을 꿇지 않을 수 없을 것이다. 이것은 인간의 생명의 경우, 특히 더 그렇다. 아기가 한 명 태어날 때마다 복음이 전해진다. 예수님의 동정녀 탄생은, 그리스도께서 창조에서 놀이하심을 통해 우리가 하나님의 계시를 받게 되는 이 경험의 세계에서 케리그마적 중심이 된다.

하지만 우리가 창조의 경이로움에 감탄하며 경배의 무릎을 꿇고 있는 시간은 그리 길지 않다. 머지않아 우리는 모든 것이 그렇게 굉장하기만 한 것은 아니라는 것을 알게 된다. 소풍을 갔다가 모기에게 뜯기기도 하고, 설원이 아름다운 겨울에는 살짝 얼어붙은 길바닥에 차가 미끄러져 구덩이에 처박히기도 하고, 애써 가꾼 정원은 이웃집 개가 한바탕 휘젓고 노는 바람에 쑥대밭이 되기도 한다. 게다가 우리는 우리가 창조에 참여하고 있다는 인식, 부활의 열정 그리고 사랑의 마음을 민감하게 가진 채로 오래 버티지도 못한다. 머지않아 우리는 모든 사람이 인간의 생명을 그토록 경이롭게 여기는 것은 아님을 알게 된다. 사랑스런 아기들은 울고, 아프고, 단잠을 깨우고, 편안한 일상을 침범하더니, 자라서는 말도 안 듣고 반항적인 녀석으로 변해 버린다. 차려 주는 대로 먹지를 않는가 하면, 방은 엉망으로 어질러 놓는다. 불과 얼마 전까지만 해도 품안에서 어르던 그 아이들이 두통거리가 되고 밤에 잠도 못 자게 한다.

세상이 그토록 대단하다면, 생명이 그토록 경이로운 것이라면, 왜 이 모든 문제들이 생기는 것이며 왜 이렇게 난장판이 되는 것일까? 먹음직스런 사과를 들어 한 입 베어 물었더니 그 안에서 벌레가 나온다. 이것이 바로 그리스도께서 역사 속에서 놀이하심을 통해 우리가 하나님의 계시를 받는 경험의 세계다. 시작은 영광스러웠다. 그런데 우리가 그 무대에 등장하기 한참 전에, 이미 일이 잘못되었으며 우리는 그 재난의 결과를 안고 산다는 것을 얼마 되지 않아 깨닫게 된다. 인생의 많은 부분을, **우리** 인생의 많은 부분을 우리는 이 역사의 잔해들을 주우며 청소하는 데 보내고 있다.

대중적으로 인기 있는 영성은 역사를, 적어도 그 지저분한 측면들을 회피하는 경향이 있다. 그런 영성은 영혼을 양육하기 위한 주제와 맥락으로서 역사를 선택하지는 않는다. 충분히 감각적인 바깥 세계의 산과 해변 그리고 시와 노래와 묵상으로 고양되는 생각과 감정의 내면 세계를 더 선호한다.

역사는 자연적 출생과 새로운 출생, 즉 예수님의 동정녀 탄생 그리고 예수님의 부활과 긴밀하게 연결되어 있다. 생명, 생명, 더 충만한 생명이 여기에 있다. 하지만 생명을 주는 이 두 순간 사이에는 또한 죽음, 죽음, 더 가득한 죽음이 있다. 우리가 태어난 이 세상은 죽음과 죽어가는 일에 몰두하고 있는 곳이다. 우리가 예수님을 믿고 다시 태어난 후에도 이 세상은 여전히 같은 세상이다. 역사는 이 세상에서 일어나는 일들로 구성되어 있다. 역사는 우리가 인간의 노력을 기술한 것이다. 그리고 많은 경우 그 기록은 우리가 망쳐 놓은 일들―폭력, 전쟁, 기근, 증오, 다툼, 착취―에 대한 기록이다. 역사는 세상에서 일어나고 있는 일을 다룬다. 전에 일어난 일, 지금 일어나고 있는 일 그리고 앞으로 일어날 일을 다룬다. 그 말은 우리가 생각하는 방식으로 일이 일어나는 경우가 거의 없는 세상을 다룬다는 뜻이다. 그리고 부패한 정치인, 출생 결함, 홍수와 화산, 이혼과 죽음, 기아와 기근, 부자의 오만과 가난한 자의 빈곤을 다룬다는 것을 뜻한다. 이 세상은 무엇인가가 잘못되었다. 아주 심각하게 잘못되었다. 우리는 뼛속 깊이 그것을 느낀다. 침해당한 느낌, 신성 모독의 황당한 느낌이 절로 드는, 역사상 가장 두드러지는 사건은 예수님의 고난과 죽음이다. 좋건 싫건 결국은 우리 모두가 관여하고 있다는 것을 알게 될 고난과 죽음 말이다. 그것이 역사다.

나는 역사의 지저분한 모습을 뒤늦게, 그러나 갑작스럽게 알게 되었다. 나는 기독교 가정에서 좋은 부모님 밑에서 자랐다. 나는 예수님의 이야기를 들었고 바른 인생을 살도록 지도받았다. 나는 사랑받았고 주의 깊은 돌봄을 받았다. 내 추억에서 그 어린 시절은 에덴 동산과 상당히 흡사한 모습으로 남아 있다. 선하고 놀라운 창조였던 에덴 동산, 생명이었던 그 동산 말이다. 소박한 우리집은 자그마한 몬태나 시의 외곽 쪽 인도가 끝나는 곳에서 서너 블록 정도 떨어진 자갈길 위에 자리잡고 있었다. 놀이 동무가 아주 많은 동네였다. 교회에 다니는 아이는 하나도 없었지만, 그들이 세례를 받지 않았다고 해서 꼬마들이 하는 놀이(깡통 차기, 숨바꼭질, 소프트볼)와 상상(루이스나 클라크 같은 탐험가 흉내 내기 그리고 조지프 추장과 사카자웨아 같은 인디언 흉내 내기)에 무슨 차이가 있는 것은 전혀 아니었다. 올라탈 나무가 있었고, 헤엄칠 개울이 있었다. 소가 풀을 뜯어먹고 있는 목초지가 우리집 뒤뜰의 경계를 에워싸고 있었는데, 우리는 야구를 할 때면 마른 소똥을 가져다가 베이스로 사용했다.

그러다가 나는 학교에 가게 되었고, 그 곳에서 요한이 "세상"이라고 부른 그것을 발견하게 되었다. 하나님을 공경하지도 않고 하나님께 순종하지도 않는 사회를 만난 것이다. 나는 개리슨 존스라는 아이를 통해서 그것을 알게 되었다. 개리슨은 나보다 한 살 위였고 학교에서 대장이었다. 그는 내가 사는 곳에서 200m 정도 떨어진 곳에 있는 통나무집에 살았는데, 그 집 마당에는 녹이 슨 트럭과 자동차가 여기저기 널려 있었다. 그 집에 나는 딱 한 번 들어가 보았다. 추운 겨울날이었는데, 그의 어머니(내 기억에는 아름답고 가냘픈 여인이었다)가 나와 미셸 쌍둥이를 안으로 불러들여서 장작 난로 뒤쪽에서 부글부글 끓고 있는 사슴고기 요리를 주시고 몸을 덥혀 주셨다. 우리는 발이 푹푹 빠지는 깊은 눈속을 힘들게 걸으면서 그 집 뒷마당을 가로지르는 지름길로 집에 가는 중이었는데, 아마도 우리가 반은 얼어 있는 것으로 보였나 보다. 그리고 실제로 우리는 얼어 있었다. 그런 우리가 안쓰러워서 부르셨던 것이다. 그러나 그 때 개리슨은 집에 없었다. 나는 그를 한 번도 가까이에서 본 적이 없었고 늘 먼발치로만 보았다. 여름이든 겨울이든 그는 늘 헐렁한 빨간색 셔츠를 입고 있었고 뻐기는 듯한 걸음걸이로 걸었는데 그게 멋있어 보여서 나도 흉내 내 보려고 했었다. 그가 나보다 한 살이 많았고 딱 적당한 거리에 떨어져 살았기 때문에, 그는 나의 놀이와 우정의 궤도 안에 들어와 있지 않았다. 그가 성질 사나운 애라는 소문은 들어서 알고 있었지만, 그 어머니가 베푸신 친절에 대한 기억 때문에 나의 염려는 다소 누그러졌다. 앞으로 닥칠 일에 대해 나는 전혀 준비가 되어 있지 않았던 것이다.

학교에 다니기 시작한 지 사흘쯤 되었을 때, 개리슨은 나를 발견하고는 한 해 동안 나를 자신의 연구 과제로 삼기로 했던 것 같다. 개리슨 덕분에 나는, 그로부터 25년 후에 내가 리처드 니버(Richard Niebuhr)의 「그리스도와 문화」(Christ and Culture, 대한기독교서회 역간)를 통해 좀더 정교하게 이해하게 될 체험적인 지식을 얻게 되었다. 나는 주일학교에서 싸우지 말라고 배웠기 때문에 주먹을 사용하는 법을 몰랐다. 나로서는 좀더 넓은 이웃과 학교의 세계를 준비하는 과정이 "너희를 핍박하는 자를 위하여 기도하라" 그리고 "왼편 뺨도 돌려 대라"는 말씀을 외우는 것이었다. 개리슨 존스가 어떻게 나에 대해서 알게 되었는지 모르지만(깡패들만의 육감이었을까?), 어쨌든 그는 나를 골라 자기 장난감으로 삼았다. 학교가 마치고 나면 거의 날마다 그는 나를 따라와서는 늘씬하게 패 주었다. 그는 또 내가 그리스도인이라는 것을 알아 내고는 나를 "계집애 같은 예수쟁이"라고 부르며 놀려 댔다. 나는 집으로 가는 다른 길을 찾으려고 골목길로 우회해 가기도 했지만, 그는 나를 몰래 추적해서 늘 찾아 내고야 말았다. 나는 매일 오후 멍든 몸과 멍든 마음을 안고 집으로 돌아왔다. 우리 어머니는 그것이 이 세상에서 그리스도인들이 살아온 방식이었다며 나더러 익숙해지는 것이 좋을 것이라고 했다. 나는 개리슨을 위해서 기도해야 했다. 암송하던 성경 구절들("너희를 핍박하는…" 그리고 "왼편 뺨도…")에 짜증이 나기 시작했다.

나는 학교에 가는 것이 정말 좋았다. 많은 것을 배우고, 새 친구들을 사귀고, 흠모하는 선생님이 계신 곳이었다. 교실은 정말로 신나는 곳이었다. 그러나 날마다 방과 후 종이 울리고 나면 곧 나는 개리슨 존스를 마주쳐야 했고 날마다 얻어맞아야 했다. 그리고 나는 그 구타를 내 '복'으로 받아들이려고 최선을 다해 노력했다.

3월이 되었다. 날씨 때문에 나는 그 때가 3월이었다는 것을 기억한다. 눈이 녹고 있기는 했지만 아직도 군데군데 남아 있었다. 낮 시간이 길어지고 있었다. 나는 더 이상 어두컴컴한 늦은 오후에 귀가를 하지 않아도 되었다. 그러던 어느 날 예상치 못했던 일이 벌어졌다. 그 날 나는 동네 친구들 예닐곱과 같이 있었는데, 그 때 개리슨이 우리를 따라잡더니 나를 꾹꾹 찌르고 놀리면서 슬슬 본격적인 작업에 들어갈 준비를 하기 시작했다. 구경꾼까지 있었으니 더욱더 신이 나는 판이었다. 개리슨은 늘 구경꾼이 있을 때 더 잘 싸웠다.

바로 그 때 그 일이 일어났다. 내 안에서 무엇인가가 폭발했다. 전혀 예상치 못한 일이었다. 그리고 전혀 나답지 않은 일이었다. 그 잠깐 동안 성경 구절들이 내 의식에서 사라졌고 나는 개리슨을 움켜잡았다. 나도 놀라고 그도 놀란 것은 내가 그보다 힘이 세다는 것이었다. 나는 맞붙어 싸워서 그를 바닥에 넘어뜨리고는 그의 가슴팍에 올라앉아서 무릎으로 그의 두 팔을 바닥에 눌렀다. 믿을 수가 없는 일이었다. 그가 내 밑에 무력하게 깔려 있다니. 내 처분만 기다리고 있다니. 믿기지가 않았다. 나는 주먹으로 그의 얼굴을 때렸다. 느낌이 좋았다. 그래서 한 대 더 때렸다. 그러자 그의 코에서 피가 터져 나오면서 하얀 눈이 선명한 붉은색으로 물들었다. 그쯤 되자 다른 아이들 모두가 환성을 지르며 나를 부추겼다. "눈에도 한 방 먹여! 이빨도 깨 버려!" 복수심에 불타는 독설이 그 아이들에게서 터져 나왔다. 물론 내가 훗날 시편에서 읽은 것에 비하면 아무것도 아니었지만 말이다. 나는 개리슨에게 "나한테 '형님'이라고 해"라고 말했다. 그는 거부했다. 나는 한 대 더 때렸다. 피가 더 쏟아져 나왔고, 환호는 더 커졌다. 이제 그 구경꾼들은 **나에게서** 최고의 실력을 끄집어내고 있었던 것이다. 그러자 내가 받은 기독교적인 훈련이 다시 의식에 자리잡았다. 나는 말했다. "'나는 예수 그리스도를 나의 주님이시자 구세주로 믿는다'라고 말해."

그러자 그는 그렇게 했다. 이렇게 해서 개리슨 존스는 내가 처음으로 전도한 사람이 되었다.

개리슨 존스를 통해 나는 세상과 만났다. '내 집이 아닌 세상'과 만난 것이다. 창조는 놀라운 것이지만, 역사는 지저분한 것이다. 그것은 또한 그러한 '세상'이 얼마나 쉽게 내 안으로 들어와서 내 기독교적인 언어와 '의로운' 감정 속에 감추인 채 자리잡을 수 있는지를 보여 준 계기였다.

그것은 65년 전의 일이다. 최근에 나는, 내 어린 시절을 보내고,

개리슨 존스에게 7개월 동안 거의 매일 얻어맞고, 1938년 그 3월의 어느 날 오후에 그의 코에서 코피가 터져 나오게 하고 그에게서 그리스도인의 고백을 받아 낸 그 몬태나 계곡으로 다시 이사와서 정착하여 살기 시작했다. 며칠 전에 나는 그 전도의 사건이 일어났던 곳으로 차를 몰고 가서 아내에게 그 현장을 보여 주었다. 집으로 돌아오자 나는 '개리슨 존스는 지금 어떻게 지낼까?' 하는 생각이 들었다. 전화번호부를 뒤져 보니 예상대로 그의 이름과 주소가 나와 있었다. 그 주소지는 내가 지금 살고 있는 곳에서 5km 가량 떨어진 곳이었다. 전화를 걸어 볼까? 나를 기억할까? 아직도 깡패일까? 그가 억지로 내뱉은 그리스도인의 고백이 그에게 '효과'가 있었을까? 우리가 만난다면, 내가 패자 쪽이 되는 아마겟돈 전쟁을 미리 맛보는 것이 될까? 나는 아직 그에게 전화를 걸지 않았다. 심판의 날을 미루고 있는 것이다.

한편 나는 계속해서 역사 속에 던져진다는 것의 의미에 대해서 반추해 보고 있다. 하나님은 모든 것을 선하게 만드셨다. 하지만 조만간 그 선한 창조 안에서 우리 모두는 잇따라 개리슨 존스와 같은 사람에게 발견되고, 모든 사람이 창조의 삶에서 우리가 차지하고 있는 이 자리가 그토록 대단하다고 생각하는 것은 아니라는 것을 알게 된다. 우리는 고통과 실망과 고난에 처하게 된다. 그런 것들이 때로는 잠시 물러갔다가 때로는 우리를 짓누르겠다고 위협하며 다가온다.

이 모든 것에 대한 최후의 판결은 죽음이다. 우리는 죽는다. 이상하게도 모든 죽음은, 심지어 아주 나이가 많은 사람의 죽음이라도, 그것은 우리에게 침해당한 것 같은 불편한 느낌을 주고 우리를 놀라게 한다. 죽음 앞에서 눈물을 흘리고 비탄에 잠기는 것은, 그것이

잘못된 것이며 우리가 결코 좋아할 수 없는 것이라는 직감을 입증하는 것이다. 죽음은 무엇인가가 의도된 대로 작동하고 있지 않다는 데 대한 기초적 논거이며, 거기에는 우리가 좀더 나은 어떤 것 그리고 그것과는 다른 어떤 것을 기대할 모든 권리를 가지고 있다는 느낌이 수반된다.

케리그마: 예수님의 죽음

예수님의 탄생은 창조의 실재와 의미 안으로 들어가는 문을 제공해 준다. 이 세상은 예수님에 의해 계시된 성부의 세상인 것이다. 예수님은 우리에게 창조란 살아내야 하는 것이지 그저 바라보기만 하는 것이 아님을 보여 주신다. 그리고 예수님이 사셨던 방식이 우리가 살아야 할 방식이 된다.

마찬가지로 예수님의 죽음은 역사의 실재와 책임 안으로 들어가는 문을 제공해 준다. 늘 그렇지는 않지만 역사는 거의 대부분 지저분하다. 실패한 계획, 관계에 대한 실망, 정치적 절망, 사고와 질병과 이웃에 사는 깡패들은 우리 일상이다. 우리가 살고 있는 이 지저분한 역사 속에서 예수님도 사셨다. 놀라운 것은 예수님이 그 역사를 받아들이셨다는 것이다. 그렇게 받아들이셨기 때문에 예수님은 엄청난 고통을 당하셨고 몹시 괴로운 죽음을 당하셨다. 예수님의 생애는 행복한 이야기가 아니며, 성공담도 아니다. 그것은 (나중에 자세히 다루겠지만) 구원의 이야기다. 그분의 탄생은 피로 얼룩진 유아 대학살을 촉발시켰고(마 1-2장), 공적 사역에 들어가게 되었을 때 그분은 40일 동안 광야에서 호된 시련을 겪으며 악과 격렬한 논쟁을 하시고 육체와 영혼의 한계를 시험당하셔야 했다(마 3-4장). 가이사랴 빌립보에서는, 제자들이 예수님의 메시아적 정체성을 비로소 이해하는 것처럼 보였던 결정적인 순간에 예수님의 수석 제자인 베드로가 자기 주인보다는 사탄과 더 친한 것으로 드러났다(마 16:15-23). 그리고 예수님이 예루살렘으로 입성하신 그 위대한 유월절의 행진에서 호산나라고 외치는 환호 속에 둘러싸여 계셨을 때, 정말로 그 어느 때보다 축제의 분위기가 한창이었던 그 때에 예수님은 우셨다(눅 19:28-44; 마 23:37-39). 아무것도 모른 채 즐거운 시간을 보내고 있는 이 남자들과 여자들 그리고 아이들이 당하게 될 육체의 고통과 영혼의 아픔을 생각하며 우셨다.

역사는 눈물이라는 윤활제를 사용한다. 기도는, 어쩌면 거의 모든 기도는 눈물을 동반하고 있다(시편의 3분의 2가 비탄의 시다). 이 모든 눈물은 모아져서 예수님의 눈물 속으로 흡수된다.

예수님의 탄생, 부활 그리고 승천이라는 더 큰 맥락 속에 놓인 그분의 죽음, 즉 (우리 달력에 의하면 주후 30년에) 예루살렘 밖에서 '본디오 빌라도'에 의해 죽으신 예수님의 죽음은 복음의 케리그마에서 핵심적인 것이다. 예수님의 죽음은 우리의 구원이 성취되었다는 선포다. 이 죽음은 느닷없이 등장한 것이 아니라, 성경에서 품고 기도하는 고통과 죽음의 긴 역사에서 마지막 관문인 것이다.

예수님은, 하나님의 백성, 그러니까 하나님이 구원 사역을 수행하시는 장으로서 역사를 진지하게 받아들이는 오랜 전통 그리고 여전히 살아 있는 전통을 가지고 있는 하나님의 백성 가운데서 태어나셨다. 몸에 깊이 배어 있는 역사의 감각—역사에서 그들이 차지하는 자리에 대한 긍지, 역사 속에 임재하시는 하나님—은 히브리 사람들이 말을 하고 글을 썼던 방식을 많은 부분 설명해 준다. 그들은, 고대 세계의 관습처럼 기발한 이야기를 만들어 내거나 꾸며 대지 않았다. 그들의 글은 재미를 주거나 설명을 하지 않았다. 그들은 하나님이 남자와 여자와 세상을 다루시는 방식을 드러내 보였다. 그들은 하나님을 대하는 실제 사람들과 그들의 상황 그리고 하나님이 다루시는 실제 사람들과 그들의 상황에 서사의 형태를 부여했다.

예수님보다 앞서 왔고 예수님이 그 발자취를 이어가셨던 선지자들과 제사장들과 성경 저자들에게 세속 역사란 없었다. 전혀 없었다. 세상에서 일어난 모든 일은, 하나님이 편만하게 계시는 세상 속에서 일어난 일이었다. 히브리 사람들은 하나님이 이 세상에, 그들의 공동체 안에 그리고 그들 안에 인격적으로 살아 계시고 활동하신다고 믿었기 때문에, 자기 내면에서 일어나는 일과 자기 주변에서 일어나는 일을 관찰하고 거기에 참여하는 데 열중했다. 일식 현상, 염소의 간에 있는 점, 지구의 틈새에서 쉿 소리를 내며 뿜어 나오는 증기 등, 아무리 인상적이고 신비로운 경험이 있다 하더라도 하나님의 생명보다 못한 어떤 것으로는 인생을 설명할 수가 없었다. 하나님은 천문학적인 현상, 혹은 생리학적인 현상, 혹은 지질학적인 현상, 혹은 심리학적인 현상으로 축소될 수 없었다. 하나님은 살아 계시고, 언제든지 어디에서든지 자신의 의지를 실행하시며, 사람을 불러 도전하시고, 그들이 믿고 순종하게 하시고, 그들을 예배의 공동체로 부르시고, 자신의 사랑과 연민을 보여 주시고, 죄에 대한 심판을 내리셨다. 그리고 '일반적으로' 혹은 '대체로'라는 것은 하나도 없었고, 모든 것이 특정한 시간에, 특정한 장소에서, 이름을 가진 구체적인 사람들 사이에서 일어났다. 즉, 역사 속에서 일어났다.

성경의 사람들에게 하나님은, 철학자들이 토론을 벌이는 사상이거나 성직자들이 조작하는 힘이 아니었다. 하나님은 연구하거나 관찰하거나 관리할 수 있는 창조 세계의 일부가 아니다. 하나님은 인격이시다. 예배하거나 반항해야 할 인격, 믿거나 거부해야 할 인격, 사랑하거나 미워해야 할 인격이시다. 그리고 이 모든 것은 시간과 공간 안에서 일어나는 일들이다. 그렇기 때문에 성경의 계시에는 그토록 많은 이름과 날짜, 장소와 사건들이 들어가 있는 것이다. 하나님은 우리 일상을 구성하는 평범한 일들과 평범하지 않은 일들 속에서 우리를 만나신다. 성경에 나오는 우리 선조들은 역사로부터 탈출하면, 우리가 하는 말로 '모든 것을 훌훌 털어 버리면' 하나님을 더 잘 대하게 될 것이라는 생각을 한 번도 하지 않았던 것 같다. 역사는 하나님이 구원의 일을 하시는 매개다. 렘브란트가 물감과 캔버스를 매개로 예술 작품을 완성한 것처럼 말이다. 역사의 지저분함으로부터 거리를 두게 되면 하나님께 가까이 갈 수가 없다.

그러나 많은 사람들이, 하나님이 주로 그리고 결정적으로 임재해 계시는 장으로서의 역사를 이해하는 데 어려움을 겪는다. 우리는 소위 역사가, 학자 그리고 기자라는 사람들로부터 역사에 대한 감각을 익히면서 자랐다. 그들의 연구나 글에는 하나님이 중요하게 연관되어 있지도 않았고 하나님이 임재해 계시지도 않았다. 우리는 학교와 일간지와 텔레비전 방송을 통해서, 오직 정치와 경제, 인간의 이익과 환경적 조건, 군사 작전과 외교적 술책의 관점에서만 역사를 읽도록 철저하게 훈련을 받았다. 만약에 우리가 그럴 생각이 있다면 그 어디쯤인가에 하나님을 끼워넣을 수도 있을 것이다. 하지만 성경의 저자들은 그 반대로 작업을 했다. 그들은 하나님이 근원적 실재가 되시는 장인 역사 속에 우리를 끼워넣었던 것이다.

이것은 우리가 습득하기 힘든 사고 방식이다. 하지만 우리가 자신이 속한 역사 속에서 진정으로 자기 자신을 이해하고 그 역사에 적합하게 살아가려고 한다면, 우리는 반드시 그러한 사고 방식을 습득해야 한다. 그렇지 않으면 우리는 하나님이 임재하시고 일하시는 실제 세상에 적극적으로 참여하지 못하게 만드는 회피와 부인의 희생물이 될 것이다.

역사에 흠뻑 적셔져 있는 성경의 페이지들을 읽으면서 기도하는 동안, 우리는 서서히 그러한 사고 방식을 습득하게 된다. 그것이 바로 사람이 된다는 것의 의미다. 사람이 된다는 것은 하나님을 대면하는 것을 의미하며, 하나님이 우리가 일상적으로 경험하는 것들을 사용하셔서 우리 안에서 그리고 이 세상 속에서 그분의 구원 목적을 이루신다는 것을 의미한다. 성경 이야기 속에 빠져들 때, 우리는 거기에 나오는 모든 문장의 플롯과 짜임을 구성하는 현존으로서 하나님이 명령하시고 직접 참여하신다는 것을 깨닫게 된다. 서로 맞물려 있는 이야기와 기도, 성찰과 인도, 설교와 명령이 우리 자신을 인식하도록 훈련시켜 준다. 우리의 축소될 수 없는 순전한 인간성, 즉 개인적 감정이나 생각이나 상황으로 축소될 수 없는 그 인간성을 인식하도록 훈련시켜 준다. 그저 생물학적인 것 이상의 삶을 원한다면 우리는 반드시 하나님을 대면해야 하며, 그분의 역사적 장에 계시는 하나님을 대면해야 한다. 성경에 계시된 대로의 하나님과 조금이라도 관계를 맺고 싶다면 우리는 역사를 피할 수 없다.

성경적인 방식은, 우리에게 도덕적 규칙들을 제시하면서 "여기에 부합하는 삶을 살라"고 말하거나, 교리 체계를 제시하면서 "이렇게 생각하고 살면 잘 살 것이다"라고 말하는 것이 아니다. 성경적인 방식은, 견고한 땅 위에서 벌어지는 이야기, 우리와 많이 닮았다고 생각되는 남자와 여자들이 나오는 이야기를 해주며 "그 안으로 너희도 들어오라. 이것이 바로 인간이 사는 모습이다. 인간이 되고 인간으로서 성숙해지려면 이러한 일들을 겪어야 한다"고 말하며 우리를 초대하는 것이다. 우리가 무엇인가를 얻어내기 위해서, 아니면 우리의 밋밋한 삶에 색깔과 양념을 더해 주기를 바라는 마음으로 성경의 계시를 '이용'하는 것은 그것을 모독하는 것이다. 그런 행위는 일종의 '사치품 영성'(boutique spirituality)을 낳게 된다. 즉, 하나님이 그저 장식물이나, 어떤 보강재가 될 뿐이다.

역사와 그 안에서 우리가 차지하고 있는 자리를 이해하도록 훈련시켜 주는 성경적 방식의 놀라운 특징 중 하나는, 단 하나의 세부 내용도 결코 속이려 하지 않는다는 것이다. 하나님은 성경에 기록된 역사와 오늘날 우리 교과서에 기록된 역사 모두에 동일하게 임재하시고 활동하신다. 성경의 역사는 유럽 역사, 아프리카 역사, 아시아 역사 그리고 미국 역사에서 다루는 것과 똑같은 역사적 재료들을 다룬다. 예를 들어 아마존 탐험의 역사에서 하나님의 이름이 빠져 있다고 해서 하나님이 빠진 것은 아니다. 하나님은 여전히 요단 강을 건너는 역사에서만큼이나 거기에도 임재하고 관여하고 계신다. 역사는 역사다. 성경 역사와 현대사가 마찬가지다. 하나님의 관여하심을 보여 주는 성경의 역사는, 하나님을 모독하는 말을 제외하고는 하나님이 거의 언급되지 않는 우리 대중 매체가 보고하는 역사만큼 지저분하다. 섹스와 폭력, 강간과 대학살, 잔인함과 사기 등은 구원의 이야기를 전개시키는 데 사용될 만큼 유쾌한 재료들은 아니지만, 성경 곳곳에 버젓이 나와 있다. 그처럼 흠 많고 무뢰한 같은 사람들이 부정적인 본보기로 제시되고 그렇게 악한 삶의 결과로 무시무시한 지옥불이 벌로 주어졌다면 우리 중 어떤 이들이 그처럼 불편한 심기를 드러내지 않았을지도 모른다. 하지만 성경의 이야기는 그렇지가 않다. 물론 결과적으로 벌을 받는 경우도 있지만, 이 모든 사람이, 선하건 악하건 신실하건 결함이 있건 간에, 모두가 구원의 플롯 안에 엮여 들어가 있다. 하나님이 선한 일을 하시는 데는 선한 사람이 요구되는 것이 아니다. 중세의 어느 격언처럼 "하나님은 굽은 막대기로 곧은 선을 그으신다." 하나님은 우리가 어떠한 도덕적·영적 상태에 있건 우리와 일하실 수 있으며, 실제로 그렇게 하신다. 하나님은 가장 그럴듯하지 않은 사람들을 사용하셔서 최고의 일들을 이루시기도 한다는 것을 우리는 깨닫게 된다.

이것이 바로 하나님이 자신의 구원을 이 땅에서 이루어 가실 때 우리가 그 안에 들어가고 그것을 받아들이는 것을 배우게 되는 역사다. 우리가 일단 이것을 깨닫고 나면(성경이 우리의 상상력을 형성하도록 허락한다면 그러한 깨달음은 불가피하다) 우리는 성경적인 방식을 회피하는 통상적인 우회로에 들어서려는 유혹에 빠지지 않을 것이다. 그 통상적인 우회로란 바로 역사에 위협당하는 것과 역사를 착취하는 것이다.

위협. 역사는 늘 하나님을 믿는 백성들을 완전히 가려 버리는 강력한 힘, 즉 강력한 정치가, 강력한 군대, 강력한 재정가, 강력한 기관의 지배를 받아 왔던 것처럼 보인다. 이러한 "정사와 권세"에 비교해 본다면 기도와 예배가 다 무슨 소용이란 말인가? 그럴 때 우리가 받는 유혹은, 소박하게 살면서 가정적인 안락함에 만족하고, 주변으로 물러나 '세상'으로부터 가능한 최소한의 간섭만을 받으면서 하나님 안에서 믿음의 삶을 살 수 있는 게토를 만들려는 것이다.

소심한 사람들(위협당한 사람들)은 종종 자신이 두려워하는 대상을 몰래 흠모한다. 이들은 끊임없이 자신을 그들과 비교하며 깎아내리지만, 사실은 그러한 부류에 속하기를 너무나 원한다. 그 결과 그들의 상상력은 인간의 권세를 전시하는 역사, 하나님의 임재나 활동에 대해서는 아무런 감각이 없는 역사에 의해 형성된다. 그들은 하나님이 오직 자신의 내면 생활의 사적인 측면과 가정적 측면에만 관여하고 계시다는 느낌을 가지게 된다. 그러한 내면 생활을 그들은 자신의 영혼이라고 생각한다.

착취. 또 다른 사람들은, 역사를 움직이고 흔드는 사람들은 권력과 폭력, 신분과 지위, 돈과 영향력을 이용해서 자신의 뜻을 관철시킨다는 것을 알게 되고, 그래서 역사의 실재와 상관이 있으려면 그 역사의 방식대로 거기에 가담하는 수밖에 없다는 결론을 내린다. 물론 '그 역사의 방식대로'라는 것은 하나님이 없는, 기도와 예배가 없는, 용서와 사랑이 없는, 정의와 은혜가 없는 것을 의미한다. 그리스도인들에게는 이와 같은 전략을 사용한 오랜 그리고 유감스러운 전과가 있다. 신성 로마 제국, 십자군 그리고 영국의 정치가 크롬웰 등은 역사 교과서에 나오는 사례들이지만, 하나님의 일을 세상의 방식으로 하는 것에 영향을 받지 않은 교회나 선교 운동이나 학파는 거의 없다.

또 한 가지 가능한 선택이 있다. 우리는 예수님의 방식대로, 복음의 방식대로 역사에 들어가고 역사를 받아들일 수 있다. 즉, 역사를 하나님이 하나님의 방식으로 우리의 구원을 이루어 가시는 장으로 보게 하는, 여러 세기에 걸쳐서 이어진 성경 훈련을 통해서 우리가 이해하고 받아들이도록 준비시키는 그러한 방식 말이다. 우리는 이제 역사의 요란한 외침과 으스댐에 위축되어 역사로부터 물러서는 것에서 자유로워졌다. 우리는 이제 역사 나름의 방식을 삼아 역사를 착취하거나, 하나님을 우리의 비법으로 이용해서 역사와 경쟁할 수 있다고 생각하며 역사를 착취하는 것을 막을 수 있게 되었다.

예수님의 죽음은, 인생에 대한 이 근본적인 침해를 그리고 우리 내면과 우리 주변에서 일어나는 일의 상당 부분—역사—을 구성하는 이 창조에 대한 모독을 다루는 방법을 배우는 데서 중심이 되는 사건이다. 우리는 "세상이 왜 이 모양인가?" 하는 문제를 복음이 그 문제를 다루는 것과 같은 지점에서 다루기 시작한다. 그것은 바로 죽으시고 묻히신 예수님이다.

예수님의 죽음은, 정말로 무언가가 심각하게 잘못되었으며 이 잘못이 단순히 원인-결과의 논리적 작용, 즉 이 세상 방식의 논리적 작용의 문제가 아니라는 우리 경험을 확인하고 실증해 준다. 예수님이 동정녀에게서 태어나시고, 십자가에서 죽으셨다. 이 두 개의 구절 사이에는, 물리적이건 영적이건, 아무런 논리도 성립되지 않는다.

그분의 비탄과 눈물과 죽음에 기록되어 있는 예수님의 고난은, 역사 속에서 우리 자리를 찾는 데 필요한 권위 있는 텍스트가 되어 준다. 이 역사는, 창조 안에서 그리고 우리 주변을 온통 둘러싸고 있는 모든 생명 안에서 주어지고 약속되었던 것과는 너무나 다른 모습인 것처럼 보인다.

예수님은 고난받으시고 죽으셨다. 이것이 바로 복음 이야기의 틀을 마련해 주는 플롯이다. 네 명의 복음서 저자들은, 각자 자기 나름의 방식으로 예수님의 수난, 즉 그분의 고난과 죽음의 이야기를 들려주고, 그것에 대한 자세한 서문을 써 내려간다. 수난 이야기는 한 주간 동안에 일어나는 일이지만, 전체의 연대기에서 균형이 맞지 않을 정도로 상당한 지면이 거기에 할애되고 있다. 마태는 자신이 쓴 복음서의 4분의 1에 해당하는 분량을 수난 기사에 할애하고 있고, 마가는 3분의 1, 누가는 5분의 1 그리고 요한은 거의 절반을 할애하고 있다. 예수님의 고난과 죽음, 이 이야기를 하기 위해서 이 전도자들은 복음서를 썼던 것이다. 각각의 복음서 저자는 자기 나름의 방식으로 자세한 서문을 기록하지만, 이 핵심적인 자료에 오면 그들 모두가 대체로 같은 방식으로 글을 쓴다. 네 번이나 반복해서 기록된 이 고난과 죽음은 분명 중요한 것이다. 우리는 이 일이 일어났다는 것을 알아야 하고, 그것이 어떻게 그리고 왜 일어났는지를 알아야 한다. 복음서 저자들은 이 일에 우리를 참여시키려는 결의가 확고했으며, 그것도 그냥 개략적으로 하려 하지 않았다. 우리는 우리가 참여하려는 그 일을 정확하게, 하나하나 다 알아야 한다.

'생명'이라는 말이 창조 속에 짜 넣어진 주제어라면, 그와 대등하게 '죽음'은 역사의 주제어다. 고난과 죽음은 확성기를 통해 크게 들려지는 목소리다. 해산의 고통 속에 신음하는 모든 피조물을 등에 업고(롬 8:22), 구원의 **필요**에 주의를 집중하라고 모든 역사 속에서 외치는 인간의 목소리다. 예수님의 고난과 죽음은 이 구원의 **수단**을 말하는 결정적인 역사적 선언이다.

우리 성경은 이와 같은 고난과 죽음의 언어로 가득 차 있다. 복음서의 수난 이야기는 복음서에서 흘러넘쳐 서신서와 계시록에까지 전해지고 있다. 우리의 고난은 계속해서 그리스도의 고난의 맥락 속에서 제시되고, 그리스도의 고난은 끈질기게 우리의 고난과 나란히 제시된다.

"그리스도도 너희를 위하여 고난을 받으사 너희에게 본을 끼쳐 그 자취를 따라오게 하려 하셨느니라"(벧전 2:21).

"내가 그리스도와 그 부활의 권능과 그 고난에 참여함을 알려 하여 그의 죽으심을 본받아"(빌 3:10).

"하나님의 말씀과 그들이 가진 증거로 말미암아 죽임을 당한 영혼들이 제단 아래에 있어"(계 6:9).

예수님은 죽으셨다. 그 사실을 피할 수가 없다. 이는 근본적인 것이다. 그리고 나 또한 어떤 식으로든 죽을 것이다. 그것 또한 피할 수 없는 사실이고, 근본적인 것이다. 이 죽음, 예수님과 내 죽음의 연결은 내가 구원을 이해하고 구원을 받기 시작하는 지점이다.

바울은 하나님이 우리 삶에서 일하시는 그 기획 전체를 다음과 같은 엑기스로 정제해 낸다. "예수 그리스도와 그의 십자가에 못박히신 것"(고전 2:2) 그리고 바울 자신이 기꺼이 동참하고자 하는 십자가의 죽음(갈 2:20).

  예수님에 관한 이야기 중에서 이것보다 더 명쾌하고 더 분명하게 제시될 수 있는 것은 없을 것이다. 즉, 예수님은 고난과 죽음의 길을 택하셨고, 예수님이 그렇게 하신 것은 그분 앞에 있었던 하나님 백성의 역사 전체와의 연속선상에서 하신 것이며, 그 고난과 죽음은 케리그마적이었다는 것이다. 인생이 우리에게 주는 최악의 것인 고난과 죽음으로 구원은 형성된다.

  이 말은 우리가 예수님을 따르는 자로서 살고 싶다면, 예수님이 원하시는 방식대로 살고 싶다면, 예수님의 생명을 우리 생명으로 받고 싶다면, 하나님의 형상으로 회복된 정체성을 가지고 싶다면, 그렇다면 우리도 예수님을 따라서 소위 지저분한 역사라고 불리는 그것 안으로 들어가야 한다는 뜻이다. 역사는 인격이 개입되지 않은 연구와 분석 속에서 그저 멀찌감치 두고 볼 수 있는 것이 아니다. 역사는 물러나 회피하거나 부인해야 할 것이 아니다. 역사는 받아들여야 한다. 예수님이 취하신 방식이 우리가 취해야 할 방식인 것이다.

  히브리서라는 이름이 붙은, 세밀하고 세련되게 기록된 초대교회의 설교는 예수님의 고난과 죽음이 주는 케리그마적 영향력을 가장 세부적으로, 가장 생생하게 작업해 낸 글이다. 그 편지에서는 그리스도의 모든 고난과 죽음이, 고난받고 죽는 모든 사람, 즉 우리 모두를 위한 구원의 기도로 정제되어 있다. "그는 육체에 계실 때에 자기를 죽음에서 능히 구원하실 이에게 심한 통곡과 눈물로 간구와 소원을 올렸고 그의 경건하심으로 말미암아 들으심을 얻었느니라. 그가 아들이시면서도 받으신 고난으로 순종함을 배워서 온전하게 되셨은즉 자기에게 순종하는 모든 자에게 영원한 구원의 근원이 되시고 하나님께 멜기세덱의 반차를 따른 대제사장이라 칭하심을 받으셨느니라"(히 5:7-10).

"심한 통곡과 눈물로 간구와 소원을 올렸고." 예수님은 역사의 깊숙한 곳으로 내려가셔서, 그것을 온 마음을 다해 다 받아들이시고, 그 행위를 통해서 '영원한 구원의 근원'이 되셨다. 예수님의 고난과 죽음, 그분의 수난은 구원의 연료인 것이다.

예수님의 죽음은 우리가 구원으로 들어가는 길이다. 다른 길은 없다.

위협: 도덕주의

그러나 우리가 아무리 예수님을 존경한다 하더라도, 우리가 예수님의 죽음에 대해서 아무리 많은 찬송을 짓고 노래한다 하더라도, 그리고 우리가 아무리 많은 햇수 동안 교회에서 사순절과 고난주간을 반복해서 지킨다 하더라도, 이 죽음의 이야기를 우리는 잘 소화하지 못한다. 설교나 찬송가나 달력에서는 회피할 수 없지만, 사는 방식에선 그것을 피해 갈 수 있는 방법들을 용케도 찾아낸다.

기독 공동체에 속한 우리가 예수님의 죽음을 회피하거나 주변화하는 데 사용하는 가장 흔한 방법은 안전하고, 위험이 없고, 죄책이 없는 삶의 양식을 만들어 내는 것이다. 우리는 하나님 앞에서 바르게 사는 것에 대한 정보를 많이 가지고 있다. 십계명은 우리가 원래 살아야 하는 방식대로 살 수 있는 고전적인 구조를 제공한다. 그리고 우리는 어떻게 하면 삶을 품위 있게 영위하고 효과적으로 기도

할 수 있는지를 가르쳐 주는, 유대교와 기독교의 역사 속에서 여러 세기에 걸쳐 축적된 지혜를 상당히 많이 비축하고 있다. 우리는 자녀들과 다른 사람들에게 "경계에 경계를 더하며, 경계에 경계를 더하며, 교훈에 교훈을 더하며, 교훈에 교훈을 더하되, 여기서도 조금, 저기서도 조금"(사 28:10) 가르치기 위해서 스스로 막중한 책임을 짊어진다.

가정에서건 사회에서건, 교회에서건 정부에서건, 일이 잘못되면 그것에 대한 도덕적인 원인은 쉽게 발견이 된다. 이 세상에서 잘못되는 많은 일들이 그 뿌리를 보면 성경의 명령에 대한 불순종이나 무지가 문제라는 게 명백하게 드러나지 않는가. 우리가 자녀와 부모들, 정치인과 교수들, 사업계의 지도자와 유명 인사들이 바른 생각을 가지고 바른 태도를 가지도록 교육할 수만 있다면 모든 것이 정말 눈부시게 좋아질 것이라고 우리는 결론을 내린다.

모두 충분히 맞는 말이다.

하지만 일단 이것을 이 세상의 잘못된 것을 다루는 기본적인 방침으로 정하는 순간 우리는 예수님의 십자가로부터 그리고 우리 구세주이신 예수님으로부터 등을 돌리는 것이다. 도덕적 삶이 우리 삶의 방식을 규정하는 것이 되는 순간 우리는 성경에 계시된 거의 모든 것에 등을 돌리는 것이며, 우리 주변에서 일어나고 있는 일(역사) 속에 임재하시는 하나님을 인정하기를 거부하는 것이며, 무엇보다도 우리가 예수님에 대해서 알고 있는 가장 중요한 것을 다루기를 거부하는 것이다. 그것은 진짜 예수님을 평면적인 종이에 그려 투박하게 오려 낸 모형으로 대체하는 것이다. 그러한 삶은 결국 반항적으로 예수님을 부인하기에 이르게 된다. 우리는 예수님의 가장 심한 질책을 받는 위치에 서게 되는 것이다. "사탄아, 내 뒤로 물러가라. 너는 나를 넘어지게 하는 자로다. 네가 하나님의 일을 생각지 아니하고 도리어 사람의 일을 생각하는도다"(마 16:23). 우리가 그리스도의 삶(Christ life)이라는 살아 있는 맥락 가운데서 도덕적인 삶만을 뜯어 낸다면, 성경이라는 자양분 많고 비옥한 흙에서 그것만 뿌리째 뽑아 낸다면, 우리는 시들고 축 늘어진 꽃, 결국에는 죽어 버릴 꺾인 꽃만을 손에 쥐게 된다.

나는 이처럼 흔하면서도 무난해 보이는 태도, 그러나 사실은 예수님을 비참하게 배신하는 태도를 지칭하기 위해서 '도덕주의'(moralism)라는 용어를 사용할 것이다. 하지만 이 단어를 가만히 살펴보라. 이 단어의 어근은 '도덕'이다. 영광스럽고 또한 필요한 단어다. 도덕성은 원자와 양성자와 중성자들만큼이나 실재 속에 깊이 그리고 불가피하게 내장된 것이다. 우리는 뼛속까지 도덕적인 존재들이다. 이 세계 자체가 도덕적이다. 옳고 그름은 창조 안에 각인된 것이다. 우리가 하는 일, 하는 말, 믿는 것, 심지어 생각하는 것도 중요하다. 도덕성은 근본적인 것이며 타협할 수 없는 것이다.

그러나 도덕**주의**는 꽤 다르다. 도덕주의는 구원의 하나님이 필요 없는 삶을 꾸려 가는 것을 의미한다. 도덕주의는 죽은 것이고, 도덕성은 살아 있는 것이다. 도덕주의는 인간의 능력을 기반으로 일을 처리하고, 나의 좋은 행실이 징벌이나 재난을 막아 주는 보장이 되도록 인생을 조정한다. 도덕주의는 힘으로부터 작동하는 것이지 연약함으로부터 작동되는 것이 아니다. 도덕주의는 하나님이 더 이상 필요하지 않도록 하나님을(혹은 하나님의 계시를) 이용한다. 도덕적 규칙들은 하나님으로부터 독립하기 위한 징검다리로 이용된다.

도덕주의는 밖에서부터 작동한다. 자기 자신과 다른 사람에게 바른 생활을 지우는 것이다. 거기에는 자유도 없고 기쁨도 없다. 도덕주의는 삶에 씌워진 도덕적 격자다. 그 격자에 비추어 보면 내가 어디에 들어맞고 어디에 들어맞지 않는가를 정확하게 볼 수 있고, 당신이 어디에 들어맞고 어디에 들어맞지 않는가를 정확하게 볼 수 있으며, 어떤 행동이 옳고 어떤 행동이 그른지를 정확하게 볼 수 있다. 일단 그것을 알고 나면 더 이상 무엇이 필요한가? 내가 그것을 하거나 하지 않거나 둘 중 하나다. 그리고 당신이 그것을 하거나 하지 않거나 둘 중 하나다. 간단하다.[2]

이와 같은 이야기를 들려주는 놀라운 그리스 신화가 있다. 그리스의 프로크루스테스는 여행객들이 많이 다니는 길목에 집을 한 채 가지고 있었다. 전략적으로 자리를 잡은 여관이었다. 풍채가 좋은 그는 붙임성 있고 정중한 태도를 가진 사람으로 보였다. 그는 모든 것이 깨끗하게 정리된 것을 좋아했다. 그리고 그는 손님들이 자신의 대접을 받고 그 여관을 떠날 때에는 처음에 왔을 때보다 더 좋은 모습으로, 마치 황금 비율의 그리스 조각상 같은 모습으로 떠나기를 바랐다. 사람들은 그가 자기 집 현관의 흔들의자에 편안하게 앉아 파이프 담배를 피우면서 여행객들을 환영하고 대접하는 모습을 거의 날마다 볼 수 있었다. 그의 파이프 담배에서 나오는 연기는 아늑한 향기를 실어 날랐고, 그는 편안한 할아버지 같은 흰 수염을 가지고 있었다. 그 집은 깔끔하고 관리가 잘 되어 있었다. 피곤한 여행객들에게 그 집은 안전한 천국 같아 보였다. 거의 매일 저녁 손님이 한두 명은 꼭 있었다. 그들을 반갑게 맞아들이고 식사를 제공한 후에 프로크루스테스는 손님들을 방으로 안내했다. 프로크루스테스는 누가 그 위에서 자든 그 사람의 체격에 꼭 맞게 변형이 되는 특별한 침대가 자기에게 있다고 말하곤 했다. 프로크루스테스가 말하지 않은 것은 어떻게 그것이 가능한가였다. 손님이 잠이 들고 나면 프로크루스테스는 그들의 방으로 들어가서 자신의 손님 접대를 완성했다. 키가 작은 사람은 그 침대에 딱 맞도록 팔다리를 늘렸고, 키가 큰 사람은 팔이든 다리든 침대 밖으로 삐져나오는 것은 다 잘라서 침대에 맞췄다. 모든 사람이 침대의 치수대로 늘려지거나 절단되었던 것이다. 다음날 아침, 손님들이 고통스러워하면서 혹은 절름거리면서 떠날 때쯤이면 그들은 모두 완벽한 그리스인의 치수를 가지고 있었다.

프로크루스테스와 그의 침대는 바로 도덕주의를 말하는 것이다. 우리의 개별적인 특성을 경멸하는 사람들이 미리 주어진 틀에 맞추도록 우리를 강요하기 위해서 사용하는 전략인 것이다.

이러한 이야기가 가지는 큰 매력은 단칼에 역사의 지저분함을 없애 버릴 수 있다는 것이다. 또한, 일단 우리가 나가서 프로크루스테스의 침대를 사다가 우리 교회나 가정에 설치하고 나면 예수님과 그의 십자가는 장식 용도를 제외하고는 필요가 없게 된다. 단지 모든 사람이 좋은 행실을 가지도록 강요하거나 조절하는 것으로 세상을 바로잡을 수 있다면 우리는 더 이상 구원이 필요 없게 된다. 우리에게 필요한 것은 교육과 훈련이 되고, 정치적 개혁과 문화적 르네상스, 더 강력한 경찰과 뛰어난 군대, 더 많은 정보와 권력이 필요하게 된다.

예수님의 십자가에서 일어난 일을 규정하기 위해서 성경과 신학에서는 '희생'이라는 단어를 반복해서 사용하고 있다. 이 단어는 수세기에 걸친 히브리인들의 관습에서 그 내용을 가져오고 있는데,

많은 부분이 유월절 식사에서 파생되었고, 레위기의 희생 제사에서 발전되어 장막과 성전의 예배 의식에서 그 의미가 실현되었다. 이 것은 프로크루스테스의 여관 접대와는 상당한 차이가 있는 것이다.

―♣―

이미 우리는 창조 속에서 놀이하시는 그리스도를 우리가 회피하거나 비껴가기가 얼마나 쉽고 흔한 일인지를 살펴보았다. 하나님이 예수님의 탄생 안에서 자신을 계시하신 것은, 생명과 생명에 관여된 모든 것을 긍정하시고, 우리를 거기에 관여시키기 위해서라는 것은 매우 분명하다. 그러나 편리한 부분만 골라내고 나머지는 폐기해 버리려고 하는 사람들이 있는데, 그렇게 폐기되는 부분에는 보통 우리에게 계시된 대로의 예수님도 포함된다. 그러한 행위를 간략하게 우리는 '영지주의'라고 부른다.

그리고 또한 그리스도께서 현장에 나타나셔서 역사 속에서 놀이하실 때에 우리가 눈을 감고 낮잠을 자는 것도 흔히 있는 일이고 쉬운 일이다. 예수님이 인생에서 잘못된 모든 것을 끌어안으시고 희생적 죽음을 통해서 세상을 구원하시고, 그럼으로써 그 구원에 우리로 하여금 관여하게 하시는 그분의 죽음 안에서 하나님이 자신을 계시하신다는 데에는 의문의 여지가 없다. 그렇다면 왜 그토록 많은 사람들이 그 지저분한 것과 그 지저분함 속에 있는 그리스도로부터 멀찍이 떨어져서, 선생들을 고용하고 규칙들을 게시하며 그 지저분한 것들을 냉정하게 치우고 싶어하는 것일까? 그들은 기독교의 제단을 프로크루스테스의 침대로 대체하려고 작정했다. 그러한 태도를 간략하게 우리는 '도덕주의'라고 부른다.

근거 본문(1): 출애굽기

창조가 그리스도께서 놀이하시는 무대를 마련해 준다면, 역사는 사람과 상황들을 마련해 주는데, 그 사이에서 그리고 그 안에서 그리스도께서는 "팔다리를 아름답게 놀리며, 자기 눈이 아닌 다른 사람의 눈에 아름다워 보이도록" 놀이하신다. 이처럼 역사에서 펼치시는 예수님의 놀이를 가장 간결하게 특징짓는 유일한 단어가 '구원'이다. 만약에 '예수님이 구원하신다'는 문구가 오래 전에 이미 상투적인 것으로 전락하지 않았더라면, 그것은 성경이 이 주제에 대해서 말하고자 하는 것을 적절하게 요약해 주는 문구로 손색이 없었을 것이다. 하지만 자동차 범퍼에 붙이는 스티커와 여기저기 갈겨진 낙서 때문에 이 문구는 그것이 정곡을 찌르는 구원의 이야기로부터 너무나 동떨어진 채, 그 의미가 모두 새어나가고 말았다. 구원의 **말**이 의미를 가지려면 구원의 **이야기**를 회복해야 한다. 구원은 하룻밤의 정사(情事)가 아니다. 구원은 역사의 두툼한 조직으로부터 분리될 수 없는 것이다. 구원은 모든 것을 에워싼다—이미 일어난 일과 일어나고 있는 모든 일 그리고 이름이 밝혀졌건 밝혀지지 않았건 모든 사람을 역사 속에서 하나님이 하시는 일과의 관계 안으로 끌어들이면서.

구원이 계시되고 받아들여지는 장인 역사적 실재 안에 있는 그리스도인의 정체성을 말하기 위해서 내가 선택한 근거 본문은 출애굽기와 마가복음이다. 이 두 개의 본문은 서로 짝을 이루어, 역사 속에 드러난 하나님의 임재와 그분이 하시는 일, 시간과 공간 안에서 벌어지는 모든 상황과 사건 속에 나타난 그리스도의 놀이를 계시해 주는 예증이 되고 있다. 게임을 은유로서 사용하면 역사 속에서 일어나는 모든 일을 통일성 있는 이미지로 모으는 데 유용하다. 그 자체가 역사인 이 게임의 이름은 구원이다. 그러나 이 게임이, 역사라는 주된 사업에서 벗어난 어떤 것은 아님을 반드시 이해해야 한다. 이 게임 **자체**가 주된 사업이다. 구원은, 우리 각자에게 일어나는 모든 일을 포함한 모든 것을, 역사라는 놀이터로 가져오고 그리스도의 놀이 안으로 가져오는 게임이다. 이 게임은 관객이 없는 게임이다. 우리 모두가 거기에 참여하고 있기 때문이다. 여기에는 우리 인생의 의미와 결과가 달려 있다. 그 결과는 영원을 좌우한다.

출애굽기를 읽는 우리에게 주어진 과제는 구원이 실제로 역사에서 작용하는 방식에 대한 감을 잡는 것이다. 출애굽기는 "모든 세대 속에 나타나는 거룩한 구원 활동의 양상을 보여 주는 기본 계시다."[3] 성경을 이해할 때, 성경의 증인들이 보여 준 구원 이야기의 실재에 적합하지 않은 상상을 제거하는 것이 매우 중요하다. 우리는 '구원하다'와 '구원'을 추상적인 개념이나 원칙으로 바꾸어 거기에 우리 환상이나 생각들을 채워넣는 일을 흔히 저지른다. 구원은 난파한 배에서 판자나 들보 몇 개를 건져 내려고 안간힘을 쓰는 것이 결코 아니다. '구원하다'와 '구원'은 독립된 단어나 구문으로 우리에게 주어진 것이 아니라, 플롯과 등장인물이 있는, 여러 세기에 걸쳐 발전되고 전해진 거대한 이야기 속에 새겨진 것이다. 구원의 에너지는 역사의 모든 구석과 틈 속으로 촉수를 뻗친다. 구원은 거대한 생태학적 체계다. 그 복잡성이 창조를 능가하며, 모든 것이 다른 모것에 영향을 미치고 또한 영향을 받는다. 출애굽기는 "모든 세대 속에 나타나는 거룩한 구원 활동의 양상을 보여 주는 기본 계시"다.

출애굽기는 창세기와의 연속선상에서 시작된다. 특히 가나안의 기근을 피하기 위하여 이집트로 이민을 간 야곱 가족("칠십인")의 이야기로 시작되고 있다. 이들은 기근은 피했으나 결국에는 잔혹하게 이용당하는 노예로 전락하고 만다.

그리고 나서 출애굽기는, 하나님의 백성이 역사상 최악의 곤경에 깊이 빠져 있는 상태에서 구원의 이야기를 시작한다. 이들은 430년 동안 이집트에서 노예 생활을 했는데 이집트인들은 "어려운 노동으로 그들의 생활을 괴롭게 하니 곧 흙 이기기와 벽돌 굽기…"(출 12: 40와 1:14) 등을 통해서였다. 도널드 고완(Donald Gowan) 교수는 출애굽기에 대한 통찰력 있는 연구에서 이렇게 말하고 있다. "우리가 이 이야기를 있는 그대로 읽고 또 그것을 구약 성경에 기록된 이스라엘 역사의 다른 비참한 시기들과 비교를 해 보면, 이 때가 가장 어두운 시기로 설명되고 있다는 결론을 내릴 수 있을 것이다."[4] 이것은 중요한 분별력이다. 그 말은 구원 이야기가, 우리가 개인적으로 혹은 사회적으로 했던 일이나 할 수 있는 일에 전혀 기초하지 않는다는 의미다. 구원은 인간적으로 불가능한 조건, 모든 가능성이 등을 돌린 조건 속에서 시작된다. 회의라도 열어서 승산을 타산해 볼 여지가 없는 것이다. 그와 같은 역사의 막다른 골목에 왔을 때 우리 상상력은 사회적·정치적 전략, 혹은 치료적 전략과 같은 방해물 없이 자유롭게 하나님께 주의를 기울일 수 있게 된다.

전통적으로 역사가들은 민족과 문명의 업적을 모아서 그것이 인간사의 진로에 어떤 영향을 미치고 어떤 의미를 가지는지를 따진다. 왕과 관리들은 거기에서 두드러지는 인물들이다. 건축물과 기념비 또한 존중받는다. 언어가 연구되고 문학은 주의 깊게 평가된다. 무역로와 그것이 가지는 경제적 함의가 추적된다. 전쟁과 조약, 홍수와 기근이 다 자신의 흔적을 남긴다.

이집트는 역사가들의 그러한 주의를 끄는 대표적 사례다. 200년이 넘게 고대 이집트는, 즐거워하며 거기에 열심히 매달리는 고고학자들과 문헌학자들의 면밀한 조사를 받았다. 나폴레옹 보나파르트가 1798년에 고대 이집트의 재발견을 시작했는데, 그가 프랑스에서부터 배를 타고 와서 당시에 이집트에서 세력을 잡고 있던 영국에 도전장을 던진 것이 그 계기였다. 그의 군사 작전은 곧 실패했지만 거기에는 기대하지 않았던 이득이 있었다. 그들은 학자와 예술가들을 데리고 갔었는데, 이들이 고대의 기록을 아주 풍성하게 수확했던 것이다. 그 중에서도 특히 인상적인 성과는 로제타 스톤(Rosetta Stone)이었는데, 이것은 검은 현무암 석판에 세 개의 언어가 새겨진 것이었다. 그 중에서 한 언어는 이집트어였고 이것은 해독할 수 없는 상형 문자로 되어 있었다. 젊은 프랑스인 학자 장 프랑수아 샹폴리옹(Jean François Champollion)은 여러 해를 애써 노력한 끝에 그 상형 문자를 해독하는 데 성공했다. 1822년이었다. 사람들은 그 때 이후로 이집트의 거대한 무덤과 신전들을 탐사하기 시작했고, 문서들을 해독하면서 이 장엄하고 인상적이며 세계를 지배한 문명의 역사를 재건하기 시작했다. 이제 우리는 정말 많은 것을 알게 되었다! 기자(Giza)의 피라미드와 스핑크스, 카르나크의 신전,

군사적 승리와 패배, 층층이 세워지고 조각된 신과 여신들. 미국인 학자 제임스 헨리 브레스티드(James Henry Breasted)는 모든 증거 자료를 번역해서 한데 모으는 작업에 착수했다. 위대한 학자들이 그 뒤를 계속 이어갔고, 또 그 뒤에는 끝도 없는 시끌시끌한 관광객 무리가 카메라와 낙타를 동반하고 그 장엄한 광경 앞에서 감탄사를 연발했다. 3천, 4천, 5천 년 전에 그 사막에서 펼쳐졌던 권력과 아름다움의 증거는 늘 우리 상상력을 뒤흔들며 자극한다.

하지만 성경의 저자들은 그런 것들을 다 무시한다. 이들은 사람의 대단한 업적에는 별 관심이 없다. 이들은 거만하게 전시된 인간의 자아에는 흥미를 느끼지 못한다. 이들은 하나님께 관심이 있으며, 크기와 숫자와 도전적인 자기 주장에서 하나님의 임재와 활동을 찾는 것은 어리석은 일이라는 것 정도는 알고 있다. 이들은 시인 윌리엄 메러디스(William Meredith)의 정신과 태도에 더 가까운 자세로 역사에 접근한다.

> 나는 심장을 쪼개놓고
> 포도(鋪道)를 뒤흔드는 눈에 띄지
> 않는 힘에 대해 말한다—
> 조용한 사람들과 식물들 안에
> 숨어 있는 힘에 대해…[5]

따라서 역사 속에서 일하시는 하나님에 대한 근거 본문에서 처음으로 등장하는 이름들이, 사회적·경제적으로 가장 낮은 계층에 있는 두 명의 산파 십브라와 부아라는 사실은 의미심장하다. 이 두 여인은 이집트 왕의 명령을 무시했으며, 그러한 무시의 행위는, 예수님의 이야기와 나란히 모든 역사에서 구원의 예증적 기사가 될 역사적 사건들의 연쇄를 촉발시키게 되었다. 바로라고도 불리는 이집트의 왕은, 당대의 가장 강력한 세상의 지배자였을지 모르나, 개인의 이름이 밝혀지는 정도의 대접도 받지 못하고 있다.[6]

그러나 눈에 띄지 않는 이 두 히브리 여인들은 그 이름이 언급되고 있고, 이름이 언급된 덕분에 눈에 띄는 존재들이 되었다. 십브라와 부아. 이들은 산파였다. 이들의 직업은 아기가 세상으로 나오게 도와주는 것이었다. 세계적인 권세를 가진 왕이 그 아기들을 죽이라고 명령을 내리자 그들은 아무런 허세 없이 간단하게 그를 무시한다. 이것을 잊어서는 안 된다. 구원은 위로부터 혹은 외부로부터 부과되는 것이 아니다. 구원은 생명이 죽음과 직면하는, 우리가 처한 그러한 조건들 속에서 부상한다. 십브라와 부아, 인간의 생명이 자궁을 헤치고 역사 속으로 들어오는 그 시간과 공간에서 날마다 일했던 이 두 사람은 아기들을 죽이라는 명령을 무시했다. 생명을 향한 의지가 죽임의 명령과 교차하고 있다. 죽임의 명령은 특권과 권력이라고 하는 익명의 비인격성에서 나오고 있으며, 생명을 향한 의지는 주변적이지만 구체적인 인격을 가진, 억압받고 힘없는 자들을 대표하는 십브라와 부아에게서 나오고 있다. 꺾을 수 없는 권력의 자리에서 전해지는 역사는 무엇보다도 죽음에 대한 것이다. 연약함의 자리에서 전해지는 역사는 무엇보다도 생명에 대한 것이다. 역사를 기록하고 역사에 참여하는 성경적 방식에서 세계의 지도자들은 조연에 불과하다. 십브라와 부아와 같은 사람들이 결정적인 역할을 한다. 우리가 이와 같은 행위의 **자리**(placing), 인격과 평범함에 근거하는 것의 중요성을 이해하고 받아들이지 못한다면, 우리는 결코 구원의 주요 행위에 전심으로 동참하지 못할 것이다.

❧

구원이 계시되고 경험되는 역사적 상황 속에서 하나님의 백성을 인도한 모세와 아론은 십브라 그리고 부아와 같은 동네 사람이었다. 아기들이 '집권 세력'에 의해 죽음의 위협을 받고 있던 그 동네 출신이다. 십브라와 부아가 만약에 바로의 명령을 수행했더라면 모세와 아론은 태어나자마자 죽었을 것이다.

우리는 모세에 대해서 별로 아는 것이 없다. 그리고 아론에 대해서는 더더욱 아는 것이 없다. 분명한 것은 이들이, 그 천사 같은 산파들처럼 사회의 주변부 출신이라는 것이다. 그는 파피루스 덤불 속에서 구조되어 이집트 공주에게 입양되었고, 이집트의 깡패를 살해하고는 미디안으로 도망을 갔고, 르우엘의 일곱 목자 딸들을 위해서 선한 사마리아인의 역할을 자처했고 나중에 그 딸들 중 하나인 십보라와 결혼했다. 이 모든 사건은 그가 처한 주변인으로서의 위치를 더 강화시켜 준다.

지도력에 관해서 말하자면 그는 전혀 준비가 되지 않은 사람으로 그려진다. 그는 자신감이 없었는데, 우리 식으로 말하자면 '자존감'이 없었다. 하나님이 불타는 떨기나무로 모세의 주의를 끄셨을 때, 그는 호기심을 가지기는 하지만 머뭇거린다. 하나님과 모세 사이에 오고간 대화는 지루한 논쟁이 되어 버린다. 모세에게 바로와 대면해서 하나님의 백성을 이집트에서 이끌어내라고 하시는 하나님께, 모세는 계속해서 거절의 말만 했기 때문이다.

하나님: 내가 너를 바로에게 보내서 내 백성을 구하게 하겠다(출 3:10).

모세 : 제가 누구라고 그런 일을 하겠습니까?(3:11)

하나님: 하지만 내가 너와 함께 있다(3:11-12).

모세 : 당신의 이름이 무엇입니까?(3:13)

하나님: 나는 스스로 있는 자다. 그들에게 내 이름을 말해 주어라. 그들이 들을 것이다(3:14-22).

모세 : 그 사람들은 내 말을 믿지 않을 겁니다(4:1).

하나님: 이 지팡이를 가지고 가서 이 표적들을 행하라. 그러면 그들이 들을 것이다(4:2-9).

모세 : 하지만 저는 말을 잘 못합니다. 말을 더듬습니다(4:10).

하나님: 내가 너에게 가르쳐 주겠다(4:11-12).

모세 : 다른 사람을 보내십시오(4:13).

하나님: (인내심을 잃으시고)네 형 아론을 보내서 너를 돕도록 하겠다(4:14-17).

하나님의 그 말씀에 모세는 드디어 시키는 대로 하기로 하고(하지만, 우리 모두가 예상하다시피, 그는 마음에 내켜하지는 않는다), 이집트로 갈 채비를 한다.

이 특별한 역사적 상황 속에서 지도력을 발휘할 후보로서 이보다 더 안 어울리는 사람을 상상하기란 어렵다. 꾸물거리고, 우유부단하고, 마지못해하는 이 사람에게 구원의 사역을 이끄는 일을 맡긴단 말인가? 말꼬리잡고, 변명 잘하는 이 남자, 하나님 앞에서 공경하는 태도도 없고, 그분의 분명한 명령에 순종할 준비도 되어 있지 않은 이 남자에게 구원의 사역을 맡긴단 말인가?

하지만 어쩌면 바로 그것이 이유인지도 모른다. 구원은 하나님의 일이다. **예수님**이 구원하신다. 우리가 조바심을 내며 주제넘게 이 사업을 가로채서 우리가 전혀 이해하지도 못할 거대하고 복잡한 경륜에 관여할 일이 없으려면, 무능력함은 오히려 꼭 필요한 자질인지도 모른다. 물론 그 사업에 대해서 우리가 통고를 받기는 한다. 우리는 우리 손에 닿는 역사 속의 특정한 순간들에 드러나는 하나님의 구원 사역 이야기들을 접하고 있다. 회개하고, 예수님—구원의 건축가이자 선구자이신—을 믿고 따름으로써 개인적으로 구원의 삶에 참여할 정도만큼은 안다. 그러나 결국에 가서 보면 우리가 아는 것은 별로 없다. 구원에서 일어나는 대부분의 일들은 우리를 넘어서는 것들이다. 우리는 신비를 살고 있는 것이다. 우리는 "무지의 구름"(cloud of unknowing) 속에서 인생을 헤쳐 나간다.

이러한 점에 비추어 볼 때 모세는 우리가 애써 따라잡아야 하는, 우리보다 한 수 위에 있는 본보기가 아니라, 우리가 자리잡고 있는 역사의 단편을 구성하는 사람과 상황들 속에서 하나님이 구원 사역을 하시는 그 땅에 두 발을 딛고 서는 것의 의미를 보여 주는 동료다.

나중에 누가복음의 도입부를 읽어 보면, 출애굽기에 나오는 이 구원 사역의 '지도자들'이 흥미로운 반향을 일으키는 것을 포착하게 될 것이다. 누가도 마찬가지로 두 명의 주변적 여인들로부터 이야기를 시작한다. 이들은 십브라와 부아처럼, 권세 있고 죽음이 지배하는 로마 제국에서 생명을 탄생시키는데, 차이점은 엘리사벳과 마리아가 산파로서가 아니라 어머니로서 그 일을 한다는 것이다. 그리고 누가는 두 명의 주변적 남자들, 아버지와 아들인 스가랴와 요한에서부터 이야기를 시작한다. 이들은 모세와 아론 형제처럼 레위 족속이며, 그 중에서 적어도 한 명(요한)은 모세와 마찬가지로 사막에서 나와 구원의 이야기에서 지도자의 자리를 차지하게 된다.

하나님

그러나 이 모든 것은 서문에 불과하다. 구원이 이루어지는 상황들에 대해서 감을 잡게 해주는 정도다. 이 이야기의 핵심적이고도 최우선적인 초점은 하나님이다. 구원의 이야기는 하나님의 이야기다. 하나님이 우리가 스스로 할 수 없는 일을 우리를 위해서 해주시는 것이다. 또한 하나님은 그 일을 우리의 지시나 선호에 따라서가 아니라 하나님의 방식으로 하신다. 하나님은 타이밍에 관해 우리와 상의하지 않으신다.

이것은 끊임없이 반복되어야 한다. 우리 인간들은 하나님인 체하는 고질적인 병을 가지고 있기 때문에, 마치 우리가 구원을 책임지고 있는 것처럼 구원의 문제에 대해서 끊임없이 걱정하고 어설프게 손을 써 보려고 한다. 하지만 우리는 책임자가 아니다. 하나님이 구원의 일을 수행하신다. 물론 우리의 참여 없이 하시지는 않지만, 그것은 분명 하나님의 방식으로 행해지는 하나님의 일이다.

하나님의 부재

하나님이 그분의 구원 사역을 하시는 이 이야기는, 하나님의 부재를 통해 하나님을 일차적으로 경험하는 사람들 사이에서 발생한다. 우리는 출애굽기의 시작에서부터 이 사실에 직면하게 되는데, 이 사람들은 430년이 넘게 이집트에서 노예 생활을 하고 있었다. 그 시간 내내 하나님은 어디에 계셨단 말인가? 하나님이 아브라함, 이삭 그리고 야곱에게 하신 언약 말씀의 유효 기간은 계속되는 것이 아니었단 말인가? 하나님의 섭리에 따라서 요셉이 이집트에서 보낸 세월은 영원한 표지를 남기는 것이 아니었던가?

출애굽 이전에 400년이 넘게 이어진 하나님의 부재 혹은 침묵이라는 경험은 자주 간과되지만 구원의 이야기에서 중요한 요소다. 구원의 이 방대한 이야기는 좋은 것만 보여 주는 겉발림이 아니다. 구원의 '구' 자도 일어날 것 같지 않은 시간이 길게(400년 이상은 정말로 긴 시간이다!) 이어졌던 것이다. 도날드 고완은 이렇게 말한다. "많은 주석가들이 출애굽기의 첫 두 장에서는 하나님이 유난히 부재하신다는 것을 지적해 왔지만, 그것을 중요하게 본 사람은 아무도 없었다." 그들이 그것을 중요하게 보지 않은 것은 유감스러운 일이다. 왜냐하면 끝도 없이 이어질 것 같은 이 하나님 부재의 경험은 우리 대부분의 인생에서 재생산되기 때문이며, 우리는 대부분 그것을 어떻게 받아들여야 할지 모르기 때문이다. 하나님의 부재는 구원 이야기의 일부이며, 우리가 삶을 사는 방식에서 예외적인 것도, 막을 수 있는 것도 아니며, 우리 삶의 방식에 대한 심판도 아니라고 하는, 이와 같은 출애굽기의 입증이 우리에게 필요하다.

부재의 경험이 몇 주, 몇 달, 혹은 몇 년이건 상관없이, 그것은 우리가 이해하는 '정상적인' 구원에는 들어맞지가 않는다.

하지만 그것은 정상적인 것이다.

우리가 하나님을 신뢰하고 따르고 찬양하도록 성령이 우리를 가르치시기 위해서 오늘날까지 사용하시는, 선조들의 기도가 기록된 기본적인 기도서인 시편을 보면서 우리는 또한 하나님의 부재가 얼마나 흔한 일인가를 알게 된다. 하나님을 믿는다고 해서 하나님께 버림받은 것 같은 느낌을 면제받는 것은 아니다. 하나님을 찬양한 다고 해서 하나님에 대한 의심을 막아 주는 면역이 생기는 것도 아니다. 하나님의 말씀을 경건하게 묵상한다고 해서 우리가 "예수님의 팔에" 안전하게 자리잡는 것도 아니며, 버림받음, 어두움 그리고 무미건조함의 감정이 다 차단되는 것도 아니다. 시편 22편은 매우 가혹하지만 전혀 예외적인 것만은 아니다.

> 내 하나님이여 내 하나님이여 어찌 나를 버리셨나이까.
> 　어찌 나를 멀리하여 돕지 아니하옵시며
> 　내 신음하는 소리를 듣지 아니하시나이까.
> 내 하나님이여 내가 낮에도 부르짖고 밤에도 잠잠치 아니하오나
> 　응답지 아니하시나이다(1-2절).

십자가에 달리신 예수님은 구원 사역을 완성하시던 바로 그 순간에 이 기도를 사용하셨다. 예수님의 입술에서 이 기도가 나옴으로써 하나님의 부재는 우리가 구원에 동참할 때 반드시 경험하게 되는 것임이 입증되었다.

하나님의 부재에 대한 질문과 항의는 구원에서 부차적인 것이 아니다. 시편 기자들은 우리에게 이 구원 사역이 진행되는 방식에 대해 불평의 기도를 해도 된다는 허가를 주면서, 전혀 주저하거나 변명하는 내색을 하지 않는다.

> 여호와여 어찌하여 멀리 서시며
> 　어찌하여 환난 때에 숨으시나이까(시 10:1).

여호와여 어느 때까지니이까. 나를 영원히 잊으시나이까.
　주의 얼굴을 나에게서 어느 때까지 숨기시겠나이까(13:1).

어찌하여 나를 잊으셨나이까(42:9).

주여 깨소서. 어찌하여 주무시나이까.
　일어나시고 우리를 영영히 버리지 마소서.
어찌하여 주의 얼굴을 가리우시고
　우리 고난과 압제를 잊으시나이까(44:23-24).

나의 하나님을 바라서
　나의 눈이 쇠하였나이다(69:3).

하나님이여 주께서 어찌하여 우리를 영원히 버리시나이까(74:1).

여호와여 어느 때까지니이까 영원히 노하시리이까(79:5).

여호와여 어찌하여 나의 영혼을 버리시며
　어찌하여 주의 얼굴을 내게 숨기시나이까(88:14).

여호와여 언제까지니이까 스스로 영원히 숨기시리이까(89:46).

여호와여 돌아오소서 언제까지니이까(90:13).

내 눈이 주의 구원을 사모하기에 피곤하니이다(119:123).

이처럼 시편이라는 기도서에서 무작위로 대강 뽑아 낸 이 구절들만 보아도, 출애굽기의 구원 이후에 이어지는 수세기의 세월에서도, 그 구원 이전에 있었던 수세기의 세월과 마찬가지로, 하나님의 부재는 구원받은 무리의 공통적 경험이라는 증거가 충분하다.

이 시편 기자들과 욥, 예레미야 그리고 결코 빠뜨려서는 안 되는 예수님은 하나님 부재의 언어를 발전시키고 풍부하게 하셨고, 그래서 우리는 자신이 좋아하지도, 이해하지도 못하는 모든 일을 정직하게 직면하고 용감하게 살아낼 수 있다. 구원과 관련된 모든 것을 우리만큼이나 좋아하지도, 이해하지도 못했던 성경의 동료들과 함께 우리는 리듬에 맞추어 기도를 드린다.

R. S. 토머스(Thomas)는 우리가 하나님의 부재를 느낄 때 의지가 되는 또 한 사람의 동료다. 토머스는 영국 성공회 목사였는데 웨일즈의 험준한 시골, 지루한 농촌에서 평생 동안 사역한 사람이다. 그는 또한 20세기 "최고의 그리스도인 시인"으로서 많은 사람으로부터 칭송을 받았다(그는 2000년 9월에 사망했다).[8] 십자가의 성 요한 이후로 그 어떤 시인도 하나님 부재의 감정을 실제로 살아내는 차원을 이 시인처럼 철저하게 파헤치지는 못했다. 그의 시 "부정(否定)을 통하여"(Via Negativa)는 그런 내용을 담은 대표적인 시다.

물론 아냐! 나는 신이 우리의 삶에서
저 위대한 부재이고, 내면의
공허한 침묵이며, 도달하거나

발견하겠다는 희망 없이 찾으려는
장소라고밖에는 절대로 생각하지
않았다네. 그분은 인간 지식의 간극에
별들의 사이에 머문다네. 우리가 좇는 건
그분의 메아리, 그분이 방금 남긴
발자국이라네. 우리는 그분의
옆구리에 손을 대지, 그것이 따뜻하길
바라면서. 우린 사람들과 장소를
쳐다보지, 그분도 같은 것을 쳐다본
것처럼. 하지만 그 영상을 놓친다네.[9]

 구원이라는 나라에서 하나님의 부재를 경험한 이러한 증언들은 엄청나게 중요하다. 교회 안에서건 밖에서건, 이러한 것들은 거의 환영받지 못하고 억제당하는 경우가 많다. 이것은 우리가 쉽게 적응하는 삶의 영역이 아닌 것이다. 하지만 안락함과 좋은 기분의 욕구를 채워 줄 신(神)을 사러 다니는 우리의 소비주의적인 성향으로 미루어 볼 때, 그것은 필요한 경험이다. "그의 길을 찾지 못할" 하나님의 신비에 대해 우리가 정신을 바짝 차리고 주의를 기울이게 하기 위해서 필요하다. 전능의 하나님을 내 요구에 언제든지 응하는 신으로 축소시키는 것을 방지하기 위해서 필요하다. 우리의(특히 북미의) 집단적인 '영적 단맛 중독'에 훈련의 제재를 가하기 위해서 필요하다.[10] 우리 지평이 확장되어, 조심스럽게 울타리를 두르고 경건하게 가꾸는 뒤뜰의 영성을 넘어서서 구원을 받아들일 준비를 하도록 하기 위해서 필요하다.

하나님의 침묵을 고려하지 않는 하나님에 대한 이해는 모두가 절반의 진실일 뿐이다. 사실상 그것은 잔인한 왜곡이다. 그리고 그것은 성령이 우리에게 결코 말씀하시지 않을 것들로 성경의 공백들을 메우려고 하는 지도자들의 조작과 착취에 우리를 노출시킨다.

하나님의 임재

"나는 스스로 있는 자"(I AM THAT I AM)라는 말은 우리가 받은 계시 중에서(물론 육신이 되신 말씀인 예수님을 제외하고) 가장 명쾌하고 가장 설득력 있는 하나님의 임재에 대한 계시다. 가히 지진과도 같은 문장이다.

하나님은 모세가 미디안 광야에서 양떼를 치고 있을 때 나타나셨다. 불이 붙었는데도 타지는 않는 떨기나무가 모세의 눈길을 끌었다. 그는 무슨 일인지 보려고 가까이 갔다. 그리고 하나님은 그 불길 가운데서 모세의 이름을 부르셨고, 모세는 대답했다. 하나님과 모세 사이에 대화가 시작되었다. 하나님은 그분의 백성을 이집트의 노예 생활에서 구할 뜻이 있음을 선언하셨고 모세가 그 백성을 "아름답고 광대한 땅"으로 이끌고 가기를 원한다고 말씀하셨다. 모세는 내키지 않았지만 한참을 옥신각신한 끝에 그 제안에 동의했고, 하나님의 지시를 받은 후, 작전을 개시했다(출 3-4장).

"나는 스스로 있는 자이니라"는 이름을 말해 달라는 모세의 요청에 하나님이 주신 대답이다. 하나님이 직접 붙이신 이름인 "스스로 있는 자"가 모세에게 말씀하신다. 하나님은 살아계시며, 그에게 나타나시며, 구원을 실행하실 준비가 되어 있다고. 하나님을 계시하는 그 이름 그리고 히브리인들이 기도와 순종에서 그 이름을 사용하면서 발전된 그 이름에 대한 이해는, 하나님을 이해하는 비인격적, 마술적, 조작적, 추상적, 강압적인 모든 방법을 해체시켜 버린다. "나는 스스로 있는 자"라는 말을 듣고 거기에 대답하면서, 히브리인들은 구원의 거대한 역사적 드라마에 동참하는 증인의 자리에 서게 된다. 이 구원은 그것에 반대되는 모든 삶의 양식에 도전하고, 그것을 궁극적으로 소멸해 버린다. 구원에 반대되는 삶의 양식이란, 바울이 훗날 대항의 전신갑주를 입으라고 명하는 세상의 정사와 권세이며(엡 6:10-20), 예수님이 사탄과 거래하기를 거절하셨던 "천하만국과 그 영광"이다(마 4:8-10). "스스로 있는 자"를 예배하는 것이 이스라엘에서는 삶의 양식으로 발전되었는데, 그것은 사랑이 관계를 규정하는 삶이었다. 예외는 없다. 모든 관계가 사랑의 관계여야 했다. 하나님, 이웃, 낯선 사람, 원수, 가족. "스스로 있는 자"를 섬기고 순종하는 일은, 자유의 모든 차원, 죄와 억압과 파멸로부터의 자유의 모든 차원을 탐험하는 일이 되었다.

"나는 스스로 있는 자이니라," 동사가 중심을 이루고, 생명이 강조되는 이 문장으로 하나님은 자신이 이해되기를 바라셨는데, 이 문장은 YHWH라는 네 글자로 이루어진 동사형 명사로 축약되었다. 이 단어는 아마도 야웨라고 발음되었을 것이다(영어로는 대개 LORD로 번역이 되었다). 이는 스스로를 계시하는 이스라엘의 하나님을 히브리인들이 지칭하거나 언급할 때 가장 많이 사용하는 단어가 되었는데, 구약에서 6,700회나 사용되었다. 신성(divinity)을 의미하는 셈족어의 총칭어인 '엘로힘'(*Elohim*, 영어로는 그냥 'God'으로 번역되었다)은 2,500회 사용되었다.

불타는 떨기나무에서 언급된 이 이름은 우리에게 나타나시고 우리와 인격적 관계를 맺으시는 하나님, 즉 이 곳에서 우리 가운데 계시는 하나님, 우리와 관계를 맺으시는 살아 계신 하나님을 결정적으로 계시하는 말이 되었다. 나무나 돌로 만든 신은 더 이상 필요 없다. 달래거나 매수하거나 환심을 사야 하는 신도 더 이상 필요 없다. 철학적 사색을 위해 추상적인 개념으로 장식된 신도 더 이상 필요 없다. 우주적 전쟁과 성(性) 신화적 드라마의 주인공으로 등장하는 신도 더 이상 필요 없다.

모세가 서쪽으로 500km 정도 떨어진 미디안에서 떨기나무 앞에 선 그 날, 이미 생겨난 지 천 년이 훨씬 넘은 이집트 문명은 번창일로에 있었다. 그 문명은 기술공학과 건축술(그 엄청난 피라미드와 신전을 보라!), 일상 생활의 모든 요소를 통제하려 했던 세련된 종교와 성직자들, 인접한 곳에 있는 모든 사람을 정복하여 굴복시키는 데 여념이 없는 호전적인 군대로 특징지어지는 문명이었다. 당시 이집트는 중동 세계를 지배했다.

하지만 그것은 죽음의 지배였다. 그 곳의 풍경 중에서 가장 눈에 띄는 기념물인 피라미드는 무덤이었다. 그것은 아주 우아한 무덤이었고, 믿을 수 없을 만큼 복잡한 미술과 디자인 그리고 그것을 세우는 데 필요한 기술공학적 재능 때문에 경탄을 불러일으키는 무덤이었다. 단지 그 크기만으로도 그것은 불멸성을 가장한 채 다른 모든 것을, 심지어 죽음까지, 아니 특히 죽음을 무시하고 최종적 발언권을 자처하는 것처럼 보였다. 하지만 아무리 그렇다 해도 그것은 결국 무덤이었다. 미라의 숙주이며, 죽은 자들을 위한 집일 뿐이었다.

이집트 문명에서 일어난 많은 일들을 상징하는 피라미드를 생각할 때면, 경외의 감정과 조소의 감정이 우리 안에서 싸운다. 하지만 그 싸움은 오래가지 않는다. 여기에서는 경외가 조소를 이기지 못한다. 그토록 대단한 기술공학과 예술 앞에 섰을 때 우리 안에서 저절로 일어나는 경외감은, 죽은 돌멩이가 불멸의 삶으로 들어가는 길을 마련해 줄 수 있다고 믿은 그 어리석음에 대한 조소에 곧 밀려난다. 이집트 문명은 채석공의 망치와 정 그리고 시체 보존자의 기술로 성취되는 불멸성에 강박적으로 매달려 있었다.

성경 이야기에서 이집트는 죽음의 동의어다. 모든 이집트의 장엄과 자만은 그 불타는 떨기나무 앞에서 한 줌의 재로 사그라져 버렸다. 그것이 바로 그 문명의 핵심이었던 것이다. 죽음을 다루는 이집트의 반대말은 생명을 주시는 야웨, 이 곳에 임재하시는 하나님, 살아 계시고 구원하시는 하나님이다.

떨기나무에서 주어진 그 이름은 사람이 마술을 부려 불러 낸 이름이 아니다. 모세는, 소위 행동이라고 하는 것과는 상관없이, 이집트의 부와 권력과 종교로부터 수백 킬로미터 그리고 수십 년을 떨어져서 자기 일만 성실하게 하고 있었다. 선수를 친 것은 그 이름, 일인칭의 주어를 가진 그 동사, '나는…이다'(I AM)였다. 그것이 바로 역사의 전환점이 되었다. 사람들의 두려움과 미신적 관심을 자극해서, 죽음과 죽음에 대한 두려움을 이용해 종교 보험을 파는 짧짤하고 복합적인 사업이 오랜 시간에 걸쳐서 계속해서 무너지는 역사가 이제 시작된 것이다.

천 년 하고도 수세기가 더 지나, 예수님이 그 떨기나무에서 일어났던 사건을 이어받아 완성하실 것이다. 예수님은 바로 그 말, '나는…이다'라는 그 말을 자신의 입으로 말씀하실 것이다. 잃어버렸고 죽어가며, 혼란에 빠졌고 귀신들렸으며, 병들었고 죄책에 빠진 죄의 노예들과 함께하는 구원의 만남과 구원의 대화 속에서 그 말에 살을 붙이시고 그들을 새로운 인생으로 인도하실 것이다. 요한의 복음서는 떨기나무에서 주어진 계시에 대한 예수님의 결론을 제공할 것이다.

"스스로 있는 자"라는 이름은 끝없는 대열을 이루는 학자들과 성자들에 의해서, 그 말을 규명하고 정의하고 그 의미를 표현해 보려는 의도에서, 여러 가지 언어로 연구되고, 고찰되고, 조사되고, 묵상되었다. 이제 2,000년이 훨씬 넘는 세월 동안 계속되어 온 그 산더미 같은 역작의 결과 중 가장 두드러지는 것은, 그 말이 얼마나 불확정적인가 하는 것이다. 즉, 아무 '결과'도 없는 것이다.

하나님은 정의될 수가 없다. '야웨'는 어떤 정의가 아니다.[1] 하나님은 우리 연구나 탐구의 '대상'으로 축소될 수 없다. 하나님의 백성 사이에서 사용된 하나님의 초기 명칭들은 모두 명사다. 총칭어로서 하나님(*Elohim*), 선조들의 하나님(*Elohey Avoth*), 전능의 하나님(*El Shaddai*), 가장 높으신 하나님(*El Elyon*) 그리고 만군의 하나님(*Elohey Tsvaoth*) 등은 여전히 유용하지만, 이제 그 단어들은 규명될 수 없는 동사, 면밀한 고찰의 대상이 될 수 없고 오직 받아들이거나 반응하는 것밖에 할 수 없는 그 동사의 탁월성 하에서 모두 이해되어야 한다. 하나님은 능동적으로 우리에게 나타나시며 우리의 유일한 선택은 그에 대한 반응으로 우리 자신도 능동적으로 나타나거나, 아니면 나타나지 않거나다. 그러한 차원에서 프리젠(Vriezen)은 하나님의 실제성(actuality)을 강조한다. "'나는 스스로 있는 자'라는 말은 '그 곳이 어디든, 나는 거기에 있다…. 나는 정말로 거기에 있다!'라는 뜻이다."[12] 출애굽기 33:19의 평행 구절이 이를 확증해 주고 있다.

그 이름은 고의적으로 감추어진 것일까? 계시는 하지만 모든 것을 다 말해 주지는 않고, 친밀함과 인격적 임재를 드러내지만 신비는 간직하고, 그렇게 해서 소유와 통제를 금지하려는 것일까? 이것은 믿음과 우정과 결혼에서 하나님이 주도하신 모든 관계를 위해 주어진 동사적 아이콘일까?

나는 그렇다고 생각한다.

그 떨기나무와 이름은 당시 이집트에서 일어나고 있던 모든 일과 대조되는 것이었다. 이집트는 궁극적 통제를 대변했다. 거대한 노예 인구를 통제하고, 내세를 통제하고, 세상의 제국을 통제하고, 신과 여신들이 잔뜩 들어 있는 거대한 창고를 통제했다. 마치 그 모든 것을 돌로 환원하면, 돌이 거대하고 장엄한 만큼, 자신들의 정교한 사제 조직을 통해서 역사를 통제할 수 있을 것 같았다. 하지만 그것은 반(反)역사다. 역사는 구원의 장이다. 사람을 사물처럼 다루는 것은 역사의 근원적 사업인 구원을 방해하는 것이다. 그리고 하나님을 통제하기 위해서 하나님을 사물로(혹은 사상으로 혹은 개념 정의로) 환원하는 것은, 그 일이 아무리 엄숙하게 수행된다 할지라도(이집트인들이 엄숙하지 않았다고 말할 수는 없을 것이다), 황당무계한 어리석음이다. 그 떨기나무에서 그 이름을 계시하실 때 하나님은 이름에 대한 설명을 억제하심으로써 자신의 자유를 보존하셨고, 또한 그럼으로써 우리도 자유를 얻게 되었다. 게르하르트 폰 라트(Gerhard von Rad)는 이렇게 표현했다. "가장 중요한 것은 이 이름이 제대로 객관화되거나 처리될 수가 없다는 것이다. 그 이름의 비밀은 무슨 수를 써도 그 의미에 대한 신학적 해석으로 축소될 수 없다. 출애굽기 3:14의 설명도 소용이 없. 야웨는 역사 속의 자기 계시를 역사 속에서 자유로운 현시(顯示)로 묶어 버렸다."[13]

귀신 축출

역사를 구원의 장으로 받아들이는 것이 어려운 주된 이유는(어떤 사람들은 극복할 수 없는 어려움이라고도 한다) 그것을 반증하는 증거들이 너무나 명백하고 끝도 없이 많기 때문이다. 역사의 장에서 활동하고 있는 사람들 중에서 가장 목소리가 크고 두드러지는 사람들이, 그리스도가 하고 있는 게임과는 매우 다른 게임을 하고 있는 것이다. (가장 이목을 많이 끌고 역사책에도 이름이 올라간 사람들은 물론이고) 대부분의 사람들이 다른 규칙에 따라서 다른 게임을 하고 있다. 전쟁 게임, 자아 게임, 돈 게임, 보드 게임, 야구 게임, 사냥과 낚시 게임, 카드와 룰렛 게임, 교회 게임, 섹스 게임 등 치명적인 게임에서부터 사소한 게임에 이르기까지 게임은 다양하다. 이 모두가 죄와 죽음의 게임이다.

이들 중에서 전부는 아니라 하더라도 많은 게임들이, 거기에 참여하면 평범함에서 벗어나서 더 재미있고, 흥분되고, 의미 있는 삶을 살게 될 것이라고 공공연히 주장하거나 암묵적으로 가정한다. 지루함이 사라질 것이고, 탁월함을 얻게 될 것이고, 엘리트와 사귀게 될 것이고, 권력을 얻게 될 것이라고 말이다. 이 모든 제안에서 최소한 초월성의 힌트만이라도 간파하는 것은 그리 어려운 일이 아니다. 도와주는 척하고, 구원하는 척하고, 즐겁게 해주는 척하고, 개선해 주는 척하고, 힘을 주는 척하면서 자신의 상품을 광고하는 숨죽인 신의 목소리와 자신이 신이라고 주장하는 소리를 어렵지 않게 감지할 수 있다. 직접 그 단어를 사용하지 않는다 하더라도(실제로 그 단어가 직접 사용되는 경우는 드물다), 이런저런 식으로 변형된 구원이 제안된다. 지루함에서부터 불행에 이르기까지, 우리가 벗어날 수 없다고 생각하는 조건에서 구조해 주겠다는, 더 나은 인생을 살게 해주겠다는 제안들이다. 하지만 결국 별볼일없는 것만 줄 뿐, 구원이라고 할 만한 것을 제공하는 것은 분명 아니다.

기독교 영성은, 역사의 장에는 오직 한 가지 게임밖에 없으며 그것은 바로 구원이라고 대담한 주장을 한다. 이 세상에서 일어나는 모든 일, 남자와 여자가 하는 모든 일은 바로 하나님이 주권자이신 이 놀이터에서, 그리스도께서 "만 가지 장소에서 놀이하시는" 장에서 일어나는 것이다.

하지만 그것을 우리가 깨달으려면 작업이 좀 필요하다. 이스라엘이 그것을 깨닫는 데에도 작업이 좀 필요했는데, 그들은 결국 깨닫게 되었고, 그 사건의 전말은 이러하다.

주전 1,250년경, 이스라엘 백성들은 이집트에서 4세기가 넘게 노예로 살고 있었다. 당시 이집트는 세계의 권력이었고 오래 전부터 그랬다. 이집트는 그 풍경을 지배하고, 원근 각처에 있는 사람들의 상상을 지배한, 그 어떤 것보다도 인상적인 신의 게임을 발전시키고 완성시켰는데, 모든 사람에게 신으로 추앙받는 절대 권력자가 다스리는 전체주의 사회였다. 절대 권력자인 신을 둘러싸고 있는 화려함은 그러한 믿음을 가능하게 했다. 놀라운 건축물, 눈부신 예술품, 모든 것이 금으로 되어 있었고 장엄했다. 그러나 이 화려함은 다 외형적인 것이었다. 안을 들여다보면 구더기가 우글거렸다. 학대, 잔학, 미신, 타락이 있었다. 히브리인들은 그러한 세계 한가운데에 있었지만 분명히 그리고 절망적이게도 패자 쪽이었다. '선조들'의 옛 이야기를 은밀하게 간직한 소수의 무리가 있었을까? 그럴지도 모른다. 하지만 대부분의 사람들 눈에는 '이집트'가 그 동네에서 벌어지는 유일한 게임으로 보였을 것이다. 이집트에서 430년을 지내는 동안, 아브라함, 이삭, 야곱 그리고 요셉에 대한 기억은 거의 사라졌을 것이다.

이러한 조건 아래서는 역사 속에서 하나님이 무슨 일을 하시는지, 심지어 그분이 무슨 일이든 하고 계시기나 한 것인지도 알기가 힘들다. 하나님의 백성이 "스스로 있는 자"이신 하나님이 주시는 계시와 그분의 일을 깨닫고 거기에 반응하기 위해서는, 바로의 거짓과 억압의 혼란 상태, 인간의 생명에 대한 터무니없는 침해의 만연을 그 실체대로 보아야 한다. 즉 그것을 악으로 인식해야 하는 것이다. 하지만 그 악이 궁극적인 것이 **아니고** 결정적인 것도 **아니라는** 것 또한 알아야 한다. 이들은 이집트의 실재에 대해서 자신들이 이해하고 있는 바를 대대적으로 수정할 필요가 있었다. 전형적으로 볼 때, 오랫동안 숱한 고난을 받은 사람은 자신을 억압하는 자를 권력자, **세계**의 권력자, 따라서 인간이 이룩할 수 있는 업적의 계급에서 가장 위에 있는 자로 인식하게 된다. 히브리인들은 오랫동안 숱한 고난을 받았고, 그 억압은 가장 인상 깊은 종교가 보증하는 억압이었다. 그 많은 신전들과 조각상들과 사제들을 보라! 어디를 보아도 히브리인들은 다만 이집트 사람들만 그들에게 등을 돌린 것이 아니라, **신들**도 그들에게 등을 돌리고 있다는 것을 알 수 있었다. 그 제도 안에서 억압받는 노예의 처지에 대해 얼마나 저항을 했건, 그 제도는 그들이 아는 유일한 실재였다. 그것 이외의 실재를 상상하는 것은 불가능했다. 어떤 기적이 일어나 그들이 자신의 노예 신분에서 벗어나게 된다 하더라도, 그들은 분명 억압의 사슬에서 더 높은 자리를 차지하고는 그들 자신이 억압하는 자가 될 것이었다. 가족 안에서, 사업에서, 혁명 정부에서, 관료 조직에서 그리고 교회에서 말이다.

그렇다면 어떻게 해야 모세는 이 모든 권력과 위엄과 아름다움과 성공의 껍데기를 벗겨 내고 그것이 악하다는 것을 폭로하여, 앞으로 자신이 그 백성을 이집트에서 데리고 나올 때 그들이 남은 생애 동안 이집트의 경험을 인증된 실재로서, 유일한 실재로서 간직하지 않게 할 수 있으며, 또한 후에 그들이 구원의 나라에 도착했을 때 그것을 재생산하지 않게 할 수 있을까? 그들의 상상이 여전히 이집트의 통제를 받고 있는 상태에서 모세가 그들을 데리고 나온다면, 머지않아 그들은 '이집트가 이룬 성공의 길'을 스스로 반복할 것이다. 그것이 바로 그들이 아는 한, 세상에서 통하는 것이었고, 최소한 천 년 동안 그렇게 통해 왔다. 그들의 상상으로부터 그들이 잠겨 있는 악을 철저하게 씻어 내지 않는다면, 결국 그들은 힘을 얻었을 때 곧바로 그것과 똑같은 일을 하게 될 것이다. 약한 자를 억압하고 무력한 자를 짓밟고 자기 밑에 있는 사람들을 힘과 크기로 못살게 굴

것이다. 무엇이든 거기에 있는 아무 신의 이름으로 말이다.

바로 이 지점에서 열 가지 재앙이 등장한다. 이 열 가지 재앙은 악의 공허함을 폭로하고, 히브리인들의 생각에서 악에 대한 모든 부러움 섞인 동경을 씻어 내고, 악이 사람들에게 힘을 행사하며 사용하는 모든 신에 대한 환상 혹은 신을 자처하는 것들을 체계적으로 파괴하기 위해 동원되었다. 시인 윌리엄 블레이크는 우리가 단지 신문에 보도되는 사건들이 아니라, 인생에서 정말로 무슨 일이 일어나고 있는지를 보고자 한다면(이 경우는 그것이 구원이 될 터인데) "인식의 문"(doors of perception)을 청소할 필요가 있다고 했다.[14] 열 가지 재앙은 그 하나하나가 그러한 청소를 위해 준비된 암모니아수가 든 양동이다.

우리 생각과 영혼이 단지 악의 물리적 효력이 아닌 악의 **통치**에 굴복할 때, 우리는 악마의 세력 하에 놓이게 된다. 이집트의 바로는 그러한 통치의 구체적 체현이었다. 열 가지 재앙은 정교한 귀신 축출(exorcism), 즉 마귀를 쫓아 내는 것이었는데, 히브리인들의 상상을 악의 지배로부터 자유롭게 해서 그들이 자유롭게 그들의 구원자를 따르고 귀기울이며 하나님을 "영과 진리로"(요 4:24) 예배하도록 하기 위한 것이었다. 모세가 히브리의 형제자매들 속으로 들어갔을 때 그들의 영혼은 "꺾어져"(출 6:9) 있었으며 이들이 접근할 수 있는 유일한 '진리'는 이 거대한 이집트의 거짓말이었다. 그러나 이집트와 바로는 '진짜 세상'이 아니었다. 그것은 진짜 세상이 손상되고, 모독당하고, 악마화된 것이었다. 열 가지 재앙은 이와 같은 엄청난 사기 행위를, 하나님 백성들의 상상을 사로잡을 것이 하나도 남지 않을 때까지 하나씩 하나씩 조각조각 해체했다. 열 가지 재앙이라는 귀신 축출의 드라마는, 히브리인들이 하나님의 계시된 실재를 받아들일 수 있도록 생각을 정화하고, 구원의 세계에서 살 수 있도록 영혼에 힘을 주어, 실재를 이해하는 이집트식 방식으로부터 그들을 자유롭게 해주었다. 열 가지 재앙의 의도는, 이들이 이집트를 떠날 때쯤이면 악의 억압으로부터 단지 육체적으로만 자유로운 것이 아니라, 그토록 오랫동안 그들의 생명을 짜내어 버린 악의 상상으로부터 정신적으로도 자유롭게 하는 것이었다. 이 열 가지 재앙은 "인식의 문"을 청소해서 이스라엘이 전혀 다른 방식으로 인생을 바라볼 수 있게 할 것이다. 이집트의 비실재성이 폭로되고 이집트의 비진리가 적나라하게 드러나게 될 것이다. 그래서 이들이 이집트를 벗어났을 때에는 다른 인생을 살 수 있도록, 구원의 자유를 살 수 있도록 해방시켜 줄 것이다. 400년이 넘도록 그들은, 정치적 권력과 종교적 신화를 혼합하여 소수를 위한 자만과 특권 그리고 다수를 위한 노예 생활과 비참이라는 악마적 문화를 형성한 세계에서 살았다. 세상을 그러한 방식으로 경험하는 것이 이제는 그들의 유전자에까지 깊이 파고들어가 있었다. 그것을 빼내려면 근본적인 수술이 필요했다. 열 가지 재앙은 바로 그러한 수술이었다.

학자들은 이 각각의 재앙이 그 문화와 관련해서 가지는 중요성을 규명해서 그 '의미'를 입증하는 데 별 진전을 이루지 못했다. 그들의 노력이 부족한 것은 아니었다. 그러나 학자들의 도움이 없이도 우리는 이 열 가지 재앙의 쟁점이 무엇보다도 주권(sovereignty)에 있다는 것을 알 수 있다. 각각의 재앙은 주권을 시험하기 위해 펼쳐진 장이었다. 누가 여기를 관할하고 있는가? 누가 이 공연을 진행하고 있는가? 바로가 대변하는 신 '라'(Ra)인가? 아니면 모세가 대변하는 야웨인가? 각각의 재앙은 차례로 그 문제를 다루고 있다. 각 재앙은 월드컵 주권 대회의 경기인 것이다. 바로는 위대한 이집트의 신 '라'의 인격과 현존을 구현하고 있는 존재이고, 모세는 "스스로 있는 자"라고 이스라엘에게 자신을 계시하신 하나님의 선지자다.

바로와 모세는 매 경기 서로 대결을 하게 되고, 나라 전체는 관객들이 꽉 들어찬 경기장이 된다. 이집트인들과 히브리인들 모두가 이들의 일거수 일투족을 지켜보고 있다. 엄청난 것이 걸린 경기다. 여기에 걸린 이권도 상당하다. 두 가지 삶의 방식이 여기에 걸려 있는 것이다. 그들은 열 번을 서로 덤벼든다. 첫 두 경기는 무승부로 끝난다. 그 후로는 매 경기 모세가 이긴다.

이 재앙들의 전반적인 중요성은 각 재앙이 창조 세계 혹은 창조 세계의 작용의 어느 측면과 관계가 있다는 것이다. 자연스럽고 평범한 일과 속에서 일이 돌아가는 방식이었고 모든 사람에게 익숙한 방식이었다. 그 어느 재앙도 초자연적이지 않았다. 각각이 다 자연 질서의 일부였던 것이다. 그리고 당연히 모든 사람은 바로가 그 모든 일, 즉 우주를 관할하고 있다고 믿었다. 그것이 바로가 하는 일이었고, 바로의 직무 내용이었다.

그러나 바로와 모세의 접전이 계속되면서, 모든 사람이 늘 바로가 다스린다고 생각했던 생명 형태들과 힘들이, 바로가 아니라 모세의 명령에 복종한다는 것이 연이어 드러났다. 경기장—온 인구가

와서 앉아 있는 정말로 꽉 찬 경기장―에 있던 모든 사람은 바로가 상황을 전혀 통제하지 못하고 있다는 것을 알게 된다. 이어지는 각각의 재앙은 그의 굴욕적인 무기력함을 큰 스크린으로 보여 준다. 야웨의 선지자인 모세는 각 재앙들을 일으키고는 그것을 해치워 버린다. 바로의 과시된 주권이 체계적으로 무너져 내렸다. 바로가 이 세상의 막후 작업을 통제한다는 과장, 정성들여 유지해 온 그 사기 행위가 거짓으로 폭로되었다. 모세는 바로를 웃음거리로 만들어 버렸다(출 10:2).

아니면 이미지를 바꿔서 그 재앙을 열 개의 장면으로 이루어진 드라마 작품으로 보아도 될 것이다. 극장에는 온 국민이 모여 앉아 있다. 각 장면마다 거대한 쇠공이 높은 곳에서 날아와서 이집트적 삶의 양식을 하나씩 때려 부순다. 그것이 불러오는 파괴는, 얽히고 설킨 채 형성된 이집트의 불사의 신화, 바로의 주권이라는 신화를 하나씩 하나씩 진압한다. 거대한 이집트의 세계, 이전 천 년 동안의 역사로 그 존재를 인정받은 그 세계는 사람들의 상상을, 특히 노예들의 상상을 뒤흔들었다. 거대한 신상들, 정교한 신전들 그리고 그중에서도 가장 큰 거짓말인 엄청난 크기의 피라미드 무덤, 영원한 생명으로 들어가기 위해서 왕의 시신을 미라로 보존하겠다고 대담하게 주장하며 사막에 우뚝 솟은 그 무덤으로 말이다. 그런 나라에 살게 되면 그것 이외에 다른 것을 상상할 여지는 별로 없다. 힘과 크기에는 사람을 윽박지르는 면이 있다.

각각의 재앙은, 주권을 가장하는 이집트에게 지칠 줄 모르고 냉혹하게 한 방 또 한 방 주먹을 날렸다. 열 가지 재앙의 드라마는 처음에는 다소 천천히 시작된다. 모세가 처음으로 무대에 들고 나오는 두 재앙, 피와 개구리 재앙은 바로의 마술사들이 맞붙어 서로 무승부가 되었다. 세 번째 재앙인 모기떼 재앙에 이르자 마술사들은 완전히 능력이 달려서 더 이상 모세와 맞붙지 못했다. 여섯 번째 재앙인 독종의 재앙이 임한 후 마술사들은 이기지 못했을 뿐만 아니라 그들도 독종이 나서 아예 대결을 할 수가 없었다. 그 후로는 더 이상 그들이 언급되지 않는다. 마지막 네 개의 재앙은, 죽음의 재앙으로 그 결말을 맺는데, 이는 주권의 문제를 결정적으로 해결해 버린다. 바로의 참패였던 것이다.

극장에 앉아 구경하는 사람들에게는 쇠공이 날아와서 하나씩 해치울 때마다 그 연이은 재앙이 심지어 무슨 익살극이나 만화처럼 보였을 수도 있다.

피(팡!)
개구리(팡!)
모기(팡!)
파리(팡!)
악질(팡!)
독종(팡!)
우박(팡!)
메뚜기(팡!)
흑암(팡!)
죽음(팡!)

한 방씩 먹일 때마다 사람들을 묶고 있던 그 거대한, 세상을 지배하는 이집트/바로의 거짓말은 조금씩 그 힘이 빠지더니 나중에는 돌조각과 쓰레기 그리고 시체들만 한 무더기 남았을 뿐이었다. 열 개의 장면으로 이루어진 이 파괴의 드라마는 만원을 이룬 극장에서 8개월이 조금 넘게 공연되었다.

이 열 가지 재앙은 이집트에 대한 심판 행위로 해석하는 것이 오랜 관습이었다. 하지만 실제로 이 이야기가 전해지는 방식은 그렇지가 않다. 우선, '심판'이라는 단어가 세 번밖에 사용되지 않았고(출 6:6; 7:4; 12:12), 그 경우도 이집트의 죄와 관련해서 사용되었다기보다는 하나님의 권능과 의에 관한 의미가 더 강했다. 그리고 '죄'라는 단어는 단 한 번 사용되었는데, 그것도 바로가 자기 자신에 관해 말하면서 직접 사용한 경우다(9:27).

따라서 심판의 행위로 보기는 어렵다. 열 가지 재앙은 주권을 주장하는 바로를 불신임하고, 대신 그 자리에 야웨의 주권을 세우기 위한 것이었다. 그것이 정답이다.

그러나 그 재앙들은 또한 영성 신학의 주요 관심사로 주의를 모으는 중요한 기능을 한다. 즉 한 주권에서 다른 주권으로의 이동에서 중요한 통로가 되고 있다. 출애굽기의 서사에서 열 가지 재앙(7-11장)은 구원의 준비(1-6장)에서 구원의 성취(12-15장)로 넘어가는 과도기의 역할을 하고 있다. 나는 그 열 가지 재앙이 그것을 목격하고 이러한 주권의 변화를 수용한 사람들에게 가져온 효과를 한번 생각해 보고 싶다. 열 가지 재앙이 그것을 경험한 사람들에게 가져온 효과를 전달하기 위해서 나는 몇 가지 이미지를 사용했는데, 귀신 축출, 수술, 운동 경기, 파괴 드라마 등이다. 그 중에서 이 문제의 핵심을 포착하는 데는 귀신 축출의 이미지가 가장 유용하다. 귀신 축출은 앞으로 이루어져야 할 일이 가진 근본적으로 내면적인 성격을 전달해 주기 때문이다. 이것은 하나님의 통치를 무시하고 우리 상상을 억압하는 악마의 손아귀에서, 바울을 인용하자면, "종의 영"(롬 8:15)에서 우리를 자유롭게 해주는 일인 것이다.

이 열 가지 재앙은, 하나님의 구원을 몸과 영혼으로 완전히 다 받아들이는 것을 방해하는 악마적인 가정과 이해를 축출한다. 출애굽기 이야기에서 이스라엘 백성들은 구원을 위해 준비되고 있었다. 그 구원의 삶을 지속하기 위해서는, 그들이 그토록 오랫동안 지배받으며 살아왔던 오물과 악취와 학대로부터 자유로운, 은혜와 용서의 말씀을 듣고 섭리와 축복의 세상을 깨달으며, 자유로운 순종과 즐거운 예배의 삶을 살도록 자유로운, 훈련받고 단련된 상상이 필요했던 것이다.

열 가지 재앙의 영적인 효과에 대한 이러한 평가는 도날드 고완의 주의 깊은 해석이 지지해 주고 있다. 그는 재앙의 본문 전체에서 (6-14장) '알다'(know)라는 동사가 "그 모든 것을 하나로 꿰어 주는 실처럼" 지나가고 있다고(6:7; 7:5, 17; 8:10, 22; 9:14, 29; 10:2; 11:7; 14:4, 18) 지적한다.[15] 이러한 관찰은, 모세와 아론이 바로에게 히브리인들을 데리고 광야로 나가서 제사를 드리게 허락해 달라고 요청했던 첫 번째 만남으로 거슬러 올라가게 한다. 바로는 빈정거린다. "여호와가 누구이기에 내가 그의 목소리를 듣고 이스라엘을 보내겠느냐. **나는 여호와를 알지 못하니** 이스라엘을 보내지 아니하리라"(5:2). 앞으로 벌어질 일을 아는 우리는 이 말을 듣고 이렇게 생각할 것이다. "앞으로 알게 될 거야. 그것도 곧!" 그는 이제 곧 무지에서 깨어나기 위해서 학교로 보내질 것이다. 열 가지 재앙이 바로 그 커리큘럼이다. 그러나 교실에 앉아 있게 될 사람은 단지 바로만이 아니다. 전 국민이 거기에 있을 것이고, 이스라엘 백성이 제일 앞 줄에 앉아 있을 것이다. 다시 고완을 인용하면, "지식(knowledge)은 그 재앙들이 표방한 목표다."

그들(그리고 우리!)은 배울 것이 너무 많다. 열 가지 재앙은 그들의 상상에서 악한 주권을 축출함으로써, 이스라엘 백성에게 깊이 배어 있는 이집트의 역사관을 없애 버리는 데서 큰 진전을 이루는데, 그럼으로써 그들은 "스스로 있는 자"의 주권 하에서 거대한 구원의 나라를 자유롭게 상상하게 된다. 그것은 앞으로 펼쳐질 인생을 위한 견고한 구조를 제공하는 지식이다.

구원은 창조보다 훨씬 더 큰 나라다. 창조는 광대하다. 그것은 평범한 것에서부터 경이로운 것에까지 이르는 요소들의 방대하고 복잡한 그물망이다. 모든 것이 우리가 취할 수 있도록 우리 앞에 펼쳐져 있다. 빛의 속도로 우리를 넘어서서 뻗어 있는 우주에서부터 우리 주위를 온통 둘러싸고 있는 생명 형태들의 증식에 이르기까지, 그리고 저 밑에 구석기 시대의 지층을 이루는 여러 층의 바위에 이르기까지 모든 것이 우리 앞에 펼쳐져 있다. 그러나 구원은 그보다 더 광범위하다. 구원은 사건이 **일어나는** 모든 역사를 담고 있다. 역사의 긴 골목 여기저기에서 남자와 여자들에게 일어나는 모든 일을 담고 있는 것이다. 창조에서는 우리 주제를 현미경으로 들여다보거나, 망원경으로 초점을 맞추어보거나, 아니면 실험실에서 관찰을 할 수가 있다. 그리고 그 주제는 우리가 연구를 하는 동안에는 대체로 가만히 있다. 그리고 거짓말을 하지 않는다. 아메바는 우리가 보는 그대로이지 그 이상도 그 이하도 아니다. 그러나 인간은 거짓말을 하고 속인다. 그것도 자주 그렇게 한다. 캐나다의 어떤 정치인은 자신이 말하는 그 모습일 수도 있고 아닐 수도 있다. 미국의 어떤 광고인은 진실을 말하는 것일 수도 있고 아닐 수도 있다. 창조에서 무슨 일이 벌어지고 있는지를 발견하는 일은 어렵다. 매우 어렵다. 엄격한 훈련을 받은 관찰자가 요구되는 것이다. 그런데 구원이 일어나는 이 현장, 사람들이 끊임없이 거짓말을 하는 곳인 역사에서는 그 어려움이 기하급수적으로 증가한다. 따라서 우리가 오해하지 않도록, 성급하게 우리 자신의 전제를 가지고 세상에서 일어나는 일을 해석하면서 하나님이 일하시는 방식에 대해서는 무지한 채로 있지 않도록, 이집트에서 경험한 실재를 우리가 인도받고 있는 새로운 실재인 구원과 혼동하지 않도록, 훈련은 반드시 필요하다.

    열 가지 재앙의 학교에서 우리가 얻게 되는 지식은 무엇보다도, 바로와 바로가 일하는 방식과 대조되는, 하나님과 하나님이 일하시는 방식에 대한 지식이다. 바로는 크기와 힘과 위신을 사용해서 통제하고 억압했다. 하나님은 여든 살 된 사막의 목자와 그의 형, 그들의 유일한 무기인 지팡이 그리고 멸시받는 몰락한 노예들을 사용해 온 세상에 자유와 구원을 가져다주신다.

    열 가지 재앙의 학교에서 얻는 지식은 '분별'이라고 표현하는 것이 더 나을 것이다. 왜냐하면 여기에서는 있는 그대로의 사실을 아는 것이 핵심이 아니라(그것도 때가 되면 하겠지만) 마귀의 달콤하고 안락한 환상을 뚫고 철저하고 까다로운 진리를 받아들일 수 있도록 선과 악을 분별할 수 있는 깨끗한 정신과 영혼을 지니는 것이 핵심이기 때문이다.

예수님은 성전을 정결케 하신 사건에서, 열 가지 재앙으로 귀신을 축출한 그 8개월 간의 드라마를 단 하루 동안의 일로 압축시키셨다. 각각의 복음서 저자들은 이 출애굽기의 배경을 인식하고 그 사건을 자신들의 서사에서 부각시킨다. 요한은 전체 사역의 초기에 배치하고(요 2:13-16), 나머지 저자들은 고난 주간 초기에 배치한다(마 21:12-13; 막 11:15-19; 눅 19:45-46). 모세와 같은 선지자인 예수님은(신 18:15) 이제 막 구원의 사역을 완성하시려는 참이었다. 구원을 모든 사람이 볼 수 있도록 공개적인 자리로 이끌어내려고 하셨다. 예수님도 모세처럼 이집트와 비슷한 배경에서 일하셨다. 예루살렘 성전은 하나님을 믿지 않는 헤롯왕이 거창한 구상을 해서 창의적으로 세운 건물이었고, 또한 하나님을 믿지 않는 가야바가 관장하는 하나님 없는 공간이었고, 하나님의 주권이 희미해져 인식되지 못하는 공간이었다. 그 곳은 엄청난 부패와 억압의 현장이었다. 그 곳에서 종교는 약한 자와 가난한 자를 억압하기 위해 이용되었다. 그 억압은 출애굽기에서 모세의 주도로 생겨난 큰 명절인 유월절 때 특히 더 뚜렷하게 나타났다. 그 축제의 주간에는 대제사장 가야바의 주도 하에 엘리트 제사장 계급인 사두개인들이 세계 각지에서 도착하는 순례자들로부터 엄청난 돈을 착복했다. 1,200년 전 이집트에서 그랬던 것처럼, 누구나 쉽게 구원을 얻을 수 있는 바로

그 시간과 공간에서, 돈과 권력 그리고 장엄함이 다시 한 번 사람들의 상상을 지배했다. 예수님은, 예배의 공간을 장악해 버린 "강도의 소굴"(막 11:17)에 대항하고, 수치를 주고, 추방해 버림으로써 가야바/사두개인의 주권에 도전하셨다. 그 지도자들이 예수님의 행위를 주권의 문제로 해석한 것은 옳은 것이었다. "무슨 권위로 이런 일을 하느냐?"(막 11:28) 누가 그 곳에서 주권을 가진 자로 입증이 되겠는가? 부자 가야바인가, 아니면 가난한 예수님인가? 예수님은 그 성전 뜰에, 외로운 모습으로, 모세와 같은 모습으로, 부와 권력 앞에 왜소한 모습으로 서 계셨다. 자기 자신도 가난했던 예수님이 어떻게 제사장과 성전의 공인이 없어도 자신의 원래 모습인 구원의 건축가로 보일 수 있을까? 예수님은 이집트의 현란한 사기 행위와는 대조되는 자기 자신의 모습이 있는 그대로 보일 수 있도록 먼저 그 자리를 정리하셔야 했다. 그래서 예수님은 성전을 청소하셨다. 억압자들과 사기꾼들을 몰아내고, 번창일로에 있는 하나님 없는 종교의 일상적 일과와 일반적 관행을 뒤집어엎고, 그 곳에 그리고 그분 자신에게 하나님의 주권을 세우는 말씀을 하셨다. 성전을 청소하신 행위에서 예수님은 사람들의 생각을 청소하시고 그들의 상상을 깨끗하게 하셨다. 그것은 사람들이 하나님의 주권적 권위의 문제에 대해서 눈이 밝아져서, 방해 없이, 혼란 없이 구원을 인식하고 받아들일 수 있게 하기 위한 귀신 축출이었다. 성전 청소에서 우리는 열 가지 재앙의 분명한 반향을 포착하게 된다.

열 가지 재앙과 성전 청소에 나오는 귀신 축출이라는 성경의 선례를 따라 콘스탄티누스 시대 이전의 교회는, 그리스도인들이 구원의 나라에서 일어나는 하나님의 주권에 대한 근본적으로 새로운 복종을 준비할 관습들을 발전시켰다. 그 관습들은 오늘날까지도 계속해서 수정되고 개정되고 있다.

히폴리투스의 서신서(The Epistle of Hippolytus)에서 그러한 관습이 성경 시대 이후에 발전된 모습을 처음으로 볼 수 있다. 신앙의 회심자들은 먼저 수습 기간에 들어가야 했는데(일부 교회에서는 그 기간이 2년이었다) 그 때 세례 후보자들은 예수님을 따르는 것의 의미를 배웠다. 그들은 '예비 신자'(catechumen)라고 불렸고 훈련을 마칠 때까지는 성만찬에 참여할 수가 없었다. 교회는 그들이 회심 이전에 이집트 생활을 하던 빈민굴과 길거리, 시장판과 매음굴, 학교와 일터에서 배운 말과 생각들로 구원을 망쳐 버리는 위험을 감수하고 싶지 않았던 것이다. 구원은 역사에 참여하는 근본적으로 새로운 방식이다. 그들의 상상은, 하나님이 자신과 자신의 방식을 우리에게 계시하기 위해서 사용하신 단어와 이미지들을 가지고 사는 인생과 역사를 이해할 수 있도록 사실상 재교육되었다. 즉 그들의 상상이 이집트식의 전제와 생각으로부터 정결케 된 것이다.[16] 이러한 수습 기간의 마지막 5주 내지는 6주가 되는 사순절 기간 동안에는, 금식과 기도와 귀신 축출의 시간으로 더욱 밀도 있는 준비 기간을 가졌고, 부활절에는 세례를 받았다.

이러한 작업은 계속된다. 이집트 시대의 열 가지 재앙, 헤롯 성전의 청소, 로마/그리스의 이교도 문화 속에서 진행되던 예비 신자 교육은 지금도 계속된다. 이것은 주요하고도 끝이 없는 임무다. 역사 속 하나님의 주권이 구원으로 넓어진 삶에 받아들여질 수 있도록 그리스도인의 상상으로부터 문화의 거짓말과 가장(假裝)을 축출해야 하는 임무다.

구원

구원의 역사적 중요성과 그것의 한없는 개인적 결과는 아무리 강조해도 지나치지 않다. 구원은 언제나 우리 이해력과 상상력을 넘어선다. 우리 생각은 결코 그것을 우회해 갈 수가 없다. 무슨 일이 벌어지고 있는 것인지 충분히 잘 보이기 때문이다. 하나님은 역사 속에서 일하신다. 치유하시고 도와주시고, 용서하시고 복 주시고, 인간의 아집으로 망가진 창조를 취하셔서 인내하시며 새로운 창조를 시작하시고, 악으로 부패한 세상을 취하셔서 그것을 거룩한 곳으로 바꾸시는 길고도 더딘 작업을 하신다. 하지만 우리는 이 모든 것을 단편적으로, 분절된 순간들로밖에는 보지 못한다. 따라서 우리가 구원을 한줌의 순간들 혹은 파편들로 종종 축소시키는 것은 이해할 만한다. 하지만 그렇게 해서는 안 된다. 우리는 우리가 결코 다 알 수 없는 포괄성의 차원으로 역사 속에서 일하시는 하나님의 일을 다루고 있는 것이다. 사도 바울은 로마서에서, 역사 속에서 하나님이 하시는 구원의 일을 이야기하면서 우리가 결코 납득할 수 없는 그것에 대해 마땅히 가져야 할 경외감을 표현한다. "깊도다 하나님의 지혜와 지식의 풍성함이여, 그의 판단은 헤아리지 못할 것이며 그의 길은 찾지 못할 것이로다"(롬 11:33).

구원의 중요성을 아무리 강조해도 결코 지나치지는 않지만, 우리가 그것을 곡해할 수는 있다. 구원이 어떠해야 한다는 우리 생각을 가지고 구원을 해석할 수 있는 것이다. 우리의 무지 혹은 우리 죄(대개는 둘 다)를 욕망의 거대한 스크린에 투사하는, 구원에 대한 도피주의적 환상을 만들어 낼 수 있는 것이다. 그렇게 되면 우리는 하나님이 바로 지금 우리 주변 곳곳에서 이루고 계시는 실제적인 구원 안으로 들어가지 못하게 된다. 또한 하나님이 신이시라면 마땅히 하셔야 하는 일이라고 우리가 생각한 일들을 그분이 전혀 하시지 않는다는 것을 알게 되었을 때 분노하거나 좌절하거나 비통해 하는 경우도 흔하다.

출애굽기는 구원을 이야기 속에 새겨넣고, 식사 때 기억하게 하고, 노래로 부름으로써 구원에 대한 그와 같은 오해를 방지하는 효과를 발휘한다. 이야기, 식사 그리고 노래는 구원에 대한 우리 이해와 동참을 온전하고 건강하게 유지해 주는 변속기처럼 작용한다. 각 부분은 나머지 부분들에 없어서는 안 되는 요소다. 그렇지 않으면 구원은 우리의 '것', 즉 우리 자신과 주변의 세상을 순전히 우리 자신의 기준에 따라서 천국에 적합하게 만들려는 전략이나 프로그램이 되어 버린다. 그러나 구원은 결코 우리의 것이 아니다. 그것은 역사 속에서 하나님이 하시는 일이다. 우리가 "그의 길을 찾지 못할 것"이다. 이야기, 식사 그리고 노래는 하나님이 역사 속에서 하시는 일과 생생한 접촉을 유지하게 해준다.

이야기

"바로 그 날에 여호와께서 이스라엘 자손을 그 무리대로 애굽 땅에서 인도하여 내셨더라"(출 12:51).

우리에게 주어진 구원의 텍스트는 구원에 대한 사전적 정의를 내려 주지 않는다. 대신 우리는 구원의 이야기를 받았는데, 그것은 대개 기억에 새겨지고 종종 구전된다. 구원을 이해하는 히브리 방식은 신학적 논문을 읽는 것이 아니라 가족과 친구들과 모닥불 주위에 둘러앉아서 이야기를 듣는 것이다. 우리, 즉 청자들을 이야기 속에 포함시키는 것이 스토리텔링의 특징이다. 처음부터 이 사실을 인식하는 것이 중요한데, 구원은 이 사람 저 사람 각각의 영혼들에 대한 영적인 진단이 아니라, 민족의 이야기, 과거가 있고 조상이 있고 공통된 경험을 가진 공동체의 이야기이기 때문이다.

구약에서 펼쳐지는 천 년이라는 시간 동안의 구원 이야기에서 핵심이 되는 사건은, 이스라엘이 이집트를 떠나서 자유를 찾아 동쪽으로 행진하는 부분이다. 바로가 죽음의 재앙에서 장남을 잃은 사건은 미칠 정도로 우유부단한 8개월 동안의 협상 끝에 결단을 촉발한 원인이 되었다. 바로와 이집트 전체는 당할 만큼 당했고["가라!"(leki), 출 12:32] 그들이 없어지니 속이 시원했다. 그러나 새로운 땅으로 가기 위해서 직진 코스를 택하는 대신 이스라엘은 남쪽에 있는 광야 쪽으로 인도를 받았고 홍해 해변에 진을 쳤다. 알고 보니 그 곳은 막다른 골목이었던 것이다. 한편, 다시 생각해 볼 시간이 생긴 바로는 그 노예 노동력이 다 도망가게 내버려둔 것은 엄청난 실수였다는 것을 깨닫고는 마음을 바꿔서 말과 마차를 끌고 전력을 다해 추격해 왔다. 그는 그 곳 홍해에 진을 치고 있던 이스라엘 백성을 곧 따라잡았다. 행복에 도취된 이스라엘의 며칠 간의 자유가 갑작스럽게 중단되었다. 도망갈 길을 전혀 생각해 낼 수도 없이 꼼짝없이 잡힌 채 운명의 순간을 맞이하게 된 것이다. 이들은 대학살을 예상하며 마음의 준비를 했다. 그런데 모세가 이렇게 말했다. "너희는 두려워하지 말고 가만히 서서 여호와께서 오늘 너희를 위하여 행하시는 구원을 보라 너희가 오늘 본 애굽 사람을 영원히 다시 보지 아니하리라"(14:13). 그러자 구름 기둥이 두 군대 사이에 나타나서 그 날 밤 그들이 서로 떨어져 있도록 격리시키는 방벽 역할을 해 주었다. 아침이 되자 모세는 자신의 목자 지팡이를 바다 위로 뻗었다. 바다는 갈라졌고 이스라엘은 마른 땅 위를 걸어서 그 곳을 지나갔다. 이집트 사람들은 그것을 보고 뒤쫓아 갔지만 전차 바퀴가 진흙에 빠지는 바람에 바다를 가로지르는 그 길 한가운데에 꼼짝없이 묶여 버렸다. 그것으로 이집트 사람들은 끝이었다. 참패한 것이다. 히브리인들의 표현이 재미있다. 하나님이 마치 이불에서 벼룩을 털어 내듯이 이집트 사람들을 "손가락으로 튕겨 버리셨다"(flicked off, 14:27)고 그들은 말한다.[17] 이제 이스라엘이 안전하게 반대편으로 건너왔으니 모세는 다시 팔을 뻗었고 그러자 물이 이집트 사람들을 덮쳤다. "그 날에 여호와께서 이같이 이스라엘을…구원하시매…"(14:30).

이것은 잊지 못할 이야기이고 잊지 못하도록 반복해서 전해졌다. 열 가지 재앙은 긴 서론이었다. 이집트의 주권을 하나씩 해체시킨 그 끈질기고 계획적인 파괴는 열 번째 재앙인 죽음의 재앙이 있던 날 밤 해방으로 갑작스럽게 그 끝을 맺었다. 이스라엘이 해방된 것이다! 그런데 그토록 오랫동안 그들에게 금지되어 있었던 풍성한 자유의 달콤함을, 손에 넣자마자 잔인하게 강탈당하게 되었다. 이집트의 전차와 홍해 사이에서 오도가도 못하게 된 것이다. 잠깐 동안의 자유가 이제 곧 대학살로 끝이 날 판이었다. 그런데, 아무것도 하지 않은 그들 앞에ㅡ모세가 그들에게 "너희는 가만히 있을지니라"(출 14:14)라고 말했고, 그들도 가만히 있을 수밖에 없었다ㅡ물이 갈라지더니 구조된 것이다. 이스라엘은 그 사건을 결코 잊지 않았다. 그 이야기를 자주 함으로써, 그것은 그들의 상상 속에 녹아 들어갔다.

이 핵심적 이야기(출 13:17-14:31)에 나오는 모든 중요한 동사는 하나님을 통해 동력을 얻는다. 백성들은 소리를 지르며 불평한다. 그리고 모세는 몇 가지 명령에 순종한다. 하지만 하나님, 오직 하나님만이 구원의 일을 하신다. 하나님이 일하신다는 12개의 동사가 이 이야기를 이끌어 가고 있고, 마지막으로 그것을 요약하는 동사는 '구원하다'이다.

히브리어에는 하나님이 자기 백성을 돕기 위해서 무엇을 하시는지를 말해 주는 단어가 풍부하지만, '구원하다'는 그 함축적 의미에서 가장 풍성하고 또한 가장 흔히 사용되는 단어다(구약에서 명사로는 146회, 동사로는 354회 사용되었다.) 성경을 읽으면서 우리는 출애굽기의 구원 이야기에서 처음으로 이 단어를 접하게 되는데, 처음에는 명사로("가만히 서서 여호와께서 오늘 너희를 위하여 행하시는 구원을 보라", 14:13) 그리고 그 다음에는 동사로("그 날에 여호와께서 이같이 이스라엘을 애굽 사람의 손에서 구원하시매", 14:30) 접하게 된다. '구원' 그리고 '구원하다'가 이야기의 기본 틀을 이루는 것이다.

명사건 동사건 그 단어는 거의 하나님이 하시는 일에 대해서만 독점적으로 사용된다. 하나님이 주어이고 사람은 목적어다. 하나님이 하시고 우리는 거기에 동참한다. 당시의 세계에서 구원은 하나님의 일이라는, 하나님만의 일이라고 하는 이 독점적 성격을 알고 있던 사람들은 히브리인들뿐이었음이 분명하다. (고유명을 제외하고는) 히브리어 이외의 언어로 이 단어가 사용된 경우는 단 한 번밖에 없으며, 주전 9세기에 모압에서 나온 메사의 비문에서였다.

바다의 불가사의는[18] 아무런 조건 없이 그냥 기적으로서 이해되어야 하는 사건이다. 거기에는 심지어 이스라엘의 신앙이라는 설명도 덧붙일 수가 없다. 브레바드 차일즈(Brevard Childs)는 "이스라엘은 자신이 구원을 받는 그 순간까지도 믿지를 못했다"[19]고 예리한 관찰을 하고 있다. 기본적으로 우리는 구원이 어떤 조건, 불가능, 관습 등의 제한을 받지 않는다는 것을 알아야 한다. 바다의 불가사의는, 구원이란 하나님이 하시는 일이지 인간의 프로젝트가 아님을 근본적인 것으로 확립해 준다. 우리는 보고 두려워하며 믿을 뿐이다(14:31). 그게 전부다. 하지만 이것을 소화해 내기는 쉽지가 않다. 우리는 우리가 무엇을 하고, 어떻게 일을 처리하는지가 우리 성공에 큰 영향을 미친다고 주장하는 (주로 교회에서 많이 하는) '구원 프로젝트'들과 함께 자라 왔으며 거기에 둘러싸여 살기 때문이다. 목사나 전도자나 정치가가 우리에게 "가만히 있기만 하면 된다"고 말하는 것을 들어 보기나 했던가? 하지만 여기에서는 그렇게 말하고 있다. 이 이야기를 들려주는 사람은 최대한 분명하고 명쾌하게 그 말을 전달하고 있다. 우리에게 모델로서 제시된 구원의 이야기는 '구원하다'를, 바다의 불가사의라고 하는 순수한 그리고 무조건적인 기적에 단단히 묶어 놓고 있는 것이다. 그것은 오직 하나님만이 하신 일이며 오직 하나님만이 하실 수 있는 일이다.

    그러나 그게 전부가 아니다. 이제 우리는 이 구원의 이야기에 이어서 '구원하다'/'구원'이 성경에서 계속 사용되면서, 이 단어가 거의 항상 (하지만 그만큼 독점적이지는 않게) 하나님이 우리를 우리의 문제에서 옮기시기보다는, 우리가 처한 상황 속에 아직 존재하지 않는 다른 무엇을 가져오신다는 것을 말해 준다는 데 주목해야 한다.[20] "스스로 있는 자"가 조건들을 철폐하는 것이 아니라 조건들 속으로 들어오셔서 우리와 함께 계시는 것이다. 조건들은 늘 그대로 있다. 출애굽기 이후로는, 구원하다/구원이 하나님이 우리 사이에서 하시는 독특하고 기적적인 일이 된다. 하나님이 우리의 문제와 어려움, 우리의 질병과 중독, 우리의 황폐함과 실망 속에서 그리고 우리가 공격받고 방해받을 때, 우리와 함께 진지하게 일하시면서 구원하시는 것이다. 이것이 구원이 가지는 기적적 요소를 감소시키는 것은 결코 아니다. 그것은, 구원은 역사 속에서 하나님이 하시는 일이기에 역사를 거부하는 것이 아님을 분명히 알려 준다. 그리스인들이 싸구려 연극 작품에서 즐겨 사용하는 '기계 신'(*deus ex machina*)[21]이 아닌 것이다.

구원에 대해 이것과는 다른 것을 약속하거나 요구하는 사람은, 결국에는 거짓말이 될 절반의 진리만을 주는 것이다.

식사

"너희는 이 날을 기념하여 여호와의 절기를 삼아 영원한 규례로 대대로 지킬지니라"(출 12:14).

이스라엘 백성은 이집트를 떠나던 날 밤 같이 식사를 준비해서 먹었다. 이야기와 함께, 이처럼 식사를 준비하고 먹는 것은 구원을 이해하는 데 반드시 필요한 것이다. 구원을 이해하고 수용하는 데서 식사가 차지하는 근본적인 위치는, 하나님이 이 식사를 같이 '영원히' 먹으라고 하나님이 명령하신 것으로 강조된다. '영원히'란 매해 봄 닛산 월의 14일에 먹어야 한다는 것이다.

구원은 가장 큰 일이다. 창세기 1-2장은 창조의 이야기를 해주었다. 창조만으로도 큰 주제다. 그런데 그 후에 우리는 역사 속에서 일어나는 구원의 사역으로 주의를 돌렸다. 죄와 죽음이 들어왔고, 심판과 약속이 있었으며, 그 다음에는 언약과 축복이 있었다. 구원의 이야기는 아브라함과 사라, 이삭과 리브가, 야곱과 라헬과 레아, 요셉과 그의 형제들 그리고 이제는 모세가 각자 자기 차례를 따라 등장하면서 탄력이 붙기 시작했다. 우리는 하나님이 우리 가운데서 일하시는 방법을 파악하기 시작했다. 이제 우리는 우리가 알고 있는 모든 구원의 요소가, 말하자면 배아 단계에 온 시점에 서 있는 것이다. 창세기-출애굽기에서 개진된, 우리 인식 속으로 들어온 모든 세부 내용이 그 모든 것을 끌어들이는 단 하나의 사건으로 결말이 난다. 바로 바다의 불가사의 사건이다. 즉 구원이다.

여기에서 중요한 것은, 이 궁극적이고 결정적인 불가사의의 폭발, 전례도 없고 능가할 것도 없는 하나님의 구원의 행위를 발발시킨 행위는, 바로 식사, 평범한 식사라는 것이다. 그것은 한 가족이 준비해서 부엌에서 먹는 일상적인 식사였다. 여기에서 강조되는 것은 평범함이다. 장소의 평범함(가정), 음식의 평범함(고기와 빵), 그것을 먹는 사람들의 평범함(가족 구성원들). 그것은 분명 미식가를 위한 식사가 아니며, 와인이 나오고 하인들이 시중들고 일곱 개의 코스로 이루어진 정교한 만찬이 결코 아니다. 식탁에 꽃과 초가 놓이고, 음악과 춤이 있고, 화려하게 차려 입고 참여하는 식사가 아닌 것이다.

이것이야말로 성경적 영성의 특징이다. 평범함과 기적이 같은 연속선상에 있는 것이다. 우리가 하나님에 대해서 믿는 모든 것은 우리가 평범한 하루를 살면서 하는 모든 일에 근거를 두고 있다. 우리는 일을 처리하고 생계를 유지하는 모든 세부 요소에서 우리의 구원을 분리시켜서는 안 된다. "브로콜리 좀 건네 주세요"와 "하나님의 말씀을 들으세요"는 구원받은 자들이 나누는 대화 속에서 같은 무게를 지닌다. 성찬의 빵은 부엌과 성단(聖壇) 모두에서 나뉜다.

그러나 이 평범한 식사에는 특별한 이름이 있다. 바로 유월절이다. 이스라엘이 이집트를 떠나기 전에 각 가정은 저녁 식사를 위해 1년 된 어린 양을 죽였다. 양에서 나온 피는 대야에 받아서 우슬초 가지로 만든 비로 집의 인방 그리고 입구 기둥에 칠했다. 그들은 양고기를 구워서 야채(쓴 나물)와 (발효시키지 않은) 빵과 같이 먹었다. 그들은 여행을 나설 채비를 하고 손에는 지팡이를 든 채 그 식사를 했다. 그들은 집 안에서 문을 닫고 그 식사를 하도록 지시받았고 아침까지 집 안에 있으라는 지시를 받았다.

이스라엘 백성이 집에서 문을 닫고 식사를 준비하고 먹는 동안, 궁전에서부터 비루한 오두막에 이르기까지 모든 이집트 가정에서는 장남이 죽었다. 이집트의 모든 헛간과 헛간 앞마당에서는 가축의 첫 새끼도 죽었다. 그 날은 열 번째 재앙의 밤이었다. 한편 모든 히브리인의 장남들은, 희생당한 양의 피로부터 보호를 받고 양고기, 풀 그리고 빵으로 영양분을 섭취하면서 살아 남았다. 첫 자녀는 각 가정에서 생명의 표지이자 생명의 운반자다. 즉 집안에 처음으로 태어난 아이는 새로운 생명의 증거이며 그 생명이 지속된다는 약속인 것이다. 하나님의 백성은 그 식사를, 하나님이 이집트를 지나가시며 모든 장남과 첫 새끼를 죽이셨지만 양의 피로 표시된 히브리인들의 집은 **지나가신**(passed over, 영어로 유월절은 Passover이다—역주) 밤으로 기억을 했다. 그 때 이후로 그 식사는 유월절 식사가 되었다. 동사로 '지나가다'(*pesach*)는 히브리어로 표현하는 것이 더 생생한데, 히브리인들의 집을 '건너뛰었다'라는 의미에 더 가깝다. 엄숙한 기운이 감도는 밤이었지만, 그러한 건너뜀에서 어떤 빛, 어떤 경축의 분위기를 느낄 수 있는가?

아침이 되자 그들은 자유의 몸이 되어 이집트를 떠났다.

열 번째 재앙의 그 날 밤과 유월절 식사는 주권에 대한 궁극적이고 결정적인, 삶과 죽음의 시험이 되었다. 죽음이 팽배한 민족, 각 가정마다 장남의 죽음을 애도하는 민족 위에 주권을 가진 바로. 그리고 살아 계신 하나님, "스스로 있는 자"를 예배하기 위해서 살아서 길을 나서는 수백만 명의 남자와 여자와 아이들의 무리를 이끌고 자유의 삶으로 나아가는 모세.

모세는 이 유월절의 식사를 해마다 봄에 "대대로"(출 12:14, 17, 42) 반복해서 지키라고 이스라엘 백성에게 명령했다. 앞으로 지켜야 할 이 유월절에 대한 지시에서는 유월절 식사가 하루에서 일주일로 늘어난다. 유월절 식사를 하던 그 날 밤에 근거하여, 일주일 동안 오직 (발효되지 않은) 납작한 빵만 먹으며, 그렇게 일주일 동안 기억하는 것이다. 이 축제는 7일 간 계속되는데, 그것은 하나님이 하늘과 땅을 지으시는 데 걸린 시간이다. 그 일주일은 그 달의 14일에 시작해 21일에 끝나고, 그 일주일의 양 끝에는 안식일이 있다. 구원의 주간은 창조의 주간을 반영하고 있다. 하나님의 백성은 창조하시는 하나님이 구원하시는 하나님이라는 것을 배우게 된다. 창조와 구원은 한 덩어리인 것이다.

포로기의 이사야는 창조와 구원을 서로 병치되는 것으로 보았다.

창조에서 혼돈의 물을 걷어 내신 행위를 언급하고 난 직후에 이사야는 하나님이 "구속 받은 자들을 건너게"(사 51:10) 하기 위해 다시 한 번 물을 걷어 내신 홍해의 이야기를 한다. 창조와 구원이 나란히 놓인 것이다.[22]

이 구원의 식사가 오직 이스라엘 백성만의 식사가 아니었다는 점이 중요하다. 그 식사는 본질적으로 손대접이라는 성격을 가지고 있었다. 그 날 아침 "중다한 잡족"이 히브리인들과 함께 이집트를 떠났다(출 12:38). 인종과 출신에 상관없이, 노예들과 그 지역의 몇몇 민족 집단에 속해 있던 토착민과 나그네들이 할례를 통해서 이스라엘 백성이 될 수 있었고, 가족 안에 영적으로 입양되어서 유월절 식사를 같이할 수 있었다. 오직 "이방 사람"만 제외되었는데 여기에서 "이방 사람"(ben nekhar)은 '이상한 신의 아들'을 의미했다. 그러니까 자국민이 아닌 외국인을 지칭하는 것이 아니라 다신론자 이교도(12:43-49)를 말하는 것이다. 그 누구든 선택에 의해 이스라엘 백성이 될 수 있었다(참고. 롬 9:7). 따라서 유월절(구원)은 이스라엘을 통해서 모든 사람, 남자와 여자, 유대인과 비유대인, 노예와 자유자 모두에게 동일하게 주어지는 하나님의 선물이었다.

노래

"이 때에 모세와 이스라엘 자손이 이 노래로 여호와께 노래하니 일렀으되 내가 여호와를 찬송하리니 그는 높고 영화로우심이요 말과 그 탄 자를 바다에 던지셨음이로다"(출 15:1).

구원은 하나님의 행위다. 따라서 그것에 대한 유일하게 적절한 반응은 구원하시는 그 하나님께 주의를 기울이는 것이다. 그러나 이러한 주의를 기울이는 **방식**이 중요하다. 지금까지 출애굽기에서 나온 반응의 형태는 그 이야기를 들려주고 식사 의식을 통해서 그 사건을 기억하는 것이었다. 그 다음은 무엇인가? 많은 사람들에게 구원을 이해하는 그 다음 단계는 연구와 분석으로 이어진다. 용어 색인과 고어 사전을 꺼내 놓고 연필을 깎는다. 하지만 여기에서는 그렇지가 않다. 여기에서는 구원의 하나님이 **예배를 받으신다**. 이야기와 의식은 이제 모든 이스라엘 백성을 구원의 참여자로 만드는 예배 행위로 이어지는 것이다. 이스라엘 백성 그 누구도, 심지어 모세도 구원을 이루기 위해서 한 일이 단 하나도 없었다.[23] 그러니 그 점에 관해서는 노래할 것이 하나도 없다. 따라서 모세도 이스라엘 백성도 주체가 아니고 인간의 경험도 주체가 아니라면, 하나님이 주체가 될 수밖에 없다. "내가 여호와를 찬송하리니…"

노래는 연설이 강화된 것이다. 이러한 강화는 말을 더하거나 소리를 키우는 것으로 이루어지는 것이 아니라 그 말을 노래하는 것으로 이루어진다. 그렇다면 노래가 하는 역할은 무엇인가? 분명히 의미를 더하는 것은 아니다. 적어도 객관적인 사전상의 의미는 더해 주지 않는다. 그러한 것과는 다른 무엇이 진행되는 것이고 그 다른 무엇은 정확한 설명을 피해 간다. 노래는 설명하지 않는다. 그것은 표현한다. 문자를 초월하는 것이다. 노래는 말 이상의 것인데, 그 '이상'이 정확히 무엇인지를 표현할 말이 없다. 노래는 초월적인 것을 증거하는 두 가지 방법 중 하나다(다른 하나는 침묵이다).

그래서 성경적으로 훈련된 사람들은 예배를 드리면서 노래를 많이 부른다. 신학 공부나 히브리어와 헬라어 공부가 아니라, "시와 찬송과 신령한 노래"(골 3:16)가 구원의 모든 문제에서 하나님이 하시는 일과 그 일에서 하나님이 누구이신지를 받아들이고 음미하는 근원적 언어인 것이다. "참 현존이 분석적으로 보여지거나 다른 말로 표현될 수 없을 때…음악은 참 현존이 매우 실질적인 의미를 가지게 한다. 음악은 우리의 일상 생활에서 이성 이외의 논리와 감각에 직면하게 한다. 참으로 그것은 생명의 형태를 발생시키는 존재의 원천에서 작용하는 논리를 지칭하는 가장 진실한 이름이다"라고 조지 스타이너(George Steiner)는 말했다.[24]

하나님은, 따라서 하나님에 대한 예배는 합리적인 것으로 축소될 수 없기 때문에, 노래는 늘 예배 행위의 기본이었다. 음악은 말을 더 기분 좋게 들리도록 하기 위해서 덧붙이는 무엇이 아니다. 음악은 초월로 가는 문, 신비로 나아가는 창, 삼위일체의 춤에 참여하는 통로로서 말이 사용되는 방식에 필수적인 것이다.

결과적으로 예배로 나아가지 않는 구원에 대한 접근 방식은 구원을 우리가 터득해서 통제할 수 있는 개념 혹은 프로그램 혹은 기교로 왜곡하고 축소시켜 버린다(이 과정은 빠를수록 좋다). 물론, 우리가 이루어낼 수 있거나 적어도 관리할 수 있다면 그것은 더 이상 구원이 아니다. 우리는 하나님을 버리고 떠나서 우리 자신의 사적인 구원 사업을 일으킨다. 우리는 교묘한 광고를 통해서 혹은 다른 경쟁주들과 치열하게 경쟁함으로써 자신이 판촉하고 있는 구원 프로젝트의 진부함을 가리려고 한다. 대부분의 경우 이 프로젝트들이 하는 일이라고는, 우리가 그토록 거창하게 표방하는 구원 상품들이 속임수에 불과하다는 것을 손님들이 눈치 채지 못하도록 그들의 주의를 돌리는 것뿐이다. 구원이라는 포괄적인 일을 하시는 하나님을 다루는 것은 쉽지가 않기 때문에 우리는 하나님보다 못한 다른 것을 찾는다. 한 의미심장한 미국 소설에 나오는 앤 에드워즈라는 여자는 대담하게도 하나님의 현존을 찾아내겠다는 계획을 꾸미는데, 그녀는 하나님이 실제로 존재하시는 방식을 알아보는 사람들이 얼마나 적은지를 알게 된다.

> 하나님은 시내 산에 계셨고, 일주일 만에 사람들은 금송아지 앞에서 춤을 췄다. 하나님은 예루살렘으로 들어가셨고, 며칠 후에 사람들은 그를 못박아 매달아 놓고 다시 일하러 갔다. 하나님과 대면했을 때 사람들은 진부한 것들을 은신처로 삼았다. 마치 난해한 사지선다형 질문에 대답하는 것처럼 말이다. 만약에 당신이 불타는 떨기나무를 보았다면 당신은 어떻게 하겠는가? (1)119를 부른다, (2)핫도그를 사들고 구경할 준비를 한다, (3)하나님을 인식한다. 앤은 이미 수년 전에, 극소수의 사람들만이 하나님을 인식할 것이라고 결론지었었다….[25]

구원은 우리가 스스로 할 수 없는 일을 하나님이 우리를 위해서 해주시는 일이다. 구원은 우리가 어림잡을 수도, 경쟁할 수도, 재생산할 수도 없는 하나님의 일이다. 구원은 하나님으로부터 온 것이며 따라서 구원의 경험과 그에 대한 반응도 하나님과 상관 있는 것이어야 한다. 우리가 그 구원에 관련되어 있다는 것은 확실하다. 그 노래가 일인칭 동사와 일인칭 대명사를 무더기로 쏟아 내며 시작되기 때문이다. 거기에는 세 개의 일인칭 동사와 다섯 개의 일인칭 대명사가 나온다. 이것은 신학적 명제를 냉철하고 객관적으로 실험실에서 해부하는 그런 문제가 결코 아닌 것이다. 우리는 여기에 머리에서 발끝까지 푹 잠겨 있다. 하지만 우리가 그것을 관리하지는 않는다. 우리가 지도하지도 않는다. 우리가 하는 일은 예배하는 것이다. 우리는 구원의 노래를 '여호와께 노래한다.' 노래는 설명하지 않는다. 노래는 증언한다. 모세와 이스라엘 백성은 증언의 노래를 부르는 것이다. 그와 같은 증언의 예배에서 그들은 신비에 참여하게 된다. 그리고 우리도 마찬가지다.

　　　　　　　　　　✦

그러나 그것이 아무리 신비로운 것이라 하더라도, 그러니까 이성이나 실용적인 설명으로 축소될 수 없다 하더라도, 그 구원의 행위가 우리가 사는 방식에 미치는 영향을 눈치 채지 않을 수는 없다. 즉 구원의 노래는 역사를 재규정한다. 모세의 노래에서 표현되고 불린 것과는 별도로 역사는 죄로 규정되어(sin-defined) 있다. 그러나 바다의 불가사의는 우리를 이끌어 구원으로 규정된(salvation-defined) 역사를 이해하고 거기에 동참하도록 한다. 바다의 불가사의 그리고 모세의 노래에서 보이는 예배의 반응은, 구원으로 규정된 역사에 참여하는 사람들이 그 역사를 선포하고 축하하는 것이다.

성경 밖에서 고찰되는 역사는 죄와 죄의 결과를 다룬다. 계시로서의 역사는 구원과 구원의 결과를 다룬다. 바다의 불가사의는 역사를 죄로 규정된 것으로 보는 우리 생각을 뒤집는다. 그 날 홍해에서는 모세의 지도력 하에서 어떤 사건이 일어났는데, 그것은 이 세상이 돌아가는 방식에 대한 이스라엘 백성의 이해에 영원한 흔적을 남겼다. 바다의 불가사의는 예배의 행위로 이어졌다. 그 사건을 기억하는 일, 즉 예배에서 구원의 행위는 이스라엘의 삶에 역사의 지렛대로 확립되었다. 이 지렛대는, 그들의 삶에서 그리고 여러 민족들의 삶에서 일어나는 모든 일이 구원의 한 양상으로 이해되고 다루어지는 지점이 된다.

구원으로 규정된 역사에서 죄가 줄어드는 것은 아니다. 오히려 우리는 그것을 더 잘 인식하게 된다. 그러나 더 이상 죄가 결정적이지는 않다. 구원이 결정적이다. 구원은 우리가 전쟁을 치르고, 정원을 만들고, 결혼을 하고, 상품과 서비스를 사고팔고, 선거를 진행하고, 장례식을 거행하고, 축구 경기를 하고, 요리를 하는 등, 일상에서 우리가 하는 모든 일이 어떤 테두리 안에서 이루어져야 하는지 그 경계를 그어 주고 조건들을 제시해 준다. 이러한 한계들은 광대하다. 우리에게 익숙한 것들을 훨씬 능가한다. 오직 예배만이 그러한 조건들에 근접할 수 있다.

우리가 무더기로 쏟아지는 죄의 증거들과 날마다 부딪치게 되는 현실로 미루어볼 때, 구원으로 규정되는 역사를 믿기란 힘들다. 이집트의 억압을 받았던 수세기를 지나 왔고, 눈앞에는 가나안에서 겪게 될 불화의 수세기가 기다리고 있는 이스라엘 백성에게도 그것은 믿기 힘든 일이었다. 그러나 역사가 그들에게 던져 주는 모든 증거에도 불구하고 이스라엘이 믿었다는 것은 분명하다. 늘 자신이 믿은 바대로 산 것은 아니지만, 그들은 확실히 믿었다. 그들은 그 이야기를 들려주었고, 그 식사를 했고, 그 노래를 불렀다. 그 이야기와 식사와 노래는 계속해서 역사를, 죄로 규정된 것이 아닌 구원으로 규정된 것으로 공표했다. 그들은 또한, 비록 가다서다를 반복하는 변덕스런 방식이기는 했지만, 기도와 순종의 삶에서, 정의와 연민의 사회 구조에서, 하나님의 형상으로서 남자와 여자인 자신들의 핵심적 정체성을 명예롭게 하는 도덕적 생활에서, 구원에 대한 자신들의 신앙을 표현해 냈다.

　죄로 규정된 역사는 역사를 일차적으로 사람들—그들은 우리보다 더 나을 수도 더 나쁠 수도 있다—이 한 일의 경험으로 이해한다. 그에 따른 통계와 이야기는 끔찍하다. 잔학, 상처, 상해, 배신, 불성실, 고문, 살인, 강간, 학대, 불의. 물론 밝은 부분도 있지만, 심지어 그 밝은 부분들조차 나쁜 신앙, 부패한 동기, 양심 없는 착취, 무지한 선의로 인해 절망적으로 손상되어 있다. 여기서는 인간을 순전히 선하고, 순수하게 아름다운, 혹은 흠 없이 진실한 존재로 제시하는 단락은 하나도 찾아볼 수가 없다. 어떤 역사가들은 매우 존경받고 유명한 '위인'들을 골라서 그들의 어두운 면들, 명성의 단 위에서 우쭐대면서 용케도 감추었던 죄와 범죄들을 공개적으로 전시하기를 특별히 좋아하기도 한다. 그러나 그것은 특별히 재능 있는 역사가만이 할 수 있는 일이 아니다. 그런 증거는, 때로 감추어져 있기는 하지만, 곳곳에 널려 있다. 그것을 들추는 일은 누구나 할 수 있다.

　그와는 대조적으로 구원으로 규정된 역사는 모든 죄의 증거를 받아들이지만 그 모든 것 '안에, 밑에 그리고 그것을 통해' 있는 하나님의 주권과 구원의 사역을 통찰력 있게 분별해 낸다. 요한은 이스라엘이 가진 구원의 전망을 다음과 같은 경구로 표현했다. "너희 안에 계신 이가 세상에 있는 자보다 크심이라"(요일 4:4). 사람들은 생각 없이 그리고 무식하게, "세상에 있는 이"가 역사에서 결정적인 존재라고 가정한다. 요한은 성경적 구원을 한 문장으로 압축하면서 이렇게 말한다. "그렇지 않다. 너희 안에 계신 이가 더 크다." 우리는 이렇게 말한다. "더 크다고요? 확실해요? 그게 사실인가요? 복음의 허풍 아닌가요? 경건한 과장 아닌가요? 그게 '영적으로' 사실일지는 모르지만 역사적으로는 분명 사실이 아닙니다."

그러나 이스라엘은 결코 구원을 영적인 것으로 만들지 않았다. 모세의 노래는 분명 역사적이다. 무슨 일이 **일어난** 것이다. 그리고 일어난 그 일이 계속해서 일어나고 있다.

그 노래에는, 구원하시는 그 하나님에 대한 주장이 (1-3절 그리고 18절로) 괄호를 이루고 있다가 (11-12절에서) 중앙으로 오고 있다. 그 괄호 사이와 중심 주변으로는 온통 역사다. 홍해에서 일어난 일(4-10절) 그리고 그들이 새로운 땅으로 인도받게 되는 홍해 이후에 일어날 일(13-17절)이 노래되고 있다. '구원'이라는 단어를 개별화된 영혼, 우리 내면성과 관련 있는 영적 상태, 우리와 '하나님과의 관계'를 일컬을 때만 거의 배타적으로 사용하는 우리 습관으로 미루어볼 때, 이것은 매우 중요한 점이다.

구원은 물론 영혼의 상태를 다룬다. 그러나 기억하자. '영혼'(soul)은 모든 것을 합한 단어다. 경제와 정치, 과학과 지리, 문학과 예술이 다 들어가 있는 역사로부터 분리된 영혼은 없다. 일과 가족, 몸과 이웃으로부터 분리된 영혼은 없다. 그 노래는 구원의 관할권을 확장시켜서 일어난 모든 일과 일어나고 있는 모든 일 그리고 일어날 모든 일을 다 포괄한다. 구원은 사람과 하나님 사이의 사적인 일이 결코 아닌 것이다. 바로의 "택한 장관"과 "에돔의 방백"도 등장하고, 뒤에는 바다가 펼쳐져 있고 앞에는 땅이 있다.

"세상에 있는 이"는 많은 별명을 가지고 역사 속에 나타난다. 적그리스도, 뱀, 마귀, 사탄, 유혹자, 바알세블, 라합과 베헤못과 리워야단, 거대한 용, 포효하는 사자, 적, 거짓말하는 자. 오늘날에는 "세상에 있는 자"가 대체로 익명으로 일을 하지만, 많이 들려 오는 "어둠의 일" 가운데서 그것을 분별해 낼 수 있다.

 이처럼 악은 편재하고 전능하다는 인식 때문에 많은 사람들이 쉽고 흔하게 일종의 도덕적/영적 냉담에 빠지고, '어쩔 수 없다'는 질병에 걸리며, 일부는 완전한 불신앙에 빠지게 된다. 그리고 너무나 많은 그리스도인들이 성경 이야기를 배우지 못한 채 이 시대의 분위기에 적응해 버린다. 많은 사람들이, "너희 안에 계신 이가 세상에 있는 이보다 크심이라"고 하는 확신에 찬 지식을 갖지 못한 채, 그러니까 구원에 대한 확고하게 **역사적인** 이해를 갖지 못한 채 소심하게 살 뿐이다. 마치 겁먹은 토끼들처럼 종교의 굴로 급히 도망가, 거기에서 자신들의 신앙을 축소된 차원으로 유지한다. 또 어떤 사람들은 컹컹 짖어 대는 개처럼, 역사에 대한 영적인 경멸과 우월성을 외치면서 밉살스럽게 살며 으스댄다.

 우리가 역사 속에서 충만하게 살고 하나님의 영광을 위해서 살고자 한다면, 즉 우리의 가정과 일터의 상황 속에서, 우리 국가와 세계에서 일어나는 일들 가운데서 살고자 한다면, 우리는 반드시 역사 속에서 하나님이 행하시는 중요하고도 지속적인 구원의 행위를 적절하게, 그러니까 **성경적으로** 이해해야 한다. 그 하나님은 중단 없이, 끈질기게, 효과적으로 **구원하시는** 하나님이시다. "마치 빛처럼 쉼 없이, 서두르지 않고, 고요하게"[26] 말이다. 구원은 포괄적이다. 구원이 대체로 감추어져 있고 보고되지 않는다는 것은 상관하지 말자. 이스라엘에게 거대하고 결정적인 역사적 사실은 "말과 그 탄 자를 바다에 던지셨다"는 것이다.

홍해에서 일어난 사건은 이스라엘 최초의 신앙 고백이 되었고 그들의 예배에서 원줄기가 되었다.[27] 그리고 모세의 노래는 그들의 국가가 되었다. 그 사건은 하나님의 백성으로서의 그들의 삶 전체를 역사 속에 견고하게 자리매김해 주었다. 그 사건은 대안적인 '영적' 세계를 제시하지 않는다. 그 사건은 이스라엘이나 그 지도자들을 칭찬함으로써 그들의 삶을 '단지' 역사로 축소시키지 않는다. 이 세상은 하나님이 주권을 가지신 세상이며, 하나님의 근본적 사역은 구원이다. 이것이 바로 그들의 모습이고 그들이 사는 곳이다. 이것이 바로 그들이 존재하게 된 경위이고 그들이 존재하는 목적이다.

이스라엘에게 진실인 것이 우리에게도 진실이다. 우리는 구원으로 규정된 역사 속에 몸을 담근 구원받은 백성이다. 우리는 역사의 하나님을 예배함으로써 믿음과 동참으로 그 역사에 관여하는 것이다.

근거 본문(2): 마가복음

신약 성경에서 구원의 근거 본문으로 내가 택한 것은 마가복음이다. 이 책은 출애굽기와 훌륭한 짝을 이룬다. 마가가 펜을 들기 전에는 그 누구도 기독교의 복음서를 기록한 적이 없었다. 그가 새로운 장르를 만들어 낸 것이다. 그 장르는 이내 기독교적 삶을 사는데 기초가 되면서 또한 그 삶을 형성하는 글쓰기 형태가 되었다. 우리는 성령이 성경의 내용에 영감을 주셨다는 것을 익숙하게 믿는데(딤후 3:16), 내용과 마찬가지로 글의 형식도 영감을 받는다. 우리가 복음서라고 부르는 이 새로운 문학 형식도 영감을 받은 것이다.

비록 마가가 모세와 사무엘 같은 히브리의 이야기꾼들을 좋은 스승으로 두고 있기는 하지만 이러한 형식의 글쓰기는 처음이었다.

성경 전체가 우리에게 서사의 형태로 주어졌는데, 이 거대하고 다소 산만한 성경적 서사 안에서 마가는 자신의 복음서를 기록하고 있다. 오늘날의 위대한 이야기꾼 중 한 사람인 왈러스 스테그너(Wallace Stegner)는 이렇게 말한다. "우리는 주로 형식과 형태에 의해서 산다. 만약 형식이 나쁘다면 우리는 나쁘게 산다."[28] 복음서는 진실하고 좋은 형식이며, 그 형식에 의해서 우리는 잘 산다. 스토리텔링은 전제와 가정과 관계의 세계를 만들어 내고 우리는 그 세계로 들어간다. 이야기는 우리를 우리 자신 밖의 세상으로 초대하며, 게다가 그 이야기가 진실하고 좋은 이야기라면 우리를 우리 자신보다 더 큰 세상으로 초대하게 된다. 성경 이야기는 진실하고 좋은 이야기이며, 그것이 우리를 초대하는 세상은 하나님의 창조와 구원과 축복의 세상이다.

이렇게 크고 널찍한 성경 이야기의 맥락 속에서 우리는 정확하게 사고하고, 도덕적으로 행동하고, 열정적으로 전하고, 즐겁게 노래하고, 정직하게 기도하고, 신실하게 순종하는 것을 배우게 된다. 그러나 우리가 행동을 개시하여 이러한 일들을 실제로 할 때 감히 그 이야기를 버릴 수 없다. 왜냐하면 우리가 그 이야기를 버리는 바로 그 순간, 우리는 실재를 우리 생각과 감정과 경험의 영역으로 축소시키기 때문이다. 우리가 그 이야기 자체에 계속해서 새롭게 잠기지 않은 채 자신의 교리를 만들어 내고 자신의 도덕 규칙을 세우거나, 제자도와 사역의 삶에 투신하는 순간, 우리는 하나님의 구체적이고 지역적인 임재와 활동에서 곧바로 벗어나서 자기 자신의 가게를 따로 차리게 된다.

'복음서'라는 형식이 가지는 특수성은 그것이 수세기에 걸친 히브리식의 스토리텔링, 즉 하나님이 자신의 백성을 통해서 그분의 창조와 구원의 이야기를 들려주시는 그 방식을 예수님의 이야기, 즉 그 모든 이야기의 성숙한 완성이 되는 예수님 이야기로 가져온다는 것이다. 이는 분명 계시의 방식, 즉 하나님이 자신을 드러내시는 방식으로, 그리고 우리를 초청하고, 나아가 우리의 참여를 **주장하는** 방식으로 이루어진다.

이 모든 것이 신화 지어 내기를 선호하는 고대의 방식과는 대조되는 것이다. 그러한 신화는 대체로 우리를 초자연적인 것을 감상하는 구경꾼으로 만든다. 그리고 이것은 또한 도덕 철학과 '알기 쉬운' 지혜를 선호하는 현대의 방식과도 대조되는 것이다. 그러한 것들은 우리를 자기 자신의 구원을 책임지는 자리에 놓는다. '복음 이야기'는 그 이야기의 주제인 성육신처럼, 신적인 동시에 인간적인 실재를 설명하는 구술 방식이다. 그것은 **계시**한다. 즉 우리가 관찰이나 실험이나 추측으로는 결코 스스로 생각해 낼 수 없는 무엇을 우리에게 보여 준다. 그리고 동시에 그것은 **참여시킨다**. 결과에 대한 책임을 우리에게 부과하지 않으면서 수혜자와 동참자로 우리가 그 행위에 참여하게 하는 것이다.

이것은 우리가 인생을 사는 방식에 대한 엄청난 함의를 가지는데, 왜냐하면 복음서의 형식 그 자체가 우리가 길을 이탈하는 두 가지 주요한 방식으로부터 우리를 보호해 주기 때문이다. 즉, 더 새롭고 이색적인 천국의 오락을 보여 달라고 아우성치는 들뜬 구경꾼이 되는 것을 막아 주고, 발 벗고 나서서 세상의 짐을 짊어지는 불안에

찬 도덕주의자가 되는 것을 막아 준다. 복음서의 형식 자체가, 우리가 단순한 구경꾼 혹은 단순한 도덕주의자가 되는 것을 어렵게 만들어 버린다. 이것은 우리가 터득하는 텍스트가 아니라 우리가 터득당하는 텍스트다.

내 생각에는, 우리가 그 이야기를 말하고 있건 듣고 있건, 그 이야기 앞에서는 전문가라는 생각이 결코 들지 않는다는 점이 중요한 것 같다. 우리가 모르는 것이 너무 많고, 너무나 많은 가능성이 있고, 너무나 많은 신비와 영광이 있는 것이다. 이야기란 아무리 복잡한 것도 우리 안에 있는 천진함—기대하는 마음, 궁금해하는 마음, 반응하는 마음, 즐거워하는 마음—을 불러일으키는 경향이 있다. 물론 이것이 바로, 이야기는 아이들이 가장 좋아하는 말하기 형식이며, 성령이 계시로 사용하시는 주된 형식이며, 인생의 전문가이자 관리자인 체하기를 좋아하는 우리 어른들이 그토록 자주 이야기보다는 설명과 정보를 선호하는 이유이기도 하다.

마가가 쓴 이 본문을 조금만 읽어 보아도 우리는 이 이야기가 로마 통치하에 있던 팔레스틴의 고대 역사 중 아주 작은 부분인, 예수님과 예수님 주변에서 일어난 일에 대한 것임을 알게 된다. 이 이야기를 다 읽기 전에 우리는 이것이 하나님이 예수 그리스도 안에서 우리의 구원을 이루어내시는 것에 관한 이야기임을 알게 된다. 예수님 자신이 그것을 간명하게 표현하셨다. 인자가 온 것은 "자기 목숨을 많은 사람의 대속물로 주려 함이니라"(막 10:45).

어떤 측면에서 예수님의 구원 이야기는 좀 이상한 이야기다. 우리가 읽으면서 정말로 궁금해하는 것에 대해서는 거의 말해 주지 않는다. 우리가 예수님에 대해서 정말로 알고 싶은 것은 사실상 전혀 알아 내지 못한다. 예수님의 외모에 대한 묘사가 하나도 없다. 예수님의 출신 배경, 친구, 교육, 가족에 대한 정보도 전혀 없다. 어떻게 이 사람을 평가하고 이해해야 하는가? 그리고 그분이 무슨 생각을 하셨는지, 기분이 어떠셨는지, 그분의 감정과 내면적 시름은 어떠했는지에 대해서는 거의 언급이 되어 있지 않다. 예수님에 대해서 놀라울 정도로, 당황스러울 정도로 침묵하고 있는 것이다. 우리는 예수님에 대한 궁금증을 해결하지도 못하고, 예수님을 찾아내지도 못하고, 우리가 알 수 있는 말로 이해하지도 못한다. 예수님과 그분이 구현하신 구원은 소비재가 아닌 것이다.

물론 그 이야기에는 다른 사람들도 있다. 많이 있다. 병든 자와 배고픈 자, 희생자와 주변인들, 친구와 적들이 나온다. 그리고 그 함의로 볼 때, 우리 모두가 나온다. 그러나 예수님이 언제나 주제다. 그 어떤 사건도, 그 어떤 사람도 예수님과 떨어져서 따로 이 이야기에 등장하지 않는다. 예수님이 구원의 배경과 내용 모두를 제공하신다. (마가의 글이 우리의 구체적인 실천을 이끌어낸다면) 구원은 실제로는 하나님을 계시하는 예수님께 우리가 기울이는 주의와 반응임이 드러난다. 이 텍스트는 이러한 주의와 반응의 훈련을 제공한다. 행마다, 페이지마다, 오직 예수, 예수, 예수뿐이다. 그 누구도 자기 자신의 구원의 내용을 스스로 제공하지 않는다. 그 내용은 우리에게 주어지는 것이다. 예수님이 우리에게 그 내용을 주신다. 이 텍스트는 그 어떤 예외도 허용하지 않는다.

콜로보닥틸러스

초기의 전승에 의하면, 마가는 이 복음서를 로마에서, 베드로가 있는 자리에서, 아마도 베드로의 지도하에서 썼다고 한다. 예수님이 처음 부르신 열두 사도의 지도자였던 베드로, 사도들의 이름이 나열될 때 늘 가장 먼저 나오는 베드로는 순교를 준비하며 로마에 있었다. 그가 있는 자리에서 그리고 그의 영향력 아래서 마가는 예수님에 대한 자신의 이야기를 기록했다. 적어도 전승에 의하면 그렇다.

그 전승 어디쯤인가에서 마가는 콜로보닥틸러스(colobodactylus: 도마뱀의 일종—역주), '뭉툭 손'이라는 별명을 얻게 된다. 그 별명의 이유를 밝히는 한 가지 주장에 의하면, 마가는 덩치는 컸는데 그에 어울리지 않게 손가락은 짧았다고 한다. 손가락이 짤막했던 것이다. 그 이름은 애정 어린 별명처럼 들린다. 우리가 친구들하고 장난치면서 서로 부르는 이름들처럼 말이다. 땅콩, 홀쭉이, 파란 눈, 고양이, 콜로보닥틸러스, '뭉툭 손.' 로마에서 마가가 날마다 열심히 복음서를 집필하는 모습을 보았던 친구들로부터 그 별명이 유래되었을 것이라고 우리는 쉽게 상상할 수 있다. 그의 친구들은 짧고 굵은 그의 손가락이 양피지 위에서 펜(철필)을 부지런히 놀리는 것을 보았을 것이고, 그 펜을 쥐고 있는 서툴러 보이는 손가락과 그가 써 내려가는 속도 빠른 드라마 사이의 부조화를 장난스럽게 지적했을 것이다. 하지만 동시에 거기에는, 마가의 눈에 띄게 세련되지 못한 손과, 레이놀즈 프라이스가 마가에 대해 지적한 "건방져 보이는 거친 언어"[29] 사이의 조화도 장난스럽게 암시되어 있었을 것이다.

마가가 섬기던 사도도 별명을 가지고 있었다. **베드로**, 헬라어로 '돌'이라는 뜻이었다. 하지만 마가의 별명은 자기 스승의 별명처럼 늘 따라다니는 것은 아니었다. 오직 로마에서만 마가는 콜로보닥틸러스로 알려져 있었다. 전승에 의하면 베드로의 순교 이후에 마가는 알렉산드리아로 가서 그 곳의 주교가 되었다고 한다. '뭉툭 손'은 아마도 주교에게는 어울리지 않는다고 여겨졌을 것이고, 그래서 다시 자신의 원래 이름을 되찾은 것인지도 모른다.

꽃

마가의 이야기 전개 방식은 속도가 빠르고, 군더더기가 없고, 감탄할 정도로 극적이다. 마가는 꾸물거리지도 않고, 부연하지도 않고, 설명하지도 않고, 옆 길로 새지도 않는다. 사건에 이어 또 사건이 나오고, 서사의 내용이 황급하게 쌓여 가면서, 마치 이야기 구상이 전혀 없는 것처럼 보인다. 하지만 자세히 살펴보면 구상을 찾을 수 있다. 근사하고 복잡한 구상이지만, 눈에 띄지 않게 숨겨져 있다.[30] 이야기꾼으로서 마가는 전혀 허세를 부리지 않는다. 그는 자신의 기술을 숨기는데, 어법과 구문에서 모든 장식과 세련된 기교를 제거한다. 이것은 멜로 드라마가 없는 드라마다. 모든 세부 내용은 매우 신중하게 선택되었고 노련한 솜씨로 배치되었다. 주의 깊게 배당되어 축적된 서사의 문장들은, 외딴 갈릴리를 순회하며 가르치고 치유하시던 무명의 예수님을 순식간에 예루살렘에서 대중적인 주목을 받는 인물로 바꾸어 놓는다. 그 곳에서 로마와 유대의 지도자들은 힘을 모아서, 예수님이 자신들의 정치적·종교적 정권에 치명적인 존재가 되지 않을까 두려워 그를 죽인다. 놀라운 것은, 이야기를 하는 사람이 논평이나 발표로 이야기에 끼어들지도 않았는데, 우리는 예수님이 하나님의 기름부음 받은 자이며, 죄로부터 우리를 구원하시고 바르게 사는 길을 우리에게 보여 주기 위해서 오셨다는 것을 확신하게 되면서, '이분을 따라야 한다!'는 생각이 든다는 것이다.

이야기꾼 중에서도 가장 허세를 부리지 않는 이 사람(뭉툭 손!)이 이처럼 가장 도전적이고도 가장 계시적인 이야기를 쓴 것이다.

마가의 글쓰기에는 주목해야 할 한 가지 특징이 있다. 비록 마가가 자신의 이야기를 사도 중의 가장 위대한 사도인 베드로 밑에서 쓰고 있기는 하지만, 그는 베드로가 실제로는 최고의 죄인이라는 것을 분명히 함으로써 사실상 그 이야기에서 베드로가 설 자리를 주지 않고 있다. 여기에는 예수님과 그의 추종자들 사이의 진정한 관계가 걸려 있다. 사도들의 우두머리로서 베드로는 예수님과 나란히 눈에 띄는 자리로 갈 가능성을 안고 있었다. 베드로를 죄인들의 우두머리로 그림으로써 마가는 그러한 일이 일어나지 않게 한다. 만약에 지도자인 베드로가 예수님과 함께 주목의 대상이 되는 것을 막을 수 있다면, 모든 그리스도인에 대해서도 그렇게 할 수 있는 것이다. 그리고 그것이 바로 마가가 하는 일이다. 그것은 이야기 작가로서 그의 가장 훌륭한 업적인지도 모른다. 베드로가 있는 자리에서, 베드로의 권위와 영향력하에서 그는 베드로가 그 이야기를 장악하지 않도록 막는 것이다. 베드로의 미화(美化)가 근본적으로 차단된다. 베드로가 초대교회에서 자신의 지도력과 설교를 통해서 어떤 우수한 자질을 획득하였건 간에 그것은 전부 이 이야기에서 삭제된다. 오직 그의 연약함과 실패만 이야기에 남겨 놓았다. 예수님의 이야기에는 다채로운 사람들이 나오지만, 그 어떤 사람도 유일무이하고 선례가 없는 예수님의 중심성을 모호하게 하거나 손상하는 방식으로는 결코 제시되지 않는다. 베드로는 서툴고, 불경하고, 믿을 수 없는 사람으로 그려졌다. **단순히** 베드로를 그렇게 그린 것이 아니라, **지도자** 베드로를 그렇게 그린 것이다. 다른 선택받은 제자들도 우리가 바라보고 따라야 할 모범이 되지 못한다. 우둔하고 아둔한 이 사람들은 겁쟁이들임이 드러난다. 에드윈 호스킨스(Edwin Hoskyns) 경과 노엘 데이비(Noel Davey)는 마가가 "놀라자빠질 정도로 무자비"하게 제자들을 예수님 사역의 모든 부분에서 빼 버린다고 평했다.[31]

다시 말해서 마가는 다른 모든 구원 이야기의 기본이 되는 이 구원 이야기를, 우리가 그 어떤 지도자도 영적인 상류층에 속한 사람으로 따로 떼어 놓거나, 그들을 단 위에 올려 놓는 행위를 하지 못하도록 막는, 그러한 방식으로 들려준다. 이것은 구원의 이야기이며 그 구원자는 예수님이다. 이 이야기를 들려줄 때 그 어떤 것도 우리가 예수님 아닌 다른 것으로 주의를 돌리게 해서는 안 된다. 여기에는 멸시당한 예수님보다는 유명 인사들을 대하는 것을 더 좋아하는 우리 기호를 부추기는 것이 하나도 없다. 심지어 최고의 지도자라고 하는 사람에게서도 매력적이거나 감격적인 면모가 하나도 없는 것이다. 모두가, 마지막 한 사람에 이르기까지, 은혜로 구원받는다.

그와 같은 단순성과 초점을 유지하는 것, 즉 구원은 하나님이 예수님 안에서 주도하시는 그분의 은혜라고 하는 것에 초점을 맞추고 유지하는 것은, 기독 공동체가 가장 지키기 어려워한 것 중 하나임이 역사에서 입증되었다. 세대가 이어지는 동안 마가의 이야기를 들었다 해도, 우리가 유명 인사의 신흥 종교를 만들어 내고, 베드로와 다른 사람들을 탁월하게 격상시키고, 그럼으로써 예수님 안의 하나님을 대하는 방식보다 쉬워 보이는 우리 자신의 영혼을 대하는 방식을 만들어 내는 일은 없어지지 않았다. 그리고 영혼의 오락으로 가는 지름길을 약속하는 영적이고 종교적인 진기함에 정신이 팔리는 일도 없어지지 않았다. 그러나 계속해서 마가의 이야기는, 하나님을 우회해 가고 잠시 영혼의 한눈을 팔았던 우리 모두를 다시 돌아오게 하는 정직한 기반이 되고 있다.

예수님의 죽음

마가가 기록한 구원의 책을 읽다 보면 머지않아 이야기 전체가 예수님 생애의 단 한 주간에 대한 이야기, 예수님의 수난과 죽음과 부활이 있었던 주간의 이야기로 집중되고 있다는 것을 알게 된다. 이 세 가지 요소 중에서 죽음이 가장 길고 자세하게 다뤄지고 있다. 마가복음의 내용이 무엇인지 최대한 간략하게 말해 보라는 질문을 받게 된다면, 우리는 '예수님의 죽음'이라고 말할 수밖에 없다.

이것은 좀 암담한 사실이다. 특히 자신이 살아가는 데 도움이 되고, 자신의 영혼을 살찌우는 데 도움이 되는 책을 찾고 있는 사람들에게는 더욱 그렇다. 하지만 어쩌겠는가. 마가의 이야기는 16장으로 되어 있다. 그 중에서 앞에 나오는 여덟 장까지는 예수님이 살아서 갈릴리의 마을과 뒷골목을 여유 있게 돌아다니시며 남자와 여자와 아이들을 살리신다. 그들을 악으로부터 구하시고, 불구이며 아픈 그들의 몸을 고치시고, 그들을 먹이시고, 폭풍과 바다에 대한 주권을 증명해 보이시고, 굉장한 이야기들을 해주시고, 제자들을 모아서 훈련시키시고, 그들이 이제 새 시대, 즉 하나님의 나라를 맞이할 찰나에 와 있으며 지금 이 순간 그 나라가 그들을 습격해 오고 있다고 선언하신다.

그러다가 이제 막 모든 사람의 주목을 받게 된 순간, 생명, 생명, 더 충만한 생명의 여세가 최고조에 달한 바로 그 순간에 예수님은 죽음에 대해서 말씀하시기 시작한다. 이 복음서의 마지막 여덟 장은 죽음에 대한 이야기가 지배하고 있다.

예수님의 언어가 갑작스럽게 생명에서 죽음으로 옮겨 간 것은 (이러한 변화는 8:31-34에서 일어난다) 또한 속도의 변화를 알리는 것이기도 하다. 앞의 여덟 장에서 들려지는 이야기는 여유롭고 길게 늘어지는 경향이 있다. 예수님은 특별히 어디를 정해 놓고 다니시는 것 같지가 않다. 대체로 마을에서 마을로 표류하듯 떠돌아 다니거나, 기도하러 언덕으로 혼자 올라가거나, 회당에서 예배를 드리거나 하시면서, 누구든 초대만 해주면 같이 식사할 시간이 있고 친구들과 호수에서 배를 탈 여유도 있다는 인상을 준다. 우리는 이와 같은 여유로운 속도를 목적이 없다거나 나태한 것으로 해석하게 되지는 않는다. 왜냐하면 거기에는 언제나 에너지와 강렬함이 분명하게 있기 때문이다. 어쨌든 이 갈릴리 시절에는 예수님이 세상의 모든 시간을 가지신 것처럼 보인다. 그리고 사실 그렇기도 하다.

하지만 죽음의 선언과 함께 사정이 달라진다. 이제 예수님은 곧바로 예루살렘을 향해 가신다. 이제는 긴박함, 진지함 그리고 목표가 이야기의 특징을 이룬다. 방향이 달라지고, 속도가 달라지고, 분위기가 달라진다. 연이어 세 개의 장에서 세 번이나 예수님은 명백하게 말씀하신다. 나는 고난받고 죽임을 당했다가 다시 살아날 것이다(8:31; 9:31; 10:33).

그리고 그 일이 정말로 벌어진다. 죽음 말이다. 예수님의 죽음은 신중하게 그리고 정확하게 이야기되고 있다(막 14-15장). 그분 생애의 어떤 부분도 그분의 죽음만큼 상세하게 설명된 부분이 없었다. 마가의 의도에 대해서는 의문의 여지가 있을 수 없다. 그가 예수님에 대해서 구성한 플롯과 강조와 의미는 바로 예수님의 죽음이다.

이러한 죽음에 대한 강조는 마가의 특이한 성격 탓이 아니다. 병적인 집착 때문에 복음서의 기본이 되는 이 이야기를 왜곡한 것이 아니다. 왜냐하면 복음서 서사에서 마가의 뒤를 이은 마태와 누가도 이와 같은 순서와 비율을 유지하기 때문이다. 그들은 마가가 쓴 기본적 텍스트에 다양한 방식으로 부연을 하지만 그 비율은 유지한다. 빛과 생명의 이미지로 우리를 매혹하며 매우 다른 각도에서 접근하는 요한은, 사실상 죽음에 대한 강조를 더 강화해서 자신에게 배당된 공간의 절반을 고난 주간에 할애한다. 네 명의 복음서 저자 모두 본질적으로 같다. 그들은 예수님의 죽음 이야기를 하고 있고 각자가 그것에 대한 서문을 기록한다. 그리고 바울, 원기왕성하고 열정적이고 과장도 잘하는 바울은 그 서사를 아예 다 건너뛰고 바로 결론을 말해 버린다. "그리스도께서 우리를 위하여 죽으셨다"(롬 5: 8-9), "내가 너희 중에서 예수 그리스도와 그가 십자가에 못 박히신 것 외에는 아무 것도 알지 아니하기로 작정하였음이라"(고전 2:2).

그러나 여기에는, 비록 죽음이 그 어느 때보다 힘있게 강조되고 있기는 하지만, 죽음이라는 단순한 사실보다 훨씬 더 많은 것이 있다. 이것은 신중하게 **규정된** 죽음이다. 그 죽음은 자발적인 것으로 규정된다. 예수님은 예루살렘에 가셔야만 하는 것이 아니었다. 자기 자신의 의지로 가신 것이다. 예수님은 죽음에 동의하셨다. 그것은 우발적인 죽음이 아니었다. 그것은 피할 수 없는 죽음이 아니었다.

더 나아가 예수님의 죽음은 희생적인 죽음으로 규정된다. 예수님은 다른 사람들이 생명을 얻을 수 있게 하기 위해서 죽음을 받아들이셨다. "자기 목숨을 많은 사람의 대속물로"(10:45) 주기 위함이었다. 예수님은 성만찬을 제정하시면서, 자신의 죽음은 희생적인 죽음, 즉 다른 사람들이 생명을 얻게 되는 수단이라고 분명히 규정하셨다. "예수께서 떡을 가지사…받으라 이것은 내 몸이니라 하시고…또 잔을 가지사…이것은 많은 사람을 위하여 흘리는 나의 피 곧 언약의 피니라"(14:22-24).

그리고 마지막으로 이 죽음은 부활이 동반되는 것으로 규정된다. 예수님이 죽음을 명백하게 말씀하신 세 번의 선언은 각각 부활의 진술로 끝맺는다. 이 죽음은 생명으로 가는 수단이며 구원의 수단이다. 그렇다고 그것이 죽음이 아닌 것은 아니지만, 우리가 익숙하게 대하는 죽음과는 상당히 다르게 규정된 죽음이다.

마가복음에서 죽음을 이렇게—예수님의 의도성, 그 희생적 성격 그리고 부활이라는 맥락 속에서—묘사한 것과는 대조적으로 우리 문화는(세속 문화이건 교회 문화이건) 죽음을 비참한 것으로 설명하거나 아니면 꾸물거리며 죽음을 지연하는 것으로 죽음의 문제를 다룬다.

죽음을 비참한 것으로 보는 것은 헬라 문화의 유산이다. 헬라인들은 비참한 죽음에 대해서 세련되게 글을 썼다. 최선을 다해 살아온 삶이, 치명적 결함을 불러온 상황 속에 엮이고, 영웅주의나 희망과는 상관없이 그 선의는 소멸된다.

그러나 예수님의 죽음은 비참하지 않다.

꾸물거리며 죽음을 지연하는 것은 현대 의학의 유산이다. 생명이 심장 박동과 뇌파로 환원된 문화 속에서 죽음은 그것을 넘어서는 어떤 의미를 가진 것으로 결코 받아들여지지 못한다. 생물학으로 설명할 수 있는 것 이외에 생명에는 다른 아무것도 없기 때문에, 의미도 없고, 영성도 없고, 구원도 없기 때문에, 절박하게 그것을 연기하고, 미루고, 부인하려는 노력만 더해 간다.

그러나 예수님의 죽음은 꾸물거리며 지연되지 않는다.

마가의 구원 이야기는 예수님의 죽음을, 니케아 신조가 말하듯 "우리를 위한 그리고 우리의 구원을 위한" 죽음으로 정확하게 이해시켜 줌으로써 우리로 하여금 죽음에 대한 우리 문화의 태도에 저항하게 한다.

마가가 들려주는 예수님의 이야기는 정교하게 새겨진 열두 개의 극적인 장면들이 순서대로 배열된 이야기다. 두 개의 문장(14:1-2)이 예수님의 죽음의 드라마를 소개하고 있다. 그 시간은 정확한데, 유월절 이틀 전 유대 역사의 결정적 사건인 출애굽 구원의 연례 축하 의식을 위해서 수천 마리의 양이 도살되는 때였다. 그와 동시에 종교 지도자들은 예수님을 잡아다가 죽이려고 수색하고 있었다. 죽음의 기운이 감돌았다.

1. 기름부음(14:3-11). 수난 이야기는, 예수님과 몇몇 친구들이 식사 초대를 받은 베다니의 문둥병자 시몬의 집이라는 가정적인 분위기에서 시작되고 있다. 식사 도중에 어떤 여인이 들어왔는데, 그 여인은 매우 비싼 향유병을 깨뜨려서 예수님의 머리에 쏟아 예수님께 기름을 부었다. 어떤 손님들은 화가 나서 공개적으로 그 여인의

사치스런 낭비를 비난했다. 그들은 그 향유를 팔아서 그 돈을 가난한 자에게 주어야 한다고 생각했다. 그러자 예수님이 나서시며 그 여인의 행위를 "좋은 일"이라고 옹호하셨고, "내 장례를 미리 준비"하여 자신의 몸에 기름을 바른 것이라고 해석하셨다. 그 무렵에 있었던 예수님의 살해 음모가 기정 사실로 받아들여진 것이다. 그 여인은 자신의 기름부음으로 그 살인을 미리 성취한다. 그녀의 사치스런 행위로 인해, 이제 곧 시신이 될 예수님의 몸이 묻히기 전에 미리 기름부음을 받은 것이다.

유다는 살인의 음모를 꾸미는 자들과 약삭빠르게 사업상의 거래를 함으로써 즉각 이 여인의 사치스런 행위에 맞선다. 그 여자가 죽음의 표적이 된 예수님께 돈을 낭비하겠다고 고집한다면 유다는 그걸 가지고 돈을 벌어 보겠다는 계산이다.

2. 저녁 식사(14:12-25). 그 다음날은 유월절이다. 제자들은 예수님의 지시에 따라서 식사를 준비한다. 출애굽기의 지시에 따라서, 예루살렘 전역에서 양이 도살당함으로 이 유월절 식사가 준비되고 있었다. 이것은 이야기와 식사와 노래가 그들의 정체성의 핵심에서 구원이 유지되도록 해주는 연중 의례. 열두 제자들은 자신의 민족이 이 식사를 천 년이 넘는 세월 동안 준비했고 먹었다는 것을 잘 알고 있었다. 그 날 밤에는 예수님이 그 저녁 식사를 주관하신다. 식사를 하는 도중에 예수님은 제자들에게 자신이 이제 곧 배신을 당해서 죽게 될 것이라고 말씀하시고, 이어서 그들이 먹고 있는 빵과 마시고 있는 포도주를 자기 자신, 자신의 살과 피와 동일시하신다. "너희가 먹고 있는 그 누룩 없는 빵, 그건 바로 나다. 내 살이다. 너희가 마시고 있는 그 포도주, 그건 나다. 여기 너희 앞에 놓인 술잔

에 담긴 것은 유월절 어린양의 희생적 죽음에서 나오는 피다. 나의 죽음이 너희 생명이 될 것이다."

   3. 기도(14:26-42). 그들은 저녁 식사 자리를 떠나서 동쪽으로 약 1.5km 걸어서 감람산으로 갔다. 그리로 걸어가면서 예수님은 이제 곧 그들이 보여 줄 불신앙에 대해서 침울하게 말씀하시지만, 바로 그 다음 문장에서 자신은 그들에게 끝까지 신실할 것이라고 말씀하신다(28절). 그들은 감람산 밑에 있는 겟세마네 동산에 도착했다. 예수님은 제자들에게 자신이 기도하는 동안 그 곳에서 기다리라고 말씀하신다. 예수님은 베드로와 야고보와 요한을 데리고 자신이 기도하는 장소로 가신다. 예수님은 그들과 조금 더 떨어져서 혼자서 기도하신다. 그것은 고통스러운 기도다. 예수님은 아버지께 기도하시면서 자신이 죽지 않게 해 달라고 ("이 잔") 간구하신다. 그러나 예수님은 또한 죽고자 하는 의지도 기도로 드리신다. 예수님은 가장 절친한 제자들 세 명에게로 돌아오셨을 때, 그들이 자고 있는 것을 발견하신다. 그들이 예수님과 함께 그리고 예수님을 위해서 기도하고 있을 것이라고 기대했기에 예수님은 자고 있는 그들을 질책하신다. 그리고 다시 그 일이 반복된다. 예수님은 기도하시고, 제자들은 자고, 예수님이 질책하시고, 그렇게 세 번 반복된다. 그러고 나서 예수님은 이제 가야 할 시간이라고, 자신이 죽음과 한 약속을 지킬 시간이라고 말씀하신다.

   4. 체포(14:43-52). 유다는 폭력배 무리를 이끌고 시간에 맞춰 나타난다. 유다는 그 유명한 배반의 키스로 예수님을 지목하고 예수님은 체포당하신다. 칼이 한 번 휘둘러지고, 대제사장의 종이 귀를 잃지만, 저항은 거기까지가 전부다. 제자들은 기도 모임을 하던 곳

인 겟세마네 동산에서 급히 달아남으로써, 비운을 맞으시는 예수님을 두고 떠난다.

5. 유대교 공의회 앞에서의 재판(14:53-65). 유대교 지도자들이 대제사장의 안마당에 모였다. 그들은 예수님에게 내릴 사형 선고를 정당화하기 위해, 고소를 할 증인을 모집한다. 그들은 아무런 어려움 없이 증인들을 모집한다.(예수님을 죽이는 일에 한몫 하려고 열심을 내는 사람들을 그렇게 쉽게 찾을 수 있다는 것이 놀랍지 않은가?) 하지만 그 증인들은 제대로 지도를 받지 못한 터라 그들의 이야기는 서로 앞뒤가 맞지 않는다. 대제사장은 이렇게 우유부단하고 변덕스런 재판을 참지 못하고 재판에 끼어들어 예수님과 직접 대결한다. "네가 그 은총을 입은 자의 아들, 메시아인가?" "내가 그렇다"라고 예수님은 대답하셨다. 대제사장은 "내가 그렇다"가 신성 모독이라고 판단했다. 그걸로 해결되었다. 판결: 유죄. 구형: 사형.

6. 베드로의 부인(14:66-72). 예수님이 유대교 공의회에서 대제사장의 재판을 받고 있던 바로 그 때, 베드로는 (비공식적으로) 그 아래 안마당에서 검사와 판사로 활약하고 있는 대제사장의 하녀들로부터 재판을 받고 있었다. 베드로는 처음으로 예수님이 그리스도이시라고 고백한 사람이라는 것을 우리는 잘 알고 있다. 대제사장은 이제 막 그 정체성을 근거로 예수님에게 사형 선고를 내린 터였다. 대제사장이 예수님의 그리스도 정체성에 대해서 그분을 심문하고 있던 바로 그 순간에, 대제사장의 하녀들은 베드로가 예수님과 어떤 관계인지에 대해서 베드로를 심문했다. 예수님이 간단하게, 아무런 설명 없이, 맞다, 내가 그리스도다, 라고 시인하신 반면, 베드로는 욕설을 섞어 가며 격렬하게, 자신은 예수님에게 눈길 한 번 준

적이 없다고 부인한다. 그것도 한 번만이 아니라, 세 번 그렇게 한다. 베드로는 '첫' 사도다. 처음으로 예수님에 대한 신앙 고백을 한 사람이고, 처음으로 예수님을 부인한 사람이다.

7. 로마 법정에서의 재판(15:1-15). 이제 아침이 되었다. 유대교 공의회는 그들이 사형 선고를 내린 범죄자 예수님에게 수갑을 채워서 로마 법정으로 데리고 간다. 예루살렘은 로마의 통치하에 있는 도시이기 때문에 그들은 예수님을 죽일 권한이 없다. 그래서 그들은 예수님을 로마의 총독인 빌라도에게로 데리고 간다. 그는 예수님을 정치적인 차원에서 심문한다. "너는 유대인의 왕이냐?" 예수님은 "네가 그렇게 말하는구나"라고 대답하신다. 부인도 아니고 시인도 아니다. 사실상 그 뜻은 "그건 네 말이지, 내 말이 아니다"라는 것이다. 유대교 지도자들이 일제히 예수님을 고소하며 무차별 사격을 해 댄다. 예수님은 말이 없으시다.

재판 과정과 사법 처리에서 잘 훈련된 빌라도는 (로마는 사법 제도로 유명하다) 이것이 미리 꾸민 일이라는 것을 감지하고는 예수님을 풀어 주려고 한다. 로마는 유월절 기간 동안 죄수 한 명을 풀어 주는 관례를 행하고 있었다. 그것은 빌라도가 보기에 이 병적인 폭동 같은 상황에서 예수님을 풀어 줄 좋은 기회였다. 그러나 빌라도가 그렇게 하려고 하자 군중은 유대교 지도자의 부추김과 선동으로 정치 살인범 바라바를 놓아 달라고 요구한다. "그러면 예수는 어떻게 하란 말인가?" 빌라도가 묻는다. 군중은 광분하며 소리친다. "십자가에 못 박아라." 빌라도가 묻는다. "무슨 근거로?" 그 질문에 대한 대답은 없고, 오직 병적인 외침만 있다. "그를 십자가에 못 박아라."

빌라도는 유월절 군중의 압력에 굴복했다. 그는 바라바를 놓아 주고 예수님에게 채찍질을 한 후 십자가 사형을 하도록 넘겨 주었다. 로마의 사법 제도도 별것 아니었던 셈이다.

8. 조롱하는 경배(15:16-20). 이제 예수님은 자신을 십자가에서 죽일 로마 군인들의 손아귀에 놓였다. 그 동안 할 일 없이 지루해하고 있었을 군인들이 이제 예수님을 희롱한다. 그들은 빌라도가 "네가 유대인의 왕이냐?"라고 묻는 것을 들었다. 그래서 그들은 그 말을 가져다가 짧은 연극을 꾸민다. 예수님의 어깨에 왕의 자색 옷을 걸치고, 가시나무로 엮은 왕관을 머리에 씌우고, 그분의 왕권을 선언하고는, 그분의 머리를 막대기로 때리고, 그분에게 침을 뱉고, 장난으로 신하처럼 무릎을 꿇고 앉아 예를 표했다. 정말 재미있다. 그러고 나서 그들은 예수님의 왕좌가 될 십자가에서 그분을 죽이려고 끌고 나갔다.

9. 십자가에 달림(15:21-32). 예수님이 전에 자신을 따르는 모든 사람에게 부과하신 십자가를(8:34) 구레네 시몬이 들고 간다. 아침 9시, 군인들은 그 십자가를 가지고, 소요죄라는 정치적 죄목("유대인의 왕")하에, 섬뜩한 이름의 해골 골짜기(골고다)에서 예수님을 죽인다. 두 명의 강도가 예수님과 같이 십자가형을 받았는데, 그들은 예수님 양 옆에 있었다. 분위기는 전혀 엄숙하지 않았다. 군인들은 예수님의 옷을 갖기 위해 제비를 뽑고, 지나가는 사람들은 예수님을 비웃고, 유대교 지도자들은 조롱하고, 심지어 같이 십자가형을 받고 있는 두 동료 범죄자도 그 블랙 유머에 동참한다. 십자가형은 극단으로 치달은 수치와 고통이 무자비하게 뒤섞인 것이었다.

10. 죽음(15:33-39). 세 시간이 지나자, 때는 정오인데 하늘이 어두워진다. 그 어두움은 예수님이 서서히 죽어가신 이후 세 시간 동

안 계속된다. 오후 3시, 예수님은 큰 소리로 외치신다. "나의 하나님, 나의 하나님, 어찌하여 나를 버리셨나이까?" 주변에 서 있던 사람들은 무슨 초자연적인 일이 일어나려는가 하면서 허둥지둥한다. 그 중 한 사람은 신 포도주에 적신 해면을 막대기에 꽂아 예수님의 입에 들이댄다(예수님을 소생시켜 고통을 연장시키려는 속셈이었을까?). 그러나 거기에는 아무런 기적도 없다. 적어도 우리가 기대하는 그런 기적은 일어나지 않는다. 예수님은 다시 한 번 큰 소리로 외치신다. 그리고 마지막 숨을 내쉬신다. 도시 건너편에 있는 성전에서는 지성소를 가리고 있던 휘장이 위에서부터 아래로 찢어진다. 예수님은 십자가에 여섯 시간 동안 달려 계셨다. 십자가형 집행을 맡았던 백부장이 이 모든 것을 보았고, 그는 이렇게 증언한다. "이 사람은 진실로 하나님의 아들이었도다!" 이제 예수님은 죽었다.

11. 여자들(15:40-41). 여자들, '많은' 여자들이 그 십자가를 지켜보고 있었다. 그들은 치욕과 고통, 버림받음과 조롱의 여섯 시간 동안 자비로운 존재로 그 자리에 있었다. 그들은 그 힘든 시간 내내 충성스럽게 남아서 기도하며 거기에 있었다. 그들은 예수님과 동행하고 예수님을 섬겼던, 갈릴리에서 온 친구들이다. 그들은 끝까지 예수님 곁에 남아 있었다. 그 중에서 세 명의 이름이 언급되고 있다.

12. 장사지냄(15:42-47). 저녁이 되었다. 금요일 저녁이다. 안식일은 일몰에 시작된다. 유대교 지도자인 아리마대 요셉이 빌라도에게 예수님을 묻게 시신을 달라고 요청한다(유대교 지도자들 모두가 예수님을 죽이려는 음모에 가담한 것은 아니었다). 예수님이 확실하게 죽었는지를 확인한 후에(백부장이 그것을 확인해 준다) 빌라도는 시신을 내어준다. 요셉은 예수님의 몸을 아마포 수의로 정성

스레 감싸고, 근처에 있는 바위 무덤에 위엄 있게 예수님을 안치한 후에 입구를 돌로 막아 지킨다. 십자가 앞에서 불침번을 섰던 두 여자(두 명의 마리아)는 요셉이 그렇게 하는 것을 본다.

이 극적인 서사는 피라미드로 그려 볼 수 있다. 첫 번째 장면과 열두 번째 장면이 제일 아래에 서로 마주보면서 기초를 형성하고, 그 위로 2-11, 3-10, 4-9의 차례로 한 쌍씩 올라간다. 그러나 끝에 가서는 정점을 이루는 대신에 마지막 짝들인 5-8과 6-7이 갓돌(capstone)을 이룬다.

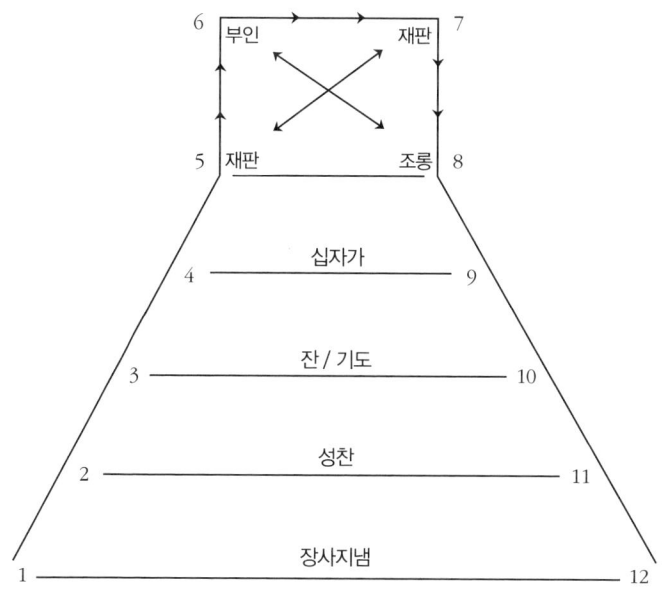

첫 번째와 마지막 장면은 장사지내는 장면이다. 장사를 지내기 위한 기름부음("그는 내 몸에 향유를 부어 내 장례를 미리 준비하였느니라") 그리고 실제로 아리마대 요셉이 치른 장례("무덤에 넣어 두고").

두 번째와 열한 번째 장면은 예수님의 죽음을 배경으로 예수님과 친구들이 모인 성찬이다. 예수님이 유월절의 식사에서 빵/살 그리고 포도주/피에서 자신의 죽음을 나타내 보이실 때 그분과 함께한 제자들 그리고 그 살이 찢어지고 피가 쏟아진 여섯 시간 동안 십자가 앞에서 예수님과 함께 그 자리에 있었던 여제자들.

세 번째와 열 번째 장면은 예수님의 기도다. 죽음의 잔을 피할 수 있게 해 달라고 예수님이 겟세마네에서 드리신 기도 그리고 바로 그 잔을 마시면서 십자가에서 드린 버림받음의 기도.

네 번째와 아홉 번째 장면은 예수님을 배반한 남자와 예수님을 도운 남자를 대조시킨다. 유다는 예수님을 배반해서 그분이 십자가에서 죽게 하고, 구레네 시몬은 예수님의 십자가를 대신 들고 사형 장소인 골고다까지 간다.

다섯 번째, 여섯 번째, 일곱 번째 그리고 여덟 번째 장면은 함께 모여서 갓돌을 이룬다. 다섯 번째와 여섯 번째는 잇따라 일어나는 장면이다. **다섯 번째** 장면은 대제사장의 법정을 배경으로 하고 있는데, 그 곳에서 유대교 공의회 재판에서 대제사장은 신성 모독이라는 종교적 죄목("찬송받을 이의 아들 그리스도")을 예수님에게 내린다. 그리고 **여섯 번째** 장면은 대제사장의 안마당을 배경으로 하고 있는데, 대제사장의 하녀들이 벌인 이 안마당 재판에서 베드로는 예수님을 부인한다. **여섯 번째와 일곱 번째** 장면은 베드로를 빌라도와 병치시키고 있는데, 전자는 예수님을 부인하는 사도들의 지도자이고 후자는 예수님에게 선고를 내리는 로마의 지도자다. 이것은 두 번의 거절로, 예수님과 가장 가까운 사람과 예수님과 가장 먼 사람이 예수님을 거절한다. 예수님이 누구인지 전혀 감도 잡지 못하는 외국인이었던 이방인이, 예수님의 메시아적 정체성을 가장 먼저 깨닫고 고백한 사도인 내부인과 이제 한 쌍으로 팀을 짜서 예수님에 대해 "아니오"라고 말한다. **일곱 번째와 여덟 번째** 장면은 (다섯 번째와 여섯 번째처럼) 대제사장의 법정/안마당이라는 연속적 패턴을 따르지만, 이번에는 예수님이 정치적 죄목("네가 유대인의 왕이냐?")으로 재판을 받는 로마 총독의 법정에서 로마 총독이 예수님을 "유대인의 왕"이라는 죄목으로 십자가형을 선고하는 정의의 모방극을 연출하고(일곱 번째 장면), 그에 이어서 로마 군인들이 예수님을 왕으로 놀리는 잔인한 조롱을 펼치고 있다(여덟 번째 장면).

이와 같은 대구를 이루는 패턴은 이 네 개의 '갓돌' 장면에서도 포착할 수 있다. 베드로가 예수님이 그리스도라는 것을 부인하는 **여섯 번째** 장면에서 사선을 그으면 군인들이 예수님을 왕이라고 놀리는 **여덟 번째** 장면과 연결된다. 그리고 예수님이 유대교의 종교 재판을 받는 **다섯 번째** 장면에서 사선을 그으면 예수님이 로마의 정치 재판을 받는 **일곱 번째** 장면과 연결된다.

마가의 죽음 서사에는 반향, 병치, 대조, 암시 그리고 반복이 서로 거미줄처럼 복잡하게 얽혀 있다. 예수님의 죽음은 모든 것을 그 안으로 모아서 구원의 완성된 사역을 만들어 낸다. 구원 사역에 들어가는 모든 것은 예수님의 죽음에서 발견된다. 그리고 우리가 구원에 참여하는 데 들어가는 모든 것도 예수님의 죽음에서 발견된다.

이 죽음은 그 요소 하나하나가, 다른 어떤 것도 하지 못했던 방식으로 기독교적 상상력을 꿰뚫었다. 음악, 미술, 문학, 드라마, 건축. 그러나 무엇보다도 그 효과는 자기 자신을 구원하려는 시도, 자기 방식으로 인생을 의미 있는 무엇으로 만들어 보려는 노력을 날마다 포기하고 예수님의 십자가를 지고 따라가는, 그 수를 알 수 없는 남자와 여자들에게서 계속해서 나타나고 있다. 마가는 예수님의 죽음 이야기가 구원 그 이상도 그 이하도 아닌 것으로 우리 삶에서 계속 울려나고 공명하고 반향하도록 그것을 이야기하고 있다.

우리의 구원

출애굽기에서도 그렇고, 마가복음에서도 그렇고, 우리의 구원에 우리가 기여하는 것은 하나도 없다는 것은 명백하다. 그러나 우리는 참여하라는 초대를 받았다. 복음서의 전반부에는 온갖 종류의 사람들이 예수님의 생애에 이끌리고, 예수님의 연민과 치유와 구원과 부르심과 평화를 경험한다. 우리는 우리 자신도 거기에 암묵적으로 포함되어 있다는 것을 알게 된다. 복음서의 후반부에 가서는 이러한 개인적 참여의 경험이 더 분명해진다.

이 복음서의 중심에는 예수님의 생애를 이야기하는 갈릴리 시절과 예수님의 죽음이 임박해 오는 예루살렘에서의 마지막 주간 사이를 이어 주는 다리가 있다. 이 다리는 마가가 그토록 정성들여 이야기하고 있는 예수님의 생애와 죽음과 조화를 이루면서 우리가 구원에 동참하도록 인도하는 데 전략적인 역할을 한다. 마가가 예수님의 활동을 날마다 뉴스로 전달하는 1세기의 기자가 아니었다는 것은 두말할 필요도 없다고 나는 생각한다. 그는 또한 역사적인 대의 명분에 우리를 끌어들이려고 하는 선전가도 아니었다. 그의 복음서는 행동으로 옮겨진 영성 신학이요, 우리가 그 텍스트에 살아 있는 동참을 하게 만드는 글쓰기 형식이다.

마가복음 8:27-9:9이 그 다리를 이루는 본문인데, 이 이야기를 중앙에 놓고 한쪽에는 생명을 일깨우는 갈릴리에서의 여러 사건이 나오는 절반 부분이 대칭을 이루며 자리잡고 있고, 다른 한쪽에는 일관되게 예루살렘과 죽음을 향하는 예수님의 여정이 자리잡고 있다.

이러한 전이 가운데 위치한 이 본문에는 두 개의 이야기가 들어 있다. 첫 번째 이야기는 예수님이 제자들과 함께 예루살렘으로 가는 길을 나서시면서 자기 부인을 요구하신 것인데, 이 이야기는 구원의 금욕적 차원을 제공한다(8:27-9:1). 두 번째 이야기는 예수님이 다볼 산에서 변모하신 것인데, 이 이야기는 구원의 심미적 차원을 제공한다(9:2-9).

이 이야기들의 양 끝에는 우리 가운데 계신 하나님으로서 예수님의 정체성이 확인되는 사건들이 있다. 먼저 베드로가 "주는 그리스도[메시아]시니이다"(8:29)라고 말하고, 그 다음에 하늘에서부터 들려오는 목소리가 "이는 내 사랑하는 아들이니"(9:7)라고 말한다. 한쪽 끝에는 인간의 증언이 있고 다른 한쪽 끝에는 신의 입증이 있다.

이 두 이야기를 생각해 보기 전에 나는, 우리가 이 두 이야기를 맥락 속에서 보고 또한 그 상호 연결성을 유지해야 한다는 것을 주장하고자 한다. 그 맥락이란 하나님을 계시하시는 예수님의 삶과 죽음이다. 마가복음은 예수님을 그 주제로 하고 있다. 그 맥락을 벗어나면 이 이야기들은 오해될 수밖에 없다. 그것은 그것 자체로 독립적인 이야기가 아니다. 우리가 그냥 집어들어서 우리 나름의 방식으로 이용할 수 있는 영성 신학을 제공하는 것이 아니다.

그리고 이 이야기들은 유기적으로 연결되어 있다. 그것은 따로 떼어 내서는 안 된다. 그것은 구원의 단일한 삶 속에 있는 두 박자의 리듬이다. 역사 속에서 존재하는 방식, 즉 역사 속에서 하나님의 구원 사역에 동참하는 방식으로서 둘 중 하나만 택할 수 있는 그런 것이 아니다. 이 이야기들은 금욕의 박자와 심미의 박자를 한데 모으는데, 그것은 구원의 삶 그 중심에서 함께 작용하는 '아니오'와 '예'다. 구원에의 동참은, 예수님에게서 드러난 것처럼, 이 두 가지 단어, '예'와 '아니오'를 적절하고 분별력 있게 사용할 것을 요구한다.

금욕적 차원

우선, 예수님에게서 하나님의 '아니오'로 나타나는 금욕의 박자를 생각해 보자. 예수님의 말씀은 간략하고 엄격하다. "누구든지 나를 따라오려거든 자기를 부인하고 자기 십자가를 지고 나를 따를 것이니라"(8:34). 이러한 금욕적 삶은 예수님과, 죽음으로 가는 그분의 삶을 다룬다.

이 문장에서 두 개의 동사가 튀어 올라 우리에게 달려든다. 너 자신을 부인하라, 그리고 십자가를 지라. 부정과 죽음. 그것은 마치 습격처럼, 어떤 공격처럼 느껴진다. 우리는 뒷걸음질친다.

그러다가 우리는 이 두 가지 부정 그 양끝에 긍정적 단어인 '따르라'가 있다는 데 주목하게 된다. 처음에는 부정사로 나왔다가 다음에는 명령형으로 주어진다. "누구든지 따라오고(*akolouthein*) 싶거든"으로 그 문장이 시작된다. 그리고 "너는 나를 따르라(*akoloutheitō*)"로 끝이 난다. 예수님은 어딘가로 가고 계시다. 그리고 우리더러 같이 가자고 청하신다. 거기에는 아무런 적의가 없다. 사실 매우 영광스럽게 들린다. 너무나 영광스러운 나머지 그 위대한 동사 '따르다'가 부인과 죽음을 요구하는 부정적 동사들에게도 영광의 빛을 비추는 것처럼 보인다.

구원에는 언제나 강력한 금욕의 요소가 있다. 예수님을 따르는 것은 죽음을 질질 끌거나 부인하는 문화의 관습을 따르지 **않는 것**을 의미한다. 그 문화는 우상과 이데올로기의 보호하에 강박적으로 생명을 추구함으로써 오히려 생명이라는 이름을 붙일 가치도 없을 정도로 수축되고 감소된 생명만 남길 뿐이다.

문법적으로 보면, 부정문, 즉 우리가 '아니오'라고 말할 수 있는 능력은 우리 언어가 가지고 있는 가장 인상적인 특징 중 하나다. 부정문은 우리가 자유로 들어가는 진입로다. 오직 인간만이 '아니오'라고 말할 수 있다. 동물들은 '아니오'라고 말할 수 없다. 동물들은 본능이 시키는 대로 하거나 훈련된 대로 한다. '아니오'는 자유의 단어다. 나는 내 신체의 분비선이나 문화가 시키는 대로 하지 않아도 된다. 현명하게 판단된 시의적절한 '아니오'는 막다른 길로 치닫는 것에서 우리를 자유롭게 하고, 우거진 수풀을 헤치며 거친 우회로를 돌아가는 것에서 우리를 자유롭게 하며, 우리를 약하게 만드는 방해거리와 우리를 유혹하는 불경함으로부터 우리를 자유롭게 해준다. '아니오'라고 말하는 기술은 우리가 예수님을 따를 수 있도록 자유롭게 해준다.

우리가 마가의 본문에 충실하다면 우리는 결코 금욕을, 생명을 부인하는 것과 연관시키지 않을 것이다. 금욕의 실천은 하나님인 체하는 자아의 소란스러움을 쓸어 버리고, 성부, 성자 그리고 성령에게 다가갈 수 있는 충분한 공간을 만들어 준다. 금욕은 우리 문화가 전혀 알지 못하는 종류의 죽음을 수용하고 준비하게 하면서 부활의 춤을 출 공간을 만들어 준다. 이것을 잘 하는 사람 가까이에 있을 때면 우리는 언제나 가벼운 발걸음, 민첩한 영혼, 늘 쉽게 터져 나오는 웃음을 목격하게 된다. H. C. G. 모울(Moule)은 이와 같은 예수님의 부정이 "우리의 가슴과 삶에 깊은 선을 새겨 넣어야 할 수도 있지만, 그 선을 새겨 넣는 조각칼이 그 재료의 빛을 손상시킬 필요는 전혀 없다"[32]고 말했다.

심미적 차원

마가의 금욕 곁에는 마가의 심미가 나란히 있다. 이것은 예수님에게서 하나님의 '예'로 나타난다. 베드로와 야고보와 요한은 예수님이 자기들 앞에서 변모되는 것을 본다. 그들은 예수님이 산 위에서 밝게 빛나는 구름 가운데 모세 그리고 엘리야와 함께 계신 것을 보았고, 하나님이 "이는 내 사랑하는 아들이니 너희는 그의 말을 들으라 하는지라"(9:7)고 하시는 말씀을 들었다. 이러한 심미적인 것은 예수님과 함께 산 위에서 사는 인생을 다룬다.

'아름다움'(beauty)이라는 단어가 이 이야기 속에 나오지는 않지만, 제자들이 경험한 것은 아름다움이었고, 우리가 경험하고 있는 것도 아름다움이다. 변모되신 예수님의 아름다움이 있고, 율법과 선지자 모세와 엘리야가 예수님의 아름다움에 빨려 들어가 있고, "내 사랑하는 아들…"이라는 아름다운 축복의 말씀이 있다. 이 모든 것이 서로 딱 맞아들어, 예수님의 빛나는 내면이 넘쳐서 산 위로 쏟아져 온다. 역사와 종교가 아름답게 인격화되어 사랑의 선언이라는 깊게 울리는 화음 안으로 들어오고 있다.

구원에는 언제나 강력한 심미적 요소가 있다. 예수님과 함께 산에 오른다는 것은 숨을 멎게 하는 아름다움을 보게 된다는 것을 의미한다. 예수님과 교제한다는 것은 예수님의 영광을 찬찬히 살펴보고, 그분 안에서 일어나는 율법과 선지자와 복음으로 구성된 이 거대한 세대간의 대화를 주의 깊게 듣고, 예수님에게서 계시된 것을 확증해 주는 거룩한 음성을 듣는 것이 수반되는 일이다. 하나님의 영이 나타날 때 우리는 그것을 아름답다고 인식한다.

변모하신 예수님. 예수님은 계시의 형식이시며, "빛이 이 형식의 위와 밖에서 이 형식에 비추이는 것이 아니라, 빛이 이 형식의 내면으로부터 쏟아져 나오는 것이다."[33] 이러한 빛에 대해서 우리가 할 수 있는 유일하게 적절한 반응은 눈을 똑바로 뜨고, 비추어지는 그것에 주의를 기울이는 것이다. 즉 흠모하는 것이다.

구원에서 심미적인 자극은 지각 훈련과 관계가 있는데, 그것은 예수님에게서 계시되는 것에 대한 감각을 익히는 것이다. 우리는 이 일을 잘 하지 못한다. 우리의 감각은 죄로 인해 둔해졌다. 그토록 감각을 자랑하며 칭찬하는 이 세상은 실은 잔혹한 마취제와 같다. 세상은 추함과 소음으로 느낌을 지워 버리고, 사람과 사물로부터 아름다움을 소진시켜서 기능적인 효율성만 남게 만들고, 박물관이나 정원에만 가둬 둔 것 그 외의 심미적인 것은 경멸한다. 우리의 감각은 성령, 하나님의 성령의 방문과 출현을 받아들이고 그것에 반응하는 데 적합하도록 치유받고 재활되어야 한다. 진 설리반(Jean Sulivan)이 말한 것처럼 "성경의 근본적인 통찰은…보이지 않는 것들은 오직 지각 가능한 것으로만 말할 수 있다는 것이다"[34]라고 말했다.

오감을 가진 우리의 이 몸은 믿음의 삶에 방해물이 되는 것이 아니다. 우리의 감각은 영성의 장애물이 아니다. 그것은 우리의 유일한 진입로다. 토마스 아퀴나스는 **무감각**은 악이며, 사람이 자신의 감각을 거부하면 신성 모독으로 나가게 되는 경우가 너무나 많다고 확신했다.[35] 요한은 초대교회의 그리스도인들에게 자신의 영적 체험의 진정성을 보증하면서, 시각, 청각 그리고 촉각이라고 하는 자신의 감각을 증거로 삼았다. "생명의 말씀에 관하여는 우리가 들은 바요 눈으로 본 바요…우리 손으로 만진 바라"(요일 1:1). 요한일서의 서두에서 요한은 일곱 번이나 자신의 감각을 증거로 제시한다.

마가가 전략적으로 배치한 이야기들은, 예수님이라는 인격 안에서 이루어진 구원, 이 영광스러운 긍정이 엄한 부정과 병치된 구원에 우리가 동참하는 데 꼭 필요한 안내를 하고 있다. 보고, 듣고, 만지고, 냄새 맡고, 맛을 보도록 너무나 근사하게 잘 갖추어진 우리의 이 몸이 예수님과 함께 산을 오른다(이것 자체도 힘이 드는 육체적 행위다). 그 산에서 우리는 충격에 빠진 흠모 가운데, 우리에게 하나님을 계시해 주는 그 빛을 보고 그 말씀을 듣는 훈련을 받게 된다.

이 정도면 간단해 보인다. 그리고 실제로 그렇다. 마가는 애매하게 하지 않고 우리에게 분명하게 제시해 준다. 그러나 그는 또한 그것이 단순하고 명백하지만, 그것을 잘못 이해하기가 쉽다는 것을 안다. 금욕적인 길 이야기와 심미적인 산 이야기 모두에서 보인 베드로의 첫 반응은 잘못된 것이었다.

길 위에서 베드로는 십자가를 회피하려고 했다. 산 위에서 그는 영광을 붙잡으려고 했다. 베드로는 예수님께 더 나은 계획을 제시함으로써 금욕적인 길을 거부했다. 아무도 불편해질 필요가 없는 구원의 길을 제시한 것이다. 예수님은, 복음서에 기록된 가장 엄한 질책으로서 그를 사탄이라 부르시고는 물러가라고 하신다. 또 베드로는 산 위에다 기념비적 예배당을 세우겠다고 제안함으로써 심미적인 길을 거부했다. 자신이 예수님의 사업을 이어받아서 구원 사업의 체인점을 세우고, 사람들이 직접 해 볼 수 있는 실용적인 것을 제공할 수 있는 예배 방식을 제안한 것이다. 이번에 예수님은 그냥 그를 무시하신다.

베드로의 잘못 짚는 버릇은 우리를 긴장시킨다. 세월에 세월을 이어 우리 그리스도인들은 자꾸만 틀리고, 또 다양한 방법으로 틀린다. 우리는 구원의 금욕적인 면을 잘못 이해하고, 구원의 심미적인 면을 잘못 이해한다. 우리의 역사책은 금욕의 착오로 가득하고, 심미의 착오로 가득하다. 마가의 구원 본문을 엉성하게 읽고 예수님과의 사귐에서 떠날 때마다, 우리는 잘못 짚는 것이다.

한 가지 덧붙일 것이 있다. 복음서의 중심 부분에 전략적으로 배치된 이 두 이야기는 그 이야기의 중심이 아니다. 마가의 이야기는 예수님에 대한 이야기이지 우리에 대한 이야기가 아니다. 우리는 이것을 계속해서 상기해야 한다. 사실 우리가 이 부분(8:27-9:9)을 본문에서 빼 버린다고 해도 그것은 여전히 같은 이야기일 것이다. 길의 서사와 산의 서사에 나오는 그 어떤 것도, 예수님이 살고, 죽고, 부활하신 이야기를 이해하는 데 본질적인 것이 아니다. 이 길과 산의 이야기를 빼 버린다고 해도 우리는 여전히 마가가 하나님의 계시로서의 예수님에 대해서 우리에게 알려 주고자 했던 모든 것을 알고 있을 것이다. 그는 구원이라는 예수님의 사역에 대해서 모두 말한 것이다.

하지만 우리가 알 수 없었을 것은, 적어도 그만큼 잘 알 수 없었을 것은, 구원 이야기에서 우리가 차지하는 자리다. 이 다리 역할을 하는 본문에서 마가는 우리를 옆에 데려다 놓고는 구원의 완전한 참여자가 되라고 초대하고 그렇게 하는 방법을 우리에게 보여 준다. 우리는 단지 예수님이 하나님의 아들이라는 **말을 듣기만** 하는 것이 아니라, 단지 그분의 속죄의 수혜자가 **되는** 것이 아니라, 참여자의 자유와 위엄을 가지고 그분의 죽음을 죽고 그분의 삶을 살라고 초대받는 것이다.

놀라운 것은 이것이다. 우리가 이야기의 중심이 되지 않으면서 이야기의 중심으로 들어가는 것이다.

구원은 언제나 자기 도취의 위험을 안고 있다. 내가 내 영혼의 문제에 대해서 흥미를 가지게 되면 하나님을 내 경험의 단순한 부속품으로 취급할 위험이 늘 있다. 따라서 구원은 세심한 경계를 요구한다. 영성 신학은 다른 무엇보다도 이러한 경계의 연습이다. 영성 신학은 예수님의 이야기에 우리를 완전히 그리고 성숙하게 동참하도록 만들면서 동시에 우리가 그 이야기를 점령하는 것을 막아 주는 훈련이고 기술이다.

이러한 점에서 마가복음은, 그 선례가 되는 출애굽기와 함께 우리의 근거 본문이 된다. 그 중심에 있는 이야기인 길과 산의 이야기는 분명히 미래의 예측이다. 그것은 예수님의 십자가형과 부활을 내다본다. 그것은 우리를 금욕적 부정과 심미적 긍정에 잠기게 하고 훈련되게 한다. 그러나 우리를 거기에 내버려두지 않는다. 그 이야기는 우리가 믿음과 순종으로 구원의 삶 안으로 들어가게 만든다. 그 구원의 삶은 십자가에서 죽으시고 부활하신 예수님의 결정적인 '아니오'와 영광스런 '예'에서만 궁극적으로 그리고 유일하게 완성되는 삶이다.

역사 속에서 주 경외함 기르기: 성찬과 손대접

우리 자신이 처한 지저분한 역사와, 구원의 좋은 소식을 선언하는 예수님의 케리그마적 죽음과, 우리가 스스로 자신의 삶을 주관할 수 있게 해주겠다는 끊임없는 도덕주의의 위험, 출애굽기와 마가복음의 위대한 근거 본문 등, 이 모든 것을 생각할 때 우리는 무엇을 해야 하는가? 우리에게 남겨진 일은 무엇인가?

알버트 보그만의 "초점 연습"을 계속해서 사용하자면, 우리는 "…하라"는 주님의 명령과 만나게 된다. 예수님의 몸과 피인 이 떡을 먹고 이 잔을 마시라. 성찬을 받으라.[36] 이것이 바로 예수님이 우리에게 하라고 시키신 일이다. 그리고 그 때 이후로 그리스도인들은 그 일을 행해 왔다(고전 11:23-26; 눅 22:19). 우리는 십자가에 달리신 예수님을 받는다. 우리는 예수님의 죽음을 기억하고, 우리 죄를 용서하기 위해서 부서진 그분의 몸과 흘리신 그분의 피를 받는다. 우리는 손을 벌려 하나님이 예수님 안에서 하시는 일을 받는다. 우리에게 주어진 것을 받고서는 도망가서 그것을 가지고 우리 마음대로 하는 것이 아니다. 우리는 그 식탁에 앉아서 먹고 마신다. 우리는 우리가 받는 그것이 된다. 그리스도의 모습이 우리 모습이 된다. 성찬을 받음으로써 우리는 자신의 정체성을 재확인한다. "너희(내!) 안에 계신 그리스도시니 곧 영광의 소망이니라"(골 1:27). 성찬을 받음으로써 우리는 출애굽의 유월절과 최후의 만찬을 다시 살고 기억한다.³⁷⁾ 성찬을 받을 때마다 우리는 다시 한 번, 예수님이 우리를 데리고 그분의 죽음이라는 포괄적 드라마 속으로 들어가시도록 우리를 내어드린다. 그 죽음의 드라마는 우리가 기도하는 참여자로서 구원의 삶에 들어가도록 우리를 이끈다. 하나님을 위해서 무슨 일이든 **우리가 하기** 전에, 우리는 하나님이 **그리스도** 안에서 우리를 위해 **하신** 일을 받는다.

여러 대륙과 여러 세기에 걸쳐서 예식과 관련하여 기독 교회에 나타난 의견 충돌과 다양한 변이들을 생각해 볼 때, 이 최후의 만찬이 예수님의 "…하라"는 명령을 따라서 그토록 지속적으로 그리고 서로 비슷하게 실천되어 왔다는 사실은 놀라운 것이다. 기독교는 예수님이 이 식사를 우리에게 주실 때 그 의미가 무엇이고 또한 우리가 그것을 받을 때 그것의 의미가 무엇인지에 대해서 서로 다른 이유를 제시했고, 그것을 이해하기 위해 서로 다른 신학을 발전시켰지만, 우리가 예수님이 주관하시는 그 식탁 앞에 앉을 때(혹은 무릎을 꿇거나 설 때) 우리는 예수님이 우리에게 명령하신 그대로 행하고 계속해서 행한다. 즉, 우리는 "나를 기념하라"는 말씀대로 그 떡을 먹고 그 잔을 마시며, 주의 죽으심을 "그가 오실 때까지 전한다." 교파의 스펙트럼을 보면 한쪽 끝에는 매우 전례적인 그리스 정교회, 로마 가톨릭, 영국 성공회가 모여 있고, 다른 한쪽 끝에는 최전방에 있는 선교 단체와, 성경을 믿는 독립적인 모임들 그리고 은 사주의 회중이 모여 있으며, 그 가운데에는 침례교, 감리교, 장로교 그리고 회중 교회 등의 제도권 교회들이 흩어져 있는데, 그들 모두가 그것을 지켰다. (나중에 다시 이야기하겠지만 퀘이커 교도들은 유일한 예외다.)

성찬

이 세상의 빵이 긍휼로 부서졌고
영혼의 포도주가 긍휼로 쏟아졌다
생명의 말씀을 전하신 분에 의해
죽음으로 우리 죄를 없애 준 분에 의해.

슬픔으로 부서진 이 마음을 보시고
죄인들이 쏟아 놓은 이 눈물을 보신 다음
당신의 성찬이 당신의 은총으로
우리 영혼 키우는 징표 되게 하소서.

레지날드 헤버(Reginald Heber)[38]

우리는 성찬을 받는다. 거룩한 성찬을 받는 것은 우리가 구원 속에서 보이신 그리스도의 놀이에 참여하면서 주 경외함을 기르게 하는 초점 연습이다.[39] 바울의 지시를 보면 성찬에서는 두 가지 일이 일어나는 것을 알 수 있는데, 하나는 예수님을 기억하는 것이고 또 하나는 예수님을 선포하는 것이다.

"나를 기념[기억]하라." 헬라어로 '아남네시스'(*anamnēsis*)는 '기억'으로 번역되는데, 그것은 단순한 정신 활동 이상의 의미를 가지고 있다. 그것은 최후의 만찬 자체에서 예수님이 하신 것을 다시 행하는 것이다. 그것은 단지 예수님이 하신 일에 대한 기억을 새롭게 하는 것 이상의 의미다. 그것은 지금 당장, 그 식탁에 우리가 참여하는 것을 의미하며, 예수님이 그 때 하신 일과 지금도 계속해서 하고 계신 일에 참여하는 것을 의미한다.[40] 이 기억은 말과 행동을 결합시킨다. 우리에게 언어로 말씀하시고 행동으로 자기 자신을 내어 주시는 그리스도 전체가 다시 제시되는 것이다. 종교개혁 신학자들 중에서 두드러지는 루터와 칼뱅은 그리스도께서 성찬 안에 실제로 현존하신다고 대담하게 주장했다. 성찬은 출애굽에서부터 예수님을 지나 지금에 이르기까지, 육체적·영적으로 구원하시는 하나님을 기억하는 의식적 '아남네시스'다.

"주의 죽으심을 전하라." 이것은 성찬을 받을 때 일어나는 두 번째 일이다. 예수님은 우리를(이 세상을!—요 3:16) 죄에서 구하시기 위해 십자가에서 죽으셨다. 성찬은 선포되는 비유다. "세상 죄를 지고 가는 하나님의 [유월절] 어린양"(요 1:29)으로 죽으신 예수님의 희생적 죽음을 말과 행동으로 전하는 것이다. 구원의 세상에서 우리가 가장 우선적으로 하는 일, 구원에의 동참을 계속하고 더 깊이 하기를 원하는 그리스도인들에게 기본이 되는 순종의 행위는, 성찬에서 그리스도의 몸과 피를 받는 것이다. 구원은 그분의 죽음에서 성취되었으며, 오직 그분의 죽음에서만 성취되었다.

기억하고 전하는 것은 성찬에서 자석의 양극과 같은 것이다. 그것은 동시에 작동하지만 서로 반대로 작동한다. '기억하라'는, 그리스도께서 십자가에서 구원을 성취하심을 나타내는 북극 쪽으로 계속해서 방향을 잡는 것이고, '전하라'는, 케리그마적 말과 행위를 통해서 십자가에 달리신 그리스도를 분명하게 표현하는 남극 쪽으로 계속해서 방향을 잡는 것이다. "전파하는 자가 없이 어찌 들으리요?"(롬 10:14). 만약에 '기억하라'와 '전하라'가 서로 분리되면, 구원에 동참하는 우리 삶이 구원을 성취하는 그리스도의 삶과 같은 방향을 바라보고 보조를 맞출 수 있게 해주는 성찬의 나침반이 오작동하게 된다.

성찬은 우리가 구원에 동참하는 것이 하나님 앞에서 경건한 행동을 하는 연습으로 혹은 하나님을 위한 심부름꾼이 되는 것으로 축소되지 않게 해주는 방파제 역할을 한다. 우리가 이해하기 힘들어하는 사실이지만, 구원은 우리의 책임 소관이 아니며, 구원에 우리가 덧붙일 것은 아무것도 없다. 무엇이 적절한지를 정하는 것이 우리 소관이 되면, 우리는 딴길로 새거나 희석시키기만 할 것이다. 구원은 삶의 방식으로서, 여기서는 우리가 스스로 할 수 없는 일을 예수님이 십자가상에서 이루어 주신다. 성찬에서 우리는 이러한 구원의 실재에 대한 우리의 이해와 순종을 다시 새롭게 하고, 우리가 자기 자신을 위해서 취하거나 실행할 수 없고 오직 받기만 할 수 있는 그것을 계속 반복해서 받게 된다. "이것을 행하라." 주 경외함으로 받는 이 성찬은 구원이 그리스도 안에, 오직 그리스도 안에 계속해서 뿌리박게 하고 근거하게 하는 기억함이며 전함이다.

안식일 지키기가 우리가 창조를 떠맡는 신성 모독으로부터 창조를 지켜 주는 것처럼, 성찬은 구원이 우리의 감정과 프로젝트에 지배당하는 것으로부터 구원을 지켜 준다. 이 구원의 세상에서 우리가 무엇을 하든 그것은 십자가에서 죽으신 그리스도의 죽음에 뿌리 박고 있어야 하고 근거를 두고 있어야 한다. 성찬을 받는 것은 임재하시고 구원하시는 예수님께 주의를 기울이고 반응하는 결정적 연습이며, 초점 연습이다. 이와 같은 인식과 반응의 계발은 우리가 하는 모든 일에 근본이 되는 것이다.

성찬을 받는 것은, 주 경외함의 다른 양상들이 그러한 것처럼, 하지 않음에 깊이 뿌리를 박고 있다. 이와 같은 의도적이고 훈련된 수동성 속에서 우리는 구원의 일이 우리보다 훨씬 더 넓고 깊다는 것을 인식하게 된다. 그것은 분명 우리 안에서 일어나는 일이다. 매우 분명하게 우리 안에서 일어나는 일이다. 그러나 또한 우리 자신보다 훨씬 더 많은 무엇이며 우리 자신의 범위를 넘어서는 무엇이다. 모든 역사가 하나님의 구원에 종속되어 있다. 이와 같은 사실을 깊이 이해하면 우리 구원의 삶이 게토화되는 것을 막을 수 있다. 우리가 주 경외함을 계발하는 것은, 이 세상과 우리 안의 잘못된 것을 다루는 하나님의 방식, 즉 구원이 우리의 용어가 아니라 하나님의 용어로서 우리 안에서 성장하고 성숙하게 하기 위해서이다.

하지 않음에 기초함으로써 우리는 우리가 평생 이해할 수 있는 것보다 훨씬 더 많은 일들이 우리에게 행해지고 있음을 깨달을 시간과 공간을 얻게 된다. 하나님의 구원 사역에서 하나님은 우리가 스스로 할 수 없는 일을 우리를 위해서 해주신다. 그렇기 때문에 우리는 그냥 하나님이 하시게 내버려두어야 한다. 다른 사람들이 우리 자신에 대해서 말하는 많은 것들이 (전부 다는 아니지만) 틀렸다. 그리고 우리가 우리 자신에 대해서 이해하는 많은 것들도 (전부 다는 아니지만) 틀렸다. 그렇다면 우리가 하는 많은 일과, 우리가 필요하다고 생각하는 많은 것과, 우리가 요구하는 많은 것도 틀렸다는 말이 된다. 꼭 죄라고 할 수는 없지만 구원의 삶에 부적합한 것은 사실이다.

성찬은, 예수 그리스도를 이 세상의 구세주이자 우리의 구세주로서 우리 앞에 계시게 하고, 우리 자신을 구원이 필요한 죄인으로 있게 해주는, 기독 공동체에서 실천되는 결정적 행위다. 성찬은, 자신의 생명을 "우리를 위해서 그리고 우리의 구원을 위해서"(니케아 신조) 내어 주시는 그리스도께 우리가 (떡과 포도주를 먹고 마심으로써) 실제로 물리적인 동참을 하도록 이끌어주는 성례전적 행위다. 초점 연습으로서의 성찬이 없다면, 예수님을 우리가 모방할 수 있는 위대한 모범으로, 혹은 우리가 배울 수 있는 위대한 선생으로 혹은 우리가 영감을 얻을 수 있는 위대한 영웅으로 여기는 방향으로 가기가 매우 쉽다. 그리고 성찬이 없다면, 예수님으로부터 생명을 받는 영성이 아니라 예수님에 대한 생각이 지배하는 영성으로 흘러가기가 매우 쉽다. 성찬은 그 모든 것에 대해서 명백하게 '아니오'라고 말한다. 성찬은 예수님을, 십자가에서 죽으시고 거기에서 희생된 그 생명을 우리에게 주시는 분으로서 원래의 자리에 위치시킨다. 그리고 우리 자신도 원래의 자리로 데려다 놓는다. 즉, 우리는 손을 벌리고 우리 죄의 용서를 받으며, 그것이 바로 우리의 구원인 것이다.

기독 공동체는 도덕적 태도를 가르치고, 모세의 계명과 예수님의 명령과 바울의 권고를 교육하고, 성경에 주어진 사상과 진리를 다루고, 우리가 처한 다양하고 많은 역사적 조건들 속에서 그리스도인들이 예수님을 따르고 순종하도록 훈련시키는 일을 결코 포기하지 않을 것이다. 그러나 이 모든 것이 아무리 중요하다 하더라도 그것이 핵심이 될 수는 없다. 우리는 예수님을 따라서 십자가에까지 가고 성찬이라는 형식을 통해서 그분이 주시는 생명을 받음으로써 역사 속에서 놀이하시는 그리스도께 동참할 수 있다.

희생

성찬은 식사다. 출애굽기에 나오는 유월절 식사의 확장이고 완성이다. 그렇기 때문에 그것은 희생적 식사다. 구원 사역의 중심에는 희생이 있다. 희생은 이 역사에서 잘못된 것을 다루는 하나님의 방식이다. 역사에서 잘못된 것이란 우리에게 잘못된 것이다. 개인적으로 그리고 집단적으로. 희생은 죄를 다루시는 하나님의 방식인 것이다.

희생. 이 세상에서 잘못된 것을 다루는 우리의 모든 방식, 그 잘못이 '죄'라고 불리건 그렇지 않건 간에, 그 방식들은 희생과는 완전히 대조된다. 우리의 전형적인 방식은 완력을 사용하는 것(잘못된 것을 파괴하거나 억제하거나 단속함으로써 없앤다), 교육하는 것(사람들에게 잘잘못을 가르치고 그래서 사람들이 그 차이를 알고 나면 옳은 일을 할 것이라고 기대한다), 오락을 제공하는 것(사람들에게 신나는 일과 기분 전환이 되는 것을 제공함으로써 이 세상에서 잘못된 일로부터 주의를 돌리게 한다. 이것은 일시적인 방학과 같다), 경제를 발전시키는 것(사람들이 절망과 절박함, 분노와 보복의 심리로 일을 더 망치지 않도록 사람들의 생활을 개선시킬 수 있는 인센티브와 기회를 제공한다) 등이다. 이와 같은 접근 방식에는 모두 나름의 장점이 있다. 이러한 방법들은 모두 크건 작건 이 세상을 더 나아지게 만든다. 그러나 그 어느 것도 구원을 성취하는 하나님의 방식은 아니다. 하나님의 선택은 희생이다.

희생은 언제나 물질적인 것을 포함한다. 밀가루, 곡식, 양, 염소, 비둘기, 소, 향. 성경에 나오는 사람들은 제단을 쌓고 희생 제사를 드렸다. 이것은 다 물질이다. 레위기는 그들이 어떻게 그 일을 거행했는지를 보여 주는 가장 포괄적인 자료다. 레위기는, 우리가 하는 사실상 모든 일이 하나님과 연관되어 있지만 그것을 (우리를) 하나님께 알맞게 만들려면 하나님의 행위가 필요하다는 것을 이해하도록 우리의 상상력을 훈련시켜 주는 집중적인 수업이다. 그래서 우리는 우리 자신을, 우리의 "몸을 산 제사로"(롬 12:1) 가져오게 되는데, 우리가 바치는 물질은 우리 몸을 상징한다. 이 헌물은 우리가 가진 최고의 것이어야 하며, 우리가 할 수 있는 최선이어야 한다. 그러나 이 '최선'은 우리가 얼마나 괜찮은 사람인지를 하나님께 보여 드리기 위해서 바치는 것이 아니다. 그것은 하나님의 인정을 받으려는 시도가 아니다. 이 헌물들은 우리의 최선이지만 그러나 동시에 우리의 최선도 충분하지는 않다는 것을 인정하는 것이다. 그래서 우리는 우리의 최선을 제단에 바쳐서 하나님이 그것을 가지고 무엇을 하시는지를 보려는 것이다. 우리가 했던 것보다 더 나은 것을 하나님이 하실 수 있는지 보려는 것이다. 우리는 우리의 최선을 내어 놓는다. 포기한다. 그 다음은 무엇인가?

제사장이 헌물 밑에 불을 붙여서 그것을 태워 버린다. 그 불이 우리의 선물(우리 삶)을 연기와 향기로 변화시켜서 하나님께로 올라가게 한다. 우리의 삶이, 좋은 의도였건 반항이었건 우리의 부적절하고 죄로 얼룩진 삶이 우리 눈앞에서 우리가 볼 수 없는 것으로 변한다. 보지는 못하지만 이제는 듣는다. 제사장이 우리가 이제 온전하게 되었고, 용서받았고, 치유받았고, 회복되었다고 선언하는 것을 듣는다. 하나님은 우리를 죄에서 구원하시기 위해 우리 죄의 물질을 사용하셨다.

그리고 예수님이 우리를 위해서 죄가 되셨다(고후 5:21). 십자가라는 제단에서 바쳐짐으로써 그분은 우리의 구원이 되셨다.

세속적 구원 이야기는 전형적으로 구조담이다. 외부에서 사람이 도착해서 우리가 처한 문제로부터 우리를 끌어내어 준다. 그러나 예수님은 안에서부터 일하신다. 문제가 있는 상황으로 들어오셔서, 그것을 자기 자신 안에 받아들이시고, 구원의 생명으로 변화되는 희생 제물이 되신다. 그리스도의 십자가는 모든 희생을 요약하는 희생이며, 궁극적 희생이며, 구원을 성취했고 성취하고 있는 희생이다.

의식

예수님의 가장 영광스러운 명령은 의식(ritual)을 만들어 냈다. 그리스도인들이 구원을 '기억하고' '전하기' 원하는 곳이면 어디서나 그리고 원하는 때면 언제든지 다시 만들어 내는, 체계 있게 배열된 행위와 말이 된 것이다. 의식은, 다양한 습관과 이해, 성향과 경향을 가진 사람들 사이에서 오랜 세월 행위의 연속성과 언어의 온전성/진정성을 보존하는 방식이다. 우리는 보통 인간의 기본적인 계약을 유지하기 위해서 의식을 발전시킨다. 의식은 간단한 악수에서부터, 결혼을 위한 혼례식과 죽음을 위한 장례식의 엄숙함, 장엄한 행진과 화려한 장신구로 이루어지는 대관식의 정교한 의례에 이르기까지 다양하다.

의식은 일상적 삶에서 본질적이라고 여겨지는 인간적 행위를, 우리가 즉석에서 내리는 독단적 결정에 좌우되지 않게 한다는 점에서 유용하다. 임시방편으로 처리하거나 고치거나 손질하는 것을 막아 주고, 우리의 기분이나 기질에 의해 좌우되는 것을 방지해 준다. 세상에는 내가 인식하거나 책임질 수 있는 것 이상의 일이 벌어지고 있다. 실재는 나보다 크다. 의식은 내가 그 실재를 이해해야 한다거나 바로 그 순간에 그것을 '느껴야' 한다는 요구 없이 나를 그 더 큰 실재 안에 데려다 놓는다. 예를 들어 내가 악수하면서 "안녕하세요"라고 말할 때, 나는 매번 그 상황에 맞는 인사말을 만들어 낼 필요 없이, 심지어 생각해 볼 필요도 없이, 만남의 호의적인 장에 놓이게 되는 것이다. 그것은 시간을 많이 아끼게 해주기도 하지만 동시에 실재와 적절한 연결을 유지시켜 준다. "의식은, 이제 시작할 때가 되었다고 우리의 무의식을 일깨워 주는 좋은 신호다"라고 앤 라모트(Anne Lamott)는 말했다.[41] 하지만 의식에는 또 한 가지 유용한 차원이 있다. 의식은 우리가 신비와 계속 접촉하게 해주고 신비를 보존하게 해준다. 실재는 단지 나 그리고 내가 처한 직접적인 상황보다 크기만 한 것이 아니라, 또한 나의 이해를 넘어서는 것이기도 하다. 의식은 그 신비를 보존해 주고, 실재의 본질적인 몇몇 측면들이 내 관심, 혹은 지성, 혹은 인식의 영역으로 축소되는 것을 막아 준다. 따라서 악수는 가장 가벼운 인간의 인사 방법 속에서 표현되는 남자 혹은 여자의 신비가 나의 변덕스런 기분에 좌우되는 것을 막아 주는 것이다. 결혼식은 성과 가족의 신비가 이용당하는 것을 막아 준다. 장례식은 죽음의 신비에 위엄을 주고 죽음보다 훨씬 더 큰 무엇을 증거한다. 왕의 대관식은 인간의 통치를 하나님 혹은 신들의 초월적인 주권의 신비 아래 놓는다.

의식은, 인간의 삶에 있는 흔하지만 본질적인 요소들이 축소되고, 격하되고, 이용당하는 것을 막아 준다. 의식은 나의 책임 소관이 아니라 단지 내가 의식에 참여하거나 하지 않거나 하는 것일 뿐이다. 그리고 의식은 나 혼자 참여할 수 있는 것도 아니다. 다른 사람들도 거기에 포함되어 있다. 따라서 의식은, 단지 의식 자체로서, 내가 자족적인 인간이라는 환상을 조금이라도 가지지 못하게 하면서 동시에 나를 다른 사람들과 함께 사는 삶 속으로 던져 넣는다.

이와 같은 고찰은 우리의 구원을 살아내기 위한 초점 연습으로서 성찬을 이해하는 데 구체적 성격을 더해 준다. 구원을 주님의 식탁에서 "이것을 행하는" 사람들과 함께 성찬으로 받을 때 그것은 자기 프로젝트(self-project)로 쉽게 추구될 수 없다. 구원을 예수님의 떡/몸을 먹고 포도주/피를 마심으로써 받을 때 그것은 쉽게 어떤 공식이나 추상물로 축소될 수 없다. "이것을 행하라"(*poieite*, 복수형)는 집단적 행위일 필요가 있고 또한 그렇게 의도된 것이다.

형식

돔 그레고리 딕스(Dom Gregory Dix)라는 영국의 성공회 수사는 1941년 8월에, "전례의 형식"(The Shape of the Liturgy)이라는 말로 주목을 끈 보고서를 제출했다. 정확하게 말해서 그가 그 "형식"을 발견한 것은 아니다. 그보다 앞서 다른 사람들도 그 요소들을 지적했었다. 그러나 그는 누구보다도 그 형식의 함의와 결합 방식에 대해서 더 광범위하게 탐구했고, 그로써 대단한 학문적 작업을 이루었다. 그는, 성경에서 명령하고 있는 성찬 식사와 그 이후로 교회에서 계속해서 실천되어 온 성찬 식사는 모두 4중의 형식을 가지고 있다는 것을 관찰했다. 네 개의 동사, 즉, 취하다(take), 축복하다

혹은 감사하다(bless, thank), 떼다(break), 주다(give), 이 네 가지 동사가 성찬의 형식을 만들고 있는 것이다.

마가가 기록한 최후의 만찬은 이렇다. "그들이 먹을 때에 예수께서 떡을 가지사[*labōn*] 축복하시고[*eulogēsas*] 떼어[*eklasen*] 제자들에게 주시며[*edōken*] 이르시되 받으라 이것은 내 몸이니라 하시고, 또 잔을 가지사 감사 기도 하시고 그들에게 주시니 다 이를 마시매 이르시되 이것은 많은 사람을 위하여 흘리는 나의 피 곧 언약의 피니라"(막 14:22-24, 다른 평행 구절도 같이 보라).

이 네 가지 동사들―취하다(가지다), 축복하다, 떼다, 주다―은 5,000명과 4,000명을 먹이신 이야기에서도 같은 순서로 나오고 있다.

5,000명을 먹이신 이야기에서는 이렇다. "예수께서 떡 다섯 개와 물고기 두 마리를 가지사[*labōn*] 하늘을 우러러 축사하시고[*eulogēsen*] 떡을 떼어[*klasas*] 제자들에게 주어[*edōken*] 사람들에게 나누어 주게 하시고…"(막 6:41 그리고 평행 구절들).

4,000명을 먹이신 이야기는 이렇다. "예수께서 무리를 명하여 땅에 앉게 하시고 떡 일곱 개를 가지사[*elaben*] 축사하시고[감사하신, *eucharistēsas*] 떼어[*eklasen*] 제자들에게 주어[*edidou*] 나누어 주게 하시니…"(막 8:6 그리고 평행 구절들).

5,000명을 먹이신 사건에 대한 요한의 서사에는 상당히 많은 내용이 덧붙여져 있고 예수님의 "내가 곧 생명의 떡이니"라고 하는 강화도 들어가 있다. 그러나 동사의 패턴은 같다. 다만 '떼다' 동사만 다르다. "예수께서 떡을 가져 축사하신[*eucharistēsas*] 후에 앉은 자들에게 나눠 주시고[*diedōken*]…"(요 6:11).

누가는 자신의 복음서에 또 하나의 식사 사건을 포함시키고 있는데, 바로 엠마오의 저녁 식사다. 거기에서도 같은 동사가 같은 순서로 사용되고 있다. "그들과 함께 음식 잡수실 때에 떡을 가지사[*labōn*] 축사하시고[*eulogēsen*] 떼어[*klasas*] 그들에게 주시니[*epedidou*] 그들의 눈이 밝아져 그인 줄 알아 보더니 예수는 그들에게 보이지 아니하시는지라"(눅 24:30-31).

예수님이 이 식사를 주관하시고 나서 한참의 세월이 흐른 후, 바울은 골치 아프고 까다로운 고린도 회중에게 편지를 썼다. 이들이 처한 주요한 문제 중 하나는 성찬을 행할 때 나타나는 무질서였다. 바울은 질책과 교정의 말을 하면서 훗날 복음서 저자들이 자신의 서사에서 사용하게 될 바로 그 동사들을 사용했다. "내가 너희에게 전한 것은 주께 받은 것이니 곧 주 예수께서 잡히시던 밤에 떡을 가지사[*elaben*] 축사하시고[감사하시고, *eucharistēsas*] 떼어[*eklasen*] 이르시되, 이것은 너희를 위하는 내 몸이니 이것을 행하여 나를 기념하라 하시고, 식후에 또한 그와 같이 잔을 가지시고 이르시되 이 잔은 내 피로 세운 새 언약이니 이것을 행하여 마실 때마다 나를 기념하라 하셨으니, 너희가 이 떡을 먹으며 이 잔을 마실 때마다 주의 죽으심을 그가 오실 때까지 전하는 것이니라"(고전 11:23-26). 복음서 저자들이 사용한 마지막 동사인 '주다'가 여기에서는 나오지 않지만 그 의미는 분명하게 암시되어 있다.

마태, 마가, 누가, 요한 그리고 바울까지, 예수님이 수천 명, 열두 명, 두 명을 먹이신 이야기를 하면서 취하다, 축복하다, 떼다, 주다라는 동사를 사용해서 우리가 그리스도의 구원을 기억하고 전하는 성찬을 구성한다. ('감사하다'는 두 번째 동사 '축복하다'의 유의어로서 두 번 사용되었다). 기독 공동체 초기에 예배는 이와 같은 성찬의 4중 형식을 가지게 되었고 그 형식은 지금까지 계속되고 있다.

취하다. 예수님은 우리가 그분께 가지고 나온 것을 취하신다. 그분이 취하신다는 말이 암시하는 것은 우리가 무엇인가를 바친다는 것이다. 우리는 창조의 세상에서 얻은 것을 바친다. 밭과 강과 바다에서 얻은 것, 양파와 물고기, 빵과 포도주, 염소와 양을 가지고 나온다. 이름이 언급되지 않은 한 소년이 예수님이 5,000명을 먹이시게 된 보리떡 다섯 개와 물고기 두 마리를 가지고 나왔고(요 6:9), 엠마오 마을에서 글로바와 그의 친구들이 예수님을 위해서 간단한 식사를 차렸고, 일곱 제자들이 갈릴리 바다에서 막 잡은 물고기를 예수님은 그들을 위해서 해변에 마련하신 부활의 아침 식탁에 올리셨다(요 21:10). 우리 가운데에는 영적인 생활을 분리해 내려는 사람, 물질적인 것에서 삶의 '영성'을 추출해 순수한 영혼이라고 하는 본질만 남게 하려는 사람들이 늘 있다. 그러나 예수님이 취하시는 이러한 헌물들은 명백하게 물질적인 것들이다. 푼돈을 바친 과부(눅 21:1-4)는 거의 아무런 가치도 없는 쇳조각을 바친 것이지만, 이레나이우스는 그것을 가리켜 구원의 경제학에서 물질적인 것이 가지는 신성한 귀중함의 증거라고 했다.[42] 그러나 헌물을 바치는 것은 또한 분명히 인격적이다. 그것은 바로 우리이며, 우리의 죄와 덕, 우리의 모든 것이다. 심지어 그것이 별것 아닐지라도 말이다. "보라 너희들이 그 상 위에 있다. 보라 너희들이 그 잔 안에 있다"라고, 아우구스티누스는 새로 견진성사를 받는 이들에게 말했다.[43] 우리는 바치고 예수님은 취하신다. 예수님은 우리가 누구이든 우리가 무슨 일을 했든 거절하지 않으신다.

예수님이 우리에게서 취하시는 이러한 헌물(봉헌)은 성찬의 첫 악장이다. 그것은 순전한 용납이라는 배경에 구원이 자리잡게 한다. 하나님은 우리 자신 그리고 우리가 가져오는 것을, 있는 모습 그대로 받으신다. 하나님은 강탈하시지 않는다. 하나님은 우리에게서 착취하시지 않는다. 하나님은 우리에게 강요하시지 않는다. 하나님은 우리가 바치는 것만 취하신다. "강제는 하나님의 속성이 아니다."[44]

자기 자녀들(혹은 학생이나 직원들)에게 '너희들 잘 되라고' 하는 식의 특정한 방식으로 과업을 이루게 하거나 행동하게 하거나 외양을 꾸미도록 '만드는' 데 익숙한 사람들은 이 부분을 특히 힘들어한다. 하지만 우리 자녀들이나 다른 사람들이 도덕적 습관과 책임 있는 태도를 내면화하기 위해 적합할 수 있는 방식은, 하나님이 우리를 다루시는 방식을 위한 선례가 아니다. 하나님은 자신을 그리스도 안에서 우리의 구세주로 계시하신다. 하나님은 풍부한 창조로 우리를 두르신다. 하나님은 우리를 그분의 십자가로 데려가신다. 하나님은 우리를 그분의 식탁으로 초대하신다. 그리고 하나님은 우리가 바치는 헌물을 가져다가 우리의 구원을 이루는 물질로 사용하신다. 우리가 앉는 식탁마다 우리는 가장 먼저 그리고 그 무엇보다도 우리 자신을 가져온다. 그리고 예수님은 그것을 취하신다. 우리를 취하신다.

축복하다. 우리는 예수님께 바치고 예수님은 하나님께 감사로(*eucharist*는 감사라는 뜻이다) 바치신다. 하나님은 거기에 흠이 있나 살펴보시지도 않고, 그것을 평가하거나 감정하시지도 않고, 우리의 헌물을 비판하거나 거절하시지도 않는다. "물고기 두 마리? 네가 생각해 낸 게 고작 이거냐?" 예수님이 이런 말씀을 하시는 것을 우리는 상상할 수가 없다. 예수님은 이 헌물과 그 뒤에 있는 인생들을 가지고 기도하신다. 우리가 바친 헌물을 아버지께 바치시면서.

예수님이 축사하실 때 사용하신 말은 기록되어 있지 않다. 아마도 그것은 간단한 식사 기도, 즉 식탁에 차려진 음식에 대한 감사 기도였을 것이다. 예수님 당대의 유대교에서 일상적으로 드렸던 식사 기도였을 것이고, 우리와 우리 자녀들이 아침, 점심, 저녁에 드리는 기도와 별반 다르지 않을 것이다.

그러나 그리스도인들이 예배라고 하는 초점의 행위로서 이 식사를 계속하게 되었을 때, 성찬의 기도(감사, 축복)는 창조, 성육신 그리고 구원에 대해 감사하고, 이 의식을 지키도록 제정하고 명령하신 예수님의 말씀을 되풀이하고, 떡과 포도주를 성별하고, 성찬식의 결과를 위해 기도하고, 마지막에 송영과 주의 기도를 포함하기에 이르는 더 상세하고 확장된 기도가 되었다. 예수님의 삶과 우리 삶으로 구성되는 성찬의 모든 의미가 그 기도 속에 압축되어 있다.

한 가지 더 있다. 제자들과 함께 최후의 만찬을 드시면서 그 식사에 대해 축사의 기도를 하실 때 예수님은 그들에게 이 떡과 포도주의 식사는 (예수님이 설명하시지 않은) 어떤 방식에 의해서 식사이면서 동시에 예수님의 생명, 즉 살과 피가 되며, 그들이 이 식사를 계속해서 먹고 마실 때마다 예수님을 받는 것이 된다고 분명하게 말씀하셨다. 다음날 예수님의 살과 피가 우리의 죄를 위한 희생 제물로 십자가 위에서 바쳐졌고 그것이 우리의 구원이 되었다. 골고다의 십자가는 예수님이 희생당하신 구원의 제단이었다. 예수님은 제물이면서 동시에 제물을 바치는 제사장이시다. 그 제물이 우리의 구원을 성취했다. 이것은 모든 역사의 중심에 있으며 모든 역사를 규정하는 행위다.

따라서 성찬이 우리의 보통 예배에서 거행될 때 우리는 창조의 말씀이시고, 성육신이시고, 구원이시며, "이 모든 세상의 죄를 위한 온전하고, 완벽하고, 충분한 희생 제물로" 자기 자신을 바치신 이 예수님이 그 헌물에 우리 자신을, 산 제사로 바쳐진 우리 몸을(롬 12:1), 예수님의 살과 피로 구원받은 우리의 살과 피를 포함시키신다는 것을 안다. "우리가 떼는 떡이 그리스도의 몸의 성찬이 되고, 우리가 축복하는 축복의 잔이 그리스도의 피의 성찬이 된다"[45]는 것을 안다. 성찬이 하나님 앞에서 재현하는 것은 다만 그 최후의 만찬뿐만이 아니라, "그리스도의 죽음과 부활에서 나타난 그리스도의 희생이며, 그 결과 그것은 성찬을 받는 이들 안에 그것이 '현존'하고 작용하게 만든다"[46]고 딕스는 말한다.

이 축복의 기도는 우리 모두와 우리의 존재 전체를 그리스도의 존재와 그분이 우리를 위해서 하시는 모든 것 안으로 그러모은다.

떼다. 우리의 선물은 우리가 가져온 그대로 남아 있지 않는다. 우리는 너무 자주 최고의 매너와 빈틈없는 자족의 점잖은 자세로 식탁 앞에 나온다. 우리는 모두 인생이라는 게임에서 온통 껍데기이며, 온통 역할뿐이며, 또한 잘 훈련되고 여유만만한 선수다. 그러나 우리를 구원하시는 예수님은 우리 속에 있는 것에 접근하셔야 하기 때문에 우리의 내면, 우리의 부적절함, 우리의 '은폐 공작'을 들춰내신다. 성찬의 식탁에서는 자기 자신을 봉하는 것이 허용되지 않는다. 우리에게는 자족이 허용되지 않는다. 우리의 자만심과 자기 인정을 깨뜨리는 것은 나쁜 것이 아니다. 그것은 우리를 새로운 삶으로, 구원의 행위로 열어 준다. 우리는 겉껍질로 싼 채 안은 단단히 굳은 모습으로 나온다. 그러나 곧 우리는 하나님이 우리 속 깊은 곳에서 일하고 계신다는 것을 알게 된다. 새로운 생명을 가져오시기 위해서 우리 표면에 있는 거짓말과 겉치레 이면에서 일하신다. 우리는 이 제단 위에서 자신을 봉한 채 있을 수가 없다. "하나님이여 상하고 통회하는 마음을 주께서 멸시하지 아니하시리이다"(시 51:17). 몸이 부서지고 피가 쏟아진다.

이 세 번째 동사인 '떼다'는 우선 그냥 떡 한 덩이를 떼어서 나누는 단순한 행위였음이 분명하다. 앞에서 언급한 바울이 고린도에 보낸 편지에서 그는 "그리스도의 몸"을 일컫는 한 덩이의 떡이라는 상징을 우리의 공동의 삶의 기본적인 연합에 대한 비유로 사용했다. "떡이 하나요 많은 우리가 한 몸이니 이는 우리가 다 한 떡에 참여함이라"(고전 10:17). 그러나 그리스도인들은 일찍이 우리 모두가 성찬에서 먹는 그 떼어진 떡에서, 십자가에 달린 예수님, 자신의 생명이 이 세상의 구원이 될 수 있도록 그 희생 제사에서 몸이 떼어진 예수님에 대한 암시를 보았다. 가장 잘 보존된 헬라어 사본에서는 최후의 만찬 때 예수님이 하신 말씀을 "이것은 너희를 위한 내 몸이다"라고 기록하고 있다. 그러나 그보다 조금 더 후대의 사본 몇 개에는 '떼다'(*klōmenon*)라는 단어가 이 문장 안에 삽입이 되었다. "이것은 너희를 위하여 **떼어진**(broken) 내 몸이다"(고전 11:24의 다른 번역본들도 보라). 이것은 초대교회 교인들이 떡을 떼는 것을 십자가에서 예수님이 '떼이신' 것과 연결지었음을 암시한다.

이사야 53장은 이와 같은 성찰/묵상이 발전할 수 있는 이미지를 제공해 주고, 예수님의 고난, 그분의 수난을 우리의 구원에 핵심적인 것으로 보는 기독교적 이해에 기초한 용어들을 마련해 주었다.

> 그가 찔림은 우리의 허물 때문이요
> 그가 상함은 우리의 죄악 때문이라
> 그가 징계를 받으므로 우리는 평화를 누리고
> 그가 채찍에 맞으므로 우리는 나음을 받았도다(5절).

> 여호와께서 그에게 상함을 받게 하시기를 원하사 질고를 당하게 하셨은 즉 그의 영혼을 속건제물로 드리기에 이르면…(10절).

이러한 '떼어짐' 때문에, 우리가 구원에 동참하는 것을, 걱정 없는 평온함의 삶, 고난과는 별개의 삶, 혼란으로부터 보호받는 삶, 매혹적인 삶, 고통과 굴욕과 거절이 면제된 삶으로 이해하는 것은 불가능하다. 이 '떼어짐'은 구원이 자립 프로그램일 수도 있다고 하는 약간의 암시마저도 몰아내 버린다. 우리는 이것을 몸이 떼이시고 피를 쏟으신 예수님에게서 먼저 발견하고, 그 다음에는 우리 자신에게서 발견한다.

주다. 이제 마지막 동사다. 예수님은 우리가 가져온 것, 즉 우리 존재를 돌려 주신다. 그리고 우리는 예수님이 주시는 것을 받는다. 이것이 바로 성찬이다. 하지만 그것은 더 이상 우리가 가져온 그것이 아니다. 그것은 하나님이 주신 것, 우리가 '놀라운 은혜'라고 노래하는 것으로 바뀌었다. 우리가 예수님께 가져간 모든 것은 다시 돌아온다. 넘치도록. 열두 광주리는 아낌없는 베풂을 증거하고(막 6:43), 일곱 광주리는 후한 마음씨를 표시한다(막 8:8). 식탁에 있는 모든 것과 식탁에 둘러앉은 모든 사람은 복음이 되고, 의에 주리고 목마른 모든 사람에게 나누어진다.

우리는 그 떡을 먹고 그 잔을 마시면서 "영광의 소망"(골 1:27)이신 그리스도가 우리 안에 계신 것을 알게 된다. 우리는 그 떡을 먹고 그 잔을 마시면서 "내 안에 그리스도께서 사신 것"(갈 2:20)을 알게 된다. 바울은 "그리스도 안에서"라는 말을 여러 번 반복해서 사용한다. 그는 성찬 속에서 성립되는/제정되는, 삶으로 살아내는 그리스도와의 교제를 계속해서 설명하는 것이다. 예수님은 그것을 더 이상 명백할 수 없을 정도로 분명하게 말씀하셨다. 이 풍성한 삶, 몸값이 치러진 삶, 이 구원의 삶은 교제의 삶이며, 성부, 성자, 성령 안에서 희생적 사랑을 나누는 친밀한 관계의 삶이다.

우리가 그리스도 안에서 그리고 그리스도와 함께 가지는 교제는 우리가 서로 가지는 교제 속에서 공명한다. 성찬의 삶은 처음부터 끝까지 철저하게 공동체의 삶이다.

이 말은 구원의 세계에서는 고독한 그리스도인이 없다는 뜻이다. 스스로 문제를 해결하는 그리스도인은 없다. 자립하는 그리스도인도 없다. 고독한 황야의 보안관을 자처하는 그리스도인도 없다. 수식어가 끼어드는 순간 명사는 취소된다. 구원은 하나님과의 사적인 거래가 아니다. 우리는 그리스도 안에서 하나님이 하신 일에 의해서 "하나님의 아들들이 나타나는 것"(롬 8:19)을 고대하는 창조 세계 전체에 묶이게 된다. 우리를 다른 사람들과 분리시키는 방식으로 구원을 이해하는 것은 잘못된 것이며, 그러한 이해는 곧 하나님이 그리스도를 통해 역사 속에서 하신 일, 즉 세상을 구원하신 일에 우리가 동참하는 데 심각한 손상을 가하게 된다.

"이것을 행하라"는 전부 다 하라는 의미다. 그리스도께서 명령하신 4중의 전례인 성찬, 성례전적 만찬 전부를 의미한다. 우리는 그 동사들 중에서 일부를 선택하거나 골라 낼 수 없다. 그것은 그리스도께서 십자가로부터 하시는 모든 일에 우리를 참여시키는 유기적인 삶, 리듬이 있는 삶이다. 이것이 바로 우리가 역사 속에서 보이신 그리스도의 놀이에 들어서고, 그것을 실천하며, 성장하는 길이다. 이것이 바로 성찬의 형식이다. 이것이 바로 복음의 형식이다. 이것이 바로 기독교적 삶의 형식이다. "기독교는 이와 같은 방식, 즉 성찬의 식사를 통해서 생겨나게 되었다. 어린양의 성만찬은 핵심적 사건이며, 그것을 반복해서 행하라는 명령으로 성립된 사건이다"라고 알버트 보그만은 기록하고 있다.[47] 그리스도인들에게 성찬은 기독교의 근본을 이루는 행위를 정기적으로 재현하는 것이다.

손대접

우리는 서로를 사랑하지 않고서는 하나님을 사랑할 수 없다. 그리고 서로 사랑하기 위해서는 서로를 알아야 한다. 우리는 빵을 뗌으로써 그분을 알고, 또한 빵을 뗌으로써 서로를 안다. 우리는 더 이상 혼자가 아니다. 천국은 연회다. 그리고 빵 한 조각만 있어도 교제가 있다면 인생도 연회다.

도로시 데이(Dorothy Day)[48]

마므레 상수리 수풀 근처에서 세 명의 나그네를 위해서 식사를 준비하는 아브라함과 사라의 이야기는 그리스도인들의 상상력 속에서 손대접(hospitality)을 삼위일체의 현존으로 보게 하는 결정적인 순간이었다. 우리가 자신의 일상적인 날들의 평범한 삶 속에서 그리스도의 구원 사역을 증거하고 그 구원의 삶을 살고자 한다면, "이것을 행하라"는 그리스도의 명령과 연속성을 이루면서 또한 바로 가까이에서도 할 수 있는 방법을 찾기 위해 멀리까지 갈 필요가 없다. 우리의 예배 속에서 성찬적으로 규정되는 구원은, 손대접이라는 일상적 행위를 통해 계속해서 표현되고 실천으로 옮겨진다. 우리가 그리스도 안에 있는 구원을 기억하고 전하는 장인 성찬은 성소에 있는 잔에서 흘러넘쳐서 우리의 일상 생활의 구체적 내용 속으로 흘러들어간다.

식사

예수님의 생애 이야기에서 얼마나 많은 부분이 식사로 규정되는 배경 속에서 이야기되고 있는가를 보면 참으로 놀랍다.

일찍이 사람들은 예수님이 얼마나 자주 주변인들, 종교 집단에 받아들여질 수 없다고 여겨지던 사람들과 식사를 하셨는지를 알았다. 그런 사람들을 우리 식으로 표현하면 '구원받지 못한 사람들'일 것이다. 예수님은 관습을 벗어나서 먹고 마시며, 또한 아무하고나 어울려 먹는다는 평판을 얻었다. "보라 먹기를 탐하고 포도주를 즐기는 사람이요 세리와 죄인의 친구로다 하니"(눅 7:34).

초대교회에 널리 유포된 이야기 중 하나는 예수님이 시몬이라고 하는 바리새인의 집에서 식사를 하실 때 있었던 충격적인 사건에 대한 것이었다. 초대받지도 않은 여자 하나가 슬그머니 들어와서는 예수님 뒤에 섰다(예수님은 식탁에 기댄 자세이셨을 것이다). 그 여자는 울면서 예수님의 발을 눈물로 씻었다. 그리고 나서는 자신의 머리칼로 예수님의 발을 닦았다. 그리고 그것만으로는 부족하다는 듯이 예수님의 발에 비싼 향유를 바르는 것으로 마무리를 했다. 예수님은 그 여자가 그렇게 하게 내버려두신다. 모든 사람이 그녀가 그 동네에서 몸을 파는 여자라는 것을 알았던 것 같다(시몬은 '죄인'이라는 완곡한 표현을 썼다). 시몬이 비판을 하자 예수님은, 우리가 전도의 근거라고 말할 수 있는 그러한 근거에서, 그 자리에서 여인의 행위를 용납한 것을 변호하셨다. "이러므로 내가 네게 말하노니 저의 많은 죄가 사하여졌도다." 그리고 그 여자를 축복하며 보내신다. "네 믿음이 너를 구원하였으니 평안히 가라 하시니라"(눅 7:47과 50절).

바리새인과 가진 또 다른 식사 시간에는(이번에는 "바리새인 지도자"였다) 예수님이, 손대접을 흉내 내는 것에 불과한, 사실상 손대접을 파괴시키는 속물적 행위를 도전하고 비난하셨다(눅 14:1-14).

여리고를 지나가시던 어느 날 예수님은 평판이 좋지 않은 삭개오라는 사람과의 식사를 자청하셨다. 그리고 자신이 하는 행위, 즉 부패한 세리라며 모든 사람이 경멸하는 이 남자와 같이 밥을 먹는 그 행위에 대해서 다음과 같은 전도적 해석을 하셨다. "오늘 구원이 이 집에 이르렀으니…인자의 온 것은 잃어버린 자를 찾아 구원하려 함이니라"(눅 19:1-10).

예수님은 베다니에서 자신의 친구들인 마리아, 마르다 그리고 나사로의 손대접을 자주 받으셨다. 그러한 식사 중 하나에서 예수님은, 환대라고 하기 어려운 마르다의 불안에 찬 접대와, 찾아온 손님을 애정으로 맞이하고 대화에 여유롭게 참여하는 마리아의 태도를 매우 인상적으로 구별하셨다(눅 10:39-42).

손대접에 대한 예수님의 가장 강력한 가르침 두 가지가 초대교회의 일상적인 관습으로 자리를 잡았는데, 그것은 우리가 사람들을 집으로 불러들이고 우리의 식탁에 앉혀 같이 식사를 할 때 구원의 실재가 세상 속에서 작용한다는 가시적인 증거였다(눅 14:12-14과 마 25:31-46). 예수님은 손대접의 중요성을 종종 음식과 음료, 식사와 연회가 중요한 비중을 차지하는 비유를 들려주심으로써 강조하셨다(눅 14:15-24; 15:22-32; 16:19-21; 17:7-10). 예수님은 청자들(우리!)의 상상력을 훈련시키셔서 이방인에게서, 자정에 먹을 것을 구하는 이웃에게서, 부자의 문 앞에 선 걸인에게서 구원이 이루어지는 것을 보게 하셨다. 누가와 요한 모두 자신의 마지막 손대접 이야기를 소박한 식사로 마무리하고 있는데, 하나는 엠마오에서 가진 부활 후의 저녁 식사이고(눅 24:13-35) 또 하나는 갈릴리 해변에서 가진 부활 후의 아침 식사다(요 21:1-14).

(마태와 마가에서 14회 나오고 요한에서 6회 나오는 것에 비해서) '구원하다' 그리고 '구원'이라는 말을 가장 많이 언급하는(21회) 누가가, 예수님이 식사를 하시거나 식사에 대한 이야기를 하시는 것을 가장 많이 기록한다는 것은 의미심장한 것일까? 나는 그렇다고 생각한다. 누가의 복음서는 다른 복음서와는 달리, 전도의 방향으로 많이 기울어 있는데, 이는 역사 속의 구원의 메시지와 역사의 주변인들을 서로 연결시킨다.

서신서에 자주 언급되는 손대접(행 4:32-35; 롬 16:23; 히 13:1-

3; 벧전 4:9; 요일 3:16-18; 요삼 5-8절)은 초대교회에서 얼마나 철저하게 식사가 예수님의 구원의 사역에 동참하기 위한 초점 연습이 되었는지를 보여 준다. 마지막 인용 구절인 요한삼서 5-8절은, 두 명의 교회 지도자인 가이오와 디오드레베를 손대접에 근거해서 대조한다는 점에서 특히 더 교훈적이다. 가이오는 대접을 잘 하는 사람이었는데, 나그네를 맞아들여서 희생적으로 그리고 친절하게 대접했고, "진리를 위하여 함께 수고하는 자"들이 찾아오면 환대했다. 디오드레베는 그와는 대조적으로 자기의 자아만 가득해서 거만하게 손대접을 거절했다.

성찬의 문제를 연구한 최고의 학자 중 하나인 요아킴 예레미아스(Joachim Jeremias)는, 예수님이 온갖 부류의 사람들과 함께하신 모든 식사와 최후의 만찬이 가지는 연속성을 보았다. 그의 논평은 매우 날카롭다. "실제로, 이 '토대가 되는 식사'는 예수님이 자신의 추종자들과 함께 나누고 그 추종자들이 부활절 이후에도 계속했던 식사의 긴 사슬 중 한 고리에 불과하다.…최후의 만찬은 이 식사 모임의 사슬 속에 그 역사적 뿌리를 두고 있다."[49] 손대접이라는 상황은, 특히 식사와 함께 이루어질 때, 우리의 일상 생활 속에서 성찬의 초점 연습을 계발하는 가장 쉽고 자연스러운 기회가 된다. 우리의 지속적인 증거는, 그리고 주 경외함으로 구원 역사에 동참하는 것은 우리의 부엌 식탁에서 나누는 성찬에 의해 형성된다. 가족, 친구, 손님과 함께하는 일상적 식사, 모든 사람에게 하는 이러한 손대접은 구원의 개인적·사회적 함의를 실행하기 위한 가장 자연스럽고도 빈번한 배경이 된다.

그러나 문제가 있다. 손대접의 관습은 이제 좋지 않은 시대를 맞앉다. 같이 앉아서 식사를 하는 가족이 줄어들고 있다. 가족, 이웃 그리고 "문 밖의 나그네"(stranger at the gate)가 함께 모이는 자리였던 식사 시간은 이제 사라지고 있다. 우리의 예배하는 삶에서 성찬이 차지하는 중요성을 생각할 때, 예수님의 구원 사역에서 식사가 차지하는 중요성을 생각할 때, 그 식사와 우리의 식사 사이의 관계에 우리가 별로 주의를 기울이지 않는다는 것은 놀라운 일이다. 이러한 놀라움은, 예수님의 삶에서 전도의 주요한 현장, 어쩌면 **유일하게** 주요한 현장이 바로 식탁이었다는 것을 우리가 깨닫는 순간 긴박감으로 변한다. 이 역사의 장에서 구원의 사역을 실행하실 배경으로서 예수님이 선호하신 식사 시간이 우리에게는 단지 최소한으로만 가능한 것일까? 일상 생활에서 손대접의 식사를 대수롭지 않은 일로 여김으로써 우리는 전도의 사역을 부지중에 놓친 것은 아닐까? 그리고 그것을 해결할 방법은 없는 것일까?

손대접의 해체

물론 해결할 방법은 있다. 우리가 기독 공동체로서 2,000년(히브리 선조들까지 치면 4,000년) 동안 생존한 것은 우리가 "이 세대를 본받고"(롬 12:2), 시대의 사회적 경향에 맞추고, 이 세상 관습에 부주의하게 동화되었기 때문이 아니다.

아마도 이 문제의 해결을 시작하기 좋은 지점은 언어일 것이다. 손대접과 식사는 세부적인 것에까지 주의를 기울여야 하고 대체로 이름으로 불리는 사람들과 관련된 복잡한 행위다. 그 자리에서 무슨 일이 일어나건 인격적인 주고받기는 필수적이다. 손대접은 추상적일 수가 없다. 특정한 사람들이 관련되어 있고, 잠자리를 봐야 하고, 야채를 다듬어야 하고, 옥수수 껍질을 벗겨야 하고, 커피를 내려야 한다. 그리고 이처럼 더 이상 단순화할 수 없는 특수한 일들로부터 유기적이고 관계적인 비유와 직유가 풍성하게 쏟아져 나온다.

하지만 이미 오래 전부터 기계와 기계의 비유가 단지 우리가 사는 방식뿐만 아니라 우리가 사는 방식에 대해 이야기하는 방식까지 지배하게 되었다. 기계가 늘어날수록 인격은 줄어든다. 기계가 늘어날수록 관계는 줄어든다. 기계가 늘어날수록 특수성도 줄어든다. 기계는 대량 생산할 수 있고 그 결과 기계는 대량 생산을 하는 도구가 되어 늘 같은 일을 같은 방식으로 한다. "기계의 신화"[50]가 우리의 생각과 말을 지배하게 되면서 영혼의 복잡함 그리고 구원의 특수한 작용에 대한 감각은 현저하게 위축된다. 느리거나 말을 안 듣거나 비효율적인 사람들을 다루는 데 들어가는 수고와 시간은, 기술적인 장치로 빠르고 예측 가능하게 일을 처리하는 편리함과 맞바뀐다.

이러한 교환이 갈수록 자주 그리고 많은 환경 속에서 일어나면서 식사는 가장 눈에 띄게 사라지는 것이 되었고 식사와 함께 식사의 은유도 사라졌다. "기계의 신화"가 상상력을 장악해 버렸다. 식사는 시간이 걸리고, 식사는 비효율적이고, 식사는 '생산적'이지 않다. 그래서 식사는 간소해지고, 효율적으로 바뀌고, 개인화된다. 인격적이고 관계적이고 공동체적인 성격은 최대한 생략된다. 거대하고 포괄적인 "식탁의 문화"(보그만의 표현이다)[51]는 주변으로 밀려난다. 우리 삶에서 식사의 중요성은 크게 감소되었다. 물론 우리는 여전히 음식을 먹지만 식사라고 하는 복잡한 문화적 세계는 해체되었다. 기하급수적으로 증가하는 패스트푸드 식사는 대화를 위한 여유가 거의 없다는 뜻이다. 식당의 폭발적인 증가는 가정에서 식사를 준비하고 치우는 일들이 많이 줄어들었다는 증거다. 많은 가정에서는 가족과의 식사 시간에 텔레비전이 지배적인 자리를 차지하면서 사실상 인격적 관계와 대화는 사라져 버렸다. 미리 손질된 재료를 사용하거나 냉동 식품으로 식사를 하는 경우가 빈번해지면서 그 가족만의 조리 비법과 가족들의 공동 작업이라는 문화가 침식당하고 있다. 이 모든 것과 그 밖의 더 많은 현상들이, 식사는 더 이상 우리의 평범함과 일상성 속에서 부활하신 그리스도를 만나게 되는, 쉽게 접근할 수 있는 혹은 자연스러운 환경이 아니라는 것을 의미한다.

그러나 우리는 여전히 식사를 한다. 우리 모두가 그렇다. 따라서 식사는, 우리가 하고자만 한다면, 여전히 우리가 역사와 가까이 접촉하고 역사 속 구원의 성찬적 역동에 동참할 수 있는 주요한 조건으로 남아 있다. 그러나 손대접이 이처럼 폭넓게 그리고 부지불식간에 해체되고 있는 상황으로 볼 때, 우리는 더욱 계획적으로 그리고 의도적으로 그것을 행해야 한다. 손대접의 행위가 복음에서 얼마나 필수적인가를 깨닫게 되면 우리는 그것에 대해서 더 계획적이고 의도적이 될지도 모르겠다. 손대접의 삶은 가족 그리고 우리가 양육받은 전통과 더 친밀한 접촉을 유지하게 하고, 친구와 손님을 위해 우리 자신을 더욱 내어 주게 하고, 굶주린 자와 노숙자에 대해서 도덕적으로 관심을 가지게 하고, 또 어쩌면 가장 중요하게는, 예수님이 그분의 삶을 사셨던 상황과 조건에 동참하게 해줄 것이다. 예수님이 이 세상의 구원을 위해서 사용하셨던 언어를 사용하면서 말이다.

손대접과 그것이 함축하고 있는 성찬의 삶을 해체하는 데 기여하는 또 하나의 언어적 변화는 언어가 현장을 이탈하는 것이다. 그리스도께서 십자가에서 성취하신 구원을 증거할 때에(즉, 복음 전도) 북미 지역에서 가장 빈번하게 사용되는 방법은 말을 통한 것이다. "그러므로 너희는 가서 모든 민족을 제자로 삼아…"(마 28:19)라고 하는 예수님의 명령에 촉발이 되어서 "가서 삼는" 행위는 무엇보다도 말을 통해 우리 가운데 실행되고 있다. 그와 같은 증거와 전파는 책임과 일이라는 계속적인 인격적 관계로 짜인 공간적 맥락에서 흔히 분리된다. 이 언어는 대체로 형식적이며 광고와 홍보의 수사학이 지배하고 있다. 이러한 언어는 군중과 낯선 사람들 사이에서는 적합한 것이지만 인격적인 것을 전달하는 데는 그 유용성이 심히 의심스러운 것이다. 그런데 예수님의 구원 사역은 인격적이지 않다면 아무것도 아닌 것이다. 말을 우선적 전략으로 삼는 복음 전도는 우리가 모르는 사람, 혹은 잘 알지 못하는 사람들에 대해 사용되는 것이 특징이다. 구원을 증거하기 위해서(복음 전도를 실천하기 위해서) 이런 방식으로 말을 사용하는 것은 성경적 기준과는 확실히 먼 것이다.

구원의 **언어**를 구원의 **배경**과 분리시키는 것은 마귀의 일이다. 인격적 관계에서 말을 분리해 내고, 구원을 최대한 효율적으로 그리고 비인격적으로 집행할 수 있는 '대의' 혹은 '프로젝트'로 만드는 것은 마귀의 일이다. 하지만 복음은 그것을 허락하지 않는다. 우리의 구원 이야기를 살펴보면, 우리 구원을 설계하신 건축가가 공간과 사람이라는 두툼한 짜임 속에서, 그리고 놀랍겠지만 식사라는 배경 속에서 구원 사역을 이루어 가시는 것을 보게 된다.

구원 사역은 하나님이 예수님 안에서 **역사 속에서** 하시는 일임을 언제나 기억해야 한다. 그리고 역사는 결코 보편적이지 않다. 역사는 그 성격상 특수한 것들로 구성되어 있다. 위치가 있는 장소, 날짜가 있는 시간, 이름이 있는 사람들, 의미가 있는 사건들. 우리가 구원에 동참하는 방식은 예수님이 구원을 성취하신 방식과 연속선상에 있어야 한다. 즉, 역사를 구성하는 모든 직접적인 세부 사항 속에서 이루어져야 하는 것이다. 그 역사는 보편화된 '세계사'가 아니라 이야기로 전해진 지역적·개인적 역사다. 그런 이유에서, 예수님의 구원 사역에 동참하기 위한 초점 연습은 분리된 말의 행위가 아니라 식사인 것이다. 식사는 모든 감각이 연루되는 사건이며, 구체적인 장소에서 이름을 가진 사람들과 함께할 수 있으며, 인격적인 대화의 언어를 요구한다. 식사는 우리 삶의 가장 기본적인 수준에서 인격적으로 참여하는 것이다. 우리는 누군가와 함께 식사를 할 때 분리되어 있거나 관여하지 않기가 사실상 불가능하다.

희생적 삶

거룩한 성찬이든 가정에서 하는 식사든 그 중심에서 맥박치고 있는 단어는 '희생'이다. 이 거대한 구원의 장에 들어설 때 그리고 우리가 어떻게 해야 그리스도의 사역에 제대로 관여할 수 있는지를 물을 때, 우리는 '희생'이라는 단어에 주목해야 한다. 왜냐하면 이 구원이라는 사업에서 무슨 일을 하든지 우리는 반드시 예수님의 방식을 따라야 하기 때문이다.

예수님의 구원 사역에서 초점이 되는 사건은 희생이다. 거기에는 아무런 모호함도 없다. 예수님은 갈보리의 십자가 위에서 자신의 생명을 희생하셨다. 우리의 복음서 증인들은 예수님의 죽음이

로마의 우발적인 사법상의 잘못이 아니었다고, 예수님을 냉혹하게 덮친 그리스식의 잔인한 비극적 운명이 아니었다고 분명하게 말한다. 예수님은 죽음을 자신의 소명으로 **끌어안으셨고**, 일찌감치 제자들에게 "인자가 온 것은 섬김을 받으려 함이 아니라 도리어 섬기려 하고 자기 목숨을 많은 사람의 대속물로 주려 함이니라"(막 10:45)라고 말씀하셨다. 예수님은 희생의 정점을 향해 가시면서 제자들과 우리를 매우 신중하게 준비시키셨다. 예수님은 자신이 고난을 받고 버림받은 후에 죽임을 당할 것이라고 세 번이나 말씀하셨던 것이다(막 8:31; 9:31; 10:34). 또한 예수님은 자신이 부활할 것이라고도 말씀하셨지만, 그건 좀 나중의 일이다.

예수님은 세 번이나 자신이 하고 있는 일을 그들에게 명백하게 말씀해 주셨다. 또한 마지막 순간에 예수님은 하나님 아버지께 이 세상을 구원할 다른 방법, 희생적이지 않은 방법을 마련해 달라고 세 번 기도하셨다. 그러나 다른 방법은 없었다. "**이것이** 바른 길이니…이리로 가라"(사 30:21). 그리고 겟세마네에서 기도를 드린 그날 밤을 지내면서 자신이 제자들에게 다른 방법은 없다고 이미 분명하게 말한 것만큼이나 그 사실이 자신에게 분명하게 다가왔을 때, 예수님은 "우리를 위해서 그리고 우리의 구원을 위해서" 자신을 희생 제물로 내어 주는 데 동의하셨다. 예수님은 이 세상의 잘못을 바로잡을 희생 제물로 자신을 드리신 것이다.

예수님을 선포하고 해설한 결정적인 인물인 바울도 다른 방법은 알지 못했다. 그는 그리스도의 십자가를 자기 인생과 사역의 주제로 삼았다. "내가 너희 중에서 예수 그리스도와 그의 십자가에 못박히신 것 외에는 아무것도 알지 아니하기로 작정하였음이라"(고전

2:2). 그는 빌립보 교인들에게 편지를 쓸 때 자기 인생을 돌아보면서 자신이 "그[그리스도의] 고난에 참여함을 알고자 하여 그의 죽으심을 본받는"(빌 3:10) 그 행로에 계속 남아 있는 데 만족했다. 예수님이 제자들에게 응하라고 초대하신 소명이 바로 **이것**이다. "누구든지 나를 따라오려거든 자기를 부인하고 자기 십자가를 지고 나를 따를 것이니라"(막 8:34).

거룩한 성경과 우리의 귀중한 신학 서적들의 지면에서, 우리의 일상적인 기독교적 삶의 전제와 실천으로 삼기가 이만큼 힘든 기독교 복음의 요소는 없다고 생각한다. 예수님이 하신 말씀, 바울이 쓴 편지, 칼뱅이 설교한 내용과 의견을 달리할 사람은 거의 없겠지만, 그렇지만 실제로 동의를 해야 하는 시점에 오면 우리는 종종 다른 길을 찾는다. 우리는 예수님과 함께 이렇게 아침 기도를 시작한다. "아빠 아버지여 아버지께서는 모든 것이 가능하오니 이 잔을 내게서 옮기시옵소서. 그러나…"(막 14:36). 그런데 우리의 "그러나…"는 말꼬리가 흐려진다. 예수님의 기도("나의 원대로 마옵시고 아버지의 원대로 하옵소서")를 다 끝내는 대신에 우리는 다른 가능성들을 생각해 보기 시작한다. 아버지께는 모든 일이 가능하다면, 이 세상의 잘못을 고치는 다른 방법이 있을 수도 있다. 희생적인 삶을 통해서 말고도, 내 힘으로 도와서 세상을 개선시킬 수 있는 방법 말이다. 오늘날 우리가 흔히 쓰는 말을 사용해서 우리는 이렇게 기도한다. "희생은 나의 은사가 아닙니다. 나는 내 힘으로, 나의 타고난 재능으로 하나님을 섬기고 싶습니다." 그런데 이상한 것은 희생이 결코 그 어떤 MBTI 성격 유형에도 등장하지 않는다는 것이다.

일을 처리하고(실용주의) 자기 자신을 돌보는(개인주의) 문화 속에서 훈련을 받은 우리와 같은 이들에게 희생은 조금도 당연하게 보이지 않는다. 그리고 매력적으로 보이지도 않는다. 희생적인 삶에는, 이 잘못된 세상을 바꾸어 보려는, 우리 이웃과 우리 자신을 위해서 더 나은 사회를 만들어 보려는 우리의 선한 열망에 호소할 만한 요소가 하나도 없다.

그러나 자기 선동과 자립의 방식으로 하는 구원이 우리 사이에서 무척 인기가 있는지는 몰라도, 실은 우리를 더 깊은 심연에 빠지게 만들 뿐이다. 희생 외에 다른 길은 없다. 인습에 얽매이지 않고 매우 열정적이었던 애니 딜라드는 무뚝뚝하게 판결을 내린다. "희생이 없는 삶은 혐오스러운 것이다."[52]

구원의 수단으로서 예수님의 희생에 동참하지 않는 것은 파멸로 가는 것이다. 구원의 사역에서 그 수단을 선한 의도로 대체시킨 우리의 실패는 뻔하다. 예수님의 사역에 동참하는 복음의 방법은 단 하나밖에 없다. 예수님의 이름으로 희생의 삶을 살라.

그런데 '희생'과 같은 단어의 문제는, 그것이 거창하게 들리기 때문에 쉽게 보편적인 것으로 희미해져 버린다는 것이다. 이 위대한 단어는 전화 통화, 임원 회의, 업무 분담 그리고 정치적 긴급함의 어수선함 속에서 빠르게 질식당한다. 그러나 거창하게 들리지 않게 하면서 거기에 초점을 맞출 수 있는 방법이 **있다**. 겸손하고 평범한 방법으로서, 바로 성찬의 손대접이다.

손대접은 희생을 지역적이고 직접적인 것으로 유지해 주는 일상적 실천이다. 가족과 손님을 위해서 식사를 준비하고 대접하는 것은 다른 사람을 위해서 나 자신을 포기하는 것이다. 식탁에 있는 모든 음식은 다른 사람들(그 중에는 우리도 포함되어 있다)이 살 수 있도록 생명이 담기고 바쳐진다. "희생과 식사는 늘 연결되어 있다"고 한스 우르스 발타자르는 말했다.[53] 식사는 희생적 삶에서 자신이 주는 쪽과 받는 쪽 모두에 있을 수 있는 기회, 그것이 구체적으로 어떻게 작용하는지를 볼 기회, 그 감정과 효과를 관찰할 기회, 그 어려움을 알게 될 기회를 날마다 제공한다. 이 세상의 구원에 대해서 이야기하려는 마당에 밥 한 그릇은 너무 하찮은 발판처럼 보인다. 하지만 예수님께는 그것이 하찮지 않았다. 예수님의 겸손을 우리의 거창함으로 대체하겠는가? 식사를 준비하고 요리하고, 대접하고 먹는 것은 구원 사역에 동참하기 위한 일상적 구조를 만들어 주는, 예수님이 인가하신 활동이다.[54]

그렇다면 우리는 어떻게 해야 하는가? 우리는 성경을 대할 때만큼이나 진지하게 복음의 진지함을 가지고 식사를 해야 한다. 구원의 사역에서 지성소가 필수적인 것만큼이나 부엌을 중요하게 여겨야 한다. 식사는 오늘날의 세계에서 미친 듯이 날뛰는 무정한 손대접의 해체에 맞서는 최전방의 전략이다. 식사는 이 세상의 구원을 위해서 바쳐진 그리스도의 희생에 우리가 동참하는 성찬의 식사에 관한 모든 것을 우리 일상에서 재현하는 초점 연습이다.

일상적인 식사는 음식을 필요로 하는 우리의 육체적인 요구와, 대화와 친밀감을 필요로 하는 우리의 사회적인 요구와, 전통을 이어가고 가치를 전수하기 원하는 우리의 문화적 요구를 돌보는 최우선의 방법이다. 그러나 이것을 기억해야 한다. 그것은 또한 우리가 예수님의 희생적 삶, 성찬으로 규정되는 삶에 부합하도록 희생적 삶을 계발하는 최우선의 방법이기도 하다. 식사는 삶이 한 곳에 모이게 하는 독특한 방법이다. 저녁 식탁 위에 차려진 모든 음식은, 심고 가꾸고 수확하는 일에 기술과 노력을 들여 사람들이 심고 가꾸고 수확한 것이다. 우리가 농부나 정원사가 아닌 이상, 우리 식탁 위에 놓인, 전부가 아니라도 대부분의 음식은 다른 사람들의 노동(그리고 때로는 애정)의 산물이다. 흙과 날씨라고 하는 복잡한 세상은 식탁 위에서 대접되는 감자, 샐러리 그리고 양고기 밑에 숨겨져 있는 거대한 빙산이다. 대접되는 모든 음식은 수확되고, 운반되고, 배달되어야 했다. 요리하는 사람이 그것을 자르고 다지고, 갈고 빻고, 굽고 삶고, 양념하고 장식했다. 식사가 대접되고 그것을 먹을 때 이는 친교의 행위로 발전한다. 대화, 감정, 감각적 즐거움, 기도 그리고 수고의 인정이, 물질적으로는 화학 물질과 칼로리에 불과한 것들 속으로 작용해 들어간다. 그 다음에는 치우고 설거지를 하고, 남은 음식을 보관하고, 이미 진행이 되고 있는 다음 식사를 위한 준비와 기대가 있다. 우리가 대접하거나 대접을 받는 가장 간단한 식사에도 그 뒤에, 그 밑에 그리고 그 주변에는 엄청나게 복잡한 그물망과 같은 일들이 있다. 식사의 준비, 대접 그리고 그것을 먹는 것은 아마도 우리 인간이 지닌 것 중에서 가장 복잡한 문화적 과정일 것이다. 그것은 우리 모두의, 남자와 여자, 아이들 그리고 예수님의 일상적 삶에 의미를 주는 문화를 형성하기 위해서 결합된 복잡한 실재의 소우주다. 그러나 그것은 박물관과 관련된 의미에서의 문화가 아니다. 그것은 매우 직접적이고, 인격적이고, 관계적이다. 창조 세계의 물질과 관계적이고, 우리와 함께 사는 사람들과 관계적이다. 그것은 너무나 총괄적이기 때문에(누구나 그리고 모두가 식사에 포함될 수 있다), 너무나 편만하기 때문에(우리 모두가 먹어야 산다), 너무나 포괄적이기 때문에(육체적이든 문화적이든 우리 존재의 모든 범주를 끌어들인다) 그리고 끈질기게 사회적이기 때문에(우리가 이름을 알건 모르건 셀 수 없이 많은 사람들에게 의존할 수밖에 없다), 식사는 우리가 인간으로서 하는 사실상 모든 일에 대한 은유를 끝도 없이 제공한다. 이 은유들은 거의 언제나 매우 인격적이고 공동체적인 무엇을 암시한다. 주는 것과 받는 것("의에 주리고 목마른 자는 복이 있나니 저가 배부를 것임이요"), 아는 것과 알려지는 것("여호와의 선하심을 맛보아 알지어다"), 용납하고 용납받는 것, 풍성함과 관대함("젖과 꿀이 흐르는 땅"). 식사는 필수와 기쁨과 교제에 대한 끝도 없는 변주를 만들어 낼 수 있다.[55]

예수님이 최후의 만찬 때 행하신 네 가지 동사는 우리가 식탁에 앉을 때마다 계속해서 구원을 행동으로 옮긴다. 성찬의 첫 번째와 마지막 동사인 '취하다'와 '주다'는 관대한 교환의 용어다. 부엌 식탁, 소풍 식탁, 연회 식탁 등 모든 식탁은 주고받는 장소다. 여기에서는 그 누구도 아무것도 소유하지 못한다. 식탁에 앉은 모든 사람은 공통된 필요를 공유하고 있다. 모든 것이 은혜다. 우리는 모든 식사가 본질적으로 안고 있는, 겹겹이 넘치는 관대함을 깨닫게 된다. 이러한 관대함에 날마다 잠기는 것, 손대접과 구원의 핵심에 있는 취하고 주는 것은, 그리스도께서 구원의 일을 하시는 이 세상과 날마다 접촉하게 해준다.

성찬의 중간 단어들인 '축복하다'와 '떼다'는 희생의 단어다. 주의 식탁에 있을 때 우리는 희생의 자리, 예수님의 희생의 자리에 있는 것이다. 우리 삶이 희생적으로 형성되게 하기 위해서 우리는 하나님의 임재 앞에서 의도적으로 순종적이고 기대하는 태도를 취한다. 축복 속에 아버지께 바쳐진 예수님의 생명은 이 세상의 죄를 가져가기 위해 희생되었다. 그리고 이 세상의 구원을 위해 역사 속에 들어오셨다. 희생의 삶은 일상의 식사 속에 깊이 뿌리내리고 있다. 축복하고 떼는 것은 우리 삶의 평범한 일들에까지 파고 들어온다. 식사 속에서 우리는 다른 생명이 살 수 있도록 하나의 생명이 드려지는 희생적 삶의 요소들에 동참하고 그것을 실천한다. 그 드려지는 생명은 당근이나 오이의 생명일 수도 있고, 물고기나 오리의 생명일 수도 있고, 양이나 어린 암소의 생명일 수도 있다. 그러나 그것은 관대함과 섬김 속에서 다른 사람들에게 내어 주는 우리의 생명이기도 하다. 식사를 하는 것은 우리를 축복과 뗌의 복합적이고 희생적인 세계로 이끈다. 생명은 생명을 먹고 산다. 우리는 자족적인 존재가 아니다. 우리는 우리에게 그리고 우리를 위해 내어진 바 된 생명과 생명들에 의해 산다.

주님의 식탁에서 일어나는 인생의 모든 일은, 우리가 하고자 한다면, 부엌 식탁으로 돌아갈 때 우리 삶을 지도하고 만들어 갈 수 있다. 십자가에 달리신 예수님 안에서 그리고 성찬에서 우리에게 주어진 최고의 것은, 우리가 다른 사람들과 함께 그리고 다른 사람들을 위해서 사는 삶의 방식 속에서 효과를 발휘한다. 그리고 우리가 다른 사람들과 함께 그리고 다른 사람들을 위해서 사는 삶의 방식은 "소금 좀 건네 주세요"와 같은 말만큼이나 일상적인 언어, 혹은 예수님의 잊지 못할 구원의 대화 중 하나인 "물을 좀 달라"(요 4:7)

라는 말만큼이나 일상적인 언어 속에서 표현된다.

※

거룩한 성찬에서 우리는 격렬할 정도로 자비로운 구원의 세상, 은혜가 넘치는 세상 속에 자리를 차지하게 된다. 우리는 "주의 죽으심을 그가 오실 때까지"(고전 11:26) 기억하고 전하는 떡과 포도주에서 예수님의 희생적 삶을 받음으로써 구원에 동참하게 된다. 이제 우리는 그 식탁을 떠난다. 기억하고 전하는 일에서 우리가 매일 맡아서 하는 몫은 어디에서부터 시작하는가? 우리는 우리가 가장 자주 접하는 사람들과 함께, 우리의 순종을 규정해 주는 책임에 둘러싸인 채, 우리의 관계가 가장 조밀하게 짜인 가정으로 간다. 우리는 콘플레이크와 토스트를 먹는 아침 식사에, 밥과 김치찌개를 먹는 점심 식사에, 참치 요리를 먹는 저녁 식사에 가족과 친구들, 이웃과 나그네들과 함께 식사를 준비하고, 대접하고, 그것을 먹는 일에 동참한다. 아침, 점심 그리고 저녁, 이 모든 식사는, 메뉴가 무엇이건, 우리가 어디에서 누구와 함께 먹건, 죄인과 함께 식사를 하셨고 우리를 위해 자기 자신을 내어 주신 예수님과 한 자리에 앉게 한다.

우리는 성찬의 식탁에서 구원을 기억하고 전하는 일을 시작한다. 그리고 우리가 식사하기 위해 앉을 때마다 그 일을 계속한다. 그리스도인에게 매끼니의 식사는 성찬의 식사에서 파생되어 그것을 우리가 날마다 먹고 마시는 식탁에까지 확장시킨다. 그 식탁은 십자가에서 죽으시고 부활하신 그리스도께서 주인으로 와서 앉아 계시는 식탁이다.

성찬에 의해 형성된 삶의 모든 요소는, 우리가 식사를 하기 위해 앉아서 예수님을 식탁의 주인으로 모실 때마다 그 자리에 나타난다. 그것은 사실 놀라운 일이다. 식사라는 우리 삶에서 가장 평범한 행위가, 구원이라는, 거래 중에서도 가장 심오한 거래를 반영하고 지속한다니 말이다. 우리가 전례의 형식 속에서 목격하고 참여하는 자연적인 것과 초자연적인 것의 융합은 우리의 부엌 식탁에서 계속되거나 계속될 수 있다.

3
공동체 안에서 놀이하시는 그리스도

"나는 세상에 더 있지 아니하오나 그들은 세상에 있사옵고 나는 아버지께로 가옵나니 거룩하신 아버지여 내게 주신 아버지의 이름으로 그들을 보전하사 우리와 같이 그들도 하나가 되게 하옵소서.…곧 내가 그들 안에 있고 아버지께서 내 안에 계시어 그들로 온전함을 이루어 하나가 되게 하려 함은 아버지께서 나를 보내신 것과 또 나를 사랑하심 같이 그들도 사랑하신 것을 세상으로 알게 하려 함이로소이다."

요한복음 17:11, 23

우리는 모두 서로의 지체들이며, 우리 중 하나는 예수 그리스도시다….

오스틴 파러(Austin Farrer)[1]

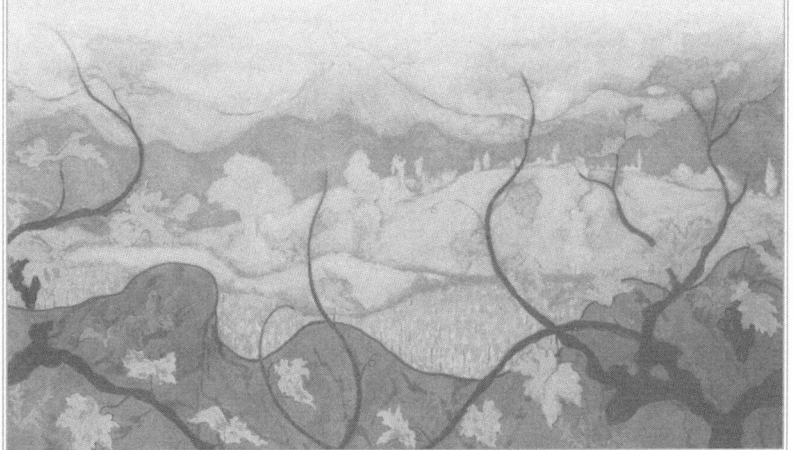

찬찬히 주위를 둘러보면 우리는 믿기지 않을 만큼 아름다운 곳에 우리가 있음을 알아차린다. 너무나 다채롭고 절묘한 이 곳. 아름다움에 숨이 멎고, 경이로움에 심장이 멎는다. 우리는 눈을 들어 언덕을 본다. 그리고 하나님을 본다. 우리 입술에선 찬양과 감사가 샘솟아 나온다―감사합니다! 우리는 창조 세계 안에서 기뻐 뛰논다.

그러나 이 아름다운 곳은 또한 위험한 곳이기도 하다. 총을 갖고 다니는 정신 나간 사람들이 있는가 하면, 태풍이 있으며, 술 취한 운전자들이 있다. 번개가 제멋대로 내리치는가 하면, 모기들이 우리의 소풍을 망쳐 놓기도 한다. 우리는 안전벨트를 매고, 아이들에겐 낯선 사람과는 이야기하지 말라고 가르치며, 방충제를 뿌린다. 우리는 자주 소리친다―도와주세요! 우리는 역사라는 진창에 빠진 존재들이다.

그런데 이 아름답고도 위험한 장소는 또한, 신비스럽게도, 그리고 필연적으로 **나의** 장소, **우리의** 장소이기도 하다. 우리는 이 곳에 여행 온 사람들이 아니다. 우리는 이 곳의 절벽이나 초원, 기묘한 오두막집이나 주민들의 신기한 모습을 사진에 담으러 돌아다니는 구경꾼들이 아니다. 우리는 우리가 경탄하는 절경들에 대해, 우리가 두려워하는 위험들에 대해 친구들에게 재미있게 편지를 쓸 만한 여유가 없다. 우리는 이 곳의 일부이기 때문이다. 여기서 우리는 단순히 보고 경탄하거나, 보고 두려워하고 있는 것이 아니다. 우리는 **응답하며** 살고 있다. 또한 우리는 그렇게 응답하기를 **원하고**, 참여하기를 **원하고** 있다. 마치 아이들처럼 말이다. 몇 년 동안 우리는 부모님이 우리를 위해 음식을 만들어 주시고 우리를 먹여 주시는 것에 만족했었다. 하지만, 서너 살 정도가 되면 우리는 이렇게 말하기 시작한다. "내가 할거야"라든지, "내가 할 것 없어?"라고. 뭘 하든 다 엉망으로 만들어 버릴 수밖에 없는 나이인데도 우리는 이런 말을 하기 시작한다. 그런데 중요한 것은 이것이다. 우리는 지금 우리 앞에 일어나고 있는 일에 참여하고 싶어한다는 사실이다. 이는 결단이라고 할 만한 것이 못 된다. 이는 가히 필연적인 것이기 때문이다. 저기 바깥의 모든 것은 언제나 여기 내 안에 있는, 당신 안에 있는, 우리 안에 있는 무언가를 건드린다. '레스폰데오 에트시 뮤타보르'(*Respondeo etsi mutabor*)— "나는 반응하리라. 그로 인해 내가 변할지라도."[2] 참여는 이미 우리 유전자에 새겨져 있다. 우리는 어떻게든 현재 일어나고 있는 일에 동참하고 싶어한다. 이는 우리 삶의 바뀔 수 없는 특질들 중의 하나다. 우리는 그저 구경꾼이 되는 것에 만족하지 못한다. 우리는 돕고자 하며, 이 창조 세계에, 이 역사에 참여하고 싶어한다. 우리는, 우리가 이미 어떤 식으로든 이 모두의 일부라는 것을 알며, 그래서 거기에 참여하고 싶어한다. 물론, 수동성과 나태의 증거도 우리 안에서, 또 우리 주위에서 무수히 발견된다. 그러나 이런 것은 결코 미덕으로 여겨지거나 칭찬받지 못한다. 우리는 수동이란 어떤 결여, 부족, 정신적 빈혈, 인간답지 못함의 증상이라고 직관적으로 느낀다. 그래서 스스로를 일깨울 수 없을 때는 인위적인 자극을 통해서라도 어떻게든 우리 삶에 반응성을 주입하려고 한다. 다른 사람들이 벌이는 게임을 보는 구경꾼의 반응 같은 차원이더라도 말이다.

그리스도께서는 더불어 사는 사람들의 공동체 안에서 놀이하시고, 우리는 그 놀이에 동참하고 싶어한다. 우리는 그리스도께서 창조와 역사 안에서 일하시는 것을 보며, 거기에 우리 가족, 친구, 이웃들과 함께 직접 동참하고 싶어한다. 그러나 곧 어려움이 닥친다. 예수님을 따라가다 보면 우리는 우리처럼 이 일에 동참하고 싶어하는 다른 남녀들이 있으며 우리는 그 회합의 구성원임을 알게 된다. 그런데 그 동료 자원자들과 일꾼들 중에는 우리가 그다지 좋아하지 않는 부류가 많다는 것을 곧 알게 된다. 심지어 우리가 지독히 싫어하는 부류도 있다. 이는 성인(聖人)과 죄인이 한데 뒤섞여 있는 회합인 것이다. 성인들이 죄인들보다 같이 지내기에 더 어려운 경우도 있다. 예수님은 요리를 돕겠다며 부엌에 들어오려는 아이들을 선별해 내는 일에 유능하신 것 같지 않다.

나는 성년 시기 대부분을 그런 공동체를 영적으로 돌보는 책임자로 일해 왔고, 그래서 이런 문제에 대해 숙고할 수 있는 기회가 많았다. 처음 목사가 되었을 때만 해도 나는 공동체 일반, 특히 거룩한 공동체가 가진 복잡성에 대해 그다지 많이 생각해 본 적이 없었다.

나는 창조 세계의 화려한 영광들과 역사 속의 극적인 구원 활동들에 심취되어 있었다. 나는 이 도시에서 저 도시로, 이 학교에서 저 학교로 옮겨 다녔다. 그 때마다 내게는 늘 함께 공부하고, 함께 일하고, 함께 노는 사람들의 회합이 있었다. 하지만 그런 회합들은 다 일시적인 것이었다. 그런데 목사로서 내가 속하게 된 회합은 더 이상 일시적인 것이 아니었다. 그들은 하나님의 백성이라는 믿을 수 없는 이름을 가진 회중이었다. 좋든 싫든 나는 바로 **이 사람들**과 함께 살아야 했다. 어떤 때는 내가 내 회중 바깥 사람들, 예수님을 따르지 않는 사람들을 더 좋아하고 있는 것을 발견하기도 했다. 심지어는, 자신만의 왕국에서 혼자 지내기를 더 좋아하는 내 모습을 발견하기도 했다. 그러나 곧 나는 성경도 예수님도 결코 나의 이런 선호를 긍정하시지 않는다는 것을 깨달았다.

결국 내가 도달한 확신은 이것이다. 결코 쉽지 않게 얻은 확신이며 또한 도저히 피할 수 없었던 확신이다. 즉, 우리는 공동체에 자신을 담고 공동체를 끌어안지 않고서는 영적인 삶에서 어떠한 성숙도, 예수님 따르는 일에서 어떠한 순종도, 기독교적 삶에서 어떠한 온전성도 이룰 수 없다는 것이다. 나는 나 자신만으로는 결코 나 자신이 될 수 없다. 그리스도께서 놀이하시는 무대는, 우리 문화가 우쭐대며 자랑하는 개인주의가 아니라, 바로 공동체다.[4]

공동체의 동네 탐험하기

청소년 시절 내 머릿속을 광채와 빛깔과 영광으로 채워 준 장면 중 하나는 프랑스 혁명이었다. 사실 나는 프랑스 혁명에 대해 아는 것이 거의 없었다. 몇몇 막연한 인상들, 사건들, 이름들이 머릿속에 어지럽게 뒤섞여서는 순수 로망스, 흥분, 의의 승리로 짜여진 한 드라마를 만들어 내고 있었다. 만일 그 당시에 내가 현재 사용하는 어휘들을 사용했더라면, 아마도 나는 그 모두를 총정리하는 말로서 '거룩'(holy)이라는 단어를 사용했을 것이다. 즉, 영적으로 강렬하고 엄청나고 영광스러운 무엇 말이다.

당시 내가 품었던 상상은 지고한 이상에 헌신한 남녀들이 자유, 평등, 박애를 노래하며, 부패하고 죄악된 이 세상 속을 행진하며, 세상을 그들의 의로운 이상과 행동으로 정화시키는 모습이었다. 마라(Marat), 로베스피에르(Robespierre), 당통(Danton) 같은 의로운 이름들이 내 귓전을 울려 댔다. 악독한 바스티유 지하 감옥의 짙은 어둠에 대항해 순전한 자유의 불이 타올랐다. 영웅성과 흉악함이 묵시적 싸움을 벌이고 있었다. 단두대는 양떼에서 염소들을 골라내는 최후 심판의 도구였다.

이렇게 나의 상상력은, 진짜 사실들의 아무런 간섭도 받지 않은 채, 영광스런 프랑스 혁명에 대한 멋진 판타지를 지어 냈었다.

대학에 입학해 강의 목록을 살펴보면서, 나는 프랑스 혁명이라는 강의를 발견하고는 무척 기뻤다. 1학년 학생은 들을 수 없는 수업이었기에 1년을 기다려야 했지만, 갈망은 계속 자라 갔다. 2학년이 되어 내가 제일 처음 한 일은 그 수업에 등록하는 것이었다.

하지만 그것은 내가 대학에서 들은 가장 실망스러운 강의들 중 하나였다. 나는 청소년들이 어른들의 일에 대해 갖곤 하는 그런 커다란 기대감을 안고 그 수업에 들어갔지만, 내가 기대했던 일은 결코 일어나지 않았다.

   담당 교수는 가냘픈 몸매에 가늘고 성긴 회색 머리카락을 가진 나이 지긋한 여교수였다. 어두운 색깔의 볼품없는 실크 옷을 입었던 그녀는 늘 부드럽고 소심하고 단조로운 목소리로 말을 했다. 사람은 대단히 좋은 사람이었고, 전공 분야인 유럽사에서는 학문적으로 인정받는 사람이었다. 그러나 프랑스 혁명을 가르치는 사람으로서는 끔찍했다. 그녀는 프랑스에 대해서는 모르는 것이 없는 사람이었지만, 그 혁명에 대해서는 아무것도 알지 못하는 사람이었다.

   나에 대해 말하자면, 사실 나는 프랑스 혁명에 대해 실질적으로는 무지했고, 내가 안다고 생각했던 몇 가지 사실들도 거의 전부가 잘못된 것들이었다. 사실 나는 프랑스 혁명에 대한 방대한 무지를 가졌던 것일 뿐이었다. 그러나 적어도 나는 한 가지 점에 대해서는 옳은 생각을 갖고 있었다. 프랑스 혁명은 혁명이었다는 것 말이다. 혁명이란 모든 것의 안과 밖을, 위와 아래를 완전히 뒤집는 것이다. 혁명이란 서로 적대적인 의지들이 벌이는 거대한 갈등이다. 혁명은 더 자유롭고 나은 삶을 향한 갈망을 일깨우고, 또 그런 삶을 **약속**한다. 혁명이 그런 약속을 지키고 실제로 사람들을 자유롭게 해준 때도 있다. 물론 그렇지 못할 때가 더 많긴 하지만. 그러나 아무튼 혁명 후에는 어느 것도 전과 같을 수 없다.

   그러나 그녀의 수업에서는 아무도 이런 것을 배울 수 없었다. 불운한 마라, 살인자 샤를로트 코르데(Charlotte Corday), 잿빛 바스티유, 피비린내 나는 단두대, 야비하고 기회주의적인 당통, 경솔하기 그지없는 마리 앙투와네트, 황소 같은 루이 14세—그 폭력적인 격동의 시대를 풍미했던 모든 연기자들과 소품들이 다 천편일률적으로 따분하고 단조로운 목소리로 등장했다. 그녀의 강의에서 이들은 모두 다 같은 소리를 냈다. 10년 넘게 먼지가 쌓인 박제판에 깔끔하게 정리되어 붙어 있는 나비 표본들처럼 말이다.

그 후로 오랫동안 프랑스 혁명은 내게 대단히 따분한 주제가 되어 버렸다. '프랑스 혁명'이란 말만 들으면 나는 하품을 했다.

몇 년 후 나는 목사가 되었는데 회중석에서 예배 시간에 하품하는 사람들을 발견하고는 깜짝 놀랐다. 매트 에릭슨은 매주일 잠이 들었다. 그는 첫 찬송가 때까지는 그런 대로 잘 견뎠지만 10분 후에는 여지없이 잠이 들었다. 레드 벨톤은 불만이 가득한 십대였는데, 부모로부터 멀찍이 떨어진 뒤편 의자에 앉아 만화책을 봤다. 칼 스트로트하임은 성가대의 베이스였는데, 주식 시세에 대한 좋은 정보와 항간의 소문을 쪽지에 적어 루터 올슨에게 건네 주곤 했다. 내게 희망을 준 어떤 여성이 있었다. 그녀는 매주일 속기 노트를 가져와서는 내가 말하는 모든 말을 속기로 받아 적었다. 적어도 한 사람은 내게 주목하고 있었던 것이다. 그러나 알고 보니 그녀는 이혼 준비를 하고 있었고, 생계를 위해 예배 시간을 이용해 속기 기술을 연습하고 있었던 것이다.

이들은 대개 다 좋은 사람들, 근사한 사람들이었다. 그들은 기독교 신앙에 대해 환했고, 기독교 이야기들을 잘 알고 있었고, 매주일 예배 시간에 늦지 않게 나타났다. 그러나 그들은 하품을 했다. 어떻게 이런 일이 있을 수 있는가? 어떻게 "복과 영예와 영광과 권세를…"을 노래한 후 10분 만에 졸 수 있단 말인가? 어떻게 바울의 로마서가 읽히고 있는 동안에 배트맨에 관심을 둘 수 있단 말인가? 어떻게 부활하신 그리스도께서 말씀과 성례 안에 임재하시는 때에 그저 속기 연습이나 하고 있을 수 있단 말인가? 나의 회중은 단 한 가지를 제외하고는 기독교적 삶에 대한 모든 것을 아는 성인들과 죄인들이었다. 그 한 가지란 바로, 복음은 모든 것과 모든 사람을 재정의해 주고, 모든 것과 모든 사람을 거룩한 하나님과의 참여적 관계 속으로 들어가게 해주는 것이라는 점이다. 나는 18세기 프랑스에서 혁명이 했던 일을 우리 그리스도인에게 해주는 것이 바로 거룩이라는 것을 깨달았다. 새로운 삶 속으로 뛰어드는 자유로운 남녀들의 공동체를 창조해 내는 그 **에너지** 말이다. 내가 함께 일했던 그 공동체는 '기독교'라는 말은 잘 알고 있었고 또 스스로를 그리스도인이라고 불렀다. 그러나 거기에 과연 **거룩**이 있었는가? 성령은? 불타오르는 무언가가? 뜨거운 공동체적 삶이?

그 때 나는 내가 힘에 겨운 일을 맡았음을 알게 되었다. 안수를 받고 한 회중의 목사로 부름받았을 때는, 나는 성경의 진리를 가르치고 설교해서 이 사람들로 하여금 하나님과, 하나님이 어떻게 그들의 구원을 이루시는지를 알도록 하는 것이 내 임무라고 생각했었다. 나는 그들로 하여금 도덕적 결정을 내리도록 돕고, 그래서 그들이 깨끗한 양심으로 행복하게 살 수 있도록 하는 것이 내 임무라고 생각했었다. 나는 그들을 위해, 그들과 함께 기도하고, 그들을 천지를 창조하시고 예수님을 보내사 그들의 죄를 위해 죽게 하신 거룩한 하나님의 임재 앞으로 모으는 것이 내 임무라고 생각했었다. 그러나 이제 나는 정말 중요한 것은 정확한 배움 이상의 무엇임을, 도덕적 행위 이상의 무엇임을, 그들로 하여금 주일 아침에 무릎 꿇게 하는 것 이상의 무엇임을 깨달았다. 중요한 것은 **삶**이었다―**그들의 삶**, 그들의 **영혼**, 그들의 **공동체적 영혼**(souls-in-community). 바르게 생각하고 바르게 행동하며 정중하게 예배드리면서도 얼마든지 나쁜 삶을 살 수 있다. 무기력한 삶, 개인주의적 자아 안에 갇힌 삶, 지루하고 무미건조하고 시시한 삶을 말이다.

이 때부터 나는 공동체의 한 속성으로서의 '거룩'에 대해서, 제러드 맨리 홉킨스가 말한 "사물의 깊은 곳에 자리한 가장 소중한 새로움"(the dearest freshness deep down things)[4]에 대해 진지한 관심을 갖게 되었다. 나는 '거룩'이 내 일터, 내 회중, 내가 목사로서 섬기는 그 하나님의 백성 공동체에서 갖는 의미가 무엇인지에 관심을 갖게 되었다. 18세기 프랑스 정치에서 '혁명'이 가졌던 의미를 우리 회중에서 갖는 것이 바로 '거룩'임을 깨닫자, 곧 나는 내가 전에 18세기 프랑스 세계에 대해 무지했던 것처럼 지금 20세기 교회의 세계에 대해서도 무지하다는 사실을 알게 되었다. 나는 그저 낭만적 판타지로 유지되는 무지 가운데 있었던 것이다. 내가 이전에 실제 프랑스 혁명에서 일어난 일들에 대해 거의 아무것도 몰랐던 것처럼, 나는 거룩에 대해 아무런 교육을 받지 못한 상태였다. 나는 거룩의 표지들, 거룩의 증거들―거룩한 삶, 거룩한 공동체, 거룩한 영(성령)―을 찾아나서기 시작했다. 그리고 나는 성령으로 형성된 공동체의 일부가 된다는 것이 무엇인지에 대해 성경과 신학이 말하는 바에 관심을 기울이기 시작했다. 상당한 모색 끝에 내가 발견한 시작점은 바로 예수님의 부활이었다.

케리그마: 예수님의 부활

복음은, 우리의 체험을 중요시하긴 하지만, 우리의 체험에서 시작하지는 않는다. 우리가 거룩한 삶을 살기를 원한다거나, 선하고 충만하고 온전해지기를 원한다거나, 혹은 우주적 구원 계획에 포함되기를 원한다고 해서 우리의 거룩한 삶이 시작되는 것은 아니다. 우리의 거룩한 삶은 예기된 것이며, 그 예기의 방식은 다름 아닌 부활, 예수님의 부활을 통해서다. 거룩한 삶, 즉 기독교가 말하는 혁명은 다름 아니라 예수님의 부활에서 시작한다.

예수님의 부활은 기독교적 삶 전체를 성령으로 일하시는 하나님의 활동 안에 확고히 자리잡게 한다. 기독교적 삶은 불가능성의 자리, 무덤에 모인 한 공동체로서 시작한다.

예수님의 탄생이 우리를 창조 세계 속으로 출발시키고, 예수님의 죽음이 우리를 역사 속으로 출발시키듯이, 예수님의 부활은 우리를 공동체, 거룩한 공동체, 부활 공동체의 삶 속으로 출발시킨다. 예수님의 부활은 성령 공동체적 삶을 향한 케리그마적 발진이다.

예수님의 부활은, 그분의 탄생 및 죽음과 더불어, 복음이라는 좋은 소식을 움직이게 만들고, 기독교적 삶을 창조해 내는 최종적 케리그마 '조각'이다. 이로써 기독교적 삶에 필요한 모든 것이 이제 우리 앞에 준비되고, **우리 안에서** 활동을 시작한다. 예수님의 부활은 우리 삶의 방식을, 또 하나님이 이 경이로운 창조 세계와 혼잡한 역사 안에서 하고 계신 일에 참여하려는 우리의 욕구와 갈망을 활성화시킨다. 무릇 모든 가치 있는 삶은 성령을 통해 예수님 안에서 하나님이 하고 계신 활동의 결과다. "예수를 죽은 자 가운데서 살리신 이의 영이 너희 안에 거하시면 그리스도 예수를 죽은 자 가운데서 살리신 이가 너희 안에 거하시는 그의 영으로 말미암아 너희 죽을 몸도 살리시리라"(롬 8:11). 바울은 끊임없이 이 주제에 여러 변주를 가해 말한다. 조지 스타이너는 "부활의 풍부한 뉘앙스"[5]라는 말을 한 바 있다. 이는 우리가 거룩한 공동체 안에서 사는 **거룩한** 삶이라고 부르는 종류의 삶이다. 바로 부활의 삶이다.

지금 나는 예수님의 삶의 중대한 순간들, 우리에게, 우리를 위해, 또 지금 우리 안에서 하나님을 너무나 분명히 계시해 주는 그 순간들—탄생, 죽음, 부활—을 가리키는 말로 '케리그마적'이라는 단어를 사용하고 있다. 그것들이 케리그마적 순간인 이유는, 우리와 멀리 떨어져 일어난 무엇, 그러나 지금 우리가 살아가는 장인 실재를 현존하게 해주는 무엇에 대한 선언이요 선포이기 때문이다. 이를 통해 우리는 이 실재가 얼마나 놀랍도록 좋은 것이며, 우리가 참여할 수 있을 만큼 얼마나 우리 가까이 있는지를 깨닫게 된다. 그러면 이제 우리는 우리 자신으로 축소되지 않는다. 더 이상 자신과 주변의 모든 이를 스스로 떠맡을 필요가 없어지며, 소위 '입신양명'할 필요가 없게 된다. 또 우리는 더 이상 우리에게 오는 모든 것을 견디어 내고 어떻게든 그것을 최대한 이용해야 한다고 생각할 필요가 없게 된다. 왜냐하면 성령에 의해 일으킴 받으신 부활하신 그리스도께서 그 모든 것에 대해 무언가를 행하고 계시기 때문이다.

이 순간들 각각은 하나의 선포다. 즉, **이것은**—예수님의 이 탄생, 예수님의 이 죽음, 예수님의 이 부활은—우리가 스스로의 힘으로 할 수 없는, 떠맡아 행할 수 없는, 재생산할 수 없는 무엇이다. 이는 우리를 위해 이루어진 무엇이다. 우리 삶의 맥락과 내용으로서 아낌없이 주어진 '우리를 위하시는 하나님'(God-for-us)이라는 이 실재를 우리는 다만 듣고 믿고 그 속으로 들어갈 수 있을 뿐이다.

탄생/죽음/부활 이야기들 사이에는 대칭성도 있지만 또한 차이점도 있다. 우리는 탄생과 죽음을 경험한다. 그것들은 생물학적으로 우리에게 주어진 자연적 조건들이라고 볼 수 있다. 그러나 부활은 전적으로 초자연적인 것이다. 예수님은 스스로 일어나신 것이 아니다. 그분은 일으킴을 받으셨다. 이처럼 우리는 자신을 스스로 일으켜 세우는 것이 아니다. 우리는 일으킴을 받는 것이다.

중요한 것은, 그 안으로 들어가 우리 자신의 것으로 삼는 것이다. 중요한 것은, 부활은 과거에 일어난 일이 아니라 지금 일어나고 있는 일임을 깨닫는 것이다. 우리는 부활을 그저 기독교를 변증해 주는 일 정도로 여기고, 부활 이야기를 그저 중요한 교리 정도로 희석시켜 버릴 때가 너무 많다. 그러나 예수님(그리고 예수님의 해석자로서의 바울)에게 근본적으로 부활은 놀라운 창조 세계 안에서 사는 일, 구원 역사를 온 몸으로 껴안는 일 그리고 거룩한 공동체에 참여하는 일이다. **성령을 받으라**(요 20:22). 예수님을 죽은 자들 가운데서 일으켜 세우신 이 성령을 받으라. 그러면 당신은 기도와 순종을 통해 예수님의 부활 생명에 계속 동참할 수 있게 된다.

이는 우리에게 일어나는 일이지, 우리가 일어나게 만드는 일이 아니다. 하나님이 지금 하고 계신 일에 더 많이 참여할수록, 실은 우리가 일을 꾸려 가는 것이 아니라는 것을 우리는 점점 더 깊이 깨닫게 된다. 예수님 안에 계시된 하나님의 일에 더 많이 참여할수록,

[우리가 하는 일보다는] 우리에게 행해지는 일들, 우리를 통해 행해지는 일들이 더 많아진다. 우리가 부활을 더 많이 연습할수록 우리는 자신만의 삶 혹은 스스로 꾸려 가는 삶에서 더욱 벗어나게 되는데, 왜냐하면 부활은 성부와 성자와 성령 안에서 참으로 관계적이며 인격적인 것으로서 우리를 전례 없는 형제자매들과의 관계 속으로 던져 넣기 때문이다. 즉, 우리는 원하든 원치 않든 공동체 안에 있게 된다. 이 공동체 안에 있기로 우리가 선택하는 것이 아니다. 우리는 그저 예수님의 부활 덕분에 지금 이 공동체 안에 있는 것이다.

우리는 '부활을 통한 형성'(formation-by-resurrection)이라는 풍부한 전통에 기대어 기독교적 삶을 살아간다. 예수님의 부활은 우리가 "생명이 있는 땅에서 여호와 앞에 행"할(시 116:9) 수 있는 에너지와 조건을 제공해 준다. 예수님의 부활은 우리가 성령을 통해 그리스도 안에서 새로운 피조물로 형성되도록 하는 그 실재를 창조하고 제공해 준다. 지금 우리의 상상력은 북미의 '스스로 하기'(do-it-yourself) 문화, 자립(self-help) 문화에 너무나 깊숙이 물들어 있어서, 우리는 이 세상 그 무엇보다도 큰 실재인 부활에 그다지 꾸준한 주의를 기울이지 못하고 있다. 우리가 이렇게 부활에 별로 주의를 기울이지 않는 이유는, 부활은 우리가 이용하거나 조작하거나 통제하거나 개량할 수 있는 무엇이 아니기 때문이다. 흥미롭게도 세상은 부활절을 성탄절처럼 상업화하고 상품화하는 일에 별로 성공하지 못했다. 우리는 우리가 '쥐고 흔들 수' 없는 것, 이용할 수 없는 것에는 곧 흥미를 잃어버린다. 부활은 우리가 이용할 수 있는 무엇이 아니다. 부활은 전적으로 하나님의 운행이다.

사복음서 저자들은 모두 그들의 예수님 이야기를 그분의 부활 이야기로 종결짓고 있다. 그런데 요한은 우리가 주목할 만한 무언가를 덧붙이고 있으며, 그것은 부활 **공동체**의 중요성을 눈여겨보게 한다.

이것을 똑똑히 보여 주는 본문은 이렇다. "[예수님은] 이 말씀을 하시고 그들을 향하사 숨을 내쉬며 이르시되 성령을 받으라"(요 20:22). 부활이 있기 얼마 전, 십자가에 못박히시기 바로 전날 저녁, 예수님은 제자들과 긴 대화를 나누시며 그들을 자신의 죽음과 부활에 앞서 준비시키셨다. 그 대화 내내 그분은 거듭거듭 여러 말로, 자신은 비록 육체적으로는 떠나지만 성령 안에서 그들과 함께할 것이라고 약속해 주셨다(요 14:15-17, 25-26; 15:26; 16:7-11, 13-14).

부활하신 날, 그분은 약속을 실현시키셨다. "성령을 받으라." 그분은 자신을 또 다른 자신으로 대체하신 것이다.

부활은 성령께서 예수님 안에서 하신 일, 그분을 죽은 자들로부터 일으키시고 그분을 제자들 앞에 나타내 보이신 일이다. 그러나 부활은 또한 성령께서 예수님을 믿고 따르는 우리 모두 안에서 하시는 일이기도 하다.

사도행전 1-2장에는 성령 강림 이야기, 부활 공동체가 형성된 이야기가 나온다. 이는 성령께서 예수님을 따르는 이들에게 내려오셔서 이제 그들도 예수님의 삶을 살 수 있게 만드신 이야기다. 그러나 그 실제 성령 강림 사건이 일어나기 50일 전에 일어난 어떤 이야기가 있다. 이는 그 성령 강림 사건 배후의 이야기이며, 많은 배경적 이야기들이 그렇듯이, 헤드라인을 장식하는 그 이야기를 이해하고 거기에 참여하기 위해 우리가 반드시 먼저 알아야 하는 이야기다.

요한은 이 이야기를 전해 주는 유일한 복음서 기자다(요 13-17). 요한복음은 예수님이 제자들과 마지막 밤을 이렇게 보내셨는지를 말해 주는 이야기다. 제자들은 예수님이 그 날 밤에 체포되실 것이고 그 다음날 자신들이 보는 앞에서 끔찍하게 죽임당하실 것임을 알지 못했다. 그들은 예수님과 함께 지낸 그 멋진 시간들이, 그 다음날 정오에 치욕적이고 잔인한 십자가형으로 끝나 버릴 것임을 알지 못했다. 그들은 그 밤이 예수님과 함께 보내는 마지막 밤임을 알지 못했다. 그리고 사흘 후에 부활이 있을 것이라는 것도 물론 전혀 알지 못했다.

그러나 예수님은 알고 계셨다. 그래서 그분은 자신이 시작한 것을 그들이 계속해 나가도록 그들을 준비시키셨다. 그들은 무슨 일이 다가오고 있는지를 전혀 알지 못했다. 그런데 예수님은 아무것도 알지 못하는 이 제자들이 앞으로 그분이 지금까지 해 오신 것들을 말하고 행하게 될 것이라고 말씀하신다. "그[=내가 하는 일]보다 큰 일도 하리니"(요 14:12). 그러나 어떻게?

그들이 그런 일을 하게 되는 방식이 곧 지금 우리가 그것을 하게 되는 방식이며, 그분을 볼 수 없는 지금도 우리가 계속 예수님을 따라갈 수 있는 방식이기도 하다. 그런데 우리는 여기서 한 가지 놀라운 —아니, 어쩌면 실망스런—장면을 접하게 된다. 왜냐하면 지금 예수님은 우리의 주목을 끄는 어떤 일도 행하시지 않기 때문이다. 그분은 우리로 하여금 그분을 잘 기억하게 할 만한 어떤 눈부신 기적을 행하시지도 않고, 또 그분의 메시지를 명확히 만들어 주는 어떤 매력적인 은유도 제시하시지 않는다. 기적과 은유—이 두 가지에 그분은 대단히 능하시지만—를 사용하시지 않고 대체 그분은 무엇을 하시는가? 그렇다, 그들은 앞으로 그분이 육체적으로 함께 계시지 않을 때에도 계속 예수님의 삶을 이어가야 한다. 그러나 도대체 어떻게?

그들은 함께 저녁을 들던 중이었다. 예수님은 식탁에서 일어나시더니, 물 담은 대야와 수건을 가져와서는 제자들의 발을 한 사람 한 사람 씻겨 주시기 시작한다. 베드로는 거부한다. 그러나 예수님은 그 거부를 제압하시고 발 씻기심을 계속하신다(요 13:1-11). 그런 다음 예수님은 말씀을 시작하신다. 긴 말씀으로서, 우리가 전해 듣는 예수님의 말씀들 중 가장 긴 대화다. 제자들은 듣는다. 여덟 번에 걸쳐 제자들은(다섯 사람은 이름이 거명된다) 중간 중간 의견을 말하거나 질문을 던지는데, 예수님은 그것들을 자신의 긴 대화 속에 짤막짤막한 말들로서 짜 넣으신다(요 13:12-16:33). 끝으로, 예수님은 기도하신다. 기도를 통해 그분은 그들이 지금껏 함께 살아온 그 삶을 한데 거두어 모아, 그것을 제자들이 앞으로 살아갈 그 삶 속으로 융합시키신다. 그분의 삶과 일, 그들의 삶과 일이 하나의 동일물이 되도록 기도하신다. 그들은 동일한 삶을 살게 될 것이다. 사람들은 그 삶을 예수님이 사시는 것으로 보고 듣게 될 수도 있고, 베드로와 도마와 빌립이 사는 것으로 보고 듣게 될 수도 있다(요 17장).

바로 이것이다. 이것이 바로 예수님이 그 날 저녁을 제자들과 함께 보내신 방식이다. 현존하는 예수님으로부터 부재하는 예수님으로의 전이를 준비시키면서 말이다. 이 일을 그분은 제자들의 발을 씻기면서 시작하신다. 그들 각자 앞에 무릎을 꿇고 앉아 그들의 발에 묻은 오물로 손을 더럽히면서 말이다. 그리고 그분은 자신의 아버지이자 그들의 아버지이신 분께, 그들이 앞으로 계속해 갈 일이 자신이 지금까지 해 왔던 일과 일치하도록 해 달라고 기도하는 것으로 마무리하신다.

이것이 우리가 따를 본이다. 예수의 이름으로 무슨 일을 하든지, 우리는 먼저 우리 친구들과 이웃 앞에서 무릎을 꿇는 것으로 시작하고, "눈을 들어 하늘을 우러러" 아버지 하나님께 기도하는 것으로 마친다. 더러운 발을 씻기는 것과, 성부께 기도하는 것은 우리 삶의 처음과 마지막을 지지하는 받침대다. 예수님이 정해 주신 이 테두리를 지키지 않는 한, 우리는 예수님의 삶을 살 수 없고, 예수님의 일을 할 수 없다.

그러나 이것이 전부가 아니다. 이것 훨씬 이상의 무언가가 더 있다. 바로, 발 씻김과 기도 사이에 있는 대화다. 그 대화를 단 한 문장의 예수님 말씀으로 축약하면 이렇다. "내가 너희에게 실상을 말하노니 내가 떠나가는 것이 너희에게 유익이라. 내가 떠나가지 아니하면 보혜사가 너희에게로 오시지 아니할 것이요 가면 내가 그를 너희에게로 보내리니"(요 16:7).

우리로 하여금 예수님의 생명을 예수님의 방식으로 성령 안에서 지속적으로 살아가게끔 준비시키는 그 대화는 내용만큼이나 방식도 의미심장하다. 이는 관계적 참여를 일구어 주는 방식이다. 요한의 이야기 방식과, 앞서 복음서를 썼던 다른 세 저자들의 스타일을 한번 비교해 보라.

마태, 마가 그리고 누가는 모두 동일한 구성에 입각해 복음서 이야기를 쓴다. 그 줄거리들에서 예수님은 3년 여의 공생애 시기 대부분을 갈릴리에서 보내시고 예루살렘에서 마지막 절정 주간을 맞이하신다. 대부분의 사건들은 갈릴리의 그 3년 동안 일어나며, 저자들은 우리에게 그 기간에 예수님이 하신 일들과 하신 말씀들을 소개하고, 또 사람들이 그분에 대해 가졌던 여러 다양한 반응들에 대해 알려 준다. 즉 예수님을 따랐던 이들, 의문시했던 이들, 오해했던 이들, 그분 안에 계시된 하나님을 알아보고 믿은 이들, 그분을 미워하다가 마침내 죽인 이들 등이 있었다. 능숙한 작가로서 그들은 환영과 배반과 조롱과 거절—그리고 영광—로 이어지는 예수님의 생애 마지막 주간으로 우리를 한걸음 한걸음 인도해 간다. 돌이켜 보면, 이 세 저자들의 주된 관심사는 예수님(과 우리)을 예루살렘으로, 예수님의 진짜 행동—고난, 십자가 처형, 부활—이 일어나는 그 마지막 유월절 주간으로 인도하는 것이었음을 알게 된다. 그들은 지금 완성되고 있는 것은 다름 아닌 우리와 세상의 구원이라는 사실을 확실히 이해시킬 정도만큼의 이야깃거리를 제공해 준다.

    그러나 요한의 복음서는 다르다. 첫 줄부터 우리는 이 복음서가 전혀 다른 성격의 글이라는 것을 알 수 있다. 여기서 우리는 느긋하고 긴 대화들, 방금 전에 일어난(대개 예수님이 행하신) 어떤 일에 대해 자세히 상술하고 깊이 반추하는 그런 담화들을 만나게 된다. 우리에게 익숙한 간결하고 경구적인 언어와 달리, 여기서 예수님은 천천히, 반복적으로, 어떤 말씀을 하셨다가는 이내 접으시고, 다른 주제로 넘어갔다가는 다시 아까 그 주제를 꺼내는 식으로 말씀하신다. 마치 어떤 보석을 불빛에 가까이 대고 천천히 돌려 가며 그 굴절되는 다양한 빛깔들을 보여 주는 것처럼 말이다.

    마태, 마가, 누가는 마치 가끔씩 급류가 일어나는 빠른 물살의 강에서 카약(kayak: 에스키모인의 수렵용 작은 가죽배—역주)을 타는 사람처럼 글을 쓴다. 그들은 자신이 지금 그 강이 흘러가는 곳으로 가는 중임을 분명히 알고 있다. 반면 요한은 마치 고요한 호수에서 카누를 타고 있는 사람에 가깝다. 그는 유유자적 호수 위를 떠 다니며, 호숫가의 풍경들을 한가롭게 만끽하며 노를 젓고, 바위들의 생김새를 찬찬히 바라보며, 푸른 왜가리가 재빨리 고기를 낚아채는 모습을 관찰하며, 투명한 물에 비치는 구름의 모습을 감상한다.

요한복음의 중간 부분(12장)에서는, 행동이 속도감 있게 전개되는 듯 보인다. 마리아가 예수님께 향유를 붓자 유다는 그녀를 냉소적으로 비난한다. 종려주일, 백성들의 환호는 나사로를 죽이려던 이들의 모의를 좌절시킨다. 군중이 자극을 받아 일어나고, 하늘에서 들려오는 천둥 소리와 예수님의 기도에 응대한다. 예수님은 조용히 숨으셨다가, 그 다음 갑자기 출현하여 짤막하고 긴박한 묵시적 말씀들을 외치신다. 아드레날린이 분비되기 시작한다. 물론, 마태, 마가, 누가에 의해 앞서 교육을 잘 받은 우리는 바야흐로 무슨 일이 있을 것인지를 잘 안다. 이제 진짜 행동―체포, 재판, 십자가 처형―이 다음 장부터 전개될 것이다.

우리는 페이지를 넘긴다. 그런데 이게 어찌 된 일인가? 요한은 느닷없이 흐름을 중간에서 끊고선 우리를 예수님의 가장 긴 대화로 안내한다(요 13-17장). 내가 가진 헬라어 성경(주석이 달린)을 보면 이 대화는 장장 열일곱 페이지에 걸쳐 나온다. 지금까지 나온 가장 긴 담화들로는 생명의 떡에 대해 말씀하신 여섯 페이지 분량의 부분(6장)과 세상의 빛에 대해 말씀하신 다섯 페이지 분량의 부분이 있었다(8장).

요한은 지금 대체 무얼 하고 있는 것인가? 요한은 지금 우리를 진정시키고 있는 것이다. 요한은 지금 우리를 차분히 가라앉히고 있는 것이다. 요한은 지금 우리에게 입 다물고 가만히 귀기울여 들어 보라고 말하고 있는 것이다. 요한은 지금 우리에게 핸드폰을 끄라고, 종려나무 가지를 내려놓으라고, 그리고 우리가 이미 너무 잘 알고 있다고 생각하는 이 이야기에 유심히 귀기울이라고 말하고 있는 것이다. 요한은 지금 우리에게 예수님 곁에 함께 있으면서 영성 형성의 시간을 가지라고 초대하고 있는 것이다. 요한은 지금 우리를 부활-그리고 오순절 성령 강림-에 대해 준비시키고 있는 것이다.

이 대화의 기본적 흐름을 간파하기는 어렵지 않다. 예수님은 거듭거듭 두 가지를 말씀하신다. 먼저 그분은 친구들에게 자신이 이제 떠날 것이라고 말씀하신다. "내가…세상을 떠나 아버지께로 가노라"(요 16:28). 내가 세어 보니 예수님이 여러 말로 제자들에게 자신이 이제 그들을 떠나려 한다고 말씀하신 부분이 이 대화에서 열다섯 군데 나온다. 그분이 거듭 말씀하신 또 다른 내용은, "내가 아버지께로부터 너희에게 보낼"(요 15:26) 성령에 대한 말씀이다. 보혜사 또는 진리의 영이라고 불리는 이 성령은, 때로는 이름으로 때로는 대명사로 총 스물여섯 번 지칭된다. 열다섯 번에 걸쳐 그분은 자신이 곧 그들을 떠날 것이라고 말씀하시고, 스물여섯 번에 걸쳐 자신과 아버지 하나님이 보내실 성령에 대해 언급하고 계신다.

"나는 떠날 것이다.…나는 보낼 것이다…."

예수님은 떠나시고, 성령이 오실 것이다.

예수님은 떠나실 것이다. 그들은 그분을 다시 보지 못할 것이다. 그러나 이 떠남은 그들을 내버려두려는 것이 아니다(요 14:18). 그분은 연락이 두절되는 어떤 곳으로 가시는 것이 아니다(14:23). 그분은 모든 걸 잊고 마음이 떠나서 가 버리시는 것이 아니다.

성령이 오실 것이다. 성령이 오셔서 그들 안에 계실 것이고, 예수님이 그들 가운데서 행하신 일들을 성령이 그들 안에서 행하실 것이다. 하나님이 우리에게 임재하시는 방식으로서 성령은 그들의 삶과 일을 예수님의 삶과 일에 일치하게 만드실 것이다. 그리하여 하나님이 예수님 안에서 그들에게 임재하시는 방식으로, 이제 하나님은 그들 안에서 다른 이들에게 임재하실 것이다.

이러한 떠남과 보냄은 서로 교차하며 하나로 움직인다. 예수님이 그들을 떠나시는 그 부재는 이제 그들에게 성령이 오시는 현존이 된다. 예수님이 그들 가운데서 말씀하시고 행하신 모든 것이 이제 그들(우리!)의 말과 행동을 통해 계속 이어진다.

> 나는 너희 발을 씻겨 주었다; 너희도 서로의 발을 씻겨 주어라(13:14).
>
> 나는 너희를 사랑했다; 너희도 서로 사랑하라(13:34; 15:12).
>
> 너희는 나를 보았다; 너희는 아버지를 보게 될 것이다(14:9).
>
> 너희는 내가 일하는 것을 보았다; 너희는 나의 일을 하게 될 것이다(14:12).
>
> 나는 너희와 함께 있어 왔다; 성령이 너희와 함께 계실 것이다(14:16-17).
>
> 나는 살아 있다; 너희도 살게 될 것이다(14:19).
>
> 너희는 내 안에 있다; 나는 너희 안에 있다(14:20).
>
> 나는 너희를 가르치고 있다; 성령이 너희를 가르치고 생각나게 하실 것이다(14:25-26).

내 안에 거하라; 나는 너희 안에 거하고 있다(15:4).

나는 미움을 받았다; 너희도 미움을 받을 것이다(15:18-25).

성령이 증언할 것이다; 너희가 증언할 것이다(15:26-27).

나는 떠나간다; 성령이 오실 것이다(16:7).

나는 해야 할 말을 끝마치지 않았다; 성령이 너희에게 말씀하실 것이다(16:12-15).

17장의 기도를 보면, 예수님의 현존 안에서 제자들이 지금껏 가져 온 경험과, 성령의 오심 안에서 앞으로 갖게 될 경험 사이의 이러한 일치가 더욱 분명해진다.

나는 이제 더 이상 세상에 있지 않습니다; 그들은 세상 안에 있을 것입니다(17:11).

아버지, 우리는 하나입니다; 그들도 하나가 되게 하옵소서(17:11, 22, 23).

나는 세상에 속해 있지 않습니다; 그들도 세상에 속해 있지 않습니다(17:16).

당신은 나를 세상에 보내셨습니다; 나도 이제 그들을 세상에 보냅니다(17:18).

내가 나를 거룩하게 합니다; 그들도 진리 안에서 거룩하게 되었습니다(17:19).

당신은 내 안에 계시고 나는 당신 안에 있습니다; 그들도 우리 안에 있게 하옵소서(17:21).

당신은 나를 사랑하십니다; 당신은 그들을 사랑하십니다(17:23, 26).

이는 두서 없고 비체계적인 대화다. 교수법으로 보자면 그다지 좋은 점수를 받을 수 없는 가르침이다. 그러나 예수님은 지금 무언가를 딱 부러지게 설명하려 하시거나, 모호한 것을 명쾌하게 정리해 주시려는 것이 아니다. 그분은 지금 무언가를 생생하게 고동치는 것으로 만들고 계신다. 개요도, 논리적 전개도 없다. 개념 정의도 부족하다. 대신 이 대화가 하는 일은 우리를 누군가의 현존 속에, 우리를 성령에 대해 준비시키는 예수님의 현존 속에 푹 담그는 것이다. 우리는 곧 그분이 하시는 말씀보다는 그분의 존재 자체에 더 귀 기울이게 된다. 우리는 관계적인 경청이라는 이 이음매 없는 망 속으로 이끌려 들어가게 된다. 예수님은 떠나고 보내시며, 우리는 부재하시는 예수님과 현존하시는 성령 사이의 그 상호 침투적인 깊은 연속성을 자신의 내면에서 느끼게 된다.

그리고 이 대화에서 우리가 주목할 점이 또 있다. 여기에는 명령법이 거의 사용되지 않는다. 예수님은 우리에게 영성 형성의 방법, 즉 '어떻게 해야 하는지'(how to do it)를 말씀하시지 않는다. 대신, 그분은 영성 형성이 어떻게 이루어지는지(how it is done)를 말씀하신다. 영성 형성이란 근본적으로 성령께서 하시는 일로서, 우리 안에 그리스도의 부활 생명을 형성시키는 일이기 때문이다. 우리가 우주를 창조할 수 없듯이(이는 창조 때 성령께서 하신 일이기에), 또 우리가 구원을 위해 예수님을 준비시킬 수 없듯이(이는 예수님의 세례 시 성령께서 하신 일이다) 영성 형성에서도 우리가 할 수 있는 일은 그다지 많지 않다. 그러나 성령께서 하실 수 있는 일은 엄청나게 많다―무엇보다, 부활 공동체는 성령의 작품이다. 우리가 할 수 있는 일, 해야 할 일은 응하는 것이다. 우리 곁에서 마음을 든든하게 해주던 동무가 떠나가는 것을 받아들이라. 그리고 아버지께서 예수님의 이름으로 보내시는 것을 받아들이라. 받아들이며, 순종하라. "주의 여종이오니 말씀대로 내게 이루어지이다"(눅 1:38)라고 기도하라.

  ❧

  수년 전 어느 날 아들이 우리 부부에게 전화를 걸었다. "린이 임신했어요. 아기를 가졌어요." 그들의 첫 번째 아이였다. 그러나 더 중요하게는, 우리의 첫 번째 손자였다. 며칠 후, 우리는 아들 내외가 공부하고 있는, 두 시간 거리의 프린스턴 신학교로 차를 몰고 가고 있었다. 잰은 기대감과 흥분에 들떠 있었다. 그런데 나는 별 느낌이 없었다. 우리도 아이들을 셋이나 가져 봤고, 그래서인지 이 일이 특별하게 와 닿지 않았다. 게다가, 그 아기를 볼 수 있으려면 아직 6개월이나 남아 있었다. 아들의 집에 가까워질수록, 잰의 기대감은 더욱더 고양되었으나, 웬일인지 나는 이 임신에 별다른 감흥이 없었다. 나는 그저 무덤덤했다.

  다음날 운전해 집으로 돌아올 때 나는 잰에게, 넘치는 흥분감이 내겐 없는 것을 두고 불평했다.

  "나한테 무슨 문제가 있는 걸까? 왜 난 아무 감정이 없지?"

  잰이 대답했다. "그건 당신이 임신해 본 적이 없기 때문이에요."

  "맞아, 그런 것 같아. 그렇담 내가 뭘 하면 될까?"

  그녀는 내게 요람을 만들어 보라고 말했다.

  집에 도착하자 나는 공공 도서관에 가서 요람 사진책을 찾았다. 나는 윗덮개가 있는, 초기 미국식 요람을 만들기로 결정했고, 도안을 스케치한 후, 전문 목공소로 가서 목재들을 잘 살핀 다음, 온두라스 마호가니 얼마를 골라 왔다. 그 날 이후로 오후가 되면 대개 나는 교회 일을 한 시간 가량 일찍 마치고 집으로 돌아와 작업실에서 요람을 만들었다. 나는 동유(桐油)를 발라 마감을 하기로 했다. 나는 요람의 구석구석을 가장 고운 사포로 거듭거듭 문질렀다. 그런 다음 수세미로 거듭거듭 문질러 다듬었다. 동유를 바를 때마다 요람의 색깔은 깊이를 더해 갔다. 여러 번 바르니 나무의 안쪽에서부터 빛이 나오는 듯했다. 나는 요람의 부분 부분들을 일일이 모양을 내고, 붙들고서는 거듭거듭 문지르고 또 문질렀다—그 요람에 눕게 될 아기의 모습을 거듭거듭 떠올리고 기대하면서. 잰의 처방은 과연 유효했다. 나는 임신하게 된 것이다. 요람을 만드는 그 기간 동안, 손과 손가락으로 나무를 다듬고, 기름을 바르고 또 발라 마치 마호가니가 안쪽에서 불이 붙은 듯 보이게 만들면서, 나는 포대기에 둘둘 감겨 그 요람에 누워 자라 갈 아기의 모습을 상상하며, 점점 불러 오는 린의 배에 들어 있는 그 생명에 대한 감사와 기대감 가운데 기도했다. 요람이 준비될 무렵, 나도 준비가 되었다. 새로운 생명의 선물을 받을 준비가 되었다.

이 대화를 이런 요람 만드는 일로 생각해 보라. 그 이미지, 그 반복에 대해 생각해 보라. 그 이미지: 무릎을 꿇는다는 신체적 행위와, 더러운 발, 대야와 수건이라는 물질적인 것들에 바탕을 두는, 우리 안에서 지속되는 그리스도의 삶(요 13장), 우리를 위한 예수님의 기도를 우리 안에서 분명 지금도 신실하게 응답해 주시는 성부를 향한 기도 속에 나타난, 우리 안에서 지속되는 예수님의 삶(요 17장). 그리고 그 반복: 우리의 기도하는 상상력에 거듭거듭 깊숙이 들어오는 예수님의 말씀—"나는 떠날 것이다.…나는 보낼 것이다"—그

허전함, 그 충만함. 보이게 떠나시는 예수님, 보이지 않게 오시는 성령. 부활.

북미에 사는 사람들은 대개 이런 종류의 일에 대해 참을성이 부족하다. 우리는 무언가 중요한 일, 특히 오순절 성령 강림 같은 극적인 무언가를 앞두고 있으면, 분명한 목표를 설정하고 구체적 전략을 세우기를 좋아한다. 그러나 이는 요한의 방식이 아니다. 그는 우리에게 다만 예수님의 이야기를 들려준다. 그는 우리를 예수님과 사귀게 만들고 그 사귐을 통해 우리가 예수님의 방식으로 형성되도록 만든다. 그는 예수님이 우리를 위해 아버지께 "우리가 하나가 된 것 같이 그들도 하나가 되게…내가 그들 안에 있고 아버지께서 내 안에 계시어 그들로 온전함을 이루어 하나가 되게"(요 17:22-23) 해 달라고 기도하시는 그 방, 즉 부활 공동체로 우리를 데려간다. 왜냐하면 부활은 친구들과의 사귐 가운데 일어나는 일이기 때문이다. 부활은 어떤 사적 체험이 아니다. 부활은 우리를 자족적이거나 자율적인 존재로 만들지 않는다.

위협: 분파주의

예수님이 "성령을 받으라"(요 20:22)고 하신 말씀은 공동체로 모인 사람들을 향한 것이었다. 성령 강림에 대한 누가의 묘사에서도, 성령은 예수님을 따르던 (최소) 120여 명의 사람들이 "다 같이 한 곳에 모여"(행 2:1) 기도하며 기다리던 공동체 위에 임했다.

우리는 공동체다. 우리는 각자 혼자서는 자신일 수 없다. 우리는 공동체에 태어나며, 공동체에서 살아가며, 공동체에서 죽는다. 인간은 홀로 사는 자족적인 존재가 아니다. 우리가 공동체적 삶의 필연성과 본질을 깨닫게 될 때, 또한 그 어려움과 복잡성도 알게 된다. 예수님을 따르는 그리스도인들로서 우리는 늘 좀더 쉬운 길, 완화된 공동체, 내 취향에 맞게 축소된 공동체, "출입 통제가 있는 공동체"(gated community)를 찾고자 하는 유혹들을 마주하게 된다.

영지주의가 창조 안에서 응답하고 찬미하며 사는 우리 삶에 대한 표준적 위협물이고, 도덕주의가 역사 안에서 희생하고 손대접하며 사는 우리 삶에 대한 항구한 위협물이듯이, 분파주의(sectarianism)는 공동체 안에서 관대하게 사랑을 베풀며 더불어 사는 우리 삶을 갑자기 위험에 빠뜨리는, 늘 "문에 엎드려"(창 4:7) 있는 죄다.

분파주의는 창조 안에서 영지주의가 그렇고 역사 안에서 도덕주의가 그렇듯이, 그리스도께서 놀이하시는 공동체 안에서 흔히 나타나는 현상이다. 앞서 나온 두 위협물에서처럼, 이 또한 그 경계와 정의가 명확하지는 않다─이는 어떤 경향성 같은 것이다. 항상 더 작은 것에 끌리고, 어떻게든 모든 것을 자기가 멋대로 주무를 수 있는 크기로 축소시키려는 경향성 말이다.

분파주의는 늘 의도적이고 의지적으로 큰 공동체를 떠나 버린다. 시편에 자주 묘사되는 "큰 회중"(大會), 하늘과 땅을 다 아우르는 그 큰 회중을 말이다. 그러고 나서는, 많든 적든, 자신과 취향과 관심사가 비슷한 몇몇 사람들과 함께 특별한 관심사를 추구한다. 그러고 나서 본래 하나님의 분명한 의도는 "땅의 모든 족속"(창 12:3)에게 복을 주시려는 것이었고, 우리가 예기하는 희망은 하나님이 "하늘에 있는 자들과 땅에 있는 자들과 땅 아래에 있는 자들로 모든 무릎을 예수의 이름에 꿇게 하시고 모든 입으로 예수 그리스도를 주라 시인하여 하나님 아버지께 영광을 돌리게"(빌 2:10-11) 하시리라는 것이다.

분파주의는 이단이 신학에 하는 일을 공동체에 한다. 즉, 전체에서 어떤 부분을 의도적으로 떼어 내는 것이다. 그 부분 자체는 물론 좋은 것—하나님의 작품—이다. 하지만 전체에서 떨어져 나갈 때, 그것은 맥락을 잃어버리고, 따라서 축소되며, 그것이 그 전체에서 받아야 할 것을 받지 못하며, 또 그 전체의 나머지 부분들이 그것에게서 받아야 할 것을 주지 못하게 된다. 우리는, 만약 어떤 사람이 전체 66권 성경에서 어떤 유명 설교자가 택한 다섯 책만을 근사한 가죽 장정으로 묶어 성경으로 판매한다면 그를 용납하지 못할 것이다. 또, 만일 어떤 미술상이 렘브란트가 그린 어떤 큰 그림을 5cm짜리 정사각형 조각들로 잘라내어 근사한 액자에 넣어 판다면 그를 용납하지 못할 것이다. 그렇다면, 왜 우리는 논쟁적이고 경쟁적인 사람들이 예수님의 공동체를 조각내는 것을 오히려 적극적으로 지지하고 칭송할 때가 그렇게 많은 것인가? 왜 "그리스도께서 어찌 나뉘었느냐?"(고전 1:13)고 묻는 바울의 수사적 질문이 수세기에 걸쳐 계속 무시되고 있는 것인가?

창조에서 역사로, 그리고 이제 공동체로 진행할 때 우리는 그에 따라 복잡성도 증가하는 것을 보게 된다. 이러한 복잡성들에 대해 생각해 볼 때 우리는 분파주의의 위험에 대해 더욱 분명한 이해를 가질 수 있다. 창조는 평생의 연구 주제다. 시인들과 과학자들은 우리가 간과하기 쉬운 온갖 세세한 것들에 우리의 주목을 끌어 준다.

우리는 창조의 상대적 안정성과 '저기 있음'(there-ness)이 어떻게, 행동하고 말하고, 사랑하고 전쟁하고, 탐험하고 발명하고, 사고 팔고, 가족을 이루고 정부를 구성하는 인간들을 통해 기하급수적으로 발전되는 거대한 상호 침투적 운동들과 사건들로 된 역사의 '여기 있음'(here-ness)으로 들어오는지를 보아 왔다. 기자들은 시간시간, 하루하루 일어나는 모든 일을 놓치지 않으려고 애쓴다. 학자들은 과거에 일어난 일의 의미를 이해하고 분별하고자 애쓴다. 역사도 이렇게 엄청난 복잡성을 갖고 있지만, 우리가 공동체 안의 영혼들 (souls-in-community), 공동체로 사는 '우리됨'(us-ness)의 문제를 다룰 때면, 복잡성은 또 다른 비약적 도약을 한다. 우리 내부 세계와 우리 가운데의 세계, 즉 공동체 안의 우리 몸과 영혼들은 우리 바깥 세계―이미 엄청나게 복잡한 창조와 역사의 세계―보다 더 복잡하다. 열대우림을 분석하고 파악하는 일은 힘든 일이다. 아즈텍 문명의 역사를 쓰는 일은 예리하고 광범위한 지성을 요하는 일이다. 그러나 공동체 안의 인간 영혼의 문제는? 우리는 대체 어디서 출발해야 하는가? 여기에는 실험실이나 현장에서 연구될 수 없는 신비들이 있다. 우리 인간들은―적어도 대부분은―소위 전문가로 불리는 이들이 우리를 비인격적이고 객관적인 방식으로 연구하는 것을 그다지 오래 견디지 못한다. 우리는 축소당하려 하지 않는다. 우리는 우리를 축소 설명하려는 시도들을 거부한다.

사람들이 이런 복잡성들에 질려 뒷걸음치는 것은 이해할 만한 일이다. 우리가 가장 먼저 느끼는 대상은, 물론 나다―우리가 늘 말하는 '나, 나, 나'(me, myself, I)다. 그러나 곧 실존에는 나의 필요, 나의 욕구, 나의 충동 이상의 것이 있음을 깨닫게 된다. 우리는 우리가 동의한 일이 없었음에도 창조와 역사의 놀이터에 발길질하고 소리지르며 태어난다. 그 후 몇 주, 어쩌면 몇 달 동안 우리는 마치 이 세상에 나만 존재하는 양, 자기 자신에 푹 빠져 있다. 그러나 머지않아 사회화라는 오래고 느리게 진행되는 힘겨운 과정이 시작된다. 우리는 '나'에서 '우리'로 발전해 간다. 이 집에는 나 말고 다른 이들도 있다는 것, 우리는 이웃 가운데 산다는 것을 알게 되고, 우리 앞에는 창조의 영광들이 펼쳐지며, 역사의 모험과 위험, 놀라운 일들과 끔찍한 일들이 마치 고치 안에 갇혀 있는 것 같은 내 고립된 세계를 뚫고 들어오기 시작하며, 그 다음—마침내!—현재 진행되고 있는 이 일들에 우리가 어쩔 수 없이 **연루되어** 있다는 것, 그리고 여기서 빠져나갈 길은 없다는 것을 알게 된다. 우리는 원하든 원하지 않든, 창조, 역사, 공동체라는 세 개의 링 서커스(three ring circus: 세 군데서 공연이 동시에 진행되는 서커스—역주)의 참여자들이다.

사람들은 여기서 뒤로 빠지려고 시도할 수 있고, 또 실제로 많은 이들이 그렇게 시도한다—아이들 말대로, 자기 구슬을 다시 다 주워서는 집으로 가 버리는 것이다. 이는 아주 흔한 일이다. 이는 쉬운 선택인 것처럼 보이나 실은 효과는 없다. 사실 우리는 이미 창조의 거대한 운동장에서, 또 역사의 거대한 드라마 안에서 서로서로 ("땅의 모든 족속 가운데"!) 한데 얽히고설키어 있기 때문이다. 그러나 그렇다고 우리가 이것을 꼭 좋아해야 한다는 것은 아니다. 또 우리는 좀 덜 힘들고, 좀더 다루기 쉽도록 일을 꾸려 가서는 안 된다는 것도 아니다. 분파란 무엇인가? 분파란 꼭 공동체를 부인한다는 것이 아니다. 분파란 할 수 있는 한 공동체를 배척하면서 공동체를 자신에게 맞도록 재정의한다는 것이다.

분파주의 충동은 '자기주의'(selfism)에 그 뿌리를 두고 있다. 자기주의란 내게는 다른 사람들이 필요하지 않고, 다만 그들이 내게 해 줄 수 있는 것들이 필요할 뿐이라는 기만적인 생각이다. 자기주의는 삶을 내 욕망과 필요와 선호의 수준으로 축소시킨다. 자기주의는 결국 에덴 동산에서 추방되는 결과를 낳는다. 그러나 일단 에덴의 동쪽에서 '혼자 힘으로' 살아 보면, 우리는 다른 사람의 도움을 조금도 받지 않고는 살 수 없음을 발견하게 되고, 그래서 우리는 어쩔 수 없는 필요에 의해 몇몇 사람들과 힘을 합쳐 살게 된다. 그 와중에서도 자신의 독립성을 맹렬히 주장하며, 자신의 취향에 맞지 않는 이들은 모조리 추방시키면서 말이다. 그렇게 우리는 분파(sect)가 된다. 분파는 비슷한 종류의 자기주의를 추구하는 이들, 같은 음식을 좋아하고, 같은 우상을 믿고, 같은 게임을 좋아하고, 같은 외부인을 멸시하는 이들이 함께 뭉쳐 자신들의 근본적 자기주의를 강화시키는 남녀들의 집단이다. 초기에 자기주의는 하늘의 하나님에 대해 개의치 않고 하늘까지 닿는 탑을 건설할 목적으로 분파주의로 발전했다. 결국 이 시도는, 서로가 서로에게 이해 불가능한 분파들로 조각조각 와해되는 것으로 끝났다. 바벨은 분파주의의 모국이다. 그러나 아브라함의 부르심과 더불어, 이런 모든 자아를 하나님 공동체의 백성으로 모아들이는 그 오래고, 느리며, 복잡하고, 현재 진행중인 운동이 시작되었다. 오순절에 이루어진 그 예수 공동체의 탄생은, 바벨 분파주의에 대한 암묵적이면서도 단호한 거부였고 또한 역전이었다.

그리스인들은, 인간 경험의 문제들에 대해 흔히 그렇듯, 분파주의의 뿌리가 되는 이 자기주의에 대해서도 적절하고 근원적인 이야기를 들려준다. 바로 나르시수스(Narcissus) 이야기다.

나르시수스는 기가 막히게 잘생긴 청년이었다. 소녀들은 모두 그와 사랑에 빠졌다. 그들은 그를 경모했고, 관심을 끌고자 했으며, 그를 신의 속성을 모두 갖춘 매혹적인 유명인으로 대우했다. 그러나 나르시수스는 그 소녀들에게 거의 관심을 보이지 않았다. 그는 그들에게 퇴짜를 놓았고, 무시했으며, 전혀 신경쓰지 않았다. 그는 그들의 찬사에 콧방귀를 뀌었다. 나르시수스는 그들에게 아무 관심이 없었다. 왜냐하면 그는 오로지 자기 자신에만 몰두해 있었기 때문이다. 그는 다른 누구에게도 시간을 허비할 수 없었다. 오로지 자기 자신에만 열중해 있었기 때문이다. 나르시수스가 냉대했던 소녀들 중 하나가 어느 날 신들에게 불만을 토로하는 기도를 했고, 이 기도는 즉시 응답되었다(그리스 신들은 이런 종류의 기도를 아주 잘 들어 준다). 마침 위대한 여신 네메시스(Nemesis)가 그 마음 상한 소녀의 기도를 듣게 되었고, 나르시수스 문제에 손을 대었다. 그리스 세계에서 신들과 여신들은 사람이 이런 유의 비인간화시키는 행동을 하는 것을 그냥 놔두지 않는다. 그녀는 선포한다. "다른 이들을 사랑하지 않는 그는 오직 자기만을 사랑하게 되리라." 마침내 어느 날 나르시수스는 물을 마시려고 어느 연못에 몸을 구부렸다가 물 위에 비친 자기 그림자를 보게 되었다. 아아! 그는 이미 자신이 대단한 존재임을 알고 있었다. 그는 모든 소녀들이 자신의 관심을 끌어 보려고 안달하는 것도 알고 있었다. 하지만 자기가 **이렇게까지**

잘생겼을 줄은 미처 몰랐다. 그는 곧 자기 그림자와 사랑에 빠졌다. 그는 외쳤다. "아, 여자아이들이 나를 어떻게 보는지 이제야 알겠다. 어떻게 그들이 나를 사랑하지 않을 수 있겠는가—이제 **나도** 나와 사랑에 빠졌다! 물에 비친, 이 사랑스런 내 모습에서 내가 어떻게 눈을 뗄 수 있을까." 나르시수스는 자기 이미지에서 자신을 떼어놓을 수 없었다. 연못에 무릎을 꿇은 채, 하염없이 자기를 찬미의 눈길로 바라보면서 그는 계속 애태우며 수척해져 갔다. 세상 전체가 그 이미지로, 자기를 숭배하고 있는 나르시수스 크기로 축소된 것이다. 나르시수스는 점점 더 작아져만 갔고, 마침내 전혀 남지 않게 되었다. 자기 자신만을 먹고 살다가 그는 마침내 굶어 죽은 것이다. 자기주의는 자살이다. 오늘 나르시수스에게 남은 것이란 한 떨기 하얀 꽃(수선화를 말함—역주), 자기주의 묘지의 덧없는 기념물이 전부다.

나르시수스는 그리스도인들 중에는 보기 어려운 인물형인 것 같다. 경이로운 것들로 넘쳐나는 이 장대한 창조 세계에서 그토록 근본적인 방향 전환을 한 이들, 받을 것 나눌 것 넘쳐나는 성만찬 식탁에서 역사의 한 자리로 그토록 은혜로운 초대를 받은 이들이기에, 적어도 이런 아무 쓸데없는 형태의 자기 몰두에 대해서는 이미 면역이 되어 있을 것으로 생각되는 것이다.

그러나 나르시수스의 후손은, 창조되고 구원받은 우리 영혼들의 공동체에서도 끊임없이 등장한다. 성경적 계시의 맥락에서 너무나 심각하게 떨어져 나온 그들이기에, 우리는 그들이 즉각 발각되어 절대적인 반대를 받을 것이라고 생각한다. 그러나 실은, 그들은 도리어 환영받고, 미화되고, 지도자 역할을 맡고, 유명 인사가 될 때가 더 많다. 이들은 주권자 하나님을 예배함으로써 자아에서 구원자로 이제 막 삶의 중심이 바뀐 이들이며, 비인격적인 역할이나 기능에서 하나님의 아들과 딸들로, 서로의 형제자매로 정체성이 재정의된 이들이다. 그런데 예수님을 따른다는 그들이 느닷없이 놀라운 구원을 경험한 자기 영혼에 몰입해서는, 자기 자신의 영성을 계발시키는 데 분주해진다는 것은 참으로 기이한 현상이다. 자아 영성(self-spiritualty)은 이제 우리 시대의 얼굴이 되었다. '나'(Me)를 중심으로 하는 영성. 자기 중심, 자기 충족, 자기 발전을 꾀하는 영성. 예수님의 탄생과 죽음과 부활 안에 나타난 하나님의 계시에 의해 자신의 정체성이 재정의되었다고 고백하는 사람들이 엉뚱하게 자기 내면에서 신성을 계발한답시고 배우자와 자녀와 친구와 회중을 내버리고 있는 현상을 지금 우리는 전 세계적으로 목도하고 있다.

이는 기이한 일 정도가 아니다. 정말 어처구니없는 일이다. 먼저, 이는 이제 곧 흩어질 친구들을 위해 "아버지여, 아버지께서 내 안에, 내가 아버지 안에 있는 것같이 그들도 다 하나가 되어 우리 안에 있게 하사…그들로 온전함을 이루어 하나가 되게"(요 17:21, 23) 해달라고 기도하신 예수님의 기도를 우리와 상관없는 것으로 만들어 놓는다. 또한 이는 예수님이 그렇게 지속적으로 반복하여 강조하신 사랑 명령이 우리 삶에서 지배적이고 중심적인 자리를 차지하지 못하게 만든다. 물론, 누구도 그 사랑 명령을 아예 없애 버릴 생각을 하지는 않는다. 그러나 우리는 거듭거듭 그것을 가장자리로 몰아내서 상대화시킨다. 우리는 그것을 실천할 사람과 장소와 기회들을 자기 멋대로 고른다. 다시 말해, 우리는 그 명령을 우리 분파의 내부로 한정시킨다.

 그러나 거룩한 삶, 부활의 삶은 개인적인 일이 아니다. 우리는 하나님의 **백성**이며, 따라서 개개인들로서는 거룩한 삶, 부활의 삶을 살 수 없다. 우리는 우리 자신에 의해 정의되는 공동체가 아니다. 우리는 하나님에 의해 정의되는 공동체다. 하나님이 우리를 위해 또 우리 안에 쏟아부으시는 그 사랑은, 그 사랑이 서로를 향한 사랑으로 재생산되는 그런 공동체를 창조해 낸다.

 그리스 신화에 등장하는 그 형태 그대로의 나르시시즘을 만나기란 어렵다. 우리는 네메시스 여신의 주목을 끌지 않고서도(희망 사항이지만) 자신의 나르시시즘 성향을 그대로 유지하는 방법들을 계발해 왔기 때문이다. 낯 두꺼운 개인주의자처럼 보이지 않기 위해 우리가 사용하는 일상적인 방법이 바로 분파주의다. 분파는 나르시시즘이 내세우는 전면(前面)이다. 우리는 예수님의 이름으로 다른 사람들과 함께 모인다. 그러나 우리는 그 모임을 자신의 취향과 성향에 따라 미리 정의해 버린다. 이는 우리의 개인주의를 가려 주는 연막에 불과하다. 실은 우리는 그 공동체를 자신의 제국주의적 자아에 잘 맞는 조건들로 축소시킨다. 교회의 모든 교파마다 분파주의적 충동이 강한 이유는, 분파주의는 우리에게 자신이 좋아하지 않는 사람들을 사랑해야 한다거나, 또 예수님의 기도를 따라 자신이 만나고 싶지 않은 사람들과도 관계를 맺어야 한다거나 하는 어려움을 주지 않으면서도, 우리 모임을 마치 공동체처럼 보이게 해 주는 편리한 외양을 제공하기 때문이다. 분파는 사상이든 사람이든,

자기가 좋아하지 않는 것들, 자기를 화나게 만드는 것들은 다 제거함으로써, 다시 말해 공동체 축소를 통해 이루어진다. 우리는 부활 공동체에 들어가는 대신 종교 클럽을 결성하는 것이다. 분파는 아버지 집을 갉아먹는 흰개미 떼다.

부활 공동체를 어떤 분파로 축소시키려는 시도는 늘 존재하는 위협물이다. 그 역사적인 날 하나님이 예루살렘에서 예수님의 기도하는 제자들에게 성령을 부어 주셨을 때 의도하신 바는 이런 것이 아니다.[6]

근거 본문(1) : 신명기

기독교적 삶은 개인적인 프로젝트가 아니다. 우리는 하나님의 **백성**이며 혼자서는 기독교적 삶을 살 수 없다. 우리는 원하든 원하지 않든, 동의하든 그렇지 않든, 이미 공동체 안에서 살아간다. 성경은 혼자 사는 그리스도인에 대해 아는 바가 없다. 창조되고 구원받은 자들로서 우리는, 그리스도께서 자신의 성령을 통해 불러모으시는 공동체 안에서 우리의 창조와 구원을 삶으로 살아내라는 명령을 받은 존재들이다. 신명기와 누가복음/사도행전은 우리로, 그리스도께서 놀이하시는 이 세상, 이 공동체 안에 터를 잡게 해주는 주요 본문들이다.

신명기는 하나님의 백성으로 형성되어 간다는 것이 무엇인지를 이해하는 일에서 전략적인 중요성을 갖는 책이다. 이는 무엇보다도 하나님 백성의 공동체 형성에 관한 책이다. 우리의 공동체 참여를 구체화하는 데 있어서 모세오경의 이 마지막 책이 갖는 힘을 과대평가하기란 어렵다. 모세의 목소리로 제시되고 있는 이 책 신명기는 거룩한 공동체의 의미와 형성에 대한 설교다. 모세오경의 처음 네 책들에서는 창조와 구원에 관한 기초적 이야기들이 제시되지만, 이 책에 이르러서는 이제 언어가 설교조로 바뀐다. (40년에 걸친!) 오랜 훈련 끝에 마침내 백성들이 그들이 창조되고 구원받은 목적을 실천할 역량을 갖추게 되었다는 듯이 이제 그들에게 설교가 행해지는 것이다. 하나님의 약속된 땅에서 하나님의 백성으로 살라. 거룩한 삶을 살라. 창조라는, 구원이라는 혁명을 살아내라. 그들이 이만큼 자라기까지 참 오랜 시간이 걸렸다. 이제 그들은 성숙의 문턱에 섰고 사랑하라는 부름을 받는다. 사랑은 인간으로서 우리가 행하는 가장 성숙한 행위다. 통계적으로도, 또 설교적으로도, 이 책에서는 '사랑'이라는 단어가 아주 중요한 자리를 차지하고 있다.

이야기

신명기는 우리가 함께 모여 성령의 부활 공동체로 형성된다는 것이 무슨 의미인지에 대해 오늘날에도 예리한 시사점을 주는 한 이야기에 끼워 넣어져 있다. 요시야 왕과 예레미야 선지자가 이 이야기에서 중요한 역할을 한다. 이 이야기의 배경은 주전 622년경의 예루살렘이며, 열왕기하 22-23장과 역대하 34-35장에 기록되어 있다.

이야기는 이렇다. 요시야는 여덟 살 때 왕이 되었다. 왕이 되기에는 너무 어린 나이였다. 그가 그렇게 어린 나이에 왕이 된 것은 한 폭력적 사건을 통해서였다. 그의 아버지 아몬은 피비린내 나는 궁중 쿠데타를 벌인 음모자들에게 살해당했다. 어떤 이들이 그 암살자들을 즉시 체포해 죽였고, 요시야를 구출해 왕으로 옹립시켰다. 그는 유다의 왕좌에 앉았던 왕들 중에서 가장 나이가 어렸다. 이 때가 주전 640년이었다. 요시야의 통치는, 31년 후 므깃도 전투(주전 609년)에서 그가 이집트의 바로에 의해 죽임을 당할 때 막이 내린다. 폭력으로 시작된 왕위가 폭력으로 끝나는 것이다. 그러나 그의 31년 간의 통치 기간은 한마디로 굉장했으며, 그 이유의 상당 부분은 바로 이 신명기와 관련이 있었다.

요시야는 거대한 도덕적·정치적 혼란을 물려받았다. 그의 할아버지였던 므낫세 왕은 유다 역사상 절대적으로 최악의 왕이었다고 할 수 있다. 그가 통치했던 55년 간은 온 나라가 상상할 수 있는 모든 악과, 상상할 수 없는 악들로 가득했다. 아시리아는 당시 세계를 지배하던 나라였다. 아시리아는 300년 간 세계를 괴롭혔으며, 가히 최고 수준의 악을 행하는 데 탁월했었다—잔인성, 고문, 음탕함, 흑마술, 영매(靈媒), 마녀, 마술, 어린이 인신 제사 등등. 하나님 백성의 지도자라는 의식이 전혀 없었던 것으로 보이는 므낫세는 아시리아의 모든 것을 찬미했고, 그 악을 유다와 예루살렘으로 트럭째 수입해 왔다. 그는 나라 전역에 아시리아를 본따 성(性) 숭배 종교 사원들을 건설했고, 아세라 여신에게 바치는 음탕한 남근 모양의 기둥들을 세웠으며, 솔로몬의 성전을 온통 추악한 형상과 유물들로 채웠으며, 심지어 성전에 남창용 방들을 만들기도 했다. 이보다 더 심한 악을 상상하기 어렵다. 도덕적 시궁창, 영적 악몽, 창조의 오염, 구원에 대한 거부, 거룩한 공동체의 파괴. 요시야의 아버지 아몬은 므낫세의 길을 따라갔지만, 곧 암살당해 그의 통치 기간은 2년뿐이었다. 이것이 바로 여덟 살짜리 요시야가 유다의 왕위에 앉았을 때 직면했던 상황들이다.

요시야를 그 아버지의 암살 세력으로부터 구출해 낸 이들은 아마도 그가 주체적으로 나라를 다스릴 수 있을 때까지 그의 어린 시절 내내 곁에서 그의 안내자와 조언자가 되어 주었을 것이다. 이것이 성경에 나와 있지는 않다. 하지만 어쩌면 그의 어머니 여디다도 어떤 역할을 하지 않았을까? 어쨌거나 우리가 아는 것은 그가 성장했을 때의 결과다. 열여섯 살 때 그는 "그의 조상 다윗의 하나님"을 찾았다(대하 34:3). 스무 살이 되었을 때는 주체적인 왕으로서 다스렸고, 므낫세가 만들어 놓은 혼란을 정리하기 시작했으며, 온 나라에서 성(性)적 우상숭배 행위들을 근절시켰다(34:3). 그는 통치에 있어서 다윗을 자신의 정신적 스승으로 삼았다. 그는 "그의 조상 다윗의 길로 걸으며 좌우로 치우치지 아니"했다(34:2).

요시야가 스물여섯 살 되었을 때, 힐기야라는 대제사장이 대대적인 성전 수리 작업중에, "모세가 전한 여호와의 율법책"(34:14)이라는 두루마리를 발견했다. 바로 신명기였다.[7] 요시야는 그 책의 말씀을 듣고서는, 그것을 자신이 6년 전에 시작한 개혁을 완성시켜 줄 책으로 삼았다. 이는 그의 통치에서 결정적인 순간이었다. 이제 그에게 텍스트가 생긴 것이다. 한순간의 주저함도 없이, 그는 그의 나라를 하나님 백성의 공동체로 재건하는 대대적인 운동에 착수했다.

요시야가 개혁 운동을 시작한 지 4년 후 예레미야는 선지자로 부름받고 회개를 설교하기 시작했는데, 그가 사용한 언어는 그 신명기 두루마리의 어구들과 많은 유사성을 보인다. 그 왕과 그 선지자는 같은 정신을 공유했던 사람들로 보인다. 지금 와서 보건대, 분명 신명기는 하나님이 자신의 백성을 멸절의 위기에서 건져 내시려고 요시야와 예레미야의 삶에서 사용하신 텍스트였다. 최고의 신명기 학자들 중 한 사람은 서슴지 않고 다음과 같은 엄청난 평가를 내린다. 그 개혁은 "이스라엘 종교의 모든 측면을 혁명적으로 바꾸었다."[8]

예레미야와 요시야는 대략 같은 나이였다(어떤 학자들은 아마 예레미야가 요시야보다 두 살 연상이었을 것이라고 추측한다). 예레미야는 요시야가 살았던 예루살렘 궁전에서 약 3km, 그러니까 걸어서 한 시간 거리도 안 되는 마을 아나돗의 한 제사장의 집에서 자랐다. 혹시 그들은 어렸을 때 친구가 아니었을까? 그 두루마리는 성전에서 대제사장 힐기야에 의해 발견되었다. 그런데 예레미야의 아버지는 힐기야라는 이름의 제사장이었다. 어쩌면 예레미야의 아버지였던 그 제사장이, 신명기 두루마리를 발견한 그 제사장과 동일 인물은 아닐까? 그럴 수도 있다.

여하튼 그 두루마리가 발견되자, 요시야는 그 신명기를 개혁을 위한 텍스트로 사용해 나라 전역에 걸친 대대적인 개혁 운동을 발진시켰다. 그 두루마리가 발견되고 4년이 안 되어 예레미야도 선지자로 부름받았다. 요시야와 예레미야가 그 개혁 운동의 파트너였다는 명확한 증거는 없지만, 이는 거의 확실해 보인다. 예레미야는 요시야의 이름을 네 번 언급하고 있으며(렘 3:6; 25:3; 36:1, 2), 그를 넌지시 가리키는 부분도 있다(렘 22:15-16). 우리는 기록된 그의 설교(예레미야서)를 가지고 있는데, 그의 언어가 상당 부분 신명기의 언어를 반영하고 있음을 알 수 있다. 요시야가 주전 609년 므깃도 전투에서 사망하자, 예레미야는 요시야의 장례식 설교를 했다(대하 35:25).

13년 동안, 요시야와 예레미야, 그 젊은 왕과 그 젊은 선지자는, 유다에서 일어난 한 중요한 개혁 운동을 함께 동지로서 이끌었다. 늑탈당하고 위축되고 부패한 하나님의 백성을 참된 예배자 공동체로 회복시키는 운동을 말이다. 요시야는 성 숭배 사원들과 추악한 남근 숭배 기둥들을 허물어뜨렸고 어린이 인신 제사에 사용되던 화로를 깨부수었다. 그야말로 대대적인 청소 작업이었다. 그리고 예레미야는 회개와 용서의 설교를 전했으며, 백성들이 빠져든 그 깊은 타락에 대해 강물처럼 애통의 눈물을 흘렸고, 당시 인기 있는 설교자들의 위장된 황금 숭배 사상과 거짓말을 폭로했으며, 백성들에게 그저 만사가 괜찮다며, "내 백성의 상처를 건성으로 치료"(렘 6:14. 공동번역)했던 당시 제사장들의 피상적이고 깊이 없는 메시지에 도전했다.

⸎

어떤 면에서 보면 이 개혁은 단명했다. 정확히 말하자면 13년 지속되었을 뿐이었다. 아시리아는 그 후 이집트와 바빌론에게 무너졌고(이는 좋은 일이었으나), 유다도 그들에게 정복당했고(이는 나쁜 일이었고), 급기야 바빌론에 의해 포로 신세로 전락하게 되었다. 그러나 또 다른 면에서 보자면, 요시야가 이끌고 예레미야가 설교했던 그 개혁은 하나님의 백성을 엄청난 정치적 패배와 노예화와 포로 생활에서도 살아 남게 만들었을 뿐 아니라, 실제로 그 백성을 흥왕하게 만들었다. 신명기를 텍스트로 사용한 요시야의 개혁은 하나님의 백성을 그 후 500년 동안에도 계속 예배와 사랑의 공동체로 남을 수 있도록 (재)형성시켰고, 마침내 훗날 성령에 의해 예수 그리스도의 부활 공동체로서 다시 재형성될 때까지 숱한 고난을 헤쳐 나가고 숱한 공격을 이겨 내게 만들었다.

모압 평원

신명기는 하나의 설교—실은, 일련의 설교들—다. 이는 성경에서 가장 긴 설교이며, 아마 역사상 가장 긴 설교일 것이다. 신명기는 모압 평원에 서서, 운집한 이스라엘 백성을 앞에 두고 설교하는 모세의 모습을 보여 준다. 이 설교를 마치면 이제 그는 그 평원의 강단을 떠나 산에 올라가 죽음을 맞이할 것이다.

이는 감동적이고 만감을 불러일으키는 배경 설정이다. 성경의 구원 이야기에서 모세는 이집트의 살해 위협 아래 태어난 어떤 아기의 모습으로 처음 등장했다. 그 후 120년의 세월이 흘러, 이제 그는 여전히 빛나는 눈빛과 힘찬 모습으로, 이 마지막 위대한 설교를 하고 죽는다. 여전히 말과 생명이 넘치는 모습으로 말이다.

이 설교는 설교가 해야 할 본연의 일을 한다. 즉, 과거에 말해지고 기록된 하나님의 말씀을 가지고, 또 듣는 회중의 오래고 인격적인 인간적 경험을 가지고, 그 말씀과 경험을 바로 지금 이 순간 일어나는 하나의 사건으로 재생산한다. 설교는 하나님에 대한(about God) 말을 하나님으로부터 오는(from God) 말로 바꾸어 놓는다. 설교는 우리가 하나님과 하나님의 길에 대해 듣고 읽어 왔던 것들을 가지고 그것들을 하나님의 좋은 소식에 대한 인격적인 선포로 바꾼다. 설교는 물을 포도주로 변화시킨다. 설교는 떡이라는 명사와 포도주라는 동사를 그리스도의 몸과 피가 되게 만든다. 설교는 전에 이삭과 리브가에게, 룻과 보아스에게, 다윗과 아비가일에게, 마리아와 엘리사벳에게, 베드로와 바울에게, 브리스길라와 아굴라에게 현재적이고 인격적이었던 무엇을 지금 이 순간 다시 현재화하고 인격화한다. 당신에게. 나에게. 하나님이 하시는 모든 말씀은 그저 연구 대상이 되는 문학적 인공물이 아니다. 또, 인간의 모든 경험 역시 그저 유감이나 경탄의 대상이 되는 죽은 역사가 아니다. 이 설교들 전체에 걸쳐 지속적으로 나타나는, 모세의 반복적인 '오늘'과 '이 날'에 대한 강조는 우리로 하여금 긴장하고 주목하고 응답하게 해준다. 인간 경험의 모든 차원이 하나님의 충만한 계시에 의해 생명과 구원에 도달한다. 모압 평원의 그 위대한 설교단에서 모세가 하고 있는 일이 바로 이것이다. 이것을 살아라! 바로 지금!

이뿐만 아니라, 또한 설교는 하나님의 백성 공동체 안에서 언어가 '그들'에서 '우리'로, '그 때 그랬다'에서 '지금 그렇다'로 문법적 전환을 하게 하는 주된 수단으로서도 기능해 왔다. 설령 서투르고 모자란 설교라 할지라도, 공동체의 언어를 편협하고 사사롭게 만드는 설교라 할지라도, 나름의 소용이 있다.

모압 평원은 이집트 노예 생활에서 벗어나 약속된 자유의 땅으로 가는 40년에 걸친 긴 여정의 마지막 정거장이다. 지금껏 이스라엘 백성은 공동체로서 많은 것을 경험해 왔다. 구출, 방랑, 반역, 전쟁, 섭리, 예배, 인도 등. 또 지금껏 이스라엘 백성은 하나님으로부터 많은 말씀들을 들어 왔다. 계명, 언약의 조건, 희생 제사의 절차 등. 그리고 이제, 바로 앞의 요단 강을 건너 새로운 땅을 차지할 준비가 된 지금, 모세는 이 위대한 모압 평원 설교를 통해 그들로 하여금 지금까지 받은 것들 중 그 어떤 것도, 하나님의 계시에 대해 그들이 가졌던 경험들 중 그 어떤 작은 것 하나도 단순히 과거지사로 흘려 보내지 않도록 해주는 것이다. 그는 구원과 섭리에 대한 그들의 경험 전체를 현재 시제가 되게 한다(1-11장). 그는 계명과 언약에 대한 계시 전체를 현재 시제가 되게 한다(12-28장). 그런 다음 그는 그 모두를 하나의 명령, 하나의 축복의 말로 감싸, 그들을 **오늘** 순종하고 **오늘** 믿는 삶으로 발진시킨다(29-34장).

"가자!"

구원받기란 쉽다. 그러나 공동체가 되기란 어렵다. 지독히 어려운 일이다.

지금 우리가 살펴보고 있는 이 이야기에서는, 인간적인 관점에서 보자면, 구원받는 일처럼 쉬운 일도 없었다. 구원에 있어 우리 선조들인 이 사람들은 그저 양고기와 나물과 빵으로 된 어떤 식사를 준비해서는, 그것을 먹고, 이집트를 걸어나왔다. 그렇게 그들은 400년에 걸친 노예 생활에서 빠져나왔고, 모세를 따라 동쪽으로 오다가, 무심히 펼쳐진 바다와 맞닥뜨렸다. 거기서 그들은 모세가 바닷물 위에 막대기를 뻗는 것을 보았고, 놀랍게도 그 순간 바닷물이 좌우로 쫙 갈라지고, 큰 길이 나타나는 것을 목도했다. 그 길은 소돔과 고모라를 덮은 아스팔트로 포장된 것일지도 모르겠다. 그들은 그 길로 바다를 건넜다. 뒤돌아보니 바다 저편에서 이집트의 말과 전차들이 전속력으로 쫓아오는 것이 보였다. 바다 사이로 난 그 길로 죽음이 그들을 바짝 뒤쫓아오는 것을 본 그들은 공포심에 일대 혼란에 빠져들었다. 그런데, 말발굽 소리, 전차 소리, 병사들의 고함 소리가 요란한 이집트 군대가 모두 그 기적의 길에 들어서자, 그 벽처럼 섰던 바닷물이 갑자기 그들을 내리덮쳤다. 이렇게 이스라엘 백성은 구원을 받았다. 말더듬이였던 모세는 이 순간, 마치 평생 해 온 일인 양 합창대의 선창자 역할을 맡아서는, 백성들이 부르는 위대한 구원의 노래를 이끌었다.

"내가 여호와를 찬송하리니 그는 높고 영화로우심이요
  말과 그 탄 자를 바다에 던지셨음이로다.
여호와는 나의 힘이요 노래시며 나의 구원이시로다.
그는 나의 하나님이시니 내가 그를 찬송할 것이요
  내 아버지의 하나님이시니 내가 그를 높이리로다.
여호와는 용사시니
  여호와는 그의 이름이시로다"(출 15:1-3).

그 언덕에는 구원에 대한 찬송이 울려 퍼졌다. 이 찬송은 그 후 이스라엘의 국가가 되었다. 미리암과 여인들은 탬버린을 꺼내 흔들며 춤추기 시작했다. 구원을 노래하고 구원을 춤추었다.

그리고 지금까지 그저 걷고 지켜본 것이 한 일의 전부였던 그 백성들도 이제 노래하고 춤추기 시작했다. 이보다 더 쉬운 일이 어디 있겠는가?

그런데 사흘 후 백성들은 물맛이 쓰다고 불평하기 시작했다. 하나님은 그들에게 신선한 물을 주셨다(출 15:23-25). 한 달 반 후에는 음식이 마음에 들지 않는다며 다시 불평을 늘어놓았다. 하나님은 그들에게 "하늘로부터 온 떡", 그 신비한 만나와, 그것을 받는 방법에 대한 지침을 주셨다. 그런데 그 백성은 그 지침을 우습게 여겼고 불순종하며 자기 식을 고집했다(출 16장). 다시금 물 문제가 있었고, 그 불만 가득한 백성은 모세를 괴롭혔는데, 이번에는 어찌나 성을 내었던지 그를 죽이려 들 정도였다(출 17:1-7). 이렇게 구원받고 난 처음 석 달 안에 그 백성은 공동체를 이룰 역량이 없음이 14회에 걸쳐 판명된다.[9] 모세의 장인 이드로가 모세의 아내와 자녀를 데리고 광야에 있는 모세를 찾아왔을 때, 이드로는 모세의 생활을 보고 깜짝 놀랐다. 그 싸움 좋아하는 회중의 아귀다툼을 중재하느라 모세는 아침부터 밤까지 자기 시간을 다 쓰고 있었던 것이다. 이드로는 모세가 사법 제도를 만들도록 도왔고, 그래서 이제부터는 모든 일을 그가 혼자 처리하지 않아도 되도록 했다. 그러나 그러한 포괄적 제도가 필요했다는 사실 자체가 그 백성이 얼마나 다투기 좋아하는 사람들이었는지를 잘 말해 준다(출 18:13-27). 그 백성은, 비록 구원은 받았지만, 서로 잘 지내는 법에 대해서는 전혀 알지 못했던 것이다.

모세는 자신의 모압 평원 설교를, 그 평원에 도달하기까지 있었던 과거의 사건들을 죽 열거하면서 시작한다. 그들이 가나안을 향해 시내 산을 떠나왔을 때 그들은 단 7일 만에 약속의 땅 문턱인 가데스 바네아에 도달했다(신 1:2). 그러나 그들은 너무 불평 많고, 머뭇거리며, 불순종하는 백성이었기에—새로운 땅에서 공동체로서 살 역량을 아직 갖추지 못했기에—하나님은 다시 그들을 처음 자리인 시내 산으로 되돌려 보내셨다. 그들이 다시 되돌아와 약속의 땅에 들어갈 준비를 갖추기까지 38년의 세월이 더 필요했다. 자유롭게 순종하며 사랑 가운데 충성하는 삶을 살 수 있는 공동체가 되기까지 그 38년 간의 훈련 기간이 필요했던 것이다(2:14). 이제 모압 평원에서 모세는 그들이 지난 40년 동안 경험한 일들을 읊어 주면서, 그들에게 그 40년이 필요했던 이유는 하나님의 명령과 약속을 받아들이는 데 대한 반항, 무응답, 주저함 때문임을 상기시킨다. 7일이 40년이 된 것은 그들이 싸워야 했던 적들 때문도 아니고, 좋지 못한 지형적 조건 때문도 아니었다. 그것은 그들이 모두 자기 "장막 중에서 원망"하였기 때문이다(1:27).

그렇지만 40년에 걸친 혹독한 광야 훈련을 거친 지금도 여전히 그들의 모습은 이상적인 공동체와는 거리가 멀다. 또 이제 곧 보게 되겠지만, 그들은 앞으로도 이상적 공동체가 되지 못할 것이다. 지금 우리가 그렇듯이 말이다. 성경 이야기에는 유토피아적인 공동체가 등장하지 않는다. 그래도 이스라엘 백성은 시작은 한 것이다. 약속의 땅을 상속받기 위해 그들을 출발시키기 전에, 모세는 여기서 다시 그들과 함께 가장 기본적인 것들을 점검하고 있다. 그는, 40년 전 그가 시내 산에서 그들을 출발시키면서 주었던 것을 가지고 다시 시작한다. 바로, 공동체 안에서 살아가는 조건들을 제시하는 '열 개의 말씀'이다. 거기에 그는 앞으로 그들 모두의 공동의 초점이 될 한 가지 간단한 신조를 덧붙인다. 그리고 나서 그들이 앞으로 당면하게 될 일상적 문제들에서 그들의 안내자가 되어 줄 시내 산 가르침들을 택해 개정하면서, 그들에게 삶을 위한 가르침을 주고 있다.

'열 개의 말씀' : 공동체의 조건들

우리는 관습적으로 십계명이라고 부르지만, 히브리 본문은 이를 '열 개의 말씀'이라고 부른다(신 4:13; 10:4; 출 34:28). 이 '열 개의 말씀'은 하나님의 백성이 자유롭고 서로 사랑하며 정의로운 공동체로서 발전하고 번성하기 위해 필요한 조건들이 무엇인지를 밝혀 준다. 이 세 가지 형용사—자유로운, 사랑하는, 정의로운—는 공동체의 기본이다.

공동체는 복잡다단하다. 공동체는 다양한 성격, 사상, 필요, 경험, 은사와 상처, 욕망과 실망, 복과 상실, 지성과 우둔함을 가진 많은 이들이 서로 가깝게, 서로 존중하며, 하나님을 믿고 예배하며 사는 것이다. 이는 쉽거나 단순한 문제가 아니다. 그러나 이 '열 개의 말씀'에 제시되는 조건들은, 적어도 공동체를 가능하게 한다. 이 조건들 중 그 어떤 것도, 없어도 그만인 것은 없다. 모두 반드시 필요하고, 또 타협 불가능한 것들이다.

공동체라 불릴 만한 공동체들 중에서 이 조건들을 무시하고 어기면서도 오래 존속했던 경우는 없다.

이 '열 개의 말씀'은 각각 다섯 개씩 두 세트로 배열되어 있다.[10] 첫 번째 세트의 다섯 말씀들은 하나님과 관련된 조건들을 제시한다. 두 번째 세트의 다섯 말씀들은 인간과 관련된 조건들을 제시한다. 이 두 세트, 즉 첫 번째에서 다섯 번째까지의 말씀들과 여섯 번째에서 열 번째까지의 말씀들을 각기 다른 판에 적어 나란히 비교해 보면, 우리는 먼저 그 둘의 표현 방식이 참 다르다는 데 놀라게 된다.

하나님 관련 조건들이 기록된 첫 번째 세트의 말씀들에는 모두 "주 너희 하나님"이라는 어구가 포함되어 있고, 그 명령의 맥락이나 동기나 상술이나 이유 등이 상세히 제시되어 있다. 그러나 인간 관련 조건들을 제시하는 두 번째 다섯 말씀들은 모두 아무 보충 설명 없이 그저 명령만 툭 제시한다. "…하지 말라" 그리고 그 이유는 묻지 말라는 식이다.

공동체를 이루어 살자면, 실은 보이지 않는 하나님과의 관계가 보이는 다른 사람들과의 관계보다 더 우선적인 일이다. 그런데 우리는 우리 생각에 실제적인 일들부터 먼저 다루려는 성급함으로 인해, 그만 보이지 않는 문제들을 지나치고, 내포된 어마어마한 중요성에 주목하지 못하고, 하나님을 그저 배경으로 축소시켜 버리기 쉽다. 그러나 이 다섯 말씀들은 각각 그 전략적 상술(詳述)을 통해 이런 우리의 속도를 늦추어 준다. 다시 말해 이 말씀들이 의미하는 바는 다음과 같다. 여기에는 당신이 미처 생각지 못하는 이유들이 있고, 당신이 미처 인식하지 못하는 결과들이 있으며, 지금 당신 눈에 보이는 것보다 훨씬 더 큰 세계에 이 명령을 자리하게 해주는 맥락이 있다. 이 하나님 관련 조건들을 내팽개치고는 당신은 결코 공동체를 이룰 수 없다. 그러므로 숙고하라. 깨달으라. 상상하라. 껴안으라. 경배하라.

또 공동체를 이루어 살자면 우리는 매일 접하며 사는 사람들과의 관계 문제를 정면으로 다루어야 한다. 이는 보기처럼 단순한 문제가 아니다. 왜냐하면 주변 사람들을 추상적인 존재로 취급하거나, 그들을 어떤 범주로 분류하거나, 그들을 이상화 또는 악마화하거나, 그들을 어떤 원리나 사업으로서 비인격적으로 대우하는 일들처럼 우리 중에서 흔히 일어나는 일도 없기 때문이다. 그런데 이 두 번째 세트 말씀들의 그 간단명료하며 무조건적인 명령어들은 우리로 하여금 다른 이들에게 자신의 선호나 불호를 투사시키지 못하게끔, 그래서 그들을 제멋대로 물건 취급하지 못하게끔 해준다. 여기, 공동체를 이루어 살아가자면, 당신의 감정이나 생각에 상관없이 당신이 절대로 어겨서는 안 될, 인간 관련 조건들 다섯이 있다. 바르게 명명(命名)하라. 존중하라. 귀기울이라. 공경하라. 받아들이라. 섬기라.

첫 번째 말씀: "나는 너를 애굽 땅, 종 되었던 집에서 인도하여 낸 네 하나님 여호와라. 나 외에는 다른 신들을 네게 두지 말지니라"(신 5:6-7).

먼저, 하나님이다. 지금 이 현재에 계시는 하나님의 현존이 또한 우리가 현존하는 곳이며, 우리가, 우리와 우리 가족들과 친구들이, 우리 이웃들과 손님들이, 그리고 우리 적들 또한 터 잡고 살아가고 있는 조건이다. 이것이 우리의 이웃됨이다. 그리고 지금 여기 사시는 이 하나님은 우리에게 무엇을 해야 할지를 말씀해 주신다. 그런데 이 명령은 진공 상태에서 나오지 않는다. 그 명령은 노예 상태로부터의 구원이라는 한 풍부한 이야기의 맥락으로부터 나온다. 우리에게 무엇을 하라고 말씀하기 전에 먼저 그분은 우리에게 자신이 어떤 일을 했는지를 말씀해 주신다. 그분은 우리를 노예 상태로부터 구원해 주셨다. 따라서 이제 우리는 더 이상 무엇을 해야 할지, 하지 말아야 할지에 대해 아무런 선택의 자유가 없는 노예들이 아니다. 우리는 예와 아니오를 말할 수 있는 자유인이다. 우리가 가진 이 자유는 하나님의 구원의 선물이다. 우리는 이를 이해하고 있는가? 그렇다면 우리는 그분이 하시는 첫 번째 말씀을 들을 준비가 된 것이다. 너희는 내 앞에서 다른 신들을 갖지 말라. 우리는 이를 선택할 수 있다.

우리는 이를 선택할 수 있다. 왜냐하면 우리에게 자유를 주신 분으로서 하나님은 결코 우리에게 자신을 강제함으로써 우리 자유를 침해하는 분이 아니시기 때문이다. 우리가 살아가는 공동체는 결코 강제적으로 형성될 수 없다. 누구도 하나님이 구원하신 다른 이들과 더불어 여기 살도록 **강제**되지는 않는다. 그러나 공동체를 이루어 살고자 한다면, 이는 첫 번째 조건이다. 하나님에게 경쟁자가 있어서는 안 된다. 즉, 우리에게는 하나님 말고, 우리가 따로 은밀히 의지하는 다른 선택안이 있어서도 안 된다.

두 번째 말씀: "너는 자기를 위하여 새긴 우상을 만들지 말고, 위로 하늘에 있는 것이나 아래로 땅에 있는 것이나 땅 밑 물 속에 있는 것의 어떤 형상도 만들지 말며, 그것들에게 절하지 말며, 그것들을 섬기지 말라. 나 네 하나님 여호와는 질투하는 하나님인즉, 나를 미워하는 자의 죄를 갚되 아버지로부터 아들에게로 삼사 대까지 이르게 하거니와, 나를 사랑하고 내 계명을 지키는 자에게는 천 대까지 은혜를 베푸느니라"(신 5:8-10).

우상은 신이 아니며, 바로 그렇기에 하나님보다 훨씬 더 우리 취향에 맞는다. 왜냐하면 굉장한 상상력과 기술을 창조적으로 사용해 그런 우상들을 만들어 내는 일도 즐거운 일이지만, 그것들을 우리 맘대로 갖고 노는 것도 무척 즐거운 일이기 때문이다. 그것들은 우리가 계속 우리 자신의 신이 되기 위해서 하나님적인 것들을 다 빼내어 버린 신이다. 스스로 우상을 만들어 낼 수 있는 방법에는 수만 가지가 있다. 위의 하늘로부터, 옆의 땅에서, 밑의 바다에 이르기까지 그 가능성은 무한하다. 우상을 만들고 숭배하는 일이 언제나 최고로 인기 있는 종교 사업이었던 것은 그리 놀라운 일이 아니다. 또, 이런 일에서 우리는 정말로 만족을 얻기에, 이것이 왜 나쁜 일인지를 도무지 이해하기 어려워한다. 어쨌거나 이는 영적인 일 아닌가? 지금 우리는 초월적인 의미를 가진 일을 하는 것이다. 지금 우리는 예배하고 있는 것인데, 예배는 그야말로 최고의 종교 행위이며 따라서 좋은 일 아닌가? 그렇긴 하다. 궁극적으로 이는 아무것도 아니며, 하나님과 전혀 무관한 일이라는 점만 제외하면 말이다.

세 번째 말씀: "너는 네 하나님 여호와의 이름을 망령되이 일컫지 말라. 나 여호와는 내 이름을 망령되이 일컫는 자를 죄 없는 줄로 인정하지 아니하리라"(신 5:11).

하나님은 우리가 아무렇게나 입에 오르내릴 수 있는 이름이나 개념이 아니다. 하나님은 우리 말에 멋이나 힘을 더해 주는 장식 언어가 아니다. 하나님은 거룩한 주권자이시다. 하나님은 우리 말에 의미를 주시는 분이며, 삶과, 삶의 모든 것을 결정하시는 분이다. 우리가 하나님께 의미를 부여하는 것이 아니다. 그저 '하나님' 이름을 갖다 붙인다고 해서—사람들에게 인상적으로 들릴 수는 있지만—우리 존재나 우리 일이나 우리 말에 중요성이나 권위가 부여되는 것이 아니다. 하나님을 그저 다른 이름들과 다를 바 없는 한 이름으로 축소시키면, 결국 모든 이름이 비인격화되며, 모든 사람과 모든 사물 안에 내재해 있는 존엄성이나 위엄과 아무 상관없는, 그저 어떤 것의 기능이나 역할을 말할 뿐인 단순한 부호들이 되고 만다. 결국 언어 자체가 경이와 찬미와 친밀성을, 특히 믿음과 사랑을 표현할 수 있는 능력을 잃고 만다. 모든 말은—'하나님' 이름으로부터 시작해서—'헛되이(망령되이)' 사용되면 결국 그저 '얻고 소비하는' 일에만 소용되는 말들로 밋밋해지고 만다.

신성 모독, 즉 하나님의 이름을 사용해 저주하거나 거부하거나 추방하는 것은 하나님의 이름을 '헛되이' 사용하는 가장 눈에 잘 띄는 경우일 뿐이다. 실은 하나님의 이름을 아무렇게나 조심성 없이 상투적으로 사용하는 모든 경우가 여기 해당하며, 특히 스스로를 하나님을 믿는 경건한 신자로 생각하는 이들은 이 경고에 귀기울여야 한다. '하나님'의 이름으로부터 시작해서 언어 자체는 우리가 공동체로 사는 것을 가능하게 만들어 주는 거룩하고 귀한 선물이다. 공동체로 사는 삶을 위한 가장 중요한 조건들 중의 하나는 우리가 언어를 사용하는 방식에 경건하게 유의하는 것이다. '하나님'을 말하는 방식뿐 아니라, 저녁 식탁 자리나, 식료품이나 신발을 살 때나, 전화를 받을 때 우리가 언어를 사용하는 방식에 이르기까지 말이다.

네 번째 말씀: "네 하나님 여호와가 네게 명령한 대로 안식일을 지켜 거룩하게 하라. 엿새 동안은 힘써 네 모든 일을 행할 것이나 일곱째 날은 네 하나님 여호와의 안식일인즉, 너나 네 아들이나 네 딸이나 네 남종이나 네 여종이나 네 소나 네 나귀나 네 모든 가축이나 네 문 안에 유하는 객이라도 아무 일도 하지 못하게 하고 네 남종이나 네 여종에게 너 같이 안식하게 할지니라. 너는 기억하라. 네가 애

굽 땅에서 종이 되었더니 네 하나님 여호와가 강한 손과 편 팔로 거기서 너를 인도하여 내었나니 그러므로 네 하나님 여호와가 네게 명령하여 안식일을 지키라 하느니라"(신 5:12-15).

안식일 명령은 히브리 공동체 내에서 가장 빈번히 강조된 명령들 중 하나인데, 이는 (우리 시대의 경험을 증거로 들어 본다면) 아마도 이 명령이 너무 빈번히 어겨졌기 때문일 것이다. 왜 '안식일을 지키는' 것이 어려운 일일까? 시간의 거룩성이 그렇게 쉽게 또 그렇게 분별 없이 무시되는 이유는 무엇일까? 왜 그토록 준엄한 권위로 제시되었고, 다른 어떤 명령들보다도 (우상에 대한 명령보다도 조금) 더 긴 보충 설명이 붙어 있는 이 엄숙한 명령이 그렇게 소홀히 여겨지는 것일까? 또 왜 이 명령은, 심지어 지켜질 때에도, 그 근본 의미가 망각되는 식으로 지켜질 때가 그렇게 많은 것일까? 율법을 성취하러 오신 분이셨지만 예수님은, 이 명령을 오히려 폐하는 방식으로 이 명령을 지켰던 이들과 자주 마찰을 빚으셨다.

이는, 우리가 모든 것을 직접 좌지우지하던 통제력을 내려놓기를 싫어하기 때문일까? 우리는 자신이 중요한 존재이기를 바라는데, 만약 내가 아무 일도 하지 않는다면 공동체 사람들이 나를 주목하지 않을 것이기 때문에? 내가 경계심을 풀면 다른 누군가가 나를 이용하거나 내 자리를 차지할지 몰라서? 어쩌면, 아니 아마도 그럴 것이다.

그러나 공동체는 안식일을 지키지 않고서는 결코 흥왕할 수 없다. 안식일 지키기는 우리로 하여금 일주일에 적어도 하루 동안은 서로에게 폐를 끼치지 않을 수 있도록 해준다. 안식일은 우리가 서로에게 하고 있는, 감정적인 혹은 물리적인 목조르기를 풀어 준다.

사랑과 희생의 자발성을 가로막는 그런 온갖 목조르기들을.

여기서 우리는, 안식일 준수에 대한 이유가 출애굽기 때와 다르다는 사실에 주목한다. 출애굽기에서 우리는, 하나님이 안식일을 지키시기에 우리도 안식일을 지켜야 한다고 들었다. 하나님이 일곱 번째 날 쉬셨기에 우리도 일곱 번째 날 쉬며, 그럼으로써 일과 쉼의 창조 리듬에 다시 보조를 맞추게 된다. 그러나 여기 신명기에서 우리는 안식일 준수는 아주 단순한 정의의 문제라는 말을 듣는다. 즉, 안식일 준수는 강한 자가 약한 자를 착취하지 못하게끔 해준다. 부모가 아이들을, 고용주가 고용인들을, 주인이 말이나 노새들을 말이다. 공동체 내의 모두에게, 유용성이나 기능이나 지위 등과 아무 상관없이 그저 자기 자신으로서의 존엄성을 회복할 수 있는 하루가 주어지는 것이다. 심지어 개들과 고양이들에게도 말이다.

다섯 번째 말씀: "너는 네 하나님 여호와께서 명령한 대로 네 부모를 공경하라. 그리하면 네 하나님 여호와가 네게 준 땅에서 네 생명이 길고 복을 누리리라"(신 5:16).

왜 부모에 대한 말씀이 이 '열 개의 말씀'의 첫 번째 세트에 속하는 것일까? 공동체 삶을 위한 하나님 관련 조건들을 제시하는 그 세트에 말이다. 아마도, 하나님을 우리의 일상 생활과 동떨어진 성스러운 부문에 가둬 두지 않도록 하기 위함은 아닐까? 아마도, 우리가 하나님을 대하는 방식은 언제나 우리가 일상 경험에서 접하는 것과 유사성을 갖고 있음을 말하기 위함은 아닐까? 그리고 생각해 보라. 우리에게 부모가 있는 것보다, 우리가 하나님의 자녀인 것과 더 유사한 인간 경험이 또 무엇이 있겠는가?

우리는 눈에 보이는 부모를 공경함으로써 눈에 보이지 않는 하나님을 공경하고 예배하기를 시작할 수 있다. 부모를 공경하라는 명령은 하나님을 공경하라는 명령들이 우리의 구체적 일상 생활 속에 닻을 내리게끔 만들어 준다. 우리의 공동체 삶은, 우리가 선택한 조건들이 아니라, 우리에게 주어진 조건들(주로, 사람들) 안에서 이루어진다. 그런데 부모만큼 우리에게 무조건적으로 **주어진** 조건이 또 어디 있겠는가. 우리 중 누구도 자신의 부모를 선택한 이는 없다. 또 성장 과정에서 부모와 아무런 마찰 없이 크는 사람도 없다. 아버지와 어머니의 돌봄과 사랑에 전적으로 의존할 수밖에 없는 그 처음 몇 달 몇 해가 지나고 나서부터, 우리는 점차 그들을 우리 삶에 간섭하는 존재로 경험하게 된다. 우리는 오랫동안, 어쩌면 평생토록, 그들을 이해하지 못한다. 그들은 늘 우리보다 앞서 있는 존재이며, 그들에 대한 많은 것이 우리의 이해력을 넘어서 있다. 즉 신비에 싸여 있다. 사실, 우리는 우리가 아직 알지 못하는 것을 공경하고 존경하는 법이다. 물론 늘 그런 것은 아니지만, 우리는 종종—심지어 정말 둔한 이들도—성장한다는 것은 그저 **나** 자신(*my*-self)이 된다는 의미는 아니라는 것을 깨닫게 된다. 나는 다른 이들을 공경하고 존중하는 그런 관계 속에서 비로소 내가 된다. 그런데 우리가 맺는 다른 사람들과의 관계들 중 가장 우선적이며 가장 지속적인 관계가 바로 부모와의 관계다.

부모에 대한 불순종과 몰이해의 삶이, 적절한 훈련을 통해 부모를 공경하는 삶으로 발전할 경우, 하나님을 공경하는 삶 역시 그 '열 개의 말씀' 중 첫 네 말씀들에 명령된 방식으로 발전하게 된다. 우리의 이해력을 초월하시는 하나님, 우리 길에 간섭하기로 유명하신 그 하나님을 공경하는 삶 말이다. 이것이 바로 부모를 공경하지 않는 죄가 히브리 공동체 내에서 그렇게 심각하게 취급된 이유다(출 21:15, 17; 레 20:9; 신 27:16; 잠 20:20; 30:11; 겔 22:7). 하나님을 저주하는 것과 부모를 저주하는 것은 동일한 선고를 받는다(참고. 레 24:15-16과 출 21:17; 레 20:9와 신 21:18-21). 필로(Philo)는 그의 십계명 주석에서 하나님을 합당히 공경하는 것과 부모를 합당히 공경하는 것을 평행시킨다. "왜냐하면 부모는 하나님의 본질과 사람의 본질 사이의 중도(中道)로서 그 둘 모두에 속하기 때문이다.…내 의견으로는, 하나님과 세상의 관계는 부모와 자녀들의 관계와 같다.…차이점은 하나님은 세상 전체를 창조하신 반면 부모는 다만 개개인들을 창조했다는 점이다."[11]

이렇게 볼 때 우리는 이 다섯 번째 말씀을, 각 계명이 모두 "네 하나님 여호와"라는 말을 담고 있는 그 첫 번째 세트의 마지막 명령으로 이해할 수 있게 된다. 어떤 이들은 그 말씀을 인간 관계들에 대한 계명들인 두 번째 판의 첫 번째 명령으로 보기도 하지만 말이다.

첫 번째 세트의 계명들을 하나님을 사랑하라는 명령(신 6:5-6)에 대한 세부적 상술들이라고 한다면, 이 두 번째 세트는 이웃을 사랑하라는 명령(레 19:18)에 대한 주해라고 할 수 있다. 어투의 갑작스런 변화는 이 두 번째 판의 계명들에 스타카토 같은 엄격함을 부여해 준다. 어떤 이유도 주어지지 않고, 어떤 동기 부여도 제공되지 않은 채, 그저 무조건적인 다섯 명령들이 짤막짤막하게 제시된다.

여섯 번째 말씀: "살인하지 말지니라"(신 5:17).

생명은 신성불가침의 것이다. 나의 생명만 그런 것이 아니라 상대의 생명도 그렇다. 아무리 우리 눈에 불편해 보이거나 역겨워 보이거나 말도 안 되어 보이는 삶이라도 우리는 우리 삶을 단순화하겠다며 그런 삶을 없애려 해서는 안 된다. 우리 중 누구도 투표나 거부권 행사로 인해 회원 자격이 박탈당해서는 안 된다.

일곱 번째 말씀: "간음하지 말지니라"(신 5:18).

결혼은 신성불가침의 것이다. 언약을 맺고 함께 사는 두 사람의 친밀성은 성적 강탈로부터 보호받아야 한다. 성적 욕망은 그 자체로 독립적인 생명을 허락받지 못한다. 성(性)은, 단순히 사적인 일이 아니라, 공동체적인 것이다.

여덟 번째 말씀: "도둑질하지 말지니라"(신 5:19).

사물은 신성불가침의 것이다. 이 세상의 모든 사물들―나무와 강, 정원과 광야, 돈과 도구, 전차와 치와와 등―은 우리가 각자 책임지고 관리하고 돌봐야 할, 하나님이 우리 공동체에 주신 선물이다(창 2:15). 그것들은 약탈의 대상이 아니다. 이 세상 사물들은 힘센 이들과 약삭빠른 이들만의 차지가 되어서는 안 된다.

아홉 번째 말씀: "네 이웃에 대하여 거짓 증거하지 말지니라"(신 5:20).

말은 신성불가침의 것이다. 여기서 '거짓'이라고 번역된 히브리어는 앞서 세 번째 말씀에서 '헛되이'(망령되이)라고 번역된 단어와 동일하다. 이웃에 대해, 이웃을 향해 사용되는 말들은 하나님에 대해, 하나님을 향해 사용되는 말들만큼이나 신성한 것이다. 사람을 비하하는 경박하고 공허한 말들은 거짓말만큼이나 신성 모독적이다. 언어는 공동체의 생혈(生血)이다. 만일 이 혈액 순환계가 탈이 나면 공동체는 병이 든다. 거짓말이나 가십은 공동체를 병들게 한다.

열 번째 말씀: "네 이웃의 아내를 탐내지 말지니라. 네 이웃의 집이나 그의 밭이나 그의 남종이나 그의 여종이나 그의 소나 그의 나귀나 네 이웃의 모든 소유를 탐내지 말지니라"(신 5:21).

이웃 사랑에 관한 다섯 말씀들 중 마지막 것인 이 말씀은 핵심을 간파한다. 이제까지의 모든 명령은 사람의 행위를 표적으로 한 것이었다. 그런데 이 마지막 명령은 사람의 내적 성향에 대한 말씀이다. 다른 이가 가진 것을 욕망하는 것, 내가 가진 것에 감사하기보다는 내가 갖지 못한 것을 욕망하는 것. 탐낸다는 것은 내게 주어지지 않은 다른 어떤 삶을 공상한다는 것이다. 사람이나 사물을 (둘 모두인 경우가 태반이지만) 탐하는 것이 우리의 습관이 될 경우, 머지않아 우리는 그들을 손에 넣고자 온갖 수단과 방법을 가리지 않게 되고 어떠한 술책을 써서라도 우리 뜻을 관철시키고자 하게 된다. 그러면 우리에게는, 그 어떤 것도 신성한 것이 없게 된다. 탐심은 공동체를 안에서 갉아먹는 흰개미 떼의 소리 없는 엄습이다. 이를 잡아 내지 못하면, 결국 들보가 허물어지고 마루가 꺼지고 만다. 앞서 나온 아홉 가지 말씀들 중 어떤 것도 탐심이 끼치는 이 은밀하고 교묘한 해악으로부터 안전하지 않다. 공동체 전체의 주의가 요망되는 일이다.

문법적으로 보면, 이 두 번째 세트의 말씀들은 전체를 한 문장으로 볼 수 있다. 각 말씀은 모두 다음 말씀과 '그리고'로 연결되어 있다. "살인하지 말라 그리고 간음하지 말라 그리고 …" 등등. 즉, 이 세트는 모든 명령이 일련의 사슬처럼 하나로 이어져 있다. 그 어떤 것도 자기 혼자만으로는 제 기능을 할 수 없다. 전체가 하나로 움직인다.

이런 것들이 우리가 공동체를 이루어 살고자 할 때 필요한 조건들이다. 이 '열 개의 말씀'은 흔히 개인 윤리 강령 정도로 여겨질 때가 많다. 그러나 이는 이 말씀에 대한 맥빠진 해석이다. 실은 이는 **공동체** 삶, 하나님의 백성으로서 사는 삶을 위한 조건들이기 때문이다. 하나님의 말씀으로 창조되는 삶, 역사 속에서 경험되는 삶에서는, 단순히 사적인 행동이란 존재하지 않는다. 모든 것이 인격적(personal)인 문제이며, 그 어느 것도 사적인(private) 문제는 없다. 우리가 하는 모든 일은 모든 다른 것과 연결되어 있다. 우리 중 누구라도 이 제시된 조건들 중 하나라도 어기면, 그 파생 결과는 공동체 내에서 (늘 쉽게 눈에 띄지는 않지만) 즉각적으로, 때로는 어마어마한 형태로 나타난다.

"들으라 이스라엘아": 신조

"이스라엘아 들으라. 우리 하나님 여호와는 오직 유일한 여호와이시니"(신 6:4).

이는 이스라엘의 신조로서, 히브리어로는 그저 여섯 개의 단어로 되어 있다. '쉐마 이스라엘, YHWH 엘로헤누, YHWH 에하드'

(*Shema' Yisrael, YHWH elohēnu, YHWH ehad*). 그러나 이 여섯 단어들은 이스라엘로 하여금 오직 하나님 한 분께 초점을 맞추고 충성하도록 하기에 충분했다. 이스라엘은 다신교 문화에 둘러싸여 살았다. 이스라엘 백성은, 여러 다양한 방식으로 자신들의 종교적 정서와 기대심을 퍼뜨리며 표현했던 대단히 종교적인 사람들과 늘 어깨를 부딪치며 살았다. 이 문화들—가나안, 블레셋, 모압, 이집트, 아시리아, 바빌론 등등—은 화려하고 자극적인 것들이었다. 지하 세계의 최신 마력들, 천상 세계의 최신 신비들을 보여 준다는 다양한 여흥거리들로 가득한, 온갖 신들과 여신들이 벌이는 다채로운 서커스 판이었다. 사람들의 흥미를 끌 만한 모든 것이 차려져 있었다. 이웃들의 이런 휘황찬란한 쇼에 비하면 이스라엘의 신앙과 예배는 지루한 것이었다. 그러나 그들의 삶은 그렇지 않았다. 이스라엘의 삶은 결코 지루하지 않았다. 그들의 신조는 그들을 실재에, 하나님-실재에, 하나님-진리에 계속 묶여 있도록 만들어 주었다. 그들의 신조는 그들로 하여금 신들과 여신들을—혹은 그 밖에 무엇이든지—많이 수집하면 할수록 그들의 삶이 나아질 수 있다는 헛된 상상을 하지 못하도록 만들어 주었다. 그들은 온갖 것들을 끌어모을 필요가 없었다. 새로운 통찰, 신기한 경험, 색다른 이야기를 찾아 세상 구석구석을 샅샅이 찾아다닐 필요가 없었다. 그들의 신조는 그들 공동체에 중심을, 중추를 부여해 주었다. 한 야웨, 한 분이신 야웨가 바로 그것이다.

그러나 이러한 뜨거운 일편단심, 엄격한 간소성, 흐트러짐 없는 진지성과 더불어, 이 신조는 또한 이 말씀들을 읽고 기도했으며 그것들을 예배 공동체를 위해 성서 두루마리에 필사했던 그 선조들의 사색과 기도 중에 있었던 어떤 놀이스러운 면모도 보여 준다. 이 놀이스러움은 주후 8-9세기 갈릴리 해변 도시 티베리우스에 살았으며 '마소라 학파'(Masoretes)라고 불린 일단의 히브리 학자들에게서 나타났다.

이 놀이스러움은 그들이 그 신조를 필사하는 방식에 나타난다. 그들은 이렇게 했다. 그들은 그 신조의 첫 번째 단어인 "들으라"(*Shemaʿ*)의 마지막 문자를 다른 글자들보다 크게 써 넣었다. 또 그들은 마지막 단어인 "하나"(*ehad*)의 마지막 글자도 마찬가지로 크게 써 넣었다. 그래서 그 첫째 단어의 마지막 글자('아인', 즉 '아')와 마지막 단어의 마지막 문자(달렛, 즉 '드')를 다른 문자들보다 크고 두껍게 적음으로써 결국 '증언'을 뜻하는 히브리어 '아드'(*ʿad*)가 나타나 보이게끔 했다. 그 신조는 그 공동체 삶의 질서를 세우고 중심을 잡아 주는 **증언**(witness)인 것이다. 또한 그 신조를 암송하는 공동체 역시 마찬가지로 **증인**(witness)들이다. 나는 이것이 매력적이라고 생각한다. 이는 경솔한 장난이 아니라, 자신의 상상력을 가지고, 또 자신의 삶을 가지고 그 텍스트 속으로 들어가, 그 텍스트가 가진 모든 가능성을 맛볼 줄 알았던 학자들의 놀이스런 진지함이다. 그들은 그저 고집스럽게 한 문자 한 문자 베껴 간 것이 아니라, 그 문자들을 살아 있는 것으로 보고, 그 문자의 생명에 자신이 참여할 수 있는 가능성, 또 다른 이들에게도 참여를 권할 수 있는 가능성을 보았던 것이다. 이스라엘의 신조는 하나님에 대한 무미건조한 도그마가 아니다. 이는 증언이다. 그리고 우리가 그것을 암송할 때 우리 또한 증인들이 된다.

이것이 전부가 아니다. 우리가 믿는 것, 우리가 증언하는 것은 또한 즉시 행동으로 옮겨져야 한다. "너는 마음을 다하고 뜻을 다하고 힘을 다하여 네 하나님 여호와를 사랑하라. 오늘 내가 네게 명하는 이 말씀을 너는 마음에 새기고"(신 6:5-6). 이 신조를 살아내는 유일하게 적합한 행위는 사랑이다. 물론, 뒤따라야 할 다른 행위들도 있지만, 여기가 출발점이다. 우리 삶 전체는 하나님의 임재와 본질과 명령들로부터 나와야 한다. "주 너희 하나님을 **사랑하라**."

하나님에 대해 우리가 믿고 있는 바가 아무리 올바르다 할지라도, 또 믿는 바에 대한 우리의 진술이 아무리 정확하다 할지라도, 또 그것에 대해 우리가 제아무리 웅장하고 설득력 있게 설교하고 글을 쓰고 선포한다 할지라도, 만일 우리가 말하고 행동하는 방식이 사랑을 따른 것이 아니라면, 우리는 그 신조를 왜곡한 것이며, 거짓을 고백한 것이다. 사랑 없이 믿는 것으로 인해 종교는 늘 나쁜 평판을 받는다. 사랑 없이 믿는 것은 삶을 파괴한다. 사랑 없이 믿는 것은 최선의 신조라도 오히려 압제의 도구로 바꿔 놓는다. 믿기는 하되 사랑하지 않거나 사랑을 주변적인 일로 밀쳐 내는 공동체는, 그 신앙 체계나 교리적 정통성이나 '사명 선언서'가 무엇이든, 곧, 금세 "사탄의 회당"(계 2:9)이 되고 만다.

이 신조에 따른 사랑은 "마음을 다하고 뜻을 다하고 힘을 다한" 것이 되어야 한다는 말씀은 우리로 하여금 이 사랑을 우리가 행하는 모든 일에 깔려 있고 스며 있는 삶의 방식으로밖에 해석할 수 없게 만든다. 즉, 이는 그런 성향을 가진 이들만을 위한 선택 사항이 아니다. 이는 우리가 소위 '기본'이라고 부르는 다른 일들을 먼저 해결한 다음에 할 수 있는 일이 아니다.

'사랑'은 신명기의 중요 단어이며, 가장 특징적인 단어다. 그러나 이는 발렌타인데이의 단어, 즉 감상적인 단어는 아니다. 이는 우리의 모든 애정과 정서와 친밀성을 무언가 좀더 근본적이고 항구적인 것 안으로, 하나님에 대한 일편단심 충성이라는 구조 안으로 거두어 모은다. 이러한 신조에 따른 구조 없이는, 하나님과 우리 사이에 맺어진 언약 안에 마련되어 있는 이러한 구조 없이는, 인간의 사랑은 변덕과 공상으로 썩거나 쇠락하고 만다.

무엇보다 의미심장한 것은, 이는 예수님이 첫째요 으뜸가는 명령으로 선택하신 명령이라는 점이다. "모든 계명 중에 첫째가 무엇입니까?"라고 묻는 한 서기관의 질문에 예수님은 다른 계명들은 모두 이 계명에 달려 있다고 대답하셨다(막 12:28-30).

'규례와 법도': 삶을 위한 가르침들

공동체를 위한 조건들을 제시하는 '열 개의 말씀'과, 공동체를 오직 하나님과 사랑의 삶에 그 중심을 두게 하는 신조 다음에, 이제 공동체로 함께 살 때 생겨나는 냉혹한 일상적 문제들에 도움을 주기 위한 말씀들이 여러 장에 걸쳐(신 12-28장) 나온다. 40년 전 시내 산에서 주어진 그 출애굽기/레위기의 가르침들은 이제 상당히 먼 과거의 것이다. 지금껏 그것들은 유용했다. 물론 과거의 것이라고 단순히 무시되지는 않는다. 하지만 그것들 대부분은 굳이 지금 여기서 다시 반복될 필요는 없다. 가령, 전에는 장장 여러 페이지에 걸쳐 예배를 위한 구조물 제작, 제단이나 상이나 촛대 등 예배에 쓰일 각종 가구와 물건들의 제작 등에 대한 가르침이 제시되었다. 또 제사장들은 어떤 옷을 입어야 하는지, 또는 삶 전체를 하나님의 관대한 자비와 용서의 은혜와의 관계 안에서 새롭게 상상하고 실천할 수 있게 해주는 희생 제사를 어떤 절차로 드려야 하는지에 대한 가르침도 있었다. 하지만 여기 모압 평원 설교에서 모세는 이런 것들을 모두 생략한다.

생략하지 않고 다시 꺼내어 말하는 부분들에서도 그는 목하에 둔 새로운 땅에서의 삶의 견지에서 그것들을 개정해 말한다. 실제 삶에서는, 막상 닥치면 개인이 알아서 결정하라고 맡겨 버릴 수 없는 세세한 문제들이 숱하게 있다. "만약…하다면 어떻게 해야 하는가?" 하는 세부적 문제들 말이다. 만일 당신이 누군가를 본의 아니게 죽였다면…? 만약 처녀가 강간을 당했다면…? 만약…?

공동체를 이루어 살고자 한다면 우리는 이런 문제들을 그저 무시할 수 없다. '구원받은' 선한 사람들끼리는 이런 문제가 저절로 해결될 것이라고 믿어서는 안 된다. 공동체 삶이 원활하게 돌아가게 하기 위해서는 우리는 이런 세세한 문제들에 대해 미리 결정해 두어야 한다.

모세 바인펠트(Moshe Weinfeld)는 신명기의 "규례와 법도"가 보여 주는 "유례 없는 인도주의적 태도"에 대해 말한 바 있다.[12] 그 뚜렷한 예가 바로 이 '열 개의 말씀'이다. 이는 출애굽기 본문을 거의 그대로 필사한 것인데, 안식일 준수 명령의 이유가 신학적인 것(하나님이 일곱째 날 쉬셨기 때문에 우리도 안식일을 지킨다)에서 사회 정의 문제(우리 가족과 종들과 동물들 모두 반복적인 노동으로부터 휴식이 필요하다)로 바뀌는 세 번째 말씀과, 탐심을 품지 말아야 할 첫 번째 대상이 "네 이웃의 집"인 출애굽기(출 20:17)와는 달리 "네 이웃의 아내"로 나오는 열 번째 말씀은 그 예외다. 후자의 경우, 이는 신명기의 규례와 법도 중 여성의 존엄성에 대한 고려가 등장하는 많은 예들 중 첫 번째다.

※

출애굽기에는 하루하루 긴박한 광야 생활의 안내 역할을 해주는 가르침들("법도")이 다섯 페이지(출 21-23장)에 걸쳐 나오고, 레위기에는 아홉 페이지(레 17-26장)에 걸쳐 그런 본문이 나오는데, 이들은 신명기의 출발점이 되어 준다. 도합 열네 페이지의 이 가르침은 신명기에서는 스물여섯 페이지로 확장된다(신 12-28). 아마도 새로운 땅의 고정된 조건들 아래서 사는 삶은 훨씬 더 복잡할 것이기 때문일 것이다. 이 세세한 가르침들 중 많은 것들—아마도 대부분—은 3,000년이 지난 지금 고도로 기술화된 민주주의 국가에서 살고 있는 우리와는 거의 관련이 없는 문화적·지역적 조건들에 대한 것이다. 그러나 하나님의 백성 공동체로 사는 삶의 세세한 문제들에 그렇게도 세심한 주의가 기울여진다는 것은 지금 보아도 참으로 인상적이다. 그 '열 개의 말씀'은 공동체로 사는 삶의 조건들을 제시해 준다. 또 그 신조는 통일시키는 초점(오직 하나님)과 통합시키는 동기(사랑)를 제공한다. 그러나 이 둘이 있다 해도 "만일…라면 어떻게 해야 하는가?"에 관한 무수한 문제들이 여전히 남아 있다. 공동체 사람들이 시시콜콜 끝없이 다투지 않게 하려면 이런 문제들은 반드시 다뤄져야 한다.

그러나 출애굽기와 레위기에 제시된 이전 가르침들과는 대조적으로, 신명기는 위반 행위들 각각에 대한 보상금 액수를 규정해 주는 시민 법전 같은 내용이 아니다. 신명기의 전체적인 취지는 "개인의, 특히 보호가 필요한 이들의 보호를 확보해 주려는 것"이다.[13] 여성과 가정에 대한 특별한 배려, 노예를 다루고 가난한 이들을 돌보는 문제, 재산권, 심지어 환경권 같은 인권 문제들이 제시되어 있다. 이들은 물론 현재 우리 공동체들에서도 세세하게 고려되어야 하는 문제들이다. 포괄적이고 권위적인 일반화(십계명! 신조!)는, 물론 꼭 필요하고 근본적이지만, 그런 것들이 있다고 해서 선의의 사람들이 본의 아니게 무심코(물론 어떨 때는, 선의로 가장된 악의로서) 공동체에 끼치는 '소죄'(小罪)들("포도원을 허무는 작은 여우", 아 2:15)이 막아지는 것은 아니다. 이 본문에 대한 통찰력 있는 학자인 G. E. 라이트(Wright)는 이 "규례와 법도"들이야말로—흔히 난해한 본문으로 간과되고 무시되지만—"신명기 법전의 영광"이라고 말했다.[14]

모세

신명기는 설교를 통해 공동체가 재상상되는 장엄한 책이지만, 이 책 말미의 모세 이야기는 우리로 하여금 냉정을 되찾게 해준다. '장엄함'(magnificent)은 그야말로 신명기와 지도자 모세를 형용하기에 딱 맞는 말이다. 지금껏 신명기는 이스라엘 백성들(그리고 그들의 후손인 우리)로 하여금 공동체의 매일의 삶을 현실의 구체적 조건들에 터를 잡도록 해주었다. "신명기는…성경의 다른 모든 책과 구별되는, 냉정하고 진지하며 감동적인 웅변을 갖추고 있다."[15] 그러나 이러한 냉정하고 진지한 웅변에도 불구하고, 우리 대부분은

'영적인' 문제에서는 어쩔 수 없는 낭만주의자들이다. 우리는 느닷없이 유토피아의 환상에 빠져드는 경향이 있다. 만일 하나님이 여기에 관여하시고, 또 우리도 제대로만 관여한다면, 우리의 공동체 삶은 아주 목가적으로 흘러갈 것이라고 생각하는 것이다. 모세 이야기는, 신명기를 마무리짓는 모세의 위대한 시 두 편―노래(32장)와 축복 선언(33장)―을 통해, 우리의 믿음과 순종을 '현재화'해 주는 이 위대한 설교가 그저 공허한 낭만적 뜬구름이 되지 않게 해주며, 우리가 살아낸 이 구원의 실제를 그저 감상적인 노래나 덕담으로 흩어 버리지 않게 해준다. 창조/구원의 삶은 단순히 하나님에 대해 생각하거나 말하는 것이 아니다. 이는 어려움, 실패, 실망, 비통의 조건 아래서―죄와 죽음의 조건들 아래서―가정과 일터에서 하나님이 선물로 주신 사랑의 자유한 삶을 **살아내는** 것이다. 그리고 모세는 성경에서 실패와 비통을 보여 주는, 죄와 죽음의 조건들이 어떻게 공동체 일반에, 특별히 하나님 백성 공동체 안에 필연적으로 내재하는가를 보여 주는 특별한 예들 중 하나다.

공동체의 터를 잡아 주는 이 본문을 우리는 기도하고 숙고하며 읽어 간다. 순종과 사랑 안에서 남들과 더불어 산다는 것이 무엇인지, 죽음과 불순종도 있는 이 두려운 여정에 상상력을 통해 들어가 산다는 것이 무엇인지를 깨달으며, 모든 것을 희망과 약속을 위한 재료로 삼아 그것을 책임성으로, 응답하는 능력으로 형성시켜 주는 그 설교에 귀기울인다. 세상을 창조하고 구원을 창조하며 지금 공동체를 창조하고 있는 그 말씀에 우리 모두 참여자가 된다. 신명기는 인류 역사상 공동체에 대한 가장 비낭만적인 해석이다. 세세하고, 정직하며, 구체적이고, 어떠한 환상도 심어 주지 않는 이야기다.

설교를 전한 후 모세는 그 내용을 적어 제사장들에게 주면서 7년마다, 광야 생활 40년 동안의 하나님의 섭리를 기념하는 절기인 가을의 초막절 동안 모든 회중—남자, 여자, 아이, 외국인 할 것 없이—앞에서 그것을 읽어 주라고 명했다. 신명기는 그들의 삶을 위한 텍스트가 되어야 한다. 7년마다 그들은 이 텍스트에서 다시금 새로운 힘을 얻을 것이었다(신 31:9-13). 그리고 나서 모세는 여호수아를 자신의 뒤를 이어 백성들을 요단 건너편 새로운 땅으로 인도해 줄 지도자로 임명했다.

이렇게 그 날 모압 평원에서 펼쳐진 장면은 참으로 흐뭇한 것이었다. 해방되었고, 예배와 순종의 삶에 대해 철저한 훈련을 거쳤으며, 이제 약속의 땅을 눈앞에 두고 있는 회중. 이 모든 것을 모세의 설교는 그들 앞에서 생생한 현재로 만들어 주었고, 그 장려한 말씀들과 이야기들은 아직도 그들의 귀에 메아리치고 있다. 여호수아는 모세로부터 지도권을 물려받고, 그 두 사람이 회막 앞에 서자 하나님의 임재인 구름 기둥이 나타나 확증과 축복을 주신다. 참으로 극적이며 만족스런 순간이 아닐 수 없다. 완벽한 결말이다.

한 가지만 제외하고 말이다. 하나님은 모세에게 따로 사적으로 하실 말씀이 있으셨다. 이는 모세가 듣기에 즐거운 말씀이 아니었을 뿐 아니라, 우리가 읽기에도 분명 즐거운 말씀이 아니다. 그러나 거룩한 공동체로 사는 삶의 현실에 대해 대비하고자 한다면, 우리는 이 말씀을 읽어야 한다.

"[내 말로 바꿔 말해 보면 이렇다.] 모세, 너는 이제 곧 죽을 것이고 네 조상들과 함께 묻힐 것이다. 네가 무덤에 들어가자마자 곧 이 백성은 이제 들어가 살게 될 그 나라의 외국 신들을 우상숭배하게 될 것이다. 그들은 나를 버릴 것이고 나와 맺었던 언약을 어길 것이다(31:16).…그러므로 나는 네가 이것을 하기를 원한다. 이 노래를 기록하고 이스라엘 백성에게 그것을 가르쳐라. 그 노래는 그들이 내게 무엇을 잘못했는지를 말해 주는 증언이 될 것이다(31:19).… 그들이 이런저런 신들을 우상숭배하기 시작할 때(31:20)…모든 것이 허물어지고 많은 끔찍한 일들이 일어날 때, 이 노래는 그들에게 그들이 누구이며 또 무엇이 잘못되었는지를 말해 주는 증언이 될 것이다. 그들의 자녀들은 이 노래를 망각하지 않을 것이다. 그들은 이 노래를 늘 부를 것이기 때문이다."

"그들이 벌써부터 내 등 뒤에서, 또 네 등 뒤에서 무슨 작당을 하고 있는지 내가 모를 것이라 생각지 말라. 그들은 아직 내가 약속해 준 그 땅에 들어가지도 않았다"(31:21).

"그러므로 모세가 그 날 이 노래를 써서 이스라엘 자손들에게 가르쳤더라"(31:22).

그 노래는 지금까지의 이스라엘의 경험, 즉 그들의 죄와 하나님의 돌보심을 늘 생생한 현재로 유지시켜 주는 리듬과 은유를 통해 이후 세대들로 하여금 거룩한 공동체의 예배와 사랑과 순종의 삶을 이해하고 정련시킬 수 있게 해준다. 그러나 그 노래는 모세로서는 그다지 만족스런 결말이 되지 못한다. 그는 최선을 다했다. 그는 마지막, 최고의 설교를 전했다. 그는 지혜와 사랑과 은혜가 담긴 이 놀라운 책을 썼다. 그는 자신의 권위를 유능한 여호수아에게 넘겨주었다. 구름 기둥이 하나님의 임재의 강렬한 빛으로 온 대기를 가득 채웠다. 그런데 하나님이 이제 모세에게 이렇게 속삭이시는 것이다.

"모세야, 한 가지 더 있다. 모든 것이 허물어질 것이다. 이 백성은 네가 사라지자마자 성(性)과 다산(多産)을 숭배하는 난잡한 가나안 종교에 빠져들 것이다. 그러므로 죽기 전에 이 마지막 메시지를 기록해 두라. 그것을 아이들도 쉽게 배울 수 있는 노래로 만들어라. 그래서 그들로 하여금 이 노래의 파편들을 모아 훗날, 네가 출범시켰으며 지난 40년 동안 그토록 신실하고 훌륭하게 섬겨 온 이 거룩한 공동체를 다시 회복시킬 수 있게 하라."

생애 마지막 순간, 모세는 자신의 지도력을 여호수아에게 넘겨주고, 백성들에게 자신의 노래를 가르치고, 한 부족씩 공동체 전체를 축복하고는, 이제 무거운 걸음걸이로 느보 산에 올라 약속의 땅 전체가 광활하게 펼쳐져 보이는 비스가 산꼭대기에서 마침내 죽음을 맞는다. 죽은 그를 하나님이 묻어 주신다(34장).

인간적인 관점에서 보면, 그는 실패자로 죽었다. 죽을 때 그는 자신이 실패자라는 것을, 평생을 이 공동체를 인도하며 훈련시키며 기도하며 이룬 모든 것이 결국 그 백성이 가나안에 들어가자마자 와해될 것임을 알았다. 간과될 때가 많지만, 실은 성경의 독자들은 이런 이야기에 친숙하다. 이는 무슨 의미인가? 이는 거룩한 공동체에 대한 우리 생각을, 성경에 계시된 바에 맞게 수정해야 한다는 것을 뜻한다. 이는 기독교 회중에 들어가면 사랑스럽고 긍정적이고 아름다운 사람들과 사귀게 되리라고 생각하는 이상주의적 몽상을 버려야 한다는 것을 뜻한다. 이는 하나님이 우리 공동체 안에서 일하시는 방식은 무엇이 '효과적'이냐를 따지는 세상의 방식과 실은 전혀 무관하다는 것을 뜻한다. 이는 "세상의 천한 것들과 멸시받는 것들"(고전 1:28)을 택해 자신의 공동체를 이루시는 하나님의 일하시는 방식은 지금도 변하지 않았음을 뜻한다. 이는 공동체의 모든 문제에서 하나님의 방식대로 하나님의 일에 참여하고자 하는 이들은 굉장한 '예배'나 복음 '전도'의 과시를 통해 세상이 보기에 멋진 조직체를 만들겠다는 허황된 생각을 포기해야 한다는 것을 뜻한다.

근거 본문(2): 누가복음/사도행전

예수님에 대한 이야기를 쓴 네 명의 저자들 중에서 오직 누가만이, 다음 세대 사도들과 제자들이 그 이야기를 살아내는 이야기로까지 그것을 계속 확장시킨다. 주목할 만한 것은—누가는 능숙한 문학적 솜씨로 독자들에게 이를 놓칠 수 없게 만드는데—이는 본질적으로 동일한 이야기들이라는 것이다. 즉, 그리스도의 이야기가 그리스도인들의 이야기를 통해 재현되는 것이다. 모세가 홍해로부터 모압 평원에 이르기까지 구원 역사 40년을 자신의 신명기 설교에 담아 그것을 앞으로 펼쳐질 약속의 땅 가나안의 삶을 위해 현재화했듯이, 누가는 예수님의 생애 30년을 최초의 기독 공동체에 대한 자신의 이야기 속에 담아 그 공동체가 탄생해서 30여 년 간 성장해 온 이야기, 로마 제국 내에서 예수 생명을 살아가는 그리스도인들의 이야기를 우리에게 들려준다.

❦

두 권의 책, 누가복음/사도행전은 그리스도의 삶과 기독 공동체의 삶을 서로 나란히 둔다. 떠나시던 날 엄숙한 밤 예수님은 제자들에게, 그들은 자신이 시작한 일을 계속 이어갈 것이라고 말씀하셨다. "내가 진실로 진실로 너희에게 이르노니 나를 믿는 자는 내가 하는 일을 그도 할 것이요 또한 그보다 큰 일도 하리니 이는 내가 아버지께로 감이라"(요 14:12). 또 그들과 함께, 그들을 위해 드리신 마지막 기도에서 그분은 그들의 삶과 자신의 삶을 평행되게 하셨다. "아버지께서 나를 세상에 보내신 것같이 나도 그들을 세상에 보내었고"(17:18). 누가의 임무는 이 두 가지 '보냄', 즉 아버지 하나님이 예수님을 세상에 보내신 것과, 예수님이 우리를 세상으로 보내시는 것을, 풍부한 상술(詳述)들을 통해 뚜렷이 보여 주는 것이다.

❦

예수님의 이야기는 예수님으로 끝나지 않는다. 예수님 이야기는 회개하고 믿고 따르는 남녀들의 공동체 안에서 계속된다. 초자연적인 역사는 예수님에 국한되지 않는다. 예수님 안에서 천명되고 가시화되고 구체화된 하나님의 구원은, 그분 안에서 새로운 삶으로 일으켜진 남녀들, 즉 부활 공동체 안에서 계속해서 천명되고 가시화되고 구체화된다.

성령

누가는 아마도 신약 성경의 유일한 이방인 저자일 것이다. 또한 그는 예수님을 직접 눈으로 보지 못한 유일한 복음서 저자다. 그가 예수님에 대해 알고 있는 것들은 모두 다른 이들로부터, 특히 사도들의 증언과 여타 그가 접촉한 이들로부터 전해 들은 것이다. 그는 자신은 다만 "그 모든 일을 근원부터 자세히 미루어 살펴"이 책을 썼다고 말한다(눅 1:3). 복음서 저자들 중에서 그는 오직 예수님의 제자 공동체 안에서 일하시는 성령의 역사를 통해서만 예수님을 알았던 독특한 경우였다.

따라서 성령이 누가의 사상에서 그렇게 크게 부각되고 그의 어휘를 지배하고 있는 것은 이해할 수 있는 일이다. 다른 복음서 저자들은 예수님을 직접 보았고 들었고 만졌으며, 그분과 음식을 같이 먹었고, 그분과 같이 길을 걸었으며, 그분과 같이 기도했고, 그분이 가르치시고 이야기하시는 것을 들었으며, 그분이 십자가에 못박히시는 것을 지켜봤고, 그분의 부활에 대한 증인들이었으며, 그분이 하늘로 승천하시는 것을 보았다. 그러나 누가는 이 모든 것을 전해 들었을 뿐이다. 그러나 누가에게 이는 전혀 간접적인 경험이 아니었다. 왜냐하면 성령께서, 하나님이 우리와 함께하시는 방식인 성령께서 그 모든 것을 직접적인 체험으로 만들어 주셨기 때문이다. 따라서 오직 성령을 통해서만 예수님을 경험할 수 있었던 누가가 다른 복음서 저자들보다 성령에 대해 훨씬 더 자주 언급한 것은 지극히 당연한 일이었다.[16]

그의 복음서는 수태를 가져오는 성령의 방문에 대한 이야기로 시작한다. 사도행전도 마찬가지로 수태를 가져오는 성령의 방문 이야기로 시작한다. 누가복음에서는 우리의 구원자이신 예수님이 수태되신다. 사도행전에서는 구원받은 이들의 무리인 교회가 수태된다. 성령에 의한 이 두 가지 수태 이야기를 누가는 평행하는 두 이야기의 평행하는 출발점들로서 이해시키고자 한다. 예수 그리스도도, 예수 그리스도의 공동체도 모두 성령에 의해 수태된다.

예수 수태

누가복음에서 예수 수태는, 앞서 있었던 그의 사촌 요한의 수태와 짝을 이루고 있다. 요한은 임신 가능한 나이를 훨씬 지난 엘리사벳의 자궁에 성령에 의해 수태되었다. 그리고 여섯 달 후 예수님은, 성 경험이 없는 처녀 마리아의 자궁에 성령에 의해 수태되었다. 엘리사벳이나 마리아나 수태가 전적으로 불가능한 이들이었다. 엘리사벳은 폐경기의 나이였고 마리아는 어린 처녀였다.

성령에 대한 언급은 사가랴에게 곧 아버지가 될 것이라고 알려 주는 가브리엘 천사의 메시지에 처음 등장한다. "네 아내 엘리사벳이 네게 아들을 낳아 주리니…[그 아이는] 모태로부터 성령의 충만함을 받아"(눅 1:13-15). 여섯 달 후, 마찬가지로 가브리엘 천사가 마리아의 집에 나타나 그녀에게 이제 곧 아기를 갖게 될 것이라고 알려 준다. 마리아가 인간의 임신에 대한 천사 가브리엘의 순진한 무지에 도전하자—"나는 남자를 알지 못하니 어찌 이 일이 있으리이까"—가브리엘이 그녀에게 말한다. "성령이 네게 임하시고 지극히 높으신 이의 능력이 너를 덮으시리니"(1:35).

성령에 대한 언급은 계속된다. 마리아가 엘리사벳을 방문하자 엘리사벳은 "성령의 충만함을 받아" 마리아를 축복한다(1:41). 엘리사벳이 요한을 낳자 아버지 사가랴는 "성령의 충만함을 받아" 예언을 행한다(1:67). 예수님이 태어난 지 33일 후 그의 부모들은 아기 예수를 모세가 명한 '정결' 예식을 행하기 위해 성전으로 데리고 온다. 그 때 "성령이 그 위에 계시는" 사람이자 "성령의 지시를 받은" 사람이라고 소개되는(2:25-26) 시므온은 성전에서 마리아와 요셉을 만나 "성령의 감동으로" 아기 예수를 품에 안고 아이와 부모를 축복한다.

지금 누가는, 하나님은 전적인 불가능성 중에서 생명을 적극적으로 창조해 내시고 확증해 주시는 분임을 우리에게 이해시키려는 것이 아닐까? 일곱 차례에 걸쳐 성령이 처음 두 장에 언급된다. 다섯 차례에 걸쳐 성령의 활동이 다섯 사람들과 관련해 상술된다. 즉 태아 요한, 처녀 마리아, 임신한 엘리사벳, 노(老) 제사장 스가랴 그리고 경건한 시므온.

그러나 (이 점에 주목하는 것이 중요한데) 그 출생들 자체는 완벽히 자연적이었다. 각각의 출생 모두에 앞서 아홉 달의 임신 기간이 있었다. 이 가망 없는(폐경기 여성과 처녀의) 자궁들에서 태어났지만 그 아기들은 정상적인 유아기를 보내며, 단단한 음식을 먹는 법을 점차 배워 갔으며, 어느 날은 이리저리 굴러다니다가 기기 시작하더니, 곧 걷고, 급기야는 뛰어다니기 시작했으며, 알아듣지 못할 옹알이를 하다가는, 어느 날 단어를 말하고, 마침내 문장을 말해 부모를 깜짝 놀라게 만들었다.

성령은, 비록 생명 자체를 수태시키는 일에는 기적적으로 간섭하시지만, 인간적인 그 어떤 것도 그냥 질러가거나 건너뛰시는 것 같지 않다. 성령으로 수태된 삶이라 해도, 인류의 공통 운명이 면제되는 것은 결코 아니다. "우리와 똑같이 시험을 받으신"(히 4:15) 분인 예수님의 경우도, 아무것도 면제되지 않았다. 우리의 경우도 마찬가지다. 이는 우리의 인간성이 결코 거룩에 대해 접근불가하거나 무능하지 않음을 뜻한다. 인간성 자체는 신적인 가치를 지닌 것이다. 태아로부터 유아로, 성인으로, 부모로 그리고 노년으로 자라가는 그 오랜, 복잡하고, 위험 많고, 때로는 고통스런 성장 과정은, 하나님이 그리스도 안에서 성령을 통해 우리 안에, 또한 우리를 위해 늘 현존하시기에, 의미 있고 존엄한 것이 된다.

공동체 수태

33년의 세월이 흐른 후, 예수님은 제자들에게 이런 마지막 말씀을 하셨다. "오직 성령이 너희에게 임하시면 너희가 권능을 받고…"(행 1:8). 예수님의 친구들도 그분과 똑같은 출발점, 즉 성령을 갖게 될 것이라는 말씀이다. 예수님이 세상의 구주가 되셨던 똑같은 방식으로("성령이 네게 임하시고") 예수님을 따르는 이들도 세상 안에서 부활 공동체가 될 것이다("성령이 너희에게 임하시면"). 누가복음 1-2장에 등장하는 그 일곱 명의 주변적 유대인들 위에/안에 역사하신 성령의 활동은 예수님이 "내 아버지께서 약속하신 것"(눅 24:49; 참고. 행 1:4-5)을 보내 주시기를 기다리며 예루살렘에서 모였던 예수님의 제자들에게서 재생산될 것이었다.

예수님이 십자가에 못박히신 그 운명적인 유월절이 지난 50일 후, 그리고 그분이 하늘로 승천하신 지 열흘 후, 마침내 성령이 예루살렘의 신자들에게 임하셨다. 그 날, 그 오순절 날, 지금 우리의 이 거룩한 교회 공동체가 수태된 것이다. 예수님의 어머니 마리아는 그 핵심 인물 일곱 명 중에서, 예수 수태와 탄생에도 참여했으며 또한 그 공동체의 수태와 탄생 자리에도 함께한 유일한 사람이었다(행 1:14). 마리아의 자궁에 예수님을 수태시킨 성령은 이제 (최소) 120명의 설립위원을 갖춘 예수 제자 공동체를 수태시켰다. 이 때도 마리아는 이를 지켜보았으며 참여했다.

성령에 대한 언급은 이제 더 잦아진다. 누가복음에는 성령에 대한 언급이 17회 나오는데 그 복음서와 거의 같은 분량인 사도행전에서는 무려 57회나 나온다. 우리는 이 예수 이야기의 근본적 줄거리를 놓치지 말아야 한다. 예수 공동체가 행하고 말하고 기도하는 바는 예수님이 행하시고 말씀하시고 기도하시는 바와 연속성이 있다. 이는, 다만 지금은 예수님이 눈에 보이고 귀에 들리게 계시지 않는다는 것일 뿐, 우리가 복음서에서 읽는 예수 이야기와 동일한 이야기다. 성령은 하나님이, 전에 예수님 안에 계셨던 것과 동일한 방식으로 지금 우리 가운데 임재하시고 일하시는 방식이다.

누가복음의 끝과 사도행전의 처음 부분에서 예수님이 그분의 친구들에게 성령을 보내 주리라고 말씀하셨을 때, 그분은 성령의 이러한 오심에는 **능력**(power)이 따를 것이라고 말씀하셨다. "너희는 위로부터 능력으로 입혀질 때까지 이 성에 머물라"(눅 24:49). 또 "오직 성령이 너희에게 임하시면 너희가 권능[능력]을 받고"(행 1:8).

'능력'은 성령이 우리에게 '입혀지고' 우리에게 '임하실' 때 우리가 기대할 수 있는 것을 이해하기 위한 중요 단어다. 그러나 그 의미를 알아보기에 사전은 좋은 곳이 못 된다. 사전은 분명 놀라운 도구이고 사전 없이는 우리가 곤궁해질 것이지만, 그러나 복음의 문제들에서 사전은 그다지 도움이 되지 않는다. 그 이유는, 복음의 모든 것은 인격적이고 관계적이고 구체적인 것들이기 때문이다. 그저 일반적인 것은 하나도 없다. 모든 단어는 큰 이야기(the Story)에 파묻혀 있으며, 포괄적인 의미에서 말해 본다면, "육신이 된 말씀"이신 예수님 안에 육화(肉化)되어 있다. 그런데 사전 속에 따로 격리되어 있는 단어는 맥락이 없는, 따라서 관계 가운데 있지 못한, '육신'을 갖지 못한 단어다. 따라서 단순히 정보를 얻는 것이 아니라 진리를 살아내는 일에 관심이 있다면 우리는 어떤 단어의 의미를 발견하고자 할 때 사전이 아니라 반드시 그 전체 이야기를 살펴보아야 한다.

누가가 '능력'이라는 용어를 사용하는 처음 두 경우가 시사하는 바는 매우 크다. 첫 번째는 가브리엘이 마리아에게 수태를 알릴 때 나온다. "성령이 네게 임하시고 지극히 높으신 이의 능력이 너를 덮으시리니…." 여기서 성령의 능력은 여인을 잉태하게 만드는 힘이다. 누가복음 1-2장에 나오는 다섯 번에 걸친 성령에 대한 언급들도 모두 잉태와 출산과 관계 있다. 이는 '능력'이라는 단어가 사용되는 대단히 흥미로운 용례로서, 관습적인 용례와는 대단히 거리가 멀다. 성적 수태 행위는 친밀함과 성교, 부드러움과 상호성 등을 연상시킨다. 만일 성행위가 비인격적이거나 거칠거나 강요된 것이라면 이는 폭행일 뿐이다. '능력'의 의미가 무엇인지를 이 큰 이야기에서 찾고자 유심히 살펴볼 때, 우리가 능력을 어떤 비인격적인 힘이나 강제로 부과되는 어떤 것으로 이해하기란 전적으로 불가능하다. 우리는 가브리엘의 말에 대해 스가랴서에 나오는 다음 구절을 각주로 붙여도 좋을 것이다. "이는 힘으로 되지 아니하며 능력으로 되지 아니하고 오직 나의 영으로 되느니라"(슥 4:6). '힘'(might)과 같은 뜻을 가진 그런 종류의 능력은 성령께서 일하시는 방식에 속하지 않는다.

누가복음에 '능력'이라는 말이 등장하는 두 번째 경우는 예수님이 광야에서 시험을 받으신 이야기에 나온다. 예수님은 마귀로부터, 돌에게 명령해 떡이 되게 만들라는 유혹, 세상 모든 왕국의 통치자가 되라는 유혹, 성전 꼭대기에서 뛰어내렸다가 마지막 순간 천사에 의해 구원받는 깜짝 묘기를 통해 신성을 증명해 보이라는 유혹을 받는다. 모두 능력 행사와 관계 있는 유혹들이다. 창조 세계를 자기 뜻대로 좌지우지하는 능력, 나라들을 자기 뜻대로 좌지우지하는 능력, 장안에 화제가 되는 유명 인사가 되는 능력. 이러한 능력 행사들은 모두, 분명 예수님에게도 좋은 것들이다. 많은 사람들을 먹이는 것, 온 세상을 정의롭게 통치하는 것, 거리의 사람들에게 하나님의 기적적이고 항구한 섭리를 보여 주는 것. 그러나 예수님은 이 모든 것을 거절하셨다. 왜? 이 모든 것은 능력이 비인격적으로, 관계들과 동떨어져서, 사랑과 아무 관련 없이, 외부로부터 강제적으로 사용되는 경우이기 때문이다. 모두—매번 예수님이 큰 이야기로부터 인용하신 말씀들을 보면 분명해지는데—큰 이야기의 맥락과 동떨어진, 따라서 사람들의 삶이라는 참여적 맥락과 동떨어진 능력 사용인 것이다. 성령의 능력이 무엇을 뜻하든, 과시하는 힘은 그 의미가 아니다. 이는 다이너마이트(힘을 뜻하는 그리스어 *dynamis*로부터 온 단어) 도화선에 불이 붙을 때 일어나는 그런 것이 분명 아니다. 하나님의 능력은 언제나 인격적인 방식으로, 창조하고 구원하며 축복하는 방식으로 행사된다. 이는 결코 외부에서 비인격적으로 강제되는 힘이 아니다.

좋은 일을 그릇된 방식으로 하는 데 능력을 사용하기를 세 번 거절하신 후, 누가에 따르면, 예수님은 "성령의 능력으로 갈릴리에 돌아가시니…친히 그 여러 회당에서 가르치시매 뭇 사람에게 칭송을"

받으셨다(4:14-15). 계속되는 이야기에서 우리는, 예수님은 말과 행동으로 가르치실 때 언제나 인격적이고 관계적이셨다는 것을 여러 구체적인 경우들을 통해 확인하게 된다. 예수님의 "성령의 능력" 사용은 광야에서 유혹 받으신, 능력—배고픈 이들을 돕는 능력, 정의를 행하는 능력, 기적을 통해 복음을 전하는 능력—에 대한 세 가지 탈인격적이고, 탈맥락적인 사용과 뚜렷한 대조를 보여 준다. 만일 공동체가 예수 이야기와 동떨어져 능력을 행사한다면, 인격적 관계와 친밀성을 무시한 채 사람이나 일들을 좌우지하려 한다면, 이는 분명 성령의 능력이 아니라는 것을 확신할 수 있다. 이는 마귀의 일이다. 그러한 곳에서는, 제아무리 성령을 큰 소리로, 자주, 경건하게 부른다 해도, 사실 성령은 그러한 종교적 신성 모독 행위들과 아무 상관이 없으시다.[17]

기도

성령이—하나님이 우리와 함께 계시고, 우리를 통해 일하시고, 우리에게 말씀하시는 방식으로서—예수님의 삶과 예수 공동체의 삶 사이의 연속성이 유지되게 하는 방식이라면, 기도는 공동체가 그러한 현존과 일하심과 말씀하심을 적극적으로 받아들이고 거기에 참여하는 주된 방식이다. 기도는 성령으로 우리에게 현존하시는 하나님께 우리가 주의 깊게 현존하는 방식이다. 따라서 예수님과 그분을 따르는 이들 사이의 유기적 연속성을 유지하고 발전시키는 것을 임무로 삼은 누가가 우리를 자주 기도의 자리로 이끄는 것은 전혀 놀라운 일이 아니다.

다섯 기도

복음 이야기의 필수 토대가 되는, 요한과 예수님의 수태, 임신, 탄생 이야기들은 기도를 우리 공동체의 공동 언어, 즉 공통어(*lingua franca*)로 자리잡게 만들어 준다. 하나님이 말씀으로 예수님과 예수 공동체의 삶을 존재케 하시는 이 이야기들에는 들음과 믿음의 언어, 수용적이며 응답적인 참여의 언어가 무엇인지를 말해 주는 다섯 기도들이 등장한다. 이 기도들은 기독 공동체, 즉 자신의 존재와 정체성을 그들 가운데 계신 성령의 임재와 말씀에 빚지고 있는 이들의 기본적 구문(syntax)이 형성되는 일에 주된 요소로 사용되어 왔다. 이 기도들은 공동체 삶을 이루는 기본 요소들로 자리매김되어 왔고, 이 기도들을 통해 우리는 우리 안에 또 우리 가운데 계신 성령에 주의를 기울이고 응답할 수 있었다. 이 기도들은 흔히 각각의 기도가 시작되는 첫 라틴어 어구로 교회 안에서 불려 왔다.

'피아트 미히'(*Fiat mihi*, 눅 1:38)

'마그니피카트'(*Magnificat*, 1:46-55)

'베네딕투스'(*Benedictus*, 1:68-79)

'글로리아 인 엑첼시스'(*Gloria in excelsis*, 2:14)

'눈크 디미티스'(*Nunc dimittis*, 2:29-32)

'피아트 미히': "…말씀대로 내게 이루어지이다"는 성령을 통해 한 아기를, '하나님의 아들'을 수태하고 낳게 될 것이라는 천사의 말에 마리아가 응답하며 한 말이다. 기도는 먼저 하나님이 우리에게 말을 건네실 때 시작된다. 하나님이 먼저 말씀하신다. 이에 대한 우리의 응답, 우리의 대답이 우리 기도다. 이는 우리가 기도의 실제를 이해하는 데 기본이다. 결코 우리가 기도를 시작하는 것이 아니다. 그렇다고 생각할 때가 많긴 하지만 말이다. 먼저 어떤 일이 일어났다. 우리가 입을 열어 말하기 전에 먼저 **누군가**가 우리에게 말을 건넸다. 우리가 그것을 기억하는지 인식하는지 여부와 상관없이 그렇다. 우리가 우리 부모, 형제자매들의 언어에 먼저 둘러싸여 모국어를 배우듯이, 마찬가지로 우리는 성경과 노래, 이야기와 설교, 작은 귓속말과 우렁찬 증언 안에서 거듭거듭 성령을 통해 우리에게 말해지는 바에 응답함으로써 기도를 배운다. 복음 이야기에 나오는 이 첫 번째 기도에 근거해서, 많은 이들은 마리아를 원형적인 그리스도인으로, 즉 우리 안에 그리스도를 수태시키는 말씀을 듣고 받아들이며, 믿고 순응하는 사람으로 보기도 한다.

'마그니피카트': "내 영혼이 주를 찬양하며…." 다섯 기도들 중 두 번째의 이 기도 역시 마리아의 것이다. 이는 그녀가, 요한을 임신한 지 다섯 달 된 나이든 친척 엘리사벳의 축복에 응답하며 드린 기도다. 이 기도의 처음 몇 단어만 보아도 우리는 마리아가 성경 이야기에 대단히 친숙했던 소녀였음을 알게 된다. 그것은 2,000년 동안 하나님이 자기 백성 가운데 말씀하시고 일해 오신 방식들을 말해주는 이야기다. 그녀가 기도중에 사용하는 단어들은 1,000년 전 그녀의 조상 한나가 드린 기도에서 가져와 개작한 것들이다. 기적적으로 사무엘을 임신하게 된 한나의 그 기도 말이다(삼상 2:1-10). 마리아의 기도의 핵심은, 한나의 기도에서와 마찬가지로, 하나님이 우리 안에 새로운 생명을 수태케 하실 때는 우리가 세상을 경험하는 방식에 세 가지 거대한 역전이 일어난다는 것이다. 하나님은 자신의 힘을 세우시고 교만한 이들은 무너뜨리신다(눅 1:51). 하나님은 꼭대기에 있는 이들은 낮추시고 바닥에 있는 이들을 높이신다(52절). 하나님은 주린 이들은 배부르게 만드시고 부자들은 빈손으로 떠나 보내신다(53절). 교만한 자, 힘 있는 자, 부유한 자들은 낮아지며, 하나님, 짓밟힌 이들, 박탈당한 이들은 제대로 대우받고, 위엄과 온전함과 존엄성으로 충만히 채워진다. 혁명—우리 방식이 아닌, 하나님의 방식에 따른—이 지평에 떠오른다.

마리아의 기도는 성취되고 있는 하나님의 약속의 말씀이라는 그 거대하고 광활한 세상 속으로 우리를 데려간다. 이는 창조와 경이, 역사와 구원이 펼쳐지는 거대한 세상이다. 기도는 우리의 상상을 확장시키고, 우리를 지금까지 있어 온 것에, 또한 앞으로 올 것에 감사와 기쁨 안에서 참여하게 만든다.

'베네딕투스': "찬송하리로다, 주 이스라엘의 하나님이여…" 사가랴는 가브리엘이 그에게 엘리사벳의 자궁에 요한이 수태되었음을 알려 준 날 말을 잃어버렸다가, 그의 아들이 이름을 받고 할례를 받던 날 다시 말을 되찾았다. 그가 가장 먼저 한 일은 기도였다. 그의 '자궁'에서 아홉 달 동안이나 갇혀 있던 그의 말은 이제 찬양과 예언으로 터져 나왔다. 전에 가브리엘이 하나님의 말씀을 전해 주었을 때 그의 비(非)응답, 비(非)기도는 이제 성령에 의해, 아브라함과 다윗을 비롯한 모든 거룩한 선지자들이 받은 하나님의 계시를 포괄하는, 그리고 그 여드레 된 아기를 그 선지자들 중에 포함시키는 축복의 말로 바뀌었다. 그 아기는 "주 앞에 앞서 가서 그 길을 준비"할(76절), 여드레 된 선지자였다. 그는 이사야의 언어로 말한다. 이제 구원이 오고 있다.

사가랴의 기도는 이 세상에서 하나님이 자신의 뜻을 행하시기 위해 사용해 오신 사람들 그리고 앞으로 사용하실 사람들의 무리 속으로 우리를 받아들인다. 허다한 무리의 아버지와 어머니들, 선지자와 사도들, 친구와 이웃들이 부활 공동체를 구성할 것이다. 기도는 우리를 하나님의 보좌 주위로 둘러 모이는 그 다세대적 대화들 속으로 인도해 준다.

'글로리아': "지극히 높은 곳에서는 하나님께 영광이요 땅에서는…평화로다." 이 기도의 배경은 베들레헴 근처의 들판이다. 그리고 밤이다. 목자들이 양을 치고 있다. 여기는 그들의 일터다. 여기서 그리 멀지 않은 한 마구간에서 조금 전 예수님이 태어나셨다. 갑자기 목자들이 빛으로 둘러싸이고, 한 천사가 예수님의 탄생을 알리고, 그 다음, 정말 믿을 수 없는 일이 일어난다. 허다한 천사들로 구성된 찬양대가 나타나 하늘에 계신 하나님께 찬양을, 땅에 있는 우리에게 평화를 노래한다. 이 천사들의 기도는 하늘에서 비롯하는 일과 땅에서 일어나는 일을 연결한다. 이는 "하늘에서 이루어진 것 같이 땅에서 이루어지이다"라는 예수님의 기도의 의미를 넌지시 비춰 주는 첫 번째 암시다.

천사들의 기도는 사가랴의 '베네딕투스'처럼 우리를 '성도의 교제' 속으로 들여 놓을 뿐 아니라, 나아가 우리를 "수많은 천군" 속에 들어가게 해준다. 우리 일상이 아무리 시시하게 느껴진다 하더라도, 우리가 하는 일이 아무리 단조롭고 신통치 않은 것이라 하더라도

(당시에 양 치는 것은 오늘날로 말하면 식품점 점원의 일 같은 것이었다), 우리 기도는 우리를 하늘을 이루는 모든 멜로디와 화음을 표현하는 찬양대원으로 만들어 준다.

'눈크 디미티스': "…이제는 말씀하신 대로 종을 평안히 놓아 주시는도다…." 다섯 기도들 중 이 마지막 기도는 성전에서 드려진 기도로서, 어떤 종교 행사를 배경으로 한다. '정결' 예식으로 불리는 이 행사는 모세가 정한 것으로서 출산 40일 후 산모들이 행해야 하는 예식이다(레 12:2-8). 그 예식을 행하기 위해("율법의 관례대로", 27절) 요셉과 마리아가 아기 예수를 데리고 성전에 들어올 때 그들은 시므온을 만나는데, 그는 지금껏 성령의 인도를 받아 예수님의 가족을 만나게 된 사람이다. 그가 드린 이 기도는 다섯 기도들 중, 공적 장소에서 드려진 첫 번째 것이다.

시므온의 기도는 완성의 기도다. 그가 평생토록 기도해 온 것("구원…이방을 비추는 빛…이스라엘의 영광…")이 이제 이 아기로 인해 현존한다. 시므온은 그 아기를 자기 품에 안고 축복의 기도를 드린다. 또한 그는 그 아기의 부모도 축복한다. 그는 이제 죽을 준비가 되었다. 소망의 기도와 믿음의 증언 가운데 살아 온 오랜 한평생을 마감하며, 이제 그는 뒤로 물러나 예수님께 자리를 내어드린다. 이제 손을 놓는다. 그가 기도중 말한 "말씀하신 대로"는 앞서 마리아가 '피아트 미히'에서 드린 기도와 동일하다.

마리아와 시므온, 각각 첫 번째 기도자와 마지막 기도자로서 서로를 보완하는 한 쌍이다. 하나님의 말씀에 순종하며 시작하는 어린 소녀, 하나님의 말씀에 순종하며 마치는 노인. 하나님의 말씀은 모든 기도의 시작일 뿐 아니라, 기도에 문법과 어휘를 제공하며, 모든 기도를 온전함으로, 완성으로 이끈다. 모든 기도에서 하나님은 처음이시며, 또한 끝이시다. 이 처음과 끝 사이에서 마리아와 시므온은 "말씀하신 대로" 순종하며 믿으며 말하는 언어, 공동체의 언어, 즉 우리가 '기도'라 부르는 언어의 경계와 그 주된 내용이 무엇인지를 말해 준다.

이 다섯 기도들은 성령께서 공동체를 창조하며 형성해 가실 때 그에 대한 우리 응답의 범위가 무엇이어야 하는지를 보여 준다. 이 수태, 임신 그리고 탄생의 기도들은 우리 삶에서 성령께서 지금껏 말씀하시고 일해 오신 방식, 또 지금도 그렇게 하고 계시는 방식, 또 앞으로 그렇게 하실 방식에 우리가 참여하게 해주는 어휘와 구문론을 제공해 준다.

기도 이야기

누가는 예수님이 제자들에게 기도의 본질과 필요성을 가르치실 때 사용하신 세 이야기를 들려준다. 이들은 다른 복음서에는 나오지 않는 것으로서, 이웃과 과부와 죄인의 기도들에 대한 이야기다.

간청하는 이웃 이야기(눅 11:5-13)는 기도를 우리의 자연스런 일상 속으로 엮어 넣는다. 예기치 않게 자정에 찾아온 친구를 맞이하는 일보다 더 일상적인 일이 있겠는가? 또 그렇게 예기치 않게 찾아온 친구를 접대할 음식이 없어서 낭패를 겪는 일보다 더 일상적인 일이 있겠는가? 또 그런 한밤중에 자기와 가족 모두, 깊은 잠을 방해받기 싫은 기분보다 더 일상적인 일이 있겠는가? 따라서 예수님은 기도(개인과 하나님 사이의 대화)를 두 이웃간에 일어나는 이야기를 들어 가르치신다. 한 사람이 다른 사람에게서 갑자기 무언가를 필요로 하게 되는 이야기, 그것도 상대에게 불편을 끼치는 시간, 정상적인 일과를 방해할 수밖에 없는 시간에 그렇게 되는 이야기를 말이다.

혹 우리는 기도를 독특한 의례를 가진, 정해진 시간과 장소에 지정된 고유한 어휘와 문법, 예의와 몸짓이 필요한 일종의 형식적 의식으로 생각하지는 않는가? 우리는 기도를 과외(課外)의 일, 안 해도 그만인 일, 꼭 해야 할 일들이 다 끝난 뒤에나 하는 일, 시간이나 기분이 맞을 때나 하는 일 정도로 생각하고 있지는 않는가? 그렇다면 우리는 지금 잘못 생각하고 가정하는 것이다. 기도는 어떤 천상의 왕권을 가진 이에게 말하는, 행사용으로 지어진 의식적(儀式的) 언어가 아니다. 하나님과 우리의 관계는 우리 이웃과의 관계처럼 예측 불가하고, 비계획적이며, 예행 연습이 없는 것이다.

이 이야기에 대한 예수님의 주석은 기도에 대한 우리의 이해를 확장시켜, 무언가를 주기도 하고 받기도 하며 사는 우리 일상 속으로, 무언가를 구하고 찾고 두드리며 사는 우리 삶 속으로 인도한다. 예수님은 아이와 부모의 삶의 근본을 이루는 관계적 언어 ― '구하다', '받다' ― 를 기도에 대한 우리의 이해 속에 짜 넣으신다.

청원하는 과부 이야기(눅 18:1-8)는 우리 사회의 가장 약하고 영향력 없는 이들에게 우리 사회의 힘 있고 이름 있는 이들과 동등한 정당성과 지위를 부여하는 이야기다. 예수님이 사셨던 당시 사회 구조 속에서 과부들은 권위와 영향력에서 가장 밑바닥에 있는 이들이었다. 그들은 높은 지위의 사람들이 자기 말에 귀기울여 주는 경험을 가져 보지 못했다. 평생 무시만 당해 왔기에 이런 이들이 "항상

기도하기"란 실로 어려운 일이다. 그러나 블레이즈 파스칼(Blaise Pascal)이 주장한 것처럼 하나님은 우리를 "일을 일으킬 수 있는 존엄한 존재"(dignity of causality)로 삼으시고자 우리에게 기도하라고 말씀하신 것이다.[18] 기도, 즉 하나님과의 대화는 사회적·계급적 차별에 의해 규정되는 대화가 아니라, 모든 남자와 여자와 아이, 과부와 재판장, 왕과 거지, 배운 자와 못 배운 자, 가난한 자와 부유한 자, 현자와 어리석은 자가 대등하게 참여하는, 동등하게 하나님의 귀와 관심과 배려를 받는 대화다.

우리는 여기에 익숙하지 않다. 특히 "영향력의 사다리"(influence ladder)에서 제일 아랫칸에 처한 이들은 더욱 그렇다. 평생의 경험을 통해 우리는 소위 "빽이 있어야" 비로소 사람들이 우리 말에 귀기울인다는 것을 잘 알고 있다. 우리 삶은 사람들로 하여금 우리 말을 듣고 믿도록 만들기 위한 온갖 추천서, 신원 증명서, 신용 보증, 수상 경력 등으로 가득하다. 이러한 경험들은 필연적으로 우리 기도 생활 속에도 깊숙이 침투한다. 특히, 만일 우리가 무시당하고, 거절당하고, '보류'되는 데 익숙한 사람들이라면, 우리는 이렇게 왜소해지는 체험을 오랫동안 내면화한 나머지, 이야기 속의 과부처럼 담대히 기도하기가 거의 불가능해질 것이다. 이런 우리에게 예수님은 이렇게 말씀하신다. "여기에 익숙해져라." 하나님이 네 말에 귀기울이신다는 사실에 익숙해져라.

그리고 예수님은 이 이야기 밖으로 걸어나오셔서 우리에게, 이 이야기를 듣고 있던 우리에게, 특히 힘 있는 이들에게 무시당하는 데 너무 익숙해진 나머지 하나님께 자신의 필요를 구하기를 그만두어 버린 이들에게 이렇게 질문하신다. "그러나 인자가 올 때에 세상에서 믿음을 보겠느냐?" "밤낮 부르짖는 택하신 자들"에게서 그분은, 기도하기를 포기하는 것에 대한 이러한 신실하고 고집스런 거부를 보게 되실 것인가? 혹은, 세상의 귀기울임을 얻지 못한 경험이 하나님의 귀기울이심에 대한 기대마저 앗아가, 그만 우리는 기도하기를 포기하고 그만두어 버리지는 않을 것인가?

세 번째 이야기(눅 18:9-14)에서, 죄인의 기도는 최저 심층부까지 내려간다. 그의 기도는 단단한 화강암층까지, 진정한 기도가 자라나올 수 있는 근본 토대까지 파 내려간다. 최저 심층부에 발을 딛고 선 그 죄인의 기도는 기도의 근본적인 필수 조건들에 기초하고 있다. 자신의 곤궁에 대한 절박감 그리고 오직 하나님만이 어떻게 해주실 수 있다는 절실함이 바로 그것이다. 기도는 결코 편안하게 할 수 있는 것이 아니다. 기도는 대충 하늘을 향해 한번 고개를 끄덕이는 인사가 아니다. 기도는 긴박한 것이며, 사느냐 죽느냐의 문제에 다름 아니다. "하나님, 이 죄인에게 자비를 베풀어 주소서!"

꾸미고, 겉치레하고, 우쭐대는 것이야말로 기도를 위협하는 주된 위험물이다. 기도에 무지는 장애물이 아니며, 죄는 더더욱 아니다. 기도의 문에 늘 웅크리고 있는 큰 유혹은 기도를 하나님을 피하는 방편으로 사용하는 것, 하나님과의 관계를 피하기 위해 하나님과 관련된 언어를 사용하는 것, 하나님의 이름을 하나님으로부터 숨는 막으로 사용하는 것이다. 기도 아닌 기도들은 보통 상투적인 말들에서 탄로난다.

바리새인은 이 죄인을 돋보이게 하는 존재로서 투입된다. 예수님 당시의 바리새인들은 자기 확신과 자의식에 찬 종교인들의 원형으로서, 의와 경건 분야에서 자격과 전문성을 갖추려고 부단히 노력해 온 이들이다. 자신이 택한 삶의 방식의 관습과 윤리를 익히는 과정에서(여자들은 이 클럽에 들어갈 수 없었다), 바리새인이 도시의 길거리와 뒷골목들에 가득한 그 모든 어중이떠중이들에 대해 속물적인 우월감을 품지 않기란 사실상 불가능한 일이었다. 그 바리새인은 기도의 언어를, 자신을 "다른 사람들"과 멀찍이 떼어 놓는 데 사용한다. 또 그는 더 나아가 기도의 언어를 자신을 하나님과 멀찍이 떼어 놓는 데 사용한다. 그는 하나님을 자화자찬을 위한 거울로 삼는다. 그 바리새인이 행한 기도 아닌 기도는 오직 자기만을 의식하는 행위였다. 나, 나, 나, 나—자기 '에고'(ego)가 네 번에 걸쳐 언급되고 있다. 여기에 하나님은 어디 계시는가? 그에게, 하나님은 기껏해야 한 비인격적인 청자일 뿐이다.

간청하는 이웃 이야기가 기도의 거룩한 언어를 우리의 평범한 일상적 삶 속으로 들여오는 이야기이고, 간청하는 과부 이야기가 차별적이고 불의한 세상의 약자들에게 온 땅을 다스리는 재판관의 귀기울임을 확신시켜 주는 이야기라면, 이 기도하는 죄인 이야기는 많은 이들의 삶을 너저분하게 만드는 온갖 겉만 번지르르한 기도들을 사정없이 일소하고, 우리를 우리의 곤궁과 하나님의 자비라는 기도의 근본 토대로 되돌려 줌으로써, 우리로 예수님의 삶에 곧장 참여하게 해주는 이야기다. 이러한 이웃과 과부와 죄인의 기도들이 우리의 상상력 안에 살아 있을 때, 예수님을 따르는 삶에서 우리는 우리가 기도할 수 없는 것들을 거의 만날 수 없을 것이다. 다시 말해, 우리 앞에는, 예수님 안에서 행해진 일을 성령께서 우리 안에서 하지 않으실 일이 거의 없을 것이다.

기도하는 공동체

예수님의 삶의 시작을 표시하는 그 다섯 기도들과, 우리로 하여금 그 기도들에 적극적으로 참여하게 해주는 이 세 기도 이야기들은, 예수 공동체의 형성에 관한 이야기책인 사도행전에서도 서사적으로 연속되고 있다. 누가복음에서 기도가 예수님의 수태와 임신과 탄생에서 일하시는 성령의 역사에 참여하는 이들의 기본 언어로서 제시되었듯이, 사도행전에서도 기도는 성령으로 존재하게 되었으며 예수 이야기를 살아내기를 배워 가며 자연스럽고 담대하고 정직하게 기도하기를 계속하는 예수 공동체의 기본 언어로서 제시된다.

제자들을 남겨두고 하늘로 승천하시기 전 예수님은 그들에게 "예루살렘을 떠나지 말고 내게서 들은 바 아버지께서 약속하신 것을 기다리라"(행 1:4)고 분부하셨다. 그러나 그들에게는 다른 관심사가 있었다. 그들에게는 알고 싶은 것이 있었다. "주께서 이스라엘 나라를 회복하심이 이 때니이까?"(1:6)

이 제자들은 아직도 배워야 할 것이 많다. 예수님은 그들에게 성령을 기다리라고 말씀하시는데, 그들은 귀기울여 듣고 있지 않다. 그들은 시간표와 안건에 대한 질문들—"언제입니까?"—로 예수님의 말씀을 방해하고 있다. 그러나 기도는 우리 호기심이 충족되는 곳이 아니라, 우리 삶과 예수님의 삶의 연속성이 확립되는 곳이다. 그들의 질문을 보건대, 지금 그들은 그들의 '나라(왕국)' 안건에 사로잡혀 예수님이 방금 말씀하신 것에 귀기울이지 못하는 것 같다. 예수님은 '기다리라'고 말씀하셨는데, 그들은 '언제?'라고 묻는다.

이 '언제'라는 질문은 아마도 "언제 우리가 우리 몫의 왕국을 할당받아 경영을 시작할 수 있습니까?"라는 의미의 질문이다. 예수님은 그들에게 하나님의 현존, 즉 그들 삶에 함께하시는 예수님의 현존에 그들이 푹 잠길 때까지 기다리라고, 그래야 그들은 그분이 그들 안에서 시작하신 일을 계속해 나갈 수 있다고 말씀하고 계신데, 그들은 언제 진짜 사건이 벌어져 하나님 나라에서 지도력을 발휘하게 될지를 묻고 있는 것이다.

예수님은 그들에게 '언제'는 그들이 알 바가 아니라고, 그들은 지금 상태로서는 하나님 나라의 일에 적합하지 않다고, 따라서 그들이 지금 해야 할 일은 오직 성령을 받는 것이라고 말씀하셨다. 또 그들이 앞으로 해야 할 일은 전과 다른 일이 아니라, 그들이 지금껏 그분과 함께 살며 해 온 바로 그 일을 (성령을 통해) 계속 이어가는 것이라고 말씀하셨다. 그리고 예수님은 떠나셨다.

이번에 그들은 귀기울여 들었다. 그들은 기다렸다. 그리고 기다리며 기도했다. "오로지 기도에 힘쓰더라"(1:14). 그렇게 기다리며 그들이 드린 기도 중 하나는 열두 사도들 무리에 유다를 대신해 들어갈 사람을 정하는 일에 인도하심을 구하는 것이었다. 기도 끝에 그들은 맛디아를 부활에 대한 사도적 증언자로 택했다.

열흘 후, 기다리며 기도하던 이들은 마침내 예수님과 그분의 아버지께서 약속하신 것을 받았다. 성령, 곧 그들 안에 계시며 일하시는 예수님의, 아버지 하나님의 현존이었다. 이제 그들의 기도는 **그들의** 기도 이상의 것이 되었다. 이제 그들은 그들 자신을 뛰어넘어, 그들의 지식을 뛰어넘어, "성령이 말하게 하심을 따라"(2:4) 기도하게 되었다. 오순절을 지키기 위해 중동 전역에서 예루살렘으로 모여든 그 예배자들은 그들의 기도 소리를 들었고, 그들이 기도중에 "각각 자기의 방언으로" "하나님의 큰 일을" 증언하는 것을 듣고 크게 놀랐다(2:6, 11).

사람들은 어리둥절해졌다. 조롱하는 이들도 있었다. 베드로는 이 사건을 바르게 조망해 주는 설교를 전한다. 이는 전혀 새로운 일이 아니며, 하나님이 오랫동안 해 오신 일과 연속된 일이라는 것이다. 그 증거로 그는 그들이 평생 읽어 온 선지자 요엘의 글과, 그들이 평생 기도해 온 다윗의 기도들을(시 16, 132, 110편) 인용하고, 또 그것 모두를 예수님과 연결시킨다. 이로 인해 많은 이들("삼천")이 이 일의 의미를 깨닫게 되고, 마음에 확신을 얻고, 세례를 받는다. 이제 예수 공동체가 일어나 뛰기 시작한 것이다.

기도. 공동체의 공통어는 기도다(행 2:42). 기도는 누가가 들려주는 그 예수 공동체 이야기에 계속해서 명시적으로, 또 함축적으로 나타난다. 감옥에서 풀려나온 베드로와 요한이 공동체로 돌아와 그간 있었던 일을 보고했을 때, 그들은 "한마음으로 하나님께 소리를 높여" 기도했다(4:24-31). 사람들을 대접하는 일이 커지자 열두 사도는 공동체를 불러모아 그 일을 담당할 집사들을 따로 임명했는데, 이는 그들 자신은 "오로지 기도하는 일"에 전념함으로써, 공동체의 기본 언어인 기도의 우선성을 계속 진작시키고, 그 일이 약해지거나 사그라들지 않도록 하기 위함이었다(6:1-6). 스데반도 돌에 맞아 죽어가면서도 기도했는데, 이는 기도가 그에게 가장 자연스런 언어이자 그의 내면 가장 깊은 곳의 언어였기 때문이다(7:59). 3일

동안 눈이 멀고 먹지 못한 채였던 다메섹의 사울도 도움을 얻고자 할 때 기도했고, 그러자 아나니아와 성령을 통해 도움이 주어졌다(9:10-19). 욥바에서 베드로도 방금 죽은 도르가의 집에 당도했을 때 즉각적으로 "무릎을 꿇고 기도"했다(9:36-43). 위대한 전환점을 이루는 고넬료 이야기에서도 모든 행동은 기도로 점철되어 있다(10:2, 9, 30-31). 헤롯 아그립바 1세의 살인 계략에 맞서 공동체가 취한 최고 방어책도 기도였다(12:5, 12). 공동체의 확장을 위한 인도가 필요할 때도 그들은 기도했다(13:3). 새로운 교회들도 기도를 통해 세워지고 형성되었다(14:23). 예루살렘 공의회의 결정이 내려질 때도 그 기도 충만한 분위기는 이런 놀라운 구절로 묘사되고 있다. "성령과 우리는…[이것이] 옳은 줄 알았노니"(15:28). 바울과 실라가 빌립보에 도착했을 때도 그들은 "기도할 곳"을 먼저 찾았다(16:13, 16). 또 빌립보 감옥에 갇혔을 때도 바울과 실라는 즉각 "기도하고 하나님을 찬송"하며 그 곳을 기도실로 삼는다(16:25). 바울이 에베소 장로들과 눈물로 헤어지는 장면도 그가 "무릎을 꿇고 그 모든 사람들과 함께 기도"했다는 말로 끝난다(20:36). 두로를 7일 동안 방문한 후 바울은, 그 때 그와 함께 여행했던 누가에 따르면, 모두와 함께 "바닷가에서 무릎을 꿇어 기도"했다(21:5). 바울이 자신의 회심 이야기를 예루살렘의 적대적인 유대인 군중에게 할 때도, 그는 자신이 "성전에서 기도할 때"에 예수님이 자기에게 말씀하셨다고 말한다(22:17). 로마로 가는 마지막 여정중 폭풍을 만났을 때도, 배가 난파되기 직전에 바울은 선원들에게 자신이 전날 밤 기도할 때 일어났던 일을 들려주며 하나님의 위로와 안전의 메시지를 전한다(27:23-26). 배가 난파된 날 아침, 바울은 총 276명의 승객들과 승무원들 앞에서 그들에게 "하나님께 축사(감사)하고" 음식을 들라고 말한다(27:35-36). 난파되어 도착한 멜리데 섬에서 바울은, 그들에게 호의를 베푼 사람의 아버지가 병들어 죽어가고 있음을 알고서는, "기도하고 그에게 안수하여 낫게" 했다(28:8).

사도행전 이야기 전체에 걸쳐 이렇게 기도의 언어는 그 예수 공동체에 빈번하고도 지속적으로 등장한다. 그런데 이는 전혀 유난스런 것이 아니다. 우리는 기도하라는 지시를 받는 것도, 기도의 모범을 제시받는 것도 아니다. 이는 다만 그 공동체가 언어를 사용하는 방식일 뿐이다. 누가는 이를 무언가 특이하고 인위적인 것으로 묘사하지 않는다. 그 반대다. 기도는 그 공동체의 너무나 자연스럽고 비자의식적인 언어다.

소외된 이들

예수님과 예수 공동체에 대한 누가의 통합적인 서사가 보여 주는 또 다른 두드러지는 특징은, 그는 배척당하는 이들—주변인들, 내쳐진 이들, 초대받지 못한 이들—을 받아들이고 포용하는 것을 무척 강조했다는 점이다. 2세대 그리스도인으로서 그는 사람들이 점점 '우리'와 '저들'을 나누는 데 관심을 갖는 모습을 보았기 때문이 아닐까? 혹 고참들이 공동체의 '순수성'을 훼손이나 오염으로부터 지켜야 한다며 나섰던 것은 아닐까? 이런 일은 그 때가 처음이 아닐 것이다.

이 복음서와 사도행전을 쓰기까지, 아마도 누가는 이방인으로서, 하나님의 고결함과 거룩함을 수호하겠다는 이들에 의해 예수 공동체에서 배척당하는 경험을 많이 했을 것이다. 그는 세상에서 가장 환대가 넘치는 곳이어야 할 부활 공동체가 사람들을 잔인하게 냉대하는 곳으로 돌변하는 일이 얼마나 자주, 또 지속적으로 일어나는지를 목도했던 것이다.

　자신의 복음서에서 누가는 당시 사회에서 전형적으로 배척당한 이들, 조엘 그린(Joel Green)이 말한 "보잘것없는 이들, 잃어버린 이들, 버려진 이들"(the least, the lost, and the left-out)[19]에게 하나님 나라와 그 공동체의 문을 활짝 열어 주는 예수 이야기 세 가지를 연속적으로 들려준다.

　그 이야기들은 어떤 저녁 식사 자리에서 대화중에 예수님이 들려주신 것이다. 이 식사 장면 바로 앞 구절들을 보면, 예수님은 어떤 종교학자들("율법 교사들")과 바리새인들과 함께 길을 걷고 계셨다. 안식일 식사를 위해 바리새인 지도자의 집으로 가던 중이셨던 것이다. 이는 맘 편한 산책길은 아니었던 것 같다. 일행이 그분을 "엿보고" 있었기 때문이다(눅 14:1). 여기서 '엿보다'(*paratēroumenoi auton*)라는 말은 의심의 눈초리로 지켜본다는 뜻이다. 이는 후에 누가가 바울의 적들이 예루살렘 성문에서 바울을 살기 어린 눈으로 지켜보는 것을 가리킬 때 사용하는 말이다(행 9:23-24). 또 전에 복음서에서 누가는 바리새인들이 "예수를 고발할 증거를 찾으려" 그분을 뚫어지게 감시했다고 말한 바 있다(눅 6:7). 그리고 예수님의 생애 마지막 주간에, 대제사장들은 그분을 처형할 근거를 찾기 위해 그분을 "엿보다가…정탐들을 보내"었다(눅 20:20).

　이렇게 이 안식일에, 어떤 바리새인 지도자의 집에 초대를 받아가시는 길에서도 예수님은 감시의 눈초리를 받고 계셨다. 그들은 그분이 하신 일들을 낱낱이 지켜보아 왔다. 즉, 그분이 문둥병자를 만져 주시고, 여자들과 동행하시고, 이방인과 사마리아인들을 유대인과 동등하게 대우하는 말씀들을 하시고, 미움 받는 세리들과 멸시 받는 창녀들을 존귀하게 대해 주시는 것을 지켜보았다. 초대받은 집에 당도하자 예수님은 수종병을 앓는 한 남자를 보시고 그를 고쳐 주시는데, 이는 그들을 자극할 수밖에 없는 도발적인 행위였다. 이 날은 안식일이었기 때문이다. 그런데 오히려 그분은 그들로 하여금 이를 도저히 비난할 수 없게끔 하는 질문을 하나 던지심으로 함께 온 그 손님들을 더욱 격노케 하셨다. "너희 중에 누가 그 아들이나 소가 우물에 빠졌으면 안식일에라도 곧 끌어내지 않겠느냐?"(눅 14:5) 예수님은 그들의 의심을 오히려 더 부추기셨다. 예수님에 대한 이야기들은 계속 쌓여 가고 있었고, 적들은 부지런히 그것들을 증거물로 모았다. 그들이 그분을 '엿본' 것은 바로 그래서다. 예수님은 내처지고 배척당한 이들을 하나님 나라 안으로 초대해 주신다는 말이 떠돌고 있었고, 그들은 어떻게든 그런 일을 막으려 했다. 그들 생각에 이는 의인들의 공동체가 형성되는 방법이 아니었기 때문이다.

집에 들어가 모두들 식사 자리에 앉았지만, 따뜻한 환대의 자리여야 할 그 곳은 의심과 힐난의 눈초리들로 완전히 냉랭해졌고, 완고한 감시자들의 불쾌한 숨결로 좋은 음식 냄새가 다 망쳐졌다. 열려 있고 자유로운 대화가 오가야 할 식사 자리가 본연의 모습을 잃었다. 종교 안전국 요원들의 감시하는 눈초리들만이 가득할 뿐.

이제 예수님은 세 이야기를 들려주시는데, 모두 '부르다'(*kaleō*)라는 동사가 등장하는 이야기다. 이는 흔히 '초대하다'로 번역되는 동사로서, 사람을 관계 속으로 초대하는 환대의 말이다. 그러나 예수님이 들려주시는 이야기들은 모두 환대 뒤에 숨어 있을 때가 많은 냉대를 폭로한다.

첫 번째 이야기(14:7-11)는 그 식사 자리에 초대받아 온 유력자들의 교만을 찌르는 이야기다. 거기에는 주인과 얼마나 가까우냐에 따라 손님들의 자리가 매겨져 있었다. 그런데 예수님은 사람들이 주인이 와서 자리를 정해 줄 때까지 기다리지 않고 서로 상석에 앉으려고 옥신각신하는 모습을 보셨다. 예수님이 그들에게 물으신다. "이렇게 옥신각신 끝에 다들 자리에 앉았는데 주인이 들어와서는 당신이 말석으로 몰아낸 가련한 이(가령, 창녀)를 당신이 차지한 그 상석에 앉힌다면 어떻겠는가? 그가 당신을 말석으로 가게 한다면 어떻겠는가?" 물론, 체면이 말이 아닐 것이다.

두 번째 이야기(14:12-14)는 그 집 주인을 겨냥한 대담한 일침으로서, 이런 특정 부류의 사람들을 저녁 식사에 초대한 그의 동기에 의문을 제기하는 것이었다. 겉으로 보기에는 관대한 손대접이 베풀어지는 자리였지만, 예수님이 보시기에, 이는 결국 훗날 자기도 이들에게 식사 초대를 받기 위한, 이기적인 전략에 지나지 않았다. 돌아올 이득을 바라고 행하는 사교적 보험 같은 것이었던 것이다. "왜 당신은 얼마 전 이 동네에 이사 온 그 사마리아인은 초대하지 않았는가?"

세 번째 이야기(14:15-24)는 한 무명의 손님이 하는 말로 시작된다. "무릇 하나님의 나라에서 떡을 먹는 자는 복되도다!" 지금 그 식사 자리의 긴장은 손님이나 주인이나 거의 참을 수 없는 지경까지 도달한 상태였다. 아마도 이 사람은 분위기를 전환시키고, 화제를 바꾸어, 대화를 미래의 하나님 나라에서 떡을 먹는 것에 관한 것으로 돌리고자 했던 것은 아니었을까? 모두를 심히 불편하게 만들고 그들의 냉대를 직시하게 하는 예수님의 이야기들을 멈추고 주의를 돌리기 위해서 말이다. 만일 그랬다면, 그의 의도는 성사되지 못했다.

그 무명의 손님은 (앞서 13:29에도 언급된 바 있는) 종말에 하늘에서 벌어질 커다란 잔치에 대해 언급하고 있다. 그 식사 자리의 바리새인들 모두 자신은 당연히 거기에 초대받을 것이라고 가정하고 있다. 그러나 예수님은 그러한 가정과, 예수님이 한사코 초대하고 계신 모든 사회적 주변인, "가난한 자들과 몸 불편한 자들과 맹인들과 저는 자들"(14:21)을 향한 그들의 완고한 냉대는 서로 양립할 수 없음을 지적하신다. 예수님은 말씀하신다. 그들이 그분을 못마땅히 여기며 의심의 눈초리로 **엿보고** 있는 것은, 그 종말 잔치로 부르시는 하나님의 초대를 거절하는 것에 다름 아니라고.

"무릇 하나님 나라에서 떡을 먹는 자는 복되도다!"라는 말은, 그때 그 자리에서, 그저 기분 전환을 위한, 경건을 가장한, 실속 없는 상투어에 지나지 않았다. 예수님은 이를 단번에 포착하여 폭로하신다. "그렇다. 하지만 그대는 지금 이 식탁에 모인 사람들이 얼마나 하나님 나라의 식사 초대를 대수롭지 않게 여기는지 아는가?"

그분은 세 가지 예를 드신다. 이는 마치 어떤 사람이 사업 때문에 바쁘다고("나는 밭을 샀으매"), 혹은 좀더 하고 싶은 다른 일이 생겼다고("나는 소 다섯 겨리를 샀으매 시험하러 가니"), 혹은 어떤 긴급한 일이 생겼다고("나는 장가들었으니") 그 초대를 거절하는 것과 같다고 말씀하신다. 모두 궁색한 변명에 지나지 않는다. 만일 그 식사 초대를 조금이라도 진지하게 여겼다면, 결혼 같은 일도, 아니 특히 결혼 같은 일은, 미리 일정을 조정했을 것이다.

그 자리는 안식일 식사를 나누는 자리였다. 안식일 식사는 매주, 종말의 하나님 나라 잔치를 예기하는 자리였다. 그 손님들은 모두 사회적으로나 신학적으로나 인정받는 이들이었다. 그들은 모두 그 식사에는 어떤 부류의 사람들은 결코 초대받을 수 없다고 생각하는 이들이었다. 그런데 예수님은 바로 이러한 인정받지 못하는 부류들을 하나님의 초대에 포함시키기 위해 동분서주하시는 분이었다. 예수님은 말씀하신다. 그 자리의 그들이 바로 그러한 부류들을 초대하기를 거부하는 것은, 곧 그들 자신이 초대받은 그 식사 자리에 가기를 거부하는 것이라고. 예수님의 이야기는, 하나님의 종말 잔치에 우리가 초대된 것은 당연시하면서 어떤 이들을 우리 공동체 안으로 초대하기를 거부하는 것이 얼마나 큰 신성 모독인지를 폭로한다.

예수님은, 전에 나사렛 회당에서 설교하셨던 이사야 본문의 표현들로 당시 전형적으로 소외되던 이들을 지칭하신다. 가난한 자, 몸 불편한 자, 저는 자, 맹인들(눅 14:13과 14:21). 누가는 자신의 이야기들에 사마리아인, 문둥병자[기타 의식(儀式)적으로 부정한 병을 가진 이들], 미움 받는 세리, 이방인 그리고 여자들에 대한 이야기를 포함시킨다. 그는 예수님을 따르는 예수 공동체에는 누구도 소외되는 이가 없어야 한다는 점을 명백히 보여 주고자 했던 것이다.

전에 예수님은 제자들이 사마리아인들에 대해 가지고 있던 적대감을 건드리고 깨뜨려 주신 일이 있다(눅 9:51-56). 또 그 후 예수님은 멸시받는 사마리아인을 자신의 가장 유명한 이야기에서 주인공으로 삼으심으로써, 우리로 하여금 이웃을 윤리적으로 사회적으로 정의하려던 모든 시도를 그만두고, 아무런 허세 없이 일상에서 만나는 모든 이에게 이웃이 되어 주도록 하는 인상적인 가르침을 주셨다(눅 10:29-37). 예수 공동체에 사마리아인들을 포용하는 일은 빌립이 사마리인들에게 복음을 전하러 간 일을 통해서도 계속 이어졌다(행 8:4-25). 사마리아인인데다가 문둥병자이기도 했던, 그렇게 이중으로 소외되었던 어떤 사람을 예수님이 치유하시고 받아들여 주신 이야기도 있다(눅 17:11-19). 미움 받던 세리 삭개오도 예수님이 그를 지목하여 함께 식사하기를 제안하시자 보란 듯이 공동체에 포용될 수 있었다(눅 19:1-10). 이방인들을 어떻게 할 것인가 하는 중요한 문제는, 가버나움에 주둔한 한 백부장의 아들을 고쳐 주신 이야기를 통해 처음 도입되었고(눅 7:1-10), 가이사랴의 고넬료라는 또 다른 백부장 이야기를 통해 재등장했으며(행 10장), 마침내 특별 소집된 예루살렘 공의회의 (많은 기도와 토의를 거친!) 결정을 계기로 본격적으로 대두되었다. 그 후, 선교 사역의 선봉에 선 바울의 사역을 통해, 이방인들이 공동체에 포용되는 문제는 더 이상 논란거리가 되지 않게 되었다. 이렇게, 공동체 형성에 대한 이야기의 절반 이상을 이방인을 공동체에 받아들이고 포함하는 문제가 차지하고 있다(행 13-28장).

당시 누가의 시각으로는, 여성들도 이방인과 마찬가지로 공동체에 초대받고 포용되어야 할 '소외된' 이들이었다. 모든 복음서 저자들이 여성들에 대해 포용적이지만, 특히 누가가 더욱 그렇다. 우리는 이미, 누가복음의 요한과 예수님의 수태 및 탄생 이야기들에서 엘리사벳과 마리아가 차지하는 중요성에 대해 주목한 바 있다. 누가복음은 다른 복음서들에 등장하지 않는 여성들에 대한 여러 이야기들을 들려준다. 예수님이 나인 성 과부의 아들을 살리신 이야기(7:11-17), 예수님의 발에 향유를 부은 한 창녀 이야기(7:36-50), 마리아와 마르다 자매 이야기(10:38-2), "꼬부라진" 여인이 안식일에 고침 받는 이야기(13:10-21) 등. 여성의 이야기들은 사도행전에서도 이어진다. 이방인 과부들이 부당하게 대우받는 문제를, 모두를 평등하게 대할 집사들을 임명함으로써 해결한 이야기(6:1-6), 욥바에서 베드로가 죽은 도르가를 기도로 다시 살려 낸 이야기(9:36-43), 요한 마가의 모친 마리아의 다혈질적인 하녀 로데가 최근 투옥된 베드로가 자기 집 문을 노크하는 것을 보고 깜짝 놀라 도로 집 안으로 뛰어 들어갔다는 흥미로운 일화(12:12-17), 빌립보의 여성 기업가였던 루디아가 회심한 이야기(16:11-15), 착취당하던 한 노예 소녀가 구출된 이야기(16:16-18), 아덴에서 회심한 중요 인물로 제시된 다마리아라는 여성의 이름(17:34), 브리스길라가 남편 아굴라와 함께, 바울이 고린도에서 사역할 때(18:1-4) 그리고 아볼로가 에베소에서 사역할 때(18:24-28) 감당한 중요한 역할들에 대한 이야기 등.

누가는 예수 이야기에 여성들이 포함되어 있음을 분명히한다. 제자의 무리를 이룬 이들은 열두 제자와 "어떤 여자들"이었다(눅 8:2). 또 누가는 십자가를 지고 가시는 예수님의 뒤를 울면서 따라갔던 여인들에게 예수님이 다정하게 "예루살렘의 딸들"이라고 부르셨던, 가슴 저미는 이야기도 들려준다(23:27-31). 또 누가는 "예수를 아는 자들과 갈릴리로부터 따라온 여자들"이 예수님이 십자가에서 돌아가시는 것을 끝까지 지켜보았다고 말해 준다(23:49).

이러한 여성들에 대한 포용은 자연스럽고 전혀 과시적이지 않은 방식으로 그 후 공동체에서도 계속 이어졌다. 예수님의 제자들이 순종 가운데 성령을 기다리며 기도하고 있을 때 그 자리에는 열두 제자들뿐 아니라 "여자들과 예수의 어머니 마리아"도 같이 있었다(행 1:14). 오순절에 베드로는 조금 전 일어난 사건을 설명하는 설교중에 하나님의 영이 "너희의 딸들"에게, 또 "내 남종과 여종들에게" 부어질 것이라고 했던 요엘 선지자의 말을 언급한다(2:17-18). 공동체가 이방 유럽 지역까지 확장되어 갈 때 적지 않은 "헬라의 귀부인들"이 거기에 동참했다(17:12). 바울이 예루살렘으로 가던 중에 잠깐 두로에 들렀을 때도, 그를 배까지 배웅했던 이들 중에는 사람들의 "처자"들도 있었다(21:5). 또 바울이 가이사랴에서 빌립 집사의 집에 며칠 머물 때, 빌립에게는 "예언하는" 처녀 딸 넷이 있었는데, 분명 그들은 그 공동체의 설교 사역의 일부를 담당했을 것이다(21:8-9). 바울의 누이도, 바울의 생명을 노린 매복자들로부터 바울을 구한 젊은이의 어머니로 명예롭게 언급된다(23:16).

누가가 여성들을 어떻게 포용하고 존중하는지를 평하며, 조엘 그린은 "누가에게서 제자도의 의미를 구현해 주는 이들은 그 '열두 사도들'과 그 '여성들'이다"라고 결론짓는다.[20] 여성을 증인으로 인정하지 않을 정도로 여성에 대한 편견이 심했던 사회에서 말이다. 그런데 영문 모를 일은, 지난 2,000년 동안 이방인들은 공동체의 완전한 지체들로 꾸준히 받아들여져 왔지만, 여성들은 여전히 많은 영역과 상황들에 주변인 취급을 받고 있으며, 때로는 공동체 삶의 중요한 측면들로부터 노골적인 배척을 받고 있다는 사실이다.

재판들

누가복음과 사도행전은 모두 재판에 대한 이야기로 끝난다. 전자는 당시의 종교 체제에 의한 재판이었고, 후자는 당시의 사법 체제에 의한 재판이었다. 이 재판들은 우리로 하여금 예수 공동체가 세상에 무엇을 기대할 수 있는지, 또 세상이 우리에게 무엇을 기대할 수 있는지를 이해하게 해주는 일차적 자료를 제공한다.

예수님은 먼저 대제사장 가야바 앞에서 심문을 받으시고, 그 다음 로마 총독 빌라도와 이두매 사람 헤롯 안티파스 왕에게 넘겨지신다(눅 22:63-23:25). 30여 년 후, 바울은 대제사장 아나니아와 그의 산헤드린 종교 공회 앞에서(행 23:1-10), 그 다음엔 로마 총독 벨릭스 앞에서(행 20장) 심문을 받는다. 2년 후 베스도가 벨릭스의 뒤를 이어 총독이 되자, 바울은 베스도와 헤롯 아그립바 2세 앞에서 심문을 받게 된다(행 24-26장).

이렇게 처음에는 예수님이, 그리고 30년 후에는 바울이, 당시의 종교 체제와 사법 체제 앞에서 재판을 받게 된다. 예수님과 예수 공동체 모두 심문에 처하게 된다. 예수님이 선포하시고 예수 공동체가 연이어 말하고 행한 모든 것은 당시의 종교 문화와 정치 문화에서 도저히 용납될 수 없는 것들이었다. 유대 종교와 로마의 법을 다루던 지도자들, 스스로를 하나님과 카이사르의 명령을 받드는 이들로 이해했던 그들은 예수님과 예수 공동체를 골치 아픈 존재로 여졌다. 결국 당시의 그 '권력자들'은 예수님과 예수 공동체에 대해 유죄를 선고했다.

　재판받으시는 예수님, 재판받는 바울. 30년 간격으로 떨어져 있는 이 두 재판은 우리의 유일한 구세주이신 예수님과 우리의 첫 번째 목사인 바울에게 나라의 권력자들, 힘을 가진 이들, 문화를 결정하는 이들 앞에서 설교할 수 있는 기회를 주었다. 그런데 이 두 재판에서 놀라운 점은 예수님도 바울도 그 '권력자들'에게 그다지 큰 인상을 남기지 못했다는 점이다. 이는 참으로 의외의 일이다. 예수님도 바울도, 당대 중요한 지도자들의 주목을 비록 잠시 동안은 끌었지만 그들을 회심시키지 못했고, 그들을 무릎 꿇게 만들지 못했으며, 심지어 그들에게 중요하게 여겨지지도 않았다. 그러나 이런 무관심은 상호적이었던 것 같다. 예수님도 바울도 그들이 재판받고 있는 그 법정을 그리 중요하게 생각하지 않았다.

　이 재판들은 우리로 하여금, 바르고 순종적으로 살아가는 기독 공동체는 마음만 먹으면, 얼마든지 세상의 경탄과 주목을 받을 수 있다는 잘못된 생각에서 벗어나게 해준다. 이 이야기들에 우리가 충실히 귀기울인다면 말이다. 그러한 오해로부터 우리를 깨우는 충분한 증거들이 있다. 예수 그리스도에서 절정에 도달한, 1,800여 년의 히브리 역사는, 하나님의 자기 계시는 받아들여질 때보다 거부될 때가 훨씬 많았다는 것, 계시를 받아들이는 사람보다 무시하는 사람이 훨씬 많았다는 것, 모든 주류 문화와 문명은 계시에 대한 증언을 공격하거나 무시했었음을 우리에게 말해 준다. 장엄한 이집트, 용맹한 아시리아, 아름다운 바빌론, 예술적인 그리스, 발달된 정치의 로마, 계몽주의의 프랑스, 나치 독일, 르네상스의 이탈리아, 마르크스주의의 러시아, 마오 쩌둥의 중국, 행복 추구의 미국 등이 다 그렇다. 하나님의 백성 공동체는 이 모든 문화와 문명을 거치고도 결국 살아 남았으나, 언제나 주류에서 벗어난, 통계적으로 대수롭지 않은 소수자였다. 이에 대한 바울의 말은 간결하고 신랄하다. "능한 자가 많지 아니하며 문벌 좋은 자가 많지 아니하도다.…하나님께서 세상의 천한 것들과 멸시받는 것들과 없는 것들을 택하사…"(고전 1:26, 28).

이는 우리로 잠시 멈추어 생각하게끔 한다. 예수 공동체를 이어 가고 있다고 자임하는 우리가, 만일 지금 우리 사회나 문화와 아무 갈등 없이 사이좋게 지내고 있다면, 어떻게 우리는 예수님과 예수 공동체가 해 내지 못한 일을 그렇게 잘 해 내고 있는 것일까? 2,000여 년에 걸쳐 거부당한 역사가 있는데도 어떻게 북미 그리스도인들은, 수가 많다는 것을 신적 승인의 증거로 믿게 된 것일까?

교회의 중요성은 결코 수에 달려 있지 않다. 교회의 메시지는 좀처럼 (사실, 거의 전혀) 힘 있고 권력 있는 이들에게는 받아들여지지 않아 왔다. 때때로, '중요한' 지도자들, 정부나 재계나 언론계의 높은 지위에 있는 이들을 회심시키기 위한 전략이 세워질 때가 있었다. 물론 그리스도인들 중에도 정치적으로 높은 지위에 있고 사회적으로 유명 인사인 이들이 있다. 그러나 그들의 지위와 위치는 하나님 나라의 견지에서는 전혀 전략적인 중요성을 갖지 못한다.[21] 그리스도인들이 사회의 높은 자리를 차지하게 되면 예배와 선교와 복음 전도에서 공동체의 효율성이 높아질 것이라고 생각하는 것은 성경적으로도 역사적으로도 아무 근거 없는 생각일 뿐이다.

재판받으시는 예수님

예수님은 자신이 받고 계신 그 재판을 하등 중요하게 여기지 않으셨기에, 자신의 사명과 메시지에 대한 발언 기회를 얻고자 애쓰지도 않으셨다. 예수님이 재판받으신 첫 번째 법정은 대제사장 가야바가 주재하는 유대 종교 공의회, 즉 산헤드린이었다. 예수님은 이단 혐의와, 자신을 메시아라고 주장했다는 신성 모독죄로 고발되었다.

마태와 마가도 이 재판에 대해 누가와 유사하게 보도한다. 신성 모독 혐의에 대해 답변할 기회가 주어졌지만 예수님은 "침묵"하셨다(마 26:63). 메시아라는 정체성을 인정하라고 가야바가 압박을 가했지만, 예수님은 그에게 공을 되돌리셨다. "네가 말하였느니라"(*su eipas*, 마가복음에서는 "내가 바로 그니라", *egō eimi*). 그리고 그분은 시편 110편과 다니엘 7장에 나오는 구절들로 짧은 설명을 덧붙여 주신다. "이 후에 인자가 권능의 우편에 앉아 있는 것과 하늘 구름을 타고 오는 것을 너희가 보리라"(마 26:64, 참고. 시 110:1과 단 7:13). 이는 그 대제사장을 경악케 하는 주장이었고, 예수님의 신성 모독죄는 더욱 중해졌다.

메시아인가 아닌가 하는 질문에 대한 예수님의 대답은, 누가의 기록에서는 일종의 나무라는 형태로 확장되어 나타난다. "내가 말할지라도 너희가 믿지 아니할 것이요. 내가 물어도 너희가 대답하지 아니할 것이니라." 그리고 나서 시편 110편과 다니엘 7장에서 가져온 그 위험한 발언을 덧붙이신다. "그러면 네가 하나님의 아들이냐?"는 노골적인 질문에 예수님은 "너희들이 내가 그라고 말하고 있느니라"라고 우회적으로 대답하신다.

이 재판에 대해 요한은 네 복음서 중에서 가장 상세하게 보도한다. 대제사장 가야바와 그의 장인 안나스에게 심문받으실 때 하셨던 예수님의 대답들 중에서 오직 안나스의 부분만 기록되어 있다. 그의 질문들에 예수님은 이렇게 말씀하신다. "내가 드러내놓고 세상에 말하였노라. 모든 유대인들이 모이는 회당과 성전에서 항상 가르쳤고 은밀하게는 아무것도 말하지 아니하였거늘 어찌하여 내게 묻느냐. 내가 무슨 말을 하였는지 들은 자들에게 물어 보라. 그들이 내가 하던 말을 아느니라." 그러자 한 군인이 무례하다며 예수님의 얼굴을 때린다. 그러나 예수님은 (말씀으로) 그 군인으로 하여금 얼굴을 들지 못하게 만드신다. "내가 말을 잘못하였으면 그 잘못한 것을 증언하라. 바른 말을 하였으면 네가 어찌하여 나를 치느냐?" (요 18:19-23)

복음서 저자들이 보도하는, 이 종교 재판에서 예수님이 하신 모든 말씀은 사실 하나도 자기 변호의 말이 아니다. 예수님은 자신이 받고 있는 신성 모독 혐의를 확인해 주는 말도, 반박하는 말도 전혀 하시지 않는다. 짤막짤막한 모호한 말부터 극도로 오만한 발언까지 여러 말씀들을 하시지만, 결국 그분은 긍정도 부정도 하시지 않는다.

곧이어 벌어진 정치적 재판은 선동죄에 대한 것이었다. 예수님은 자신을 왕이라고 주장했다는 혐의로 고소되었다. 당시는 로마의 통치로부터의 해방 운동을 벌이던 혁명 테러리스트 그룹들(열심당원들)이 나라 곳곳에서 활동하고 있었다. 예수님은 그러한 테러리스트 그룹의 지도자들 중 하나로 고소되었던 것이다. 로마 총독, 빌라도가 이 재판을 주재했다.

마태와 마가와 누가의 보도에 따르면 예수님은 "당신이 유대인의 왕이오?"라는 빌라도의 물음에 오직 네 단어로(영어로는 세 단어, You say so; 헬라어로는 두 단어, *su legeis*), 즉 "당신이 그렇게 말하고 있소"라고 대답하셨다(마 27:11, 표준새번역). 유대 대제사장과 장로들이 불리한 증언을 하며 예수님을 고발했지만 그분은 "아무 대답도 아니하셨고", 빌라도가 스스로를 변호해 보라고 말했을 때도 그분은 "한마디도 대답하지 아니하셨다"(마 27:12, 14).

누가는, 갈릴리를 다스리는 [로마의] 꼭두각시 왕이자, 30여 년 전 예수님을 죽이려고 그 지역의 아기들을 모두 죽이라고 명령한 바 있는 헤롯 대제의 아들인 헤롯 안티파스를 등장시킴으로써 한 가지 세부적 이야기를 보탠다. 빌라도는, 헤롯이 그 때 예루살렘에 있는 것을 알고서는 예수님을 헤롯에게 보내 심문받게 한다. 헤롯은 기뻐하는데, 왜냐하면 오래 전부터 그는 그분을, 그의 갈릴리 지방에서 상당한 소란을 피워 온 그를 한번 만나 보고 싶었기 때문이다. 또 어쩌면 기적을 하나 구경하게 될지도 모른다고도 생각했다. 그런데 그는 그 날 자신 앞에 나타난 사람이 다름 아니라 전에 자신의 아버지가 죽이려고 했던 바로 그 사람이라는 것을 알았을까? 어쨌든, 그러나 헤롯은 빌라도만큼이나 예수님으로부터 아무것도 얻어 내지 못했다. 예수님은 이번에도 "아무 말도 대답하지 아니하셨다"(눅 23:9).

요한은, 앞서 종교 재판에서처럼, 여기서도 좀더 확장된 대화 내용을 들려준다. 선동죄를 묻는 "네가 유대인의 왕이냐?"(요 18:33)라는 질문에, 예수님은 대답하신다. "이는 네가 스스로 하는 말이냐, 다른 사람들이 나에 대하여 네게 한 말이냐?" 빌라도는 대답한다. "내가 유대인이냐, 네 나라 사람과 대제사장들이 너를 내게 넘겼으니 네가 무엇을 하였느냐?" 예수님이 대답하신다. "내 나라는 이 세상에 속한 것이 아니니라. 만일 내 나라가 이 세상에 속한 것이었더라면 내 종들이 싸워 나로 유대인들에게 넘겨지지 않게 하였으리라. 이제 내 나라는 여기에 속한 것이 아니니라"(34-36절).

빌라도는 흥미가 생겼다. "그러면 네가 왕이 아니냐?" 선동자일지 모른다고 생각한 것이다. 그러나 예수님이 대답하신다. "네 말과 같이 내가 왕이니라. 내가 이를 위하여 태어났으며 이를 위하여 세상에 왔나니 곧 진리에 대하여 증언하려 함이로라. 무릇 진리에 속한 자는 내 음성을 듣느니라"(37절).

그러나 이제 빌라도는 자신이 지금 랍비를 몰아붙이고 있는 것임을 깨닫고 흥미를 잃어버린다. 갑자기 지루해진 그는 냉소적인 질문으로 심문을 끝내 버린다. "진리가 무엇이냐?"(38절)

빌라도는 예수에게 선동죄가 없다고 결론짓고 그를 풀어 주자고 제안한다. 그러나 유대 제사장들과 경비병들의 맹렬한 반대에 그는 겁을 집어먹는다. 그리고 일이 더 복잡해진다. 그는 예수님이 자신을 "하나님의 아들"이라고 주장했다는 말을 듣게 된 것이다(19:7). 갑자기 빌라도는 몸이 얼어붙는다. 미신적이기도 했던 그는 그 말에 불안해져, 어쩌면 이는 정치적인 문제, 즉 왕권을 노리는 한 지역 열심당원이 정부에 위협을 가한 사건 정도가 아닐지도 모른다고 생각하게 된다. 어쩌면 옛 신들 중 하나가 나타난 것인데 자신은 지금 뭣도 모르고 있는 것은 아닐까? 만일 이 예수가 자신을 왕이라고 생각하는 망상가가 아니라, 어떤 심상찮은 신이라면 어쩔 것인가?

빌라도는 다시 한 번 예수님을 보러 간다. 자신의 관저로 다시 들어간 그는 묻는다. "너는 어디로부터냐?" 예수님은 대답하시지 않는다. 그 건방진 태도에 노해서 빌라도는 말한다. "내게 말하지 아니하느냐. 내가 너를 놓을 권한도 있고 십자가에 못박을 권한도 있는 줄 알지 못하느냐?"(19:9-10)

그러나 예수님은 그 위협을 무시하신다. "위에서 주지 아니하셨더라면 나를 해할 권한이 없었으리니 그러므로 나를 네게 넘겨 준 자의 죄는 더 크다"(11절).

빌라도는 실은 지금 자신이 재판받고 있는 중이라는 것을 알았을까? 아마 그랬던 것 같다. 왜냐하면 그는 이 곤경에서 빠져나오고자, 예수님을 풀어 주고자 최선을 다하기 때문이다. 그는 벗어나고자 했다. 그러나 그는 지조가 굳은 사람이 못 되었고 결국 군중의 압력에 굴복하고 만다. 그는 그 '왕'을 십자가에 못박으라고 넘겨 준다(12-16절).

재판받는 바울

30년 후 이번에는 바울이 권력자들 앞에 서는데, 그는 자기를 변호한다. 예수님의 침묵과는 대조적으로 그는 적극적으로 자신의 주장을 펼친다. 그러나 이 대화 역시 마찬가지로 아무런 소득 없이 끝난다. 권력자들은 그의 말을 들어 주긴 하나, 형식적이었을 뿐이다.

바울은 평화를 어지럽힌다는 죄목으로 체포된 후 여차여차해서 결국 예루살렘의 유대 종교 재판정에서 재판을 받게 된다. 과정은 이렇다. 아시아 지방의 유대인들이 바울이 이방 헬라인들을 성소에 데리고 들어와 성전을 더럽히고 있다며 그를 비난한다. 큰 소요가 일어나고, 성난 군중이 바울을 성전 밖으로 끌고 나와 그를 죽이려 한다. 도시의 치안을 담당하던 로마 사령관이 소란스런 소리를 듣고 병사들을 데리고 달려나와 바울을 구해 준다. 자초지종을 모르는 그 사령관은 일단 바울을 체포한 뒤 대체 무슨 일이냐고 취조한다(행 21:27-36).

처음에 그 사령관은 바울이 자신이 찾던 사람, 즉 얼마 전 폭동을 일으키고 4,000명의 자객들과 함께 광야로 나가 테러리스트 캠프를 세운 이집트 혁명가라고 생각했었다. 자기가 잘못 생각했다는 것을 깨닫자, 그는 바울에게 군중 앞에서 말할 기회를 준다. 군중이 조용해지자, 바울은 자신의 이야기를 시작한다. 스데반의 살해에 자신이 관여했던 이야기, 다메섹 도상에서 회심한 이야기, 하나님이 자신에게 이방인들을 선교하라는 사명을 주신 이야기 등. 이방인 이야기가 나오자 군중은 다시 소동을 일으켰고, 그 사령관은 바울이 그들에게 찢겨 죽지 않도록 이번에도 그를 구출해 준다. 문제의 진상을 파악하기 위해 그는 병사들에게 바울을 묶고 채찍질하라고 명한다. 바울을 고문해 진실을 알아 낼 생각이었다. 그러는 사령관에게 바울은 자신은 로마 시민권자라고 응수하고, 그러자 사령관은 명령을 취소한다. 하지만, 왜 유대인들이 바울에 대해 그렇게 살기등등하게 분노하는지를 알고 싶은 호기심에, 그는 유대 종교 법정을 소집해 바울이 그 앞에서 자기 변호를 하게 한다(21:37-22:30).

이 재판은 대제사장 아나니아의 주재로 열렸는데, 그는 전에 신성 모독 혐의로 예수님을 재판했던 가야바의 후임자다. 바울의 서두 진술은 그 재판을 싸움터로 만들어 놓는다. 아나니아는, 바울이 꺼낸 첫 마디에 격분해서는, 그를 때리라고 명령한다. 바울은 그 대제사장에게 모욕을 주는 심한 말로 응수한다. 그러고 나서 바울은 그 법정 구성원들 사이에 심한 논쟁을 촉발하는 말을 던진다. 논쟁은 대단히 격렬해졌고, 로마 호민관이 바울의 목숨이 염려되어 ("바울이 그들에게 찢겨질까 하여") 재판을 중지시키고 바울을 막사로 호송해 데리고 간 것을 보면, 분명 주먹다짐까지 오고갔던 것 같다 (23:1-11).

이제 그 호민관은 이 일을 자기 역량으로 해결할 수 없음을 깨닫는다. 다음날 그는 경호인들을 붙여 바울을 거기서 100km 정도 떨어진 가이사랴의 벨릭스 총독에게 보낸다. 벨릭스는 바울을 안전한 장소에 가두고 재판 일정을 잡는다.

바울은 로마 법정에 섰다. 대제사장 아나니아는 예루살렘에서 같이 온 장로들과 율법사들과 더불어 바울을 고소한다. 성전에서 소요를 일으키고 평화를 어지럽혔다는 죄목이다.

바울은 벨릭스 총독 앞에서 자기를 변호한다. 그는 그들이 고소하기 위해 데리고 온 변호사 더둘로가 제기하는 혐의들에 대해 답변한다. 벨릭스 총독은 관심 있게 듣는 듯했지만 꾸물대며 결정을 내리지 않는다. 그래서 바울은 무기한으로 계속 구금 상태로 있게 된다. 그러나 벨릭스와 그의 유대인 아내 드루실라는 바울에게 흥미를 느꼈고, 그래서 자주 그와 더불어 "그리스도 예수 믿는 도…의와 절제와 장차 오는 심판"(24:24-25)에 관해 대화를 나눈다. 벨릭스는 분명 바울의 말에 매력을 느꼈던 것 같으나, 뒤따르게 될 일들을 두려워했다. 분명, 그는 정의에는 관심이 없었다. 유죄 선고도 받지 않은 바울을 그는 계속 감옥에 가둬 둔다. 내킬 때마다 가서 흥미로운 신학적 대화를 나눌 수 있도록 가까운 곳에 말이다. 2년 동안이나 이런 대화가 계속되었지만, 결국 아무 일도 일어나지 않았다. 결국 벨릭스의 뒤를 이어 베스도가 부임하고, 그 역시 "유대인의 마음을 얻고자" 바울을 계속 감옥에 둔다(24:27). 그 훌륭하다던 로마 사법 제도의 실상이 이랬다.

감옥에서 2년을 보낸 후 바울은 가이사랴의 법정에 다시 불려나와, 이번에는 새로 부임한 베스도 총독 앞에서 재판을 받는다. 전과 똑같은 죄목들을 유대인들이 바울에 대해 제기하고, 바울은 다시금 그것들을 부인한다. 베스도는 시간을 질질 끈다. 그는 유대인들과 사이좋게 지내기를 원했다. 아마 그는 (벨릭스로부터?) 이 혐의는 근거 없는 것임을 알았을 것이다. 그런데도 그는 재판을 다시 예루살렘에서 열자고 제안하며 시간을 벌려고만 한다. 이러한 우유부단함에 신물이 난 바울은, 로마 시민으로서의 권리를 주장하며 황제에게 상소해 로마에서 재판을 받겠다고 말한다. 골치아픈 문제에서 벗어날 수 있게 된 것을 기뻐하며, 베스도는 조언자들과의 협의 후 바울의 상소를 받아 준다. "[당신은] 가이사에게 갈 것이라"(25:12). 드디어 무언가 결정된 것이다—2년 만에!

아마 바울은 다시 감옥으로 돌아와 로마로 압송되어 재판받기를 기다렸을 것이다. 마침 그 때, 헤롯 아그립바 2세 왕과 그의 누이 버니게가 새로운 총독을 환영하기 위한 공식 방문차 그 곳에 왔다. 흥미롭게도, 이번에도 '헤롯'이 등장하는 것이다. 이 헤롯은 전에 아기 예수를 죽이려고 했던 그 헤롯 대제의 증손이다. 전에 호기심으로 예수님을 한번 보고 싶어했던 그의 큰할아버지 헤롯 안티파스(눅 23:8)처럼, 이 헤롯 아그립바 2세는 예수를 전하는 선교사라는 이 바울에 대해 호기심을 갖는다. 또 그의 아버지였던 헤롯 아그립바 1세는 세베대의 아들 야고보를 죽였고 수년 전 베드로를 감옥에 가둔 사람이다(행 12:1-3). 이렇게 헤롯은 계속 이 이야기에 등장한다.

베스도 총독은 헤롯 아그립바의 호기심을 만족시켜 주고자 그더러 바울을 한번 만나 이야기를 들어 보라고 한다. 베스도는 고위 장교들과 그 도시의 지도급 인사들을 다 동원해 이 만남의 자리를 거창하게 준비한다(25:23). 공식적인 재판이 아니라 사실 관계를 확인하는 청문회 같은 자리였지만(베스도는 바울을 로마의 법정으로 올려 보내기로 한 그의 결정을 정당화해 줄 수 있는 공식적인 혐의점을 찾고자 했다), 그 강당에 모인 이들 앞에서 바울은, 사도행전의 모든 설교와 연설 중에서 스데반의 것 바로 다음으로 가장 긴 장문의 발언을 한다(26:2-29). 그런데 이는 자기 변호의 말이라기보다는, 믿음으로의 초청으로 끝나는 열정 어린 설교였다. "아그립바 왕이여, 선지자를 믿으시나이까? 믿으시는 줄 아나이다.…당신뿐만 아니라 오늘 내 말을 듣는 모든 사람도 다 이렇게 결박된 것 외에는 나와 같이 되기를 하나님께 원하나이다"(26:27-29).

바울의 말은 무척 흥미로웠고, 아그립바 왕과 버니게도 분명 흥미를 느꼈을 터이지만, 그 법정의 누구도 실제로 큰 영향을 받은 것 같지는 않다. 그들의 주된 동기는 이 구금된 설교자에 대한 호기심이 전부였다. 어쩌면 그들은 기생(寄生)적이고 지루하고 권태로운 생활에 잠시 활력을 불어넣을 어떤 초자연적인 볼거리를 찾고 있었던 것은 아닐까?

각각의 재판 때마다 헤롯 가의 사람들이 등장한다. 예수님의 재판 때는 헤롯 안티파스가, 바울의 재판 때는 헤롯 아그립바 2세가. 비록 그 재판들에서 대수롭지 않은 역할을 하는 단역들에 불과하지만, 그들의 존재는 우리에게 깊은 생각거리를 던져 준다. 즉, 그 예수 공동체는 세상(the World)에 대해 놀라우리만치 무관심했다는 점이다.[22] 주후 1세기에 세상과 동의어였던 이름을 하나 들자면 아마 헤롯일 것이다. 헤롯은 세상의 헛됨, 때로 우리가 '세속성'이라 일컫는 것, 즉 지위와 권력, 화려함, 방종, '세상에서 잘나가다'라는 말에 담긴 모든 것을 완벽하게 나타내는 본보기였다. 참으로 이상한 것은, 그 후 예수 공동체가 이런 헤롯 같은 사람들의 환심을 사려고 애쓸 때가 많았다는 점이다. 그들의 인정을 받고, 그들을 동지로 삼고, 그들의 영향력을 하나님 나라를 위해 사용하겠다며 말이다.

헤롯 안티파스와 헤롯 아그립바는 영적인 피상성, 속이는 쇼맨십의 전형들로 평가받으며 역사의 뒤안길로 오래 전에 사라졌다. 그들 시대에 안티파스와 아그립바는 정말 대단한 사람들이었다. 그러나 예수 공동체는 그들을 대단하게 여기지 않았다. 안티파스와 아그립바가 그 재판들에 관여했다는 것 자체는 예수 공동체가 힘 있는 위치의 사람들에게 접근할 수도 있었음을 의미한다. 헤롯 가문은 (복음서 이야기에는 다섯 명의 헤롯이 나온다) 당시의 모든 문화적·사회적 현실에 영향을 주었다. 사람들이 그들을 꼭 좋아한 것은 아니다. 사실 그들은 멸시를 받기도 했다. 그러나 그들은 세상에서 어떻게 '성공'하는지를 아는 사람들임을 누구나 인정했다. 로마의 정치와 헬라의 문화가 지배하는 세상에서 피지배계층인 셈족의 일원이었음에도, 그 헤롯들은 유명 인사로서의 지위를 차지한 이들이었다. 세상에서 '잘나가기를' 원하는 사람이라면 이 헤롯들을 보고 배우는 것보다 더 좋은 수업은 없었다. 그들은 예수 공동체가 형성되어 가고 있던 그 세상에서 '리더십 원칙'에 관해 책을 썼던 이들이다.

그러나 예수 공동체는 그들의 그런 '책'에 아무런 관심도 보이지 않았다. 세상 앞에서 재판받은 예수님과 바울은 그 재판정에 있는 헤롯을 로마 정부에 힘을 써 줄 수 있는 연결 고리로 생각했을 법도 했다. 결국 헤롯도 같은 민족이었기 때문이다. 헤롯을 그 시대의 가장 힘 있는 정치 문화 지도자들에게 복음 메시지를 전하는 다리로 삼고자 했을 법도 했다.

이렇게 헤롯은, 예수 공동체가 매혹되어 그들의 인정을 받고 그들을 동지로 삼고 그들의 영향력을 하나님 나라를 위해 사용하고자 할 때가 많은 그런 사람들의 전형이다.

그러나 예수님과 바울은 그들에게 매혹되지 않았다. 그들의 태도는 기본적으로 초연한 무관심이었다. 그들에게서는 그런 유력한 이들에게 아부하는 태도나, 우리가 흔히 갖는, "와, 이 얼마나 중요한 기회인가! 이 기회를 잘 활용하자.…이들은 영향력 있는 지도자들이니까" 같은 태도를 전혀 찾아볼 수 없다. 예수님은 사실상 그들을 무시하신다. 바울은 성실히 자기 변호를 하지만 그들에게 순응하거나 그들의 환심을 사려 하지 않는다.

이는 예수 공동체와 세상의 관계에 대해 중요한 시사점을 하나 던져 준다. 그 헤롯들은 로마에 힘을 써 줄 수 있는 인물이었다. 즉, 이들은 '영향력 있는' 사람들이었다. 게다가 그 두 헤롯은 모두 그 피고인들에게 호기심이 있었다. 안티파스는 예수님에 대해 호기심이 있었고, 아그립바는 바울에 대해 호기심이 있었다. 이 호기심은 충분히 활용될 수도 있었다. 즉, 그것을 하나님 나라를 위해 활용할 수도 있었다. 그러나 예수님과 바울은 그렇게 하지 않았다. 그들은 그것을 '이용하지' 않았다. 그것을 그저 무시했을 따름이다.

왜? 예수님과 예수 공동체는, 복음이 세상에서 전진하기 위한 조건은 영향력이나 부나 권력과 무관하다는 것을 알고 있기 때문이다. 그들은 예수, 십자가, 삼위일체라는 타협할 수 없는 맥락 가운데서 자신의 일을 해 나갈 뿐이다. 명성도 '기회'도 예수님이나 예수 공동체를 미혹시키지 못한다.

세상은 미혹하는 곳이다. 일단 우리가 세상의 관심사들에 영합하고, 세상의 호기심들에 호소하고, 세상의 관용어와 문법에 따라 말하고, 세상이 제시하는 현실 적합성 기준을 수용하기 시작하는 순간, 우리는 우리가 가야 할 근본적 방향을 포기하는 것이다.

우리는 예수님과 바울의 재판을, 그 때 그들이 어떻게 세상과 다른 길을 갔는지를 망각하고, 기회, 기술, 성취 등에 생각이 지배될 때가 너무 많다. 예수님과 바울은 그런 것들에 미혹되지 않았다.

헤롯 왕조의 통치는 예수 탄생 때부터 기독 공동체의 형성과 초기 발전 때까지 60여 년 동안 계속 이어졌다. 헤롯들은 예수님과 예수 공동체에 대한 누가의 이야기에서는 거의 별볼일없는 시시한 조역이다. 그러나 오늘날에도 사람들은 헤롯 같은 인물들에게 깊은 인상을 받는다. 예수 공동체 안의 사람들이라고 예외는 아닌데, 세상에—'예수를 위해'—자신의 흔적을 남기고 싶어하는 사람들이 특히 그렇다. 헤롯 왕조 사람들은 유리하지 못한 조건 속에서도 놀라우리만치 성공적으로 명성과 영향력과 부를 성취해 낸 이들이다. 로마 정부는 그저 자신들의 목적을 위해 그들을 이용했을 뿐이고 일반 유대 백성들도 그들을 멸시하긴 했다. 하지만 어쨌거나 그들은 당시 사회에서 대단한 성취를 이룬, 불리한 조건들 속에서 커다란 성공을 이룬 이들의 전형이었다. 헤롯의 세계는 부와 영향력, 화려함과 과시, 잔인함과 자기 선전, 오만과 방종의 세계였다. 이들은 세상에서 어떻게 성공하는지를 아는 이들이었다. 하나님을 위해 위대한 일을 하고 싶어하는 사람이라면, 분명 헤롯들에게는 눈여겨볼 만한 점들이 많다.

그러나 더없이 분명한 사실은, 예수님과 바울은 '남들이 잘 가지 않는 길'(the road less traveled)을 갔다는 것이다. 예수님의 경우에는 십자가 처형, 바울의 경우에는 투옥과 죽음으로 끝나고 마는 그런 길을 말이다.

아콜루토스

누가복음/사도행전은 평온한 어조로 끝난다. 로마에 가택 연금된 바울이 찾아오는 손님들을 맞아 대화를 나누었다는 말로 마친다. 마지막 문장은 '아콜루토스'(*akōlutōs*) 즉 "아무런 방해도 받지 않고"(unhindered; 행 28:31, 표준새번역)라는 다소 아리송한 말로 종결된다. '아콜루토스'가 말하려는 바는, 이제 거룩한 공동체의 활동 무대가 세상을 향해 활짝 펼쳐졌다는 것이다. 앞서 복음서에서 누가는 예수 이야기가 전개되는 극장은 온 세상 전체라는 점을 우리의 상상력을 키워 이해시켜 준 바 있다—"그 때에 가이사 아구스도가 영을 내려 천하로 다 호적하라 하였으니"(2:1). 62년 정도의 세월이 흐른 지금 그 때 그 칙령이 내려졌던 로마에 바울이 와 있다. 로마 병정의 감시 아래 가택 연금된 채 말이다. 감금되어 있는 바울은 "아무런 방해도 받지 않고, 아주 담대하게 하나님 나라를 전하고,

주 예수 그리스도에 관한 일들을 가르쳤다"(28:31, 표준새번역). 아무런 방해도 받지 않고? 하워드 마샬(Howard Marshall)은 "이 문장의 강조점은 이 단어에 있다"고 말한다.[23] 이는 역설적인 표현인가? 로마의 사슬에 묶여 옴짝달싹 못하고 있는 바울의 모습은, "오직 성령이 너희에게 임하시면 너희가 권능을 받고…땅 끝까지 이르러 내 증인이 되리라"(행 1:8)는, 초기 공동체를 향한 예수님의 말씀에 예견된 그 세상 구원을 이루기에 전혀 효과적인 전략으로 보이지 않는다. 아니, 어쩌면 이 "아무런 방해도 받지 않고"란 말은, 성령께서 이 세상에서 하나님 나라를 형성해 가시는 **수단**이 무엇인지를 말하기 위해 누가가 신중히 선택한 단어였던 것은 아닐까?

1세기 지리학에서 로마는 곧 세계였다. 소위 '범부'(凡夫)들은 로마보다 더 넓은 세계를 생각할 수 없었다. 대중의 상상력에서는 로마의 끝이 곧 '땅 끝'이었다. 이런 로마에 이제 예수 공동체의 지도적 설교자이자 교사인 바울이 오게 된 것이다. 로마에 가택 연금된 그를 대표로 이제 예수 공동체가 바야흐로 세계적 공동체가 되어 가고 있었다. 물론 당시에는 누구도 이를 예측할 수 없었지만 말이다. 본래부터 이 예수 공동체는 어떤 한 지역이나 지방에 국한되거나, 한 게토나 기관에 한정되거나, 종족이나 문화나 정치 문제 등에 얽매일 수 없는 공동체였다. 아직 가시적으로 나타나진 않았지만, 이미 로마에서도 이 공동체는 온 세상을 다 포용하는 공동체가 될 태세를 갖추고 있었다.

아무런 방해 없이? 생각해 보라. 바울은 지금 자기가 있는 곳을 떠날 수 없었다. 또 조금 전 지역 유대 공동체 지도자들과 대화를 나누었지만 결과는 실망스러웠다. 그들은 그에 대해 들은 바가 별로 없었고, 그의 말을 들어 본 후에는 서로 의견이 분분한 채 자리를 떴다. 바울은 이사야의 혹독한 예언을 떠올리며 쓰라린 마음으로 그들을 배웅했다. "이 백성들의 마음이 우둔하여져서…"(28:20-27). 예루살렘에서와 마찬가지로 로마에서도 그는 유대 지도자들을 설득하는 일에 실패한 것이다. 또 얼마 후면 그 도시의 그리스도인들은 난폭한 네로의 손에 대대적인 순교를 당할 것이었고, 바울도 그렇게 될 것이었다. 그런데도, "아무런 방해 없이"라니?

누가가 단어 선택에 얼마가 신중한 사람인지를 기억한다면, 우리는 그가 이 단어를 상당히 의도적으로 썼다는 것을 의심할 수 없다. 그러나 그는 단어의 좁은 문자적 의미만을 고집하는 단선적인 작가가 아니었다. 바울 그리고 예수 공동체 이야기를 쓰는 누가, 두 사람은 이제 은혜의 **수단**이 무엇인지, 즉 성령께서 구원을 일구어 내시고 공동체를 형성시켜 가시는 **방식**이 무엇인지에 대해 충분한 교육을 거쳤다. 예수님의 방식, 성령의 방식, 십자가의 방식, 부활의 방식에 대해 많은 실습을 거쳐 온 그들은 이제 하나님의 일이 어떤 식으로 되는지를 익히 알고 있었다. 그래서 이런 이야기, 이런 '복음'과 '행전' 이야기를 몸소 살아 온 그들, 기도하며 순종하며 거기에 동참해 온 그들은 "아무런 방해 없이"야말로 이 이야기의 마침 단어로서 꼭 맞는 말임을 알았던 것이다. 바울의 투옥을 장기화한 재판의 지체, 예수 공동체를 배척하는 유대 지도자들의 종교적 고집, 도시를 그리스도인들의 시체로 넘쳐나게 한 대학살 등, 그 어떤 것도 결국 이 이야기에 방해가 되지 못한다는 것이다. 그래서 이 이야기의 마침 단어는 결국 "아무런 방해 없이"다.

이렇게, 예수 공동체가 형성되는 이 이야기 전반에 걸쳐 사용되는 수단들은, 부활에 대해 전혀 알지 못하는 사람의 시각에는 너무나 비상식적이며 반(反)문화적이고 낯선 것들일 수밖에 없다. 그러나 부활을 접했다면, 우리는 우리의 일하는 모든 방식을 재검토하고 다시 보며 수정하지 않을 수 없다. 세상의 수단은 하나님 나라의 수단으로 이용될 수 없기 때문이다.

창조와 구원에서 하나님이 어떤 일을 해 오셨고 또 하고 계신지를 배웠다면, 이제 기독교적 삶에서 남은 가장 어려운 일이자 가장 중요한 일은 이것이다. 즉 우리는 하나님이 하시는 **일**뿐 아니라, 하나님이 일하시는 **방식**에도 기꺼이 동참해야 한다. 우리는 모두, 권력과 돈, 정보와 기술, 정욕과 탐욕, 교만과 성냄 등이 세상 일을 성취하는 보편적이고 승인된 방식들인 그런 부활 이전 수단의 세상(pre-resurrection world of means)에서 자라왔고, 사실 그런 수단들은 세상에서 잘 통한다. 그것들은 톡톡한 효과를 낸다. 똑똑하고 야망 있는 사람은 그러한 방식들을 익히고 실행함으로써 자신이 원하는 거의 모든 것을 얻어 낼 수 있다. 헤롯들이 분명 그런 이들이었다.

그러나 누가의 이 마지막 단어가 옳고 바울과 예수 공동체를 정확히 나타내 주는 말이라면, 이는 그 선조들은 복음 사역에 적합한 유일한 수단들이 무엇인지를 알며 그것들을 지각 있고 분별력 있게 사용한 이들이었음을 말해 준다.

"아무런 방해 없이"란 정확한 말이다. 이는, 세례받지 않은 상상력에게는 크게 다가오는 온갖 어려움과 장애들도 하나님 나라의 일에서는 전혀 중요한 것들이 못 된다는 뜻이다. 하나님 나라에서는 부활, 곧 예수님을 현재화하는 성령의 활동에 의해 수단이 정해지기 때문이다. "아무런 방해 없이"에는 힘을 들이지 않았다는 뜻도 내포되어 있다. 예수 공동체의 대표자로서 로마에서 부활을 증언했던 바울은 더 이상 세상의 수단들을 가지고 경쟁에 임하지 않았다. **그가 그저 거기에 있는 것**으로 충분했다. 고함치는 일 없이, 감옥에서 벗어나려 발버둥치는 일 없이, 들으려고도 깨달으려고도 하지 않는 유대 지도자들에게 위축되는 일 없이, 그는 그저 사람들 곁에 함께 있어 주기만 했다. 학살되는 그리스도인들의 몸들을 중보 기도 가운데 예수님의 십자가 제단에 올려 드리며 말이다. 그러나 이는 아무 일도 하지 않는 것이 전혀 아니었다. 이는 가히 희생 제사를 드리는 것 같은 일이었다. 우리의 한 훌륭한 신학자는 이를 이렇게 표현한다. "자의식이 죽고 의지가 정확히 기울어져, 일을 하기에 적합한 매개가 되도록 우리 의지가 투명해지고 텅 비게 되는 것."[24]

이러한 자연스러운 현존의 삶은 결코 쉽게 도달할 수 있는 것은 아니나, 분명 도달할 수 있는 경지다. 이를 그저 기질이나 환경의 문제로 여겨서는 안 된다. 기질적·환경적으로만 보면 바울은 이러한 부활 평정심의 본을 보일 만한 사람이 전혀 못 되었다. 처음에 그는 그리스도인들을 호전적으로 핍박하는 인물로 등장했고, 열정적으로 돌아다니며 그들을 감옥에 가두었으며, 스데반이 돌에 맞아 죽은 경우에서 알 수 있듯이, 적어도 한 번은 그들을 죽이는 일에도 연루되었었다. 본성적으로 불 같고 감정적이며 화를 잘 터뜨리는 사람이었던 그이지만, 오랜 일과 여행의 와중에 그는 상당히 많이 다듬어졌다. 바울은 빌립보 성도들에게 자신은 이제 어떤 환경 가운데서도 "자족하기를 배웠다"(빌 4:11)고 말하는데 이는 세상의 수단이 아니라 성령의 수단으로 사는 법을 배웠다는 의미심장한 말이다.

그리스도의 공동체로 사는 법을 배워 간다는 말의 가장 큰 의미는 성부, 성자, 성령께서 우리[의 존재와 공동체]를 형성시키시는 수단들에 우리가 친숙해지고 훈련되어 간다는 것이다. 그 수단들이란 하나님 편에서 보자면 성령이며, 우리 편에서 보자면 기도 충만한 가운데 순종하는 것이며, 세상의 소외된 이들을 우리 공동체 안으로 맞아들이는 것이며, 또 세상에서 잘나가는 사람들의 방식, 특히 유명 지도자들의 방식을 따르지 않는 것이다.

예수 공동체는 그것이 말하고 행동하는 내용보다 그것이 말하고 행동하는 **방식**을 통해 자신의 주님을 배신할 때가 훨씬 더 많다. 거룩한 부활 공동체를 더럽히는 일에서 성냄과 오만, 폭력과 교묘한 조작은 신학적 오류나 도덕적 방종보다 훨씬 더 파괴 강도가 크다.

이렇게, "**아무런 방해 없이**"는 누가가 바울과 예수 공동체의 성격을 최종적으로 규정하기 위해 사용한 놀랍고 기억해 둘 만한 단어다. 그리고 이는 예수님의 일을 세상적인 수단으로 하려는 유혹을 받고 있는 오늘의 예수 공동체가 특히 주목해야 할 단어다. **아무런 방해 없이**―자족하며 긴장 풀기, 예수 생명을 예수 방식으로 살아내는 일에 훈련되고 분별력을 갖추기, 부활 실재와 우리가 그것을 증거하고 그 안에서 순종하며 살아가는 수단들이 일치되게 하기.

공동체 안에서 주 경외함 기르기: 세례와 사랑

이는 참으로 매력적인 삶이다. 이 부활의 삶 말이다. 예수님의 탄생과 죽음은 예수님의 부활 안에서 놀랍고 인격적인 방식으로 하나로 모아진다. 또한 우리는 **우리** 삶도, **우리의** 탄생과 죽음도 부활 안에서 한데 모이는 것을 발견한다. 즉, 예수님의 부활이 우리의 부활이 되는 것이다. 바울은 말한다. "[만일] 너희가 그리스도와 함께 다시 살리심을 받았으면…"(골 3:1). 여기서 '만일'(if)은 정확히는 '[살리심을 받았]으므로'(since)의 의미다. 그분은 우리를 "그리스도와 함께 살리셨다"(엡 2:5). 또 "내 안에 그리스도께서 사신다"(갈 2:20). 바울에 의해 네 복음서 저자의 부활 이야기들은 인격적이고 공동체적인 참여의 언어로 융합된다. 기독교적 삶은 예수 부활의 삶, 성령께서 이루시는 삶이다.

그러나 창조와 역사의 장(場)들에서와 마찬가지로 여기 공동체라는 장에서도 우리는 하나님이 행하셨고 또 하고 계신 일에 '동참'하지 못하고 거기에 부적절한 응답을 하게 될 때가 참으로 많다. 하나님이 이미 하고 계신 일에 참여하는 것이 아니라, 오히려 그것을 무시하고 회피하거나 방해할 때가 많은 것이다.

우리가 세례받은 평범한 성도들이 아니라 예수님 나라 사역을 위해 훨씬 더 잠재력이 있다고 생각되는 사람들을 모아 나름의 모임을 꾸릴 때, 우리는 예수 공동체를 무시하는 것이다. 흔히 우리는 어떤 비전을 갖고 신속하게 그것을 성취할 수 있는 정력적이고 재능 있는 지도자들을 뽑는다. 우리는 성경의 말씀과 아무 상관 없이 사역자의 직무 내용 설명서를 작성하고 그에 따라 후보자를 찾는다.

우리가 공동체에서 구경꾼 자리를 자처할 때, 우리는 예수 공동체를 회피하는 것이다. 물론 우리가 전혀 무관심한 것은 아니다. 우리는 감사를 표하며 칭찬하기도 한다. 우리는 감복하기도 하고 흥분하기도 하고 고무되기도 한다. 그러나 모두 관람석에서 그렇게 하는 것일 뿐이다. 돈 주고 산 좋은 자리에 앉아서, 박수 갈채로 공동체를 격려해 주며, 내킬 때 가끔씩 자원 봉사를 하는 정도일 뿐이다.

우리가 공동체를 자기 식으로 움직이려 할 때, 우리는 성령께서 창조하신 이 공동체를 방해하는 것이다. 우리는 그리스도 안에서 새로운 삶을 놀라운 선물로 받는다. 목적과 의미와 감사가 우리의 동맥을 통해 흐른다. 이럴 때 우리는 자신을 주체하기가 어렵다. 그래서 그만 우리는 공동체의 일이 어떻게 처리되어야 하는지에 대한 자신의 생각에 입각해 성령에게 명령을 내리기 시작한다. 우리는 다 나름대로 일 처리, 좋은 사업, 동기 부여 등에 일가견이 있다. 우리는 복음의 진리와 목적을 안다고 자처한다. 그러나 우리는 예수님의 길, 그분이 일하신 **방식**을 시간을 들여 배울 생각은 하지 않는다. 그래서 결국 우리는 옳은 일을 잘못된 방식으로 해서 망치고 만다.

이러한 무시와 회피와 방해가, "그리스도와 함께 다시 살리심을 받은" 세례받은 이들로 하여금 성령의 인도를 받는 참여적 삶을 사는 것을 가로막는 지속적인 주요 장애물이다. 우리는 다른 이들과 더불어 살고 일한다는 것이 무엇인지 모르지 않는다. 이는 우리의 성장, 소위 '사회화'의 정상적 일부다. 우리는 이미 가정, 학교, 직장, 운동 팀, 밴드나 오케스트라, 보이스카우트나 걸스카우트, 로터리클럽이나 라이온스클럽 등 다양한 배경에서 다른 이들과 더불어 살고 일하는 법을 배워 왔다. 따라서 이러한 다양한 배경에서 배운 바를 교회 안으로 가지고 들어오는 것은 충분히 이해할 만한 일이다. 그러나 우리가 그런 곳에서 배운 것들은 이 예수 공동체에서는 적합하지 않을 때가 많고, 심한 경우 잘못된 것일 때도 있다. 부활 공동체는 독특한 공동체이기 때문이다. 그렇다면 이 거룩한 공동체에 적합한 참여 방식은 무엇인가? 특히 수단 사용의 문제에서는, 우리가 참여하고 있는 다른 모임들과 이 공동체는 최소한의 유사성과 연속성이 있을 뿐이다. 우리는 거듭 자문해야 한다. "내가 초대받은 이 공동체의 독특한 특징은 무엇이며, 어떻게 나는 여기에 바른 방식으로 참여할 수 있는가?"

이러한 '어떻게'에 대한 간단한 답은, 창조와 역사의 장들에서도 그랬듯이, 바로 '주 경외함'을 기르는 데 있다. 주를 경외하는 이들은 현재 이미 되고 있는 일들 앞에서 경건한 존중의 태도를 가지며, 앞으로 되어야 할 일들을 참된 즐거움 안에서 행한다. 주 경외함의 실천은 점진적으로, 그러나 확실히 우리의 관심을, 우리가 할 수 있고 해야 하는 일에 대한 몰두로부터, 하나님이 해 오고 계신 일과 하나님이 그 일을 성령을 통해 예수님 안에서 행하고 계신 그 방식에 주의 깊게 몰입하는 것으로 옮긴다.

공동체 안에서 주 경외함을 기르기 위한 핵심적 실천은, 사랑의 실천을 통한 성숙한 형성을 가져오는 세례다.

세례

기독교는 물과 관계가 있다. "너희 목마른 자들아 물로 나아오라." 기독교는 세례, 완전한 침수, 무언가 근원적인 것 속에 빠져 젖는 것과 관계가 있다. 우리가 세상에서 하는 일의 대부분은 냉담한(dry) 태도를 유지하고, 말쑥한 외양을 보이고, 머리를 꼿꼿이 세우는 것 등과 관계가 있다. 그러나 세례를 받는다는 것은—호수에서든 빗속에서든 수조에서든 세례반(洗禮盤)에서든—무언가 조금 단정치 못한 일을, 그 일이 거룩한 일이고 또 우스꽝스런 일이라는 이유로, 당신이 하겠다고 동의하는 것이다.

이는 항복하는 일이며, 우리가 좌지우지할 수 없는 모든 것을 받아들이는 것이다. 이는 균형과 단정함을 기꺼이 벗어 버리고 흠뻑 젖는 것이다.

앤 라모트[25]

복음 이야기들은 세례를 이야기의 서두이자 중요한 위치에 둔다. 먼저, 세례 요한이 등장해 예수님의 길을 예비하고, 또 예수님께 세례를 준다. 세례 주는 요한, 세례받으시는 예수님. 예수님이 요단 강에서 세례받으실 때 성령이 그분 위에, 또 그분 속에 임하셨고, 하늘로부터 그분의 정체성을 확증해 주는 "이는 내 사랑하는 아들이다"라는 음성이 들려 왔고, 이 때부터 그분은 하나님 나라를 계시하는 사역을 시작하셨다. 요단 강에서의 이 예수님은 일종의 창세기 1장의 재연이었다고 볼 수 있다. 그분은 "혼돈하고 공허한" 물들 속으로 들어가셨고 성령(그 비둘기)께서 거기를 맴도셨다. 30년 후 그 동일한 성령이 최초의 그리스도인의 공동체에 내려오셨다. 그러자 그들은 세상 속에서 하나님 나라의 언어를 말하고 하나님 나라의 일을 하기 시작했다. 그들이 처음 한 일은 오순절 회심한 3,000명의 사람들에게 세례를 주는 것이었다. 왜냐하면 '형제회'(the Society of Friends), 즉 퀘이커 교도들만 제외하고는, 거의 모든 기독교 전통에서 거룩한 세례는 부활 공동체 안의 삶을 표해 주는 최초의 행위이자 말이기 때문이다.

한 친구 목사가 새로운 회중을 조직하는 일을 맡은 적이 있다. 이런 일에는 참 많은 도움이 필요하다. 거의 맨땅에서부터 시작하는 일이기 때문이다. 개척 초기에 한 여성이 찾아와 그에게 이렇게 말했다. "목사님, 제가 돕고 싶습니다. 저는 사람들을 조직하고 동기를 부여하는 일을 아주 잘 한답니다. 저는 공동체 일을 많이 해 보았는데, 제 경험과 기술을 이 새로운 교회를 개척하는 일에 사용하고 싶습니다." 내 친구는 이렇게 대답했다. "아, 그렇습니까? 감사합니다. 도움을 받고 싶습니다. 하지만 먼저, 우리가 해야 할 일에 대해 함께 대화하고 생각을 나누는 시간을 가져 보면 어떨까요. 제 제안은 이렇습니다. 앞으로 6주 정도 매주 몇 시간씩 만나 칼뱅이 세례에 대해 쓴 글에 대해 읽고 토의했으면 합니다. 이 공동체를 구성할 이들의 특징은 현재도 앞으로도 세례에 의해 규정되고 설명되기 때문입니다. 교회 공동체는 다른 공동체들과 전혀 성격이 다른 공동체입니다. 이 곳에서 우리가 다루는 것은 영혼, 즉 하나님 안에 잠겨 있는 삶 전체니까요." 그 여성은 2주 후 곧 흥미를 잃고 말았다고 한다.

세례는 우리 각자의 유일무이하고 인격적인 이름을 성부, 성자, 성령의 삼위일체와 결정적으로 관계 맺어 준다. 우리가 우리 자신에게 세례를 주는 것이 아니듯—세례는 언제나 공동체 안에서 삼위일체 하나님의 이름으로 우리에게 행해지는 무엇이다—부활 생명은 우리가 무슨 일을 하기도 전에, 또 무슨 일을 했는지와 무관하게 우리에게 그저 선물로 주어지는 것으로서, 이 생명에 의해 우리는 참된 우리가 된다. 세례받는 순간, 우리는 더 이상 우리 스스로 우리 자신이 아니다. 그 때부터 우리는 세례받은 동료들과 더불어 우리 자신이 된다.

우리가 부활 공동체에 들어가는 순간, 이제 우리 삶은 거룩한 세례를 통해 삼위일체의 견지에서 재규정된다. 세례는 죽음이자 동시에 부활이며, 포기이자 동시에 포용이다. 세례 시 우리는 하나님의 이름(the Name)―성부, 성자, 성령―과 함께 이름 불리게 되며, 그때부터 우리는 우리 삶을 삼위일체 하나님의 자녀로서 폭넓게 공동체 안에서 이해하기 시작한다. 우리는 삶의 방향을 전환하여, 더 이상 자신의 길을 가는 것이 아니라, 예수님을 따르는 공동체의 지체로서 살게 된다. 이는 누구도 우리가 제 힘으로 갈 수 있다고 생각지 않는 길이다. 바르트가 힘주어 강조했듯이, 언제나 우리는 하나님과 함께 처음 시작하는 사람들이다.[26]

삼위일체: 그 이름

하나님을 삼위일체로 보는 신학적 이해야말로 세례 시 일어나는 사건의 중심 중추다. 우리는 삼위일체의 이름으로 세례를 받는다. 세례는 우리가 삼위일체 하나님, 즉 아버지 하나님, 아들 하나님, 성령 하나님 속으로 잠겨 들어가는 것이다. 여기에는 엄청난 의미가 있다. 우리는 하늘과 땅을 창조하시는 하나님, 역사 속으로 들어오시고 그 결정적인 행위로서 구원을 이루시는 하나님, 예배 공동체를 형성하시며 자신의 말씀과 행위를 증언하시는 하나님과의 사귐에 참여하게 되는 것이다. 하나님을 삼위일체로, 세 위격으로 존재하시는 분으로 이해하는 것은 부활 공동체로 사는 삶을 위한 필수적인 개념적 토대다. 여기서 분명해지는 특징이 세 가지 있다. 먼저, 세 위격이신 하나님의 이름으로 세례받는다는 것은, 우리의 핵심 정체성은 그분의 정체성과 마찬가지로, 무엇보다 **인격적**(personal)이라는 것을 의미한다. 또, 아버지 하나님, 아들 하나님, 성령 하나님의 이름으로 세례받는다는 것은 우리는 하나님의 모든 것에 온전한 **참여자**로 환영받는다는 의미다. 또, 삼위일체의 이름으로 세례받는다는 것은 하나님에게는, 우리가 파악할 수 있는 훨씬 이상의 것이 있다는 것을 의미한다. 즉, 우리는 어떤 **신비** 속으로 세례받아 들어가는 것이다.

인격성. 하나님을 성부, 성자, 성령으로, 즉 본질적으로 관계적이고 공동체적인 존재로 주장하는 것은 하나님을 무엇보다 인격적인 존재로 이해한다는 말이다. 하나님이 자신을 계시하시는 유일한 방식은 인격적인 방식이다. 하나님은 성부, 성자, 성령이라는 인격적 명칭들 아래서 인격적으로 존재하시는 분이며, 결코 이 밖에 다른 방식으로는 존재하시지 않는다. 즉, 하나님은 어떤 비인격적인 힘이나 영향력으로, 어떤 추상적인 관념이나 진리나 원리로 존재하시지 않는다. 따라서 우리가 그분을 결코 비인격적으로나 추상적인 방식으로는 알 수 없는 것이 당연하다.

우리는 여기에 익숙하지 않다. 우리는 사실과 데이터, 정의와 도표, 설명과 분석 등을 추구하고 얻는 법을 학교에서 훈련받아 왔다. 우리 교육 기관들은 이런 일에 대단히 능숙하다. 그래서 우리는, 하나님이나 사람 같은 인격적인 존재도 그와 동일한 방법을 가지고 연구하려 든다. 즉, 우리는 분석하고, 정의하고, 분류하고, 도표화하고, 개요를 만든다. 이럴 경우, 독특한 인격성과 개별성 등은 우리의 커리큘럼에서 배제될 수밖에 없는데, 이는 우리에게 가장 중요한 것들이 제거된다는 의미다. 사랑과 소망과 믿음, 죄와 용서와 은혜, 순종과 충성과 기도 등, 인격적인 존재를 이해하고 인격적인 존재로 성장하는 일에 가장 중요한 것들이 말이다. 사실, 인격적인 존재를 마치 실험실의 표본인 양 연구할 때 얻는 지식은 시체를 검시해서 얻는 지식과 같은 수준의 것이다. 우리가 다른 사람에 대해 알게 되는 유일한 길은 인격적인 관계를 통해서다. 신뢰와 모험의 요소가 없을 수 없는 그런 관계 말이다.

오랜 학교 교육과, 세례받지 못한 상상력으로 인해, 흔히 우리는 하나님을 이해하는 일에도 이러한 환원주의적이고 탈인격적인 방법을 적용한다. 그러나 그런 방법을 통해서는 하나님에 대해 결코 많은 것을 알 수 없다. 왜냐하면 하나님은 전적으로 인격적이고, **상호** 인격적이며(interpersonal), 관계적이고, 주고받고, 사랑하며, 인도하시는 존재이기 때문이다. 성부-성자-성령에게는 공동체적이지 않은 것은 아무것도 없다. 따라서 그 공동체적 친교 속으로 들어가지 않고서는, 그 삼위일체 친교 속으로 들어가지 않고서는, 우리는 성부-성자-성령에 대해 아무것도 배울 수 없다. 기도하고 귀기울이며, 잠잠해지고 주의를 기울이며, 회개하고 순종하며, 구하고 기다리지 않고서는 말이다. 학교 교육을 받은 사람으로서는, 언어를 추상적으로 사용하고 복음을 정보로 취급하는 것처럼 세상에 쉬운 일은 없다. 그러나 삼위일체는 우리로 하여금 그렇게 하지 못하게 한다. 삼위일체는 아무도, 아무 방해물도 없는 방에서 혼자 책 읽고 연구하고 묵상하면 하나님에 대해 알 수 있다고 믿는 잘못된 생각을 바로잡아 준다. 삼위일체는 복음이나 하나님이나 다른 사람을 탈인격화시키는, 우리 영혼을 파괴하는 온갖 것들이 우리의 기독교적 삶에 들어오지 못하게 막아 주는 방어벽이다.

삼위일체의 이름으로 세례받아 공동체 속으로 들어올 때, 우리 삶은 더욱 철저하고 더욱 깊은 방식으로 관계적인 것이 된다. 하나님과의 관계에서뿐 아니라, 모든 세례받은 지체들과의 관계에서도 말이다.

참여. 하나님을 성부, 성자, 성령의 삼위일체라고 말하는 것은 하나님을 우리의 참여를 환영하시는 존재로 이해한다는 말이다. 세례를 통해 우리는 삼위일체의 공동체적 삶 **속으로** 들어가게 된다. 영적 삶을 산다는 말은 하나님의 존재와 일에 참여한다는 말이다. 하나님은 비참여적으로 일하시는 존재가 아니다. 그분은 대리자를 파견해 일하시지 않는다. 그분은 어떤 비인격적인 자리에 앉아 그저 관리만 하시는 분이 아니다. 그분은 우리 공동체와 떨어져 계시고, 그래서 그분을 배알하기 위해서는 반드시 천사-비서를 통해야 하는 그런 분이 아니다. 세례는 자신이 지금껏 할 수 없다고, 자격 없다고 생각해 온 일에 참여하게 될 때의 기분이 어떤 것인지를 알게 해준다.

우리는 여기에 익숙하지 않다. 우리는 대부분, 책임이 커짐에 따라 일을 효과적으로 하기 위한 기술들을 하나씩 습득해 가게 되는데, 그 기술들이란 대개 일에 인격적으로 참여하지 않는 것을 의미한다. 우리는 메모를 보내고, 일을 배분하며, 프로그램을 계발하고, 목표를 설정하고, 위원회를 조직한다. 사람들과 '살을 맞대고' 일하는 것보다는 먼발치에서 지도하고 동기 부여하는 것이 훨씬 더 쉽다. 일 속에 직접 뛰어드는 것보다, 여행과 커뮤니케이션, 건축과 농업, 오락과 관리 등을 위한 기술에 의존하는 것이 훨씬 더 쉽고 빠르다. 그러나 우리가 그렇게 할 때마다, 실재―인격체이든 사물이든―와의 접촉은 줄어들고 그 결과 우리 자신도 작아지며, 우리 삶도 작아진다.

이러한 관리 제일주의, 기술 제일주의 습관을 하나님과 관계 맺는 일에까지 가져올 경우, 결국 우리는 우상과 관계 맺는 것으로 끝나고 만다. 우상은 우리가 우리 계획과 프로젝트, 프로그램과 신심을 투사해 만들어 내는 비인격적 신(thing-god)이다. 종교의 세계는 이런 우상들로 가득하다. 어떤 이들은 사람들이 이런 비인격적 신들, 관념적 신들을 만들어 내는 일을 도우며 많은 돈을 벌어들이기도 한다. 사람들은 하나님을 수지맞게 이용하는 법에 대해 말해 주는 지도자들에게 귀기울이기를 좋아한다. 게다가 그 지도자들의 말은 얼마나 열정적이고 설득력 있는지!

그러나 우리는 하나님의 존재에, 그분 **그대로의** 존재에 단지 참여할 수 있을 뿐이다. 하나님은 우리의 공상이나 욕망의 충족을 위해 고용된 존재가 아니다. 하나님은, 정확한 기술이나 패스워드를 알고 있는 이들이 나타나 자기를 움직여 주기를 기다리고 있는 어떤 막연한 에너지나 기능이 아니다. 그분은 언제나 활동하시는 분, 창조하시고 구원하시며, 치유하시고 축복하시며, 용서하시고 심판하시며, 어마어마하게, 또 끊임없이 활동하시는 분이다. 그분은 우리가 존재하기 전부터 이미 성부, 성자, 성령으로서 이렇게 활동하고 계셨고, 또 자신의 일에 우리가 동참하기를 원한다는 점을 분명히 알려 주셨다. 그분은 우리에게 자신의 존재와 일에 참여하라고 초대하신다. 그분은, 앞에서 내가 '페리코레시스'라고 묘사한 바 있는 그 삼위일체적 춤 속으로 우리를 맞아들여 주신다.

삼위일체의 이름으로 세례받고 공동체 안으로 들어가는 순간, 우리는 하나님의 일과 존재에 참여하는 자들로 재정의된다. 세상에서는 사람들이나 사물들과 일정하게 거리를 두고 살 수 있는 길들이 많다. 그러나 기독교적 삶에서는 그렇지 않다. 하나님을 삼위일체로 이해하면 할수록, 우리는 우리가 하나님—성부, 성자, 성령—의 모든 것에 참여하도록 초대받은 존재들임을 더욱 깊이 이해하게 된다. 더욱이, 이 참여는 모두가 다 유일무이한 행위다. 즉, 하나님은 우리를 줄 맞추어 걷는 군대 행진에 참가시키시는 것이 아니다. 우리는 개별자들 안에 잠기는 것이지, 보편자들 속으로 흡수되는 것이 아니다.

신비. 흔히 삼위일체를 신비라고 한다. 분명 그렇다. 신학자들은 이 신비의 무한한 범위를 탐색하는 두꺼운 책들을 써 왔다. 그러나 이는 어둠의 베일에 가려져 있는, 그래서 우리가 다만 암중모색할 수 있을 뿐인, 그런 신비가 아니다. 이는 우리로 하여금, 우리는 결코 하나님에 관해 전부를 알 수는 없다는 것을 이해하게 하는 신비다. 이는 우리로 하여금, 우리가 하나님을 다 파악하고 조작할 수 있다는 터무니없는 생각을 하지 못하게 하는 신비다. 이는 우리로 하여금, 우리가 완전히 이해할 수 없는 것을 찬미하고, 우리가 아직 이름 붙이지 못한 것을 받아들이는 예배의 태도를 기르게 하는 신비다. 이는 우리를 계속 어둠 속에 내버려두는 신비가 아니라, 우리 손을 붙잡고 점차 빛 가운데로 인도해 주는 신비다. 아직 우리 영혼이 익숙하지 않은 빛, 그러나 우리로 하여금 자신을 인격적인 하나님과 관계하는 인격체로 인식하게 하며, 하나님의 모든 일에 참여자가 되게 하며, 겸손과 수용성의 자기 정체성, 즉 자신을 아시는 하나님의 임재 앞에서 기꺼이 무지(not-knowing)한 자가 되는 태도를 길러 주는 빛 가운데로 말이다.

하나님과 기독교적 삶에는 늘 무언가가 더 있다. 늘 훨씬 더 큰 무언가가 있기에, 우리가 이러한 '더 있는 무언가'를 잊지 않고 기억한다면, 우리가 하나님을 우리 필요나 상상력 수준으로 축소시킬 가능성은 없게 된다. 이러한 '더 있는 무언가'는 빛의 신비다. 삼위일체는 우리 이해를 초월하지만, 그러나 이는 우리를 위협하는 초월이 아니다. 우리는 현존하라고, 예배하라고 초대받는다.

하나님을 삼위일체로 이해할 때 우리는 우리 생각대로 관리, 조작, 축소할 수 없는 어떤 거대함, 어떤 막대함, 어떤 깊이를 만나게 된다. 하나님은 우리가 파악할 수 있는 것 훨씬 이상의 존재다. "이해될 수 있는 하나님은 하나님이 아니다." 그분에 대해 모든 것을 설명할 수 있는 방식으로는 우리는 결코 하나님을 '알' 수 없다. 우리가 하나님께 다가갈 수 있는 유일한 방식은 예배다. 그분은 '거룩, 거룩, 거룩'하신 분이기 때문이다.

우리는 여기에 익숙하지 않다. 우리는 '지식이 있는 사람'이 되고 싶어한다. 질문에 대한 답을 알고 있어야 비로소 우리는 능력을 인정받는다. 초창기 때 "세상을 소란하게 한"(행 17:6, 표준새번역) 자들이라는 명성을 얻은 바 있는 공동체의 내부자로서, 우리는 우리의 명성을 유지하고 싶어한다. 내부로부터, 또 외부로부터, 사회에 '적실한'(relevant) 존재가 되라는, 하나님을 사람들의 필요나 회중의 기대나 자신의 야망에 맞게 축소시키라는 압력이 점증된다. 그러나 하나님은 우리가 이용할 수 있는 어떤 상품이 결코 아니며, 본질적으로 우리의 이해를 초월한 무엇을 설명하거나 증명하는 데 이용할 수 있는 어떤 진리가 결코 아니다. 사실상 모든 사람이 자기 자신을, 자기가 하는 일이나 자신의 능력이나 전문성의 견지에서 이해하게끔 훈련되는 이 기능화된 사회에서, 우리는 삼위일체의 신비와 맞닥뜨리게 된다. 삼위일체 안에서 우리는 우리가 제어할 수 없는 실재와 만나게 된다. 즉, 우리는 사람들을, 그들의 견지에서가 아니라 하나님의 존재 자체의 견지에서 섬길 수 있다는 것이다. 우리는 다 알지 못하는 사람들이다. 만일 우리가 하나님을 사람들이 원하는 것이나 '효과적인' 것으로 축소시킨다면, 우리는 너무나 많은 것을 놓치게 된다. 사실, 우리는 '말로 표현할 수 없는 빛 가운데' 계시는 하나님의 대부분을 놓치는 것이다.

삼위일체: 이름 부르기

세례는 우리의 정체성 형성에 기본이 된다. 세례시 우리는 "…의 이름으로…" 이름이 불려진다. 이것이 우리의 정체성이다. 이것이 우리가 누구인가 하는 것이다. 나는 유진이지만, 단지 유진에 불과한 것이 아니다. 나는 성부, 성자, 성령의 공동체 안에서, 또 도르가스와 리처드, 플레처와 찰스, 밀드레드와 이본, 조지와 뷜라도 포함된 이 공동체 안에서 유진이다. 만일 당신이 내가 누구인지, 나를 살아가게 하는 것이 무엇인지 알기를 원한다면, 부디 내 IQ 지수를 알아보거나, 내게 MBTI 성격 유형 검사지를 주거나, 나를 로르샤흐(Rorschach) 검사장으로 데리고 가지 말라. 부디 나를 성부, 성자, 성령의 공동체 안에서 연구해 달라.

삼위일체는 특히 혼란의 시대를 사는 그리스도인들에게 유용하다. 지금 우리 시대가 분명 이런 혼란의 시대다. 신학적·종교적·문화적 전통들의 혼란을 틈타, 하나님과 영혼을 취급하는 온갖 기회주의적 교사들과 종교 판매업자들이 헤아릴 수 없이 많은 상품들을 내놓고 있다. 힘겨운 시대를 살다 보면 우리는 신속한 답과 효율적인 해결책을 찾고자 하는 유혹을 받는다. 그러나 신속한 답이란 거의 언제나, 실제 진리의 모든 복잡성이 빠진 지나치게 단순화된 답이다. 또 효율적인 해결책은 거의 언제나 탈인격화된 해결책이다. 문제를 인격적으로 해결하자면 많은 시간과 끝없는 수고가 필요하기 때문이다. 이러한 상황에서 삼위일체는 우리로 하여금 기독교의 기본들과 계속 맞닿아 있게 해주는 가장 실질적인 신학 교리다. 즉 이는 우리로 하여금 하나님의 엄청난 광대하심에, 또 동시에 하나님의 친밀한 인격성에 늘 맞닿아 있게 해준다. 삼위일체의 이름으로 묵상하고 기도하는 일은, 우리를 작고 궁색한 존재로 만들기 위해 마귀가 온갖 전략을 다 쓰는 이 시대에 우리 삶을 크고도 인격적으로 유지해 주는 필수적인 일이다.

삼위일체의 이름으로 새롭게 불리는 순간, 우리는 새로운 방식, 유일무이한 방식, 우리 부모와 교사, 친구와 고용주, 이웃과 적들이 우리 이름을 부르는 것과는 대조적인 방식으로 우리 자신을 알게 된다. 순간, 우리는 소로우가 말하는 다른 북소리(different drummer)를 들을 수 있는 귀를 갖게 된다. 우리는 모세처럼 눈이 열려 "보이지 아니하는 자"(히 11:27)를 보게 된다. 세례 시 불리는 우리 이름은 우리를 예수님을 따르는 삶의 길로 불러 준다.

부활 공동체 안에서 새롭게 삶을 시작하는 세례받은 그리스도인들에게 길이 되어 주는 두 가지 명령이 있다. 둘 다 이해하기 어렵지는 않으나, 따라 살기 위해서는 평생에 걸친 주의와 훈련이 필요한 명령들이다. 바로 '회개하라'와 '따르라'는 명령이다. 세 번째 명령인 '기도하라'는 그 둘을 결합하고 내면화한다.

'회개하라'는 세례받은 삶의 '아니오'이고, '따르라'는 '예'다. 이 두 명령은 공동체와 우리 각자의 삶 전체에 걸쳐, 변화하는 조건들에 맞추어 늘 새롭게 실천되어야 한다. 두 명령 모두 어느 순간 통달하면 졸업하고 더 높은 단계로 올라갈 수 있는 그런 것들이 아니다. 이들은 기본이며 언제까지나 기본으로 남는 것이다.

'회개하라'는 행동에 대한 말이다. 방향을 바꾸라는 것이다. 당신은 지금 잘못된 길을 가고 있고, 잘못된 생각을 하고 있으며, 그릇된 상상을 하고 있다는 것이다. 공동체 안의 삶을 시작할 때 우리가 가장 먼저 해야 할 일은 지금껏 우리가 하고 있던 일을 그만두는 것이다. 우리가 하고 있던 일이 무엇이든, 그것은 거의 확실히 잘못된 것이다. 우리가 아무리 열심히, 또 아무리 좋은 의도를 갖고 하던 일이라도 말이다. 북미의 생활 방식은 거의 전부가, 우리 삶은 우리가 알아서 해야 하고, 우리가 만물의 척도이며, 모든 것이 우리에게 달렸다고 생각하게 한다. 우리는 모두 좋은 의도로 포장되고 최신 기술로 건설된 넓은 길로 가고 있다. 그 길은 누군가가 우리에게 우리가 가기 원하는 곳이라고 말해 준 데로 뻗어 있다. 그리고 우리는 거기로 어떻게든 불편함 없이, 효율적으로, 신속하게 가고 싶어한다. 이 길은 온갖 소음과 오염이 넘쳐나고, 수많은 사람들로 정체 상태이며, 많은 사고와 사상자들을 낳고 있다. 그래도 이 길은 우리를, 우리가 가기 원하는 곳이라고 누군가가 말해 준 데로 데려간다. 그래서 우리는 이 모든 것을 견디고 있다.

그런데 세례 때 우리에겐 이런 말이 들려온다. 회개하라. 돌아서라. 너의 생각하는 방식, 상상하는 방식을 바꾸어라. 그 소음, 그 오염, 그 소란스러움, 그 탈인격화하는 효율성, 그 기술의 발전이 가져오는 분주함을 떠나라. 큰 소리로, 권위 있게, 비타협적으로 그저 '아니오'라고 말하라. 우리가 지금 서 있는 곳은 거룩한 땅이며, 따라서 우리는 이 곳을 속된 짓밟음에서 보호해야 한다.

우리는 우리 삶에 무언가를 더함으로써가 아니라, 광란적인 자아 중심적 삶을 버림으로써 부활의 삶을 시작한다. 온갖 문화적·종교적 난장판을 정리하고, 우리가 흔히 '세상과 육신과 마귀'라고 요약해 말하는 모든 것에 등을 돌림으로써 말이다.

그리고 따르라. 예수님을 따르라. 예수님을 따른다는 것은 세례 시 '아니오' 뒤에 나오는 '예'다. 우리는 주도권을 주장하기를 단념하고 대신 순종하기로 결정한다. 우리는 시끄러운 자기 주장을 단념하고 조용히 듣는 편을 택한다. 우리는 예수님이 일하시는 모습을 지켜보고, 예수님이 말씀하시는 것을 듣고, 예수님을 따라 새로운 관계들 속으로, 생각지 못했던 장소들과 사람들에게 나아간다. 이렇게 예수님과 함께 길을 가며, 그분이 하시는 일을 보고 그분이 하시는 말씀을 듣다 보면, 우리는 하나님께 응답하는 삶, 하나님께 반응하는 삶으로 들어가게 된다. 바로, 기도의 삶이다.

기도는 세례받은 이들의 공동체 안에서 학습되고 말해지는 세례의 언어다. 왜냐하면 예수님을 따른다는 것은 예수님의 뒤를 이어 일렬로 줄 맞추어 걷는 기계적인 행진이 아니기 때문이다. 예수님을 따르는 것은 우리 안으로 들어와 내면화되고, 우리 근육과 신경에 자리잡는다. 즉, 기도가 된다. 기도는 우리가 중심 자리에서 나와 진정한 중심이신 예수님께 반응하기 시작할 때 우리 안에서 생겨나오는 무엇이다. 그리고 이 반응은 언제나 물리적인 것, 즉 뒤따름으로 나타난다. 왜냐하면 예수님은 지금 어디론가 가고 계시기 때문이다. 그분은 예루살렘으로 가고 계시며, 또한 아버지 하나님께로 가고 계시다. 우리는 예수님을 따른다. 그분을 따르는 이들과 동행하며, 예수님의 이름으로 기도하는 삶을 일구며, 성령께서 우리 안에서 우리를 통해 아버지 하나님께 기도하고 계신 것을 발견하며 말이다. 우리는 모든 것이 주의 깊음과 찬미, 희생과 환대(친교), 순종과 사랑인 삼위일체의 세계에서 살아간다.

사랑

> 사랑은 결코 추상적이지 않다. 사랑의 관심은 우주나 지구나 나라나 기관이나 직업에 있지 않고, 거리의 한 마리 참새에, 들의 백합꽃에, "내 형제 중에 지극히 작은 자"에게 있다.
>
> 웬델 베리[27]

세례가 우리로 하여금 그리스도께서 놀이하시는 공동체 안에서 부활 정체성을 갖도록 해주는 핵심 실천이라면, 사랑은 그 정체성에 어울리는 삶의 방식이 무엇인지를 명명해 준다. 세례는 사랑의 실천을 통해 우리를 형성시킨다. 우리는 신명기가 어떻게 사랑을, 하나님의 백성 공동체의 중심 특징인 풍부한 개별성을 살려 내며 설교하는지를 살펴보았다. 또 우리는 누가복음/사도행전에 묘사된 초기 기독 공동체는 그 문을 활짝 열고, 모든 소외된 이들, 그 중에서도 "보잘것없는 이들, 잃어버린 이들, 버려진 이들"을 기꺼이 맞아들였다는 것을 살펴보았다. 그러나 이 사랑은 그리스도인이 골라 쓸 수 있는 카탈로그의 상품이 아니다. 이는 삼위일체 안에서 예수님을 따르는 이들의 모든 생각과 행동을 지배하고 요약하는 삶의 방식이다. 창조 안에서 안식일/경탄이 그러했듯이, 역사 안에서 성찬/손대접이 그러했듯이, 세례/사랑은 공동체 안에서 주 경외함을 길러 주는 핵심 실천이다.

그러나 '사랑'은 가장 파악하기 힘든 말들 중 하나다. 우리 사회에서, 이 '사랑'이란 말처럼 혼란스럽고 오해되고 왜곡되고 오용되는 말은 또 없다. 더구나, 이는 상투적인 표현에 너무 쉽게 쓰이며, 무의미한 수다와 한담의 소재가 될 때가 많다는 점이 문제를 더욱 복잡하게 만든다. 모두 '나', '자아'에 갇힌 '사랑' 이야기들뿐이다. 사랑의 거대한 크기가 에고라는 작은 쥐구멍으로 축소된 것이다. 한 사람이 같은 자리에서 하는 대화에서도 '사랑'은 여러 모순되는 방식들로 사용될 때가 흔하다―진지하게 사용되다가도 시시하게, 이성적으로 사용되다가도 감상적으로, 사려 깊게 사용되다가도 희롱조로. 이는 거룩한 하나님을 예배할 때도 사용되고, 사랑 없는 섹스에 대한 완곡한 표현으로도 사용된다. 친밀함과 헌신을 드러내는 데 사용되기도 하고, 온갖 거짓말의 위장물로도 사용된다. 셀 수 없이 많은 폭력―심리적인 것이든 신체적인 것이든―이 다 사랑으로 시작된 관계에서 일어난다. 그 어떤 다른 인간 경험에서도 우리는 사랑에서처럼 그렇게 자주 실패하고, 그렇게 심하게 상처 입고, 그렇게 심하게 고통받고, 그렇게 잔인하게 기만당하지 않는다. 그럼에도, 우리는 여전히 사랑을 계속 고대하며, 사랑을 꿈꾸며, 사랑을 시도한다. 월커 퍼시(Walker Percy)는 자신의 한 소설 제목을 "폐허가 된 사랑"이라고 붙였는데, 우리 공동체 안에는 이를 자신의 묘비명으로 삼을 만한 이들이 참으로 많다. 따라서 서로에게 하나님이 당신을 사랑하신다고, 그분이 우리 모두에게 서로 사랑하라고 명령하셨다고 말할 책임이 있는 우리 기독 공동체는, 그리고 사랑의 삶에 대해 지도와 가르침을 줄 책임이 있는 우리는, 이 사명이 결코 쉽지 않다는 것을 깨닫는다. 사실 이보다 더 힘겹고, 더 불가능해 보이는 임무를 상상하기가 어려울 정도다. 그러나 우리 삶의 방식에 이것이 갖는 엄청난 중요성을 생각할 때, 여기에 대해 우리가 바른 생각을 갖는 것은 지극히 중요하다. 사랑이라는 말의 참 의미들을 바르게 분별하고자 한다면 우리는 모든 대화에 주의 깊게 귀기울이며, 모든 책을 신중히 읽을 필요가 있다.

기독 공동체에서 사랑이 얼마나 어렵고, 그러나 얼마나 절대적으로 필요한 것인가를 이해하기에, 요한의 첫 번째 서신보다 더 좋은 안내서는 없다. 이 편지는 (사실, 한 편의 설교라고 할 수 있는데) 사랑이라는, 그리스도인의 삶을 이루는 이 근본적인 요소와 관련해 고통스럽고 혼란스런 경험을 했던 한 이름 없는 초기 기독 공동체를 직접적으로 다룬다. 저자는 (신원 미상이지만, 초기 교회 전통에서는 사도 요한으로 생각되었다) 목사 중의 한 명이다. 그의 임무는, 먼저 사랑의 절대적 필요성을 주장하고, 사랑이 해체되는 두 가지 흔한 방식들에 대해 설명해 주는 것인데, 이는 또한 지금 우리의 임무이기도 하다.

사랑의 정체성 세우기

이 목회 서신의 수신자였던 그 공동체는 상당히 혼란스런 상태였다. 그들의 행위에 대해 말하면서, 요한 목사는 "거짓", "거짓말"이라는 말을 다섯 번에 걸쳐(요일 1:6, 10; 2:4; 4:20; 5:10), "미움"을 네 번에 걸쳐(2:9, 11; 3:15; 4:20), 또 "마귀의 자녀"를 한 번(3:8), "죄짓다"(3:4)를 한 번 사용하고 있다. 또한 그는 사랑하기를 실패하고 거부하는 것에 대해(3:10, 14; 4:8), 자기 기만에 대해(1:6) 그리고 도움이 필요한 사람을 돕지 않는 것(3:17)에 대해 언급하고 있다.

전혀 이상적인 공동체라 할 수 없는 공동체였다. 그렇다고 특이한 공동체도 아니었다. 구약과 신약 성경의 기록을 보면 이는 하나님의 백성 공동체에 결코 드물지 않게 일어나는 일들이다. 사실, 이는 표준이다. 그리고 2,000년에 걸친 기독교 역사에서도 이는 언제나 표준이었다. 성인(聖人)들과 죄인들이 예수님의 이름으로 함께 모인 이 공동체들은 사실 그다지 평화스런 곳이 못 된다. 서로 행복하고 조화롭게 지내는 사람들을 만나리라 기대하고 교회에 들어오는 사람들은 이내 크게 실망할 수밖에 없다. 그러나 우리는 그들이 성경을 그다지 주의 깊게 읽지 않았음을 알 수 있다. 예외들도, 가끔은 영광스러운 예외들도 있지만, 모든 기독 공동체는 공동체가 되어 가는 공동체이며, 사랑의 삶에서 다양한 발전 단계에 있는 세례 받은 죄인들의 모임이다.

우리는 사랑 기술 자격증을 제시하고 공동체에 들어가는 것도 아니며, 사랑에 대해 인정받는 논문을 써서 공동체에 계속 머물 수 있는 것도 아니다. 우리가 여기 있는 이유는, 평생에 걸쳐 우리가 사랑받는 자들의 공동체로 형성되어 가기 위해서다. 하나님이 우리를 사랑하시는 방식으로 하나님과 서로를 사랑하는 백성으로 형성되어 가기 위해서다. 이는 시간이 걸리는 일이다. 또 우리는 더디게 배우는 이들이다. 그리고 하나님은 우리에 대해 끝없이 인내하시는 분이지만, 우리는 서로에 대해 그다지 인내심이 많지 않다. 외부인들은, 우리 사랑의 진도가 당혹스러울 정도로 느리고 불규칙적인 것을 보면서, 그런데도 왜 우리가 굳이 그렇게 사랑하려고 애쓰는지 궁금해한다. 그러나, 우리가 이렇게 굳이 사랑하려고 애쓰는 것은 다름 아니라 하나님은 사랑이시기 때문이다. 그분이 우리를 사랑 안에서 창조하셨고, 사랑의 행위로써 우리를 구원하셨으며, 우리에게 사랑하라고 명령하시기 때문이다. 사랑은 우리가 헤엄치는 바다다. 그러니, 아직 우리 중 많은 이들이 얕은 물에만 들어갈 수 있고, 또 어떤 이들은 짧은 거리만 개헤엄으로 갈 수 있다고 해서 그게 뭐 어쨌단 말인가? 우리는 지금 헤엄치는 법을 배우는 중이며, 언젠가는 우리 모두 깊은 물속으로, 오랫동안, 느긋하게, 쉽게 헤엄쳐 갈 수 있을 날을 기대하고 있다.

그리고 이것이 바로 서로 거짓말하고 미워하는 일이 많았을 것이 분명한 이 요한 공동체가, 그럼에도 불구하고 끊임없이 애정어리고 관계적인 말들로 불리고 있는 이유다. 이들은 먼저 "나의 (어린) 자녀들아"(*teknia mou*)라는 애정 어린 칭호로 일곱 번에 걸쳐 불린다(2:1, 12, 28; 3:7, 18; 4:4; 5:21). 또 그들은 모두 하나님 보시기에 동일한 정체성을 가진 이들이다. "하나님의 자녀"(*tekna theou*)라는 표현이 네 번에 걸쳐 사용된다(3:1, 2, 10; 5:2). 또 "사랑받는"(*agapētoi*)이란 말은, 예수님이 세례받으실 때 성부께서 사용하신 그 단어인데, 여섯 차례에 걸쳐 이 공동체에 대해 사용된다(2:7;

3:2, 21; 4:1, 7, 11). 또 "형제들아"(*adelphoi*)는, 여기서는 은유적인 양성포괄적인 용어(그래서 "형제자매들아"로 번역되기도 한다)로서, 그 회중의 구성원들을 친밀한 가족들로 규정하기 위해 다섯 번에 걸쳐 사용된다(3:10, 13, 15, 17; 5:16). 또 "아버지들"(*pateres*)과 "자녀들"(*paidia*)도, 마찬가지로 인격적인 관계의 견지에서 정체성을 규정하는 은유들로서, 각각 두 번씩 사용된다(2:13, 14, 18).

이들은 모두 애정(그러나 감상적이지 않은)의 맥락에서 생겨나는 관계적 용어들이다. 우리는 자신을 사랑의 언어로 이해할 때, 즉 사랑이신 하나님의 형상대로 창조된 존재로 "하나님께로부터 난"(5:4, 18) 사람으로 이해할 때, 비로소 자신을 진정으로 공동체 안에서 이해할 수 있다. 최고의 관계적 용어인 사랑이야말로 공동체 안에서 우리에게 근본적 정체성을 제공해 주는 근본적 토대다.

사랑을 주고받는 일을 우리가 잘 하든 못 하든, 또 우리의 성과나 기능이나 역할이 어떠하든, 우리는 그 핵심에서 관계적인 존재들이며, 공동체는 우리를 "사랑받는 자…어린 자녀…하나님의 자녀…"라고 부르며 우리에게 그런 정체성을 부여해 준다. 세상은 이와 반대되는 정체성들을 제시하지만 말이다. 우리에게는 이미 어릴 때부터 많은 비관계적인 용어들이 붙는다. 우등생, 똑똑한, 귀여운, 평균적인, 모자라는, 이류의 등등. 성년이 되어도 비관계적인 이름표는 계속 붙는다. 유부남(녀), 홀아비, 이혼자, 변호사, 벌목꾼, 정육점 주인, 교사, 지도자, 추종자, 인기 없는 여자(wallflower) 등등.

이러한 이름표들은 어쩔 수 없이 필요하고, 또 여러 면에서 유용하기도 하지만, 이들의 공통점은 이들은 모두 비인격적이며 부분적이라는 것이다. 이들은, 흔히 그렇듯, 우리의 전부를 말해 주는 것으로 여겨지는 경우, 우리의 핵심 정체성을 왜곡한다. 이들은 우리가 정말 누구인지에 대해 거의 아무것도 말하지 못하며, 아니 더 나쁘게는, 틀리게 말해 준다.

예수 공동체의 주된 임무들 중의 하나는 그 모든 번잡한 가족, 이웃, 회중, 사역 가운데서 사랑이 평생에 걸쳐 지속적으로 길러지도록 만드는 것이다. 사랑은 복잡하고, 힘들고, 영광스럽고, 지극히 인간적이며, 또한 하나님을 높이는 것이다. 그런데―이것이 문제인데―사랑은 결코 완성품이 아니며, 어떤 성취가 될 수 없고, 늘 어느 정도 결함을 지니고 있다. 그렇다면, 우리는 이렇게 결코 완벽할 수 없는 것에 기초해 우리의 정체성을 정의할 수는 없는 것인가? 사실이지, 우리의 인간 조건에 의미와 중요성을 주는 좀더 쉬운 길들이 참 많다. 어떤 신조에 동의한다든지, 규정된 도덕률을 지킨다든지 하는 것이 그 중 가장 흔한 두 가지다.

신념이나 행위는 꼭 있어야 하는 것들이지만, 그리스도인됨을 정의하는 표지로 삼기엔 한 가지가 결여되어 있다. 관계성이 바로 그것이다. 이들은 둘 다 관념이나 프로그램에 의지하는 경향이 있다. 관념(올바른 신념을 배우는 것)은 좋은 것이다. 프로그램(올바른 행위를 배우는 것)도 좋은 것이다. 그러나 우리는 관념들을 통달할 수 있고, 프로그램들은 비인격적으로도 수행할 수 있다. 사실, 비인격적으로 수행하기가 훨씬 더 쉽다.

사람들에게 올바르고 정확히 사고하도록 가르치는 일은 주로 인지적 과정이다. 우리는 그리스도 안에서 하나님에 대해 생각하고 상상하고 응답하기 위한 올바른 단어들을 익히고 적합한 이미지들을 습득한다. 이는 중요한 일이다. 그러나, 생각은 옳게 하면서 삶은 나쁘게, 비인격적으로 사는 것이 가능하며, 가능할 뿐 아니라 흔하다. 지식은 자동적으로 사랑의 행위가 되지 않는다.

사람들을 도덕적으로 행동하도록 훈련시키는 일은 주로 프로그램적인 과정이다. 우리는 바르게 응답하고, 정해진 규칙을 지키고, 한도를 넘지 않고, 위험을 피하고, 목표를 이루도록 훈련받는다. 그러나 여기서도, 행동은 나무랄 데 없이 하면서 삶은 나쁘게, 이기적으로 사는 것이 가능하며, 가능할 뿐 아니라 흔하다.

우리 공동체에는 하나님에 대한 올바른 생각을 가르치는 수많은 교육 과정이 있다. 성경 공부, 교리 학습, 주일학교 등. 또한 돕고 치유하고 선교하고 복음을 전하라는 성경의 명령들에 순종하는 행위들을 훈련하는 상상력 풍부한 프로그램들이 많이 있다. 그런데 우리는 사랑을 가르치는 수업에 대해 들어 본 바가 있는가? 또 사랑 프로그램이라는 것에 대해 들어 본 바가 있는가? 그런 것이 없는 이유는, 사랑은 교실에서 가르칠 수 있는 것으로, 프로그램을 통해 만들어질 수 있는 것으로 축소될 수 없기 때문이다.

수업은 관련 주제 외에 다른 모든 것은 배제함으로써 일을 단순화시킨다는 데 그 매력이 있다. 이것 자체는 전혀 잘못된 일이 아니며, 좋은 점도 많다. 우리는 제대로 사고하고, 우리가 누구인지 그리고 우리가 다루는 주제가 무엇인지를 알 필요가 있다. 교실은 주로 개념과 이해 문제를 다룬다. 그러나 사랑을 배우는 일은 사랑에 대한 개념들로 축소될 수 없다.

프로그램은 탈인격화시킴으로써 일을 단순화시킨다는 데 그 매력이 있다. 즉, 모든 사람이 같은 목적을 위해 같은 일을 하게 만든다. 이것 자체도 전혀 잘못된 일이 아니며, 좋은 점도 많다. 이는 하나님의 영광을 위한 일에 공동체의 동의를 이끌어내도록 돕는다. 그러나 사랑의 실천은 인격적으로 되지 않으면 실상 아무것도 아니다. 사랑의 실천은 어떤 기능으로 단순화될 수 없다.

위험한 것은 개념 자체가 아니라, 사물과 사람들을 개별적 관계들에서 떼어 내어 개념으로 추상화하는 탁상공론적인 태도다. 위험한 것은 프로그램 자체가 아니라, 어떤 비인격적인 목표를 더 효율적으로 성취하기 위해 인격적인 것들을 늘 무시해 버리는 프로그램 중심적인 태도다. 이들은 위험할 뿐 아니라 신성 모독적이기도 하다. 왜냐하면 하나님이 주시고 성령이 형성하시는 우리의 정체성, 즉 사랑하라는 명령을 받은 사랑받는 존재로서의 우리 정체성의 중심은 다름 아니라 관계적 개별성과 인격적 친밀성이기 때문이다.

요한 목사의 편지를 하나님의 자녀로서의 우리 정체성을 기르는 일에 지침으로 삼고자 한다면, 우리는 예수님의 사랑 명령에 대한 우리의 공동체적 헌신을, 어떤 공통된 신조나 공통된 대의에 기초한, 좀더 단순하고 좀더 쉽게 얻어지는 정체성을 위해 희생시키지 말아야 한다.

세례는 절대적으로 관계적 존재이신 삼위일체—성부, 성자, 성령—안에 우리를 잠기게 함으로써 우리의 정체성을 정의한다. 동시에 세례는 사랑받는 이들, 즉 하나님의 사랑받는 자녀, 사랑으로 창조되고 명령받은 형제자매들로 이루어지는, 사랑으로 정의되는 공동체 안에서, 우리 삶을 재정의한다.

사랑의 해체

사랑은 하나님의 계시의 가장 높고 가장 완전한 표현이다. "하나님은 사랑이시라"(요일 4:16). 그리고 사랑은 인간됨의 가장 높고 가장 완전한 표현이기도 하다. "만일 우리가 서로 사랑하면⋯그의 사랑이 우리 안에 온전히 이루어지느니라"(4:12).

사랑받는 이들의 공동체 안에서 사랑을 일구어 가기 위한 텍스트로 요한일서를 사용할 때 우리가 분명히 알게 되는 것은, 요한의 회중에게 사랑의 실천을 방해하며 평화를 어지럽히는 두 가지 주된 요소들은 죄와 적그리스도라는 것이다. 그 둘은 우리 공동체를 계속해서 괴롭히고 사랑의 실천을 방해하는 주된 장애물이다.

죄. 우리가 공동체 안에서 함께 살아가는 사람들은 모두 죄인들이다. 누구도 예외 없다. 따라서 전혀 죄가 없는 공동체를 만들겠다는 망상을 품고서, 공동체를 더럽히거나 분노케 하는 모든 것을 깨끗이 일소하는 일을 정기적으로 벌일 경우, 우리의 종착점은 결국 둘 중 하나다. 그럴싸한 외양과 안락한 분위기를 그럭저럭 갖춘 도덕 클럽 같은 곳이 되거나, 아니면 성내고 편협한 사람들이 서로를 구제할 길 없는 나쁜 인간이라고 욕하며, 자신을 다른 사람의 생각과 행동을 바로잡을 개혁자로 여기는 모임이 되거나, 둘 중 하나다.

기독 공동체들은 죄에 대해 지나치게 순진한 생각을 갖고 있는 경우가 의외로 많다. 거의 매 페이지에 "모든 사람이 죄를 범하였으매"(롬 3:23)라는 말이 등장하는 책을 삶의 텍스트로 삼고 있는 사람들이 말이다. 이는 참 커다란 아이러니가 아닐 수 없다. 우리는 그저 관습적인 외양을 갖추거나, 개혁 캠페인을 벌이는 것 정도로 만족할 때가 많은데, 둘 다 공동체 가운데 있는 죄의 교묘한 활동에 대해 통찰하고 분별하는 것과는 거리가 먼 일들이다. 우리는 영혼을 진단하는 사람이 되기보다는 프로그램을 개발하려 하는데, 그런 각종 교육, 정치, 재정 프로그램들은 힘들여 인격적인 사랑의 관계를 맺지 않아도 얼마든지 진행될 수 있고, 또 실제 그렇게 진행되는 일이 흔하다. 그 과정에서, 공동체 안에서 사랑을 길러 주는 실천들은 주변으로 밀려나고 만다. 귀기울이는 우정이랄지, 자비로운 이해랄지, 그리고 무엇보다, 죄의 용서 등이 말이다. 우리를 사랑하도록 자유롭게 해주며, 그 자유 안에서 우리에게 사랑을 명령해 주는 것은 죄의 용서인데도 말이다.

그러나 죄 용서가 있기 위해서는, 먼저 우리가 죄인이라는 인식이 있어야 한다. 그리고 죄는 우발적인 것도, '(기계를 고치듯) 고칠 수 있는'(fixable) 것도 아니라는 것을 깨달아야 한다.

요한일서가 분명히 가르쳐 주는 바, 사랑의 삶을 방해하는 주된 장애물 중 하나는 공동체 안의 상당수 사람들이 자신의 죄 지었음을 부인하는 것이다. 요한 목사는 단도직입적이다. "만일 우리가 죄가 없다고 말하면 스스로 속이고…"(1:8), "만일 우리가 범죄하지 아니하였다 하면 하나님을 거짓말하는 이로 만드는 것이니…"(1:10).

왜 사람들은 자신에게 죄가 없다고, 자신은 죄를 짓지 않는다고 주장하는 것일까? 우선, 이는 삶을 훨씬 더 단순하게 만들어 주기 때문이다. 이는 우리가 관계에 대해 신경쓰지 않아도 된다는 것을 의미하기 때문이다. 이는 우리가 사람을 중요하게 생각하지 않아도 된다는 것을 의미하기 때문이다. 이는 우리가 하나님을 인격적인 방식으로 대하지 않아도 된다는 것을 의미하기 때문이다. 왜냐하면 죄의 본질은 상대를 인격적으로 대하지 않는 행위이기 때문이다. 본질적으로 죄는 어떤 법을 깨뜨리는 것이 아니라, 어떤 관계를 깨뜨리는 것이다.

요한이 알고 있듯, 우리는 먼저 죄 문제를 바르게 인식하지 않고선 결코 사랑을 바르게 실천할 수 없다. 그리고 죄 문제를 인식하는 데 큰 어려움은 우리에게는 죄를 부인하거나 축소화하려는 경향이 있다는 점이다. 온갖 완곡한 표현들이 확산되어 있다. 실수, 잘못된 결정, 서툰 판단, 오류, 잘못, 부주의, 어리석음, 얼빠진 짓, 서투른 짓, 실책 등등. 그러나 죄(sin)라는 말은 거의 쓰이지 않는다. 지금 우리는 죄에 대한 인식이 대단히 낮은 문화에 살고 있는 것이다. 나는 죄를 비도덕이나 법률상 범죄(crime)와 구분한다. 죄는 하나님과의 관계를 거부하는 것이며, 이것이 다른 이들과의 관계도 그릇되게 만드는 것이다. 죄는 다름 아닌 인격적 관계의 문제다. 비도덕이나 범죄는 사회의 규정이나 기준을 어기는 것이고 다른 사람에게 해를 끼치는 것이다. 인격적 관계가 아니라, 행위가 문제인 것이다. 그러나 죄는 관계에 대한 것이다.

죄 문제 다루기를 거부하는 것은 관계 문제 다루기를 거부하는 것이다. 그리고 관계 문제를 다루지 않는다면, 우리는 사랑할 수 없다. 사랑은 최고의 관계적 행위이며 죄는 최고의 탈관계적 행위이기 때문이다. 나는 죄를 짓지 않는다거나, 죄가 내겐 별로 큰 문제가 아니라고 말하는 것은, 실은 나는 사랑을 중요하게 생각하지 않는다고 말하는 것이다. 조지 허버트(George Herbert)는 죄와 사랑은 둘을 같이 두고 생각할 때 둘 모두 더 깊이 이해할 수 있다는 것을 잘 알고 있었다. "거대하고 광범위한 것 두 가지가 있다.…그런데 이 둘의 크기를 측량할 줄 아는 사람은 거의 없다. 바로 죄와 사랑이다."[28]

요한은 그 둘의 크기를 측량할 줄 알았던 사람이다. 그가 죄를 중요한 문제로 부각시키는 것은, 그는 사랑을 중요한 문제로 부각시키기 때문이다. 우리는 관념으로는 사랑할 수 없다. 우리는 정보를 획득함으로도 사랑할 수 없다. 우리는 어떤 프로젝트를 완성함으로써도 사랑할 수 없다. 사랑은 **인격들**과의 관계다―성부, 성자, 성령이라는 세 위격 그리고 헤르만, 아비가일, 아돌프, 제니퍼라는 구체적 인격들.

공동체를 개선하고자 할 때, 사람들이 죄 문제에서부터 출발하는 경우는 거의 드물다. 자기 자신과 주변 세상을 개선하려는 일을 시작할 때 일반적으로 우리가 제일 먼저 생각하는 것들은 지식이나 힘이나 돈 문제들이다. 그리고 그런 것들을 다루기 위해 우리가 이용하는 자원들로는, 넓은 범주로 볼 때, 학교, 정치, 비즈니스, 의학, 사법 제도 등이 있다.

우선, 우리에게는 무지를 해결해 주는 학교가 있다. 무지는 우리로 하여금 세상과 현실을 바르게 다루지 못하게 만든다. 우리는 더 낫고 더 인간적인 삶을 살기 원하고, 그래서 배운다. 지식은 풍성한 삶을 살기 위한 기초다. 또 우리는 나약함을 해결하기 위해 정치를 이용한다. 나약함은 우리를 잔인성과 불의와 압제 앞에서 무력하게 만든다. 정치는 우리가 좋은 일을 하고 정의를 실현하고 고통을 경감시키고 희생자를 보호하기 위해 힘을 행사할 수 있는 주요한 방법이다. 정치 구조들(정부와 조직체)은 좋은 일을 할 수 있는 힘이 모일 수 있는 중요한 장이다. 또 우리에게는 가난으로부터 해방시킬 돈을 벌어 주는 비즈니스가 있다. 가난은 우리를 불안정하고, 단순한 생존 이상의 삶을 살 수 없도록 만든다. 비즈니스는 더욱 안락한 삶을 살기에 충분한 돈을 벌 수 있는 경제적 기초를 제공해 준다. 또 그 밖에 여러 가지가 있다.

그런데 공동체를 개선하기 위한 이러한 여러 접근법들에서 흥미로운 점은, 우리는 평생에 걸쳐 그런 것들을 추구하면서도 죄 문제에 대해서는 전혀 신경쓰지 않을 수 있다는 사실이다. 또한 이런 접근법들에서 우리는 사랑에 대해서도 전혀 신경쓸 필요가 없다.

만일 세상의 문제가 죄가 아니라 무지라면, 우리에게 필요한 것은 우리에게 참된 기원과 정체성을 회복해 주는 바른 처방, 바른 기술, 바른 사상을 찾는 일이다. 우리는 교육을 모든 문제의 해결사로 무비판적으로 신뢰하는 문화 가운데 성장했다. 우리는 만일 학교들을 개선할 수만 있다면, 우리의 사회적·정치적·개인적 삶도 개선될 것이라고 생각한다. 그러나 지난 200년 이상 동안 그러한 가정 위에서 미국은 강도 높은 개선 작업을 해 왔지만, 그러한 희망을 뒷받침할 만한 것은 거의 보이지 않는다. 우리 학교들은, 지금까지는 계몽의 장소라는 상징적 지위를 누려 왔지만, 이제 많은 이들은 학교를 신체와 지성 모두에 해로운 곳으로 보기 시작하고 있다. 또 만일 세상의 문제가 죄가 아니라 나약함이라면, 우리는 정치 과정을 개선하는 일을 벌이고 다른 이들도 동참하도록 만들 필요가 있다. 우리에게는 힘없는 이들을 위해 일하고 약한 이들을 보호하고 범죄를 제어해 줄 대통령, 상원의원, 국회의원, 주지사, 재판관, 시장들이 필요하다. 그러나 세계에서 가장 발전된 민주주의 제도를 가진 나라들 중의 하나가 미국이라지만, 미국 사회는 실망스럽기 그지없다. 시민들에게는 선거권과 영향력과 자유가 주어져 있다. 그렇지만 미국인들은 불량하고, 경박하며, 중독적이고, 이기적인 것으로 유명하다. 또 만일 세상의 문제가 죄가 아니라 돈의 부족이라면, 우리는 전 세계 모든 사람으로 하여금 직업을 갖고, 곡물이나 광물이나 기름 등을 뽑아 내며, 많은 돈을 벌고 번영을 이루도록, 그래서 모든 사람의 모든 필요가 만족될 수 있도록, 여러 사업, 주식회사, 은행, 투자 사업 등을 발전시킬 필요가 있다. 돈을 버는 일에서 미국은 역사상 그 어떤 나라보다도 더 성공적이었다. 그러나 그 부산물인 탐욕과 방종과 착취와 부정은 실로 섬뜩할 정도다.

1910년 G. K. 체스터턴은 「세상은 무엇이 문제인가」(*What's Wrong with the World*)라는 제목의 책을 쓴 바 있다. 당시 영국은 세상을 더 살기 좋은 곳으로 만들 수 있다는 여러 사상과 계획들이 넘쳐나고 있었다. 사회주의자, 무정부주의자, 다양한 종류의 유토피아적 이상주의자들이 가난과 경제, 전쟁과 평화, 무지와 교육, 질병과 건강, 평범성과 우생학 등에 대해, 세상의 문제를 어떻게 바로잡을 것인가에 대해 여러 제안들을 제시하고 있었다. 당시는 낙관주의적 시대였고, 이 모든 제안의 기저에는 바른 사상과 바른 기술을 찾기만 하면 세상의 모든 문제를 해결할 수 있다는 생각이 있었다. 일간 신문들에도 늘 지적인 충고들이 잔뜩 실렸다. 그러나 이들은 모두, 수입을 재분배한다거나, 입법을 한다거나, 기계적 구조나 도구를 개발한다거나, 교육 제도를 개혁한다거나 하는 비인격적인 프로그램과 계획들이었다. 모두 다 장점이 없지 않은 것들이었다. 그러나 어느 것도 인격적인 것은 없었다. 어느 것도 '문제'(wrong)의 핵심은 다름 아니라 세상이 '바른'(right) 길이신 하나님을 관계적으로, 인격적으로 대하기를 거부한 데 있음을 짚어 내지 못했다. '죄' 나 '사랑'이라는 단어가 그런 제안들에 나타나지 않은 것은 당연했다. 체스터턴의 책은, 당시의 뛰어난 사상가들의 글에서 하나님이나 죄에 대한 인식을 찾아보기 힘들다는 것에 사람들의 주의를 환기시켜 주는 신문 칼럼집이었다. 하나님이나 죄 문제를 다루지 않고서도 세상을 더 나은 곳으로 만들 수 있다고 생각했던 당시의 박식한 사람들을 향한 그 주간 논설들은 "문제는 나다"라는 말로 간단히 요약될 수 있다. 세상은 무엇이 문제인가? 바로 나다.

우리는 서로서로, 또 우리의 창조자와 구원자와 더불어 관계와 책임 가운데 살도록 창조되었다. 우리가 그렇게 살지 않을 때 곧 명백해지는 것은, 세상에 무언가 '문제'가 있다는 것, 그리고 그 '문제'의 어딘가에는 '내가' 있다는 것이다. 요한 목사는, 우리가 바로 여기서 출발해야 한다고 말한다.

공동체 안에서 죄가 심각하게 여겨지는 유일한 장소, 정말 **유일한** 장소가 바로 기독 공동체, 지역교회다. 그러나 이상하게도 여기서도 그런 인식이 충분하지는 못하다. 부활 공동체도 주변 세상을 본받아, 무지를 쫓는 배움을 추구하거나, 힘없는 처지에서 벗어날 수 있는 힘을 추구하거나, 더욱 만족스런 삶을 살도록 해주는 돈을 추구하는 일 등에서 자기 정체성을 찾으려 할 때가 꽤 많다.

요한일서를 쓴 그 목사가 학교나 정부나 비즈니스가, 또 법원이나 병원들이 이 지구 행성에서 살아가는 우리에게 꼭 필요한 것들이라는 데 이의를 제기할 것 같지는 않다. 그러나 무엇보다도 그는, 우리는 죄라는 거대한 현실, 우리가 죄인이라는 사실을 무시하거나 부인해서는 안 된다고 주장한다. 우리 존재의 핵심에 무언가 잘못된 것이 있다. 우리와 우리 이웃과 하나님 사이에 무언가 관계적으로 잘못된 것, 인격적으로 잘못된 것이 있다. 이를 다루는 유일한 길은 용서다. 우리가 일반화든 완곡어법이든 여러 방식으로 자신의 죄인됨을 부인한다면, 용서는 우리에게 아무런 의미를 갖지 못한다. 그러면 우리는 우리가 하도록 창조되고 구원받은 바로 그 일을 할 수 있는 능력을 잃어버린다. 즉, 사랑하는 일, 하나님을 사랑하고, 헨리를 사랑하고, 에밀리를 사랑할 수 있는 능력을 말이다.

그러나 요한일서에서 죄는 우리를 정죄하는 꼬리표가 아니다. 이는 비난이 아니다. 이는 우리가 처해 있는 상황에 대한 진단이며 계시적 통찰로서, 우리로 하여금 사랑의 삶, 즉 신기루 같은 사랑이 아닌, 뚜렷한 **삶의 방식**으로서의 사랑에 동참하기 위해 우리가 무엇을 해야 하고 어디로 가야 하는지를 알려 준다. 공동체로서 우리는 영혼의 암으로서의 죄에서 우리를 자유롭게 해주는, 또 사랑의 소리 없는 허비로서의 죄에서 우리를 자유롭게 해주는 한 거대한 실재를 향하게 된다. 이 거대한 실재가 바로 용서다.

그 아들 예수님의 피가 우리를 모든 죄에서 깨끗하게 하실 것이요(1:7).

만일 우리가 우리 죄를 자백하면 그는 미쁘시고 의로우사 우리 죄를 사하시며 우리를 모든 불의에서 깨끗하게 하실 것이요(1:9).

나의 자녀들아 내가 이것을 너희에게 씀은 너희로 죄를 범하지 않게 하려 함이라. 만일 누가 죄를 범하여도 아버지 앞에서 우리에게 대언자가 있으니 곧 의로우신 예수 그리스도시라. 그는 우리 죄를 위한 화목 제물이니 우리만 위할 뿐 아니요 온 세상의 죄를 위하심이라(2:1-2).

[하나님은] 우리 죄를 속하기 위하여 화목 제물로 그 아들을 보내셨음이라(4:10).

깨끗하게 하다…사하다…화목 제물…. 공동체는 하나님의 용서를 경험할 때 비로소 서로 사랑하는 삶을 살 수 있다. 우리가 교육이나 정부나 비즈니스를 통해 스스로 할 수 없는 일을 하나님이 그리스도 안에서 우리를 위해 행하셨다. 이것이 바로 사랑의 공동체가 형성될 수 있는 토대, 유일한 토대다.

'화목 제물'(*hilasmos*)은 이 거대한 죄 용서 행위에 커다란 반향을 주는 요한의 단어로서, 여기에는 수세기에 걸친 히브리인들의 죄 용서와 새 출발의 경험이 담겨 있다. 이 단어에서 우리는 천 년 이상의 세월 동안 무수한 남녀들이 예배 처소로부터 가벼워진 마음과 깨끗해진 양심을 갖고 걸어나와, 은혜로운 사랑의 하나님의 임재에 대한 확신 가운데, 또 하나님 백성의 공동체 안에서 사랑 명령을 실천하겠다는 새롭고 자유로운 결심 가운데 집과 일터로 돌아가는 모습을 그려 볼 수 있다. 죄가, 또 죄에 따르는 모든 무능이 중심에서 쫓겨나고, 대신 사랑이 그 자리를 차지한다. 사랑받는 이들의 공동체 안에서 찾을 수 있는 역동적이며 힘이 넘치는 하나님의 사랑, 예수 그리스도의 탄생과 삶과 죽음과 부활에 초점을 두고 있는 그 사랑이.

죄에 대한 부인, 그리고 여기에 뒤따르는, 죄 문제에 대해 소홀하거나 무관심한 삶의 방식을 양산하는 프로그램이나 전략들은 너무 흔해서 이름이 하나 따로 있을 정도다. 바로 완전주의(perfectionism)라는 것이다. 이는 부활 공동체에서 가장 치명적인 죄들 중 하나다. 이것이 치명적인 이유는, 이런 방식의 삶을 추구하는 사람들은, 조금만 더 열심히 애쓰고 올바른 원리나 기술을 발견하기만 하면 죄 없이 사는 것이 가능하다고 확신하기 때문이다. 그러나 죄 없이 산다는 것은 실은 불가능하기에(바울과 요한만 해도 이 점을 분명히 강조한다), 그들은 자신이 하는 일이 죄일 수 있다는 것을 부인하거나, 아무 죄 없어 보이는 겉모습을 꾸민다. 또 이것이 치명적인 이유는, 이는 개인적인 죄에 대한 인식을 마비시키고, 예수님의 근본적이고 핵심적 사역인 십자가 위에서의 용서, 즉 화목제(*hilasmos*)라는 그 미증유의 기적 사건에 대한 인식도 마비시키기 때문이다. 이것이 바로 완전주의자가 일 중독자가 되는 경우가 많은 이유다. 죄의 편재성을 무시함으로써 그들은, 한 가지 과업만 더 성취하면, 한 가지 경건 훈련만 더 숙달하면, 불성실한 그리스도인 한 사람만 더 잘 피해 자신이 오염되는 것을 막으면, 한 가지 프로그램만 더 추진해 성공시키면, 자신이 다른 모든 사람보다 더 나은 사람이 될 것이라는 환상을 품고 산다. 그들 중에는 대단한 프로젝트를 성취하고 놀라운 업적을 이뤄 내는 이들도 있지만, 그러나 그들은 친구도, 어떤 경우 가정도, 용서도(필요로 해 본 적이 없기에), 사랑도 없는 삶을 살고 만다. 완전주의가 전체 공동체에 전염된다면 이는 참으로 엄청난 비극을 만들어 낸다.

완전주의는 본질적으로 미숙한 청소년기의 전형적 죄다. 청소년들은, 거의, 정의상 죄(sin)에 대해 아무것도 모른다. 물론 '죄들'(sins)에 대해서는 안다. 십계명을 어기는 행위 같은 죄들 말이다. 그러나 그들은 어른이 되면 그런 죄들을 짓지 않게 될 것이라고 생각하고,

만일 모든 사람이(일단 그들의 부모들부터) 자신과 같은 생각과 꿈을 갖기만 한다면 이내 세상은 더 나은 곳이 될 것이라고 확신한다.

그러나 그렇지 않다. 기독교의 방식은 공동체 안에서 죄를 제거하는 것이 아니다. 그리스도인들은 결코 죄 없는 사람들이 되지 않는다. 죄에 대한 유일하게 건전한 (그리고 성경적인) 접근법은 예수 그리스도를 그 희생적·작용적 중심점으로 하는 화목제/용서, 즉 사랑에 의해 움직이는 용서다. 고백되고 용서된 죄는 우리로 하여금 주님과 그리고 서로와 사랑의 관계를 발전시켜 가도록 해준다.

우리 중 죄 없는 이는 아무도 없다고 주장한 후, 이제 요한은 우리는 죄 짓지 말아야 한다고, 즉 죄를 별 대수롭지 않은 것인 양 부주의하게, 혹은 고의적으로, 혹은 무심코 짓지 말아야 한다고 주장한다. 죄는 중요한 문제다. 죄는 우리가 다른 사람들을 사랑할 수 있는 능력에, 또 그들이 우리의 사랑을 받을 수 있는 능력에 해를 끼친다.

이 편지에서 요한이 죄를 처음 언급했을 때 그는 우리에게, 자기 죄를 부인함으로써 자기를 속이지 말라고 말했었다(1:8, 10). 그런데 후에 이 말씀과 일견 모순되어 보이는 또 다른 문장들이 등장한다.

> 하나님께로부터 난 자마다 죄를 짓지 아니하나니…[그는] 범죄하지 못[한다](3:9; 또한 3:6).

> 하나님께로부터 난 자는 다 범죄하지 아니하는 줄을 우리가 아노라…(5:18).

우리는 이것을 어떻게 이해해야 할까? 우선 이렇게 볼 수 있다. 이 편지가 가장 우선적으로 말하는 죄는 사랑하지 못하는 것, 사랑하기를 거부하는 것이다. 즉, 우리가 저지를 수 있는 모든 가능한 죄들이 다 사랑을 어기는 문제로, 사람들과의 인격적인 관계 문제로 응집되어 제시된다. 그런데 하나님의 사랑받는 이들로서 우리의 정체성은 우리에게 다른 이들을 사랑하는 것 외에 어떤 다른 삶의 방식도 허용하지 않는다. 따라서 "범죄하지 못한다(cannot)…범죄하지 않는다"라는 이 단도직입적인 말의 의미는 이것이다. 어떠한 예외도, 어떠한 변명도 있을 수 없다는 것이다.[29] 그리고 또 이렇게 볼 수도 있다. 자신의 정체성을 하나님의 사랑받는 자녀라는 사실에서 얻는 사람들이 '할 수 없는'(cannot) 것은 다름 아닌 사랑을 배척하는 삶의 방식, 생활 방식이다. 다른 번역들은 이 구절들을 "지속적으로 죄를 짓는다….계속 죄를 짓는다…"(NIV), 즉 "죄를 습관적으로 짓는다"는 말로 옮겨서 이 점을 분명히 해준다. 그리스도인들은 사랑받는 이들의 공동체다. 사랑받고 사랑하는 것이 우리의 핵심적인 정체성을 이룬다. 이런 우리가 도저히 **할 수 없는** 것이 있는데, 바로 부주의하게든 고의적으로든, 죄 짓는 일을 습관처럼 계속 하는 것이다. 특히, 사랑하지 않는 일을, 더 나쁘게는, 실제로 미워하는 일을(2:9, 11; 3:13, 15; 4:20) 말이다.[30]

적그리스도. 사랑받는 이들의 공동체에서 평화를 어지럽히고, 그 공동의 삶에서 핵심적이고 전반적 실천인 사랑을 해체시키는 일을 하는 두 번째 요소는 적그리스도의 존재다.

요한의 편지들은 성경에서 '적그리스도'라는 용어가 등장하는 유일한 문서다(요일 2:18, 22; 4:3; 요이 7절). 이 편지들의 맥락에서 이 단어가 무엇을 뜻하는지를 파악하기란 어렵지 않다. 그러나 지금 우리 시대의 묵시적 분위기를 생각할 때, 먼저 우리는 이 용어가 그리스도에게 맞서 세계 지배를 시도하는 어떤 악한 존재―최후의 심판을 외치는 사람들이 자주 매료되곤 하는 그 비현실적인 과장된 인물―를 말하는 것이 분명 아니라는 점을 지적할 필요가 있다. 한 가지만 보더라도, 이 용어는 복수형이다. 요한은 "많은 적그리스도"(요일 2:18)라고 말하고 있다.

그러나 더욱 중요한 것으로, 요한 목사는 지금 예수님에게서 인성을 제거하고, 그분의 인성을 완전히 부인하고, 그분을 순전히 신적인 존재로만 말하는 사람들을 언급하고 있다. 우리는 당시 많은 종교 지도자들이 이런 일을 하고 있었고, 상당한 추종자들을 얻고 있었다는 것을 알고 있다. 이는 대단히 '종교적'이고 '영적인' 일처럼 보이지만, 사실을 말하자면 이는 성육신에 대한 전적인 부인이다. 그들은 하나님이 몸을 가지고 계심을 부인한다. 그들은 예수님 안에서 하나님이 혈과 육, 우리와 똑같은 혈과 육이 되었음을 부인한다. 그들은 "말씀이 **육신**이 되어 우리 가운데 거하셨다"(요 1:14, 저자 강조)는 것을 부인한다. 이 성육신(成肉身), 즉 하나님이 육신(肉身)이 되었음(成)이야말로 기독교 복음의 진수요 중심 특징임에도 말이다.

이러한 초영적(superspiritual)인―초자연적이고, 영광스럽고, 기적적인―예수님은 처음 들을 때는 매력적으로 와 닿는다. 온갖 '영성들'이 난무하는 이 시대에, 이러한 초영적인 예수님은 어떤 더 높은 형태의, 개선되고 발전된 영성으로 여겨지기 쉽다.

그러나 예수님이 이렇게 탈인간화되는 순간, 사랑받는 이들의 공동체는 곤경에 처하고 만다. 탈인간화된 예수님을 향한 사랑은 어떤 숭고의 미학 정도로 희석되고 만다. 예수님에게서 모든 인간적 특질과 성격이 제거될 경우, 우리가 예수님을 사랑하는 것에서도, 우리가 가족과 이웃과 더불어 실제로 사는 그런 종류의 삶에 있는 세세한 것들이 다 벗겨져 나가고 만다. 그리고 가장 중요한 것은 이것이다. 탈인간화된 예수님은 까다로운 배우자나, 불만 가득한 십대나, 무례한 이웃이나, 참을 수 없이 지루한 처남—너무나 너무나 인간적인 그들—보다 사랑하기에 훨씬 더 쉽고 편한 존재가 된다.

그러나 요한 목사는 '영적인' 예수님에 대해서는 아는 바가 없다. 그가 아는 유일한 예수님은 직접 귀로 들었고, 눈으로 보았으며, 손으로 만졌고(요일 1:1), 함께 식사하고 갈릴리를 걸어다녔던 '육신이 되신 하나님'인 예수님이다.

그런데 기이하게도, 그간 기독 공동체들은 "아버지와 하나"이신 예수님보다, 우리와 같은 혈과 육이셨던 예수님을 만나고 받아들이고 따르는 일을 더 어려워했다. 지난 2천 년 간의 기독교 역사에서 예수님에 대한 가장 치명적이고 반복적이었던 오해는 그분의 인성을 등한시하거나, 무시하거나, 부인하는 사람들과 관계가 있었다. 많은 사람들은, 신성만 가지셨을 뿐 인성이라는 때는 전혀 묻지 않은 예수님을, 손톱 밑에 때가 있었을 예수님보다 훨씬 믿기 쉬워했다. 예수님은 영혼의 구원자이자 영적 삶의 비밀들을 계시해 주는 존재로서는 위대한 분이셨지만, 이 아웅다웅하는 세상에서 살아가는 일, 이 지지고볶는 가정 생활에 관한 한, 그다지 도움이 되는 존재가 못 되었다.

요한 목사는 이런 것을 가만두지 못한다. 그는 예수님에 대한 진리와 거짓을 구분할 수 있는 간단명료한 규칙을 공동체에 알려 준다. "이로써 너희가 하나님의 영을 알지니 곧 예수 그리스도께서 **육체로** 오신 것을 시인하는 영마다 하나님께 속한 것이요, 예수님을 시인하지 아니하는 영마다 하나님께 속한 것이 아니니 이것이 곧 적그리스도의 영이니라. 오리라 한 말을 너희가 들었거니와 지금 벌써 세상에 있느니라"(요일 4:3, 저자 강조). 적그리스도의 영은 예수님이 참으로 인간이신 것을, 즉 우리와 같은 인간이신 것을 부인한다.

탈인간화된 예수님은 우리로 하여금 현실 속의 사람들과 아무 관계 없는 사랑의 실천을 계발하게 만든다. 우리는 사람들에 대해선 하등 관심이나 신경을 쓰지 않게 되고, 우리가 하나님을 사랑한다는 것이란 어떤 음악, 산, 이야기들이 주는 영감 어린 사상과 느낌들로 마음이 잔뜩 부풀어오르는 것을 의미할 뿐이다. 예수님의 탈인간화는 '우리와 함께하시는 하나님'의 탈인간화를 의미하며, 그럴 경우 우리는 아무 희생도 인내도 요구하지 않는, 순전히 자기 편의에 맞는 사랑의 삶을 입맛대로 만들어 내게 된다. 탈인간화된 예수님을 사랑한다는 것은 우리 공동체 안에 사는 구체적인 인간들과는 아무 상관 없는 식으로 사랑한다는 것이다. 우리는 사상과 느낌을 사랑하는 사람들, 황홀경과 진기함을 사랑하는 사람들이 된다. 그러나 이 경우, 분명 우리는 자신을 인간의 혈과 육을 가진 존재로 계시하신 하나님을 사랑하는 사람들이 아니다. 또한 분명 우리는 우리의 형제자매들을 사랑하는 사람들도 아니다. 우리에게 숭고미나 황홀경을 경험하게 해주지 못하는 형제자매들이라면 말이다.

이런 적그리스도, 거짓 그리스도, 우리가 우리 내면과 주위에 있는 인간성을 골치아프게 상관할 필요 없이 예배하고 찬미하고 믿을 수 있는 그런 그리스도를 택하는 사람은, 특별한 호감을 느끼지 못하는 사람들을 굳이 애써 사랑하려고 노력하지 않을 것이다. 적그리스도라는 선택안은 구체적인 이름을 가진 실제 사람들을 사랑하고 싶어하지 않는 사람들을 위한 편리하게 빠져나갈 구멍이 되어 왔다.

죄와 적그리스도는 사랑받는 이들의 공동체 안의 주된 실천으로서의 사랑을 해체시키는 일에서 쌍벽을 이룬다. 죄는 주위 사람들을 역할이나 대상 정도로 축소시키는데, 이는 그들을 이용하고, 마음대로 좌지우지하고, 그들에게 은인 행세를 할 수 있기 위해서다. 죄는 사람들을 탈인격화하는데, 그러면 우리가 그들을 관계적으로 대할 필요가 없어지기 때문이다. 이런 일이 일어나면, 물론, 사랑은 없는 것이다. 전혀 없는 것이다. 왜냐하면 사랑은 관계이며, 관계 빼면 아무것도 아니기 때문이다. 마찬가지로, 적그리스도 역시 우리로 하여금 인성이 완전히 제거된, 어떤 사상이나 느낌으로서의 하나님을 높이 받들게 만든다. 우리로 하여금 그저 영적인 분위기에 푹 잠겨 살도록 말이다. 죄는 그리스도를 탈인격화하는데, 그러면 우리가 하나님을 관계적으로 대할 필요가 없어지기 때문이다. 이런 일이 일어나면, 물론, 사랑은 없는 것이다. 왜냐하면 사랑은 관계이며, 관계 빼면 아무것도 아니기 때문이다.

공동체의 삶은, 하나님을 사랑하고 이웃을 사랑하는 것을 그 핵심으로 하지만, 언제나 이러한 죄와 적그리스도들이 있는 가운데 영위된다. 이들은 항시 존재하는 조건들로서, 이들로부터 도망치기란 불가능하다. 그러나 우리는 이들에 대해 늘 깨어 있을 수 있도록 훈련받을 수 있다.

우리는 죄란, 관계 안에서, 즉 사랑 안에서 살지 않으려는 태도라고 인식할 수 있도록 훈련받을 수 있다. 우리는 공동체 안에서 우리에게 제시되는 온갖 비관계적 방식들, 즉 원칙이나 관념, 대의나 프로그램 같은 것들을 사랑의 대체물에 불과한 것들로 인식할 수 있도록 훈련받을 수 있다. 그리고 그런 것들을 부인하거나 무시하지 않고, 대신 우리 죄를 고백하고 죄 용서를 받을 수 있다. 우리는 거듭거듭 무릎을 꿇고, 예수님의 용서와 깨끗하게 하여 주심을 받고, 무릎 꿇었던 자리에서 다시금 일어나 서로 사랑할 수 있다.

또 우리는 적그리스도들이란, 우리에게 예수님은 우리와 같은 인간이 아니었다고, "그분이 어떻게? 그분은 하나님이신데!"라고 말하는 사람들임을 인식할 수 있도록, 그리고 그리스도에 대해 그들이 무슨 환상적인 말을 하든, 그들이 무슨 초영성(superspiritualities)을 보여 주든, 실은 그들은 적그리스도에 불과하다는 것을 인식할 수 있도록 훈련받을 수 있다. 그들이 우리에게 평범한 사람들, 보통 사람들은 별로 중요한 존재가 못 된다고 말할 때, 그리스도인들은 위대한 사상이나 긴급한 대의나 멋진 비전들에 관심을 가져야지, 그런 거치적거리는 지루하고 밉살스런 인간들은 신경쓸 것 없다고 말할 때, 우리는 우리 자신을 다시 예수님 이야기에 담글 수 있다. 우리는 다시 무릎을 꿇고 너무나 평범한 인간이셨던 이 예수님을 경배하고, 무릎 꿇었던 자리에서 일어나, 다시 우리의 가정과 친구들에게 돌아갈 수 있다. 다시금 새롭게 그들을 사랑하기 위해서 말이다.

요한일서는 돌연 다음과 같은 문장으로 끝난다. "자녀들아 너희 자신을 지켜 우상에게서 멀리하라." 웬 뚱딴지같은 소리인가? 그는 지금까지 우상에 대해 아무 말도 하지 않았었다. 그러나 가만 생각해 보면 이는 적절한, 더 나아가 참으로 절묘한 말임이 드러난다.

요한 목사는 서로 사랑하는 하나님의 사랑받는 자녀로서의 우리의 정체성에 대해 우리를 가르치고 훈련시켜 왔다. 그는 예수님께 초점을 맞춤으로써, 그분의 온전한 인성, 즉 우리를 향한 그분의 인격적이고 관계적인 사랑의 삶을 강조함으로써 이 일을 했다. 그리고 그는 이것을 **우리의** 온전한 인성, 즉 서로에 대한 인격적이고 관계적인 사랑의 삶에 대한 강조와 하나로 통합시켰다.

그는 예수님을 탈인격화하고 탈인간화하는 것에 대해 경고했다. 그분에게서 인성을 제거함으로써 우리가 우리 자신의 인성과 관계할 필요가 없도록 만드는 것에 대해서 말이다. 또 그는 우리가 우리 자신을 탈인격화하고 탈인간화하는 것에 대해서도 경고했다. 우리가 우리 인성의 가장 두드러진 증거인 죄를 부인하고, 그럼으로써 우리가 다른 사람들의 인성에 대해 신경쓸 필요를 없애 버리는 것에 대해서 말이다. 이 두 가지 탈인간화하는 행위들은 하나로 결합되어, 우리가 할 수 있는 가장 인간적인 행위인 사랑을 사실상 완전히 말살시킨다.

그런 뒤 이제 그는 한걸음 물러나 우리에게 이 인상적인 명령을 준다. "자녀들아 너희 자신을 지켜 우상에게서 멀리하라."

우상? 왜 그는 이 마지막 줄에서 우상 이야기를 꺼낸 것일까? 왜 그는 이것을 자신의 최후의 말로 삼은 것일까? 그 이유는 이렇다. 우상이란 완전히 하나님이 제거된 신이기 때문이다. 우상은 탈인격화된 하나님, 탈관계화된 하나님이다. 우리가 사랑을 주고받으며, 그 안에서 부족하게나마 우리의 인간미를 최대한 꽃피워 살아가는, 그런 하나님이 아니라, 그저 우리가 이용하고 써먹고 공상할 뿐인 신이다. 우상숭배의 핵심은 탈인격화다. 우상은 아무런 인격적 관계를 요구하지 않는 형태의 신이다. 우상은 내가 조작할 수 있고 제어할 수 있는 형태의 신이다. 우상은 하나님/피조물의 관계를 뒤집는다. 내가 신이 되고 우상이 피조물이 된다.

사랑의 공동체

크게 볼 때, 기독교적 사랑의 가장 독특한 특징은 이 사랑은 명령된다는 데 있다. 촉구되거나, 장려되거나, 목표로서 추구되는 것이 아니라, 이 사랑은 명령된다. "우리가 이 **계명**을 주께 받았나니 하나님을 사랑하는 자는 또한 그 형제를 사랑할지니라"(요일 4:21, 저자 강조). 또한, 여러 항목들 중 하나로서가 아니라, 공동체 삶의 타협 불가능한 중심부로서 명령된다.

이는 움찔하게 만드는 임무이자, 피할 수 없는 임무다. 우리는 **공동체**를 이루어(이 일은 누구도 혼자 할 수 없다) **사랑**해야 한다(하나님은 기어이 우리를 성숙하고 인간다운 이들로 만들고자 하신다).

만일 공동체가 강요될 수 있는 성질의 것이라면 문제는 그리 어렵지 않을 것이다. 그러나 강압은 획일성과 완벽한 질서를 줄 수는 있으나, 그것이 낳는 결과는 공동체가 아니다. 그것은 공동체에 대한 추한 패러디다. 나치즘이다. 공동체는 오직 자유 가운데서만 흥왕할 수 있다. 따라서 우리 공동의 삶을 정의하는 사랑은, 비록 명령된 것이지만, 비강제적이고, 인격적이며, 공동체의 지체들이 자유롭게 행하는 것이어야 한다. 우리는 평생에 걸쳐 사랑의 행위를 축적해 가야 한다. 흠 있고, 불완전하며, 미성숙하고, 미비하다 해도, 그럼에도 불구하고 계속 사랑해 가야 한다. 나 자신을 극복하는 사랑을 충성스럽게 말이다.

우리는 너무나 거대하고 놀라운 실재들—창조! 구원! 부활!—에 몸담고 살아간다. 그러나 세례받은 후 주위를 둘러보면 우리는 세례받은 이들의 공동체가 그저 우리 같은 사람들로 이루어진 것을 보고 놀라게 된다. 불완전하고, 미성숙하며, 신경증 있고, 자주 넘어지며, 사람들과 잘 못 어울리고, 부주의하며, 촌스러운 사람들 말이다. 하나님이 영원한 의미를 지닌 중대한 일들을 우리 같은 이들의 손에 맡기셨다는 것을 과연 믿을 수 있는가? 많은 이들은, 그들의 눈에 보이는 것에 근거해서, 고개를 흔들며 그렇지 않다고 생각한다. 그러나 이는 사랑받는 이들의 공동체 안에서 사랑의 삶을 사는 일에 늘 따르는 어려움이다. 우리는 여기에 익숙해져야 한다.

참으로 인상적인 것은, 요한은 우리가 사랑에 얼마나 자주 실패하는지를 알고 있음에도, 사랑을 강조하는 데 추호의 흔들림도 없다는 것이다. 우리처럼 그도 사랑을 만족스럽게 실천해 내기란 얼마나 어려운지를 잘 알고 있다. 그러나 그럼에도 불구하고 그는 주장을 굽히지 않는다. 희석시키지 않으며, 조금도 누그러뜨리지 않는다. "우리가 이 계명을 주께 받았나니 하나님을 사랑하는 자는 또한 그 형제를 사랑할지니라"(요 4:21, 저자 강조). 예수님께 충성한다고 하면서 이 사랑 명령에 불순종하는 사람이 있다면, 요한이 말하기를, 그는 거짓말쟁이다(2:4). 참으로 단도직입적인 언어다. 우리가 흔히 생각하는 목회적인 언어와 다르다. 그러나 요한 목사는 이렇게 말한다. 우리가 아무리 근사한 말을 하고 영감 어린 언어를 쏟아 낸다 해도, 지금 우리가 우리의 형제자매를 미워하고 있다면, 우리는 "어둠에 있는" 것, 즉 허풍을 치고 횡설수설하고 있는 것에 불과하다(2:9, 11). 우리가 사랑하기를 거부하고 있다면, 상대가 누구이든, 우리는 살인자 가인이다. 사랑하기를 거부하는 것은 살인하는 행위다(3:15). 우리는 흠칫한다. 요한은 우리에게 전혀 빠져나갈 구멍을 주지 않는다. 그는 도움이 필요한 사람을 돕지 않는 것같이, 겉보기에 그저 사소하고 무슨 악한 감정이나 의도랄 것이 없어 보이는 일도, 사랑하기를 거부하는 일에 포함시킨다(3:17).

사랑에 대한 이처럼 가차 없고 절대적인 강조 앞에서 사람들이 가장 흔히 하는 반응은 용어의 정확한 정의를 따져 묻는 것이다. 그가 말하는 사랑이란 대체 정확히 무슨 의미인가? 당신이 사용하는 그 용어들에 대해 정의를 내려 달라. 그러나 이런 식으로 정밀한 정의를 따져 묻는 것은 소용없는 일이다.

사랑은 인간의 모든 행위 중에서 가장 맥락 의존적인 행위다. 이보다 더 자신의 직접적 맥락에 의존하고 기대는 인간 행위는 없다. 그래서 사랑을 이해하고 실천하는 일에서 사전은 거의 무가치하다. 사랑의 행위들은 규격화될 수 없다. 사랑의 모든 행위에는, 사랑을 하는 사람과 사랑을 받는 사람 모두에게—즉, 그 고유한 맥락에— 딱 맞는 창조적이고 인격적인 베풂과 응답과 섬김이 요구된다. 가장 단순한 형태의 사랑 행위라 해도 거기에는 전적으로 인격적이고, 특수하며, 고유하게 맥락적인 공동체 차원들이—즉, 상황적 복잡성과 필연적인 지역적 조건들이—포함되어 있기에, 어떤 의미에서 우리는 누구에게도 사랑하는 방법을 가르쳐 줄 수 없다. 그래서 성경은 대개 그런 시도조차 하지 않는다.

설명이나 정의나 일반화를 하는 대신, 요한은 그저 어떤 이름과 이야기, 즉 예수님을 제시해 주는 것으로 만족한다. "그가 우리를 위하여 목숨을 버리셨으니 우리가 이로써 사랑을 알고 우리도 형제들을 위하여 목숨을 버리는 것이 마땅하니라"(3:16). 그리고 그는 우리 각자로 하여금 사랑을 행하는 예수님의 방식을, 우리 각자만의 특수한, 그러나 인격적이며 관계적인 방식을 찾게끔 만든다. "우리가 사랑함은 그가 먼저 우리를 사랑하셨음이라"(4:19).

우리는 사랑받음으로써 사랑하는 법을 배운다. 사랑은 우리 유전자 속에 처음부터 새겨져 있지 않다. 인간 삶의 여러 필수적인 것들은 우리가 배우거나 연습해 보지 않아도 일어난다. 배우거나 훈련받지 않아도 우리는 숨을 쉬며, 우리 심장은 박동하고 피를 순환시키고, 우리의 젖 빠는 반사 운동은 우리가 자궁에서 나오기 전부터 이미 발달되며, 우리는 발길질하고 팔을 휘두르며 앙앙 울고, 우리는 웅크리고 자며 옹알이를 한다.

성장하면, 이제 가르침과 훈련을 필요로 하는 것들이 생겨난다. 읽기와 쓰기, 사교적 기술, 예술이나 체육 능력, 정서적이고 관계적인 이해, 자동차 변속 장치를 고치는 법, 컴퓨터 프로그램을 만드는 법, 달에 가는 법 등. 이러한 학습되는 행위들, 이러한 성취되는 정체성들의 최고 꼭대기에 있는 것이 바로 사랑이다.

누구나 이를 알고는 있지만, 그러나 그간 많은 실패를 겪으며 서른 살 정도가 되면, 우리 중 많은 이들은 사랑을 그저 이룰 수 없는 일로 여기고, 좀더 쉬운 일들을 통해 자기 정체성을 얻는 데 만족한다. 바이올린 연주, 골프 실력, 자동차 변속 장치 수리, 달에 가는 일 등을 통해서 말이다. 사랑에 대한 요한의 말들을 접하더라도, 우리에게는 그다지 실제적으로 와 닿지 않는다. 우리는 어깨를 으쓱하며 말한다. "글쎄요, 저도 해 보았죠. 많이 해 보았죠. 하지만 난 그런 일에 별로 소질이 없는 것 같아요. 그리고 내가 그걸 시도해 본 내 친구들도 마찬가지인 것 같고요. 그러니 이런 이야기 말고 좀 실제적인 일들에 대해 이야기합시다."

그러나 요한은 뜻을 굽히지 않는다. 그의 말은, 말하자면 이런 것이다. "이것이야말로 가장 실제적인 일입니다. 당신은 **말씀이 육신이 되어 우리 가운데 거하셨다**는 말을 기억하지 못하십니까?…**우리 가운데 거하셨다**는 것, 이게 실제적인 것이 아니고 무엇이겠습니까? 그리고 **하나님이 세상을 이처럼 사랑하사**…라는 말도 생각해 보십시오.…**세상**이라는 것, 실제적인 것 아닙니까? 그분은 당신을 사랑하시고, 이 세상은 그분이 당신을 사랑하고 계신 터전이라는 것입니다. 지금 나는 당신에게 뭔가 이질적인 것을 덮어씌우고 있는 것이 아닙니다. **하나님에게 사랑받는 존재**, 이것이 바로 당신이고, 당신의 정체성입니다. 그러나 사랑받는 존재라는 것이 전부가 아닙니다. 사랑을 받는 사람은, 그 사랑으로 인해, 자신도 사랑할 수 있는, 사랑을 **행할 수밖에 없는** 사람으로 창조됩니다. 사랑을 받다 보면 우리는 급기야 사랑을 주는 사람이 됩니다.

"물론, 그러자면 당신은 '사랑'이라는 말 주변에 덕지덕지 붙어 있는 온갖 기생충들과 오염물들을 당신의 상상력으로부터 철저히 청소해 내야 합니다. 예수님과 그분의 이야기가 당신에게 분명해질 수 있도록 말입니다. 이는 당신이 그간 사랑에 대해 경험했거나 상상했거나 공상해 온 모든 것이 전적으로 틀렸다는 말은 아닙니다. 그러나 전부는 아니더라도, 그 대부분은 무언가 더 큰 것의 한 파편, 천 개의 조각으로 이루어진 퍼즐의 한 조각이었을 따름입니다. 그 큰 전체, 그 전체 퍼즐 그림이란 바로 우리를 향한 하나님의 사랑이며, 이는 지금 당신의 공동체 안에서 살아 계신(마 18:20) 예수님 안에서 분명히 나타났습니다. 예수님 이야기는 사랑을 받는 자가 사랑을 행하는 자가 되었다는 이야기입니다. 그리고 이제 당신이 그렇게 되는 것입니다. 당신의 형제를, 당신의 자매를, 당신의 이웃을 사랑하십시오."

그리고 요한은 이를 거듭거듭 반복해서 끊임없이 말한다. 어떤 이들은 이를 두고 지루하다고 말하기도 한다. 하지만 정말 그런가? 아마도 이러한 반복이 시사하는 것은 인내일 것이다. 아마도 요한이 이러한 반복을 통해 시사하는 것은, 이는 오랜 시간이 걸리는 일이라는 뜻일 것이다. 그래도 괜찮다. 그는 결코 우리를 단념하지 않을 것이며, 하나님도 우리를 결코 단념하시지 않을 것이기 때문이다. 이는 누구도 서둘러 급하게 할 수 있는 일이 아니다. 그리고 이는 누구도 측량하거나 평가할 수 없는, 실로 복잡하고 다면적인 일이다. 이 일에는 깊이와 신비가 있으며, 누구도 참견하거나 간섭하거나 공작함으로써 침범하지 말아야 할 신성이 있다. 아마도 이 모든 사랑 언어가 지루한 것은, 라벨(Ravel)의 "볼레로"가 지루한 식일 것이다. 한 주제가 여러 다양한 목소리와 세기로 반복되는 그 음악 말이다. 그러나 음악가들은 "볼레로"가 지루하다고 말하지 않는다. 마찬가지로 사랑의 공동체 안에 있는 그리스도인들은 요한의 그 사랑 명령들을 지루하다고 말하지 않는다. 요한은 처음에는 '사랑'을 이렇게 말했다가, 뒤집어서 다시 말했다가, 시제를 바꾸어 말했다가, 부정문으로 말했다가 긍정문으로 말했다가, 또 다시 부정문으로 말한다. 그는 우리 경험에 호소하고, 복음서들을 암시하며 우리 기억을 새롭게 해주며, 이 모두에서 예수님의 현존하는 권위를 주장하며, 때로는 목소리를 높여 '거짓말쟁이', '살인자', '미움', '적그리스도' 같은 말들을 던진다. 그러나 이 모든 문장이 말하는 바는 결국 하나다―하나님은 당신을 사랑하신다. 그리고 그리스도는 사랑이 어떻게 일하는지를 당신에게 보여 주신다. 그리고 이제 당신도 사랑한다. 사랑, 사랑, 사랑, 사랑. 그것을 행하라.

사랑은 나를 환영하셨으나 내 영혼은
육신의 죄로 인해 물러섰네.
그러나 눈치 빠른 사랑은
내가 첫 발 들인 후 주저하는 모습 보고
가까이 다가와 부드럽게 물으셨네,
부족한 게 있느냐고.

"예, 여기에 올 만한 손님이요" 했더니
사랑은 "당신이 바로 그"라 하시네.
"배은망덕한 제가요? 오, 님이여,

전 당신을 쳐다볼 수 없습니다."
사랑은 내 손 잡고 웃으면서 응답하길
"나 말고 누가 그 눈 만들었지?" 하셨네.

"참입니다, 주님. 하지만 제가 그걸 망쳤으니
제 수치에 맞는 곳으로 저를 보내 주십시오."
사랑은 "누가 책임졌는지 모르느냐?" 하시네.
"님이여, 그럼 제가 시중들겠나이다."
사랑은 "앉아서 내 음식을 맛봐야지" 하시네.
그래서 나는 앉아 먹었다네.[31]

— 후기

물총새들이 불타는 것처럼…

40년 전 나는 이래저래 마음이 혼란스런 상태였다. 나는 "온갖 교훈의 풍조에 밀려"(every wind of doctrine: 엡 4:14의 표현-역주) 왔다갔다 하고 있었다. 사실 교훈의 풍조라기보다는 시대의 풍조에 떠밀려 다녔던 것이지만 말이다. 그 때는 60년대였고 다사다난한 시대였다. J. F. 케네디나 마틴 루터 킹 같은 카리스마적 인물들, 남부의 혁명적 변화들, 티모시 리어리(Timothy Leary: 환각제 사용을 권한 심리학자-역주)와 마약 문화, 지구의 날과 플라워 칠드런(flower children: 60-70년대 평화운동을 벌인 히피들을 말함-역주), 베트남 전쟁 등등…. 세계와 우리 사회에는 참으로 많은 일들이 일어나고 있었다. 해야 할 중요한 일들, 나의 참여를 요청하는 긴급한 목소리들이 넘쳐났다. "족한 한 가지 일"(참고. 눅 10:42-역주)이 아니라, 무수히 많은 필요한 일들이 자신을 주목해 달라고 아우성치고 있었다.

당시 나는 볼티모어에서 40km 정도 떨어진 한 작은 동네에 살고 있었다. 빠른 속도로 도시화되고 있던 곳이었다. 나는 교단의 임명을 받아 교회를 개척하게 되었고, 상당한 자신감과 정열을 품고 사역에 착수했다. 제도적으로나 재정적으로나 후원은 충분했다. 개인적인 격려들도 많았다. 내가 감당해야 할 사명이 무엇인지 분명히 정리되어 있었다.

그러나 시간이 지날수록 점점 수단의 문제, 즉 회중의 수적·재정적 생존 능력을 확보하기 위한 수단 사용의 문제에서 나와 조언자들 간에 의견이 충돌했다. 그들은 내게 인구통계학이나 사회학 책을 읽으라고 했다. 또 그들은 도시 근교 사람들의 특성에 맞는 전략을 가르쳐 준다는 세미나에 나를 보냈다.

나는 곧 위기에 봉착했다. 내가 강단에서 설교하는 방식과 내가 우리 교회의 기획 위원회를 지도하는 방식 사이에 균열이 일어났다. 나는 회중을 향한 내 태도가, 어떻게 생명의 양식으로 그들의 영혼을 섬길까 하는 생각보다는, 어떻게 그들을 이용하여 개척 교회 목사로서 성공할 수 있을까 하는 생각에 알게 모르게 좌우되고 있음을 느끼기 시작했다. 나는 마을에 있는 다른 교회들을 경쟁자들로 생각했고, 숫자 게임에서 이길 수 있는 방법을 궁리하기도 했다.

나는 방식과 수단의 문제에서 대단히 미국적이 된 것이다. 나는 신학적 신념에서는 결코 흔들림이 없었지만, 주어진 일—즉, 교회를 세우고 운영하는 일—을 하면서는 어떠한 수단도 가리지 않았다. 사람들의 소비 심리에 호소하고, 추상적인 원칙을 이용해 사람들의 열의를 모으고, 슬로건을 내세워 목표를 제시하고, 자아를 만족시키는 홍보 이미지들을 만들었다.

그러던 어느 날 아내와 나는 볼티모어에 있는 존스 홉킨스 병원에서 열린 한 강연회에 참석하게 되었는데, 여기서 나는 전혀 다른 존재 방식에 대해 배우게 되었다. 당시 혼란에 빠져 있던 내 상황을 생각해 볼 때, 이는 참으로 적절한 시점이었다. 그 강사가 보여 준 이미지는 이후 내 삶에 결정적인 영향을 주었다. 예수님을 따르는 자로서의 내 개인적 삶에, 또 예수님을 따르는 다른 이들을 동료로서 섬기는 목사와 작가로서의 내 소명의 삶에.

그 강사는 폴 투르니에(Paul Tournier)였다. 스위스인 의사인 그는 중년에 자신의 사무실을, 검진용 침대와 보조 실험실과 수술실이 딸린 진찰실에서, 벽난로가 있는 자기 집 거실로 옮겼다. 그리고 나머지 생애 동안 그는 인격적 관계에서 듣고 하는 말들을 자신의 주된 치료 수단으로 사용했다. 그는 몸에 주된 초점을 맞추는 의술을 버리고, 몸과 혼과 영으로 이루어진 통합된 전체로서의 우리의 전인(全人)에 주된 초점을 맞추는 의술을 채택했다. 그는 많은 책을 썼고, 나는 그 책들을 모두 읽었다. 아마 그 책들은 지금은 출판되지 않을 것이며, 또 지금 와서 판단해 보면 그렇게 위대한 책들은 아니었다. 주로 개인적인 일화들로 이루어진 책들이었지만, 그 때 내게는 그 책들 전체에 스며 있는 분별하는 은혜의 영이 무척이나 매력적으로 다가왔다.

존스 홉킨스에서 집으로 40km 길을 운전해 오면서 아내와 나는 그 강의에 대한 감상을 나누었는데, 대화중 아내가 말했다. "그 통역자 대단하지 않았어요?" 내가 말했다. "통역자? 통역자가 있었나?" 그러자 아내가 말했다. "여보, 그는 불어로 강의했어요. 당신은 불어라면 단어 스무 개도 모르잖아요. 당연히, 통역자가 있었죠." 그러자 비로소 나는 통역했던 여자분이 생각났다. 강사 옆 조금 뒤편에 서서 그의 불어를 영어로 통역해 주던, 강사와 비슷한 나이로 보이던 여성. 어찌나 자신을 내세우지 않고 일을 했던지, 나는 그녀가 있다는 것을 잊을 정도였고, 강의가 끝난 지 10분 만에 나는 그녀가 거기 있었다는 사실조차 기억하지 못했다.

그러나 중요한 것이 또 있었다. 바로 폴 투르니에 자신이었다. 강의를 듣는 내내 내게는, 그의 존재와 그의 말이 완전히 일치된다는 느낌이 점점 커져 갔다. 그는 오랫동안 스위스에서 살아 왔다. 그런데 그가 지금 볼티모어에서 하는 말들은 모두 그가 지금껏 살아온 삶 전부를 정확하고 성숙하게 표현하고 있었다. 통역자가 강사에 동화되었고, 그래서 그녀의 영어가 단순히 그의 불어의 의미뿐 아니라 그 정신도 전달해 주었듯이, 그의 말은 그의 삶과 하나였다. 그가 알고, 해 온 일들뿐 아니라 그의 전 존재와 일치하는 말들이었다.

이는 참으로 잊지 못할 경험이었다. 그의 그런 투명성 말이다. 그의 말과 그의 정신 사이에 어떠한 불일치도 없었다. 어떠한 가식도 없었다. 그 통역자의 투명성도 그랬다. 아무런 자아도, 자의식도 찾아볼 수 없었다. 후에 나는 T. S. 엘리어트가 찰스 윌리엄스(Charles Williams)에 대해 이런 평을 했던 것을 기억했다. "어떤 이들은 그들의 작품만 못하고, 어떤 이들은 그들의 작품보다 더 낫다. 그런데 찰스 윌리엄스는 둘 중 어디에도 속하지 않는다. 그를 아는 것으로 충분하다. 그의 책을 아는 것으로 충분하다.…그의 삶과 그의 글은 동일하다."[1]

이것이 내가 그 날 투르니에에게 받은 인상이었다. 그는 자신이 살아온 대로 글을 썼고, 자신이 써 온 대로 살았다. 그 날 볼티모어에서 강연했던 그는, 스위스에서 책으로 표현되어 온 그와 동일했다. 일치의 삶(A life of congruence). 이는 내가 이 영성 신학에 관한 대화에서 추구하는 바를 가장 정확히 지칭해 주는 단어다.

기독교적 삶은 일치에 대해 평생에 걸쳐 세세히 주의를 기울이는 실천이다. 목적과 수단의 일치, 우리가 하는 일과 그 일을 하는 방식 사이의 일치에 대해 말이다. 이는 벌어지는 모든 상황에 몸이 정확하고 우아하게 반응하며 전적으로 적응하는 운동 선수에게서 우리가 경탄하며 발견하는 그런 것이다. 가령, 마이클 조던(Micahel Jordan)의 경우, 그는 코트와 게임과 농구공과 동료 선수들과 하나가 되어 움직인다. 모차르트와 스트라디바리 바이올린(Stradivarius)과 이작 펄만(Yitzak Perlman)이 하나로 융화되어 서로 구분할 수 없는 경지가 되는 연주도 그런 것이다. 그러나 이는 더 평범한 일들에서도 자주 일어난다. 아무런 자의식 없이 놀고 있는 아이, 주고받는 모든 말이 마치 발레 동작들처럼 진선미를 드러내는 대화, 성찬 때와도 같은 감각과 정신으로 평화로운 애정과 경축 가운데 친구들과 나누는 식사 등.

제러드 맨리 홉킨스가 "물총새들이 불타는 것처럼"이라는 시에서 보여 주는 것이 바로 이러한 일치다. 이 영성 신학에 관한 대화를 위한 주된 은유를 제공해 준 그 소네트 말이다. 앞서 우리는 이 소네트가 이 책의 논조를 정해 주기를 기대하며 이 책을 시작했었다. 이 시에서 홉킨스는 어떤 존재와 그것이 하는 일이 서로 전적으로 일치할 때 생겨나는 완성감에 우리의 주의를 고정시키는 여러 눈부신 이미지들을 제공하기 때문이다. 물총새, 잠자리, 우물에 굴러 들어

가는 돌멩이, 퉁겨진 줄, 소리나는 종 등, 여기서는 일어나는 일과 그 일이 일어나는 방식이 서로 완전히 일치한다. 그리고는 홉킨스는 우리 인간들, 자신의 정체성과 존재를 구현시키며 사는 "사라지는 모든 것"의 모습을 보여 준다. 그러나 물총새와 구르는 돌멩이와 소리나는 종 등은 아무 노력 없이 하는 일을, 우리 인간은 성장해야만 할 수 있다. 즉, 우리는 참된 자신으로 형성되어 가야 하며, 우리 삶의 수단들이 우리 삶의 목적과 일치해 가는 그런 성숙의 과정을 가져야 한다. 그러나 홉킨스가 보여 주는 마지막 이미지는, 잠자리와 퉁겨진 줄이 생물학적으로 물리학적으로 저절로 하고 있는 일을 마침내 우리 인간이 애써 성취해 내는 모습이 아니다. 그가 보여 주는 마지막 이미지는, 우리 안에 사시고 행동하시는 그리스도를 통해, 우리 얼굴의 표정들을 통해 성부를 향해 우리의 사지와 눈을 통해 놀이하시는 그리스도를 통해, 우리의 수단이자 목적이신 그리스도를 통해, 어떻게 우리 삶이 안과 밖의 일치를, 목적과 수단의 일치를 표현할 수 있게 되며, 우리가 그리스도의 생명을 그리스도의 방식으로 살 수 있게 되는가이다.

  이를 분명히 보여 주는 예수님의 말씀은 이것이다. "내가 곧 길이요 진리요 생명이니"(요 14:6).
  오랜 세월 나는, 우리 안에 거하시며 우리 존재를 형성해 가시는 하나님의 성령의 일에 대한 증언으로서의 기독교적 삶에 대해, 즉 예수 **방식**(Jesus way)의 삶에 대해 어떻게 말하고 쓸 수 있을까를 고민해 왔다. 우리는 오직 예수 방식으로 예수 진리를 행할 때 비로소 예수 생명을 얻을 수 있기 때문이다.

이는 지금도 여전히 쉽지 않은 일이다.

그리스도인들이 무엇을 믿고 있는지에 대해, 즉 교리나 신조에 진술된 복음 진리에 대해 말하기란 비교적 쉽다. 우리에게는, 그리스도 안에서의 성령을 통한 하나님의 계시에 대해 신중하고 제대로 사고하는 법을 가르쳐 주는 웅변적이고 학식 있는 신학자들, 학자들이 무수히 많았다. 우리 중에는 그런 이들을 존경하고 연구해서 유익을 얻고 있는 이들도 많다.

그리고 그리스도인들은 무슨 일을 해야 하는지에 대해 말하기도 비교적 쉽다. 예수님을 따르는 이들이 마땅히 해야 할 행위들은 계명이나 도덕 강령들에 목록으로 제시되어 있고, 사명 선언서와 사명 수행 전략에 진술되어 있다. 수행해야 할 일로서의 삶에 대해 말하기란 어렵지 않다. 우리에게는 하나님 나라의 도덕과 예법에 대해 가르쳐 줄 교사나 부모나 목사들이 부족했던 적이 없다.

그러나 내게 최고의 관심사는 **삶**으로서의 기독교적 삶이다. 그리스도의 정체성과 내 정체성이 서로 일치하는 삶, 이 분주하고 번잡한 북미와 하나님 나라의 교차점에서 사는 삶, 나의 사지와 눈에서 놀이하시는 그리스도 말이다.

기독교적 삶에서 절대적으로 기본이 되는 두 가지가 있는데, 불행하게도 이 둘은 지극히 북미적인 것들과 대립된다. 이 교차 지점에 이렇게 온갖 사고와 혼잡과 고함 소리가 난무하는 이유가 바로 여기 있다. 우선, 기독교적 삶의 중심은 우리가 아니다. 기독교적 삶의 중심은 하나님이다. 기독교 영성은 더 나은 사람이 되기 위한 프로젝트가 아니며, 소위 '더 깊은 삶'을 계발하려는 것이 아니다. 물론 우리는 기독교적 삶에 참여하고 있다. 그러나 이 삶의 주어는 우리가 아니다. 또한 우리는 그 행위도 아니다. 우리는 다만 몇몇 전치사들을 통해 여기에 포함될 뿐이다. 하나님이 우리와 함께하신다(마 1:23), 그리스도가 내 안에 계신다(갈 2:20), 하나님이 우리를 위하신다(롬 8:31). 이 전치사들—**함께**(with)…**안에**(in)…**위하는**(for)—은 모두 연결짓고 관계짓는 강력한 단어들이지만, 그 어느 것도 우리를 주어나 서술어로 만들어 주지는 않는다. 우리는 다만 그 전치사구의 끄트머리 단어일 뿐이다.

북미 영성의 큰 약점은 이 영성이 전부 **나** 중심적이라는 점이다. 나의 잠재력 개발하기, 하나님의 복을 받아 누리기, 나의 영향력을 확대하기, 나의 은사를 발견하기, 경쟁에서 이기는 원리에 통달하기 등. 그러나 내가 중심이 되는 만큼 하나님은 중심에서 밀려나신다.

물론 기독교적 삶에는 우리가 하도록 초대받고 명령받는 일들이 있다. 그러나 그런 일을 한다 하다라도 우리가 기독교적 삶의 주어는 아니며, 우리가 기독교적 삶의 행위를 수행하고 있는 것이 아니다. 우리가 하도록 초대받고 명령받은 것은, 말하자면(이는 내가 만들어 낸 표현인데) 전치사적 참여(prepositional participation)다. 우리를 하나님과 연결지어 주는, 또 하나님이 우리 안과 세상에서 하시는 활동과 연결지어 주는 그 전치사들—**함께, 안에, 위하는**—은 매우 중요한 것들이지만, 그러나 그것들은 본질적으로, 하나님이 지금 하고 계신 일에 우리가 참여하는 방식과 수단의 문제일 뿐이다.

이러한 방식과 수단들이 바로 기독교적 삶에서 두 번째로 기본적인 것으로서, 또한 지극히 북미적인 것들과 대립된다. 무릇 방식과 수단은 그 목적에 적합해야 한다. 하나님의 일에 참여한다고 하면서 그 일을 자기 식대로 할 수는 없다. 하나님 나라를 건설하겠다고 하면서 마귀의 방법과 도구를 사용할 수는 없다. 그리스도는 진리요 생명이실 뿐 아니라 또한 **길**이시다. 따라서 그분의 방식(way)대로 일하지 않는다면, 우리는 진리를 망치고 말며, 생명을 놓치고 만다.

몬태나에 사는 내 이웃인 철학자 알버트 보그만은 이런 문제들에 대한 대단히 중요하고 웅변적인 작가로서, 그는 우리 삶의 방식이 기술에 의해 결정되고, 우리가 "세상과 관계하는"(take up with the world) 수단이 기술에 의해 정해지는 것의 위험성을 폭로한다. 개인적으로든 책을 통해서든, 그의 말을 듣다 보면 우리는 곧, 오늘날 우리가 사용하고 있는 방법들이 실은 우리를 중대한 위기로, 즉 삶의 **방식**의 위기로 몰아넣었다는 것을 깨닫게 된다. 우리는 기술 지배적인 삶의 방식을 채택함으로써 결국, 사물들과의 관계에서나, 사람들과의 관계에서나, 우리의 핵심 인간성과 멀어지게 되었다. 그 결과 지금 우리는 간접적인 삶을 살고 있다. 관계는 위축되었고, 즐거움은 줄어들었고, 참다운 삶은 희박해졌다. 보그만은 "식탁 문화"―식사를 준비하고 시중들고 치우는―를 진정으로 잘 사는 삶의 중심에 둔다. 식탁에서는 준비하는 일이나 시중드는 일이나 먹는 일이나 다 **관여**(engagement, 보그만이 중요시하는 단어)를 요구한다. 물론, 식탁에서도 우리는 기술을 사용해, 음식을 직접 만들지 않고, 그저 텔레비전에서 나오는 음식을 주문해 먹고, 사람들과 대화하는 대신 텔레비전을 켜는 비관여(disengagement)의 길을 택할 수도 있지만 말이다. 무차별적으로 사용될 경우, 기술은 우리 삶에서 육체를 앗아가(discarnate) 버리는데, 이는 하나님이 우리 가운데 **육체로 구현되신**(em-body-ment) 일인 예수님의 성육신과 정반대되는 일이다. 우리는 예수님 같은 삶의 방식을 채택하지 않고서는 예수님 같은 삶을 살 수 없다.[2)] 몬태나 대학 철학과 주임 교수인 보그만 박사는 기술이 우리 삶의 방식에 어떻게 영향을 주는지, 우리가 일하는 방식과 수단(기술)이 무분별하고 부적절하게 사용될 경우, 우리가 하려 했던 바로 그 일을 어떻게 부패시키고 망쳐 놓는지를 이해하고 분별하는 일에 평생에 걸쳐 지속적인 주의를 기울여 왔다. 보그만은 기술을 적대시하지는 않는다. 사실 그는 기술을 무척 존중한다. 그는 다만 기술이 우리를 파멸시키기를 원치 않을 뿐이다. 그런데 실제로 기술은 우리를 파멸시킨다. 그는 워커 퍼시가 여러 소설들에서 탁월하게, 또 지속적으로 제기했던 다음 질문에 대해 사려 깊고 구체적인 답을 주고 있다. "이렇게 많이 알고, 이렇게 많은 일을 할 수 있으면서도, 우리가 이렇게 형편없이 살고 있는 까닭은 대체 무엇인가?"

이것이 바로 "물총새"의 삶을 촉진하는 관심이며, 영성 신학의 관심이다. 바로, 기독교적 삶을 사는 **방식**에 대해, 우리가 우리 가운데 육신이 되신 예수님의 실재를 구현하고 예수님의 명령을 수행하기 위해 사용하는 **수단**에 대해 기울이는 집중적인 주의, 바로 그것이다.

한 가지 더 말하고 싶다. 이는 시간이 걸리는 일이며 서두를 수 없는 일이다. 또한 이는 긴급한 일이며 지체될 수 없는 일이기도 하다. 삶은 우리 주위에서 빠른 속도로 그 질이 악화되고 있다. 중심부의 삶—복음의 삶, 하나님 나라의 삶—이 놀라운 속도로 타협되고, 왜곡되고, 퇴보하고 있다. 이 북미라는 교차로에서는, 시간이 걸린다는 것과 긴급하다는 것은 양립할 수 없으며 서로 모순되는 일로 여겨진다. 그러나 그리스도인의 길에서는, 인내와 긴급성은 함께 짝을 이룬다. 긴급한 일이기에 우리는 서둘러서는 안 된다. 사실, 조금도 서둘러서는 안 된다. 성마름은 일치의 삶과 정반대되기 때문이다.

따라서 내가 하고 싶은 말은, 인내가 선행 조건이라는 것이다. 영성 형성, 영혼 수양, 방식과 진리가 일치되는 삶의 실현 등, 이 모두는 끝없는 인내가 요구되는, 많은 시간이 걸리는 일이다. 불행하게도, 인내는 미국 사회에서는 그다지 중시되지 못한다. 우리는 성급하다. 우리는 지름길에 중독되어 있다. 우리는 빠른 차와 빠른 음식(fast food)을 사랑한다. 우리가 자랑하는 기술들이란 어떤 것을 얼마나 빨리 얻어 내고 어떤 일을 얼마나 빨리 해 내는가에 대한 것이다.

그러나 인간의 삶은 끝없이 복잡하고, 미묘하며, 신비하다. 우리의 창조 목적인 인간이 되는 일에는 지름길이란 없다. 스테로이드를 섭취한다고 해서 우리가 추구하는 일치의 삶이 촉진되지는 않는다. 인내는 느림을 참지 못하는—더 나쁘게는, 멸시하는—이 기술 지배적인 문화에서 우리가 받아들이기 아주 어려운 조건이다. 그래서 지금 인내는 무시당하고 있다. 그리고 그 결과, 우리가 더 빠른 속도로 움직일수록 우리 존재는 더욱 작아져 가고 있다. 우리의 속도가 우리를 왜소하게 만드는 것이다.

미국 상황에서 영성 신학을 논하는 것은 때로는 그저 우습게 보일 뿐이다. 이런 거대한 기술, 교만한 리더십, 밀어붙이기, 탐욕스런 소비주의의 문화에서 이는 너무나 약하게만 보이는 삶의 방식이다.

예수 방식? 물총새와 잠자리? 둥근 우물에 굴러드는 돌멩이? 너무 비효과적이고, 너무 비효율적으로 보인다. 그러나 예수님은 우리에게 바로 이런 식으로 행하라고 말씀하신다.

❧

또 한 사람의 좋은 작가인 릭 배스(Rick Bass)도 몬태나에 사는 내 이웃이다. 그는 약(Yaak)이라는, 우리집에서 북쪽으로 100km 정도 떨어진 황무지에 산다. 그는 탁월한 작가인데다가 열정적인 환경운동가이기도 하다. 나는 개인적으로는 그를 모르나 그가 행동하는 모습을 본 적이 있는데, 참 보기 좋은 모습이었다. 환경운동가들은 이 창조 세계에 대해 관심이 많은 사람들이지만, 그들 중에는 상당히 고약한―늘 분노에 차 있고, 때로는 폭력적인―사람들도 많다. 그러나 릭 배스는 작은 체구의, 꼬마 요정처럼 생긴 사람으로서, 정열적이며, 언제나 웃는 모습이다. 그는 벌목꾼과 광부들을 위해 파티를 열기도 하며, 그들과 함께 합의점을 찾아내고, 예의와 이해의 언어를 계발하고자 노력한다. 그가 최근 한 에세이를 썼는데, 나는 참으로 잘 살고자 하는 사람은 누구나, 특히 이 조급하고 지름길에 중독된 문화에 둘러싸여 사는 북미의 예수 제자들은 누구나 그 글을 필히 읽어야 한다고 생각한다.

그 글에서 그는, 전에는 어떤 복잡하고 어려운 임무를 감당할 때면 높이 쌓인 벽돌들을 하나씩 하나씩 끈기 있게 다 내려놓고 있는 자신의 모습을 상상했다고 한다. 천천히, 꾸준히, 조심스럽게, 한 벽돌 한 벽돌씩. 그러나 이제 그는 이 은유를 바꾸었다. 최근 그는 빙하에 대한 어떤 글을 읽었다. 빙하는 세상에서 가장 강력한 힘이다.

그 어느 것도, 정말 그 어느 것도 빙하를 막을 수 없다. 빙하는 장기간에 걸쳐 눈이 축적되어 형성된다. 오늘은 1cm, 어제는 1/4cm, 지난 주는 미세한 가루만큼 쌓이는 그런 과정을 통해. 눈이 두꺼워짐에 따라, 무게의 압박이 커진다. 그러면 얼음이 형성되고, 더 많은 눈이 쌓이고, 더 큰 얼음이 되고, 이런 식으로 한 해가 가고 또 한 해가 지난다. 오랫동안 아무 일도 일어나지 않지만, 그러나 20m의 두께가 되면 이제 빙하는 움직이기 시작하며, 일단 움직이기 시작하면 그 무엇도 그것을 막을 수 없게 된다.

릭 배스는 이것을, 자신의 소명인 글쓰기와 증언의 일을 계속해 가기 위한 은유로 삼았다. 그가 말하기를, 빙하의 기원에 대한 한 이론에 따르면, 빙하들은 "지구가 회전할 때 일어나는 어떤 흔들림, 비틀거림의 결과다.…빙하들이 만들어지기도 하고 만들어지지 않기도 하는 것은, 참 신기하게도, 지구가 오랜 시간 동안 바로 **이** 방향으로 1조 분의 1도 경사져 돌기 때문이다." 그리고 그는 이렇게 평한다. "숲 속에 홀로 있을 때, 또 이 투쟁이 무의미하고 헛되게 느껴질 때, 또 대중 집회에서 번번이 거부당할 때, 나는 스스로에게 이렇게 말한다. 작은 것들이 중요하다고. 나는 정말 그렇게 믿는다. 나는 믿는다. 당신이 당신의 마음을 정말로 조금만 확고하게 왼쪽으로나 오른쪽으로 기울여만 줘도, 충분한 시간이 지나면, 어느 날 흔들림이 시작될 것이고, 그러면 오랜 시간 동안 아무것도 없었던 그곳에 마침내 얼음이 형성되기 시작할 것이라고 말이다."

"한평생, 아니 두 평생, 세 평생 동안 꾸준히 계속해 가라. 그러면 어느 날, 분명, 마침내 그 얼음은 미끄러져 움직이기 시작할 것이다."[3] 이 은유를 우리의 은유로 바꾸어 말해 보자면 이렇게 될 것이다. 마침내 우리는 보게 될 것이다.…그리스도가 모든 곳에서, 아름다운 사지(四肢)에서 그의 눈이 아닌 아름다운 눈에서 사람들의 얼굴 표정 통하여 아버지 뜻에 맞춰 놀이하시는 것을 말이다.

— 부록

영성 신학 작가들

영성 신학에 대해 우리가 알아야 할 가장 중요한 사항은 영성 신학은 신학, 즉 교실이나 책에서 수집되는 정보들의 모음집이 아니라는 사실이다. 영성 신학은 신학을 **살아내기** 위해, 즉 하나님이 성경과 예수님 안에서 계시하시는 모든 것을 살아내고, 또 그것을 이웃과의 관계에서, **우리** 이웃과의 관계에서 살아내기 위해 우리가 기르는 성향이다. 우리 대부분의 경우, 실제 하나님 **안에서**(in) 순종하며 믿으며 살기보다는, 그저 하나님에 **대해**(about) 아는 지식을 추구할 때가 훨씬 많다.

이 대화의 처음부터 끝까지 내 의도는 독자들을 기독교적 삶 속으로 초대하는 것이었다. 단지 기독교적 삶에 대한 정보를 제공해 주려는 것이 아니라 말이다. 따라서 이 대화 말미에 참고 도서 목록을 싣는 것은 부적절할 수 있다. 나는 독자들을 압도하는 긴 도서 목록을 제시함으로써 여러분을 정말 해야 할 일—즉, 그리스도의 생명을 **살아내는** 일—로부터 탈선시키고 싶지 않기 때문이다.

부록 585

그러나, 그렇더라도 나는 내게 소중한 동반자가 되어 준 몇몇 작가들의 이름을 밝히고 싶다. 나로 하여금 잘못된 길로 유혹되지 않도록 경고해 주었고, 하나님이 그리스도 안에서 계시해 주시는 것을 살아내려는 ― 단지, 이에 대해 설교하거나 강의하거나, 더더구나 책을 쓰는 것이 아니라! ― 나의 결심을 굳게 해주었던 작가들 말이다. 영성에 관한 한 너무 많은 가짜와 어리석음이 판치고 있는 시대이기에, 내게는 분명한 시각을 갖도록 도와주는 예리하고 경건한 동료들이 필요하다. 그런데 이런 동료들은 알아보기가, 또 사귀기가 쉽지 않다. 나는 다만 존경을 표한다는 의미에서, 그간 내게 큰 도움이 되었던 몇몇 사람들을 소개하고자 한다. 나는 그저 짧은 ― 해설을 곁든 일곱 명의 ― 목록을 제시할 것이다. 이들은 모두 '쉽게' 읽히는 저자들은 아니다. 어떻게 쉽게 읽히겠는가? 영성 신학은 우리에게 최선을 요구한다. 영성 신학을 쉽게 만드는 것은 필연적으로 영성 신학을 왜곡시킨다. 내가 소개하고자 하는 일곱 사람은 다음과 같다.

마르틴 부버(Martin Buber), 「**나와 너**」(*I and Thou*)
그 어떤 다른 작가에게서보다도 부버에게서, 나는 언어를 인격적으로, 관계적으로, 친밀하게 사용하는 법을 훈련받았다. 그는 삶이란 언제나 상호 관계적이며, 따라서 인격적이며 관계적인 언어를 요구한다는 점을 설득력 있게, 또한 단호하게 주장한다. 우리가 하나님이나 이웃이나 사물을 '그것'(it) ― 어떤 사상이나 원인이나 대상 ― 으로 바꿔 놓는 순간, 우리는 우리가 추구하고 있다고 생각하는 바로 그것을 왜곡, 변질시키고 있는 것이다. 영성 신학은 인격적이며, 그렇지 않으면 아무것도 아니다. [나는 월터 카우프만(Walter Kaufmann)의 번역(New York: Scribner, 1970)을 선호한다.] 「나와 너」(문예출판사).

한스 우르스 발타자르, 「기도」(*Prayer*)

기도는 하나님과의 관계에서 사용되는 언어다. 만일 우리가 이해하고 실천하는 바를 기도하고 있지 않다면, 지금 우리는 가장 중요한 부분을 놓치고 있는 것이다. 기도는 우리가 언어를 가장 관계적으로 사용하는 방식이지만, 우리는 사물이나 사람이나 사건들을 다루는 언어에만 몰두하기 쉽기에 기도는 늘 위험에 처하게 된다. 발타자르는 기도를 신학적으로, 또 인격적으로, 가능한 한 가장 큰 맥락에 위치시키며, 우리로 하여금 기도를 사소한 일이나 주변적인 일로 여기지 못하게끔 해준다. 기도는 영성 신학의 제1언어다. (A. V. Littledale 역[London: Geoffrey Chapman, 1963]; 또한 샌프란시스코에 위치한 Ignatius Press에서도 페이퍼백으로 출간되었다.)

표도르 도스토예프스키(Fyodor Dostoevsky), 「카라마조프의 형제들」(*The Brothers Karamazov*)

소설가들은 우리 안에 이야기에 대한 감각을 계발시켜 주는 스승들이다. 그들은, 사소해 보이는 우리 일상이 실은 영원한 의미를 갖고 있음을, 우리 이야기들은 우리가 하나님의 계시를 살아내는 형식임을 느끼게 해준다. 이런 일에 스승이 될 만한 여러 소설가들이 있다. 그 중에서도 내게는 도스토예프스키가 가장 중요하다. 이야기에 대한 커다란 감각 없이는, 영성 신학은 추상화되고 쇠퇴하는 위험에 처한다. [나는 Richard Pevear와 Larissa Volokhonsky의 번역본(San Francisco: North Point Press, 1990)을 추천한다.]

제러드 맨리 홉킨스, 「제러드 맨리 홉킨스의 시 모음」(*The Poems of Gerard Manley Hopkins*)

시인들은 우리로 하여금 삶의 세세한 일상에 주목하게 하고 우리 언어를 정확하고 정직하게 만들어 준다. 소설가들이 그렇듯, 시인들 중에도 우리의 스승이 될 만한 이들이 많다. 그 중에서 사제이자 시인이었던 홉킨스는 내 목록에서 높은 자리를 차지하고 있다. 영성 신학의 언어는 늘 진부한 표현들과 종교적 은어들의 공격에 노출되어 있다. 늘 깨어 있지 않고서는 우리 입에서는 경건한 상투어들만이 나올 뿐이다. 시인들은 언어를 순화하는 일에서 필수적인 동지들이다. [W. H. Gardner와 N. H. MacKenzie가 편집한 제4판(Oxford: Oxford University Press, 1967)이 페이퍼백으로 나와 있다.]

웬델 베리, 「나에게 컴퓨터는 필요없다」(*What Are People For?*)

영성 신학은 늘 지배적인 문화에 동화될 위험, 그 문화로 축소될 위험이 있다. 우리에게는 영성이 빠져들기 쉬운 온갖 거짓말과 몽상과 배신들에 대해 깨어 있게 해주는 분별력 있는 비평가들이 필요하다. 이 에세이들을 비롯해 베리의 글들이 보여 주는 예언자적 신랄함과 기독교적 쾌활함(이는 참 드문 조합인데)은 예수님을 따르는 이들로서의 우리 정체성에 분명한 초점을 준다. 베리의 많은 소설과 시들은 그의 증언을 완성시킨다(San Francisco: North Point Press, 1990).「나에게 컴퓨터는 필요없다」(양문출판사).

칼 바르트, 「그리스도인의 삶」(*The Christian Life*)

방대한 「교회교의학」(*Church Dogmatics*)의 마지막 저서이자 미완성작인 이 책에서, 바르트는 자신이 평생에 걸쳐 기도해 온 신학을 주님의 기도에 복종시킨다. 바르트는 겨우 이 기도의 두 번째 간청까지만 다루고 죽었지만, 이 미완성 유고는, 예수님이 가르쳐 주신 기도처럼, 기도가 되는 삶, 삶이 되는 기도로서의 영성 신학에 대한 위대한 증언이다. [Geoffrey W. Bromiley 역. Church Dogmatics IV/4: Lectures Fragments라는 부제로 출판됨(Grand Rapids: Wm. B. Eerdmans Publishing Company, 1981).]

로원 윌리엄스(Rowan Williams),
「**기독교 영성 입문**」(*Christian Spirituality*)

우리 시대 영성의 큰 왜곡은 영성의 관심이 전부 하나님 앞에서 어떻게 하면 잘 살 수 있는지, 어떻게 하면 '이후로는 영원히 행복하게' 잘 살 수 있는지에 있다는 점이다. 윌리엄스는 기독교적 삶을 감상적·상업적으로 다루는 온갖 '영성'들에 대한 학문적 저항군을 소집한다. 1세기로부터 16세기까지의 영성사에서 권위 있고 영향력 있는 인물들을 다룬 이 풍성한 증언서는 영성 신학의 정수와 핵은 (우리의 행복 추구가 **아니라**) 예수님의 십자가라고 주장한다. 이 길에는 고난이 따르며, 희생이 요구된다. 다른 길은 없다. 오직 예수님의 길이, 십자가의 길이, 우리의 '경험'이 예수님의 죽음과 부활의 세례를 받는 길이 있을 따름이다. 우리는, 영성을 우리 편의와 구미에 따라 만들어 낼 수 있다는 잘못된 생각에 빠지지 않기 위해, 이러한 증언들에 대해 잘 알고 있어야 한다. [Atlanta: John Knox Press, 1979; 영국에서는 *The Wound of Knowledge*라는 제목으로 출간되었다.] 「기독교 영성 입문」(은성).

주

들어가는 글

1) T. S. Eliot, "East Coker", in *The Complete Poems and Plays*, 1909-1950(New York: Harcourt, Brace and Co., 1952), p. 129.
2) In *The Poems of Gerard Manley Hopkins*, ed. W. H. Gardner and N. H. Mackenzie (London: Oxford University Press, 1967), p. 90.
3) Reinhold Niebuhr의 *The Nature and Destiny of Man*, vol. 2 (New York: Charles Scribner's Sons, 1941), p. 294에 나오는 어구.
4) Robert Browning, "A Grammarian's Funeral", in *The Poems and Plays of Robert Browning*(New York: Modern Library, 1934), p. 169.
5) William Barrett, "The Faith to Will", *The American Scholar*(Autumn 1978): 526.
6) George Steiner, *Grammars of Creation*(New Haven: Yale University Press, 2001), p. 323를 보라.

놀이터 치우기

1) 달리 표시가 없는 한, 모든 성경 인용은 NRSV를 사용했다[한국어판에서는 개역개정판(대한성서공회)을 사용했다—역주].
2) Eugen Rosenstock-Huessy, *The Fruit of Lips: Or Why Four Gospels*, ed. Marion Davis Battles(Pittsburgh: Pickwick Press, 1978), p. 85.

3) "인류의 위대한 도그마는 바람이 나무를 움직인다고 말한다. 인류의 중대한 이단은 나무가 바람을 움직인다고 말한다." G. K. Chesterton, *Tremendous Trifles* [Beaconsfield, England: Darwen Finlayson, 1968(first published, 1909)], p. 92.
4) 여기에 새의 맴도는 동작 같은 것이 암시되어 있다는 것에 모두가 동의하는 것은 아니다. 어떤 학자들은 이 구절을 "가공할 폭풍" 내지 "하나님의 폭풍"이라고 번역하기도 한다. Gerhard von Rad, *Genesis*, trans. John Marks (London: SCM Press, 1961), p. 47.
5) Gordon Fee는 이 용어에 대한 명확한 주석을 제공해 준다. *God's Empowering Presence*(Peabody, Mass.: Hendrickson, 1994), p. 28 이하를 보라.
6) "God's Grandeur", in *The Poems of Gerard Manley Hopkins*, ed. W. H. Gardner and N. H. Mackenzie (London: Oxford University Press, 1967), p. 66.
7) 이 구절에 대한 Lesslie Newbigin의 사색은 예리하다. "불신앙은 더욱 '영적인' 종교를 바라는 욕망에서 생겨난다. 예수의 '육신'(flesh)—사람의 아들의 그 구체적 인성—은, 우리 각자로 하여금 나름의 사적 생각에서 발견한 '진리'를 붙들고 살게 해주는, 그런 '영성'을 금지하기에 걸림돌이 된다. 그런 종류의 '영적인 종교'가 바로 성경이 말하는 '육신'(the flesh)이다. 이는 불신앙이며, 제자들 가운데도 존재한다." *The Light Has Come*(Grand Rapids: Eerdmans, 1982), p 89. 「레슬리 뉴비긴의 요한복음 강해」(IVP).
8) 불행하게도 '영혼'이라는 말은 이제 일상 언어에서 너무나 뜻이 변질되어, 현실과 동떨어진 어떤 '영적인' 추상, 일상 생활과 거리가 먼 천상적이고 타계적인 무언가를 가리키는 말이 되어 버렸다. 그러나 이는 그저 미개인들에게 넘겨주기에는 너무 좋은 단어다. 수세기에 걸친 그리스도인들의 성경 읽기와 대화로부터 축적되어 온, 이 단어의 풍부한 연상적 의미들은 보존될 필요가 있다.
9) Johannes Pedersen의 광범위한 연구에 따르면, 히브리인들의 이해에서 "인간은, 그 전적인 본질에 있어서, 영혼이다." *Israel: Its Life and Culture*(London: Oxford University Press, 1926), vol. 1, pp. 99-181를 보라.
10) 이런 식의 접근법과 연관된 것으로서 '정적주의'(Quietism)가 있다. 17세기 프랑스에서 인기 있었던 영성 형태였고, 이단으로 정죄되었다.

11) Rudolf Otto, *The Idea of the Holy* (London: Oxford University Press, 1923). 「성스러움의 의미」(분도 출판사).
12) Bruce Waltke, "The Fear of the Lord: The Foundation for a Relationship with God", in *Alive to God: Studies in Spirituality Presented to James Houston*, ed. J. I. Packer and Loren Wilkinson (Downers Grove, Ill.: InterVarsity, 1996), pp. 17-33.
13) Waltke, *Alive to God*, pp. 17-23를 보라.
14) Karl Barth, *Church Dogmatics* I/1 (Edinburgh: T&T Clark, 1936), p. 425. 「교회 교의학 1-1」(대한기독교서회).
15) '페리코레시스'는 신약 성경의 용어도 아니며, 삼위일체에 대한 적절한 용어로 모든 신학자들이 받아들이고 있는 용어도 아니다. 이는 고전 헬라어로서, 헬라 신학자 John Damascene이 비인격적인 이미지들과 관념들과 대조되는, 삼위일체의 역동적이고 상호 관계적인(interpersonal) 성격을 강조하기 위해 사용한 용어다. Catherine LaCugna에 따르면 "왜 '신적 춤'이라는 이미지가 '페리코레시스'의 번역어로 사용되어 왔는가? 이에 대한 철학적 근거는 약하다. 하지만 이 춤이라는 은유는 매우 효과적이다. 춤이 존재하려면 움직임의 파트너십, 즉 좌우대칭적이면서도 중복되지 않는, 각 춤꾼이 상대를 향해 자신을 표현하며 동시에 완성시키는 그런 움직임이 있어야 한다. 이러한 상호-행위와 상호-진행을 통해, 그 춤꾼들은 (또 구경하는 이들은) 둘러싸며, 스며들며, 감싸며, 뻗어 나가는 등의, 하나의 물 흐름 같은 움직임을 경험한다. 이 신적 춤에는 주도하는 이나 뒤따르는 이가 따로 정해져 있지 않다. 다만 서로 주고받고, 또 주고받고 하는, 영원한 움직임이 있을 뿐이다. 춤이라는 이미지는 우리가 하나님을 고독한 존재로 생각하는 것을 금한다. 삼위일체적 '페리코레시스'라는 사상은 하나님은 영원토록 사랑 안에서 살아 계신다는 말의 의미를 깊이 묵상해 보기 위한 최고의 출발점을 제공해 준다." *God for Us: The Trinity and Christian Life* (San Francisco: Harper SanFrancisco, 1973), p. 272.
16) Colin Gunton은 현대적 맥락에서 삼위일체에 대해 대단히 탁월한 토의를 제시하고 있다. *The One, the Three, and the Many: God, Creation, and the Culture of Modernity* (Cambridge: Cambridge University Press, 1993).

제1장 창조 안에서 놀이하시는 그리스도

1) Wendell Berry, *The Gift of Good Land*(San Francisco: North Point Press, 1981), p. 273를 보라.
2) 후일담이 있다. 조니는 그 후로 5년 동안 주일 예배에 나오지 않았다. 그러다가 다시 돌아왔는데 이번에 그의 기분은 전과는 다른 상태였다. 이번에 그는 고통 가운데 있었다. 아내가 떠났고, 그의 감정은 혼돈 그 자체였으며, 아이들도 엉망이었다. 고통은 그를 다시 교회로 돌아오게 했고 그는 이번에는 교회에 계속 남아 있었다. 이는 다음 장에서 다루게 될 "역사 속에서 놀이하시는 그리스도"의 주제다.
3) George Steiner, *Grammars of Creation*(New Haven: Yale University Press, 2001), p. 16에서 재인용.
4) 예수님은 또한 다른 본문에서는 "맏아들"로 지칭이 되기도 한다. "많은 형제 중에서 맏아들"(롬 8:29); "죽은 자들 가운데서 먼저 나신 자"(골 1:18과 계 1:5); 그리고 "맏아들을 이끌어 세상에 다시 들어오게 하실 때"(히 1:6).
5) Karl Barth, *Church Dogmatics III/1*(Edinburgh: T&T Clark, 1958), p. 28를 보라. 「교회교의학 III/1」(대한기독교서회).
6) Raymond Brown, *The Birth of the Messiah*(Garden City, N. Y.: Doubleday, 1977), p. 314를 보라.
7) Brown, *Birth of the Messiah*, p. 314를 보라.
8) Karl Barth, *Credo*(New York: Charles Scribner's Sons, 1962), p. 68를 보라. 「사도신경 해설」(크리스챤다이제스트).
9) Madeleine L'Engle, *The Weather of the Heart*(Wheaton, Ill.: Harold shaw, 1978), p. 45에서.
10) Philip Lee, *Against the Protestant Gnostics* (New York: Oxford University Press 1987)를 보라. 특히 pp. 13-44를 보라.
11) Eugen Rosenstock-Huessy, *The Fruit of Lips: Or Why Four Gospels*, ed. Marion Davis Battles(Pittsburgh: Pickwick Press, 1978), p. 86를 보라.
12) 이사야 40:26, 28; 41:20; 42:5; 43:1, 7, 15; 45:7, 8, 12, 18; 54:16; 57:18; 65:17, 18(2회).
13) Bruce Waltke, "The Creation Account in Genesis 1:1-3, Part IV: The Theology of Genesis 1", *Bibliotheca Sacra*(October 1975): 339.

14) 그 외에 리듬을 강화하는 반복 구문들은 다음과 같다. "그대로 되니라" 6회, "하나님의 보시기에 좋았더라" 7회, "각기 종류대로" 10회, "나뉘게 하다" 5회, "만드시고" 5회, "칭하시고" 4회, "창조하시고" 5회, "주시고" 2회, "복을 주어" 2회, "생육하고 번성하여" 2회, "하늘과 땅" 2회, "궁창" 9회, "풀과 각기 종류대로 씨 맺는 채소와 각기 종류대로 씨 가진 열매 맺는 나무" 3회, "생물"(swarms of living creatures) 2회, "새" 5회, "생물"(living creatures) 2회, "육축" 3회, "기는 것" 4회, "땅의 짐승" 4회, "바다의 고기" 3회, "빛" 6회.

15) Jon Levenson, *Creation and the Persistence of Evil*(Princeton, N. J.: Princeton University Press, 1988), p. 58를 보라.

16) Gregory of Nyssa, *The Life of Moses*, trans Abraham. J. Malherbe and Everett Ferguson (New York: Paulist, 1978), p. xv를 보라. 「모세의 생애」(은성).

17) Wendell Berry, *Life Is a Miracle: An Essay against Modern Superstition*(Washington, D. C.: Counterpoint, 2000), p. 25를 보라.

18) Annie Dillard, *Teaching a Stone to Talk*(New York: Harper and Row, 1982), p. 40를 보라. 「돌에게 말하는 법 가르치기」(민음사).

19) Lewis Mumford, *The story of Utopias* (New York: Viking, [1922] 1962), pp. 2-3를 보라.

20) John Stott는 우리가 살고 있는 이 지구와 친숙해지면서 우리가 보는 것 그리고 우리가 믿는 것 사이에 있는 그 이면의 창조된 통일성을 포착하는, 평생에 걸쳐 작업한 사진과 산문을 모아서 책으로 냈다. *The Birds Our Teachers*(Wheaton, Ill.: Harold Shaw, 1999). 「새, 우리들의 선생님」(IVP).

21) Abraham Heschel 은 안식일을 "시간 속에 있는 대성당"이라고 불렀다. *The Sabbath*(New York: Farrar, Straus, and Giroux, 1951), p. 8를 보라.

22) Hans Urs von Balthasar, *The Glory of the Lord* (San Francisco: Ignatius, 1982), vol. 1, p. 24를 보라.

23) "'인자'라고 하는 용어는 이 복음서를 통틀어서, 자기 자신 안에 하나님의 백성을 통합시킨 사람, 혹은 인류의 이상적인 양상이라는 의미를 보유하고 있다.…이 복음서 저자가 실제의 사람, 즉, 인류에 속하는 구체적이고 역사적인 개인, '요셉의 아들 나사렛 예수'(1:45)에 대해서 이야기하고 있는 것이라는 데는 의문의 여지가 없다. 그는 노동하고, 지

치기도 하고, 목이 마르고, 기쁨과 슬픔을 느끼고, 눈물을 흘리고, 고통 받고, 그러고는 죽는다." C. H. Dodd, *The Interpretation of the Fourth Gospel*(Cambridge: Cambridge University Press, 1953), pp. 248-249 를 보라.

24) In Alfred Corn, ed., *Incarnation: Contemporary Writers on the New Testament*(New York: Viking, 1990), p. 2에서.

25) 소위 권위적으로 사용된 *egō*의 표현은 마태복음에서 29회, 마가복음에서 17회, 누가복음에서 23회, 그리고 요한복음에서는 132회 나온다. *egō eimi*의 공식이 그대로 다 사용된 경우는 마태복음이 5회, 마가복음이 3회, 누가복음이 4회 그리고 요한복음이 30회다. G. M. Burge, in *Dictionary of Jesus and the Gospels*, ed. Joel B. Green and Scot Mcknight(Downers Grove, Ill.: InterVarsity, 1992), p. 354 그리고 p. 356를 보라. 「예수 복음서 사전」(요단).

26) Reynolds Price, *Three Gospels*(New York: Scribner, 1996), p. 158 그리고 p. 148를 보라.

27) "그는 구문이나 단어를 하나 가져다가, 그것을 가지고 놀기도 하고, 반복하기도 하고, 뒤집어 보기도 하다가, 그 다음에 내려놓고는 또 다른 구문이나 단어를 가지고 비슷한 방식으로 반복한다. 이처럼 그 다음에 택하게 되는 단어나 구문은 첫 번째 것을 다루는 과정에서 튀어오른 것인 경우가 많다. 우리는 이러한 방식에 잘 적응해서 그것을 받아들여야 하는데, 그러지 않으면 이 저자가 자신이 말하고자 하는 바를 분명하게 제시하거나 질서 정연하게 이야기를 진행시키지 않는 것에 대해 우리는 그저 답답해하거나 짜증을 내게 될 뿐이다." Austin Farrer, *A Rebirth of Images*(Westminster: Dacre, 1949), p. 26를 보라.

28) Edward Dahlberg, *Can These Bones Live?*(Ann Arbor: University of Michigan Press, 1967), p. 25를 보라.

29) William Temple, *Readings in St. John's Gospel*(London: Macmillan, 1959), p. xvii를 보라.

30) *The Poems and Plays of Robert Browning*(New York: Modern Library, 1934), p. 301에서.

31) C. H. Dodd는 "자주 사용이 되는 히브리어 표현인 *othoth vumoftim, mofet*(헬라어로 *teras*)는 놀라운 혹은 기적적인 무엇을 의미한다. 제대로 된 의미의 '기적'인 것이다. 그러나 *oth*(헬라어로는 *sēmeion*)은 반드시 기적이라는 의미를 내포하지는 않는다. 이 단어는 그것 자체로 사람

과 사람 사이의 혹은 하나님과 사람 사이의 보증 혹은 증거라는 의미로 사용된다…." *The Interpretation of the Fourth Gospel*, p. 141를 보라.
32) 하나님은 모세에게 바로를 대면할 준비를 시키실 때 그의 정당성을 입증해 주는 '표적'을 주셨다. 출애굽기의 헬라어 번역(출 4:8-9)에 사용된 이 단어는(sēmeion) 요한이 그의 복음서에서 사용한 것과 같은 단어다. 이 장면에서 요한은 일부러 출애굽기의 그 반향을 느끼도록 하는 것일까? 그럴지도 모른다.
33) "표적과 기사"라는 말이 요한복음에 나오는 경우는 여기가 유일하다. 어쩌면 하나님이 모세에게 하신 말씀의 반향인지도 모른다. "나의 표징과 나의 이적을 애굽 땅에 많이 행하리라마는 바로가 너희를 듣지 아니할 터인즉"(출 7:3-4).
34) St. Teresa of Avila, "Meditations on the Song of Song", in *The Collected Works of Teresa of Avila*, Trans. Otilio Rodriguez and Kieran Kavanaugh(Washington, D. C.: Institute of Carmelite Studies, 1980), vol. 2, p. 246를 보라.
35) 요한은 "믿다"라는 단어를 동사의 형태로만 사용하는데(pisteuō), 단 한 번만 예외적으로 형용사로 사용하고 있다. 다른 복음서 저자들이 그 단어를 사용한 횟수를 다 합해도 34회인데, 그는 90회 사용하고 있다. '사랑하다'의 경우 요한은 동사로서(agapaō) 38회 사용하고 있는데, 다른 복음서 저자들은 다 합해서 26회 사용하고 있다. 당대에 흔하게 사용되었던 '사랑하다'라는 뜻의 또 다른 동사는(phileō) 13회 사용하고 있으며, 다른 복음서 저자들의 경우 다 합해서 8회 사용하고 있다.
36) 이 문장은 어느 설교에서 들은 것인데 지금은 그 설교자가 기억이 나지 않는다.
37) Karl Barth, *The Epistle to the Romans*, trans. Edwyn C. Hoskyns (London: Oxford University Press, 1933), p. 279를 보라. 「로마서 강해」(한들).
38) Albert Borgmann은 몬태나 대학(the University of Montana)의 철학 교수다. 그의 저서 *Technology and the Character of Contemporary Life: A Philosophical Inquiry*(Chicago: University of Chicago Press, 1984)를 보라.
39) Wendell Berry, *A Timbered Choir*(Washington, D. C.: Counterpoint, 1998), p. 7에서.
40) 여기에서는 동사 '쉬다'(rest)가 사용되었다. 일곱 번째 날을 지칭하는

이름으로 사용된 명사 *shabbat*는 출애굽기 16:22-30에 가서야 나온다.
41) Levenson, *Creation and the Persistence of Evil*, p. 100를 보라.
42) Peter T. Forsyth, *This Life and the Next*. A. M. Ramsey, *P. T. Forsyth: Per Crucem ad Lucem*(London: SCM, 1974), p. 116에서 재인용.
43) Levenson, *Creation and the Persistence of Evil*, p. 111를 보라.
44) Levenson, *Creation and the Persistence of Evil*, p. xxi를 보라.
45) Todd Eshtman, "Visiting Lake Wobegon", *The Lutheran* (February 2002)에서 재인용.
46) 하나님이 세상을 지으신 일에 동참하는 의미로서의 성전 건축은 성경에서 펼쳐지는 또 하나의 위대한 건축 작업인 솔로몬의 성전에서도 명백하게 나타난다. 솔로몬의 성전이 창조의 세계를 반영하고 반사하는 세부적인 방식은 광범위한 학자들의 관심을 끌었고, 일곱 개의 간구로 전달된 솔로몬의 헌정의 기도에서 마지막으로 창세기의 인장이 찍혀진다(왕상 8:31-32, 33-34, 35-36, 37-40, 41-43, 44-45, 46-51). 이에 대한 요약을 보려면 Levenson, *Creation and the Persistence of Evil*, pp. 90-99를 보라.
47) "필로(Philo)의 해석은 일관되게 상징적 해석을 하려는 가장 인상적인 시도 중 하나로 남아 있는데, 그러한 그의 시도가 후대에 미친 영향은 결코 과대평가될 수 없다. 필로에게 성막은 이 우주의 재현이었는데, 그 장막은 영적인 세계를 나타내는 것이었고, 안마당은 물질적 세계를 나타내는 것이었다. 더 나아가서 네 가지 색깔은 이 세상을 구성하는 네 가지 원소들이고, 일곱 개의 불이 있는 일곱 개의 램프는 일곱 행성이고, 열두 개의 빵은 12궁의 상징이자 일 년 열두 달의 상징이다." Brevard Childs, *The Book of Exodus* (Philadelphia: Westminster, 1974), pp. 547-548를 보라.
48) Berry, *A Timbered Choir*, p. 14를 보라.
49) Maise Ward, *Gilbert Keith Chesterton* (Baltimore: Penguin, [1944] 1958), p. 397에서 재인용.
50) 우리 가운데서 일하시는 하나님에 대한 증거는 늘 있지만 부정확하게 인지된다고 하는 T. S. Eliot의 절묘한 문장은 "The Four Quartets", *The Complete Poems and Plays*, 1909-1950(New York: Harcourt, Brace and Co., 1952), p. 136에 나와 있다.
51) William Willimon, *The Pastor: The Theology and Practice of Ordained Ministry*(Nashville: Abingdon, 2000), p. 329를 보라.

제2장 역사 속에서 놀이하시는 그리스도

1) *Milosz's ABC'S*(New York: Farrar, Straus, and Giroux, 2001), p. 83를 보라.
2) 우리가 하나님을 도덕주의자라고 생각하건, 아니면 우리 자신이 도덕주의자가 되건, 그 결과는 치명적이다. 어느 학생이 나에게 지적해 준 Alanis Morisette의 노래 "Perfect"는 "네게 만약 흠이 없다면 너는 나의 사랑을 얻을 것이다"라고 하는 가사나 "우리는 너를 있는 그대로 사랑할 거야/네가 완벽하다면"이라는 가사에서 그것을 아주 잘 포착하고 있다 ("*Jagged Little Pill*"이라는 제목의 앨범에서, Maverick Records, 1995).
3) George A. F. Knight, *Theology As Narration*(Grand Rapids: Eerdmans, 1976), p. 20를 보라.
4) Donald E. Gowan, *Theology in Exodus*(Louisville: Westminster/John Knox, 1994), p. 6를 보라.
5) "Chinese Banyan" from William Meredith, *The Open Sea*(New York: Alfred Knopf, 1958).
6) '바로'의 문자적 의미는 '위대한 집'이며 이집트의 왕을 언급하는 말로 자주 사용되었는데, 아마도 미국에서 대통령을 언급할 때 '백악관'이라는 말을 쓰는 것과 비슷하게 사용되었을 것이다. 혹은 우리가 거리를 두면서 비난이나 경멸의 어조를 암시하기 위해서 '정부'라고 말하는 것처럼 사용되었을 수도 있다. "정부가 다 그렇지" 혹은 "정부는 믿을 수가 없어…." 등의 표현처럼 말이다. *Anchor Bible Dictionary*, vol. 5(New York: Doubleday, 1992), pp. 288-289를 보라.
7) Gowan, *Theology in Exodus*, p. 2를 보라.
8) Peggy Rosenthal, "Poet of the Hidden God", *The Christian Century*(January 2001): 4-5를 보라.
9) R. S. Thomas, *Later Poems*(London: Papermac, 1984), p. 23를 보라.
10) 이 문구는, 온갖 종류의 제멋대로인 영성에 끈질기게 반대하는 삶을 살고, 그러한 글을 썼던 십자가의 성 요한의 것이다. *The Collected Works of St. John of the Cross*, trans. Kieran Kavanaugh and Otilio Rodriguez(Washington, D. C.: Institute of Carmelite Studies, 1979), p. 122를 보라.
11) Gowan, *Theology in Exodus*, "하나님은 모세가 요청하는 대로 해주실 것이다. 하나님은 자신의 이름을 밝히고자 하신다. 그러나 먼저 하나님

은 그 어떤 의미에서도 이름으로 규정될 수 없는 자신의 자유를 확보하신다. 이스라엘은 하나님께 말을 걸 수는 있으나 그분을 소유할 수는 없을 것이다"(p. 84).
12) Brevard S. Childs, *The Books of Exodus*(Philadelphia: Westminster, 1974), p. 69에서 재인용.
13) Gerhard von Rad, *Old Testament Theology*(New York: harper and Brothers, 1062), vol. 1, p. 185를 보라. 「구약 성서 신학(제1권)」(분도).
14) *Selected Poetry and Prose of William Blake*, ed. Northrop Frye(New York: Modern Library, 1953), p. 129를 보라.
15) Gowan, *Theology in Exodus*, p. 134를 보라.
16) Peter Toon in *The New International Dictionary of the Christian Church*, ed. J. D. Douglas(Grand Rapids: Zondervan, 1974), p. 199 그리고 Gregory Dix, *The Shape of the Liturgy*(London: Dacre, 1945), p. 436를 보라.
17) Knight, *Theology As Narration*, p. 106를 보라.
18) 홍해의 사건을 묘사한 Donald Gowan의 문구. *Theology in Exodus*, p. 131를 보라.
19) Childs, *The Book of Exodus*, p. 238를 보라.
20) J. F. Sawyer and H-J Fabry in *Theological Dictionary of the Old Testament*, vol. 4, ed. Johannes Botterweck and Helmer Ringgren (Grand Rapids: Eerdmans, 199), pp. 441-463를 보라.
21) '기계에서 온 신'이라는 뜻의 라틴어. 그리스 연극에서 복잡하게 꼬인 플롯으로부터 초자연적인 개입에 의해 누군가를 구하고자 할 때, 밧줄과 도르래로 된 기계를 이용해서 무대 위로 신을 떨어뜨리는 데 사용했던 장치를 일컫는다.
22) Von Rad, *Old Testament Theology*, vol 1, p. 138를 보라.
23) Brevard Childs, "이 시는 하나님을 구원의 유일한 행위자로서 찬양하고 있다. 이스라엘은 협력하지도 심지어 주변적인 역할을 하지도 않았다. 모세라고 하는 인물도 완전히 생략이 되었다. 오직 야웨가 홀로 바다의 그 기적을 완수하셨다." *The Books of Exodus*, p. 249.
24) George Steiner, *Real Presences*(Chicago: University of Chicago Press, 1989), p. 218를 보라.
25) Mary Doria Russell, *The Sparrow*(New York: Ballantine, 1996), p. 100를 보라.

26) 찬송가 "Immortal, Invisible, God Only Wise" by Walter Chalmers Smith, *The Hymnbook*(Philadelphia: Presbyterian Church [USA], 1955)에서.
27) Von Rad, *Old Testament Theology*, vol 1, p. 13를 보라. 또한 신명기 26:5-26; 민수기 24:2-13; 시편 78:13, 53; 106:9를 보라.
28) Wallace Stegner, *When the Bluebird Sings to the Lemonade Springs*(New York: Random House, 1992), p. 181를 보라.
29) Reynolds Price, *Three Gospels*(New York: Scribner, 1996), p. 37를 보라.
30) Austin Farrer, *St. Matthew and St. Mark*(Westminster: Dacre, 1954)를 보라.
31) Sir Edwyn Hoskyns and Noel Davey, *The Riddle of the New Testament*(London: Faber and Faber, 1931), pp. 137 이하를 보라.
32) H. C. G. Moule, *Veni Creator*(London: Hodder and Stoughton, 1890), p. 104를 보라.
33) Hans Urs von Balthasar, *The Glory of the Lord*(San Francisco: Ignatius, 1982), vol. 1, p. 151를 보라.
34) Jean Sulivan, *Morning Light*(New York: Paulist, 1988), p. 18를 보라.
35) Belden Lane, *Landscapes of the Sacred*(New York: Paulist, 1998), p. 81에서 재인용.
36) 나는 교회가 일반적으로 그래 왔던 것처럼, 성찬(Eucharist), 식사(Meal), 저녁 식사(Supper), 식탁(Table) 그리고 성찬식(Communion)을 동의어로 사용하고 있다. (이것은 한국어의 관습과는 차이가 있어서 역자는 문맥에 따라서 성찬, 성만찬, 최후의 만찬, 성찬식 등을 사용했다—역주).
37) 예수님의 최후의 만찬이 사실상 유대인의 유월절 식사였는지는 본문을 보아서는 분명하지가 않다. 학자들의 견해도 갈린다. 그러나 그 식사가 유월절의 분위기 속에서 준비가 되었고 그 가운데서 먹었으며, 유월절과 연속선상에 있는 것으로서 구원의 식사로 이해가 되었다는 것은 분명하다.
38) *The Presbyterian Hymnal*(Louisville: Westminster/John Knox, 1990).
39) 개신교도들과 가톨릭교도들 모두에게 성찬이 가지는 해석학적, 역사적, 현재적 의미에 대한 탁월한 해설이 있다. F. Dale Bruner, *Matthew,*

A Commentary, vol.2(Dallas: Word, 1990), pp, 956-970를 보라.

40) Gregory Dix: "구약과 신약 성경 모두에서 *anamnesis* 그리고 그것과 같은 어원을 가진 동사는 하나님 앞에서 과거의 사건을 '다시 부르다' 혹은 '다시 나타나게 하다'(re-present)라는 의미를 가지고 있는데, 그렇게 함으로써 그 과거의 사건은 **그 효과가 작용해서 지금 그리고 여기**가 된다." *The Shape of the Liturgy*, p. 161를 보라.

41) Anne Lamott, *Bird by Bird*(New York: Pantheon, 1994), p. 117를 보라. 「글쓰기 잘쓰기」(중앙일보사).

42) Dix, *The Shape of the Liturgy*, p. 117를 보라.

43) Dix, *The Shape of the Liturgy*, p. 118에서 재인용.

44) *Epistle to Diognetus*, Douglas Steere in *Dimensions of Prayer*(New York: Harper and Row, 1962), p. 19에서 재인용.

45) 여기에서 인용된 부분은 미국 장로교회의 *Book of Common Worship*에서 인용된 것이며, 이 책은 내가 거의 평생 사용한 책이다.

46) Dix, *The Shape of the Liturgy*, p. 162를 보라.

47) Albert Borgmann, *Technology and the Character of Contemporary Life: A Philosophical Inquiry*(Chicagp: University of Chicago Press, 1984), p. 207를 보라.

48) Dorothy Day, *The Long Loneliness*(San Francisco: Harper and Row, 1952), p. 285를 보라.

49) Joachim Jeremias, *New Testament Theology*, trans. John Bowden (London: SCM, 1971), part 1, pp. 289-290를 보라.

50) 이 문구는 Lewis Mumford, *The Myth of the Machine*, vol. 1: *Technics and Human Development*(New York: Harcourt Brace Jovanovich, 1967)에서 빌려 온 것이다.

51) Borgmann, *Technology and the Character of Contemporary Life*, pp. 201-206를 보라.

52) Annie Dillard, *Holy the Firm*(New York: Harper and Row, 1977), p. 15를 보라.

53) Hans Urs von Balthasar, *Mysterium Paschale: The Mystery of Easter*, trans. Aidan Nichols, O. P.(Grand Rapids: Eerdmans, 1993), p. 97를 보라.

54) Julian Green의 논평이 이 맥락에 적당한 것 같다. "마귀는 위대한 도덕주의자이며 위대한 청교도다. 그는 자신이 아주 잘 알고 있는 바 영적

인 재난을 가져올 위대한 금욕 생활을 주장한다. 그는 결코 작은 희생을 제안하지 않는다. 그는 인상적인 것과 상상력을 자극하는 모든 것에서 위대하고, 선정적인 것을 목표로 한다." *Julian Green Diary 1928-1957*, trans. Anne Green[New York: Carroll and Graf, 1985(first published 1961)], p. 294를 보라.
55) Margaret Visser는 평범한 식사가 가져오는 특별한 효과들을 방대하고 흥미로운 세부 묘사를 통해 살펴보고 있다. *Much Depends Upon Dinner*(New York: Grove, 1986).

제3장 공동체 안에서 놀이하시는 그리스도

1) Austin Farrer, *Lord, I Believe: Suggestions for Turning the Creed into Prayer*(Cambridge, Mass.: Cowley, 1989), p. 39.
2) Eugen Rosenstock-Huessy, *I Am an Impure Thinker*(Norwich, Vt.: Argo, 1970), p. 2.
3) 성경은 '공동체'라는 무미건조한 용어에 결을 주는 풍부한 어휘를 제공한다. 백성, 하나님의 백성, 회중, 큰 회중, 교회, 택함 받은 백성, 왕 같은 제사장들, 거룩한 나라, 성도들(늘 복수형으로 나옴), 택함받은 이들, 하나님의 이스라엘, 권속, 성전, 가정, 몸, 나라 등. **모두** 공동 사회를 뜻하는 용어들이다.
4) Hopkins, "God's Grandeur", *The Poems of Gerard Manley Hopkins*, ed. W. H. Gardner and N. H. Mackensie(London: Oxford University Press, 1967), p. 66. p. 27.
5) George Steiner, *Errata*(New Haven: Yale University Press, 1997), p. 77.
6) 우리 모두가 물려받은 이 제도적 분파주의를 없애기 위해 우리가 할 수 있는 일은 별로 많지 않아 보인다. 그러나 진정한 영성은 분파주의의 태도나 정신과 맞설 수 있고, 또 그래야 하며, 분파주의적 축소나 배척에 입각한 영성이 되기를 거절할 수 있고, 또 그래야 한다. 그리스도의 몸 안에 있는 다양성이 반드시 분파주의인 것은 아니다. 공동체 안의 다양성은, 사실 숲이나 농장의 경우처럼, 건강함의 표지일 수도 있다. 교단들 자체는 파괴적인 것이 아닐 수 있다. 하지만 교단들이 서로 배척하고 경쟁하고 교만한 분파들로 기능한다면, 그것들은 자신들이 선포하는 바를

허물어뜨리는 것이다.
7) 열왕기나 역대기에 그 이름이 명시적으로 나타나는 것은 아니나, 일찍이 Athanasius, Chrysostom, Jerome도 그렇게 생각했고, 오늘날 모든 학자들도 그렇게 생각한다.
8) Moshe Weinfeld, *Deuteronomy 1-11*, The Anchor Bible, vol. 5 (New York: Doubleday, 1991), p. 37.
9) 쓰인 어휘도 의미심장하다. '불평하다'가 9회(15:24; 16:2; 16:7에서 2회; 16:8에서 2회; 16:9; 16:12; 17:3), '다툼하다'가 3회(17:2에서 두 번; 17:7) 쓰였고, 불순종의 사건이 두 차례(16:20; 16:28) 나온다.
10) 이 열 개의 말씀이 늘 같은 식으로 배열되고 번호가 매겨진 것은 아니다. 이 다양성에 대한 토의를 위해서는, Weinfeld, *Deuteronomy 1-11*, pp. 242-250를 보라.
11) Weinfeld, *Deuteronomy 1-11*, p. 311를 보라.
12) Weinfeld, *Deuteronomy 1-11*, p. 20.
13) Weinfeld, *Deuteronomy 1-11*, p. 20. 세부적 설명을 위해서는 pp. 20-35.
14) George Arthur Buttrick et al., eds., *Interpreter's Bible* (New York: Abingdon-Cokesbury, 1953), vol. 2, p. 474.
15) Buttrick et al., eds., *Interpreter's Bible*, vol. 2, p. 311.
16) 성령은 마가복음에서는 6회, 마태복음에서는 12회, 요한복음에서는 15회, 누가복음에서는 17회(아마도 19회) 언급되는데, 사도행전에서는 57회 등장한다. Joseph Fitzmyer, S. J., *The Gospel According to Luke* (I-IX), The Anchor Bible (Garden City, N.Y.: Doubleday, 1981), p. 227를 보라.
17) 성경과 예수님의 경우에는, 능력은 늘 약함, 수욕, 사랑, 용기, 희망, 패배와 연관되어 있다. 이사야 53장과 고린도전서 11장, 시편 69편과 고린도전서 1장, 마가복음 15장과 베드로전서 2장을 보라.
18) Blaise Pascal, *Pensées and Provincial Letters* (New York: Modern Library, 1941), no. 513, p. 166. 「팡세」(민음사).
19) Joel B. Green, *The Gospel of Luke* (Grand Rapids: Eerdmans, 1997), p. 24.
20) Green, *The Gospel of Luke*, p. 317.
21) 요셉, 다니엘, 에스더는 흔히 정치적 권력의 장에서 자신의 신앙을 살아낸 사람들의 예들로 언급되지만, 이들 중 누구도 그들이 섬긴 왕국들

을 회심하는 일에 도구로 쓰인 것은 아니라는 점에 우리는 주목해야 한다. 그들은 다만 겸손하고 신실하게 증언했으며, 섭리를 통해 하나님의 백성을 섬겼던 것일 뿐이다.
22) 내가 이 '세상'(World)의 앞 문자를 대문자로 표기하는 이유는, 이를 요한이 "세상을 사랑하지 말라…"(요일 2:15)고 할 때의 그, 의도적으로 하나님을 거부하는 '세상'과 구분 짓기 위해서다.
23) I. Howard Marshall, *The Acts of the Apostles* (Grand Rapids: Eerdmans, 1980), p. 427.
24) Annie Dillard, *Teaching a Stone to Talk* (New York: Harper and Row, 1982), p. 68.「돌에게 말하는 법 가르치기」(민음사).
25) Anne Lamott, *Traveling Mercies* (New York: Pantheon, 1999), p. 231.
26) Karl Barth, *The Christian Life* (Grand Rapids: Eerdmans, 1981), p. 80.
27) Wendell Berry, *What Are People For?* (San Francisco: North Point, 1990), p. 200.「나에게 컴퓨터는 필요없다」(양문출판사).
28) George Herbert, "The Agony", in *Major Poets of the Earlier Seventeenth Century*, ed. Barbara K. Lewalski and Andrew J. Sabol (New York: Odyssey, 1973), p. 217.
29) J. L. Houldon은 이 구절을 일상적 대화에 흔히 등장하는 표현들, 가령 부모가 아이들에게, "어린 아이들은 이런 일을 안 하지" 하고 말하는 — 그들이 하고 있다는 것을 뻔히 알면서도 — 경우들과 비교한다. *A Commentary on the Johannine Epistles* (London: Adam and Charles Black, 1973), p. 104.
30) B. F. Westcott, *The Epistles of John* (1883; repr. Grand Rapids: Eerdmans, 1979), p. 104를 보라.
31) George Herbert, "Love (3)", from *The Country Parson: The Temple*, ed. John N. Wall Jr. (New York: Paulist, 1981). p. 316.

후기

1) Charles Williams, *The Descent of the Dove* (New York: Meridian, 1956)의 서문(p. v.)에서 W. H. Auden에 의해 인용됨.

2) 무차별적이고 무분별하게 기술이 사용되는 문화 속에서 이렇게 삶이 희박해지는 여러 방식들에 대한 세세한 분석을 위해서는, Albert Borgmann, *Technology and the Character of Contemporary Life*를 보라. *Transforming Our Days*(New York: Crossroad Publishing, 2000)는 Richard R. Gaillardetz가 Borgmann의 작품을, 그리스도인들의 구체적 일상을 맥락으로 삼아 해설한 대단히 유용한 책이다.
3) Rich Bass, *The Roadless Yaak*(Guilford, Conn.: Lyons, 2002), p. 114.

인명 색인

Ananias 489, 499, 507
Auden, W. H. 88
Augustine 367

Bass, Rick 582, 583
Bergman, Johnny 100
Blake, William 600
Bonaparte, Napoleon 268
Borgmann, Albert 201, 353, 374, 380, 579, 580, 597, 602
Breasted, James Henry 269
Brown, Raymond 107, 108
Browning, Robert 28, 170, 591, 596
Buber, Martin 586
Burge, G. M. 166, 596

Caiaphas 165, 180-182, 299-300, 499, 502-503, 507
Calvin, John 151, 356, 385, 524
Champollion, Jean Francois 268
Chesterton, G. K. 48, 49, 218, 550, 551, 592

Childs, Brevard 307

Dahlberg, Edward 169, 596
Davey, Noel 329
Day, Dorothy 374, 602
Dillard, Annie 144, 151, 386, 595, 602, 605
Dix, Dom Gregory 364, 600, 602
Dodd, C. H. 596
Dostoevsky, Fyodor 587

Eliot, T. S. 19, 591, 598
Elizabeth 106-108, 273, 437, 469-470, 477-478, 497

Farrer, Austin 169, 393, 596, 601, 603
Festus 499, 508-510
Felix 499, 508-509

Gowan, Don 267
Green, Joel 491, 596, 603

Green, Julian *601*
Gregory of Nyssa *595*
Guyon, Madam *62*

Heber, Reginald *355*
Heidegger, Martin *101*
Herbert, George *547, 605*
Herod Agrippa *489, 509-512*
Herod Agrippa Ⅱ *499, 509, 510*
Herod Antipas *499, 204, 509-512*
Hippolytus, Epistle of *301*
Hopkins, Gerard Manley *20, 587, 591, 592, 603*
Hoskyns, Sir Edwin *329, 601*

Jeremiah *278, 431, 433-435*
Jeremias, Joachim *378, 602*
John Damascene *593*
John of the Cross, St. *599*
Johns, Garrison *242-246*
Joseph of Arimathea *73, 108, 233, 275, 288, 309, 340, 342*
Josiah *111, 431-436*
Judas *335-336, 342, 413, 435, 487*

Keillor, Garrison *207*
Kierkegaard, Soren *200*

LaCugna, Catherine *593*
Lamott, Anne *363, 602, 605*
Lee, Philip *117, 594*
Leibniz, Gottfried *101*

L'Engle, Madeleine *110, 130, 594*
Levenson, Jon *130, 595*

Marshall, I. Howard *515, 605*
Mary Magdalene *221, 232-233*
Meredith, William *269, 599*
Milosz, Czeslaw *237*
Molinos, Miguel *62*
Moule, H. C. G. *348, 600*
Muir, John *151*
Mumford, Lewis *146, 595, 602*

Narcissus *426-427*
Newbigin, Lesslie *592*
Nicodemus *37-46, 62*
Niebuhr, H. Richard *243*

Otto, Rudolf *243*

Pascal, Blaise *483, 603*
Percy, Walker *537*
Philo of Alexandria *451, 598*
Pilate *165, 248, 338-342, 499, 503-506*
Plato *101*
Price, Reynolds *167, 596, 601*

Shaw, Luci *151*
Stegner, Wallace *322, 601*
Steiner, George *314, 405, 591, 594, 600, 603*
Stott, John *595*
Sulivan, Jean *349, 601*

Temple, William　*170, 596,*
Teresa of Avila, St.　*192, 597*
Thomas, R. S.　*278, 599*
Thomas Aquinas　*350*
Thoreau, Henry David　*169, 533*
Tournier, Paul　*573*

Updike, John　*164*

Von Rad, Gerhard　*286, 592, 600*
Vriezen, Th. C.　*285*

Waltke, Bruce　*86, 593, 594*
Weinfeld, Moshe　*459, 604*
Wilkinson, Loren　*151, 593*
Williams, Charles　*574, 605*
Williams, Rowan　*589*
Willimon, William　*236, 598*
Wright, G. E.　*461*

_ 주제 색인

개신교 교회와 영지주의(Protestant church and Gnosticism) *117-119*

경탄(Wonder) *101-102, 218-219*
  과 복음서의 부활 이야기(and the Gospel resurrection accounts) *219-226*
  과 우상 숭배(and idolatry) *228, 230-231*
  과 주 경외함(and fear-of-the-Lord) *223-224*
  의 감소(diminishing of) *226-232*
  일터에서의(in the workplace) *226-236*

공간/장소(Place)
  창조의 선물(creation gift) *135-156*

공동체(Community) *395-570*
  아무런 방해 없는/ '아콜루토스' (as unhindered/*akōlutōs*) *514-519*
  안에서 주 경외함 기르기(cultivating fear-of-the-Lord in) *519-570*
  에 대한 모세의 축복(Moses' blessing of) *462, 465*
  에서의 죄(sin in) *545-556, 560-561*
  와 그리스도인들에게 길이 되어 주는 명령들(and imperatives charting the Christian's way) *533-536*
  와 기도(and prayers) *475-490*
  와 누가복음/사도행전과 초기 그리스도인들(Luke/Acts and the early Christian) *466-519*
  와 모세의 노래(and Moses' song) *462, 464-465*
  와 모세의 설교(and Moses' sermon) *436-461*
  와 분파주의(and sectari-anism) *420-430, 603*의 주6
  와 사랑(and love) *458, 536-570*

와 삶을 위한 가르침들(and instructions for living) 457-461
와 삼위일체의 신비(and mystery of the Trinity) 530-532
와 성령(and the Holy Spirit) 406-420, 467-475, 485-490
와 세례(and baptism) 522-536
와 소외된 이들(and the unwanted) 490-499
와 신명기(and Deuteronomy) 430-466
와 예수님의 부활(and Jesus' resurrection) 404-420
와 오순절 전(前) 이야기(and the pre-Pentecost story) 406-420
와 요한복음(and John's Gospel) 406-420
와 요한일서(and First Epistle of John) 544-570
와 우상 숭배(and idolatry) 562-563
와 이스라엘의 신조(and Israel's creed) 454-456
와 이웃 사랑 명령(and command to love one's neighbor) 442-444, 451-454
와 재판받는 바울(and Paul on trial) 499-500, 506-510
와 재판받으시는 예수님(and Jesus on trial) 499-500, 501-506, 510-513
와 적그리스도들(and antichrists) 556-563
와 탈인격화(and depersonalization) 560
와 하나님 사랑 명령(and command to love God) 442-451
와 하나님 안으로의 참여(and participation in God) 528-532
의 동네 탐험하기(exploring the neighborhood of) 398-403
의 복잡성(complexities of) 422-424
의 삶을 위한 '열 개의 말씀'/조건들("Ten Words"/condition for living in) 442-454, 458
의 속성으로서의 "거룩"("holy" as attribute of) 402-403
의 어려움들(difficulties of) 438-440, 604의 주9
정의하기(defining) 308, 603의 주3
하나님의 속성으로서의 인격성/관계성(the personal/relational aspects of God) 530
향상시키는 접근법들(approaches to improving) 548-551

구원(Salvation)
과 구원으로 규정된 역사에서의 죄(and sin in salvation-defined history) 316-319
과 금욕적인 것(and the ascetic) 346-348
과 마가의 복음서(and Mark's Gospel) 321-353
과 성찬(and the Eucharist)

354, 365-374, 383-392
　과 심미적인 것(and the aesthetic) 348-350
　과 역사 속에서 놀이하시는 예수님(and Jesus playing in history) 265-266
　과 유월절 식사(and the Passover meal) 308-312
　과 출애굽기(and Exodus) 274-286, 303-308
　과 하나님이 가동시키시는 동사들(and God-activated verbs) 306, 307-308
　노래와 예배(song and worship) 312-321
　역사 속에서(within history) 297-299, 316-321
　오직 하나님만의 일(as God's work alone) 312-313, 314-316
　우리 자신의 ～에 동참하기(participation in our own) 344-353
　우리가 인생을 사는 방식에 미치는 영향(impact no how we live our lives) 316-317
　또한 역사도 보라.

그리스 문화(Greek culture) 262-263, 333, 427-430

기도와 공동체(Prayer and community) 475-490
　'글로리아'(the Gloria) 479-477
　누가의 기도 이야기들(Luke's prayer stories) 481-485
　누가의 다섯 기도(Luke's pentad of prayers) 476-481
　'눈크 디미티스'(the Nunc dimittus) 480-481
　'마그니피카트'(the Magnificat) 477-478
　'베네딕투스'(the Benedictus) 478-479
　와 성령(and the Holy Spirit) 485-490
　'피아트 미히'(the Fiat mihi) 476-477

누가복음/사도행전과 초기 기독 공동체(Luke/Acts and the early Christian community) 466-519
　기도 이야기들(prayer stories) 481-485
　'능력'과 성령("power" and the Holy Spirit) 472-475
　다섯 기도(the pentad of prayers) 476-481
　와 가택 연금된 바울(and Paul under house arrest) 514-519
　와 공동체 수태(and the conception of community) 471-472
　와 기도(and prayers) 475-490
　와 기도하는 공동체(and the praying community) 485-490
　와 성령(and the Holy Spirit)

467-475
와 소외된 이들(포용하기)[and the unwanted (inclusion of)] 490-499
와 '아콜루토스'('아무런 방해 없이') [and the word *akōlutōs* ("unhindered")] 514-519
와 여성들(and woman) 495-499
와 예수 수태(and the conception of Jesus) 469-471
와 재판들(and the trial) 499-514
와 재판받으시는 예수님(Jesus on trial) 499-500, 501-506, 510-514
와 헤롯 일가 이야기(and the Herodian dynasty) 510-514
재판받는 바울(Paul on trial) 499-500, 506-514
정치적 힘을 믿는 사람들(the persons of faith in political power) 500-510, 604-605의 주21

누가와 누가복음(Luke, St. and Gospel of Luke)
부활 이야기와 주 경외함(resurrection account and fear-of-the-Lord) 222-224
와 고난 이야기(and passion story) 255-256
와 성만찬 식사(and eucharistic meal) 365-366
와 예수 탄생 이야기(and Jesus' birth story) 104, 105-107, 469-471
와 지도자들의 출애굽 이야기 (and Exodus story of leaders) 273-274
와 환대(and hospitality) 376-379
줄거리와 글쓰기 스타일(storyline and writing style) 411-414
또한 누가복음/사도행전과 초기 기독 공동체를 보라.

동정녀 탄생(Virgin birth) 109-110

로제타 스톤(Rosetta Stone) 268

마가와 마가복음(Mark, St. and Gospel of Mark) 321-353
과 구원에의 동참(and participation in salvation) 344-353
과 베드로(and Peter) 326-327, 328-329, 337-338, 350-351
과 성령(and Holy Spirit) 604의 주16
과 예수님의 세례(and Jesus' baptism) 53-54
과 재판받으시는 예수님(and Jesus on trial) 337-339, 502-502, 503-506
과 최후의 만찬(and the Last

Supper) *335-336*
구원과 금욕적인 것(salvation and the ascetic) *346-348*
구원과 심미적인 것(salvation and the aesthetic) *348-350*
구원의 본문으로서(as salvation text) *321-353*
부활 이야기와 주 경외함(resurrection account and fear-of-the-Lord) *221-224*
스토리텔링 방식(storytelling style) *327-329, 411, 413*
예수님의 죽음/수난 서사(narrative of Jesus' death/passion) *255-256, 330-348*
콜로보닥틸러스로서(as Colobodactylus) *326-330*

마리아와 예수 탄생 이야기(Mary and the birth story of Jesus) *105-107, 109-111, 469-472*

마소라 학파(Masoretes) *456*

마태와 마태복음(Matt-hew, St. and Gospel of Matt-hew) *604의 주16*
부활 이야기와 하나님을 두려워하는 자세(resurrection account and fear-of-the-Lord) *221-224*
와 성령(and the Holy Spirit) *604의 주16*
와 수난 이야기(and passion story) *255-256*
와 예수님의 탄생(and Jesus birth) *102*
와 예수님의 표적들(and signs of Jesus) *175-176*
와 재판받으시는 예수님(and Jesus on trial) *501-502, 503, 505*
줄거리와 글쓰기 형식(storyline and writing style) *411-412, 413-414*

모세(Moses)
모압 평원에서의 설교(sermon on the Plains of Moab) *436-461*
와 공동체의 축복(and blessing of the community) *42, 465-466*
와 공동체 형성(and the formation of community) *436-466*
와 바로(and Pharaoh) *290-295, 296*
와 십계명(and the ten plagues) *290-295, 296*
와 아론(and Aaron) *271-274*
와 예수님(and Jesus) *299-300*
와 유월절 식사(and passover meal) *311*
와 하나님의 이름의 계시(and revelation of God's name) *280-284, 599-600의 주11*
의 노래(song of) *312-321, 462, 463-465*
지도자로 부름받다(call the leadership) *271-274*

시내 산에서(at Mount Sinai) *208-212*
출애굽 백성을 이끌기(leading the people out of Egypt) *290-291, 304-306*
또한 출애굽기를 보라.

"물총새들이 불타는 것처럼"(홉킨스)["As Kingfishers Catch Fire"(Hopkins)] *20-23*

바다의 불가사의(홍해 사건) [Wonder at the Sea(Red Sea event)] *304-305, 307, 316, 321*

바울(Paul, St.)
과 기도(and prayer) *489-490*
과 성령(and Holy Spirit) *61-62*
과 성만찬 식사(and eucharistic meal) *365, 370, 373*
과 역사에서의 하나님의 구원 활동(and God's salvation work in history) *302-303*
과 예수님의 죽음 이야기(and narration of Jesus' death) *330-331*
과 예수님의 탄생 케리그마(and kerygma of Jesus' birth) *102-103, 106-107, 110-111*
과 희생적 삶(and the sacrificial life) *384-385*
로마에서 가택 연금된(under house arrest in Rome) *514-519*

재판받는(on trial) *499-500, 506-514*

베드로(Peter, St.) *74, 248*
예수님을 부인하는(denial of Jesus) *337-338, 342-343*
와 마가복음(and Mark's Gospel) *326-327, 328-329, 337-338*

복음서의 스토리텔링 형식(Gospel storytelling forms) *321-324*

부모들(Parents) *449-451*

"부정을 통하여"("Via Negativa") *278*

부활(Resurrection)
또한 예수님의 부활을 보라.

분파주의(Sectarianism) *420-430, 603의 주6*

사도행전(Acts) *55-58*
또한 누가복음/사도행전과 초기 기독 공동체를 보라.

사랑(Love)
과 공동체(and community) *536-570*
과 신명기(and Deuteronomy) *430-431, 457-458*
과 우상 숭배(and idolatry) *562-563*

과 이스라엘의 신조(and Israel's creed) 457-458
과 적그리스도들(and antichrists) 556-562
과 죄(and sin) 545-556, 560-562
에 대한 요한의 계명(John's commandment to) 563-570
에 입각해 정체성 정의하기(defining identity in terms of) 538-544
요한의 '사랑하다' 동사 사용(John's use of verb "love") 199-200, 597의 주35
요한일서와 요한 공동체에서의 (for First Epistle of John and Johannine community) 544-570
의 해체(deconstruction of) 544-562

사마리아 여인(Samarian woman) 40-46

삼위일체(Trinity)
와 공동체(and community) 522-536
와 세례(and baptism) 522-536
와 신비(and mystery) 94-95, 530-532
와 인격적인 존재로서의 하나님 (and God as personal) 92-93, 526-528
와 '페리코레시스'(and perichoresis) 90-91, 529, 593의 주15
정의하기(defining) 28-31
참여로의 부름으로서(as call to participation) 94-95, 528-530

성령(Holy Spirit)
과 기도하는 공동체(and the praying community) 485-490
과 기독 공동체 수태(and the conception of the Christian community) 471-472
과 '능력'(and "power") 471-475
과 부활(and resurrection) 406-418, 418-420
과 언어(and language) 58
과 예수 수태(and the conception of Jesus) 469-471
과 오순절(and Pentecost) 55-57, 408-410
누가복음/사도행전에서의(in Luke/ Acts) 467-475, 604의 주16
바울과 '프뉴마티코스'(Paul and pneumatikos) 61
요한과 오순절 전(前) 이야기 (John and the pre-Pentecost story) 408-420
정경 복음서에서의(in the canonical Gospels) 604의 주16

성찬(Eucharist)
과 4중의 형식(and fourfold

shape) *364-375, 389-392*
　　과 구원(and salvation) *353, 355-358, 383-389*
　　과 기억함(and remembrance) *355-357, 601*의 주37
　　과 떼어내기(and breaking) *370-372, 389-392*
　　과 의식(and ritual) *362-364*
　　과 주 경외함(and fear-of-the-Lord) *357-358*
　　과 주기(and giving) *372-374, 390*
　　과 주님의 죽음을 전함(and proclaiming the Lord's death) *355-358*
　　과 최후의 만찬(and the Last Supper) *354, 601*의 주37
　　과 축복/성찬의 기도(and blessing/the eucharistic prayer) *368-370, 389-392*
　　과 희생(and sacrifice) *333, 360-362, 391-392*
　　에서 취하고 주기(혹은 바치기) (taking and offering in) *367-368, 389*
　　초점 연습으로서(as focal practice) *353, 358, 359, 383*

세례(Baptism)
　　예수님의(of Jesus) *53-55*
　　와 공동체(and community) *522-536*
　　와 삼위일체(and the Trinity) *525-536*
　　와 정체성 형성(and identity formation) *532*

'셰키나'(Shekinah) *186*

손대접(Hospitality) *374-392*
　　과 겸손(and humble), 날마다 식사를 나눔(혹은 같이함) (daily sharing of meals) *386-391, 603*의 주55
　　과 '토대가 되는 식사'(and the "founding meal") *377*
　　과 언어(and language) *379, 381-383*
　　과 역사 속에서 주 경외함 기르기 (and cultivating fear-of-the-Lord in history) *374-392*
　　과 예수님의 식사(and meal of Jesus) *374-379*
　　과 예수님의 희생(and Jesus' sacrifice) *383-386, 391*
　　과 유월절 식사(and the Passover meal) *311-312*
　　과 희생적 삶(and the sacrificial life) *383-392*
　　누가복음에 나오는(in Luke's Gospel) *377*
　　서신서에서(in the Epistles) *377*
　　성찬의(eucharistic) *386-389*
　　식사와 '기계의 신화'(meal and the "myth of the machine") *380-381*
　　해체(deconstruction) *379-383*

시간(Time)
　　이라는 창조의 선물(creation gift

of) *123-135, 157*

신명기(Deuteronomy)
  와 공동체 형성(and formation of community) *430-466*
  와 공동체를 이루지 못하는 백성(and the people's incapa-city for community) *440-441, 604의 주9*
  와 공동체의 삶을 위한 열 개의 말씀(and Ten Words for living in community) *442-444, 451-454*
  와 모세의 공동체 축복(and Moses' blessing of the community) *462, 465*
  와 모세의 노래(and Moses' song) *462, 464-465*
  와 모압 평원에서의 모세의 설교(and Moses' sermon on the Plains of Moab) *436-461*
  와 삶을 위한 가르침들(and instruction for living) *457-461*
  와 안식일 명령(and Sabbath command) *204-206, 233, 447-449*
  와 이스라엘의 신조(and Israel's creed) *454-456*
  의 인도주의적 규례와 법도(humanitarian statutes and ordinances of) *459-461*

신성 모독(Blasphemy) *447*

'신학'("Theology") *26*

안식일(Sabbath) *201-218*
  과 공동체(and community) *448-449*
  과 안식일 명령(Sabbath command) *204-206, 233-236, 447-449*
  과 예수님(and Jesus) *206, 213-214*
  과 일(and work) *212-218, 233-236*
  의 예배와 리듬(worship and rhythms of) *206-212, 213*

언어와 친밀함(Language and intimacy) *149-153*

엘리트주의(Elitism) *35-48*

여성들과 누가복음/사도행전(Woman and Luke/Acts) *495-499*

역사(History) *239-392*
  하나님에 대한 초기의 성경적 의미(early biblical sense of God in) *248-253*
  속에서 노래와 예배(song and worship in) *312-321*
  속에서 주 경외함 기르기(cultivating fear-of-the-Lord in) *353-392*
  속에서 놀이하시는 예수님(Jesus playing in) *265-266*
  와 구원(and salvation) *265-267, 302-321, 344-353*

와 귀신 축출(and exorcism) 286-301

와 도덕주의(and moralism) 259-264, 421, 599의 주2

와 마가복음(and Mark's Gospel) 321-353

와 성경(and Scripture) 249-252, 257-258

와 손대접(and hospitality) 374-392

와 예수님의 죽음의 케리그마(and kerygma of Jesus' death) 247-259

와 유월절 식사(and the Passover meal) 308-312

와 의식(and ritual) 496-498

와 죽음(and death) 248

와 출애굽기의 구원 이야기(and the Exodus salvation story) 274-286, 303-308

와 하나님의 현존(and the presence of God) 280-286

와 형식(and shape) 364-374, 389-391

와 희생(and sacrifice) 360-362

와 희생적 삶(and the sacrificial life) 383-392

의 동네 탐험하기(exploring the neighborhood of) 239-247

의 위협(intimidation by) 253-255

이용(혹은 착취)(exploitation of) 254-255

성찬 그리고 구원(the Eucharist and salvation) 354, 355-374, 383-392

예수님의 방식으로 받아들임 (embracing in Jesus' terms) 253-259

출애굽기도 보라.

열 가지 재앙(Ten plagues) 287-298

열 개의 말씀(Ten words) 442-454, 458

과 인간 조건들(and human conditions) 442-444, 452-454

과 하나님 조건들(and God conditions) 442-451

영광(Glory) 183-200

'영성'("Spirituality") 25-26, 47, 58, 59-66

'영'의 은유적 기원을 회복하기 (recovering metaphorical origin of "spirit") 48-50

의 역사적 사용(historical use of) 61-62

의 현대적 의미(contemporary meaning of) 63-66

영성 신학(Spiritual theology)

과 '신학'(and "theology") 26

과 '영성'(and "spiritual") 25-26, 47

과 일치의 삶으로서의 기독교적 삶(and Christian life as life of

congruence) 575-577
과 전치사적 참여로의 명령/초대(and command/invitation to prepositio-nal-participation) 577-580
기독교적 삶에서의 인내와 긴급성(and patience urgency in the Christian life) 580-584
깨어 있기 위한 훈련으로서의(as exercise in vigilance) 351-353
정의하기(defining) 19, 24-28, 351-353

영지주의(Gnosticism)
의 다섯 가지 요소(five elements of) 117-119
의 위협(threat of) 114-117, 264, 421

'영혼'("Soul") 59, 75-82

예배(Worship)
와 노래(and song) 312-326
와 안식일(and Sabbath) 206-212
와 주 경외함(and fear-of-the-Lord) 82-83
와 창세기 리듬의 재생산(and repro-ducing the Genesis rhythms) 134-135
와 창조(and creation) 208-212, 602의 주46, 47

예수님(Jesus) 57, 66-75
계시로서의(as revelation) 67-69
과 구원(and salvation) 67-68
과 성전 정화(and the temple cleansing) 299-300
과 인성(humanity of) 73-75
의 재판(trial of) 337-339, 499-500, 501-506, 510-514
정경 복음서들과 핵심적 이야기들(canonical Gospels and essential accounts of) 68-71

예수님의 부활(Jesus' resurrection)
과 경이(and wonder) 218-225
과 성령(and the Holy Spirit) 406-418, 420
에 대한 케리그마(kerygma of) 404-420

예수님의 죽음(Jesus' death)
에 대한 케리그마(kerygma of) 247-259

예수님의 탄생(Jesus' birth)
에 대한 케리그마(kerygma of) 102-113

오순절(Pentecost) 55-58, 408

완전주의(Perfectionism) 553-554

요한과 요한복음 (John, St. and Gospel of John)
공동체와 부활 이야기(community and resurrection story)

409-411
과 구원의 미적 요소들(and aesthetic elements of salvation) 350
과 대화(and conversation) 164-165
과 동사 '믿다'와 '사랑하다'(and the verbs "believe" and "love") 199-200, 597의 주35
과 믿음을 일깨워 주는 것으로서의 복음서의 목적(and purpose of Gospel as to evoke belief) 172, 181-182
과 성령(and the Holy Spirit) 408-418, 420-421, 603의 주16
과 성만찬 식사(and the eucharistic meal) 366
과 '에고 에이미'("나는…이다" 표현)[and the Egō Eimi ("I am" formula)] 165-170, 596의 주25
과 영광(and glory) 183-200
과 예수님의 부활 케리그마(and kerygma of Jesus' resurrection) 406-414, 414-416
과 예수님의 안식일 치유 사건들(and Jesus' Sabbath healings) 216
과 예수님의 일곱 표적/행위들(and the seven signs/acts of Jesus) 173-183
과 예수님의 죽음/수난(and Jesus' death/passion) 255-246, 331-332
과 오순절 전(前) 이야기(and the pre-Pentecost story) 408-420
과 재판받으시는 예수님(and Jesus on trial)501-503, 503-506
과 참 하나님/참 인간으로서의 예수 그리스도(and Jesus Christ as very God/very man) 159-160, 595의 주23
과 창세기 창조 이야기들(and Genesis creation stories)
과 '표적들'(and "signs") 171-183, 596-597의 주31-33
스토리텔링 스타일(storytelling style) 164-165, 168-169, 411-414, 596의 주27
엘리트주의를 반대하는 이야기들(stories that counter elitism) 35-50

요한과 요한일서(John, St. and First Epistle of John)
과 예수님의 탄생(and Jesus' birth) 104
사랑과 요한 공동체(love and the Johannine community) 544-570

용서(Forgiveness) 553-555

우상 숭배(Idolatry)
에 대한 금지 명령(commandment against) 445-446

와 '영성'이란 말의 사용(and contemporary use of word "spirituality") *61-66*
와 탈인격화된 하나님(and the depersonalized God) *560*
일터에서의(in the workplace) *228, 230-232*

웬델 베리(Berry, Wendell) *97, 151, 588*
  사랑에 대해(on love) *536*
  안식일에 대해(on the Sabbath) *201-202, 213*
  창조에 대해(on creation) *143*

유월절 식사(Passover meal)
  와 구원(and salvation) *308-312*
  와 손대접(and hospitality) *311-312*
  와 예수님의 최후의 만찬(and Jesus' Last Supper) *335-336, 353-356, 601*의 주*37*

이사야(Isaiah)
  를 인용하신 예수(Jesus's use of) *495*
  예수님의 고난에 대한 이미지들(imagery applied to Jesus' suffering) *372*
  포로기에서의 창조와 구원(and creation and salvation in exile) *52, 122-123, 311*

이집트(Egypt)

에서의 이스라엘 백성(the people of Israel in) *267-274, 274-275, 280, 282-286, 287-299*

일(Work)
  과 경탄(and wonder) *232-236*
  과 안식일 지키기(and sabbath-keeping) *212-218, 233-236*
  과 우상 숭배(and idolatry) *228, 230-232*

적그리스도들(Antichrists) *556-563*

정적주의(Quietism) *62, 592*의 주 *10*

종말론(Eschatology) *125-127*

죄(Sin)
  구원으로 정의되는 역사에서의(in salvation-defined history) *316-317*
  기독 공동체에서의(in Christian communities) *544-556, 560-561*
  와 속죄(and expiation) *553-554*
  와 완전주의(and perfectionism) *553-555*
  와 용서(and forgiveness) *553-554*

주 경외함(Fear-of-the-Lord)
  공동체 안에서 기르기(cultivating in community) *519-570*
  과 "두려움"(and the word "fear") *86-87, 222-224*
  과 경탄(and wonder) *221-224*
  과 핵심 실천들(and focal practices) *201*
  기도와 예배를 통해 기르기(cultivating in prayer and worship) *84*
  에 대한 복음서 구절들(Gospel references to) *221-223*
  역사 속에서 기르기(cultivating in history) *353-392*
  정의하기(defining) *59-82-90*
  창조 안에서 기르기(cultivating in creation) *200-218*

죽음(Death)
  과 역사(and history) *248*
  과 창조(and creation) *54-55*
  "사막에서의 죽음" ["A Death in the Desert"(Browning)] *170*

창세기(Genesis)
  시간이라는 창조의 선물(the creation gift of time) *123-135, 157*
  와 공간이라는 창조의 선물(and the creation gift of place) *135-159*
  와 동사 '창조하다'(and the verb "create") *52-53*
  와 리듬(and rhythm) *127-135*
  와 모든 창조와의 친밀감(and intimacy with all creation) *150-159*
  와 에덴 동산(and Eden) *142-143*
  와 인간(and the human) *142-145*
  와 인간의 언어(and human language) *150-153*
  와 자유와 필수의 명령(and command to freedom and necessity) *145-149*
  와 장소(and place) *136-141*
  와 종말론(and eschatology) *126-127*
  요한이 다시 들려준/기록한(John's retelling of) *159, 160, 197-198*
  의 개인적 직접성(personal immediacy of) *120-123*
  의 리듬의 구조와 반복(rhythmic structure and repetitions of) *127-131, 595의 주14*
  창조 본문들(creation texts) *50-53, 120-159*

창조(Creation) *99-236*
  안에서 주 경외함 기르기(cultivating fear-of-the-Lord in) *200-218*
  에서의 자유와 필수(freedom and necessity in) *145-149*
  와 '에고 에이미'("나는…이다") [and the *Egō Eimi*("I am")] *165-170, 596의 주25*

와 '표적'(and "signs") *170-183*
와 감사(and gratitude) *100-101*
와 경탄(경이)(and wonder) *102, 218-236*
와 부활의 경탄(and resurrection wonder) *218-225*
와 시간/리듬(and time/rhythm) *123-135*
와 안식일 명령(and the Sabbath command) *204-206, 233, 447-449*
와 안식일(and the Sabbath) *201-218, 232-236*
와 영광(and glory) *183-200*
와 영지주의(and Gnosticism) *114-119, 264*
와 예배(and worship) *206-212, 598의 주46, 47*
와 예수님의 탄생 케리그마(and kerygma of Jesus' birth) *102-113*
와 인간(and the human) *142-145*
와 일터(and the workplace) *212-218, 226-236*
와 장소(and place) *135-159*
와 죽음(and death) *54-55*
와 친밀감(and intimacy) *149-159*
요한이 다시 들려준 창세기 이야기(John's retelling of the Genesis story) *159-200*
의 다섯 개의 초기 성경 이야기(five early scriptural stories of) *107-109*

의 동네 탐험하기(exploring the neighborhood of) *99-102*
창세기의 창조 본문(Genesis creation texts) *50-53, 120-159*

최후의 만찬(Last supper)
과 마가(and Mark) *335, 365*
과 바울(and Paul) *366*
과 손대접(and hospitality) *377*
과 유월절(and Passover) *335, 354, 601의 주37*
에서 예수님이 하신 말씀(Jesus' words at) *335, 365, 366, 371*
또한 성찬을 보라.

출애굽기(Exodus) *365-321*
모세 그리고 아론(Moses and Aaron) *271-274*
모세 그리고 하나님의 이름의 계시(Moses and revelation of God's name) *280-284, 599-600의 주11*
바다의 불가사의(the Wonder at the Sea) *304-305, 306, 316, 321*
백성을 이집트에서 이끌고 나오는 모세(Moses leading the people out of Egypt) *290-291, 304-406*
십브라와 부아의 이야기(the story of Shiphrah and Puah) *269-271*
예배와 창조(worship and crea-

tion) *208-212, 598의 주46, 47*
와 YHWH라는 이름(and the name YHWH) *280-286, 599-600의 주11*
와 '구원하다'/'구원'(and "save"/"salvation") *302-321, 306-307*
와 구원(and salvation) *266-267, 274-286*
와 귀신 축출(and exorcism) *286-301*
와 모세의 노래(and the song of Moses) *312-321*
와 바로(and Pharaoh) *270, 290-295, 296, 304, 599의 주6*
와 안식일 명령(and Sabbath command) *204-206, 233-235, 447-449*
와 열 가지 재앙(and the ten plagues) *290-299*
와 유월절 식사 그리고 구원(and the Passover meal and salvation) *308-312*
와 이집트의 히브리 백성(혹은 사람들)(and the Hebrew people in Egypt) *267-274, 274-275, 280, 282-284, 287-301*
와 지도자로 부름 받은 모세(and Moses call to leadership) *271-274*
와 콘스탄티누스 시대 이전의 교회(and the pre-Constantinian church) *300-301*
와 하나님의 현존(and the presence of God) *280-286*
하나님의 부재의 증인들(witnesses to the absence of God) *274-280*

친밀함(Intimacy) *149-159*

칼 바르트(Barth, Karl) *151, 525, 588*
예수님과 창조에 대해(on Jesus and creation) *105*
와 동정녀 탄생(and the virgin birth) *109*
와 주 경외함(and fear-of-the-Lord) *200-201*
'페리코레시스'에 대해(on *perichoresis*) *90*

'페리코레시스'(*Perichoresis*) *90-91, 595의 주15*

표적들(Signs) *170-183*

프로크루스테스(Procrustes) *264*

'핵심 실천들'("Focal practices") *201, 353, 358-359, 383*

_ 성경 색인

구약

창세기
1-2 120-123, 159-160, 308
1 53, 123-124, 127-129, 131, 134-135
1:1 156-157, 523
1:1-3 48, 50
1:2 107, 211
1:14 198
1:27 143
1:31 213
2 77, 123, 136, 145-146, 153, 157, 197
2:1-4 203
2:2 211-212
2:2-3 214
2:4 157
2:4-14 145
2:7 197
2:8 137, 145
2:9 146
2:15 452
2:15-25 145
2:16 147
2:16-17 146
2:17 147
2:18 150
2:19 150
2:20 152
2:23 152
3:5 65
4:7 47
11 57
12:3 421
18:1-15
21:1 107

출애굽기
1-6 295
1:14 267
3-4 280
3:10 272
3:11 272
3:11-12 272
3:13 272
3:14 166, 286
3:14-22 272
4:1 272
4:2-9 272
4:10 272
4:11-12 272
4:13 272
4:14-17 272
5:2 296
6-14 296
6:6 295
6:7 296
6:9 290
7-11 295
7:3-4 597
7:4 295
7:5 296
7:17 296
8:10 296
8:22 296

9:14 *296*	20:8 *204*	**신명기**
9:27 *295*	20:8-11 *233*	1-11 *438*
9:29 *296*	20:17 *460*	1-2 *440*
10:2 *296*	21-23 *460*	1:27 *441*
11:7 *296*	21:15 *451*	2:14 *441*
12-15 *295*	21:17 *451*	4:13 *442*
12:12 *295*	24:12-31:18 *209*	5:6-7 *444*
12:14 *308*	24:15-16 *185*	5:8-10 *445*
12:17 *311*	25:1 *209*	5:11 *446*
12:32 *304*	25:8-9 *184*	5:12 *233*
12:38 *312*	30:11 *209*	5:12-15 *205, 448*
12:40 *267*	30:17 *209*	5:14-15 *233*
12:42 *311*	30:22 *209*	5:16 *449*
12:43-49 *312*	30:34 *209*	5:17 *452*
12:51 *303*	31:1 *209*	5:18 *452*
13:17-14:31 *306*	31:3 *211*	5:19 *452*
14:4 *296*	31:12 *209*	5:20 *452*
14:13 *304, 306*	32-33 *210*	6:4 *454*
14:14 *305*	33:19 *285*	6:5-6 *451, 457*
14:18 *296*	34 *210*	10:4 *442*
14:27 *305*	34:28 *442*	12-28 *438, 458, 460*
14:30 *305, 306*	35-40 *210*	15:24 *604*
14:31 *307*	35:31 *211*	16:2 *604*
15:1 *312*	40:33 *211*	16:7 *604*
15:1-3 *319, 439*	40:34 *185*	16:8 *604*
15:4-10 *319*		16:9 *604*
15:11-12 *319*	**레위기**	16:12 *604*
15:13-17 *319*	12:2-8 *480*	16:20 *604*
15:18 *319*	17-26 *460*	16:28 *604*
15:23-25 *439*	19:18 *451*	17:2 *604*
16 *440*	20:9 *451*	17:3 *604*
17:1-7 *440*	24:15-16 *451*	17:7 *604*
18:13-27 *440*	24:16 *451*	18:15 *299*
20:1-24:11 *209*		21:18-21 *451*

27:16 *451*
29-34 *438*
31:9-13 *463*
31:16 *464*
31:19 *464*
31:20 *464*
31:21 *464*
31:22 *464*
32 *462*
32:11 *53*
33 *462*
34 *465*

여호수아
13:3 *108*

룻기
4:13 *108*

사무엘상
1:19-20 *108*
2:1-10 *477*

열왕기상
8:10-11 *185*
8:31-32 *598*
8:33-34 *598*
8:35-36 *598*
8:37-40 *598*
8:41-43 *598*
8:44-45 *598*
8:46-51 *598*

열왕기하
22-23 *431*

역대하
34-35 *431*
34:2 *433*
34:3 *433*
34:14 *433*
35:25 *433*

시편
10:1 *276*
13:1 *277*
16 *488*
22 *276*
22:1-2 *276*
29 *186*
34:9 *277*
42:9 *277*
44:23-24 *277*
51:10 *53*
51:17 *371*
69:3 *277*
74:1 *277*
79:5 *277*
88:14 *277*
89:46 *277*
90:13 *277*
110 *488, 502*
110:1 *502*
116:9 *407*
119:123 *278*
132 *488*

잠언
20:20 *451*
30:11 *451*

아가서
2:15 *461*

이사야
28:10 *260*
30:15 *217*
30:21 *384*
51:10 *311*
53 *372*
53:5 *372*
53:10 *372*

예레미야
3:6 *434*
6:14 *435*
22:15-16 *434*
25:3 *434*
36:1 *434*
36:2 *434*

에스겔
22:7 *451*
43:7 *184*
44:4 *185*

다니엘
7 *502*
7:13 *502*

요엘
3:17 *184*

스바냐
2:10 *184*
4:6 *473*

신약

마태복음
1-2 *247*
1:23 *578*
3-4 *248*
4:8-10 *281*
11:28-29 *33*
12:39 *171*
14:22-24 *333*
16:15-23 *248*
16:24 *261*
18:20 *568*
21:12-13 *299*
23:37-39 *248*
24:24 *171*
25:31-46 *377*
26:63 *502*
26:64 *502*
27:11 *504*
27:12 *504*
27:14 *504*
28:4 *223*
28:4-5 *223*
28:5 *223*
28:8 *223*
28:10 *223*
28:19 *382*

마가복음
1:9-11 *48, 53*
1:11 *54*
2:23-28 *187*
3:1-6 *206, 216*
3:23-30 *216*
6:41 *365*
6:43 *373*
8:6 *365*
8:8 *373*
8:27-9:1 *345*
8:27-9:9 *351*
8:29 *345*
8:31 *331, 384*
8:31-34 *331*
8:34 *339, 346, 38*
9:2-9 *345*
9:7 *345*
9:31 *331, 383*
10:15 *221*
10:33 *331*
10:34 *384*
10:45 *324, 337, 384*
11:15-19 *299*
11:17 *300*
11:28 *300*
12:28-30 *458*
14-15 *332*
14:1-2 *334*
14:3-11 *334*
14:12-25 *335*
14:22-24 *335*
14:26-42 *366*
14:28 *366*
14:36 *385*
14:43-52 *336*
14:53-65 *337*
14:66-72 *337*
15:1-15 *238*
15:16-20 *339*
15:21-32 *339*
15:33-39 *339*
15:40-41 *340*
15:42-47 *340*
16:2 *219*
16:5 *223*
16:6 *232*
16:8 *232*

누가복음
1:3 *468*
1:7 *108*
1:13 *108*
1:13-15 *469*
1:24 *108*
1:28 *105*
1:31 *105*
1:35 *106, 469*
1:38 *106, 418, 476*
1:41 *469*
1:42 *106*
1:46-55 *106, 476*
1:51 *478*
1:52 *478*
1:53 *478*

1:67 *469*
1:68-79 *476*
1:76 *479*
2:1 *514*
2:7 *106*
2:11 *107*
2:14 *476*
2:19 *69*
2:25-26 *470*
2:27 *480*
2:29-32 *476*
2:34-35 *237*
2:51 *69*
4:14-15 *475*
6:7 *491*
7:1-10 *496*
7:11-17 *497*
7:34 *375*
7:36-50 *497*
7:47 *376*
7:50 *376*
8:2 *497*
9:51-56 *496*
10:29-37 *496*
10:38-42 *497*
10:39-42 *377*
11:5-13 *481*
13:10-21 *497*
13:29 *494*
14:1 *491*
14:1-6 *206, 216*
14:1-14 *376*
14:5 *492*
14:7-11 *493*

14:12-14 *377, 493*
14:13 *495*
14:15-24 *377, 493*
14:21 *495*
15:22-32 *377*
16:19-21 *377*
17:7-10 *377*
17:11-19 *496*
18:1-8 *482*
18:9-14 *484*
19:1-10 *376, 496*
19:28-44 *248*
19:45-46 *299*
20:20 *491*
20:36 *489*
21:1-4 *367*
22:19 *353*
22:63-23:25 *499*
22:67-70
23:8 *171*
23:9 *504*
23:27-31 *499*
23:49 *498*
24:4 *223*
24:5 *223*
24:10 *233*
24:12 *223*
24:13-35 *377*
24:18 *233*
24:30-31 *366*
24:49 *471, 472*

요한복음
1:14 *104, 159, 161,*

557
1:18 *183*
1:29 *356*
1:45 *595*
2:1-11 *175*
2:4 *198*
2:11 *172*
2:13-16 *299*
2:16 *172*
2:18 *173*
3 *37*
3:2 *37*
3:3 *37*
3:5 *37*
3:7 *110*
3:8 *40*
3:16 *200, 356*
3:19 *179*
4 *40*
4:7 *390*
4:9 *40*
4:10 *42*
4:14 *42*
4:21 *198, 565*
4:24 *42, 290*
4:46-54 *175*
4:48 *175*
5:1-18 *206*
5:17 *212*
5:25 *198*
5:28 *198*
6 *413*
6:1-15 *177*
6:9 *367*

6:11 *365*
6:14 *177*
6:16-21 *178*
6:20 *178*
6:25-30 *178*
6:35 *168*
6:35-39 *178*
6:41 *73*
6:42 *73*
6:52 *73*
6:61-63 *74*
6:66 *74*
6:68-69 *74*
7:6 *198*
8 *413*
8:12 *168*
8:58 *167*
8:59 *168*
9:1-41 *206*
9:35-38 *180*
10:7 *168*
10:14 *168*
10:31-39 *181*
11:1-54 *180*
11:7-8 *181*
11:25 *168*
11:27 *182*
12 *413*
12:23-28 *187*
12:27 *198*
12:27-28 *185*
12:37 *182*
13-17 *409*
13 *419*

13:1-11 *410*
13:12-16:33 *410*
13:14 *415*
13:34 *415*
14:6 *168, 576*
14:9 *415*
14:12 *415, 467*
14:13
14:15-17 *408*
14:16-17 *415*
14:18 *414*
14:19 *415*
14:20 *415*
14:25-26 *415, 408*
15:1 *168*
15:4 *416*
15:12 *415*
15:18-25 *416*
15:26 *408, 414*
15:26-27 *416*
16:2 *198*
16:7 *411, 416*
16:7-11 *408*
16:12-15 *416*
16:13-14 *408*
16:23 *198*
16:25 *198*
16:28 *414*
16:32 *198*
17 *419*
17:1 *185, 198*
17:4 *185*
17:4-5 *212*
17:5 *185*

17:10 *185*
17:11 *416*
17:16 *416*
17:18 *416, 467*
17:19 *416*
17:21 *416, 428*
17:22 *185, 191, 416*
17:22-23 *416, 420*
17:23 *416, 428*
17:24 *185*
17:26 *416*
18:19-23 *503*
18:33 *504*
18:34-36 *505*
18:37 *505*
18:38 *505*
19:7 *505*
19:9-10 *506*
19:11 *506*
19:12-16 *506*
20:1-10 *233*
20:22 *406, 408, 420*
20:31 *181, 200*
21:1-14 *377*
21:10 *367*
21:11 *59*

사도행전
1-2 *408*
1:4-5 *471*
1:5 *56*
1:6 *486*
1:8 *471, 472*
1:14 *471, 487, 498,*

　　　　557
2:1-4　*48, 55*
2:2　*56*
2:4　*56*
2:6　*488*
2:11　*57, 488*
2:17-18　*498*
2:42　*488*
4:24-31　*488*
4:32-35　*377*
6:1-6　*488, 497*
7:59　*488*
8:4-25　*496*
9:10-19　*489*
9:23-24　*491*
9:36-43　*489*
10　*496*
10:2　*489*
10:9　*489*
10:30-31　*489*
12:1-3　*510*
12:5　*489*
12:12　*489*
12:12-17　*497*
13-28　*496*
13:3　*489*
14:23　*489*
15　*496*
15:28　*489*
16:11-15　*497*
16:13　*489*
16:16　*489*
16:16-18　*497*
16:25　*489*

17:6　*531*
17:12　*498*
17:34　*497*
18:1-4　*497*
18:24-28　*497*
20:36　*489*
21:5　*489, 498*
21:8-9　*498*
21:27-36　*507*
21:37-22:30　*507*
22:17　*489*
23:1-10　*489*
23:1-11　*508*
23:16　*498*
24-26　*499*
24　*499*
24:24-25　*508*
24:27　*509*
25:12　*509*
25:23　*510*
26:2-29　*510*
26:27-29　*510*
27:23-26　*489*
27:35-36　*490*
28:8　*490*
28:20-27　*516*
28:31　*514, 515*

로마서
3:23　*545*
5:8-9　*332*
8:11　*405*
8:15　*296*
8:19　*373*

8:22　*111, 251*
8:23　*111*
8:31　*578*
9:7　*312*
10:14　*357*
11:33　*302*
12:1　*361, 370*
12:2　*379*
16:23　*377*

고린도전서
1:13　*422*
1:22　*171*
1:23　*119*
1:26　*501*
1:27-28　*119*
1:28　*466, 501*
2:2　*257, 332, 384*
10:17　*371*
11:23-26　*353, 366*
11:24　*371*
11:26　*391*

고린도후서
5:21　*362*

갈라디아서
2:20　*258, 373, 520, 578*
4:4　*109*
4:19　*111*

에베소서
1:4　*72*

2:5 *520*
6:10-20 *281*

빌립보서
2:10-11 *422*
3:10 *257, 385*
4:11 *518*

골로새서
1:15 *104, 106, 109*
1:15-16 *97*
1:15-20 *172*
1:27 *354, 373*
3:1 *520*
3:16 *314*

데살로니가전서
4:17 *125*

데살로니가후서
2:9 *171*

디모데후서
3:16 *321*

히브리서
4:15 *470*
5:7-10 *259*
11:3 *103*
11:27 *533*
13:1-3 *377*

베드로전서
2:21 *257*

4:9 *378*

요한일서
1:1 *350, 558*
1:6 *539*
1:7 *552*
1:8 *546, 555*
1:9 *552*
1:10 *539, 546, 555*
2:1 *540*
2:1-2 *553*
2:4 *539, 565*
2:7 *540*
2:9 *539, 556, 565*
2:11 *539, 556, 565*
2:12 *540*
2:13 *541*
2:14 *541*
2:18 *541, 557*
2:22 *557*
2:28 *540*
3:1 *540*
3:2 *541*
3:4 *539*
3:6 *555*
3:7 *540*
3:8 *539*
3:9 *555*
3:10 *539, 540, 541*
3:13 *539*
3:14 *539*
3:15 *539, 541, 556, 565*
3:16 *566*

3:16-18 *376, 539*
3:17 *539, 541, 565*
3:18 *540*
3:21 *541*
4:1 *541*
4:3 *557*
4:4 *318, 540*
4:7 *541*
4:8 *539*
4:10 *553*
4:11 *541*
4:12 *545*
4:16 *545*
4:19 *566*
4:20 *539, 556*
4:21 *563*
5:2 *540*
5:4 *541*
5:10 *539, 556*
5:16 *541*
5:18 *541, 555*
5:21 *540*

요한이서
7 *557*

요한삼서
5-8 *378*

요한계시록
1:10 *219*
2:9 *457*
6:9 *257*
19:20 *171*

옮긴이 **이종태**는 한국외국어대학교 영어과를 졸업하고 장신대 신학대학원에서 신학을 공부하였으며, 미국 버클리 GTU(Graduate Theological Union)에서 기독교 영성학으로 박사학위를 받았다. 「가르침과 배움의 영성」 「다윗: 현실에 뿌리박은 영성」(이상 IVP), 「순전한 기독교」 「고통의 문제」 「시편사색」 「네 가지 사랑」(이상 홍성사), 유진 피터슨의 「메시지」(복있는 사람) 등을 번역했다.

옮긴이 **양혜원**은 서울대학교 불어불문학과를 졸업했고, 이화여자대학교에서 여성학으로 석사 과정을 공부했으며, 미국 클레어몬트 대학원대학교에서 종교학으로 석·박사 학위를 받았다. 일본 난잔종교문화연구소의 객원 연구원을 거쳐, 현재 이화여자대학교 한국여성연구원에서 연구 교수로 재직하고 있다. 「교회 언니, 여성을 말하다」(비아토르), 「유진 피터슨 읽기」 「페미니즘 시대의 그리스도인」(공저, 이상 IVP) 등을 집필했으며, 「사랑하는 친구에게」(IVP) 외 다수를 번역했다.

시 감수자 **최종철**은 연세대학교 영문학과를 졸업하고, 연세대학교와 미네소타 대학교에서 문학 석사, 미시건 대학교에서 문학 박사 학위를 받았다. 연세대학교 영문학과 교수이다.

현실, 하나님의 세계

초판 발행_ 2006년 3월 10일
2판 발행_ 2018년 11월 8일
2판 2쇄_ 2023년 11월 3일

지은이_ 유진 피터슨
옮긴이_ 이종태·양혜원
펴낸이_ 정모세

펴낸곳_ 한국기독학생회출판부
등록번호_ 제2001-000198호(1978.6.1)
주소_ 04031 서울 마포구 동교로 156-10
대표 전화_ (02)337-2257 팩스_ (02)337-2258
영업 전화_ (02)338-2282 팩스_ (02)080-915-1515
홈페이지_ www.ivp.co.kr 이메일_ ivp@ivp.co.kr
ISBN 978-89-328-1654-8
     978-89-328-1659-3(세트)

ⓒ 한국기독학생회출판부 2018

책값은 뒤표지에 있습니다.
무단 전재와 복제를 금합니다.